Luigi Pirandello

I vecchi e i giovani

a cura di Anna Nozzoli
Cronologia di Simona Costa

OSCAR MONDADORI

© 1992 Arnoldo Mondadori Editore S.p.A., Milano

I edizione Oscar Tutte le opere di Pirandello marzo 1992

ISBN 88-04-36548-X

Questo volume è stato stampato
presso Mondadori Printing S.p.A.
Stabilimento NSM - Cles (TN)
Stampato in Italia - Printed in Italy

Ristampe:

11 12 13 14 15

2002 2003 2004 2005 2006

www.mondadori.com/libri

Introduzione

1

Affidando ad un appunto del *Mestiere di vivere*, datato 13 gennaio 1937, le sue radicali perplessità su *I vecchi e i giovani* di Pirandello, Cesare Pavese preannuncia con una certa tempestività cronologica il *dépaysement* di molti lettori che verranno di fronte al problema della difficile collocazione del romanzo nella storia dello scrittore:

I vecchi e i giovani è un romanzo sbagliato perché, farcito di antefatti e spiegazioni sociali e politiche che dovrebbero farne un poema morale di idee in organismo e sviluppo drammatico, si frantuma invece in figure che hanno per legge interiore la solitudine e concludono ognuna – con la logica della solitudine – alla pazzia, all'inebetimento, al suicidio o alla morte senza eroismo. Tutte sono deformate in un ticchio, in un abito interiore, che tende a esprimersi o in monologo o in macchiettata.

Manca al racconto un ritmo di alternanze di prosa stesa e di dialogo; e non c'è la *forma* della solitudine se non per ciascun personaggio in separata sede; manca l'epopea del mondo di solitari. Anche, ogni personaggio separato, è dall'esterno costruito di antefatti, di analisi, di uscite, che non hanno un ritmo; si sente che l'autore butta giù con calcolo logico molta roba a giustificare i *momenti* in cui il solitario culmina e s'esprime, talvolta molto efficacemente.

La prova dell'essenziale composizione a freddo è lo stile, lucido, vitreo, anche se ogni tanto si colora di passionali scatti. Sono calcolati, ragionati, anche questi.

Ambiguamente sospeso tra i termini opposti di memoria autobiografica e di narrazione storica, di individualità e di mondo, *I vecchi e i giovani* deve, infatti, gran parte della sua "sfortuna" di romanzo alla frattura che sembra introdurre nella vicenda di Pirandello romanziere, interrompendo «l'applicazione della narrazione dei suoi tipici procedimenti dialettici, e di scomposizione della realtà psicologica individuale» (Macchia), sino ad assumere quei caratteri di «estrema prova ottocentesca» su cui recentemente ha ancora insistito Giancarlo Mazzacurati. Che in effetti alle spalle dell'opera «sbagliata» esistesse già un lungo percorso di maturazione sulla strada della narrativa umoristica, teorizzata proprio nel saggio *L'umorismo*, che vede la luce durante la stesura de *I vecchi e i giovani*, è cosa ben nota che non richiede ulteriori ragguagli. Proiettate verso gli sviluppi futuri del romanzo di Pirandello, di cui nella parte conclusiva anticipano le modalità operative di scomposizione della vita e la tradizione letteraria di riferimento (soprattutto Laurence Sterne e Adalbert von Chamisso), le pagine saggistiche del 1908 svolgono, infatti, anche un ruolo riassuntivo nei confronti del più recente passato dello scrittore, alludendovi apertamente nella dedica alla «buon'anima di Mattia Pascal bibliotecario».

Nelle lezioni universitarie dedicate al romanzo italiano del Novecento Giacomo Debenedetti ha sottolineato come proprio «l'inquietante, spiritata apparizione nel mondo» di Mattia Pascal abbia posto al suo autore il problema di una nuova chiave di lettura e di interpretazione della realtà. Dalla paradossale vicenda narrata nel romanzo, pubblicato a puntate sulla «Nuova Antologia» tra il 16 aprile e il 16 giugno 1904 (poi, a cura della stessa «Nuova Antologia», raccolto in volume a Roma nel 1904 e, di nuovo, riedito con lievi modifiche nel 1910 presso Treves), e dalla fallita evasione del suo protagonista deriva tutta la riflessione teorica di Pirandello sulla illusorietà del reale, la molteplicità dell'io, l'inconoscibilità del mondo; sino ad approdare all'individuazione di una forma artistica che consenta lo scandaglio della vita, visto che questa «per tutte le sue sfacciate assurdità, piccole e grandi, di cui è beatamente piena, ha l'inestimabile privilegio di poter fare a meno di quella stupidissima verosimiglianza a cui l'arte crede suo dovere obbedire». Con il «senso di Eraclito e di Democrito ad un tempo» nasce, così, la definizione pirandelliana dell'umorismo, inteso come «sentimento del contrario», secondo la nota spiegazione fornita dallo scrittore in un *exemplum* che detiene espliciti connotati narrativi:

Vedo una vecchia signora, coi capelli ritinti, tutti unti non si sa di quale orribile manteca, e poi tutta goffamente imbellettata e parata d'abiti giovanili. Mi metto a ridere. *Avverto* che quella vecchia signora è il *contrario* di ciò che una vecchia rispettabile signora dovrebbe essere. Posso così, a prima giunta e superficialmente, arrestarmi a questa impressione comica. Il comico è appunto *un avvertimento del contrario*. Ma se ora interviene in me la riflessione, e mi suggerisce che quella vecchia signora non prova forse nessun piacere a pararsi così come un pappagallo, ma che forse ne soffre e lo fa soltanto perché pietosamente s'inganna che, parata così, nascondendo così le sue rughe e le canizie, riesca a trattenere a sé l'amore del marito molto più giovane di lei, ecco che io non posso più riderne come prima, perché appunto la riflessione, lavorando in me, mi ha fatto andare oltre quel primo avvertimento, o piuttosto più addentro: da quel primo *avvertimento del contrario* mi ha fatto passare a questo *sentimento del contrario*. Ed è tutta qui la differenza tra il comico e l'umoristico.

Del resto, a tener conto del suo carattere di bilancio intellettuale che organizza in un sistema teorico una visione pessimistica e relativistica della realtà, la poetica dell'umorismo finiva per coinvolgere entro di sé, oltre l'avventura anarchica di Mattia Pascal, anche i più lontani antecedenti affidati alle novelle di fine secolo e ai due romanzi d'esordio, *L'esclusa* e *Il turno*, pubblicati rispettivamente nel 1901 e nel 1902 (ma già scritti nel 1893 e nel 1895). Che nella parabola di Pirandello la ricerca di una tematica autonoma conti almeno quanto le possibili tangenze con la cultura europea dei primi anni del Novecento (da Freud a Bergson, da Binet a Séailles), risulta, infatti, già chiaro nelle pagine liminari dell'*Esclusa* dove, in un contesto ancora in larga parte naturalistico, è avviato quel processo di deformazione caricaturale del mondo a cui si collega il rifiuto degli statuti positivistici. Nella vicenda di Marta Ajala e nel rovesciamento che essa esercita rispetto ai postulati della «verosimiglianza naturalistica» (cacciata di casa per un adulterio non consumato, la protagonista dell'*Esclusa* viene riaccolta dalla famiglia e dalla società, quando la colpa è stata realmente commessa) è implicita una corrosione delle certezze sociali ed individuali che si ripete con maggiore leggerezza di tratto nella farsa breve de *Il turno* (pubblicato a Catania nel 1902 dall'editore Giannotta), per deflagrare più vistosamente nella storia dell'uomo – Mattia Pascal – creduto e poi fintosi morto che, quando resuscita, si accorge di non poter essere riammesso nella società e nella famiglia, perché per la società e la famiglia è morto davvero.

Che, poi, fuori dall'orizzonte ideologico e tematico già consolidato nell'*Umorismo*, l'itinerario di Pirandello romanziere presenti sino al 1908 e anche oltre ampi margini di dipendenza dalle forme del narrare naturalistico, non occorre precisare troppo lungamente, se la stessa fisionomia strutturale del *Fu Mattia Pascal*, al di là di una evidente commistione di generi – il narrativo e il saggistico –, segnala una ricerca di novità per larga parte irrisolta; e se, in parallelo all'affresco storico mancato de *I vecchi e i giovani*, Pirandello lavora al romanzo *Suo marito* (uscito nel 1911 a Firenze, e mai più ristampato dall'autore per non offendere Grazia Deledda alla cui vicenda biografica era parzialmente ispirato, fu poi ripubblicato, a cura del figlio di Pirandello, Stefano, nel 1941 con il titolo *Giustino Roncella nato Boggiòlo*), dove al tema della «parte» a cui la società condanna l'individuo e al motivo della scomposizione della realtà, illustrato in pagine di intonazione saggistica, non corrisponde ancora una struttura dai connotati fortemente innovativi.

Il punto di svolta è, per concorde opinione della critica, da identificarsi nell'ulteriore puntata della vicenda: il romanzo *Si gira...*, che esce sulla «Nuova Antologia» tra il giugno e l'agosto del 1915, è pubblicato in volume da Treves nel 1916 e poi riedito con varianti e il nuovo titolo *Quaderni di Serafino Gubbio operatore*, sempre presso Treves nel 1925. Oltre ad accogliere il radicale *j'accuse* di Pirandello contro la civiltà della macchina e l'alienazione contemporanea, i *Quaderni* di Serafino, operatore cinematografico condannato alla «professionale impassibilità» di «una mano che gira una manovella», possono essere letti come il ritratto di Pirandello di fronte alla scrittura e insieme come il certificato di morte del romanzo naturalista. L'atto finale della drammatica storia che nei *Quaderni* si intreccia alle riflessioni narratologiche di Serafino segna, infatti, dopo molti rinvii, l'estremo approdo di Pirandello romanziere: l'afasia del protagonista, ridotto ad un «silenzio di cosa» dallo *choc* provocato dalla scena filmata (Aldo Nuti sbranato da una tigre, dopo aver ucciso Varia Nestoroff, la donna amata-odiata), coincide con quella dello scrittore costretto, una volta per tutte, all'aperta sconfessione del suo ruolo di narratore di storie.

Alla voce di Vitangelo Moscarda, alla quale è affidata la conclusione di tutto il percorso del romanzo pirandelliano, non resta che la coscienza dell'avvenuta rinuncia e il conseguente spostamento sul terreno delle «considerazioni» intorno alle ragioni private della propria e dell'altrui esistenza. Annunciato il 26 giugno 1910 in una lettera a Massimo Bontempelli, resa nota da Gian Gaspare Napolitano sul «Corriere della Sera» dell'11 febbraio 1962, ma pubblicato soltanto tra il dicembre 1925 e il giugno 1926 sulla rivista milanese «La Fiera Letteraria» – poi in volume a Firenze da Bemporad, nello stesso 1926 –, *Uno, nessuno e centomila* registra nel lungo arco della sua parabola compositiva la progressiva evoluzione di Pirandello verso le forme del romanzo "umoristico", recuperando da una delle fonti citate nel saggio del 1908 (*The Life and the Opinions of Tristram Shandy* di Sterne) il modello di una narrazione priva di cose e di eventi ed esclusivamente concentrata sul *raisonner* interiore del protagonista. Emblematico della poetica matura dello scrittore di cui sin dal titolo accoglie le conclusioni gnoseologiche (l'angoscia esistenziale e la volontà di fuga dal tempo e dallo spazio) e strettamente collegato al processo di distruzione delle strutture drammaturgiche tradizionali, operato nella trilogia del «teatro nel teatro», l'ultimo romanzo conclude l'avventura di Pirandello narratore sotto il segno di una scrittura che ripudia ogni logica organica per modellarsi sul ritmo vitale:

Nessun nome. Nessun ricordo oggi del nome di ieri; del nome d'oggi, domani. Se il nome è la cosa; se un nome è in noi il concetto d'ogni cosa posta fuori di noi; e senza nome non si ha il concetto, e la cosa resta in noi come cieca, non distinta e non definita; ebbene, questo che portai tra gli uomini ciascuno lo incida, epigrafe funeraria, sulla fronte di quella immagine con cui gli apparvi, e la lasci in pace e non ne parli più. Non è altro che questo, epigrafe funeraria, un nome. Conviene ai morti. A chi ha concluso. Io sono vivo e non concludo. E non sa di nomi, la vita. Quest'albero, respiro trèmulo di foglie nuove. Sono quest'albero. Albero, nuvola; domani libro o vento: il libro che leggo, il vento che bevo. Tutto fuori, vagabondo.

2

Il mese venturo, intanto, la «Rassegna contemporanea» comincerà a pubblicare «I vecchi e i giovani» – vasto romanzo, in cui ho rappresentato il dramma tristissimo della Sicilia dopo il 1870: dramma che si chiude coi fatti del 1893-94: anno terribile per l'Italia (avvenne il crollo scandaloso della Banca

Romana e la bancarotta del vecchio patriottismo) – l'anno però che segna una vera *crisi di crescenza* per il nostro paese. Il romanzo si compone di due parti e di un intermezzo: la prima e la seconda parte si svolgono in Sicilia, l'intermezzo a Roma.

È una rappresentazione priva di qualsiasi partigianeria: eppure son sicuro che molte oche timorate strilleranno.

Così, in una lettera scritta da Roma il 18 dicembre 1908, che del romanzo in cantiere offre una scorciata ma fulminea definizione, Pirandello notifica all'amico Ugo Ojetti l'*incipit* della vicenda editoriale de *I vecchi e i giovani*, la cui pubblicazione a puntate sulla rivista romana «Rassegna contemporanea» ha corso tra il gennaio e il novembre del 1909, quando si interrompe con il primo paragrafo del capitolo quarto della seconda parte. Le ulteriori fasi del percorso editoriale del romanzo possono essere ricostruite con buona approssimazione grazie a documenti e testimonianze epistolari, mentre molto meno è dato, invece, inferire circa i modi e i tempi di stesura del testo apparso sulla «Rassegna contemporanea», del quale anche la data liminare, solitamente ricondotta al biennio 1907-1908, si fonda su reperti puramente indiziari. Che il processo compositivo, presumibilmente iniziato negli anni contigui alla pubblicazione del *Fu Mattia Pascal*, si arrestasse in coincidenza del lavoro preparatorio dei volumi *Arte e scienza* e *L'umorismo*, editi entrambi nel 1908, è comunque attestato da una lettera di Pirandello a Massimo Bontempelli del 29 marzo 1908, dove si allude al manoscritto de *I vecchi e i giovani*, messo temporaneamente nel cassetto per dar spazio all'impegno saggistico:

Le manderò fra qualche giorno un mio volume di saggi intitolato *Arte e scienza*, fatica particolare in vista del concorso o per la promozione. Un altro ne manderò a stampa a maggio su *L'Umorismo*. Meno male, quest'ultimo! Ma che miserie, che miserie, che miserie, caro Bontempelli! Non respiro più, da circa un anno. Ho dovuto metter da parte il romanzo a cui attendevo e non tener conto di tutte le richieste di novelle che mi vengono da tante parti.

A voler, poi, inseguire il gioco degli anticipi e delle prolessi, la primitiva idea del romanzo può essere ancora retrocessa ad anni più remoti, se il 12 luglio 1903 appare sul fiorentino «Marzocco» la novella *Pianto segreto* che, con plurime rielaborazioni e con il mutamento del nome del personaggio da Francesco d'Adria in Francesco d'Atri, confluisce nel primo capitolo della seconda parte de *I vecchi e i giovani*. Di diversa natura risultano, invece, le intersezioni che collegano il «dramma tristissimo della Sicilia dopo il 1870» con altre novelle pubblicate da Pirandello tra la fine del secolo e gli inizi del Novecento: in questi casi le occorrenze tematiche non interessano in senso stretto la storia compositiva del testo, rinviando piuttosto alla complessiva riflessione che Pirandello conduce in questi anni intorno al motivo della *débâcle* della storia. È il caso della risentita polemica sull'Italia postunitaria che, prima di approdare alla fisionomia *refoulée* di Mauro Mortara, è affidata alle figure irredimibilmente disilluse dei garibaldini protagonisti di *Sole e ombra* (1896):

Col veleno intanto no, – soggiungeva adesso. – Troppi spasimi. L'uomo è vile; grida aiuto; e se mi salvano? No no, lì, meglio: a mare. Le medaglie, sul petto; il ciondolino al collo e *patapùmfete*. Poi: tutto di pancia. Signori, un garibaldino galleggiante: cetaceo di nuova specie!;

Notizie dal mondo (1901):

E quella sera che, terribilmente indignato, volevi dal terrazzino buttar giù nel fiume le tue medaglie garibaldine? Faceva un tempaccio! Pioveva a dirotto. E nel vederti così acceso manifestai l'opinione, ricordi? che non mettesse conto per questi porci d'Italia che tu rischiassi di prendere un malanno, uscendo sul terrazzino, sotto la pioggia.;

Lontano (1902):

Certo non avrebbe potuto vivere con gli scarsi proventi di questa saltuaria professione, senza l'ajuto della pesca giornaliera e di una misera pensioncina di danneggiato politico. Perché, sissignori, bestia non era soltanto da jeri – come egli stesso soleva dire – bestione era sempre stato: aveva combattuto per questa cara patria, e s'era rovinato. [...] Una sola, veramente, era stata la bestialità di don Paranza: quella d'aver avuto vent'anni al Quarantotto. Se ne avesse avuto dieci o cinquanta, non si sarebbe rovinato. Colpa involontaria, dunque. Nel bel meglio degli affari, compromesso dalle congiure politiche aveva dovuto esulare a Malta. La bestialità d'averne ancora trentadue al Sessanta era stata, si sa!, conseguenza naturale della prima [...]. A Milazzo, una palla in petto: e di quel regalo d'un soldato borbonico misericordioso non aveva saputo approfittare: – era rimasto vivo!;

Le medaglie (1904):

La gente però credeva che di tutte le pene che gli toccava patire si rifacesse poi nelle grandi giornate del calendario patriottico, nelle ricorrenze delle feste nazionali, allorché con la camicia rossa scolorita, il fazzoletto al collo, il cappello a cono sprofondato fin sulla nuca, recava in trionfo le sue medaglie garibaldine del Sessanta. Sette medaglie!

Eppure, arrancando in fila coi commilitoni nel corteo, dietro la bandiera del sodalizio dei Reduci, Sciaramè sembrava un povero cane sperduto.

O ancora possono aver funzionato da serbatoio tematico de *I vecchi e i giovani* novelle come *Il fumo* e *Sua Maestà*, entrambe pubblicate nel 1904 (ma la composizione della prima risale probabilmente al 1901) e preludenti rispettivamente ai motivi dello scandaglio sociale e del contrasto di generazioni; lasciando per ultimo l'incunabulo più noto e slontanato nel tempo – il poemetto in quartine di ottonari *Pier Gudrò*, pubblicato a Roma nel 1894 in occasione delle nozze di Bianca Menzocchi con Gaetano Lauricella – che, come il personaggio di Mauro Mortara nel romanzo, si ispira scopertamente alle vicende del girgentano Gaetano Navarra la cui biografia esemplare può essere letta nel necrologio apparso il 20 ottobre 1892 sulla «Riforma sociale» di Girgenti:

> Apprendiamo con immenso rammarico che la sera del venerdì ultimo è morto Gaetano Navarra, il quale congiurò per l'indipendenza d'Italia e fu esiliato con gli altri proscritti siciliani nel 1849. Venuto nel 1860 in Sicilia Garibaldi, Gaetano Navarra lo seguì sino al Volturno, distinguendosi per atti di coraggio, per i quali fu ammirato da Nino Bixio. Girgenti perde con la morte di Gaetano Navarra un patriota intemerato che nulla mai domandò al Paese per i servizî non ordinari resigli.

Quale che sia la data d'inizio della prima stesura del testo, la sua storia compositiva non può, comunque, dirsi conclusa neppure con la pubblicazione in rivista, se nel tempo in cui si succedono sulla «Rassegna contemporanea» le puntate de *I vecchi e i giovani*, Pirandello continua a lavorare al romanzo:

> Ti manderò – scrive sempre ad Ojetti, da Roma il 22 marzo 1909 – le novelle per il «Corriere»: le sto scrivendo. Ho ancora per le mani il romanzo che già si stampa su la «Rassegna contemporanea», e il distrarmene mi costa un grandissimo sforzo,

che presumibilmente non doveva essere terminato neppure entro il novembre 1909, visto che tra le cause della interruzione della pubblicazione si è soliti citare la molteplicità degli accadimenti avversi – la morte del suocero, il conseguente inasprirsi dei rapporti con la moglie – di un anno che le biografie pirandelliane hanno definito cruciale.

Il compimento del romanzo non richiese, tuttavia, molto tempo, a dar ascolto, almeno, a quanto scrive Pirandello all'editore Rocco Carabba in occasione di una controversia, cominciata nel 1904 e finita di fronte al pretore di Lanciano, avvocato Federico d'Alessandria, che il 20 luglio 1911 lo condanna a 41 lire di multa, e al pagamento dei danni e delle spese giudiziarie (gli atti del procedimento giudiziario sono stati pubblicati recentemente da Elio Providenti, in appendice al volume dell'*Epistolario familiare giovanile*). In una lettera del 22 febbraio 1910, che merita di essere largamente riprodotta anche per il suo carattere di anticipata autorecensione, la pubblicazione de *I vecchi e i giovani* comprensiva degli ultimi tre capitoli ancora manoscritti è offerta all'editore Carabba quale compenso per un precedente impegno editoriale sottoscritto ed eluso:

> Da un canto i troppi impegni contratti, dall'altro la mia scarsissima attitudine a scrivere per i ragazzi [...], mi vietano di comporre il libro *Le mie vacanze*, per cui ho da Lei un'anticipazione in acconto di L. 400. In cambio io Le offro la pubblicazione in volume del romanzo *I vecchi e i giovani* uscito l'anno scorso a puntate nella «Rassegna contemporanea» di Roma: vasto e complesso romanzo, che rappresenta vivo il dramma doloroso dell'Italia meridionale, e segnatamente della Sicilia dopo il 1870.
>
> Due generazioni, due ideali, due mondi vi si affrontano, dando luogo a particolari conflitti, a singole azioni, or tragiche or comiche, che s'intrecciano e si sviluppano lungo il corso della narrazione in modo da tener sempre desta la curiosità e acceso l'interesse dei lettori. Son persone e fatti studiati dal vero, numerosissimi e svariatissimi, quantunque tutto il romanzo sia chiuso nel volger di un anno, nel fortunoso anno 1893, che con lo scandalo enorme della Banca Romana e la rivolta dei Fasci in Sicilia segnò nella storia nostra contemporanea quasi la crisi di crescenza dell'Italia nostra. [...]
>
> Se Ella accetta – com'io credo – il cambio potrò mandarLe subito il romanzo, parte negli estratti della «Rassegna contemporanea», parte manoscritto, perché tre capitoli vi sono *inediti* affatto, aggiunti da me per dare maggiore sviluppo e maggior efficacia alla conclusione.

Le successive puntate della contesa con Carabba offrono ulteriori notizie intorno al romanzo, respinto dall'editore in quanto già edito sulla «Rassegna contemporanea», riproposto da Pirandello perché «non si tratta insomma di *ripubblicare*; ma di *pubblicare per la prima volta* il romanzo tutto intero, di darlo al pubblico nella sua veste, nel suo corpo» («Le ho aggiunto, del resto, che tre interi capitoli, che danno al romanzo la sua giusta fine, sono affatto nuovi»), e, infine, tramontata l'ipotesi di un accordo su questo terreno, annunciato di prossima uscita presso Treves:

il Treves – scrive ancora a Carabba, da Roma, il 25 marzo 1910 –, che, unicamente per togliermi da un imbarazzo, mi aveva accordato di cederLe il romanzo, pubblicherà lui *I vecchi e i giovani* nel venturo autunno.

Un ennesimo rinvio doveva, in realtà, spostare l'apparizione in volume de *I vecchi e i giovani* al 1913, quando il romanzo vede la luce a Milano presso i fratelli Treves, pubblicato in due tomi, con la dedica «Ai miei figli, / giovani oggi / vecchi domani». A trattenerlo ancora sul tavolo dello scrittore è probabilmente l'intenso lavoro di riscrittura che, insieme ai nuovi capitoli della parte terminale, distingue la redazione del 1909 da quella, per altro a sua volta non definitiva, del 1913. La prima pagina di un manoscritto pirandelliano, riprodotta in facsimile nell'*Almanacco letterario Bompiani* del 1938, interamente dedicato a Pirandello, certifica l'esistenza di una diversa stesura del testo, presumibilmente intermedia tra quella del 1909 e quella del 1913, che conduce l'opera di rimaneggiamento sino alle soglie dell'apparizione del libro:

La pioggia caduta a diluvio la notte scorsa aveva reso impraticabile il lungo stradone tutto a volte e risvolte, quasi in cerca di men faticose erte, di pendii meno ripidi tra la scabra ineguaglianza della vasta campagna solitaria.
Piovigginava ancora a scosse, nell'alba livida, tra il vento che spirava gelido, a raffiche, da ponente. A ogni raffica, su quel lembo di paese emergente or ora, appena, cruccioso, dalle fosche ombre umide della notte, pareva scorresse un rapido e lungo brivido, dalla città fitta di case gialligne alta sul colle, a le vallate aride, ai piani irti di stoppie annerite, fino al mare laggiù, torbido e rabbuffato.
Pioggia e vento parevano un'ostinata crudeltà del cielo so-

pra la desolazione di quelle piagge estreme della Sicilia, su le quali Girgenti, nei resti miserevoli della sua antichissima vita raccolti lassù, si levava triste superstite nel vuoto d'un tempo senza vicende, nell'abbandono d'una miseria senza riparo.

Lungo lo stradone, le folte siepi di fichidindia o di rovi secchi o di agavi e le muricce qua e là screpolate erano di tratto in tratto interrotte da qualche pilastro cadente o da qualche cancello scontorto e irrugginito o da rozzi e squallidi tabernacoli, i quali, nella solitudine immobile e silenziosa, guardati dagli ispidi rami degli alberi gocciolanti, anziché conforto ispiravano un certo sgomento; posti com'eran lì a ricordar la fede a viandanti, per la maggior parte campagnoli...

Del resto, nella famosa *Lettera autobiografica*, pubblicata da Filippo Sùrico sulla rivista romana «Le lettere» il 15 ottobre 1924, ma risalente agli anni 1912-13, è lo stesso Pirandello a descriversi intento al lavoro sul doppio scrittoio de *I vecchi e i giovani* e di *Moscarda, uno, nessuno e centomila*:

Ora attendo a compiere il vasto romanzo *I Vecchi e i Giovani*, già in parte apparso su la «Rassegna contemporanea»: il romanzo della Sicilia dopo il 1870, amarissimo e popoloso romanzo, ov'è racchiuso il dramma della mia generazione. E un altro romanzo ho anche per le mani, il più amaro di tutti, profondamente umoristico, di scomposizione della vita: *Moscarda, uno, nessuno e centomila*. Uscirà su la fine di quest'anno nella «Nuova Antologia».

Mentre ancora molti rinvii dovevano toccare in sorte al «più amaro» di tutti i romanzi pirandelliani, pubblicato per la prima volta tra il '25 e il '26, la storia de *I vecchi e i giovani* si concludeva, invece, di lì a poco tempo, anche se l'edizione definitiva del testo, «completamente riveduta e rielaborata dall'autore», sarebbe uscita soltanto nel 1931 presso Mondadori, quasi a conclusione di tutta la sua carriera di narratore.

3

Accennando, in un articolo apparso con il titolo *Arte e coscienza d'oggi* sulla «Nazione letteraria» nel settembre 1893, alla costituzione dei Fasci siciliani avvenuta nello stesso anno, Pirandello anticipava, sia pur da un'ottica ancora simpatetica, il valore epocale dell'evento, rivelando un'attitudine a saldare i conti con la contemporaneità che doveva trovare i suoi esiti più vistosi, vari anni dopo, ne *I vecchi e i giovani*:

Ferve negli spiriti un continuo agitarsi d'ombre che accennan leste e dispaiono, procellarie della lotta. E par che tutta la miseria d'una storia secolare aggruppatasi in un turbine voglia urtare, scrollare il vecchio mondo. E noi viviamo in un tramenio vertiginoso che da tutti i lati ci preme, urta e logora. [...] Par che tutto tremi e tentenni [...]. Siamo certamente alla vigilia d'un enorme avvenimento.

In effetti il romanzo, pubblicato in volume nel 1913 ma già largamente anticipato sulla «Rassegna contemporanea» del 1909, era ben lungi dal rappresentare quell'improvvisa e immotivata deviazione dai tracciati della realtà psicologica individuale che è dispiaciuta a molti suoi lettori, indotti a metterlo in parentesi dal potere di interdizione che a lungo è stato esercitato da un'interpretazione univoca del "pirandellismo". Pur all'interno di sensibili oscillazioni nel giudizio politico, la scrittura giornalistica e quella privata di Pirandello contengono, infatti, tra la fine del secolo e il primo quindicennio del Novecento, frequenti rinvii agli episodi più significativi della storia sociale ed economica della nuova Italia, mentre anche lo stesso recupero entro la compagine narrativa de *I vecchi e i giovani* di molte pagine della storia dei Fasci siciliani del deputato socialista Napoleone Colajanni – *Gli avvenimenti di Sicilia e le loro cause*, pubblicato a Palermo nel 1896 (ma la prima edizione, con il titolo *In Sicilia: gli avvenimenti e le cause*, era apparsa a Roma nel 1894) – documenta una disposizione non perfettamente omologabile a quella di Manzoni lettore delle *Storie milanesi* di Giuseppe Ripamonti. Che a confluire nel romanzo sia, *in primis*, il coinvolgimento di Pirandello nel suo tempo, più che una pura passione antiquariale, lo comprova, del resto, il sotterraneo ma vistoso riferimento de *I vecchi e i giovani* all'età giolittiana: in particolare i fatti nazionali e siciliani nel biennio 1907-1908 costituiscono, presumibilmente, la spinta più immediata alla stesura del romanzo. In particolare la condizione degli zolfatari siciliani, aggravata nel 1906 dal mancato rinnovo da parte della Compagnia anglo-sicula del contratto con i proprietari locali, può avere indotto Pirandello a recuperare la vicenda della rivolta e della repressione dei Fasci, accaduta dodici anni prima, sino a farne uno dei luoghi centrali della *fabula* romanzesca.

Originato da una radicale volontà di denuncia del quadro storico e sociale contemporaneo che esigenze di interesse narrativo inducono a retrodatare ad anni (il biennio 1893-1894) più densi di rilievo politico – i moti siciliani ma anche lo scandalo della Banca Romana –, *I vecchi e i giovani* si configura, quindi, come punto di approdo di una lunga, sebbene in gran parte carsica, riflessione sui destini della società nazionale, restituendo con l'oltranza "catastrofica" del racconto i sensi di una triplice delusione storica: quella del «Risorgimento come moto generale di rinnovamento del nostro paese», dell'«Unità come strumento di liberazione e di sviluppo delle zone più arretrate, e in particolare della Sicilia e dell'Italia meridionale», del «socialismo che avrebbe potuto essere la ripresa del movimento risorgimentale, e invece si era perduto nelle secche della irresponsabile leggerezza dei dirigenti e della ignoranza e arretratezza delle masse» (Salinari). È evidente come su questo terreno la posizione di Pirandello risulti, almeno nelle linee più esterne e generali, tutt'altro che *élitaire*, presentando significativi punti di tangenza con motivi di larga circolazione nel dibattito politico-culturale italiano: dalla *deprecatio* del Risorgimento "tradito" che percorre sotterraneamente la storia degli intellettuali italiani dagli anni Settanta all'avvento del fascismo, alla polemica meridionalista che, proprio nel 1909, in occasione delle elezioni politiche generali, Gaetano Salvemini tiene viva, attendendo in prima persona a quell'appassionato lavoro di controinformazione e di denuncia delle illegalità compiute, con la complicità del governo, nel collegio di Gioia del Colle, i cui risultati confluiranno, un anno dopo, nel celebre *pamphlet Il ministro della mala vita. Notizie e documenti sulle elezioni giolittiane nell'Italia meridionale* pubblicato nelle Edizioni della Voce; al rapporto istituito da Pirandello con il socialismo, secondo modalità – dall'adesione al ripudio – che saranno comuni a molti altri *hommes de lettre* nello stesso periodo di tempo (si ricordino le numerose dichiarazioni di morte del socialismo rilasciate da intellettuali italiani nel corso del 1911, dopo l'intervista crociana apparsa sulla «Voce» il 9 febbraio).

Che poi l'*explicit*, nel 1924, della vicenda politica dello scrittore riduca ancora la distanza tra il suo *background* ideologico e quello di numerosi protagonisti della cultura nazionale, è un'altra storia che solo marginalmente può riguardare, per il meccanismo non sempre legittimo degli anticipi e delle "premonizioni", il capitolo de *I vecchi e i giovani*. Di maggiore importanza sono, invece, le congiunture storiche e le consonanze politico-ideologiche con alcuni settori della cultura giolittiana che inducono l'umbratile professore dell'Istituto Superiore di Magistero di Roma ad uscire dalla sua renitenza, a rompere il «cielo di carta», per tentare una serie di riflessioni sul corso recente della storia nazionale e su quello della storia senza aggettivi. Del resto, a segnalare il rapporto tra questo romanzo e il clima culturale contemporaneo interviene, anche, la struttura narrativa de *I vecchi e i giovani*, tradizionalmente rubricata come di retroguardia nel percorso di Pirandello romanziere, ma senza dubbio sintomatica della suggestione esercitata su di lui da precedenti e coeve esperienze in cui avevano trovato sbocco i più risentiti umori della letteratura di fine Ottocento.

La notorietà critica dell'episodio esime dall'insistere più del dovuto sul ruolo di "fonte" privilegiata che le vicende della famiglia Uzeda raccontate da Federico De Roberto nel romanzo *I Viceré*, pubblicato a Milano presso l'editore Galli nel 1894, hanno svolto per *I vecchi e i giovani*, inaugurando una tradizione siciliana di nichilismo storico la cui tappa conclusiva coincide con l'apparizione nel 1958, presso l'editore Feltrinelli, del *Gattopardo* di Giuseppe Tomasi di Lampedusa. È evidente, infatti, che al di là di alcuni punti di raccordo con il modello manzoniano, opportunamente segnalati dalla critica, l'opzione della struttura storica nei suoi più tradizionali connotati (racconto in terza persona, rigoroso rispetto del *continuum* narrativo, fitta presenza dei personaggi dai destini incrociati) deve essere, in gran parte, attribuita alla influenza della scrittura romanzesca di De Roberto di cui, oltretutto, entro le affinità dettate dalla geografia letteraria, Pirandello condivide lo scetticismo antiprogressista o, se si preferisce, l'ossimoro del romanzo storico senza storia. Anche se a ricomporre il quadro delle complicità pirandelliane con la narrativa storico-sociale del suo tempo non basta il riferimento al messaggio testamentario de *I Viceré* («La storia è una monotona ripetizione: gli uomini sono stati, sono e saranno sempre gli stessi. Le condizioni esteriori mutano; certo tra la Sicilia di prima del Sessanta, ancora quasi feudale, e questa d'oggi pare ci sia un abisso ma la differenza è tutta esteriore») o al suo più diretto – almeno in senso ideologico – antecedente concordemente rintracciato nella novella verghiana *Libertà*. Sotto il profilo della coscienza negativa della realtà nazionale postunitaria, *I vecchi e i giovani* si colloca, infatti, a pieno titolo, nella folta costellazione di romanzi – dall'*Onorevole* del radicale Ernesto Bizzoni, pubblicato nel 1886, alle *Vergini delle rocce* di D'Annunzio (1895), dall'*Onorevole Paolo Leonforte* di Enrico Castelnuovo, del 1894, ai romanzi di Alfredo Oriani ed Enrico Corradini – che, soprattutto a far data dall'ultimo ventennio dell'Ottocento, sottopongono, sia pur nella divaricazione ideologica dei loro autori, la politica italiana ad una tesa ed aspra denuncia di cui è testimone, ad un livello eminente di esemplarità, la famosa pagina "romana" del romanzo pirandelliano:

Ma sì, ma sì: dai cieli d'Italia, in quei giorni, pioveva fango, ecco, e a palle di fango si giocava, ed il fango s'appiastrava da per tutto, su le facce pallide e violente degli assaliti e degli assalitori, su le medaglie già conquistate sui campi di battaglia (che avrebbero dovuto almeno, queste, perdio! esser sacre) e su le croci e le commende e su le marsine gallonate e su le insegne dei pubblici uffici e delle redazioni dei giornali. Diluviava il fango; e parve che tutte le cloache della città si fossero scaricate e che la nuova vita nazionale della terza Roma dovesse affogare in quella torbida fetida alluvione di melma, su cui svolazzavano stridendo, neri uccellacci, il sospetto e la calunnia.

Ma per sapere che il destino di Pirandello non è il destino di Bizzoni, Oriani, D'Annunzio e via dicendo, non c'è bisogno neppure di appellarsi a quanto nel suo itinerario di scrittore precede e segue il testo del 1913. Composto con l'occhio attento al panorama contemporaneo e l'*arrière pensée* del romanzo storico e del romanzo di conflitti sociali, *I vecchi e i giovani* consegue, in realtà, esiti di così netta alterità da rendere quantomeno insufficiente anche l'ipotesi della struttura narrativa messa in mora dalla irriducibile negatività di Pirandello. Certo è vero che la totale assenza di illusioni di chi nelle pagine, pressoché coeve, dell'*Umorismo* aveva teorizzato che «la vita nuda, la materia senza ordine apparente, irta di contraddizioni, pare all'umorista lontanissima dal congegno ideale delle comuni concezioni artistiche, in cui tutti gli elementi, visibilmente, si tengono a vicenda e a vicenda cooperano», contribuisce a spostare progressivamente l'attenzione dalla narrazione degli accadimenti storici alle psicologie individuali, riducendo di molto la frattura tra *I vecchi e i giovani* e il restante mondo poetico pirandelliano. La scontata illusorietà del reale, che nel romanzo condanna ad un medesimo, fallimentare destino tanto le ambizioni di potere, quanto le passioni generose d'amore o di patria, sino a trovare la sua più esplicita ratifica nelle notissime parole di don Cosmo Laurentano:

> Una sola cosa è triste, cari miei: aver capito il giuoco! Dico il giuoco di questo demoniaccio beffardo che ciascuno di noi ha dentro e che si spassa a rappresentarci di fuori, come realtà, ciò che poco dopo egli stesso ci scopre come una nostra illusione, deridendoci degli affanni che per essa ci siamo dati e deridendoci anche, come avviene a me, del non averci saputo illudere, poiché fuori di queste illusioni non c'è più altra realtà. [...] Bisogna vivere, cioè illudersi, lasciar giocare in noi il demoniaccio beffardo, finché non si sarà stancato; e pensare che tutto questo passerà... passerà...,

produce un personale rovesciamento degli statuti "ottocenteschi" del genere storico, apparentemente adottato in modo acritico, ma in realtà inesorabilmente corroso dall'assenza di quella voce narrativa oggettiva per cui possiamo leggere De Roberto quasi come un involontario precursore dell'*école du regard*. Mutando continuamente il punto di vista per identificarsi di volta in volta con le «ragioni» di un diverso personaggio, «attraverso le tecniche del discorso indiretto libero e del discorso rivissuto» (Spinazzola), l'io narrante de *I vecchi e i giovani* finisce per abdicare al ruolo che istituzionalmente gli compete entro le strutture del romanzo storico, sino a rinunciare al racconto in presa diretta degli accadimenti, relegati ai margini della vicenda e "pirandellianamente" ricostruiti dal relativismo delle singole voci (esemplare, in tal senso, il resoconto "corale" dell'eccidio di Aurelio Costa e Nicoletta Capolino ad Aragona).

Anche se a rendere ragione della singolare anomalia del romanzo non è sufficiente il ricorso alle sue intersezioni con i postulati più noti della poetica di Pirandello, affidati nel 1908 al saggio che è da tutti ritenuto l'epicentro teorico della sua attività narrativa. Il carattere di «affresco scrostato» che la storia assume ne *I vecchi e i giovani*, risulta, infatti, difficilmente comprensibile senza chiamare in causa la memoria autobiografica che sottende tutto il romanzo, ricostruendo fatti e figure con quella tendenziosa frammentarietà per cui Leonardo Sciascia ha evocato l'esempio («sotto altra specie, sotto altro genere») dell'*Henry Brulard* di Stendhal:

C'est toujours – scrive Stendhal nella *Vie d'Henry Brulard* – comme les fresques du [Campo Santo] de Pise où l'on aperçoit fort bien un bras, et le morceau d'à côté qui représentait la tête est tombé. Je vois une suite d'images *fort nettes* mais sans physionomie autre que celle qu'elles eurent à mon égard. Bien plus, je ne vois cette physionomie que par le souvenir de l'effet qu'elle produisit sur moi.

Grazie alle biografie pirandelliane di Federico Vittore Nardelli e di Gaspare Giudice e alle ricerche di Calogero Ravenna sono noti gli elementi autobiografici che si celano sotto gli eventi e i personaggi del romanzo (la nonna materna di Pirandello, Rosa Bartoli, ritratta in Donna Caterina Laurentano, con, in aggiunta, riferimenti alla madre dello scrittore, Caterina Gramitto; in Roberto Auriti lo zio Rocco Ricci Gramitto, avvocato garibaldino coinvolto nello scandalo della Banca Romana; in Ninì de Vincentis il cavaliere Antonio de Gubernatis, bibliotecario e grande amico di Pirandello; in Luca Lizio Francesco De Luca, dirigente a Girgenti del movimento dei Fasci siciliani; oltre, ovviamente, al caso più noto di Mauro Mortara-Gaetano Navarra), costituendone un'importante mappa di riferimento dalla quale risulta attestata la centralità, nella visione pirandelliana della vita, di quella cultura dialettale-popolare su cui hanno particolarmente insistito i suoi "lettori" siciliani: Leonardo Sciascia e, prima di lui, Vitaliano Brancati, polemicamente reattivo nei confronti di quanto nell'*iter* di Pirandello fuoriesca dai confini della «zona di poesia» che «si estende sulla costa occidentale della Sicilia, e forma un triangolo che bagna due vertici nel mare, con Agrigento e Palermo, e tiene il terzo tra le nuvole, con Enna e Caltanissetta».

A Pirandello toccarono in sorte tali paesi e personaggi; [...] Se Pirandello avesse ascoltato quei personaggi farneticanti, prendendoli sul serio unicamente dal lato umano e comico, Verga avrebbe avuto in lui un compagno di uguale statura. Il guaio fu che egli prese sul serio soprattutto il lato filosofico dei suoi personaggi, attribuì un valore universale di verità alle conclusioni strampalate di quei maniaci, li ascoltò con riverenza di discepolo, ritrovò Hegel e Fichte nei loro discorsi. [...]
Quello che è rimasto fuori di questo caos, testimonia della grandezza nativa dello scrittore: il resto denuncia la sua trascuratezza, ingenuità, sconoscenza dei propri mezzi e destino (*Pirandello diabolico?*, in «Il Tempo», 8 marzo 1948, poi in V. Brancati, *Il borghese e l'immensità. Scritti 1930-1954*, a cura di S. De Feo e G.A. Cibotto, Bompiani, Milano 1973, p. 246).

Ma, al di là del processo di svelamento dei singoli risvolti autobiografici, quel che più conta nel romanzo e contribuisce alla sua capacità di fascinazione è il singolare gioco della sorte per cui il narratore di tante vicende individuali sceglie di farsi, in qualche modo, protagonista proprio di un romanzo storico che, come tale, non è in grado di raccontare. Affidando a *I vecchi e i giovani* il ritratto «doloroso dell'Italia meridionale», Pirandello sembra, infatti, avere avvertito più che altrove la suggestione dell'io "empirico", se la narrazione volta a ricostruire le radici della negatività contemporanea finisce per risolversi nella selezione di episodi e stati d'animo attinti alla sua biografia individuale e familiare. Che poi, oltre il privilegiato identificarsi nelle voci del vecchio don Cosmo o del giovane Lando Laurentano, lo scrittore finisca per rappresentarsi nel personaggio più autobiografico di tutta la sua opera, è elemento che aggiunge ulteriore interesse al romanzo: seguendo le tracce di Antonio del Re entro la storia de *I vecchi e i giovani*, si può avere forse un parziale risarcimento delle promesse e inadempiute *Informazioni sull'involontario soggiorno sulla terra* di Pirandello.

In conformità con il criterio adottato da Mario Costanzo nel secondo volume di *Tutti i romanzi* di Pirandello, edito da Mondadori nel 1973 nella collana «I Meridiani», si riproduce qui il testo dell'edizione definitiva de *I vecchi e i giovani*, pubblicato da Mondadori nel 1931.

Cronologia

1867

«Io dunque sono figlio del Caos; e non allegoricamente, ma in giusta realtà», diceva Pirandello in quel *Frammento d'autobiografia* dettato, nell'estate 1893, all'amico Pio Spezi, che lo pubblicò molti anni dopo sulla «Nuova Antologia» (16 giugno 1933). L'allusione è alla rustica casa, detta "il Caos", nella campagna intorno a Girgenti (divenuta, nel 1927, Agrigento), dove Luigi nacque il 28 giugno, durante un'epidemia di colera che aveva indotto, appunto, la madre ad abbandonare la città, insieme alla primogenita, la piccola Rosalina (Lina).

Nella famiglia Pirandello era particolarmente viva la componente patriottica: Stefano, il padre, di origine ligure, aveva combattuto con Garibaldi e, nel novembre 1863, aveva sposato la sorella di un commilitone, Caterina Ricci Gramitto, il cui padre, Giovanni, era stato acceso antiborbonico e perciò, dopo la rivoluzione del '48, esiliato a Malta.

1870-1881

Gli anni della formazione "siciliana" di Luigi, lo vedono alle prese con il locale patrimonio folcloristico di superstizioni e leggende (mediato da una domestica di casa Pirandello, Maria Stella), con un'educazione religiosa ben presto ripudiata per le ipocrisie traumaticamente individuatevi, e con episodi di amore e morte intravisti all'interno di una torre-*morgue*.

A integrare alla meglio l'esigua biblioteca paterna, Luigi si rivolge al cartolaio locale, da cui acquista, fra l'altro, due opere del Pellico, *Le mie prigioni* e una tragedia, l'*Eufemio da Messina*. Da questa viene anche, a lui dodicenne, lo stimolo a scrivere una tragedia, andata perduta, da rappresentare coi coetanei: una suggestione, inoltre, di quei "pupi" siciliani che, come racconterà lui stesso, aveva, sin da piccolo, molto amato.

Dopo una prima istruzione elementare impartitagli in casa da un precettore, Luigi è iscritto dal padre, commerciante di zolfo, alle scuole tecniche. Il registro della prima classe, da lui frequentata nel '78-79, documenta che superò gli esami finali con una media di settanta su cento. Ma l'attrazione per gli studi classici è forte: complici la madre e lo zio, prepara l'esame integrativo di latino e passa al ginnasio, dove ottiene l'iscrizione alla seconda classe. Sfida così l'ira paterna, a evitar la quale racconterà, nel *Frammento d'autobiografia*, di esser fuggito fino a Como: inattendibile fuga, da lui stesso, del resto, poi smentita.

1882-1887

In seguito al rovescio economico del padre, la famiglia si trasferisce (nel 1882, secondo la testimonianza del quartogenito, Innocenzo) a Palermo, dove Luigi porta a termine gli studi liceali. Rimasto solo in città dopo il successivo spostamento dei suoi a Porto Empedocle, Luigi si innamora, durante l'ultimo anno di liceo, di una cugina di qualche anno maggiore di lui, Paolina (Lina). Per lei continua gli studi a Palermo, iscrivendosi, nel 1886, alla Facoltà di Lettere e a quella di Legge, dove entrerà in contatto con quella generazione di giovani fra cui si formeranno i dirigenti dei Fasci siciliani.

Pressioni da parte della famiglia di Lina lo inducono a tentare un veloce inserimento nel mondo lavorativo: nasce così, nell'estate 1887, un periodo di lavoro accanto al padre nelle zolfatare di Porto Empedocle. Dell'autunno è il fidanzamento ufficiale, momento da cui, tuttavia, inizia ad affievolirsi l'amore. Deciso ad abbandonare la carriera commerciale e a riprendere gli studi,

Luigi sceglie non più Palermo ma Roma, alla cui Facoltà di Lettere si trasferisce nel novembre 1887, abitando prima presso uno zio materno, Rocco Ricci Gramitto, poi in una pensione. È dispensato dal servizio militare, che si assume in sua vece il fratello Innocenzo.

1889-1891
Nel 1889, pubblica a Palermo, presso la Libreria Internazionale L. Pedone Lauriel di Carlo Clausen, la sua prima raccolta poetica, dall'antinomico titolo *Mal giocondo*.

Nel novembre 1889, si iscrive all'Università di Bonn, dove era stato indirizzato, con una lettera di presentazione per il professor Wendelin Foerster, da Ernesto Monaci, docente di Filologia romanza. Molla al trasferimento era stato uno scontro avuto da Pirandello con il professore di latino, Onorato Occioni.

Il 21 marzo 1891 si laurea in Filologia romanza a Bonn, con una tesi su *Laute und Lautentwickelung der Mundart von Girgenti* (*Suoni e sviluppi di suono della parlata di Girgenti*). Al periodo di Bonn risale l'amore per Jenny Schulz-Lander, la ragazza tedesca cui dedica la seconda raccolta di versi, *Pasqua di Gea*, pubblicata, al ritorno in Italia, dalla Libreria Editrice Galli di Milano nel 1891.

Dopo un breve rientro in Sicilia, ottenuto dal padre un assegno mensile, è di nuovo a Roma: qui, a metà agosto 1891, scrive una lunga lettera al padre a giustificare la necessità di rompere l'ormai logorato fidanzamento con Lina.

1892-1896
Tramite, dapprima, l'amicizia con Ugo Fleres, entra in contatto con l'ambiente letterario della capitale e, grazie alle sollecitazioni di Luigi Capuana, tenta la via della prosa. Nasce così, nel 1893, durante un soggior-

no a Monte Cavo, il primo romanzo, *Marta Ajala*, pubblicato solo nel 1901 col titolo *L'esclusa*.

Il 27 gennaio 1894 sposa, a Girgenti, Maria Antonietta Portulano, figlia di un socio del padre, e si stabilisce quindi definitivamente a Roma con la moglie. Nel giugno 1895 nascerà il primo figlio, Stefano.

Al 1894 risale la prima raccolta di novelle, *Amori senza amore* (Roma, Stabilimento Bontempelli Editore), che raccoglie tre testi, *L'onda*, *La signorina*, *L'amica delle mogli*, esclusi poi dalle successive raccolte. Sempre nel 1894 pubblica il poemetto *Pier Gudrò* (Roma, Enrico Voghera), primo saggio di una tematica risorgimentale, ripubblicato poi, in nuova stesura, sulla «Riviera ligure» del luglio 1906.

Intensa, frattanto, la sua collaborazione a giornali e riviste («La Tavola rotonda», «La Nazione letteraria» di Firenze, «Rassegna settimanale universale», «Il Folchetto», «Roma letteraria», «La Critica» di Gino Monaldi, «La Tribuna illustrata», «Roma di Roma» ecc.), su cui pubblica articoli, saggi, poesie, novelle. Dal novembre 1896 avvia, anche, la collaborazione al fiorentino «Marzocco» dei fratelli Orvieto.

Al 1895 risale la stesura del secondo romanzo, *Il turno*, e la pubblicazione delle *Elegie renane* (Roma, Unione Cooperativa Editrice), composte negli anni di Bonn, sulla scia della traduzione, allora avviata, delle *Elegie romane* di Goethe, pubblicate, a Livorno da Giusti, nel 1896.

1897-1902
Sostituisce Giuseppe Màntica nell'insegnamento della lingua italiana all'Istituto Superiore di Magistero di Roma, diretto da Giuseppe Aurelio Costanzo.

Nel giugno 1897 nasce la figlia Rosalia (Lietta), cui seguirà, nel giugno 1899, il figlio Fausto.

Verso la fine del 1897, avvia le sue pubblicazioni «Ariel», la rivista di titolo shakespeariano diretta da

Carlo Italo Falbo e nata nel cenacolo letterario intorno a Giuseppe Màntica, cui partecipavano altri amici di Pirandello, come Ugo Fleres, Italo Palmarini, Luigi Capuana, Nino Martoglio e Giustino Ferri. Fra le varie collaborazioni di Pirandello alla rivista – che chiude le pubblicazioni nel 1898 – è, nel numero 14, un atto unico, *L'epilogo*, ripubblicato nel 1914 col titolo *La morsa*.

Nel 1901, oltre al volume di liriche *Zampogna* (Roma, Società Editrice Dante Alighieri), appare a puntate su «La Tribuna», tra il giugno e l'agosto, il romanzo *L'esclusa*, pubblicato poi in volume da Treves nel 1908. Nel 1902 escono *Il turno* (Catania, Giannotta), e due raccolte di novelle, *Beffe della morte e della vita* (Firenze, Francesco Lumachi) e *Quand'ero matto...* (Torino, Streglio). Inizia a collaborare, nel gennaio 1902, alla «Nuova Antologia», di cui è redattore capo Giovanni Cena.

1903-1907

La seconda serie di *Beffe della morte e della vita* esce, nel 1903, presso l'editore Lumachi di Firenze.

Nello stesso anno precipita la situazione economica e familiare di Pirandello: nell'allagamento di una grande miniera di zolfo, il padre Stefano perde il suo patrimonio nonché la dote, lì investita, della nuora Antonietta. È per quest'ultima, già fragile di nervi, il tracollo nervoso che le comporterà una paresi alle gambe, durata sei mesi, e, quindi, una mai sanata forma di paranoia. Per far fronte a tale precaria condizione, Luigi ricorre a lezioni private, chiede compensi alle sue collaborazioni letterarie e, dietro un anticipo datogli da Cena, pubblica a puntate sulla «Nuova Antologia», tra l'aprile e il giugno 1904, *Il fu Mattia Pascal*, poi apparso in estratto. Il successo del romanzo, tradotto nel 1905 in tedesco, gli aprirà le porte dell'importante casa editrice Treves di Milano. Nel 1904, aveva pubblicato, a Torino da Streglio, la raccolta di novelle *Bianche e nere*; la nuova raccolta, *Erma bifronte*, uscirà appunto da Treves nel 1906.

Nel corso del 1906, appaiono sulla «Rivista di Roma» la prima e seconda parte del poemetto *Laòmache* (in versione integrale nel 1916), e il poemetto drammatico *Scamandro* (in volume nel 1909).

1908-1909

In vista del concorso a cattedra pubblica due importanti volumi di saggi, *Arte e scienza* (Roma, W. Modes Libraio-Editore) e *L'umorismo* (Lanciano, Carabba), dedicato «Alla buon'anima di Mattia Pascal bibliotecario». La cattedra di «lingua italiana, stilistica e precettistica e studio dei classici, compresi i greci e i latini nelle migliori versioni» nel primo biennio dell'Istituto superiore di Magistero di Roma, sarà da lui mantenuta dal 1908 al 1922, nonostante le riserve avanzate sulla stessa materia d'insegnamento, la stilistica, non ben definibile dai più, e nonostante il dichiarato peso di tale incarico. Spesso, infatti, si trovò a richiedere congedi al direttore dell'Istituto, Costanzo, che, oltre ad essergli amico, ne apprezzava la vivacità delle lezioni.

Fra il gennaio e il novembre 1909 appare, sulla «Rassegna contemporanea», la prima parte del romanzo *I vecchi e i giovani*, pubblicato integralmente da Treves nel 1913. Nell'ottobre 1909 avvia la collaborazione al «Corriere della Sera», su cui continueranno ad apparire sue novelle fino al 9 dicembre 1936, giorno precedente la sua morte.

1910-1914

Su sollecitazione del commediografo siciliano Nino Martoglio, direttore della Compagnia del Teatro Minimo, trae, dall'omonima novella del 1900, l'atto unico *Lumìe di Sicilia*, messo in scena il 9 dicembre 1910 insieme a *La morsa* (titolata, nel 1898 su «Ariel», *L'epilogo*).

Escono, da Treves, la raccolta di novelle *La vita nuda* e *Il fu Mattia Pascal*: del romanzo si ha, nello stesso anno, una traduzione francese, apparsa prima a puntate sul «Journal de Genève», poi in volume a Parigi da Calmann-Lévy.

Nel 1911 esce il romanzo *Suo marito* (Firenze, Quattrini), la cui diffusione fu quindi limitata dall'autore stesso per non offendere Grazia Deledda che nella vicenda si era riconosciuta, e che poi, nel 1941, fu ripubblicato postumo da Stefano Pirandello, nella parziale revisione operatane dal padre, col titolo *Giustino Roncella nato Boggiòlo*.

Esce, nel 1912, da Treves, la raccolta di novelle *Terzetti*, mentre il suo ultimo volume di versi, *Fuori di chiave*, appare a Genova da Formìggini.

Il 20 giugno 1913 la Compagnia del Teatro per Tutti, diretta da Lucio d'Ambra e Achille Vitti, mette in scena a Roma l'atto unico *Il dovere del medico*, tratto da una novella del 1902, *Il gancio*.

Esce, nel 1914, a Firenze da Quattrini, la raccolta di novelle *Le due maschere* (poi, col titolo *Tu ridi*, Milano, Treves, 1920).

1915

La sua prima commedia in tre atti, *Se non così*, va in scena a Milano il 19 aprile, sotto la direzione di Marco Praga e con Irma Gramatica come protagonista. La commedia, divenuta nel 1921 *La ragione degli altri*, risaliva a una prima idea del 1896, *Il nibbio*.

Un nuovo romanzo, *Si gira...*, appare a puntate, tra il giugno e l'agosto, sulla «Nuova Antologia»: nel '16 è in volume da Treves, e, nel 1925, ne uscirà una nuova edizione, dal titolo *Quaderni di Serafino Gubbio operatore*, presso Bemporad. Escono due altre raccolte di novelle, *La trappola*, da Treves, e *Erba del nostro orto* (Milano, Studio Editoriale Lombardo). Nel dicembre, va in scena a Roma l'atto unico *Cecè*, scritto nel 1913.

Con l'intervento in guerra dell'Italia, il figlio Stefano parte volontario; il 2 novembre cade prigioniero ed è internato a Mathausen da cui passerà (dopo Caporetto) a Plan in Boemia. A Girgenti muore la madre Caterina, mentre più pesante si fa la situazione familiare per l'aggravarsi della malattia mentale della moglie, sotto forma di morbosa gelosia.

1916-1918

Persuaso dall'amico Nino Martoglio, contribuisce al repertorio del famoso attore siciliano Angelo Musco che, nel 1916, porta in scena due testi pirandelliani, entrambi in dialetto siciliano: *Pensaci, Giacomino!*, tratto dall'omonima novella del 1910, e *Liolà*. L'anno seguente, Musco rappresenta, sempre in dialetto, la commedia in due atti *Il berretto a sonagli*, tratta da due novelle del 1912, *Certi obblighi* e *La verità*, e l'atto unico *La giara*, derivato dall'omonima novella del 1909.

Ma il 1917 è anche anno di svolta per il teatro pirandelliano: nel giugno, la Compagnia di Virgilio Talli mette in scena a Milano *Così è (se vi pare)*, tratta dalla novella *La signora Frola e il signor Ponza, suo genero*; nel novembre la Compagnia di Ruggero Ruggeri rappresenta a Torino *Il piacere dell'onestà*, il cui spunto deriva da una novella del 1905, *Tirocinio*.

Continuano, intanto, ad apparire, presso Treves, altri volumi di novelle: del 1917 è la raccolta *E domani, lunedì...*, che comprende anche il "mistero profano" in un atto *All'uscita*, scritto e apparso in rivista nel 1916; del 1918 è la raccolta *Un cavallo nella luna*.

Fra il novembre e il dicembre 1918 altre due prime importanti: Emma Gramatica rappresenta a Livorno *Ma non è una cosa seria*, tratta dalle novelle *La signora Speranza* (1903) e *Non è una cosa seria* (1910); Ruggero Ruggeri e Vera Vergani interpretano a Roma *Il giuoco delle parti*, tratto dalla novella del 1913, *Quando s'è capito il giuoco*.

Nel novembre, torna dalla prigionia il figlio Stefano.

1919-1920

La sempre più grave situazione familiare trova doloroso sbocco nell'internamento di Antonietta in casa di cura. La soluzione, pur sofferta da Pirandello, ormai legato alla moglie da una catena di vincoli morbosi, permette il tranquillo rientro in casa della figlia Lietta, dovutasi allontanare per la paranoica gelosia della madre che sospettava passioni incestuose. Di lì a poco (nel 1921) Lietta sposerà un cileno e, quindi, si trasferirà nella patria del marito: per il padre, sarà il vuoto intorno.

Durante il primo semestre del 1919, vanno in scena *L'innesto* (a Milano, per la Compagnia Talli), l'atto unico *La patente*, tratto, già nel 1917, dall'omonima novella del 1911 e, ora, in scena a Roma nella versione siciliana per Musco, e *L'uomo, la bestia e la virtù* (a Milano, per la compagnia di Antonio Gandusio), tratto da una novella del 1906, *Richiamo all'obbligo*.

Escono, nel corso del 1919, altri due volumi di novelle: *Berecche e la guerra* (Milano, Facchi) e *Il carnevale dei morti* (Firenze, Battistelli).

Nel 1920 si registra il primo incontrastato successo teatrale: dopo la prima, nel marzo a Roma, di *Tutto per bene*, tratto dall'omonima novella del 1906 e interpretato da Ruggero Ruggeri, il 24 marzo, al Teatro Goldoni di Venezia, la Compagnia Ferrero-Celli-Paoli incontra pieno successo con *Come prima, meglio di prima* (tratto da una novella del 1904, *La veglia*).

Nel novembre, a Roma, Emma Gramatica interpreta *La signora Morli, una e due*. Del 1920 è anche il passaggio dalla casa editrice Treves a Bemporad, che pubblicherà, sino al 1929, sia una seconda raccolta delle opere teatrali (*Maschere nude*), che l'intero *corpus* delle novelle, ora titolato *Novelle per un anno*. Sempre nel 1920, si ha la prima versione cinematografica di una sua opera: Mario Camerini gira l'adattamento di *Ma non è una cosa seria*.

1921-1922

È, il 1921, l'anno dei *Sei personaggi in cerca d'autore*: la commedia cade clamorosamente al Teatro Valle di Roma il 10 maggio, con la Compagnia di Dario Niccodemi. Il 27 settembre, al Teatro Manzoni di Milano, è il pieno successo. L'anno successivo, i *Sei personaggi* saranno rappresentati a Londra e a New York: ha inizio la fortuna pirandelliana all'estero.

Ancora del 1921 è la ristampa, presso Bemporad, de *Il fu Mattia Pascal*, con, aggiunta, un'*Avvertenza sugli scrupoli della fantasia*. Si infittiscono, intanto, gli adattamenti cinematografici, da novelle come *Il viaggio*, *La rosa* e *Lo scaldino*.

Il 24 febbraio 1922 segna, al Teatro Manzoni di Milano, il trionfo dell'*Enrico IV*, interpretato dal Ruggero Ruggeri. Altre prime del 1922 sono: *All'uscita* (1916), l'atto unico *L'imbecille*, tratto dall'omonima novella del 1912, e *Vestire gli ignudi*, portato al trionfo, nel novembre, al Teatro Quirino di Roma da Maria Melato.

1923-1924

A seguire la fortuna internazionale delle sue commedie, Pirandello parte per l'estero: nell'aprile 1923 è a Parigi, dove George e Ludmilla Pitoëff portano al successo, presente l'autore, i *Sei personaggi* nella versione di Benjamin Crémieux: famosa è la trovata registica per cui i sei personaggi sono calati dall'alto sulla scena con un montacarichi. Le pareti del "mondo di carta" cedono ormai per lo scrittore investito dal successo e che si ritroverà, dopo lunghi anni vissuti fra oppressive pareti domestiche, a spostarsi da un paese all'altro, «viaggiatore senza bagagli», come lui stesso ebbe poi a definirsi.

Tra il dicembre 1923 e il gennaio 1924 è in America, invitato a New York dalla direzione del Fulton Theatre che istituisce una stagione pirandelliana, mutando nome, per l'occasione, in Pirandello's Theatre: tra l'ottobre '23 e il gennaio '24 vi si rappresentano i *Sei personaggi*, *Come prima, meglio di prima*, *Enrico IV*. Del 1923 è anche la traduzione, sia inglese che americana, de *Il fu Mattia Pascal*.

Mentre continuano, sempre con successo, messe in scena pirandelliane in moltissime città straniere (e non solo europee), si hanno altre prime italiane: nel 1923, l'atto unico *L'uomo dal fiore in bocca* (tratto da una novella del 1918, *Caffè notturno*, poi *La morte addosso*), *La vita che ti diedi*, e l'atto unico *L'altro figlio* (tratto dall'omonima novella del 1905). Ispirato a un episodio di *Si gira...* è *Ciascuno a suo modo*, messo in scena nel maggio 1924 dalla Compagnia Niccodemi a Milano.

Prima di partire per l'America, aveva avuto una convocazione a Palazzo Chigi da Mussolini, cui seguiva un'intervista su «L'Idea Nazionale» (23 ottobre). Sul medesimo giornale di Enrico Corradini, il 28 ottobre appariva la sua firma nel numero dedicato al *Primo annuale della marcia su Roma*. Il 19 settembre 1924 «L'Impero» pubblicava una sua lettera a Mussolini con la richiesta di iscrizione al partito fascista: in una intervista a caldo, dava spiegazione al suo gesto «con una sola parola: "Matteotti"».

1925

Anno importante, questo, per Pirandello, che assume la direzione di quel Teatro d'Arte nato, verso la fine del '24, sotto la spinta del figlio Stefano, di Orio Vergani, Massimo Bontempelli e altri. La stagione si inaugura, nel riammodernato ma piccolo teatro di Palazzo Odescalchi, il 4 aprile con un atto unico dello stesso Pirandello, la *Sagra del Signore della nave*, tratto da una novella del '16, *Il Signore della nave*: un testo che ben si prestava, per potenzialità scenografiche, a una eccezionale messinscena, quale in realtà ebbe.

Ma l'interesse dominante in Pirandello regista è la recitazione: "calarsi" nel personaggio è la parola d'ordine per i suoi attori, su suggerimenti riconducibili al Théâtre libre di Antoine, col suo principio di "obbedienza" naturalistica dell'attore, e alla scuola di regia russa, all'insegnamento di Stanislavskij che puntava sulla "identificazione" col personaggio.

Il programma della Compagnia comprende: *Gli dei della montagna* di Lord Dunsany, *Il pellegrino* di Charles Vildrac, *Il calzolaio di Mesina* di Alessandro De Stefani, *La storia del soldato* musicata da Stravinsky su libretto di Ramuz, *Nostra Dea* di Massimo Bontempelli, *Paulette* di Eugenio Giovannetti, *Ciò che più importa* di Nikolaj Evreinov, autore, quest'ultimo, che molto interessò Pirandello per le sue teorie sulla teatralizzazione della vita.

Per *Nostra Dea*, Pirandello scrittura Marta Abba, giovane attrice che aveva appena dato buona prova di sé a Milano con Talli ne *Il gabbiano* di Čechov. L'incontro è felice: divenuta prima donna della compagnia, Marta Abba sarà anche, d'ora in poi, l'ispiratrice del teatro pirandelliano.

In giugno la Compagnia (che conta, fra gli altri, Ruggero Ruggeri e Lamberto Picasso) inizia le tournée all'estero: prima tappa Londra, poi in luglio Parigi e, fra ottobre e novembre, varie città della Germania. Continuano, intanto, nei teatri di tutto il mondo rappresentazioni pirandelliane; a Parigi Marcel L'Herbier gira il film *Il fu Mattia Pascal*.

1926-1928

Di ritorno dalla Germania, i propositi di creare un teatro stabile di stato sono ben presto frustrati da difficoltà economiche. La compagnia, divenuta di giro, rimarrà in vita grazie anche alle sovvenzioni del suo capocomico. Nel 1926 mette in scena *La signora Morli, una e due* (col nuovo titolo *Due in una*), nel '27 presenta all'Eden di Milano la tragedia *Diana e la Tuda* – la cui prima mondiale, in tedesco, era stata data nel novembre '26 a Zurigo –, e, in prima assoluta, all'Argentina di Roma, *L'amica delle mogli*, commedia tratta dall'omonima novella del 1894. Dopo una lunga tournée, nel '27, in Argentina e in Brasile, la Compagnia raccoglie l'ultimo successo con la prima, nel marzo '28, all'Argentina di Roma, del "mito" *La nuova colonia*; la stagione si prolunga stancamente per concludersi nell'agosto a Viareggio, con lo scioglimento del Teatro d'Arte.

Nel frattempo, altre compagnie avevano rappresentato, nel '27, l'atto unico *Bellavita*, tratto da una novella del '14, *L'ombra del rimorso*, e nel '28 il poemetto drammatico *Scamandro* (risalente al 1898-99), e la pantomima *La salamandra*, scenario di Luigi Pirandello (probabilmente del '24), musica di Massimo Bontempelli.

Nel 1926 è uscito in volume da Bemporad l'ultimo suo romanzo, *Uno, nessuno e centomila*, avviato probabilmente già dal 1909, e apparso a puntate sulla «Fiera letteraria» tra il dicembre '25 e il giugno '26.

1929-1933

Nel marzo 1929 è nominato Accademico d'Italia. Dello stesso anno, è il passaggio da Bemporad a Mondadori che concluderà la pubblicazione delle raccolte *Maschere nude* e *Novelle per un anno*, e sarà il suo definitivo editore.

Nel novembre '29 si rappresenta a Torino *O di uno o di nessuno*, tratto dall'omonima novella del '15, e nel dicembre Marta Abba, con la sua compagnia, mette in scena il secondo "mito", *Lazzaro*, la cui prima assoluta era stata, nel luglio, in inglese, a Hudderssfield.

Nel febbraio 1930, ancora Marta Abba rappresenta *Come tu mi vuoi*, da cui la Metro Goldwyn Mayer trarrà un film con Greta Garbo e Erich von Stroheim, che verrà girato a Hollywood nel 1932.

Nell'aprile del '30, una compagnia appositamente costituita e diretta da Guido Salvini mette in scena a Torino *Questa sera si recita a soggetto*, la cui prima, in tedesco, era stata nel gennaio a Koenigsberg. La commedia, la cui esile trama deriva dalla novella *Leonora, addio!* del 1910, sarà riunita in volume nel '33 (uscendo una nuova raccolta Mondadori di *Maschere nude*) coi *Sei personaggi* e *Ciascuno a suo modo*, formando così la trilogia del "teatro nel teatro".

Altre prime degli anni trenta sono: l'atto unico *Sogno (ma forse no)*, rappresentato, nel settembre '31, a Lisbona in portoghese, in una serata in suo onore, e due commedie messe in scena da Marta Abba: *Trovarsi* (1932) e *Quando si è qualcuno* (1933), la cui prima era tuttavia già stata a Buenos Aires in spagnolo.

Agli inizi del '31 si ha una ripresa della novellistica: in febbraio esce *Uno di più* su «La lettura» e, nel luglio su «Pegaso», *Soffio*. La collaborazione al «Corriere della sera», interrotta nel '26 con la novella *Pubertà*, riprenderà dal '32 fino alla morte, segnando una nuova stagione novellistica, sotto il segno del surreale.

1934-1936
Il 1934 è l'anno del premio Nobel per la letteratura, consegnatogli il 10 dicembre a Stoccolma dal re di Svezia. Al gennaio dello stesso anno risale la prima, in tedesco, de *La favola del figlio cambiato* (scritta nel '32), musicata da Malipiero: del marzo è la rappresentazione a Roma in versione italiana.

In occasione del Quarto Convegno della Fondazione Volta sul «teatro drammatico», da lui presieduto nell'ottobre '34, mette in scena la dannunziana *Figlia di Iorio* all'Argentina di Roma, con Marta Abba e Ruggero Ruggeri.

Per il suo ultimo lavoro teatrale, *Non si sa come* – dato a Praga nel dicembre '34 in lingua ceca e poi, nel dicembre '35, all'Argentina di Roma da Ruggero Ruggeri –, si parla di freudismo pirandelliano. La commedia, che l'autore si affretta a sottrarre a tale paternità, risale del resto a una novella sì del '32, *Cinci*, ma anche ad altre due cronologicamente lontane, *Nel gorgo* ('13) e *La realtà del sogno* ('14). È così testimoniata la persistenza di un'introspezione psicologica (sulla scia, fra l'altro, degli studi di Alfred Binet) certo ora approfondita nella dimensione dell'inconscio, come dimostrano le prove, sia novellistiche che teatrali, degli ultimi anni.

Nel 1936, alle ultime riprese, cui assiste a Cinecittà, di un nuovo adattamento cinematografico del *Fu Mattia Pascal*, per cui ha curato i dialoghi, si ammala di polmonite. Muore la mattina del 10 dicembre nella sua casa di via Antonio Bosio a Roma. Secondo le sue ultime volontà, è cremato e il funerale si svolge in totale povertà, senza accompagnamento alcuno. Lascia incompiuto l'ultimo dei "miti" teatrali, il mito dell'arte, *I giganti della montagna* che, l'anno successivo la sua morte, sarà rappresentato a Firenze, al Giardino di Boboli, con la direzione di Renato Simoni.

Le sue ceneri sono ora tumulate sotto il pino della "Villa del Caos" ad Agrigento.

Bibliografia

Opere

Tutte le opere di Pirandello sono state pubblicate da Mondadori nella collana «I classici contemporanei italiani» in sei volumi: due per le *Novelle per un anno* (prima ed. 1956-'57, con prefazione di C. Alvaro), uno per *Tutti i romanzi* (prima ed. 1957), due per i testi teatrali (*Maschere nude*, prima ed. 1958, con prefazione di S. d'Amico) e uno per i *Saggi, poesie, scritti varii* (prima ed. 1960, a cura di M. Lo Vecchio-Musti). Una nuova edizione delle *Opere di Luigi Pirandello*, filologicamente rivista, è in corso di pubblicazione sempre presso Mondadori nella collana «I Meridiani»; sino ad oggi sono stati editi i due volumi di *Tutti i romanzi*, a cura di G. Macchia, con la collaborazione di M. Costanzo (1973), e i tre volumi, ciascuno in due tomi, delle *Novelle per un anno*, a cura di M. Costanzo, con prefazione di G. Macchia (1985; 1987; 1990) e i primi due volumi delle *Maschere nude*, a cura di A. d'Amico, con prefazione di G. Macchia (1986; 1993).

In assenza di un'edizione completa dell'epistolario segnaliamo anzitutto i volumi di lettere sinora apparsi: L. Pirandello-N. Martoglio, *Carteggio inedito*, a cura di S. Zappulla Muscarà, Pan, Milano 1979 (seconda ed. C.U.E.C.M., Catania 1985); L. Pirandello, *Carteggi inediti con Ojetti-Albertini-Orvieto-Novaro-De Gubernatis-De Filippo*, a cura di S. Zappulla Muscarà, Bulzoni, Roma 1980; L. Pirandello, *Lettere da Bonn (1889-1891)*, a cura di E. Providenti, Bulzoni, Roma 1984; L. Pirandello, *Epistolario familiare giovanile (1886-1898)*, a cura di E. Providenti, Le Monnier, Firenze 1986 (con in appendice gli atti della causa *Carabba contro Pirandello*, poi ripubblicati, con l'aggiunta di nuovi documenti, da E.

Providenti nel volume *Archeologie pirandelliane*, Maimone, Catania 1990).

Molte lettere di Pirandello sono state edite anche in giornali e riviste (si veda, a tal proposito, il repertorio pubblicato in appendice al saggio di A. Barbina, *Carteggi pirandelliani. Il romanzo d'una vocazione letteraria*, apparso, nella stessa identica versione, in «Cultura e scuola» n. 99, luglio-settembre 1986 e in «Ariel», n. 3, settembre-dicembre 1986); tra i gruppi più consistenti sono da menzionare quelle al figlio Stefano in «Almanacco letterario Bompiani 1938», Bompiani, Milano 1938 (poi riprodotto anastaticamente in appendice al volume *Omaggio a Pirandello*, a cura di L. Sciascia, Bompiani, Milano 1986), in «Sipario», dicembre 1952 e in «Terzo programma», n. 3, 1962; a Ernesto Monaci in «Nuova Antologia», 1° aprile 1943; alla fidanzata, Maria Antonietta Portulano, in «Omnibus», 18 e 25 ottobre 1946; ad Adriano Tilgher in L. Sciascia, *Pirandello e il pirandellismo con lettere inedite di Pirandello a Tilgher*, Sciascia, Caltanissetta-Roma 1953; a Massimo Bontempelli in «Il Contemporaneo», 26 gennaio 1957, e in «Corriere della Sera», 11 e 18 febbraio 1962; quelle al Cesareo a cura di A.M. Dotto, in «Nuovi Quaderni del Meridione», ottobre-dicembre 1967; ad Adolfo ed Angelo Orvieto in A. Orvieto, *Prose*, a cura di C. Pellegrini, con un'appendice di lettere a cura di R. Fedi, Olschki, Firenze 1979; a Sabatino Lopez, in G. Lopez, *Caro Pirandello*, Cariplo, Milano 1986; alla figlia Lietta in M.L. Aguirre d'Amico, *Vivere con Pirandello*, Mondadori, Milano 1989. Per le lettere a Marta Abba, conservate presso l'Università di Princeton, è da vedere il volume di P. Frassica, *A Marta Abba per non morire*, (Mursia, Milano 1991), ispirato al carteggio tra Pirandello e l'attrice.

Bibliografie e storia della critica

Per la bibliografia della critica sono da segnalare A. Barbina, *Bibliografia della critica pirandelliana 1889-1961*, Le Monnier, Firenze 1961 (da integrare con le informazioni bibliografiche fornite da P. Mensi, *La lezione di Pirandello*, Le Monnier, Firenze 1974); C. Donati, *Bibliografia della critica pirandelliana 1962-1981*, La Ginestra, Firenze 1986.

Per la storia della critica si veda S. Monti, *Pirandello*, Palumbo, Palermo 1974; G. Ferroni, *Luigi Pirandello*, in *I classici italiani nella storia della critica*, a cura di W. Binni, La Nuova Italia, Firenze 1977, vol. III; e, limitatamente al romanziere, S. Blazina, *Rassegna di studi pirandelliani: i romanzi (1961-1983)*, in «Lettere Italiane», n. 1, gennaio-marzo 1984.

Biografie

Per la biografia di Pirandello è fondamentale il volume di G. Giudice, *Luigi Pirandello*, UTET, Torino 1963. Molto anteriore cronologicamente è la biografia di F.V. Nardelli, scritta in stretto rapporto con lo scrittore che ne approvò la stesura: *L'uomo segreto. Vita e croci di Luigi Pirandello*, Mondadori, Milano 1932, poi, ivi, 1944, e Vito Bianco, Roma 1962 (nuova ed., con il titolo *Pirandello. L'uomo segreto*, e con una prefazione di Marta Abba, Bompiani, Milano 1986). Si segnala inoltre il più recente libro di E. Lauretta, *Luigi Pirandello. Storia di un personaggio «fuori di chiave»*, Mursia, Milano 1980. Una biografia per immagini è, infine, contenuta in *Album di famiglia di Luigi Pirandello*, a cura di M.L. Aguirre d'Amico, con una nota di L. Sciascia, Sellerio, Palermo 1979.

Monografie e saggi

Per quanto riguarda gli studi critici sull'opera pirandelliana si rimanda alle citate bibliografie di A. Barbina e C. Donati, dando qui soltanto i capitoli essenziali della storia della critica (con particolare attenzione al narratore e al romanziere), a partire dalle prime reazioni dei contemporanei. L'*incipit* dell'interesse critico per lo scrittore coincide con la recensione stroncatoria di Benedetto Croce a *L'umorismo*, apparsa su «La Critica», 20 maggio 1909, e ripubblicata in *Conversazioni critiche*, I, Laterza, Bari 1939 (sempre di Croce è da vedersi il più tardo ma ugualmente negativo intervento in «La Critica», 20 gennaio 1935, poi in *La letteratura della nuova Italia*, Laterza, Bari 1940, vol. VI), anche se bisogna attendere l'inizio dell'attività teatrale per assistere ad un intensificarsi dell'interesse per il romanziere. Negli anni Venti sono fondamentali per l'opera teatrale gli *Studi sul teatro contemporaneo* di A. Tilgher (Libreria di Scienze e Lettere, Roma 1923; nuova ed. accresciuta 1928) che danno una sistemazione filosofica al rapporto dialettico di «vita» e «forma»; mentre sul narratore sono da segnalare gli interventi di G.A. Borgese in *Tempo di edificare*, Treves, Milano 1923 (ma si veda anche il giudizio, assai più limitativo, espresso in *La vita e il libro*, serie II, Bocca, Torino 1911); di A. Momigliano, in *Impressioni di un lettore contemporaneo*, Mondadori, Milano 1928 (raccoglie articoli apparsi sul «Giornale d'Italia» tra il '22 e il '23); di L. Russo (in *I narratori*, Fondazione Leonardo, Roma 1923), che tornerà successivamente sull'argomento con *Il noviziato letterario di Luigi Pirandello*, apparso in «Paesaggio», aprile-maggio, giugno-luglio, agosto-settembre 1946 (poi in *Ritratti e disegni storici*, serie IV, Laterza, Bari 1953), e con *Pirandello e la provincia metafisica*, in «Belfagor», n. 4, 1960. Negli anni Trenta sono da ricordare, anzitutto l'importante commemorazione di Pirandello che Massimo Bontempelli tenne all'Accademia d'Italia (*Pirandello o del candore* in «Nuova Antologia», 1° febbraio 1937, poi in *Tre discorsi: Pirandello, Leopardi, D'Annunzio*, Bompiani, Milano 1938) e il saggio di G. Debenedetti, *«Una giornata» di Pirandello*, in «Meridiano di Roma», 8 e 15 agosto 1937, poi in *Saggi critici* Nuova serie, OET-Edizioni del Secolo, Roma 1945 (di Debenedetti sono fondamentali anche le pagine sul romanziere pubblicate nel volume postumo *Il romanzo del Novecento*, Garzanti, Milano 1971, che raccoglie una serie di corsi universitari tenuti da Debenedetti all'Università di Roma).

Nel secondo dopoguerra la reazione anticrociana e l'emergere di nuovi indirizzi critici determinano un ulteriore intensificarsi degli studi su Pirandello. Nel clima postbellico sono da ricordare: la pubblicazione degli appunti redatti in carcere da Antonio Gramsci sulla rivista «Il Ponte», luglio-settembre 1947 (poi in *Letteratura e vita nazionale*, Einaudi, Torino 1950, e ora in *Quaderni del carcere*, a cura di V. Gerratana, Einaudi, Torino 1975, voll. 4); l'intervento di G. Petronio, *Pirandello novelliere e la crisi del realismo*, Lucentia, Lucca 1950; il primo volume che Leonardo Sciascia dedica a Pirandello (*Pirandello e il pirandellismo*, Sciascia, Caltanissetta 1953), inaugurando una suggestiva linea interpretativa, ribadita in *Pirandello e la Sicilia*, Sciascia, Caltanissetta-Roma 1961, nei saggi raccolti in *La corda pazza*, Einaudi, Torino 1970, e ancora in quelli del volume *Cruciverba*, Einaudi, Torino 1978. Di Sciascia sono inoltre da ricordare l'introduzione a *Il turno*, Einaudi, Torino 1978, e il "dizionario" *Pirandello dall'A alla Z*, supplemento a «L'Espresso», 6 luglio 1986 (poi, con il titolo *Alfabeto pirandelliano*, Adelphi, Milano 1989).

Sempre alla fine degli anni Cinquanta risale il saggio di impianto storicistico di C. Salinari dedicato a Pirandello e compreso nel volume *Miti e coscienza del decadentismo italiano*, Feltrinelli, Milano 1960, mentre negli anni Sessanta vedono la luce le monografie di A. Leone de

Castris, *Storia di Pirandello*, Laterza, Bari 1962, e di A. Borlenghi, *Pirandello o dell'ambiguità*, RADAR, Padova 1968; l'importante profilo di Pirandello che Giovanni Macchia scrive per la *Storia della letteratura italiana*, diretta da E. Cecchi e N. Sapegno, vol. IX: *Il Novecento*, Garzanti, Milano 1969 e ivi, 1987, con nuova bibliografia (poi in stesura ampliata in G. Macchia, *La caduta della luna*, Mondadori, Milano 1973, e ancora, in *Pirandello o la stanza della tortura*, Mondadori, Milano 1980).

Tra i numerosissimi contributi dell'ultimo ventennio si segnalano qui i saggi monografici o dedicati al narratore:

L. Lugnani, *Pirandello. Letteratura e teatro*, La Nuova Italia, Firenze 1970 (si vedano anche i suoi studi successivi raccolti nel volume *L'infanzia felice e altri saggi su Pirandello*, Liguori, Napoli 1986); R. Alonge, *Pirandello tra realismo e mistificazione*, Guida, Napoli 1972; J.M. Gardair, *Pirandello, fantasmes et logique du double*, Larousse, Paris 1972 (trad. it., *Pirandello e il suo doppio*, Abete, Roma 1977); G. Guglielmi, *Ironia e negazione*, Einaudi, Torino 1974 (e il più recente *La prosa italiana del Novecento. Umorismo Metafisica Grottesco*, Einaudi, Torino 1986); *Il romanzo di Pirandello*. Atti del Convegno del Centro nazionale di studi pirandelliani (Agrigento, 6-10 dicembre 1975), a cura di E. Lauretta, Palumbo, Palermo 1976; F. Angelini, *Luigi Pirandello*, in *Letteratura italiana. Storia e testi*, vol. IX, t. I: *Il Novecento dal decadentismo alla crisi dei modelli*, Laterza, Bari 1976; E. Villa, *Dinamica narrativa di Luigi Pirandello*, Liviana, Padova 1976; R.S. Dombroski, *La totalità dell'artificio. Ideologia e forma nel romanzo di Pirandello*, Liviana, Padova 1978; N. Borsellino, *Ritratto di Pirandello*, Laterza, Bari 1983, e ivi, 1987; E. Gioanola, *Pirandello la follia*, il melangolo, Genova 1983; *Il romanzo di Pirandello e Svevo*. Atti del Convegno (Verona, ottobre 1983), con introduzione di E. Lauretta, Vallecchi, Firenze 1984; F. Gioviale, *La poetica narrativa di Pirandel-*

lo. Tipologie e aspetti del romanzo, Pàtron, Bologna 1984; R. Barilli, *Pirandello. Una rivoluzione culturale*, Mursia, Milano 1986 (contiene, con nuove aggiunte, i saggi pirandelliani già pubblicati in *La barriera del naturalismo*, Mursia, Milano 1964, e *La linea Svevo-Pirandello*, sempre edita da Mursia nel 1972); G. Cappello, *Quando Pirandello cambia titolo: occasionalità o strategia?*, Mursia, Milano 1986; G. Mazzacurati, *Pirandello nel romanzo europeo*, il Mulino, Bologna 1987; U. Artioli, *L'officina segreta di Pirandello*, Laterza, Bari 1989; S. Costa, *Pirandello*, in *Storia letteraria d'Italia*, nuova ed. a cura di A. Balduino, vol. XX, t. I: *Il Novecento*, a cura di G. Luti, Vallardi, Milano 1989; *Pirandello e D'Annunzio*. Atti del XXI Congresso di Studi Pirandelliani (Agrigento, 6-10 dicembre 1988), Palumbo, Palermo 1989; *La «persona» nell'opera di Luigi Pirandello*, a cura di E. Lauretta. Atti del XXIII Convegno Internazionale (Agrigento, 6-10 dicembre 1989), Mursia, Milano 1990; G. Mazzacurati, *L'arte del titolo da Sterne a Pirandello*, in G. Mazzacurati - C. Bertoni - M. Palumbo - L. Toschi - N.M. Olivieri - E. Massarese - G. Maffei - M. Muscariello - A. Saccone, *Effetto Sterne. La narrazione umoristica in Italia da Foscolo a Pirandello*, Nistri-Lischi, Pisa 1990; N. Borsellino, *Ritratto e immagini di Pirandello*, Laterza, Bari 1991.

Sulla formazione e la cultura di Pirandello

R. Rauhut, *Der junge Pirandello oder das Werden eines existentielles Geistes*, C.H. Beck, München 1964; G. Andersson, *Arte e teoria. Studi sulla poetica del giovane Luigi Pirandello*, Almqvist & Wiksell, Stockholm 1966; M. Pomilio, *La formazione critico-estetica di Pirandello*, Liguori, Napoli 1966, poi Ferri, L'Aquila 1980; C. Vicentini, *L'estetica di Pirandello*, Mursia, Milano 1970 (nuova ed. aggiornata, Mursia, Milano 1985); C. Sughi,

La formazione della poetica pirandelliana, in *L'idea del teatro e la crisi del naturalismo, Studi sulla poetica dello spettacolo*, a cura di L. Anceschi, Calderini, Bologna 1971; A. Barbina, *La biblioteca di Luigi Pirandello*, Bulzoni, Roma 1980; G. Ferroni, *Il comico nelle teorie contemporanee*, Bulzoni, Roma 1984; E. Ferrario, *L'occhio di Mattia Pascal. Poetica ed estetica in Pirandello*, Bulzoni, Roma 1978; *Pirandello e la cultura del suo tempo*, Atti del Convegno (Agrigento, dicembre 1983), a cura di S. Milioto e E. Scrivano, Mursia, Milano 1984; *Pirandello e la Germania*, Atti del Convegno (Palermo, aprile 1984), a cura di G. Pennica, Palumbo, Palermo 1984.

La lingua e lo stile

Oltre al volume di F. Puglisi, *Pirandello e la sua lingua*, Cappelli, Bologna 1962, si segnalano tra gli interventi più recenti: M. Guglielminetti, *Il soliloquio di Pirandello*, in *Struttura e sintassi del romanzo italiano del primo novecento*, Silva, Milano 1964 (nuova ed. ampliata, con il titolo *Il romanzo del Novecento italiano. Strutture e sintassi*, Editori Riuniti, Roma 1986); B. Terracini, *Considerazioni sullo stile di Pirandello narratore* in *Atti del convegno internazionale di studii pirandelliani* (Venezia, 2-5 ottobre 1961), Le Monnier, Firenze 1967 (già anticipata, a titolo *Si sente così stanca e triste, la signora Leuca...* in «Lingua Nostra», n. 4, dicembre 1961); B. Terracini, *Le "Novelle per un anno" di Luigi Pirandello*, in *Analisi stilistica. Teoria, storia, problemi*, Feltrinelli, Milano 1966; G. Contini, *Luigi Pirandello*, in *Letteratura dell'Italia unita 1861-1968*, Sansoni, Firenze 1968; G. Nencioni, *Parlato-parlato, parlato-scritto, parlato-recitato*, in «Strumenti critici», n. 29, 1976; M.L. Altieri Biagi, *Pirandello dalla scrittura narrativa alla scrittura scenica*, in *Gli atti unici di Pirandello (tra narrativa e teatro)*, Atti del V Convegno Internazionale di Studi Pirandelliani, a cura di S. Milioto, Edizioni del centro nazionale di studi pirandelliani, Agrigento 1978 (poi in *La lingua in scena*, Zanichelli, Bologna 1980); G. Nencioni, *Tra grammatica e retorica. Da Dante a Pirandello*, Einaudi, Torino 1983; L. Aurigemma, *Pirandello: alcuni lineamenti della teoria linguistica e della prassi scrittoria dei romanzi*, in «Critica letteraria», n. 69, 1990.

Su «I vecchi e i giovani»:

Oltre alle pagine dedicate a *I vecchi e i giovani* nei già citati volumi e saggi su Pirandello romanziere, si segnalano i principali interventi specificamente dedicati al romanzo:

G. Bellonci, *I libri della settimana*, in «Giornale d'Italia», 20 gennaio 1910.

E. Rivalta, *I vecchi e i giovani. L'«opera centrale» di Luigi Pirandello*, in «L'Illustrazione italiana», n. 46, 16 novembre 1913.

P. De Giovanni, *«I vecchi e i giovani» di Luigi Pirandello*, in «Il Secolo», 19 novembre 1913.

B. Migliore, *«I vecchi e i giovani»*, in «Il Giornale di Sicilia», 2-3 dicembre 1913.

E. Cecchi, *«I vecchi e i giovani» di Luigi Pirandello*, in «La Tribuna», 8 dicembre 1913.

L. Gigli, *Il romanzo dei «Fasci» siciliani*, in «La Sentinella bresciana», 8 dicembre 1913.

G. Lipparini, recensione a *I vecchi e i giovani*, in «Il Marzocco», 14 dicembre 1913.

V. Picardi, *«I vecchi e i giovani» di Luigi Pirandello*, in «Rassegna Contemporanea», n. 5, 10 marzo 1914 (poi in *Scritti politici e letterari*, Libreria di Scienze e Lettere, Roma 1922).

M. Brion, *«I vecchi e i giovani» di L. Pirandello*, in «Nouvelles littéraires», 19 marzo 1932.

M. Apollonio, «*I vecchi e i giovani*», in «Leonardo», n. 4, aprile 1932.

L. Grande, *Un grande romanzo di Luigi Pirandello: «I vecchi e i giovani»*, in «L'Ora» [Palermo], 19 maggio 1932.

A. Macchia, *«I vecchi e i giovani» di L. Pirandello*, in «Roma», 26 novembre 1932.

G. Pionati, *«I vecchi e i giovani»*, in «Corriere dell'Irpinia», 22 febbraio 1938.

M. Alicata, voce *I vecchi e i giovani*, in *Dizionario letterario Bompiani delle opere e dei personaggi di tutti i tempi e di tutte le letterature*, Bompiani, Milano 1949, vol. VII.

C. Ravenna, *Nel segreto della creazione pirandelliana: «I vecchi e i giovani» nell'arte e nella realtà*, in «Atti dell'Accademia agrigentina di scienze, lettere ed arti», Dima, Agrigento 1947-1948.

C. Ravenna, *Sulle tracce di Mauro Mortara da Pier Gudrò (1894) a I vecchi e i giovani (1909)*, in *Cultura artistica regionale. Corso di aggiornamento per insegnanti elementari*, Edizioni E.N.A.L., Agrigento 1951.

L. Tatulli, *«I vecchi e i giovani» nella narrativa di Luigi Pirandello*, Adriatica, Bari 1955.

G. Trombatore, *Pirandello e i Fasci siciliani*, in «Il Contemporaneo», n. 6, 5 febbraio 1955 (poi in *Riflessi del Risorgimento in Sicilia*, Manfredi, Palermo 1960).

G. Natali, *I vecchi e i giovani*, in «Il Messaggero», 13 febbraio 1960.

C. Lagomaggiore, *«I vecchi e i giovani» romanzo sociale di L. Pirandello*, in «Realismo lirico», numero speciale 51 bis (*Omaggio a Pirandello*), 1962.

P. De Meijer, *Una fonte de «I vecchi e i giovani»*, in «La Rassegna della Letteratura Italiana», n. 3, settembre-dicembre 1963.

A. Gaglio, *«I vecchi e i giovani», Girgenti, don Cosmo*, in «Nuovi Quaderni del Meridione», n. 4, ottobre-dicembre 1963 (poi in *Pirandello nel suo caos*, Elianto, Palermo 1976).

M. Ricciardi, *Dall'esclusione dell'individuo all'impartecipazione della storia nei romanzi di L. Pirandello*, in «Critica meridionale», n. 8-9, 1971 (poi in *La rivincita della letteratura. Crisi, avanguardia, impegno*, Stampatori, Torino 1979).

C. Bascetta, *Un paragone composto di L. Pirandello*, in «Lingua nostra», n. 2, giugno 1972.

A. Briganti, *Tra moralismo e alienazione: «I vecchi e i giovani»*, in *Il parlamento nel romanzo italiano del secondo Ottocento*, Le Monnier, Firenze 1972.

R. Caputo, *«I vecchi e i giovani»: l'occasione storica di Pirandello*, in «Trimestre», n. 3-4, 1972.

D. Radcliff Umstead, *Pirandello dalla storia allo humour*, in «Alla bottega», n. 4, 1972.

G. Ponte, *Involuzione ed evoluzione psicologica ed artistica ne «I vecchi e i giovani» di Luigi Pirandello*, in «La Rassegna della Letteratura Italiana», n. 1-2, gennaio-agosto 1974.

V. Spinazzola, *«I vecchi e i giovani» tra il caos e la rivolta*, in *Studi in onore di Luigi Russo*, Nistri-Lischi, Pisa 1974 (poi, a titolo *Il sovversivismo dei «Vecchi e i giovani»*, in *Il romanzo antistorico*, Editori Riuniti, Roma 1990).

L. Sciascia, *Pirandello e oltre: rileggendo «I vecchi e i giovani»*, in «L'Europa letteraria», n. 2, febbraio-marzo 1975 (poi, in versione ampliata con il titolo *Note pirandelliane*, in *Cruciverba*, Einaudi, Torino 1983).

F. Sgroi, *Pirandello tra «I vecchi e i giovani»*, in «Realtà del Mezzogiorno», n. 7, 1975.

C. Salinari, *«I vecchi e i giovani»*, in *Il romanzo di Pirandello*. Atti del Convegno (Agrigento, 6-10 dicembre 1975), a cura di E. Lauretta, Palumbo, Palermo 1976 (poi, a titolo *Lettura de «I vecchi e i giovani»*, in *Letteratura e critica. Studi in onore di Natalino Sapegno*, Bulzoni, Roma 1976, vol. III, e ancora, con il titolo *Let tura de «I vecchi e i giovani»*, in *Boccaccio Manzoni Pirandello*, a cura di N. Borsellino e E. Ghidetti, con una prefazione di N. Sapegno, Editori Riuniti, Roma 1979).

F. Nicolosi, *Pirandello e il fascismo: da una breve riflessione su «I vecchi e i giovani»*, in *Il romanzo di Pirandello*, cit.

L. Sciascia, *Su «I vecchi e i giovani»*, in *I Fasci siciliani. Atti del Convegno I Fasci siciliani e la società nazionale* (Agrigento 9-11 gennaio 1975), De Donato, Bari 1976, vol. III.

P.M. Sipala, *Dal romanzo-documento al romanzo storico: De Roberto e Pirandello*, in *Scienza e storia nella letteratura verista*, Pàtron, Bologna 1976.

F. Nicolosi, *Su «I vecchi e i giovani»*, in «Le ragioni critiche», n. 19-20, gennaio-giugno 1976.

A. Daniele, *La metafora politica nel romanzo «I vecchi e i giovani» di Luigi Pirandello*, in *Retorica e politica*. Atti del II Convegno Italo-Tedesco (Bressanone, 1974), a cura di D. Goldin, premessa di G. Folena, Liviana, Padova 1977.

R.S. Dombroski, *The Form of Chaos in Pirandello's «I vecchi e i giovani»*, in «Yale Italian Studies», n. 2, 1978 (poi, in traduzione italiana, con il titolo *Le forme del caos*, in *La totalità dell'artificio. Ideologia e forma nel romanzo di Pirandello*, Liviana, Padova 1978).

M. Tesei, *«I vecchi e i giovani» alla prova del video*, in «Il Dramma», n. 4-5, aprile-maggio 1978.

G.P. Biasin, *Epifanie siciliane. Ideologia del paesaggio*, in *Dal «Novellino» a Moravia. Problemi della narrativa*, a cura di E. Raimondi e B. Basile, il Mulino, Bologna 1979.

L. Sciascia, *I personaggi veri di Pirandello*, in «Corriere della Sera», 1° aprile 1979 (poi rifluito nelle *Note pirandelliane* di *Cruciverba*, cit.).

G. Cattaneo, *Melodramma in cinque atti sui Fasci siciliani*, in «la Repubblica», 5 aprile 1979.

V. Masiello, *L'intellettuale disorganico. Radiografie pirandelliane*, in *Letteratura e Società. Scritti di italianistica e di critica letteraria per il XXV Anniversario dell'insegnamento universitario di Giuseppe Petronio*, Palumbo, Palermo 1980 (poi in *I miti e la storia. Saggi su Foscolo e Verga*, Liguori, Napoli 1984).

G. Spagnoletti, *Sicilia e Roma ne «I vecchi e i giovani» di Luigi Pirandello*, Centro Pitré, Palermo 1981.

F. Bagatti, *Pirandello e la "storia": «I vecchi e i giovani»*, in *Ricerche su Pirandello*, a cura di G. Luti, Quaderno di Inventario n. 2, Gutenberg, Verona 1982.

R. Baldassarri, *«I vecchi e i giovani» e le varianti: riecheggiamenti della scrittura di Colajanni*, in «Ipotesi 80», n. 21-22, 1988.

E. Zamarra, *Di una forma linguistica ne «I vecchi e i giovani» di L. Pirandello: gli aggettivi in -oso tra testo e varianti*, in «Critica letteraria», n. 62, 1989.

I VECCHI E I GIOVANI

Ai miei figli
giovani oggi vecchi domani

PARTE PRIMA

I

La pioggia, caduta a diluvio durante la notte, aveva reso impraticabile quel lungo stradone di campagna, tutto a volte e risvolte, quasi in cerca di men faticose erte e di pendìi meno ripidi. Il guasto dell'intemperie appariva tanto più triste, in quanto, qua e là, già era evidente il disprezzo e quasi il dispetto della cura di chi aveva tracciato e costruito la via per facilitare il cammino tra le asperità di quei luoghi con gomiti e giravolte e opere or di sostegno or di riparo: i sostegni eran crollati, i ripari abbattuti, per dar passo a dirupate scorciatoje. Piovigginava ancora a scosse nell'alba livida tra il vento che spirava gelido a raffiche da ponente; e a ogni raffica, su quel lembo di paese emergente or ora, appena, cruccioso, dalle fosche ombre umide della notte tempestosa, pareva scorresse un brivido, dalla città, alta e velata sul colle, alle vallate, ai poggi, ai piani irti ancora di stoppie annerite, fino al mare laggiù, torbido e rabbuffato. Pioggia e vento parevano un'ostinata crudeltà del cielo sopra la desolazione di quelle piagge estreme della Sicilia, su le quali Girgenti, nei resti miserevoli della sua antichissima vita raccolti lassù, si levava silenziosa e attonita superstite nel vuoto di un tempo senza vicende, nell'abbandono d'una miseria senza riparo. Le alte spalliere di fichidindia, ispide, carnute e stravolte, o le siepi di rovi secchi e di agavi, le muricce qua e là screpolate erano di tratto in tratto interrotte da qualche pilastro cadente che reggeva un cancello scontorto e arrugginito, o da rozzi e squallidi tabernacoli, i quali, nella solitudine immobile, guardati dagl'ispidi rami degli alberi gocciolanti, anziché conforto ispiravano un certo sgomento, posti com'eran lì a ricordare la fede a viandanti (per la maggior parte campagnuoli e carrettieri) che troppo spesso, con aperta o nascosta ferocia, dimostravano di non ricordarsene. Qualche triste uccelletto sperduto veniva, col timido volo delle penne bagnate, a posarsi su essi; spiava, e non ardiva mettere neppure un lamento in mezzo a tanto squallore. Vi strillava, al contrario (almeno a prima vista), una giumenta bianca montata da un fantoccio in calzoni rossi e cappotto turchino. Se non che, a guardar bene, quella giumenta bianca si scopriva anch'essa compassionevole: vecchia e stanca, sbruffava ogni tanto dimenando la testa bassa, come se non ne potesse più di sfangare per quello stradone; e il cavaliere, che la esortava amorevolmente, pur in quella vivace uniforme di soldato borbonico, non appariva meno avvilito della sua bestia, le mani paonazze, gronchie dal freddo, e tutto ristretto in sé contro il vento e la pioggia.

– Coraggio, Titina!

E intanto il fiocco del berretto a barca, di bassa tenuta, pendulo sul davanti, gli andava in qua e in là, quasi battendo la solfa al trotto stracco della povera giumenta.

Dei rari passanti a piedi o su pigri asinelli qualcuno che ignorava come qualmente il principe don Ippolito Laurentano tenesse una guardia di venticinque uomini con la divisa borbonica nel suo fèudo di Colimbètra, dove fin dal 1860 si era esiliato per attestare la sua fiera fedeltà al passato governo delle Due Sicilie, si voltava stupito e si fermava un pezzo a mirare quel buffo fantasma emerso dai velarii strappati di quell'incerto crepuscolo, e non sapeva che pensarne.

Passando innanzi allo stupore di questi ignoranti,

Placido Sciaralla, capitano di quella guardia, non ostante il freddo e la pioggia ond'era tutto abbrezzato e inzuppato, si drizzava sulla vita per assumere un contegno marziale; marzialmente, se capitava, porgeva con la mano il saluto a qualcuno di quei tabernacoli; poi, chinando gli occhi per guardarsi le punte tirate sù a forza, e insegate dei radi baffetti neri (indegni baffi!) sotto il robusto naso aquilino, cangiava l'amorevole esortazione alla bestia in un:
– Sù! sù! – imperioso, seguito da una stratta alla briglia e da un colpetto di sproni giunti, a cui talvolta Titina – mannaggia! – sforzata così nella lenta vecchiezza, soleva rispondere dalla parte di dietro con poco decoro.

Ma questi incontri, tanto graditi al capitano, avvenivano molto di rado. Tutti ormai sapevano di quel corpo di guardia a Colimbètra, e ne ridevano o se n'indignavano.

– Il Papa in Vaticano con gli Svizzeri; don Ippolito Laurentano, nel suo fèudo con Sciaralla e compagnia!

E Sciaralla, che dentro la cinta di Colimbètra si sentiva a posto, capitano sul serio, fuori non sapeva più qual contegno darsi per sfuggire alle beffe e alle ingiurie.

Già cominciamo che tutti lo degradavano, chiamandolo caporale. Stupidaggine! indegnità! Perché lui comandava ben venticinque uomini (ohè, venticinque!) e bisognava vedere come li istruiva in tutti gli esercizii militari e come li faceva trottare. E poi, del resto, scusate, tutti i signoroni non tengono forse nelle loro terre una scorta di campieri in divisa?

Veramente, dichiararsi campiere soltanto, scottava un po' al povero Sciaralla, che « nasceva bene » e aveva la patente di maestro elementare e di ginnastica. Tuttavia, a colorar così la cosa s'era piegato talvolta

a malincuore, per non essere qualificato peggio.
Campiere, sì. Campiere capo.
– Caporale?
– Capo! capo! Che c'entra caporale? Ammettete allora che sia milizia?
Di chi? come? e perché vestita a quel modo? Sciaralla si stringeva nelle spalle, socchiudeva gli occhi:
– Un'uniforme come un'altra. Capriccio di Sua Eccellenza, che volete farci?
Con alcuni più crèduli, tal'altra, si lasciava andare a confidenze misteriose: che il principe cioè, mal visto per le sue idee dal governo italiano, il quale – figurarsi! – avrebbe alzato il fianco a saperlo morto assassinato o derubato senza pietà, avesse davvero bisogno nella solitudine della campagna di quella scorta, di cui egli, Sciaralla, indegnamente era capo. Restava però sempre da spiegare perché quella scorta dovesse andar vestita di quell'uniforme odiosa.
– Boja, piuttosto! – s'era sentito più volte rispondere il povero Sciaralla, il quale allora pensava con un po' di fiele quanto fosse facile al principe il serbare con tanta dignità e tanta costanza quel fiero atteggiamento di protesta, rimanendo sempre chiuso entro i confini di Colimbètra, mentre a lui e ai suoi subalterni toccava d'arrischiarsi fuori a risponderne.
Invano, a quattr'occhi, giurava e spergiurava, che mai e poi mai, al tempo dei Borboni, avrebbe indossato quell'uniforme, simbolo di tirannide allora, simbolo dell'oppressione della patria; e soggiungeva scotendo le mani:
– Ma ora, signori miei, via! Ora che siete voi i padroni... Lasciatemi stare! È pane.[1] Dite sul serio?
Gli volevano amareggiare il sangue a ogni costo, fingendo di non comprendere che egli poi non era tutto nell'abito che indossava; che sotto quell'abito c'era un uomo come tutti gli altri costretto a guadagnarsi da vivere in qualche porca maniera. Con

gli sguardi, coi sorrisi, componendo il volto a un'aria di vivo interessamento ai casi altrui, cercava in tutti i modi di stornar l'attenzione da quell'abito; poi, di tutte quelle arti che usava, di tutte quelle smorfie che faceva, si stizziva fieramente con se stesso, perché, a guardar quell'abito senza alcuna idea, gli pareva bello, santo Dio! e che gli stésse proprio bene; e quasi quasi gli cagionava rimorso il dover fingersi afflitto di portarlo.

Aveva sentito dire che sù a Girgenti un certo «funzionario» continentale, barbuto e bilioso, aveva pubblicamente dichiarato con furiosi gesti, che una tale sconcezza, una siffatta tracotanza, un così patente oltraggio alla gloria della rivoluzione, al governo, alla patria, alla civiltà, non sarebbero stati tollerati in alcun'altra parte d'Italia, né forse in alcun'altra provincia della stessa Sicilia, che non fosse questa di Girgenti, così... così... - e non aveva voluto dir come, a parole; con le mani aveva fatto un certo atto.

Oh Dio, ma proprio per lui, per quell'uniforme borbonica dei venticinque uomini di guardia, tanto sdegno, tanto schifo? O perché non badavan piuttosto codesti indignati al signor sindaco, ai signori assessori e consiglieri comunali e provinciali e ai più cospicui cittadini, che venivano a gara, tutti parati e impettiti, a fare ossequio a S. E. il principe di Laurentano, che li accoglieva nella villa come un re nella reggia? E Sciaralla non diceva dell'alto clero con monsignor vescovo alla testa, il quale, si sa, per un legittimista come Sua Eccellenza, poteva considerarsi naturale alleato.

Sciaralla gongolava e gonfiava per tutte queste visite; e nulla gli era più gradito che impostarsi ogni volta su l'attenti e presentar le armi. Se veniva monsignore, se veniva il sindaco, la sentinella chiamava dal cancello il drappelletto dal posto di guardia vicino, e un primo saluto, là, in piena regola, con un bel fracasso d'armi, levate e appiedate di scatto; un altro saluto poi, sotto le colonne del vestibolo esterno della villa, al richiamo dell'altra sentinella del portone. Rispetto al salario, era così poco il da fare, che tanto lui quanto i suoi uomini se ne davano apposta, cercandone qua e là il pretesto; e una delle faccende più serie erano appunto questi saluti *alla militare*, i quali servivano a meraviglia a toglier loro l'avvilenza di vedersi, così ben vestiti com'erano, inutili affatto.

In fondo, con tali e tanti protettori, Sciaralla avrebbe potuto ridersi della baja che gli dava la gente minuta, se, come tutti i vani, non fosse stato desideroso d'esser veduto e accolto da ognuno con grazia e favore. Non sapeva ridersene poi, e anzi da un pezzo in qua ne era anche più d'un po' costernato, per un'altra ragione.

C'era una chiacchiera in paese, la quale di giorno in giorno si veniva sempre più raffermando, che tutti gli operai delle città maggiori dell'isola, e le contadinanze e, più da presso, nei grossi borghi dell'interno, i lavoratori delle zolfare si volessero raccogliere in corporazioni o, come li chiamavano, in *fasci*,[2] per ribellarsi non pure ai signori, ma a ogni legge, dicevano, e far man bassa di tutto.

Più volte, essendo di servizio nell'anticamera, ne aveva sentito discutere nel salone. Il principe ne dava colpa, s'intende, al governo usurpatore che prima aveva gabbato le popolazioni dell'isola col lustro della libertà e poi la aveva affamata con imposte e manomissioni inique; gli altri gli facevano coro; ma monsignor vescovo pareva a Sciaralla che meglio di tutti sapesse scoprir la piaga.

Il vero male, il più gran male fatto dal nuovo governo non consisteva tanto nell'usurpazione che faceva ancora e giustamente sanguinare il cuore di S. E. il principe di Laurentano. Monarchie, istituzioni civili e sociali: cose temporanee; passano; si farà male a cambiarle agli uomini o a toglierle di mezzo, se giuste e sante; sarà un male però possibilmente rimediabile. Ma se togliete od oscurate agli uomini ciò che dovrebbe splendere eterno nel loro spirito: la fede, la religione? Orbene, questo aveva fatto il nuovo governo! E come poteva più il popolo starsi quieto tra le tante tribolazioni della vita, se più la fede non gliele faceva accettare con rassegnazione e anzi con giubilo, come prova e promessa di premio in un'altra vita? La vita è una sola? questa? le tribolazioni non avranno un compenso di là, se con rassegnazione sopportate? E allora per qual ragione più accettarle e sopportarle? Prorompa allora l'istinto bestiale di soddisfare quaggiù tutti i bassi appetiti del corpo!

Parlava proprio bene, Monsignore. La vera vera ragione di tutto il male era questa. Insieme però con Monsignore che veramente, ricco com'era, sentiva poco le tribolazioni della vita, Sciaralla avrebbe voluto che tutti i poveri la riconoscessero, questa ragione. Ma non riusciva a levarsi dal capo un vecchierello mendico, presentatosi un giorno al cancello della villa col rosario in mano, il quale, stando ad aspettar l'elemosina e sentendo un lungo brontolio nel suo stomaco, gli aveva fatto notare con un mesto sorriso:

– Senti? Non te lo dico io; te lo dice lui che ha fame...

La costernazione di Sciaralla, per quel grave pericolo che sovrastava a tutti i signori, proveniva più che altro dalla sicurezza con cui il principe, là nel salone, pareva lo sfidasse. Riposava certo su lui e sul valore e la devozione dei suoi uomini quella sicurezza del principe, al quale poteva bastare che dicesse di non aver paura, lasciando poi agli altri il pensiero del rimanente.

Fortuna che finora lì a Girgenti nessuno si moveva, né accennava di volersi muovere! Paese morto. Tanto vero – dicevano i maligni – che vi regnavano i corvi, cioè i preti. L'accidia, tanto di far bene quanto di far male, era radicata nella più profonda sconfidenza della sorte, nel concetto che nulla potesse avvenire, che vano sarebbe stato ogni sforzo per scuotere l'abbandono desolato, in cui giacevano non soltanto gli animi, ma anche tutte le cose. E a Sciaralla parve di averne la prova nel triste spettacolo che gli offriva, quella mattina, la campagna intorno e quello stradone.

Aveva già attraversato il tratto incassato nel taglio perpendicolare del lungo ciglione su cui sorgono aerei e maestosi gli avanzi degli antichi Tempii akragantini. Si apriva là, un tempo, la Porta Aurea dell'antichissima città scomparsa. Ora egli ranchettava giù per il pendìo che conduce alla vallata di Sant'Anna, per la quale scorre, intoppando qua e là, un fiumicello di povere acque: l'*Hypsas* antico, ora *Drago*, secco d'estate e cagione di malaria in tutte le terre prossime, per le trosce stagnanti tra gl'ispidi ciuffi del greto. Impetuoso e torbido per la grande acquata della notte scorsa, investiva laggiù, quella mattina, il basso ponticello uso, d'estate, ad accavalciare i ciottoli e la rena.

Veramente da quella triste contrada maledetta dai contadini, costretti a dimorarvi dalla necessità, macilenti, ingialliti, febbricitanti, pareva spirasse nello squallore dell'alba un'angosciosa oppressione di cui anche i rari alberi che vi sorgevano fossero compenetrati: qualche centenario olivo saraceno dal tronco stravolto, qualche mandorlo ischeletrito dalle prime ventate d'autunno.

– Che acqua, eh? – s'affrettava a dire capitan Sciaralla, imbattendosi lungo quel tratto nella gente di campagna o nei carrettieri che lo conoscevano, per prevenire beffe e ingiurie, e dava di sprone alla povera Titina.

Non a caso però, quel giorno, metteva avanti la pioggia della notte scorsa. Trottando e guardando nel cielo la nera nuvolaglia sbrendolata e raminga, pensava proprio a essa per trovarvi una scusa che gli quietasse la coscienza, avendo trasgredito a un ordine positivo ricevuto la sera avanti dal segretario del principe: l'ordine di recare sul tamburo una lettera a don Cosmo Laurentano, fratello di don Ippolito, che viveva segregato anche lui nell'altro fèudo di Valsanìa, a circa quattro miglia da Colimbètra. Sciaralla non se l'era sentita d'avventurarsi a quell'ora, con quel tempo da lupi, fin laggiù; aveva pensato che Lisi Prèola, il vecchio segretario, avendo una forca di figliuolo che aspirava a diventar capitano della guardia, non cercava di meglio che mandar lui Sciaralla all'altro mondo; che però forse quella lettera non richiedeva tale urgenza ch'egli rischiasse di rompersi il collo per una via scellerata, al bujo, sotto la pioggia furiosa, tra lampi e tuoni; e che infine avrebbe potuto aspettar l'alba e partir di nascosto, senza rinunziare per quella sera alla briscola nella casermuccia sul greppo dello Sperone, dove si riduceva coi tre compagni graduati a passar la notte, dandosi il cambio ogni tre ore nella guardia.

L'uscir di Colimbètra era sempre penoso per capitan Sciaralla, ma una vera spedizione allorché doveva recarsi a Valsanìa, dove ogni volta gli toccava d'affrontar paziente l'odio d'un vecchio energumeno, terrore di tutte le contrade circonvicine, chiamato Mauro Mortara, il quale, approfittando della dabbenaggine di don Cosmo, a cui certo i libracci di filosofia avevano sconcertato il cervello, vi stava da padrone, né sopra di lui riconosceva altra signoria.

– Coraggio, coraggio, Titina! – sospirava pertanto Sciaralla, ogni qual volta gli si presentava alla mente la figura di quel vecchio: basso di statura, un po' curvo, senza giacca, con una ruvida camicia d'albagio di color violaceo a quadri rossi aperta sul petto irsuto, un enorme berretto villoso in capo, ch'egli da se stesso s'era fatto dal cuojo d'un agnello, la cui concia col sudore gli aveva tinti di giallo i lunghi cernecchi e, ai lati, l'incolta barba bianca: comico e feroce, con due grosse pistole sempre alla cintola, anche di notte, poiché si buttava a dormir vestito su uno strapunto di paglia per poche ore soltanto: a settantasette anni sveglio ancora e robusto, più che un giovanotto di venti.

– E non morrà mai! – sbuffava Sciaralla. – Sfido! che gli manca? Dopo tant'anni è considerato come parte della famiglia anche da don Ippolito, che è tutto dire. Con don Cosmo per poco non si dànno del tu.

E ripensava, proseguendo la via, alle straordinarie avventure di quell'uomo che, al Quarantotto, aveva seguito nell'esilio a Malta il principe padre, don Gerlando Laurentano, il quale gli s'era affezionato fin da quando, privato del grado di gentiluomo di camera, *chiave d'oro*, per uno scandalo di corte a Napoli, s'era ritirato a Valsanìa, dove il Mortara era nato, figlio di poveri contadini, contadinotto anche lui, anzi guardiano di pecore, allora.

A un'avventura segnatamente, tra le tante, si fermava il pensiero di Placido Sciaralla: a quella che aveva procurato al Mortara il nomignolo di *Monaco*; avventura dei primi tempi, avanti al Quarantotto, quando a Valsanìa, attorno al vecchio principe di Laurentano, acceso di vendetta dopo quello scandalo di corte a Napoli, si radunavano di nascosto, venendo da Girgenti, i caporioni del comitato rivoluzionario. Mauro Mortara faceva la guardia ai congiurati a piè della villa. Ora una volta un frate francescano ebbe la cattiva ispirazione di avventurarsi fin là per la questua. Il Mortara, chi sa perché, lo prese per una spia; e senza tante cerimonie lo afferrò, lo legò, lo tenne appeso a un albero per tutto un giorno; alla notte lo sciolse e lo mandò via; ma tanta era stata la paura, che il frate non poté più riaversene e ne morì poco dopo.[3]

Quest'avventura era più viva delle altre nella memoria di Sciaralla, non solo perché in essa Mauro Mortara si mostrava, come a lui piaceva crederlo, feroce, ma anche perché l'albero, a cui il francescano era stato appeso, era ancora in piedi presso la villa, e Mauro non tralasciava mai d'indicarglielo, accompagnando il cenno con un muto ghigno e un lieve tentennar del capo, atteggiato il volto di schifo nel vedergli addosso quell'uniforme borbonica.

– Coraggio, coraggio, Titina!

Conveniva soffrirseli in pace gli sgarbi e i raffacci di quel vecchio. Il quale, sì, guaj e rischi d'ogni sorta ne aveva toccati e affrontati in vita sua, senza fine; ma che fortuna, adesso, servire sotto don Cosmo che non si curava mai di nulla, fuori di quei suoi libracci che lo tenevano tutto il giorno vagante come in un sogno per i viali di Valsanìa!

Che differenza tra il principe suo padrone e questo don Cosmo! che differenza poi tra entrambi questi fratelli e la sorella donna Caterina Auriti, che viveva – vedova e povera – a Girgenti!

Da anni e anni tutti e tre erano in rotta tra loro.

Donna Caterina Laurentano aveva seguito lei sola le nuove idee del padre; e poi si diceva che, da giovinetta, aveva recato onta alla famiglia, fuggendo di casa con Stefano Auriti, morto poi nel Sessanta, garibaldino, nella battaglia di Milazzo,[4] mentre combatteva accanto al Mortara e al figlio don Roberto, che ora viveva a Roma e che allora era ragazzo di appena dodici anni, il più piccolo dei Mille. Figurarsi, dunque, se il principe poteva andar d'accordo con quella sorella! Ma con Cosmo, intanto, perché no? Questi, almeno apparentemente, non aveva mai parteggiato per alcuno. Ma forse non approvava la protesta del fratello maggiore contro il nuovo Governo. Chi aveva però ragione di loro due? Il padre, prima che liberale, era stato borbonico, gentiluomo di camera e *chiave d'oro*: che meraviglia dunque, se il figlio, stimando fedifrago il padre, s'era serbato fedele al passato Governo? Meritava anzi rispetto per tanta costanza: rispetto e venerazione; e non c'era nulla da ridire, se voleva che tutti sapessero com'egli la pensava, anche dal modo con cui vestiva i suoi dipendenti. Sissignori, sono borbonico! ho il coraggio delle mie opinioni!

Un toffo di terra arrivò a questo punto alle spalle di capitan Sciaralla, seguìto da una sghignazzata.

Il capitano diè un balzo sulla sella e si voltò, furente. Non vide nessuno. Da una siepe sopra l'arginello venne fuori però questa strofetta, declamata con tono derisorio, lento lento:

> *Sciarallino, Sciarallino,*
> *dove vai con tanta boria*
> *sul ventoso tuo ronzino?*
> *Sei scappato dalla storia,*
> *Sciarallino, Sciarallino?*

Capitan Sciaralla riconobbe alla voce Marco Prèola, il figlio scapestrato del segretario del principe, e sentì rimescolarsi tutto il sangue. Ma, subito dopo, il Prèola gli apparve in tale stato, che le ciglia aggrottate gli balzarono fino al berretto e la bocca serrata dall'ira gli s'aprì dallo stupore.

Non pareva più un uomo, colui: salvo il santo battesimo, un porco pareva, fuori del brago, ritto in piedi, cretaceo e arruffato. Con le gambe aperte, buttato indietro sulle reni a modo degli ubriachi, il

Prèola seguitò da lassù a declamare con ampii stracchi gesti:

> *Oppur vai, don Chisciottino,*
> *all'assalto d'un molino?*
> *od a caccia di lumache*
> *t'avventuri col mattino,*
> *così rosso nelle brache,*
> *nel giubbon così turchino,*
> *Sciarallino, Sciarallino?*

– Quanto sei caro! – sbuffò Sciaralla, allungando una mano alle terga, ove la mota gli s'era appiastrata.

Marco Prèola si calò giù, sul sedere, dall'arginello lubrico di fango, e gli s'accostò.

– Caro? No, – disse, – mi vendo a buon mercato! Ti piace la poesia? Bella! E séguita, sai? La stamperò su *L'Empedocle* domenica ventura.

Capitan Sciaralla stette ancora un pezzo a guardarlo, col volto contratto, ora, in una smorfia tra di schifo e di compassione. Sapeva che colui andava soggetto ad attacchi d'epilessia; che spesso vagava di notte come un cane randagio e spariva per due o tre giorni finché non lo ritrovavano come una bestia morta, con la faccia a terra e la bava alla bocca, o sù al Culmo delle Forche o su la Serra Ferlucchia o per le campagne. Gli vide la faccia gonfia, deturpata da una livida cicatrice su la gota destra, dall'occhio alla bocca, con pochi peli ispidi biondicci sul labbro e sul mento; gli guardò il vecchio cappelluccio stinto e roccioso, che non arrivava a nascondergli la laida calvizie precoce; notò che calvo era anche di ciglia; ma non poté sostenere lo sguardo di quegli occhi chiari, verdastri, impudenti, in cui tutti i vizii pareva vermicassero. Cacciato dalla scuola militare di Modena, il Prèola era stato a Roma circa un anno

nella redazione d'un giornalucolo di ricattatori; scontata una condanna di otto mesi di carcere, aveva tentato di uccidersi buttandosi giù da un ponte nel Tevere; salvato per miracolo, era stato rimpatriato dalla questura, e ora viveva alle spalle del padre, a Girgenti.
— Che hai fatto? — gli domandò Sciaralla.
Il Prèola si guardò l'abito cretoso addosso, e con un ghigno frigido rispose:
— Niente. Un insultino...
Con le mani aggiunse un gesto per significare che s'era voltolato per terra. Poi, all'improvviso, cangiando aria e tono, gli ghermì un braccio e gli gridò:
— Qua la lettera! So che l'hai!
— Sei matto? — esclamò Sciaralla con un soprassalto, tirandosi indietro.
Il Prèola scoppiò a ridere sguajatamente.
— Mi serve soltanto per annusarla. Càvala fuori. Voglio sentire se sa odor di confetti. Animale, non sai che il tuo padrone sposa?
Sciaralla lo guardò, stordito.
— Il principe?
— Sua Eccellenza, già! Non credi? Scommetto che la lettera parla di questo. Il principe annunzia le prossime nozze al fratello. Non hai visto monsignor Montoro? È lui il paraninfo!
Veramente monsignor Montoro in quegli ultimi giorni s'era fatto vedere molto più di frequente a Colimbètra. Che fosse vero? Sciaralla si sforzò d'impedire che quella notizia incredibile, di un avvenimento così inopinato, gli accendesse in un lampo la visione di splendide feste, di una gaja animazione nuova in quel silenzioso, austero ritiro; la speranza di regali per la bella comparsa che avrebbe fatto coi suoi uomini e il servizio inappuntabile che avrebbe disimpegnato... Ma il principe, possibile? così serio... alla sua età? E poi, come prestar fede al Prèola?

Cercando di nascondere la meraviglia e la curiosità con un sorriso di diffidenza, gli domandò:
- E chi sposa?
- Se mi dài la lettera, te lo dico, - rispose quello.
- Domani! Va' là! Ho capito.

E Sciaralla si spinse col busto per cacciar la giumenta.

- Aspetta! - sclamò il Prèola, trattenendo Titina per la coda. - M'importa assai delle nozze, e che tu non ci creda! Forse... vedi? questo mi premerebbe più di sapere... forse il principe parla al fratello delle elezioni, della candidatura del nipote. Non sai neanche questo? Non sai che Roberto Auriti, « il dodicenne eroe », si presenta deputato?

- So un corno io; chi se n'impiccia? - fece Sciaralla. - Non abbiamo l'on. Fazello per deputato?

- Non lo dico io che siete fuori della storia, vojaltri, a Colimbètra! - ghignò il Prèola. - Abbiamo le elezioni generali, e Fazello non si ripresenta, somaro, per la morte del figliuolo!

- Del figliuolo? Se è scapolo!

Il Prèola tornò a ridere sguajatamente.

- E che uno scapolo, uomo di chiesa per giunta, non può aver figliuoli? Bestione! Avremo l'Auriti, sostenuto dal governo, contro l'avvocato Capolino. Fiera lotta, singolar tenzone... Dammi la lettera!

Sciaralla diede una spronata a Titina e con uno sfaglio si liberò del Prèola. Questi allora gli tirò dietro una e due sassate; stava per tirargli la terza, quando dalla svoltata si levò una voce rabbiosa:

- Ohè, corpo di... Chi tira?

E un'altra voce, rivolta evidentemente a Sciaralla che fuggiva:

- Vergógnati! Fantoccio! Ignorante! Buffone!

E dalla svoltata apparvero sotto un ombrellaccio verde sforacchiato, stanchi e inzaccherati, i due inseparabili Luca Lizio e Nocio Pigna, o, come tutti da un pezzo li chiamavano, *Propaganda e Compagnia*: quegli, uno spilungone ispido e scialbo, con un pajo di lenti che gli scivolavano di traverso sul naso, stretto nelle spalle per il freddo e col bavero della giacchettina d'estate tirato sù; questi, tozzo, deforme, dal groppone sbilenco, con un braccio penzolante quasi fino a terra e l'altro pontato a leva sul ginocchio, per reggersi alla meglio.

Erano i due rivoluzionarii del paese.

Capitan Sciaralla credeva a torto che nessuno si movesse a Girgenti.

Si movevano loro, Lizio e Pigna.

È vero che, l'uno e l'altro, quella mattina, così bagnati e intirizziti, sotto quell'ombrello sforacchiato, non davano a vedere che potessero esser molto temibili le loro imprese rivoluzionarie.

Nessuno poteva vederlo meglio di Marco Prèola, il quale, avendo già da un pezzo abbandonato al caso la propria vita, tenuta per niente da lui stesso più che dagli altri e senza più né affetti né fede in nulla, sciolta non pur d'ogni regola, ma anche d'ogni abitudine e gettata in preda a ogni capriccio improvviso e violento, tutto vedeva buffo e vano e tutto e tutti derideva, sfogando in questa derisione le scomposte energie non comuni dell'animo esacerbato.

Sapeva che, tre giorni addietro, quei due si erano recati alla marina di Porto Empedocle a catechizzare i facchini addetti all'imbarco dello zolfo, gli scaricatori, gli stivatori, i marinaj delle spigonare, i carrettieri, i pesatori, per raccoglierli in fascio. Vedendoli di ritorno a quell'ora, in quello stato, arricciò il naso, si fermò in mezzo allo stradone ad aspettarli per accompagnarsi con loro fino a Girgenti; quando gli furon vicini, aprì le braccia, quasi per reggere un fiasco, di que' grossi, e disse loro:

– Andiamo; niente: lo porto io.

Il Pigna si fermò e, sforzandosi di dirizzarsi meglio sul braccio, squadrò con disprezzo il Prèola. Il corpo, tutto groppi e nodi; ma una faccia da bambolone aveva, senza un pelo, arrossata sulle gote dal salso che gli aveva dato fuori alla pelle, e un pajo d'occhi neri, smaltati e mobilissimi da matto, sotto un cappellaccio tutto sbertucciato, che lo faceva somigliare a uno di quei fantocci che schizzan sù dalle scàtole a scatto.

Marco Prèola lo chiamò con un vezzeggiativo dispettosamente bonario, e gli disse ammiccando:

— *Nociarè*, non te n'avere a male! Mondaccio laido è questo, d'ingrati. Marinaj, piedi piatti. Oh, e chiudi il paracqua, Luca! Dio ci manda l'acqua, e non te ne vuoi profittare? Laviamoci il visino, così...

E levò la faccia fangosa verso il cielo. Spruzzolava ancora dalle nuvole che s'imporporavano negli orli frastagliati, correndo incontro al sole che stava per levarsi, un'acquerugiola gelida e pungente.

— Che son aghi? — gridò, sbruffando come un cavallo, squassando la testa e buttandosi apposta addosso al Pigna.

Sozzo com'era già da capo a piedi e tutto fradicio di pioggia, si sentiva ormai libero da ogni angustia di guardarsi dall'acqua e dalla zàcchera, e provava la voluttà, sguazzando nel fango senza più impaccio né ritegno, di potere insozzarne gli altri impunemente.

— Scànsati! — gli gridò il Pigna. Chi ti cerca? chi ti vuole? chi ti ha dato mai confidenza?

Il Prèola, senza scomporsi, gli rispose:

— Quanto mi piaci arrabbiato! Creta madre, caro mio. Te ne volevo attaccare un po'... Mi scansi? Poi ti lagni degli altri, che sono ingrati

— Ci vuole una faccia... — brontolò il Pigna, rivolto al Lizio.

Ma questi andava chiuso in sé, non curante e accigliato. Diede una spallata, come per dire che non voleva esser frastornato dai suoi pensieri, e avanti

Il Prèola li seguì un pezzo in silenzio, un po' discosto, guardando ora l'uno ora l'altro. Aveva nelle viscere la smania di fare qualche cosa, quella mattina; non sapeva quale. Si sarebbe messo a urlare come un lupo. Per non urlare, apriva la bocca, si cacciava una mano sui denti e tirava fin quasi a slogarsi la mascella; poi sospirava o si scrollava tutto in un fremito animalesco. Poteva solo sfogarsi con quei due; ma, a stuzzicare il Lizio, che gusto c'era? Disperatonaccio come lui e, per giunta, con la testa piena di fumo. Due disgrazie, una sopra l'altra, il suicidio del padre, bravo avvocato ma di cervello balzano, poi quello del fratello, gli avevano cattivato in paese una certa simpatia, mista di costernazione, e anche un certo rispetto. Studiava molto e parlava poco, anzi non parlava quasi mai. La ragione c'era, veramente: gli mancava quasi mezzo alfabeto. Di lui si poteva ridere soltanto per questo: che aveva trovato nel Pigna il suo organetto; e organetto e sonatore, ogni volta, ai comizii, comparivano insieme. Se il Pigna stonava, egli lo rimetteva in tono, serio serio, tirandolo per la manica. Rivoluzione sociale... fratellanza dei popoli... rivendicazione dei diritti degli oppressi... parole grandi, insomma! E forse perciò, distratto, s'era attaccato intanto a un tozzo di pane faticato da altri per lui. Faceva benone, oh! Solo che, con questo po' po' di freddo...

— Una caffettierina, volesse Iddio! — invocò con improvviso scatto il Prèola, levando le braccia. — Tre pezzetti di zucchero, un vasetto di panna, quattro fettine di pane abbruscato. Oh animucce sante del Purgatorio!

Luca Lizio si voltò, brusco, a guatarlo. Proprio a una tazzina di caffè pensava in quel momento, così accigliato; e la vedeva, e se ne inebriava quasi in sogno, aspirandone il fumante aroma; e stringeva in tasca, nel desiderio che lo struggeva, il pugno intirizzito. Partito a bujo, e sconfitto, da Porto Empedocle, sentiva un freddo da morire; non gli pareva l'ora d'arrivare. Avvilito da quel bisogno meschino, si vedeva misero, degno di conforto, d'un conforto che sapeva di non poter trovare in nessuno.

Poc'anzi, tra quel fantoccio fuggito di là su la giumenta bianca e il Prèola fermo più sù ad aspettare con un ghigno rassegato sulle labbra, aveva avuto lui stesso un'improvvisa strana impressione di sé, che gli era penetrata fino a toccare e sommuovere dal fondo del suo essere un sentimento finora sconosciuto, quasi di stupore per tutti i suoi sdegni, per tutte le sue furie ardenti, le quali a un tratto gli s'erano scoperte, come da lontano, folli e vane, là in mezzo a quella scena di desolato squallore. Nella magrezza miserabile del suo corpo tremante di freddo e pur madido di un sudorino vischioso, s'era veduto simile a quegli alberi che s'affacciavano dalle muricce, stecchiti e gocciolanti. Gocciolavano anche a lui per il freddo la punta del naso e gli occhi miopi dietro le lenti. S'era ristretto in sé; e, quasi quell'impressione, toccato il fondo del suo essere e vanita in quello stupore, gli si fosse ora serrata attorno come un'irta angustia, s'era sentito tutto dolere: doler le tempie schiacciate, le aguzze sporgenze delle scapole, su cui la stoffa della giacchettina d'estate aveva preso il lustro, e i polsi scoperti dalle maniche troppo corte e i piedi bagnati entro le scarpe rotte. E tutto ora gli pareva un di più, una soperchieria crudele: ogni nuova pettata di quello stradone divenuto una fiumara di creta; la cruda luce dell'alba che, non ostante la cupezza di quelle nuvole, si rifletteva su la motriglia e lo abbagliava, ma sopra tutto la compagnia di quel tristo, da capo a piedi imbrattato di fango, fango fuori, fango dentro, che stuzzicava il Pigna a parlare. Avvezzo ormai da anni a star zitto, provava uno stordimento a mano a mano più confuso per quel suo silenzio che, all'insaputa di tutti, si nutriva e s'accresceva dentro di lui di certe stravaganti impressioni, come quella di poc'anzi, che non avrebbe potuto esprimere neppure a se stesso, se non a costo di togliere ogni credito e ogni fiducia all'opera sua.

Marco Prèola, intanto, seguitava a dire, quasi tra sé:
— Io, va bene; che sono io? un vagabondo; mi merito questo e altro. Ma vedete Domineddio che tempo pensa di fare, quando sono in cammino per una santa missione due poveri umanitarii che una turba irriverente ha cacciato via, di notte, a nerbate!

Il Pigna accennò di fermarsi, fremente; ma Luca Lizio lo tirò via con uno strappo alla manica e un grugnito rabbioso.
— Nerbate... ma bada, sai! — masticò quello tra i denti. — Gliele darei io, le nerbate...
— E da te me le piglierei, *Nociarè*, — s'affrettò a dirgli il Prèola con un inchino, — perché tu, non sembri, ma sei un eroe. Puzzi, mannaggia, ma sei un eroe, e quando te lo dico io ci puoi credere. Il popolo non ti può capire. Non può capire la tua idea, perché per disgrazia l'idea non ha occhi, non ha gambe, non ha bocca. Parla e si muove per bocca e con le gambe degli uomini. Se dici, poniamo: «Popolo, l'umanità cammina! T'insegnerò io a camminare!» — son capaci di guardarti le cianche, come le butti: «Ma guarda un po', chi vuole insegnarci a camminare!».
— Pezzo d'asino! — sbottò Propaganda, non potendo più tenersi. — E non si chiama ragionare coi piedi, codesto?
— Io? Il popolo! — rimbeccò il Prèola.
— Il Popolo, per tua norma, — ribatté il Pigna, roteando gli occhi da matto; ma subito si trattenne. — Non lo nominare, il Popolo; non sei degno neanche di nominarlo, tu, il Popolo! Troppe cose ha

capito il Popolo, caro mio, per tua norma; e prima di tutte questa: che i tuoi *patrioti* lo ingannarono...

— I miei? — fece il Prèola, ridendo.

— I tuoi, quelli che lo spinsero a fare la rivoluzione del Sessanta, promettendo l'età dell'oro! I patrioti e i preti. Noi, caro mio, per tua norma, gli dimostriamo, quattr'e quattr'otto e con le prove alla mano, che... capisci? per virtù della sua stessa forza, capisci? per virtù, dico bene, della sua stessa forza, non per concessione d'altri, esso può, se vuole, migliorare le sue condizioni.

— Meglio sarebbe per forza della sua virtù, — osservò, placido, il Prèola.

Il Pigna lo guardò, stordito. Ma subito quello s'affrettò a tranquillarlo:

— Niente, non ci badare. Giuoco di parole!

— Per virtù... per virtù della sua stessa forza, — ribatté a bassa voce, non più ben sicuro il Pigna, rivolgendosi al Lizio per consigliarsi con gli occhi di lui se aveva detto bene; e seguitò, un po' sconcertato: — Migliorare, sissignore, questo iniquo ordinamento economico, dove uomini vivono... cioè, no... oppure, sì... uomini vivono senza lavorare, e uomini, pur lavorando, non vivono! Capisci? Noi diciamo al Popolo: « Tu sei tutto! Tu puoi tutto! Unìsciti e detta la tua legge e il tuo diritto! ».

— Bravissimo! — esclamò il Prèola. — Permetti che parli io, adesso?

— La tua legge e il tuo diritto! — ripeté ancora una volta il Pigna, furioso. — Parla, parla.

— E non t'offendi?

— Non m'offendo: parla.

— Fosti, sì o no, sagrestano fino a poco tempo fa?

Propaganda si voltò di nuovo a guardarlo, stordito.

— Che c'entra questo?

E il Prèola, placido:

— Hai promesso di non offenderti! Rispondi

— Sagrestano, sìssignore, — riconobbe il Pigna, coraggiosamente. — Ebbene? Che vuoi dire con ciò? Che ho cambiato colore?
— No, che colore! Lascia stare. Al massimo, casacca.
— Ho imparato a conoscere i preti, ecco tutto!
— E a far figliuoli, — raffibbiò il Prèola: — sette figlie femmine, tutte di fila; lo puoi negare?
Nocio Pigna si fermò per la terza volta a guatarlo. Aveva promesso di non offendersi. Ma dove voleva andare a parare con quell'interrogatorio? Aveva perduto il posto alla chiesa, perché una delle figliuole, la maggiore, e un certo canonico Landolina...
— Col patto, oh, di non toccare certi tasti, — lo prevenne, scombujandosi e abbassando gli occhi.
— No no no, — disse precipitosamente il Prèola, con una mano al petto. — Senti, Nocio, io sono, *a giudizio de' savi universale*, quel che si dice un farabutto. Va bene? Sono stato otto mesi *dentro*... figùrati! E vedi qua? — soggiunse, indicando la cicatrice sulla gota. — Quando mi buttai *a fiume*, come dicono a Roma... Già!... Figùrati dunque se certe cose mi possono fare impressione! Sai, anzi, che mi fa impressione? Che tu, a quella disgraziata...
— Non tocchiamo, t'ho detto, certi tasti.
— Caro mio! — sospirò il Prèola, socchiudendo gli occhi. — Ti faccio una confidenza. Quelli che combatto sono i soli per cui abbia una certa stima. Ma questi tali, per le mie... diciamo disgrazie, non vogliono averne di me, e non mi vorrebbero lasciar vivere. Qui sbagliano. Vivere debbo! E per vivere, sto coi preti. Gli uomini non perdonano; Dio invece, a detta dei preti, m'ha da un pezzo perdonato; e con questa scusa si servono di me. Guarda, oh, che piazza, Nocio! — aggiunse, buttandosi indietro il cappelluccio per mostrare la fronte. — E ce n'ho, dentro, sai! Se le cose mi fossero andate per il loro

verso... Basta, lasciamo stare. Io, voi... tutto... ma guardate! Fango. Ci stiamo tutti e tre, coi piedi affondati; ebbene, parliamoci chiaro, in nome di Dio, diciamoci le cose come sono, senza vestirle di frasi, nude; pigliamoci questo piacere! Io sono un porco, sì, ma tu che sei, *Nociarè*? che lavoro è il tuo, me lo dici? Pàssati una mano su la coscienza: tu non lavori!

— Io? — esclamò il Pigna, stupito più che offeso dell'ingiustizia, allungando il braccio e ripiegandolo sul petto con l'indice teso.

— Lavori per la causa? Frase! — ribatté il Prèola, pronto. — T'ho pregato: la verità nuda! Poi te la vesti a casa come vuoi, per quietarti la coscienza. Lavoravi... ti cacciarono via dalla chiesa; poi, da un banco di lotto... Calunnia, lo so! Ma pure se davvero ti fossi messo in tasca i bajocchi dei gonzi che venivano a giocare al botteghino, credi che per me avresti fatto male? Benone avresti fatto! Ma ora che fai? Lavorano le tue figliuole, e tu mangi e predichi. E qua, quest'altro San Luca evangelista... Come lo chiamate? Amore libero. Va bene: frase! Il fatto è che s'è messo con un'altra delle tue figliuole, e...

Luca Lizio, a questo punto, livido e scontraffatto, si avventò con le braccia protese alla gola del Prèola. Ma questi si trasse indietro, ridendo, finché poté ghermirgli i polsi e respingerlo senza furia.

— Ma va'! — gli gridò, con un lustro di gioja maligna negli occhi e nei denti. — Io sto dicendo la verità.

— Lascialo perdere! — s'interpose il Pigna, a sua volta, trattenendo Luca Lizio e riavviandosi. — Non vedi che fa professione di mosca canina?

— Canina, già: gli ho punzecchiato la nudità, — sghignò il Prèola. — E con questo freddo... Sì sì, meglio nasconderla! Volevo spiegarti soltanto, caro

Nocio, senza offenderti, perché non puoi fare effetto.

– Perché questo è un paese di carogne! – gridò il Pigna, voltandosi a fulminarlo con tanto d'occhi.

– D'accordo! – approvò subito il Prèola. – E io, più carogna di tutti. D'accordo! Ma tu non lavori: le tue figliuole lavorano, e Luca mangia e studia, e tu mangi e predichi. Studiare, predicare: parole. La sostanza è il boccone che si mangia. Vorrei sapere come non vi strozza, pensando che le tue figliuole sgobbano a cucire e non dormono la notte per procurarvelo.

Il Pigna finse di non udire; scrollò più volte il capo e brontolò tra sé, di nuovo:

– Paese di carogne! Va' ad Aragona, a due passi da Girgenti; va' a Favara, a Grotte, a Casteltermini, a Campobello... Paesi di contadini e solfaraj, poveri analfabeti. Quattromila, soltanto a Casteltermini! Ci sono stato la settimana scorsa; ho assistito all'inaugurazione del *Fascio*.

– Col lumino acceso davanti alla Madonna? – domandò il Prèola.

– Altro è Dio, altro il prete, imbecille! – rispose alteramente il Pigna.

– E le trombe che suonano la fanfara reale?

– Disciplina! Disciplina! – esclamò il Pigna. – Fanno bene! Bisognava vederli... Tutti pronti e serii... quattromila... compatti... parevano la terra stessa, la terra viva, capisci? che si muove e pensa... ottomila occhi che sanno e che ti guardano... ottomila braccia... E il cuore mi si voltava in petto pensando che soltanto da noi, qua a Girgenti, capoluogo, a Porto Empedocle, paese di mare, aperto al commercio, niente! niente! non si può far niente! Come i bruti! Peggio! Ma sai come vivono giù a Porto Empedocle? Come si fa ancora l'imbarco dello zolfo? Lo sai?

Marco Prèola era stanco: crollò il capo, mormorò:

– Porto Empedocle...

E a tutti e tre si rappresentò l'immagine di quella borgata di mare cresciuta in poco tempo a spese della vecchia Girgenti e divenuta ora comune autonomo. Una ventina di casupole prima, là sulla spiaggia, battute dal vento tra la spuma e la rena, con un breve ponitojo da legni sottili, detto ora Molo Vecchio, e un castello a mare, quadrato e fosco, dove si tenevano ai lavori forzati i galeotti, quelli che poi, cresciuto il traffico dello zolfo, avevano gettato le due ampie scogliere del nuovo porto, lasciando in mezzo quel piccolo Molo, al quale in grazia della banchina è stato serbato l'onore di tener la sede della capitaneria del porto e la bianca torre del faro principale. Non potendo allargarsi per l'imminenza d'un altipiano marnoso alle sue spalle, il paese s'è allungato sulla stretta spiaggia, e fino all'orlo di quell'altipiano le case si sono addossate, fitte, oppresse, quasi l'una sull'altra. I depositi di zolfo s'accatastano lungo la spiaggia; e da mane a sera è uno stridor continuo di carri che vengono carichi di zolfo dalla stazione ferroviaria o anche, direttamente, dalle zolfare vicine; e un rimescolìo senza fine d'uomini scalzi e di bestie, ciattìo di piedi nudi sul bagnato, sbaccaneggiar di liti, bestemmie e richiami, tra lo strepito e i fischi d'un treno che attraversa la spiaggia, diretto ora all'una ora all'altra delle due scogliere sempre in riparazione. Oltre il braccio di levante fanno siepe alla spiaggia le spigonare con la vela ammainata a metà su l'albero; a piè delle cataste s'impiantano le stadere su le quali lo zolfo è pesato e quindi caricato su le spalle dei facchini, detti *uomini di mare*, i quali, scalzi, in calzoni di tela, con un sacco su le spalle rimboccato su la fronte e attorto dietro la nuca, immergendosi nell'acqua fino all'anca, recano il carico alle spigonare, che poi, sciolta la vela, vanno a scaricar lo zolfo nei vapori mercantili ancorati nel porto, o fuori.

– Lavoro da schiavi, – disse il Pigna, – che stringe il cuore, certi giorni d'inverno. Schiacciati sotto il carico, con l'acqua fino alle reni. Uomini? Bestie! E se dici loro che potrebbero diventar uomini, aprono la bocca a un riso scemo o t'ingiuriano. Sai perché non si costruiscono le banchine sulle scogliere del nuovo porto, da cui l'imbarco si potrebbe far più presto e comodamente coi carri o i vagoncini? Perché i pezzi grossi del paese sono i proprietarii delle spigonare! E intanto, con tutti i tesori che si ricavano da quel commercio, le fogne sono ancora scoperte sulla spiaggia e la gente muore appestata; con tanto mare lì davanti, manca l'acqua potabile e la gente muore assetata! Nessuno ci pensa; nessuno se ne lagna. Pajono tutti pazzi, là, imbestiati nella guerra del guadagno, bassa e feroce!

– Ma sai che parli bene davvero? – concluse il Prèola, approvando. – Ma sai che ti giovarono sul serio le prediche che sentisti da sagrestano?

– *Baibai, baibai*, dice l'Inglese! – soggiunse Nocio Pigna, stendendo minacciosamente il lunghissimo braccio. – Trecentomila siamo, caro mio, oggi come oggi. E presto ci sentirete.

Superata l'erta dello stradone, appoggiato di là all'altro versante della vallata, Placido Sciaralla seguitava intanto a trotterellare su Titina per Valsanìa, immerso in nuove e più complicate considerazioni, dopo quelle notizie del Prèola. A un certo punto se ne stancò, scrollò le spalle e si mise a guardare intorno.

Gli si svolgeva ora, a sinistra, la campagna lieta della vicinanza del mare, tutta a mandorli, a olivi e a vigneti. Era già in vista della Seta, casale d'una cinquantina d'abituri allineati sullo stradone, fondachi e taverne per i carrettieri, la maggior parte, da cui esalava un tanfo acuto e acre di mosto, un tepor grasso di letame, e botteghe di maniscalchi, di magnani, di carraj, con una stamberguccia in mezzo, ridotta a chiesuola per le funzioni sacre della domenica. Per schivare la vista di quei borghigiani zotici che lo conoscevano tutti, Sciaralla imboccò un sentieruolo tra i campi e in breve s'internò nelle terre di Valsanìa.

Tranne il vigneto, cura appassionata e orgoglio di Mauro Mortara, e l'antico oliveto saraceno, il mandorleto e alcuni ettari di campo sativo e, giù nel l'ampio burrone, l'agrumeto, che costituivano la parte di mezzo riservata a don Cosmo, tutto il resto era ceduto in piccoli lotti a mezzadrìa a poveri contadini, non dal principe don Ippolito direttamente, a cui anche quel fèudo apparteneva, ma da fittavoli di fittavoli, i quali, non contenti di vivere in città da signori sulla fatica di quei poveri disgraziati, li vessavano con l'usura più spietata e con un raggiro intricato di patti esosi. L'usura si esercitava sulla semente e su i soccorsi anticipati durante l'annata; l'angheria più iniqua, nei prelevamenti al tempo del raccolto. Dopo aver faticato un anno, il così detto mezzadro si vedeva portar via dall'aja a tumulo a tumulo quasi tutto il raccolto: i tumuli per la semente, i tumuli per la pastura, e questo per la *lampada* e quello per il campiere e quest'altro per la Madonna Addolorata, e poi per San Francesco di Paola, e per San Calògero, e insomma per quasi tutti i santi del calendario ecclesiastico; sicché talvolta, sì e no, gli restava il *solame*, cioè quel po' di grano misto alla paglia e alla polvere, che nella trebbiatura rimaneva sull'aje.

Il sole s'era già levato, e capitan Sciaralla vedeva qua e là, nella distesa delle terre, sprazzar di luce qualche pozza d'acqua piovana o forse qualche piccolo rottame smaltato. Tutta la campagna vaporava, quasi un velo di brina vi tremolasse. Di tratto in tratto, qualche tugurio screpolato e affumicato, che i contadini chiamavano *roba*, stalla e casa insieme; e usciva da questo la moglie d'uno dei mezzadri per legare all'aperto il porchetto grufolante, e tre, quattro gallinelle la seguivano; innanzi alla porta rossigna e imporrita di quello, un'altra donna pettinava una ragazzetta che piagnucolava; mentre gli uomini, con vecchi aratri primitivi, tirati da una mula stecchita e da un lento asinello che si sfiancava nello sforzo, grattavano a mala pena la terra, dopo quella prim'acquata della notte. Tutta questa povera gente, vedendo passare Sciaralla su la giumenta bianca, sospendeva il lavoro per salutarlo con riverenza, come se passasse il principe in persona. Capitan Sciaralla rispondeva pieno di dignità, alzando la mano al berretto, militarmente, e accoglieva quelle dimostrazioni di rispetto come un anticipato compenso all'umiliazione che andava a patire da quella vecchia bestia feroce del Mortara. Una costernazione tuttavia gli guastava il piacere di quei saluti: tra breve, entrando nei dominii di colui, sarebbe stato assaltato dai cani, da quei tre mastini più feroci del padrone, il quale certo aveva loro insegnato a fargli ogni volta quell'accoglienza. E aveva un bel gridare Sciaralla, mentre quelli gli saltavano addosso, di qua e di là, fino all'altezza di Titina, la quale a sua volta traeva salti da montone, spaventata: Mauro o il *curàtolo* Vanni di Ninfa si presentavano col loro comodo a richiamarli, quando il malcapitato aveva già veduto più volte la morte con gli occhi.

Con quei tre mastini Mauro Mortara conversava proprio come se fossero creature ragionevoli. Diceva che gli uomini non san capire i cani; ma questi sì, gli uomini. Il male è – diceva – che, poveretti, non ce lo sanno esprimere, e noi crediamo che non ci capiscano e non sentano. Sciaralla però se lo spiegava altrimenti, il fenomeno. Quei cani intendevano così bene il padrone, perché questo era più cane di loro. E gli parve d'averne una riprova quella mattina stessa.

Mauro stava innanzi alla villa; e i tre amiconi, vigili attorno, col muso all'aria. Ebbene, all'arrivo di lui, questa volta, essi se ne stettero lì (uno, anzi, sbadigliò), quasi avessero compreso che il padrone avrebbe fatto ottimamente le loro veci.

– Che vuoi tu qua, a quest'ora, mal'ombra? – gli disse infatti Mauro, tirandosi giù dal capo il cappuccio del ruvido cappotto, in cui era avvolto, e scoprendo la testa oppressa dall'enorme berretto villoso.

Quand'era prossima la vendemmia, Mauro Mortara non dormiva più, le notti: stava a guardia della vigna, passeggiando per i lunghi filari, insieme coi tre mastini. Forse se n'era stato all'aperto anche con quella notte da lupi: n'era ben capace!

Sciaralla lo salutò umilmente, poi, indicando i cani, domandò:

– Posso scavalcare?

– Scavalca, – borbottò Mauro. – Che porti?

– Una lettera per don Cosmo, – rispose Sciaralla, smontando dalla giumenta.

E mentre si cercava nella tasca interna del cappotto, si sentiva addosso gli occhi di Mauro pieni d'ira e di scherno.

– Eccola. La manda Sua Eccellenza di gran fretta.

– Sta' qui, – gl'intimò Mauro, prendendo la lettera. – E bada di non lasciare la giumenta.

Sciaralla sapeva che gli era proibito di salire alla villa, come se, con la sua uniforme, potesse sconsacrare quel vecchiume, quella rozza cascinaccia d'un sol piano: lui che veniva dagli splendori di Colimbètra, dove uno si poteva specchiare anche nei muri!

La proibizione non partiva certo da don Cosmo, ma dal Mortara stesso, il quale gli vietava perfino di legare la giumenta agli anelli confitti nell'aggetto della rustica scala a collo. Doveva tener le briglie in mano e star lì in piedi, all'aperto, ad aspettare, quasi fosse venuto per l'elemosina.

Appena Mauro si mosse, i tre cani s'accostarono pian piano a capitan Sciaralla e cominciarono a fiutarlo. Il poveretto, fermo e con l'anima sospesa, alzò gli occhi al Mortara che saliva la scala.

– Non vi sporcate il muso con codesti calzoni! – disse Mauro, dopo aver chiamato a sé i cani; e soggiunse, rivolto a Sciaralla: – Adesso ti mando un sorso di caffè, per farti rimettere dalla paura.

Pervenuto al pianerottolo, fece per bussare al modo convenuto, battendo cioè tre volte il saliscendi sul dente del nasello interno; ma, appena alzato il saliscendi, la porta si aprì, e Mauro entrò esclamando:

– Aperta? Di nuovo aperta? L'avete aperta voi? – soggiunse poi dietro l'uscio della cucina, da cui per un istante s'era mostrata la testa incuffiata di donna Sara Alàimo, la casiera (cameriera, no!) di Valsanìa

– Io? – gridò dall'interno donna Sara. – Mi alzo adesso, io!

E, sentendo che Mauro si allontanava, fece le corna con una mano e le scosse più volte in un gesto di dispetto.

Cameriera, no – lei: eh perbacco! né di lui, né di nessuno, là dentro. Aveva la ventola in mano, è vero; stava ad accendere il fuoco in cucina, ma era vera signora, di nascita e d'educazione, lei; lontana parente di Stefano Auriti, cognato dei Laurentano, e perciò, via, se vogliamo, parte della famiglia anche lei.

Stava a Valsanìa da molti anni a badare a don Cosmo, che forse non avrebbe mai sentito alcun bisogno di lei se la sorella donna Caterina non gliel'avesse mandata da Girgenti, dove da vera signora non le restava altra consolazione che quella di moire dignitosamente di fame. A Valsanìa le giornate le passavano a strisciar la groppa a due gatti, debitamente castrati, che le andavano sempre dietro a coda ritta; a dir corone di quindici poste, a labbreggiar senza fine altre preghiere; ma, a starla a sentire, tutto andava bene, solo perché c'era lei; senza lei, addio ogni cosa. Se le messi imbiondivano, se gli alberi fruttificavano, se veniva a tempo la pioggia... Insomma si dava l'aria di governare il mondo. Mauro non la poteva soffrire. E donna Sara in questo lo contraccambiava cordialmente; anzi nulla le riusciva più penoso che il dovere apparecchiar la tavola anche per lui, poiché don Cosmo pur troppo s'era ridotto fino a tal punto, fino a dar quest'onore a un figlio di contadini e quasi contadino zappaterra anche lui; sissignori... mentre lei, donna Sara, vera signora di nascita e d'educazione, lì, in cucina lei, e obbligata a servirlo!

S'affacciò alla finestra e, vedendo giù capitan Sciaralla, emise un profondo sospiro con un breve lamento nella gola:

– Ah, Placidino, Placidino! Offriamolo al Signore in penitenza dei nostri peccati...

Intanto Mauro era entrato nello stanzino da bagno di don Cosmo.

Tutto era vecchio e rustico in quell'antica villa abbandonata: rosi i mattoni dei pavimenti avvallati; le pareti e i soffitti, anneriti; le imposte e i mobili, stinti e corrosi; e tutto era impregnato come d'un tanfo di granaglie secche, di paglia bruciata, d'erbe appassite nell'afa delle terre assolate.

Nello stanzino da bagno, don Cosmo, in mutande a maglia, nudo il torso peloso, nudi i piedi nelle vecchie ciabatte, si preparava alla consueta abluzione con una dozzina di spugne, grandi e piccole, disposte sul lavabo. Si lavava tutto, ogni mattina, anche d'inverno, con l'acqua diaccia; e questa era l'unica delizia della sua vita: solennissima pazzia, invece, per Mauro che, sì e no, ogni mattina si lavava « la semplice maschera », com'egli diceva, per significare la sola faccia.

— Avete dormito di nuovo con la porta aperta?
— Sì? Oh guarda! — fece don Cosmo, come ne fosse stupito; e si grattò sul mento la corta barba grigia, ricciuta.
— Mai, eh? gli occhi non li aprirete mai? — incalzò Mauro. — Non lo dico io? Il bamboccetto! l'ajo, la bàlia, gli dobbiamo dare... Santissimo Dio, che cristiano siete? Non lo avete letto il giornale di jeri? Di quei lacci di forca che, con la scusa della fame, vogliono mandare a gambe all'aria tutto quello che abbiamo fatto noi, a costo del sangue nostro?

Don Cosmo, tra i gesticolamenti furiosi di Mauro, non s'era accorto della lettera che questi teneva in mano, e quietamente aveva cominciato a insaponarsi il capo calvo. Stizzito da quella calma, Mauro seguitò:

— E se tutti fossero come voi... Ma ci sono anch'io, qua, per grazia di Dio! Vecchio come sono, avrebbero ancora da vedersela con me!

Don Cosmo voltò il capo tutto luccicante di bolle di sapone e lo guardò:

— Vedi che posso dunque seguitare a dormire anche con la porta aperta? Ci sei tu!

I giornali, a Valsanìa, capitavano di tanto in tanto, già destinati al loro più umile e forse più utile uso d'involti. Mauro se li rimetteva in sesto amorosamente, ci passava sopra le mani più volte per appianarne le brancicature e gli strambelli; e, vincendo con una pazienza da certosino l'enorme stento della lettura (giacché da sé assai tardi aveva imparato a compitare appena), se ne pascolava per intere settimane, cacciandoseli a memoria dal primo all'ultimo rigo. Eran tutte notizie nuove per lui, echi sperduti colà della vita del mondo.

Nell'ultimo giornale, venutogli così per caso tra mano, aveva letto, il giorno avanti, di uno sciopero di solfaraj in un paese della provincia e della costituzione di essi in « Fascio di lavoratori ».

– *Rivendicazione del proletariato!*

Uhm! Si era fatte spiegare da don Cosmo queste due parole per lui sibilline, e tutta la notte, chiuso nel boricco sotto l'acqua furiosa, aveva ruminato e ruminato, sbuffante di sacro sdegno contro quei nemici della patria.

Non degnò di risposta le ultime parole di don Cosmo, il quale anche per lui non doveva avere la testa a segno, e gli porse la lettera di don Ippolito.

– L'ha portata uno dei suoi pagliacci: Sciarallino il capitano.

– Per me? – domandò don Cosmo meravigliato, tenendo l'acqua nelle mani giunte. – Mi scrive Ippolito? Oh che miracolo... Apri, leggi: ho le mani bagnate...

– Asciugatevele! – gli disse Mauro, brusco. – Negli affari di vostro fratello sapete bene che non voglio entrarci. Ma non pare la sua scrittura.

– Ah, Prèola, – osservò don Cosmo, guardando la busta.

La lettera era scritta dal segretario sotto dettatura e firmata da don Ippolito. Leggendola, don Cosmo alle prime righe aggrottò le ciglia, poi sciolse man mano la tensione della fronte e degli occhi in uno stupore doloroso; abbassò le pàlpebre; abbassò la mano con la lettera.

– Ah, dunque è vero...

– Vero che cosa? – brontolò Mauro, stizzito della sua curiosità.

Don Cosmo sporse il labbro contraendo in giù gli

angoli della bocca in un gesto d'amara e sdegnosa
commiserazione, tentennando il capo, poi disse:
— Se dà questo passo, non c'è più rimedio... si
rovina...
— Ditemi che cos'è, santo diavolo! — ripeté Mauro,
vieppiù stizzito.
Ma don Cosmo stette a guardarlo un pezzo prima
di rispondergli.
— Mi domanda la villa, — poi disse lasciandosi
cadere a una a una le parole dalle labbra, — la villa,
per Flaminio Salvo.
— Qua? — domandò Mauro con un soprassalto,
quasi don Cosmo gli avesse dato un pugno in faccia. — Qua? — ripeté, tirandosi indietro. — A Flaminio
Salvo, la villa del generale Laurentano?
Ma don Cosmo non s'infuriava come Mauro per
l'immaginaria profanazione della villa: era sì oppresso di doloroso stupore per ciò che significava
quell'ospitalità offerta al Salvo dal fratello. Pochi
giorni addietro, un amico, Leonardo Costa, che veniva qualche volta a trovarlo dal vicino borgo di
mare, gli aveva riferito la voce che correva a Girgenti d'un prossimo matrimonio di don Ippolito con
la sorella nubile, zitellona, del Salvo. Don Cosmo
non aveva voluto crederci: suo fratello Ippolito aveva due anni più di lui, sessantacinque; da dieci era
vedovo e s'era mostrato sempre inconsolabile, pur
nella sua compostezza, della morte della moglie, santa donna... Impossibile! — Eppure...
— Gli risponderete di no? — disse Mauro minaccioso dopo avere atteso un momento.
Don Cosmo aprì le braccia e sospirò, con gli occhi chiusi:
— Sarebbe inutile! E poi, del resto...
— Come! — lo interruppe Mauro. — Il Salvo, quell'usurajo baciapile, qua? Ma me ne vado io, allora!
E non vi ricordate, perdio, che suo padre andò ad

assistere al *Te Deum* quando vostro padre fu mandato in esilio? E lui, lui stesso giovanotto, non insegnò alla sbirraglia borbonica la casa dove s'era nascosto don Stefano Auriti con vostra sorella, quando i nobili di Palermo portarono a Satriano[5] in Caltanissetta le chiavi della città? Ve le siete scordate, voi, queste cose? Io le ho tutte qua in mente, come in un libro stampato! Fatelo venire a Valsanìa, ora, se n'avete il coraggio! Ma la stanza del Generale, no! quella, no! La chiave del *camerone* la tengo io! Là non metterà piede, o l'ammazzo, parola di Mauro Mortara!

Don Cosmo non si scompose affatto dal suo penoso attonimento a quella lunga sfuriata. Parecchie volte era stato sul punto di far intendere a Mauro che a Gerlando Laurentano suo padre non era mai passata per il capo l'idea dell'unità italiana, e che il Parlamento siciliano del 1848,[6] nel quale suo padre era stato per alcuni mesi ministro della guerra, non aveva mai proposto né confederazione italiana né annessione all'Italia, ma un chiuso regno di Sicilia, con un re di Sicilia e basta. Questa l'aspirazione di tutti i buoni vecchi Siciliani d'allora; la quale, se di qualche punto, all'ultimo, s'era spinta più in là, non era stato mai oltre una specie di federazione, in cui ciascuno stato dovesse conservare la propria autonomia. Non glien'aveva detto mai nulla; né pensò di dirglielo adesso; e lasciò che Mauro, sbuffando di sdegno, gli voltasse le spalle e andasse a rinchiudersi in quella stanza del principe padre, sacra per lui quanto la patria stessa, primo covo della libertà e ora quasi tempio di essa.

Giù, intanto, innanzi alla villa, il povero Sciaralla stava ad aspettare ancora il caffè promesso: magari un sorso, e una bella fiammata per stirizzirsi... Aspetta, aspetta: se ne scordò anche lui e cominciò a sentirsi tra le spine per il ritardo della risposta. Avrebbe dovuto averla con sé dalla sera avanti, se avesse obbedito al Prèola. Pensava che a quell'ora il principe a Colimbètra s'era forse levato e domandava al segretario quella risposta. E lui, ecco, era ancora là, ad aspettarla! Ma ci voleva tanto a legger la lettera e a buttar giù due righi di risposta? O che il Mortara, a bella posta, non l'avesse ancora data a don Cosmo? E capitan Sciaralla sbuffava; se la prendeva ora con Titina che non stava ferma un momento, tormentata dalle mosche.

– Quieta! Quieta! Quieta!

Tre strattoni di briglia. Titina chiuse gli occhi lagrimosi con tanta pena rassegnata, che Sciaralla subito si pentì dello sgarbo.

– Hai ragione anche tu, poveretta! Non hanno dato neanche a te una manata di paglia...

E lasciò andare un sospirone.

Finalmente don Cosmo s'affacciò a una finestra della villa. Al rumore delle imposte, Sciaralla si voltò di scatto. Ma don Cosmo si mostrò meravigliato di vederlo ancora lì.

– Oh, Placido! E che fai?

– Ma come, eccellenza! la risposta! – gemette il Capitano, giungendo le mani.

Don Cosmo aggrottò le ciglia.

– C'è bisogno della risposta?

– Come! – ripeté Sciaralla, esasperato. – Se sto qui da un'ora ad aspettarla!

Ecco, ecco appunto! Quel vecchio boja non gliene'aveva detto nulla!

– Hai ragione, sì, aspetta, figliuolo, – gli disse don Cosmo, ritirandosi dalla finestra.

Pensò che il fratello stava attento anche alle minime formalità (minchionerie, le chiamava lui), e che avrebbe considerato come un affronto, o un grave sgarbo per lo meno, non aver risposta; prese dunque un umile foglietto di carta ingiallito; intinse la penna tutta aggrumata in una bottiglina d'inchiostro rugginoso e, in piedi, lì sul piano di marmo del cassettone, si mise a ponzar la risposta, che in fine, dopo molto stento, gli uscì in questi termini:

Da Valsanìa li 22 di settembre del 1892
Caro mio Ippolito,
Tu forse non sai in quali miserevoli condizioni sia ridotta questa decrepita stamberga, dove io solamente posso abitare, che mi considero già fuori del mondo, e non me ne lagno! Se tu stimi, ciò non per tanto, che non si possa fare di meno, che ci vengano a rusticare li Salvo; abbi, ti prego, l'avvertenza di prevenirli che qua difettiamo di tutto, e che però seco loro si portino tutte quelle masserizie di casa et ogni altra suppellettile, di cui reputino aver bisogno.

Altro vorrei dirti e direi, se vano non mi paresse lo sperare, che potesse tornare al pro la mia ragione. Onde, senz'altro, caramente ti abbraccio.

Cosmo

Chiuse la lettera, sbuffando, e si recò di nuovo alla finestra. Capitan Sciaralla accorse, si levò il berretto e vi accolse la lettera.

— Bacio le mani a Vostra Eccellenza!

Un salto, e in sella.

— Di volo, Titina!

Bau! bau! bau! — i tre mastini, svegliati di soprassalto, gli corsero dietro un lungo tratto, per dargli a modo loro l'addio.

Don Cosmo rimase alla finestra: seguì con gli occhi il galoppo di capitan Sciaralla fino alla voltata del viale; poi il ritorno ringhioso e sbuffante dei tre mastini, dopo la vana corsa e il vano abbaiare. Quando le tre bestie alla fine si sdrajarono di nuovo a terra presso la scala e allungando il muso sulle zampe anteriori chiusero gli occhi per rimettersi a dormire, egli, mirandole, scrollò lievemente il capo e sorrise. Davanti a quel loro ricomporsi al sonno non gli sembrarono più vani né l'abbajare né la corsa di poc'anzi. Ecco: le tre bestie avevano protestato contro la venuta di quell'uomo, il quale aveva loro interrotto il sonno; ora che credevano di averlo cacciato via, tornavano saggiamente a dormire.

«Perché è saggezza del cane,» pensò, sospirando profondamente, «quand'abbia mangiato e atteso agli altri bisogni del corpo, lasciare che il tempo passi dormendo.»

Guardò gli alberi, davanti alla villa: gli parvero assorti anch'essi in un sogno senza fine, da cui invano la luce del giorno, invano l'aria smovendo loro le frondi tentassero di scuoterli. Da un pezzo ormai, nel fruscìo lungo e lieve di quelle fronde egli sentiva, come da un'infinita lontananza, la vanità di tutto e il tedio angoscioso della vita.

II

Pregati da Flaminio Salvo, che dagli affari di banco e dai tanti altri negozii a cui attendeva non aveva mai un momento libero, Ignazio Capolino, già suo cognato, e Ninì De Vincentis, giovane amico di casa, scendevano il giorno dopo in carrozza da Girgenti a Valsanìa per dare le opportune disposizioni per la villeggiatura: incarico graditissimo all'uno e all'altro, per due diverse, anzi opposte ragioni.

I carri, sovraccarichi di suppellettile, erano partiti da un pezzo da Girgenti, e a quell'ora dovevano essere già arrivati a Valsanìa. Il discorso, tra i due in quella carrozza padronale del Salvo, era caduto su le proposte nozze di donna Adelaide, sorella di don Flaminio, col principe di Laurentano.

— No no: è troppo! è troppo! — diceva sogghignando Capolino. — Povera Adelaide, è troppo, dopo cinquant'anni d'attesa! Diciamo la verità!

Ninì De Vincentis batteva di continuo le pàlpebre, come per contenere nei begli occhi neri a mandorla il dispiacere per quella derisione. Nello stesso tempo, con l'atteggiamento del volto pallido affilato avrebbe voluto mostrare l'intenzione almeno d'un sorriso, per regger la cèlia e rispondere in qualche maniera all'ilarità pur così smodata e sconveniente di Capolino.

– Già, nozze per modo di dire! – seguitò questi, implacabile, lì che nessuno lo sentiva (Ninì, il buon Ninì, pasta d'angelo, era men che nessuno). – Per modo di dire... perché, lasciamo andare! sarà bene, sarà male: la legge è legge, caro mio, e le opinioni politiche e religiose, se cóntano, cóntano poco di fronte a lei. Ora il principe, lo sai, *conditio sine qua non*, vuole che il matrimonio sia soltanto religioso, non ammette l'altro per le sue idee. Dunque, matrimonio senza effetti legali, mi spiego? Sarà una cosa bella, oh! gustosa... anche coraggiosa, non dico di no: ma quella povera Adelaide, via!

E Capolino si mise a ghignar di nuovo, come se nel suo concetto Adelaide Salvo non fosse la donna più adatta a quell'eroismo di nuovo genere che si richiedeva da lei, a quella sfida coraggiosa alla società civilmente costituita.

Ninì De Vincentis taceva e continuava a sbattere gli occhi, ancora con quel sorriso afflitto, rassegato sulle labbra, sperando che il suo silenzio impacciasse la foga derisoria del compagno.

Ma che! Ci sguazzava, Capolino.

– Perché lo fa? – riprese, ponendosi davanti la sposa zitellona. – Per entrare nel mondo con tutti i diritti di signora? Ma io direi che ne esce, piuttosto. Va a rinchiudersi a Colimbètra! E, monacazione sotto tutti i rispetti, mi spiego? Il principe, a buon conto, ha sessantacinque anni sonati.

S'interruppe a un atto del De Vincentis.
– Eh, caro mio! Lo so, tu fai professione d'angelo; ma qua si tratta di matrimonio; e ci si deve pur pensare all'età. *Vis, vis, vis*: lo dicono anche i sacerdoti! Dunque, mondo, niente. Diventa principessa, principessa di Laurentano: dirò, regina di Colimbètra! Sì: per me, per te, per tutti noi che riteniamo il matrimonio religioso, non pur superiore al civile, ma il solo, il vero che valga; quello che, bastando davanti a Dio, dovrebbe strabastare per gli uomini. Tutti gli altri però, ohè, non hanno mica l'obbligo di riconoscerlo e di rispettare lei, fuori di Colimbètra, quale principessa di Laurentano; e Lando, per esempio, il figlio del primo letto, di rispettarla quale seconda madre. E che le resta allora? La ricchezza... Non lo fa per questo certamente, ricca com'è di casa sua. Se lo facesse per questo, oh! povera Adelaide, ho una gran paura che le andrebbe a finire come a me...

E qui rise di nuovo Capolino, ma come una lumaca nel fuoco.[7]

Dopo una lunghissima lotta, era riuscito a ottenere in moglie una sorella di Flaminio Salvo, mezza gobba, minore di due anni di donna Adelaide, e formarsi con la dote di lei uno stato invidiabile. Allegrezza in sogno, ahimè! Povero mondo, e chi ci crede! Cinque anni dopo, morta la moglie, sterile per colmo di sventura, aveva dovuto restituire al Salvo la dote, ed era ripiombato nello stato di prima, con tante e tante idee, una più bella e più ardita dell'altra nel fecondo cervello, alle quali purtroppo, così d'un tratto, era venuta meno la benedetta leva del denaro. S'era concesso sei mesi di profondo scoramento e poi altri sei d'invincibile malinconia, sperando con quello e con questa d'intenerire il cuore dell'altra sorella del Salvo, di donna Adelaide appunto. Ma il cuore di donna Adelaide non s'era per nulla intenerito: ben guardato nell'ampia e solida fortezza del busto, aveva per due anni resistito all'assedio di lui, assedio di gentilezze, di cortesie, di devozione; aveva infine respinto d'un colpo un assalto supremo e decisivo, e Capolino s'era dovuto ritirare in buon ordine. Altri sei mesi di profondo scoramento, d'invincibile malinconia; e, finalmente, munito d'una seconda moglie, giovane, bella e vivacissima, era ritornato con più fortuna all'assalto della casa di Flaminio Salvo.

Le male lingue dicevano che in grazia di Nicoletta Spoto, cioè della moglie giovane, bella e vivacissima, la quale era diventata subito quasi la dama di compagnia di donna Adelaide e dell'unica figliuola di don Flaminio, Dianella, Capolino era bucato nel banco in qualità di segretario e d'avvocato consulente. Ma se vogliamo pigliare tutte le mosche che volano... Da un anno egli viveva nel lusso e nell'abbondanza; tanto lui quanto la moglie si servivano da padroni dei landò pomposi e dei superbi cavalli della scuderia del Salvo; elegantissimo cavaliere, ogni domenica, sù e giù per il viale della Passeggiata, pareva che egli ne facesse la mostra; e infine col favore incondizionato di Flaminio Salvo era riuscito a imporsi, a farsi riconoscere capo del partito clericale militante, il quale, dopo il ritiro dell'onorevole Fazello, gli avrebbe offerta fra pochi giorni la candidatura alle imminenti elezioni politiche generali.

All'anima candida di Ninì De Vincentis non balenava neppur da lontano il sospetto che tutta quell'acredine di Capolino per donna Adelaide potesse avere una ragione recondita e inconfessabile. Come non credeva che qualcuno mai si fosse potuto accorgere del suo timido, puro e ardentissimo amore per Dianella Salvo, la figlia ora inferma di don Flaminio, così non s'era mai accorto, prima, del vano ostinato assedio di Capolino a donna Adelaide, né credeva ora minimamente alle chiacchiere maligne sul conto di quella cara signora Nicoletta, seconda moglie di Capolino. Non sapeva scoprir secondi fini in nessuno; meno che mai poi quello del denaro. Era, su questo punto, come un cieco. Da parecchi anni, dopo la morte dei genitori, si lasciava spogliare, insieme col fratello maggiore Vincente, da un amministratore ladro, chiamato Jaco Pacia, il quale aveva saputo arruffar così bene la matassa degli affari, che il povero Ninì, avendogliene tempo addietro domandato conto, per poco non ne aveva avuto il capogiro. E s'era dovuto recare una prima volta al banco del Salvo per un prestito di denaro su cambiali. Parecchie altre volte era poi dovuto ritornare allo stesso banco; e, alla fine, per consiglio dell'amministratore, aveva fatto al Salvo la proposta di saldare il debito con la cessione della magnifica tenuta di *Primosole*, proposta che il Salvo aveva subito accettata, acquistandosi per giunta la più fervida gratitudine di Ninì, a cui naturalmente non era passato neppure per il capo il sospetto d'un accordo segreto tra il Pacia, suo amministratore, e il banchiere. Amava Dianella Salvo e in don Flaminio non sapeva veder altro che il padre di lei.

Ora avrebbe tanto desiderato che la fanciulla, scampata per miracolo a un'infezione tifoidea, fosse andata a recuperar la salute a *Primosole*, nell'antica villa di sua madre, dove tutto le avrebbe parlato di lui, con la mesta, amorosa dolcezza dei ricordi materni. Ma i medici avevano consigliato al Salvo per la figliuola aria di mare. E Ninì pensava, dolente, che a Valsanìa sul mare egli non avrebbe potuto recarsi a vederla se non di rado. Si confortava per il momento col pensiero che avrebbe sorvegliato lui alla preparazione della camera, del nido che l'avrebbe accolta per qualche mese.

Come se Capolino avesse letto il pensiero del suo

giovane amico, di cui facilmente e da un pezzo aveva indovinato l'ingenua aspirazione, suggellò, dopo la risata, con un *basta!* il primo discorso, e riprese, fregandosi le mani:

– Tra poco saremo arrivati. Tu attenderai alla camera di Dianella; sarà meglio. Io penserò per donna Vittoriona.

Ninì, soprappreso così, mostrò una viva costernazione per quest'ultima, ch'era la moglie del Salvo, pazza da molti anni.

– Sì sì, – disse, – bisogna star bene attenti, che questo cambiamento, Dio liberi, non la turbi troppo.

– Non c'è pericolo! – lo interruppe Capolino. – Vedrai che neppure se n'accorgerà. Seguiterà tranquillamente la sua interminabile calza. Fa le calze al Padreterno, lo sai. Notte e giorno; e vuole che lavorino con lei anche le due suore di San Vincenzo che l'assistono. Pare che questa calza sia già grande come un tartanone.

Ninì crollò il capo mestamente.

La vettura, poco oltre la Seta, entrò nel fèudo, dallo stradone. Il cancello era rovinato: una sola banda, tutta arrugginita, era in piedi, fissa a un pilastro; l'altro pilastro era da gran tempo diroccato. La strada carrozzabile, che attraversava quest'altra parte del fèudo, ceduta anch'essa a mezzadria, era come tutto il resto in abbandono, irta di cespugli, tra i quali si vedevano i solchi lasciati di recente dai carri con la suppellettile.

Ninì De Vincentis guardò tutt'intorno quella desolazione, senza dir nulla, ma seguitò a parlar per sé e per lui Capolino.

– La malatuccia – disse, facendo una smusata, – avrà poco da stare allegra, qua, non ti pare?

– È molto triste, – sospirò Ninì.

– Non dico soltanto per il luogo – soggiunse Capolino. – Anche per quelli che vi stanno. Due tomi, caro mio. Adesso vedrai. Mah... Questa villeggiatura si farà più per donna Adelaide che non ci viene, che per Dianella. E Dianella, che forse lo sospetta, la soffrirà in pace, al solito, per amore della zia... Eh! Flaminio è un grand'uomo, non c'è che dire!

— L'aria però è buona, — osservò il giovanotto per attenuare, almeno un po', l'aspro giudizio del compagno sul Salvo.

— Ottima! ottima! — sbuffò Capolino, il quale, da questo punto, si chiuse in un silenzio accigliato, fino all'arrivo alla villa.

I carri erano giunti da poco, insieme con la *giardiniera*[8] che aveva portato due servi del Salvo, il cuoco, una cameriera e due tappezzieri. Donna Sara Alàimo, sul pianerottolo in cima alla scala, batteva le mani, festante, a quelle quattro montagne di bella roba su i carri.

— Presto, scaricate! — ordinò ai servi e ai carrettieri Capolino, smontando dalla vettura e agitando la mazzettina. Poi, salita in fretta la scala, domandò a donna Sara: — Don Cosmo?

Ed entrò, senza aspettar risposta, nel vecchio cascinone con Nini De Vincentis, che gli andava dietro come un cagnolino sperduto.

— Scaricate! — ripeté uno dei servi, rifacendo tra le risate dei compagni il tono di voce e il gesto imperioso di quel padrone improvvisato.

Don Cosmo s'aggirava come una mosca senza capo per le stanze lavate di fresco da donna Sara, la quale fin dal giorno avanti, appena saputo la notizia della prossima venuta del Salvo, s'era sentita tutta allargare dalla contentezza e, subito messa in gran da fare, aveva anche persuaso a don Cosmo che sarebbe stato bene sgombrare questa e quella stanza della decrepita mobilia, perché gli ospiti ricconi non vedessero tutta quella miseria in una casa di principi.

— Ma no! ma no! ma no! — aveva cominciato subito

a strillare don Cosmo dalla sua stanza, udendo il fracasso di quei poveri vecchi mobili strappati a forza dai loro posti e trascinati; e donna Sara, stupefatta da quella protesta: – No? Come no, se me l'ha detto lei? –. Perché avveniva sempre così: donna Sara parlava, parlava, e don Cosmo, dal canto suo, pensava, pensava, facendo finta di tanto in tanto d'udire, con qualche rapido cenno del capo, quando più lo pungeva il fastidio del suono di quelle interminabili parole. Questi cenni erano interpretati naturalmente da donna Sara come segni d'assentimento; la sopportazione con cui don Cosmo simulava d'ascoltarla, come riconoscimento della saggezza con cui lei governava la casa e il mondo; e tanto lontana era arrivata nell'interpretare a suo modo quei segni e quella sopportazione del suo padrone, che forse qualche sera se lo sarebbe preso per mano e condotto a letto, se tutt'a un tratto don Cosmo, sbarrando tanto d'occhi e prorompendo in un'esclamazione inopinata, non le avesse fatto crollare tutto il castello delle sue supposizioni.

– Don Cosmo onorandissimo! – esclamò Capolino, scoprendolo alla fine, dopo aver girato anche lui di qua e di là per trovarlo. – In gran confusione, eh? Perbacco!

– No, no, – s'affrettò a rispondere don Cosmo per troncar subito le cerimonie, con le nari arricciate per il lezzo acre di muffa che ammorbava il cascinone, umido ancora per l'insolita lavatura. – Cercavo una stanza appartata, dove starmene senza recare incomodo.

Capolino fece per protestare; ma don Cosmo lo fermò a tempo:

– Lasciatemi dire! Ecco... comodo io, comodi loro: va bene così? In capo, in capo, tenete in capo!

Alzò una mano, così dicendo, a carezzare l'elegantissima barbetta nera di Ninì De Vincentis.

– Ti sei fatto un bel ragazzo, figliuolo mio, e così cresciuto, mi fai accorgere di quanto sono vecchio! Tuo fratello Vincente? sempre arabista?
– Sempre! – rispose Ninì, sorridendo.
– Ah! Quei quattordici volumi d'arabo manoscritti dovrebbero pesare come tanti macigni, nel mondo di là, sull'anima del conte Lucchesi-Palli che volle farne dono morendo alla nostra Biblioteca[9] per rovinare codesto povero figliuolo!
– Ne ha già interpretati dieci, – disse Ninì. – Gliene restan ancora quattro, ma grossi così!
– Faccia presto! faccia presto! – concluse don Cosmo paternamente. – E anche tu, figliuolo mio, bada... badate alle cose vostre: so che vanno male! Giudizio!
Capolino intanto, presso la finestra, s'industriava di farsi specchio della vetrata aperta, e si lisciava sulle gote le fedine, già un po' brizzolate. Bello non era davvero, ma aveva occhi fervidi e penetranti che gli accendevano simpaticamente tutto il volto bruno e magro.
Sentendo cadere il discorso tra il Laurentano e Ninì, finse di star lì a determinare i punti cardinali della villa.
– Esposizione a mezzogiorno, è vero? Ma se l'era scelta per lei, questa camera, don Cosmo?
– Questa o un'altra, – rispose il Laurentano. – Camere, ce n'è d'avanzo, vedrete; ma tutte così, vecchie e in pessimo stato. Uscendo di qua... (no, senza cerimonie: scusate, che gusto c'è a dire che non è vecchio quello che è vecchio? Si vede!)... dicevo, uscendo di qua, abbiamo questo lungo corridojo, che divide in due parti il casermone: le camere da questa parte sono a mezzogiorno; quelle di là, a tramontana. La sala d'ingresso interrompe di qua e di là il corridojo, e divide la villa in due quartieri uguali, salvo che di qua, in fondo, abbiamo un ca-

merone, il cui uscio è alle mie spalle; di là, invece, abbiamo una terrazza. È semplicissimo.

— Ah bene bene bene, — approvò Capolino. — E dunque abbiamo anche un camerone?

Don Cosmo sorrise, negando col capo; poi spiegò che cosa era il « camerone », e come ridotto e da chi custodito.

— Per amor di Dio! — esclamò Capolino.

— Sarebbe meglio perciò, — concluse don Cosmo, — che disponeste l'abitazione nel quartiere di là, libero del tutto. Io m'ero scelta apposta questa camera.

Capolino approvò di nuovo; e poiché i servi eran già venuti sù col primo carico, s'avviò con Ninì per l'altro quartiere. Don Cosmo rimase in quella camera, dove con l'ajuto di donna Sara trasportò tutti i suoi libracci. La povera casiera, sentendo quanto pesava tutta quella erudizione, non riusciva a capacitarsi come mai don Cosmo che se l'era messa in corpo, potesse vivere poi così sulle nuvole. Don Cosmo, ancora con le narì arricciate, non riusciva a capacitarsi, invece, perché quella mattina ci fosse tutto quel puzzo d'umido. Ma forse non distingueva bene tra il puzzo e il fastidio che gli veniva dal pensare che or ora, per l'arrivo degli ospiti, tutte le sue antiche abitudini sarebbero frastornate, e chi sa per quanto tempo.

Di lì a poco, Capolino ritornò, lasciando solo di là il De Vincentis, che s'era dimostrato molto più adatto di lui alla bisogna: così almeno dichiarò. In verità, veniva per porre a effetto una delle ragioni per cui s'era volentieri accollato l'incarico del Salvo: quella cioè di scoprir l'umore di don Cosmo circa il matrimonio del fratello, o di « tastargli il polso » su quell'argomento, com'egli diceva tra sé.

Non già che sperasse che ormai quelle nozze potessero andare a monte; ma, conoscendo la diversità, anzi l'opposizione inconciliabile tra i due modi di pensare e di sentire del Salvo e di don Cosmo, gli piaceva supporre che qualche attrito, qualche urto potesse nascere dal soggiorno di quello a Valsanìa. Era così astratta e solitaria l'anima di don Cosmo, che la vita comune non riusciva a penetrargli nella coscienza con tutti quegli infingimenti e quelle arti e quelle persuasioni che spontaneamente la trasfigurano agli altri, e spesso, perciò, dalla gelida vetta della sua stoica noncuranza lasciava precipitar come valanghe le verità più crude.

– Uh quanti libri! – esclamò Capolino entrando. – Già lei studia sempre... Romagnosi, Rosmini, Hegel, Kant...

A ogni nome letto sul dorso di quei libri sgranava gli occhi, come se vi ponesse punti esclamativi sempre più sperticati.

– Poesie! – sospirò don Cosmo, con un gesto vago della mano, socchiudendo gli occhi.

– Come come? Don Cosmo, non capisco. Filosofia, vorrà dire.

– Chiamatela come volete, – rispose il Laurentano, con un nuovo sospiro. – Da studiare, poco o niente: c'è da godere, sì, della grandezza dell'ingegnaccio umano, che su un'ipotesi, cioè su una nuvola, fabbrica castelli: tutti questi varii sistemi di filosofia, caro avvocato, che mi pajono... sapete che mi pajono? chiese, chiesine, chiesacce, di vario stile, campate in aria.

Ah già, ah già... – cercò d'interrompere Capolino, grattandosi con un dito la nuca.

Ma don Cosmo, che non parlava mai, toccato giusto su quell'unico tasto sensibile, non seppe trattenersi:

Soffiate, rùzzola tutto; perché dentro non c'è niente: il vuoto, tanto più opprimente, quanto più alto e solenne l'edifizio.

Capolino s'era tutto raccolto in sé, per raccapezzarsi, incitato dalla passione con cui don Cosmo parlava, a rispondere, a rintuzzare; e aspettava, sospeso, una pausa; avvenuta, proruppe:
– Però...
– No, niente! Lasciamo stare! – troncò subito don Cosmo, posandogli una mano su la spalla. – Minchionerie, caro avvocato!

Per fortuna, in quella, Mauro Mortara, sulla spianata innanzi alla villa dalla parte che guardava la vigna e il mare, si mise a chiamare col suo solito verso – pïo, pïo, pïo – gl'innumerevoli colombi, a cui soleva dare il pasto due volte al giorno.

Don Cosmo e Capolino s'affacciarono al balcone. Anche Ninì si sporse a guardare dalla ringhiera dell'ultimo balcone in fondo, e poi dal terrazzo s'affacciarono i servi e le cameriere e i tappezzieri.

Era ogni volta, tra quel candido fermento d'ali, una zuffa terribile, giacché la razione delle cicerchie era rimasta da tempo la stessa, mentre i colombi s'erano moltiplicati all'infinito e vivevano, ormai, quasi in istato selvaggio per il fèudo e per tutte le contrade vicine. Sapevano l'ora dei pasti e accorrevano puntuali a fitti nugoli fruscianti, da ogni parte: invadevano, tubando d'impazienza, in gran subbuglio, i tetti della villa, della casa rustica, del pagliajo, del colombajo, del granajo, del palmento e della cantina; e se Mauro tardava un po', dimentico o assorto nelle sue memorie, una numerosa comitiva si spiccava dai tetti e andava a sollecitarlo dietro la porta della nota camera a pianterreno: la comitiva a poco a poco diventava folla e in breve tutta la spianata ferveva d'ali e grugava, mentre per aria tant'altri si tenevan su le ali sospesi a stento, non sapendo dove posarsi.

Don Cosmo pensò con dispiacere che quel giorno, intanto, Mauro non sarebbe salito a desinare; gliel'aveva detto la sera avanti:

— Questa è l'ultima volta che mangio con voi. Perché mi farete la grazia di credere che non verrò a sedermi a tavola con Flaminio Salvo.

Ora se ne stava giù tra i suoi colombi a testa bassa, aggrondato. Capolino l'osservava dal balcone, come se avesse sotto gli occhi una bestia rara.

— Lo saluto? — domandò piano a don Cosmo.

Questi con la mano gli fe' cenno di no.

— Orso, eh? — soggiunse Capolino. — Ma un gran bel tipo!

— Orso, — ripeté don Cosmo, ritirandosi dal balcone.

Andati nella sala da pranzo dell'altro quartiere, già riccamente addobbata dai tappezzieri, Capolino tentò di nuovo di « tastare il polso » a don Cosmo sul noto argomento. Non sarebbe più certo ricascato a muovergliene il discorso dai libri di filosofia.

Don Cosmo era distratto nell'ammirazione di quella sala, resa così d'improvviso irriconoscibile.

— Prodigio d'Atlante! — esclamava, battendo una mano su la spalla di Ninì De Vincentis. — Mi par d'essere a Colimbètra!

Subito Capolino colse la palla al balzo:

— Lei non ci va più da anni, a Colimbètra, eh?

Don Cosmo stette un po' a pensare.

— Da circa dieci.

E restò sospeso, senza aggiunger altro. Ma Capolino, fissando il gancio per tirarlo a parlare:

— Da quando vi morì sua cognata, è vero?

— Già, — rispose, asciutto, il Laurentano.

E Capolino sospirò:

— Donna Teresa Montalto... che dama! che lutto! Vera donna di stampo antico!

E, dopo una pausa, grave di simulato rimpianto, un nuovo sospiro, d'altro genere:

– Mah! *Cosa bella mortal passa e non dura!*[10]

Donna Sara Alàimo, la casiera, che si trovava in quel punto a servire in tavola, per rialzarsi agli occhi degli ospiti della sua indegna condizione di serva, fu tentata d'interloquire e sospirò timidamente con un languido risolino:

– Metastasio!

Ninì si voltò a guardarla, stupito; don Cosmo accomodò la bocca per emettere un suo riso speciale, fatto di tre *oh! oh! oh!* pieni, cupi e profondi. Ma Capolino, nel vedersi minacciato d'aver guastate le uova nel paniere sul più bello, rimbeccò, stizzito

– Leopardi, Leopardi...

– Petrarca, Petrarca, scusate, caro avvocato! – protestò don Cosmo, aprendo le mani. – Me n'appello a Ninì!

– Ah, già, Petrarca, che bestia! *Muor giovine colui che al cielo è caro...*[11] – si riprese subito Capolino. – Confondevo... E lei dunque... dunque lei non rivede il fratello da allora?

Don Cosmo riprese a un tratto l'aria addormentata; socchiuse gli occhi; confermò col capo.

– Sempre sepolto qui! – spiegò allora Capolino al De Vincentis, come se questi non lo sapesse. – Altri gusti, capisco... anzi diametralmente opposti, perché don Ippolito ama la... la compagnia, non sa farne a meno... E forse, io dico, dopo la sciagura, avrebbe molto desiderato di non restar solo, senza parenti attorno... Ma, lei qui; il figlio sempre a Roma... e...

Don Cosmo, che aveva già compreso, ma a suo modo, l'intenzione di Capolino, per tagliar corto uscì a dire:

– E dunque fa bene a riammogliarsi, volete dir questo? D'accordo! Tu intanto, – soggiunse, rivolgendosi a Ninì, – bello mio, non ti risolvi ancora?

Ninì, nel vedersi così d'improvviso tirato in ballo, s'invermigliò tutto:
— Io?
— Guarda come s'è fatto rosso! — esclamò Capolino, scoppiando a ridere, dalla rabbia.
— Dunque c'è, dunque c'è? — domandò don Cosmo, picchiandosi con un dito il petto, dalla parte del cuore.
— Altro se c'è! — esclamò Capolino, ridendo più forte.
Ninì, tra le spine, mortificato, urtato da quella risata sconveniente, protestò con qualche energia:
— Ma non c'è nientissim'affatto! Per carità, non dicano codeste cose!
— Già! San Luigi Gonzaga! — riprese allora Capolino, prolungando sforzatamente la risata. — O piuttosto... sì, dov'è donna Sara? lui sì, davvero, Metastasio... un eroe di Metastasio, don Cosmo! o diciamo meglio, un angelo... ma un angelo, non come ad Alcamo, badiamo! Sa, don Cosmo, che ad Alcamo chiamano angelo il porchetto?
Ninì s'inquietò sul serio; impallidì; disse con voce ferma:
— Lei mi secca, avvocato!
— Non parlo più! — fece allora Capolino, ricomponendosi.
Don Cosmo rimase afflitto, senza comprendere in prima: poi aprì la bocca a un *ah!* che gli rimase in gola. Si trattava forse della figlia del Salvo? Ah, ecco, ecco... Non ci aveva pensato. Non la conosceva ancora. Ma sicuro! benissimo! Una fortuna per quel caro Ninì! E glielo volle dire:
— Non ti turbare, figliuolo mio. È una cosa molto seria. Non dovresti perder tempo, nella tua condizione.
Ninì si torse sulla seggiola quasi per resistere,

senza gridare, alla puntura di cento spilli su tutto il corpo. Capolino rattenne il fiato e aspettò che la valanga precipitasse. Don Cosmo non seppe rendersi ragione dell'effetto di quelle sue parole e guardò stordito, prima l'uno, poi l'altro.

— M'è scappata qualche altra minchioneria? — domandò. — Scusate. Non parlo più neanche io.

Ninì viveva veramente in cielo, in un cielo illuminato da un suo sole particolare, lì lì per sorgere, non sorto ancora, e che forse non sarebbe sorto mai. Lo lasciava lì, dietro le montagne dure della realtà, e preferiva rimanere nel lume roseo e vano d'una perpetua aurora, perché il sole, sorgendo, non dovesse poi tramontare, e perché le ombre, inevitabili, rimanessero tenui e quasi diafane. Già gli s'era affacciato il dubbio che il Salvo ormai non avrebbe accolto bene la sua richiesta di nozze, dato che egli si fosse mai spinto a fargliela. Ma aveva sempre rifuggito dall'accogliere e ponderare questo dubbio per non turbare il purissimo sogno di tutta la sua vita. E non perché quel dubbio gliel'avesse impedito, ma perché veramente gli mancava il coraggio di tradurre in atto un ideale così altamente vagheggiato che quasi temeva si potesse guastare al minimo urto della realtà, non s'era mai risoluto, non che a fare la richiesta, ma nemmeno a dichiararsi apertamente con Dianella Salvo. Ora, il sospetto che egli potesse farlo per la dote della ragazza che avrebbe rimesso in sesto le sue finanze, gli cagionò un acutissimo cordoglio, gli avvelenò la gioja di quel servigio reso per amore, e che invece poteva parere interessato; e, come se tutt'a un tratto il suo sole avesse dato un tracollo, tutto improvvisamente gli s'oscurò, e quando le stanze furon messe in ordine, ed egli con la gola stretta d'angoscia fece un ultimo giro d'ispezione, non seppe posare, come s'era proposto, sul guanciale del letto di Dianella il bacio dell'arrivo, perché ella, senza saperlo, ve lo trovasse la sera, andando a dormire.

Don Cosmo e Capolino, piccoli, neri, sotto un cielo altissimo, cupamente infocato dal tramonto, s'erano messi intanto a passeggiare innanzi alla vecchia villa, per il lungo, diritto viale, che fa quasi orlo, a manca, al ciglio, d'onde sprofonda ripido un burrone ampio e profondo, detto il *vallone*.

Pareva che lì l'altipiano per una convulsione tellurica si fosse spaccato innanzi al mare.

La tenuta di Valsanìa restava di qua, scendeva con gli ultimi olivi in quel burrone, gola d'ombra cinerulea, nel cui fondo sornuotano i gelsi, i carubi, gli aranci, i limoni lieti d'un rivo d'acqua che vi scorre da una vena aperta laggiù in fondo nella grotta misteriosa di San Calògero.

Dall'altra parte del burrone, alla stessa altezza, eran le terre alberate di Piatanìa che a mezzogiorno scendono minacciose sulla linea ferroviaria, la quale, sbucando dal traforo sotto Valsanìa, corre quasi in riva al mare fino a Porto Empedocle.

La zona di fiamma e d'oro del tramonto traspariva in un fantastico frastaglio di tra il verde intenso degli alberi lontani, di là dal burrone. Qua, su i mandorli e gli olivi di Valsanìa, alitava già la prima frescura d'ombra, dolce, lieve e malinconica, della sera.

Quest'ora crepuscolare, in cui le cose, nell'ombra calante, ritenendo più intensamente le ultime luci, quasi si smaltano nei lor chiusi colori, era alla solitudine di don Cosmo più d'ogn'altra gradita. Egli aveva costante nell'animo il sentimento della sua precarietà nei luoghi dove abitava, e non se n'affliggeva. Per questo sentimento che si trasfondeva lieve e vago nel mistero impenetrabile di tutte le cose, ogni cura, ogni pensiero gli erano insopportabilmente gravi. Figurarsi, ora, come schiacciante dovesse riuscirgli il discorso di Capolino, che s'aggirava fervoroso intorno alle imprese fortunate del Salvo, a un gran disegno che costui meditava, insieme col direttore delle sue zolfare, l'ingegnere Aurelio Costa, per sollevar le sorti dell'industria zolfifera, miserrime da parecchi anni.

– Coscienza nuova, la sua, – diceva Capolino. – Lucida, precisa e complicata, don Cosmo, come un macchinario moderno, d'acciajo. Sa sempre quel che fa. E non sbaglia mai!

– Beato lui! – ripeteva don Cosmo con gli occhi socchiusi, in atto di rassegnata sopportazione.

– E credentissimo, sa! – seguitava Capolino. – Veramente divoto!

– Beato lui!

– È una meraviglia come, tra tante brighe, riesca a trovar tempo e modo di badare anche al nostro partito. E con che impegno ne ha sposato la causa!

Ma, poco dopo, Capolino cambiò discorso, accorgendosi che don Cosmo non gli prestava ascolto. Gli si fece più accosto, gli toccò il braccio e aggiunse piano, con aria mesta:

– Quel povero Ninì! Son sicuro che ci piange, sa? per quel po' di baja che gli abbiamo dato a tavola. Innamoratissimo, povero figliuolo! Ma la ragazza, eh! purtroppo, non è per lui.

– Fidanzata ad altri? – domandò don Cosmo, fermandosi.

– No no: ufficialmente, no! – negò subito Capolino. – Ma... zitto però, mi raccomando: non deve saperlo neanche l'aria! Io credo, caro don Cosmo, che la ragazza sia in fondo più malata d'anima che di corpo.

– Toccata, eh?

– Toccata. Questa forse è l'unica cosa mal fatta

di suo padre. Qua Flaminio ha sbagliato... eh, non c'è che dire, ha sbagliato!

Don Cosmo si rifermò, crollò più volte il capo e disse, serio serio:

— Vedete dunque che sbaglia anche lui, caro avvocato?

— Ma se il diavolo, creda, ci volle proprio cacciar la coda, quella volta! — riprese Capolino. — Lei saprà che Flaminio... sarà dieci anni, altro che dieci! saranno quindici di sicuro! Insomma lì, poco più poco meno, fu a un pelo di morire affogato... Non lo sa? E come! Ai bagni di mare, a Porto Empedocle. Una cosa buffa, creda, buffa e atroce al tempo stesso! Per un pajo di zucche...

— Di zucche? Sentiamo, — disse don Cosmo, contro il suo solito, incuriosito.

— Ma sì, — seguitò Capolino. — Prendeva un bagno, ai *Casotti*. Non sa nuotare e, per prudenza, si teneva tra i pali del recinto, dove l'acqua, sì e no, gli arrivava al petto. Ora (il diavolo!) vide un pajo di zucche galleggiare accanto a lui, lasciate in mare forse da qualche ragazzo. Le prese. Stando accoccolato, perché l'acqua lo coprisse fino al collo — (com'è brutto l'uomo nell'acqua, don Cosmo mio, l'uomo che non sa nuotare!) — gli venne la cattiva ispirazione d'allungar la mano a quel pajo di zucche e cacciarsele sotto con la cordicella che le teneva unite; ci si mise a seder sopra, e, siccome le zucche, naturalmente, spingevano, e lui aveva lasciato il sostegno del palo per veder se quelle avessero tanta forza da sollevargli i piedi dal fondo, a un tratto, patapùmfete! perdette l'equilibrio e tracollò a testa giù, sott'acqua!

— Oh, guarda! — esclamò don Cosmo, costernato.

— Si figuri, — riprese Capolino, — come cominciò a fare coi piedi per tornare a galla! Ma, per disgrazia, i piedi gli s'erano impigliati nella cordicella e, naturalmente, per quanti sforzi facesse sott'acqua, non li poteva più tirare al fondo.

– Zitto! zitto! ohi ohi ohi... – fece don Cosmo, contraendo le dita e tutto il volto.

Ma Capolino seguitò:

– Badi che è buffo davvero rischiar d'affogare in un recinto di bagni, in mezzo a tanta gente che non se ne accorgeva e non gli dava ajuto, non sospettando minimamente ch'egli fosse lì con la morte in bocca! E sarebbe affogato, affogato com'è vero Dio, se un ragazzotto di tredici anni – questo Aurelio Costa, che ora è ingegnere e direttore delle zolfare del Salvo ad Aragona e a Comitini – non si fosse accorto di quei due piedi che si azzuffavano disperatamente a fior d'acqua e non fosse accorso, ridendo, a liberarlo...

– Ah, capisco... – fece don Cosmo. – E la figliuola, adesso...

– La figliuola... la figliuola... – masticò Capolino. – Flaminio, capirà, dovette disobbligarsi con quel ragazzo e si disobbligò nella misura del pericolo che aveva corso e del terrore che s'era preso. Gli dissero che era figlio d'un povero staderante all'imbarco dello zolfo...

– Il Costa, già, Leonardo Costa, – interruppe don Cosmo. – Amico mio. Viene a trovarmi qua, qualche domenica, da Porto Empedocle.

– Saprà dunque che sta con Flaminio, adesso? – soggiunse Capolino. – Flaminio lo levò dalle stadere e gli diede un posto nel suo gran deposito di zolfi su la spiaggia di levante. Al figlio Aurelio, poi, volle dar lui la riuscita, senza badare a spese; non solo, ma se lo tolse con sé, lo fece crescere in casa sua, coi figliuoli, con Dianella e con quell'altro bimbo che gli morì. Anche questa disgrazia contribuì certo a fargli crescere l'affetto per il giovine. Ma, affetto, dico, fino a un certo punto. Per la stessa ragione per cui ora non darebbe la figlia a Ninì De Vincentis, non la darebbe mai, m'immagino, neanche ad Aurelio Costa, suo dipendente, si figuri!

– Ma! – esclamò don Cosmo, scrollando le spalle. – Ricco com'è... con una figlia sola...

– Eh no... eh no..., – rispose Capolino. – Capisco, a un caso di lui, tutte le ricchezze cascheranno per forza in mano a qualcuno, a un genero, a quello che sarà. Ma vorrà ben pesarlo, prima, Flaminio! Non è uomo da rosee romanticherie. Può averne la figlia... E, romanticherie nel vero senso della parola, badi! Perché, di questa sua vera e segreta malattia sono a conoscenza io, per certe mie ragioni particolari; ne è a conoscenza, credo, anche Flaminio, o almeno ne ha il sospetto; ma lui, l'ingegnere Costa (ottimo giovine, badiamo! giovine solido, cosciente del suo stato e di quanto deve al suo benefattore) non ne sa nulla di nulla, non se l'immagina neppur lontanamente; glielo posso assicurare, perché ne ho una prova di fatto, intima. L'ingegnere...

A questo punto Capolino s'interruppe, scorgendo in fondo al viale un uomo, che veniva loro incontro di corsa, gesticolando.

– Chi è là? – domandò, fermandosi, accigliato.

Era Marco Prèola, tutto impolverato, arrangolato, in sudore, con le calze ricadute su le scarpacce rotte. Stanco morto.

– Ci siamo! ci siamo! – si mise a gridare, appressandosi. – È arrivato!

– L'Auriti? – domandò Capolino.

– Sissignore! – riprese il Prèola. – Per le elezioni: non c'è più dubbio! Vengo di corsa apposta da Girgenti.

Si tolse il cappelluccio roccioso, e con un fazzoletto sudicio s'asciugò il sudore che gli grondava dal capo tignoso.

– Mio nipote? – domandò, frastornato e stupito, don Cosmo.

Subito Capolino, con aria rammaricata, prese a informarlo e delle dimissioni del Fazello, e delle premure che si facevano su lui perché accettasse la candidatura, e delle voci che correvano a Girgenti su questa venuta inattesa di Roberto Auriti. Voci... voci a cui egli, Capolino, non voleva prestar fede per due ragioni: prima, per il rispetto che aveva per l'Auriti, rispetto che non gli consentiva di supporre che, non chiamato, venisse a contendere un posto che il Fazello lasciava volontariamente. La compagine del partito che rappresentava la maggioranza del paese, come per tante prove indiscutibili s'era veduto, rimaneva salda, anche dopo il ritiro di Giacinto Fazello. L'altra ragione era più intima, ed era questa: che gli sarebbe doluto, troppo doluto, d'aver per avversario non temibile, in una lotta ímpari, uno che, non ostanti le divergenze d'opinioni in famiglia, era parente pur sempre dei Laurentano ch'egli venerava e della cui amicizia si onorava. No, no: preferiva credere piuttosto che l'Auriti fosse venuto a Girgenti solo per riveder la madre e la sorella.

– Ma che dice, avvocato? – proruppe Marco Prèola, scrollandosi dalle spalle quel lungo, faticoso discorso, col quale Capolino, senza parere, aveva voluto dare un saggio delle sue attitudini politiche. – Se sono andati a prenderlo alla stazione quattro mascalzoni, studentelli dell'Istituto Tecnico? se sono arrivate in paese la mafia e la massoneria, capitanate da Guido Verònica e da Giambattista Mattina? Non c'è più dubbio, le dico! È venuto per le elezioni.

Mentre Capolino e il Prèola discutevano tra loro, gli occhi, il naso, la bocca di don Cosmo facevano una mimica speciosissima: si strizzavano, s'arricciavano, si storcevano... Vivendo in quell'esilio, assorto sempre in pensieri eterni, con gli occhi alle stelle, al mare lì sotto, o alla campagna solitaria intorno, ora, così investito da tutte quelle notizie piccine, si sentiva come pinzato da tanti insettucci fastidiosi.

– Gesù! Gesù! Pare impossibile... Quante minchionerie...

– E allora, un bicchiere di vino, si-don Co', – esclamò, per concluder bene, Marco Prèola. – Vossignoria mi deve fare la grazia d'un bicchiere di vino. Non ne posso più! Ho girato tutta Girgenti per trovare il nostro carissimo avvocato; m'hanno detto che si trovava qua a Valsanìa, e subito mi sono precipitato a piedi per la Spina Santa. Mi guardino! Ho la gola, propriamente, arsa.

– Andate, andate a bere alla villa, – gli rispose don Cosmo.

– E non c'è il Mortara? – domandò il Prèola. – Ho paura... – aggiunse ridendo. – Mi sparò, or è l'anno... Dice che venivo qua nel fèudo a caccia dei suoi colombi. Parola d'onore, si-don Cosmo, non è vero! Per le tortore venivo. Forse, qualche volta, non dico, avrò sbagliato. Tiro e, botta e risposta, mi sento arrivare... Fortuna che mi voltai subito. Pum! Nelle natiche, una grandinata... Privo di Dio, le giuro, si-don Co', che se non era per il rispetto alla famiglia Laurentano... La doppietta ce l'avevo anch'io e, parola d'onore...

Dal fondo del viale giunse in quella un rumore di sonaglioli. I tre, che s'erano accostati alla villa conversando, si voltarono a guardare. Capolino chiamò:

– Ninì! Ninì! Ecco le vetture! Arrivano!

Ninì s'affrettò a scendere dalla villa; ne scesero anche i servi, donna Sara Alàimo e la cameriera, già amiche tra loro.

Erano due *vittorie*.[12] Nella prima stava don Flaminio con la figliuola; nella seconda, la demente con due infermiere. Don Cosmo s'aspettava di vedere smontare da una delle vetture anche donna Adelaide, la sposa: restò disilluso. Ninì De Vincentis non ebbe il coraggio di farsi avanti a offrire il braccio a Dianella. Col cuore tremante e la vista annebbiata dalla commozione, le intravide il volto affilato, pallidissimo sotto la spessa veletta da viaggio, e la seguì con lo sguardo, mentre, appoggiata al braccio di Capolino, tutta avvolta in una pesante mantiglia, saliva pian piano la scala, come una vecchina, tra gli augurii ossequiosi di donna Sara Alàimo.

Donna Vittoria, smontata dalla vettura faticosamente per l'enorme pinguedine, restò tra le due infermiere con gli occhi immobili, vani nell'ampio volto pallido, incorniciato dall'umile scialle nero, che teneva in capo; guardò così un pezzo don Cosmo; poi aprì le labbra carnose e quasi bianche a un sorriso squallido e disse in un inchino:

– Signor Priore!

Una delle infermiere la prese per mano, mentre don Cosmo, accanto al Salvo, socchiudeva gli occhi, afflitto. Ninì andò dietro alla demente.

– Grazie, – disse Flaminio Salvo, stringendo forte la mano a don Cosmo. – E non dico altro a lei.

– No, no... – s'affrettò a rispondere il Laurentano, turbato e commosso ancora dal triste spettacolo, sentendo un'improvvisa, profonda pietà per quell'uomo che, nella sua invidiata potenza, con quella stretta di mano gli confidava in quel punto il sentimento della propria miseria.

III

– Di qua, di qua, mi segua, – disse al signore che gli veniva dietro il vecchio cameriere dalle piote sbieche in fuori, che lo facevano andare in qua e in là con le gambe piegate.

Attraversarono su i soffici tappeti polverosi tre stanze morte in fila, in ognuna delle quali il cameriere, passando, apriva gli scuri dei vecchi finestroni tinti di verde. Le stanze tuttavia rimanevano in un'angustiosa penombra, sia per la pesantezza dei drappi, sia per la bassezza della casa sovrastata dagli edifizii di contro che paravano. Aperti gli scuri, il cameriere guardava la stanza e sospirava, come per dire: « Vede com'è arredata bene? E intanto non figura! ».

Pervennero così al salone in fondo, lugubre e solenne, dal palco scompartito, in rilievo, ornato di dorature.

Il signore trasse da un elegante portafogli un biglietto da visita stemmato, ne piegò un lembo e lo porse al cameriere, il quale, indicando un uscio nel salone, disse:

— Un momentino. C'è di là il cavalier Prèola.

— Prèola padre?

— Figlio.

— E cavaliere per giunta?

— Per me, — protestò il vecchio inchinandosi profondamente con la mano al petto, — tutti i padroni miei, cavalieri!

E, andandosene su i piedi sbiechi, lesse sottecchi, sul biglietto da visita: *Cav. Gian Battista Mattina.*

— (Costui, — dunque, — cavaliere autentico, pare.)

Il Mattina rimase in piedi, cogitabondo in mezzo al salone; poi scrollò le spalle, seccato; volse uno sguardo distratto in giro; vide uno specchio alla parete di fronte e vi s'appressò. In quel vasto specchio, dalla luce tetra, la propria immagine gli apparve come uno spettro; e ne provò un momentaneo turbamento indefinito.

Spirava da tutti i mobili, dal tappeto, dalle tende,

quel tanfo speciale delle case antiche, d'una vita appassita nell'abbandono. Quasi il respiro d'un altro tempo. Il Mattina si guardò di nuovo attorno con una strana costernazione per la immobilità silenziosa di quei vecchi oggetti, chi sa da quanti anni lì senz'uso, e si accostò di più allo specchio per scrutarsi davvicino, movendo pian piano la testa, stirandosi fin sotto gli occhi stanchi le punte dei folti baffi conservati neri da una mistura, in contrasto coi capelli precocemente grigi che conferivano cotal serietà al suo volto bruno. A un tratto, un lunghissimo sbadiglio gli fece spalancare e storcere la bocca, e all'emissione del fiato fradicio contrasse il volto in un'espressione di nausea e di tedio. Stava per scostarsi dallo specchio, allorché sul piano della mensola, chinando gli occhi, scorse qua e là tanti bei mucchietti di tarlatura disposti quasi con arte, e si chinò a mirarli con curiosità. Avevano lavorato bene quelle tarme, e nessuno intanto pareva tenesse in debito conto la lor fatica... Eppure, il frutto, eccolo là, bene in vista, che diceva: « Questo è fatto. Portate via! ». Stese una mano a uno di quei mucchietti, ne prese un pizzico e strofinò le dita. Niente! Neanche polvere... E, guardandosi i polpastrelli dell'indice e del pollice, andò a sedere su una comoda poltrona accanto al canapè. Seduto, la scosse un po', come per accertarsi della solidità.

« Neanche polvere... Niente! »

Con una smorfia, trasse dal tavolinetto tondo innanzi al canapè un album, in capo al quale era il ritratto del padrone di casa, il canonico Agrò.

Era sempre parso al Mattina che il canonico Pompeo Agrò avesse una strana somiglianza con un uccellaccio, di cui non rammentava il nome. Certo il naso, largo alla base, acuminato in punta, s'allungava in quel volto come un becco. Era però negli occhietti grigi, vivi, sotto la fronte alta e angusta.

tutta la malizia astuta, sottile e tenace, di cui l'Agrò godeva fama.

Il Mattina esaminò quel viso, come se nei tratti di esso volesse scorgere la ragione dell'invito ricevuto la sera avanti. Che diamine poteva voler da lui l'Agrò? Il dissidio di questo canonico gran signore col partito clericale, dissidio che suscitava tanto scandalo in paese, era proprio proprio vero, o non piuttosto un atteggiamento concertato, insidioso, per tradir la buona fede dell'Auriti, penetrar nel campo avversario e sorprenderne le mosse? Eh, a fidarsi d'una volpe... Quel colloquio segreto col Prèola... Fosse tutto un tranello?

Alzò gli occhi, volse di nuovo lo sguardo attorno e di nuovo dall'immobilità silenziosa di quei vecchi oggetti senz'uso e senza vita si sentì turbato, quasi che essi, per averne egli scoperto le magagne, lo spiassero ora più ostili.

Udì per le tre stanze in fila la voce del vecchio cameriere, che ripeteva:

— Di qua, di qua, mi segua.

Posò l'album e guardò in direzione dell'uscio.

— Oh! Verònica...

— Caro Titta, — rispose Guido Verònica, fermandosi in mezzo al salone.

Si tolse le lenti per pulirle col fazzoletto pronto nell'altra mano; strizzò gli occhi fortemente miopi, e con l'indice e il pollice della mano tozza si stropicciò il naso maltrattato dal continuo pinzar delle lenti; poi si appressò per sedere su la poltrona di fronte al Mattina; ma questi, alzandosi, lo prese sotto il braccio e gli disse piano:

— Aspetta, ti voglio far vedere...

E lo condusse innanzi alla mensola per mostrargli tutti quei mucchietti di polviglio.

Il Verònica, non comprendendo che cosa dovesse guardare, miope com'era, si chinò fin quasi a toccar col naso il piano della mensola.

– Tarli? – disse poi, ma senza farci caso, anzi guardando freddamente il Mattina, come per domandargli perché glieli avesse mostrati: e andò a sedere su la poltrona.

– *Tu quoque?* – domandò allora il Mattina, rimasto male e volendo dissimular la stizza.

– Non so di che si tratti, – gli rispose il Verònica con l'aria di chi voglia nascondere un segreto.

– Neanch'io, – s'affrettò a soggiungere il Mattina con indifferenza. – Ho ricevuto un invito...

E posò gli occhi senza sguardo su la fronte del Verònica sconciata da tre lunghi raffrigni in vario senso: ferite riportate in duello.

– Torni da Roma?
– No. Da Palermo.
– E ti trattieni molto?
– Non so.

Dimostrava chiaramente il Verònica con quelle secche risposte che voleva restar chiuso in sé, per non darsi importanza con ciò che – volendo – avrebbe potuto dire. Difatti il suo cómpito, adesso, era questo: mostrarsi seccato, anzi stanco e sfiduciato. Per sua disgrazia, egli – e tutti lo sapevano – aveva un ideale: la Patria, rappresentata, anzi incarnata tutta quanta nella persona di un vecchio glorioso statista, il Crispi, battuto alcuni anni addietro in una tumultuosa seduta parlamentare, dopo una lotta piccina e sleale. Per questo vecchio glorioso s'era cimentato in tanti e tanti duelli, riportandone quasi sempre la peggio; aveva respinto su i giornali con inaudita violenza di linguaggio le ingiurie degli oppositori. Ma ormai, caduto quel Vecchio, anche la patria per lui era caduta: trionfava la marmaglia; non era noja, la sua; era propriamente schifo di vivere. Non credeva affatto che Roberto

Auriti potesse vincere, quantunque sostenuto dal Governo; ma quel suo Vecchio venerato – che ancora intorno all'avvenire della patria s'illudeva come un fanciullo – gli aveva imposto di recarsi a Girgenti a combattere per l'Auriti; sapeva che questi, più che per le premure del Governo, s'era piegato ad accettare la lotta per la spinta del vecchio statista; ed eccolo a Girgenti. Tanto per non venir meno al dovere, rispondeva ora all'invito dell'Agrò, d'un canonico, lui che amava i preti quanto il fumo negli occhi. C'era; bisognava che s'adattasse. Non ostante però la sfiducia con cui s'era lasciato andare a quella impresa elettorale, si sentiva alquanto stizzito, nel vedersi messo ora alla pari con un Mattina qualunque, appajato con costui nella piccola congiura che il canonico Agrò pareva volesse ordire.

Il Mattina si mosse su la poltrona, sbuffando e prendendo un'altra positura.

– Si fa aspettare...
– Chi c'è di là? – domandò Guido Verònica, senz'ombra d'impazienza.

Il Mattina si protese e disse sottovoce:

– Prèola figlio, la lancia spezzata d'Ignazio Capolino. L'ho saputo dal cameriere. Che te ne pare? Domando e dico, che cosa ci stiamo a fare qua noi due?

– Sentiremo... – sospirò il Verònica.
– Non vorrei che...

Il Mattina s'interruppe, vedendo aprir l'uscio ed entrare, lungo e curvo su la sua magrezza, il canonico Pompeo Agrò.

Facendo cenno con ambo le mani ai due ospiti di rimaner seduti, disse con vocetta stridente:

– Chiedo vènia... Stieno, stieno seduti, prego. Caro Verònica; cavaliere esimio. Qua, cavaliere, segga qua, accanto a me; non ho paura de' suoi peccatacci di gioventù.

— Sì, gioventù! — sorrise il Mattina, mostrando il capo grigio.

Il Canonico trasse dal petto un vecchio orologino d'argento.

— Il pelo, eh, lei m'insegna, e non il vizio. Già le dieci, perbacco! Ho perduto molto tempo... Mah!

S'alterò in volto; restò un momento perplesso, se dire o non dire; poi, come attaccando una coda al sospiro rimasto in tronco:

— La gratitudine, un mito!

Tentennò il capo, e riprese:

— Sarebbero disposti lor signori a venire un momentino con me?

— Dove? — domandò il Mattina.

— In casa di Roberto Auriti... tanto amico mio, tanto... fin dall'infanzia, lo sanno. I nostri padri, più che fratelli, compagni d'arme; quello di Roberto a Milazzo, e il mio cadde al Volturno.[13] Storia, questa. Se ne dovrebbe tener conto in paese, invece di menare tanto scalpore per la mia... come la chiamano? diserzione... eh? diserzione, già. La veste! Sissignori. Ma sotto la veste c'è pure un cuore; e ce l'ho anch'io per la santa amicizia, e anche... e anche...

Il Canonico forse voleva aggiungere « per la patria »; lo lasciò intendere col gesto e pose un freno alla foga del sentimento generoso. Si sforzava di parlar dipinto, con un risolino arguto su le labbra, strofinandosi di continuo sotto il mento le mani ossute, come se le lavasse alla fontanella delle sue frasi polite, sì, non però fluenti e limpide e continue, ma quasi a sbruffi, esitanti spesso e con curiosi ingorghi esclamativi. Di tratto in tratto, nel sollevar le pàlpebre stanche, lasciava intravedere qualche obliquo sguardo fuggevole, così diverso dall'ordinario, che subito ciascuno immaginava quell'uomo dovesse, nell'intimità, non esser quale appariva, aver più d'una afflizione profondamente segreta che lo rendeva astuto e cattivo, e travagli d'animo oscuri.

— Prima d'andare, — riprese cangiando tono, — due paroline per intenderci. Avrei meditato... messo sù, o mi sembra, un piccolo piano di battaglia. Non la pretendo a generale, veh! Lor signori combatteranno; io porterò il gamellino. Ecco. Ben ponderato tutto, il nostro più temibile avversario chi è? Il Capolino? No; ma chi gli fa spalla: il Salvo, già suo cognato, potentissimo. Ora io da buona fonte so che il Salvo fino a pochi giorni fa non voleva permettere in verun modo questa... questa comparsa del Capolino.

— Sì, sì, — confermò il Mattina. — A causa delle trattative di matrimonio tra la sorella e il principe di Laurentano.

— Oh! Benissimo, — approvò il Canonico. — Ma il Salvo concesse la grazia di fargli spalla appena seppe che il principe non intendeva d'aver riguardo alla parentela dell'Auriti e ordinava non ne avesse parimenti il partito. Stando così le cose, le sorti del nostro Roberto sono quasi disperate. Non c'illudiamo.

— Eh, lo so! — sbuffò il Verònica.

Subito il Canonico lo fermò con un gesto della mano, seguitando:

— Ma se noi, ecco, pognamo che noi, signori miei, a dispetto della libertà concessa dal principe, riuscissimo a legar mani e piedi al colosso, al Salvo... eh? Come? Ecco: sarebbe questo il mio piano.

Pompeo Agrò, data così l'esca alla curiosità, stette un pezzo con le mani spalmate, sospese sotto il mento; poi le ritrasse, richiudendole; chiuse anche gli occhi per raccogliersi meglio; lasciò andar fuori un altro: – Ecco! –, come un gancio per sostener l'attenzione dei due ascoltatori, e rimase ancora un po' in silenzio.

– Lor signori sanno le condizioni con cui si effettuerà il matrimonio per espressa volontà del Laurentano. Ora queste condizioni, secondo che io ho divisato, dovrebbero diventare il punto... come diremo? vulnerabile del Salvo.

– Il tallone d'Achille, – suggerì il Mattina, scotendosi, per dire una cosa nuova.

– Benissimo! d'Achille! – approvò l'Agrò. – E mi spiego. Preme al Salvo certamente, avendole accettate, che il figlio del principe, residente a Roma (mi par che si chiami Gerlando, eh? come il nonno: Gerlandino, Landino) non sia, o almeno, non si mostri apertamente contrario a questo matrimonio del padre. Anzi so che il Salvo ha posto come patto la presenza del giovine alla cerimonia nuziale, per il riconoscimento del vincolo da parte sua e come impegno da gentiluomo per l'avvenire. Io non conosco codesto Gerlandino, ma so che è di pelo... cioè, diciamo, di stampa ben altra dal padre.

– Opposta! – esclamò il Verònica. – Io lo conosco bene.

– Oh bravo! – soggiunse l'Agrò. – Ammesso dunque che non abbia neppure le idee di Roberto Auriti, tra i due, voglio dire tra questo e un Capolino, dovrebbe aver più cara, m'immagino, la vittoria del parente.

Guido Verònica, a questo punto, si scosse e sospirò a lungo, come per vòtarsi dell'illusione accolta per un momento, e disse:

– Ah, no, non credo, sa! non credo proprio che Lando si impicci di codeste cose...

– Mi lasci dire, – riprese il Canonico, con voce agretta. – A me non cale che se ne impicci: vorrei saper solamente da lei che è stato tanto tempo a

Roma e conosce il giovine, se l'antagonismo, diciamo così, tra don Ippolito Laurentano e donna Caterina Auriti sussista anche tra i loro figliuoli.

– No, questo no! – rispose subito il Verònica. – Sono anzi in buon accordo, amici.

– Mi basta! – esclamò allora il Canonico picchiandosi col dorso d'una mano la palma dell'altra. – Mi strabasta! Se della parentela con l'Auriti non vuole tener conto il padre, può invece, o potrebbe, tener conto il figlio. Ed ecco legato il Salvo, il colosso!

Pompeo Agrò volle godere un momento di quella prima vittoria, guardando acutamente, con un sorrisino un po' smorfioso, il Verònica, poi il Mattina, già accampati entrambi nel suo piano, stimato almeno meditabile. Quindi, come un generale non contento di vincere soltanto a tavolino, con le leggi della tattica, scese a osservare le difficoltà materiali dell'impresa.

– Il punto, – disse, – sarà persuadere a quel benedetto Roberto di servirsi di questo spediente. Giacché, per lo meno, abbiamo bisogno di una lettera privata di Gerlandino, da far vedere o conoscere in qualche modo al Salvo, ecco! o diretta al Salvo stesso, che sarà difficile, o a Roberto, o a qualche amico: a lei, per esempio, caro Verònica: insomma, una prova, un documento...

Guido Verònica non volle dichiarare ch'egli non poteva attendersi una lettera da Lando, col quale non aveva alcuna intimità; stimò, sì, ingegnoso il piano dell'Agrò, ma forse inattuabile per la troppa schifiltà di Roberto, il quale... il quale... sì, benemerenze patriottiche...

– « Onestà immacolata! » – soggiunse l'Agrò.

– Sì, – concesse il Verònica, – e anche ingegno, se vogliamo; ma... ma... ma... al dì d'oggi... e gli secca il Prefetto, e par che gli secchino anche gli amici... basta! Sarà un affar serio! Io, per me, mi metterei anche la pelle alla rovescia per ajutarlo; però...

S'interruppe; si batté la fronte con una mano; esclamò:

— Ho trovato! Giulio... c'è Giulio... il fratello di Roberto, giusto in questo momento nella segreteria particolare di S. E. il ministro D'Atri: eh, perbacco! a lui sì posso scrivere... è intimissimo di Lando. Da Giulio si otterrà facilmente quello che vogliamo, senza farne saper nulla a Roberto, che opporrebbe chi sa quanti ostacoli. Ecco fatto!

— Bravissimo! bravissimo! — non rifiniva più d'esclamare il Canonico, gongolante.

Solo il Mattina era rimasto come una barca, la cui vela non riuscisse a pigliar vento. Vedendo quell'altre due barche filar così leste senza più curarsi di lui rimasto floscio indietro, si sentì umiliato; volle dir la sua e, non potendo altro, si provò a soffiare un po' di vento contrario e a parar qualche secca o qualche scoglio.

— Già, — disse, — ma non sarà troppo tardi, signori miei? Riflettiamo! Prima che la lettera arrivi, anche facendo con la massima sollecitudine, di qui a Roma, chiama e rispondi! Ci vorrà una settimana; dico poco. Il Salvo avrà tutto il tempo di compromettersi e non si potrà più tirare indietro.

— Eh, lo vorrò vedere! — esclamò il Canonico con un sogghignetto, e alzando una mano, come per salutarlo da lontano. — No, sa! no, sa! Mai piùù, mai piùù, mai piùù... Vuole che gli stia poi tanto a cuore il Capolino?

— Ma la propria dignità, scusi! — si risentì il cavaliere, come se fosse in ballo la sua. — Bella figura ci farebbe! Ma sa che oggi stesso nella sala di redazione dell'*Empedocle* si proclamerà ufficialmente la candidatura di Capolino con l'intervento del Salvo e di tutti i maggiorenti del partito? Non scherziamo!

– In questo caso, – saltò a dire il Verònica, – per far più presto, si spedirà a Giulio ora stesso, d'urgenza, un telegramma in cifre. Roberto ha un cifrario particolare col fratello. Non perdiamo più tempo... Piuttosto... aspetti!... ora che ci penso... il Selmi... perdio!

– Selmi? – domandò il Canonico, stordito da quel nome che cadeva all'improvviso come un ostacolo insormontabile su la via così bene spianata. – Il deputato Selmi?

– Corrado Selmi, sì, – rispose il Verònica. – L'ho visto a Palermo... Ha promesso a Roberto di venire qua, per lui, e che anzi avrebbe tenuto un discorso...

– Ebbene? – fece l'Agrò. – Anzi, un parlamentare di tanta autorità... vero patriota...

– Lasci andare! lasci andare! – lo interruppe il Verònica, socchiudendo gli occhi, scotendo una mano. – Patriota... va bene! Bacato, bacato, bacato, caro Canonico... Debiti... compromissioni!... storie... e Dio non voglia che il povero Roberto per causa di lui... Basta. Non è per questo, adesso... Ma per Lando Laurentano...

E Guido Verònica fece più volte schioccar le dita, come per strigarsele dell'impiccio che gli dava il pensiero del Selmi.

– Non capisco... – osservò il Canonico. – Forse tra il Laurentano e il Selmi?...

– Eh, altro! – esclamò il Verònica. – Nimicizia mortale!

– Affar di donne, – aggiunse il Mattina, serio, socchiudendo gli occhi, soddisfattissimo di quella contrarietà.

E il Canonico, incuriosito:

– Ah sì? Di donne?

— Storia vecchia, — rispose il Verònica. — Finita, a quanto pare; ma, fino a un anno fa, Corrado Selmi — lo dico perché tutta Roma lo sa — fu l'amante di donna Giannetta D'Atri, moglie del Ministro d'oggi.

Il Canonico levò una mano:

— Uh, che cose! E questa... e questa donna Giannetta chi sarebbe?

— Ma una Montalto! — disse il Verònica. — Cugina di Lando... Lei sa che la prima moglie del principe fu una Montalto.

— Ah, ecco! E forse il giovine...?

— Da ragazzo, tra cugini... Questo non lo so bene. Il fatto è che Lando Laurentano provocò due volte il Selmi... Ora, capirà, se questi viene qua a sostenere la candidatura di Roberto...

— Già, già, già... ora comprendo! — esclamò il Canonico. — Si dovrebbe impedire! Ah, si dovrebbe impedire!

— Forse non sarà difficile, — concluse il Verònica. — Perché Corrado Selmi avrà da combattere per sé nel suo collegio. Basta, vedremo. Adesso andiamo subito da Roberto.

Il Canonico si alzò.

— Pronti, — disse. — La vettura è giù. Un momentino, col loro permesso. Prendo il cappello e il tabarro.

Poco dopo, il Verònica e il Mattina rividero il vecchio cameriere dai piedi sbiechi, parato da automedonte, e salirono in vettura con l'Agrò.

Venendo su dal Ràbato, per piazza San Domenico notarono subito un movimento insolito lungo la via maestra. Quattro, cinque monellacci, correndo e fermandosi qua e là, strillavano il giornaletto clericale *Empèdocle*, che pareva andasse a ruba.

— *L'Impìducli! L'Impìducli!*

E per tutto si formavano capannelli, qua a leggere,

là a commentar vivamente qualche articolo, certo violento, stampato in quel foglio.

Il Verònica, vedendo passare presso la vettura uno di quegli strilloni, non seppe resistere alla tentazione, e mentre il Canonico – che per le vie della città, in quei giorni, si sentiva in mezzo a un campo nemico – consigliava: – Meglio a casa! meglio a casa! – si fece buttare nella vettura una copia del giornale. La prese il Mattina.

– Leggo io?

E cominciò a leggere sottovoce l'articolo di fondo, quello che, indubbiamente, suscitava tanto fermento nel pubblico.

Era intitolato *Patrioti per bisogni di famiglia*, e si riferiva – senza far nomi, ma con turpe evidenza – alla memoria di Stefano Auriti, padre di Roberto, alterando con vilissima calunnia la storia romanzesca del suo amore per Caterina Laurentano; la fuga dei due giovani poco prima della rivoluzione del 1848; la parte presa da Stefano Auriti a questa rivoluzione « non già per amor di patria, ma appunto per bisogni di famiglia, cioè per la conquista d'una dote insieme con le grazie del suocero per forza, ricco, liberale, sì, ma, ahimè, d'una inflessibilità superiore a ogni previsione ».

Man mano, leggendo, la voce del Mattina si alterava dallo sdegno, acceso maggiormente dall'indignazione dell'Agrò, che prorompeva di tratto in tratto, accennando di turarsi le orecchie e buttandosi indietro:

– Oh vigliacchi! oh vigliacchi!

A un certo punto il Mattina si vide strappar di mano il giornale. Guido Verònica, pallidissimo, col volto scontraffatto dall'ira, aprì lo sportello della vettura, ne balzò fuori e, senza sentire i richiami del Canonico, tanto per cominciare, si lanciò di furia tra un crocchio di gente, in mezzo al quale stava il Capolino, a cui schiaffò in faccia il giornale, stropicciandoglielo sul muso. L'aggressione fu così fulminea, che tutti restarono per un momento storditi e sgomenti, poi s'avventarono addosso all'aggressore: accorse gente, vociando, da tutte le parti: nel mezzo era la mischia, fitta: volavano bastonate, tra urli e imprecazioni. Il Mattina non ebbe tempo né modo di cacciarsi in difesa del Verònica; ma, poco dopo, l'abbaruffio, lì nel forte, si allargò: la rissa era partita. Il Canonico chiamava il Mattina, smaniando, dalla vettura. Questi udì alla fine e si volse; ma vide in quella il Verònica, senza cappello, senza lenti, strappato, ansimante tra una frotta di giovani che evidentemente lo difendevano, e accorse. Ritornò, poco dopo, alla vettura del Canonico:

– Niente – dice; – stia tranquillo; andiamo pure; è tra amici; se l'è cavata bene.

Il Canonico tremava tutto.

– Signore Iddio, Signore Iddio... che scandalo... Ma perché?.. Schifosi... Non conveniva sporcarsi le mani... E ora che avverrà?

– Oh, – fece con una certa sprezzatura il Mattina. – Un duello; è semplicissimo... o una querela, se la santa religione non consentirà a quel farabutto di dar conto delle turpitudini che pure gli ha permesso di sfognare.

– La religione, scusi, lasciamola stare, cavaliere, – disse Pompeo Agrò pacatamente. – Non c'entra e... mi lasci dire! non c'entra neppure il Capolino.

– Come no?

– Mi lasci dire. Io so chi ha scritto l'articolo, quella sozzura. Il Prèola, il Prèola venuto stamani da me, non so da chi spedito... Brutto ingrato! feccia d'uomo!

– Ma il Capolino, – obbiettò il Mattina, – è direttore del giornale e ha lasciato passar l'articolo.

– Giurerei, metterei le mani sul fuoco, – rispose

il Canonico, – che non lo lesse prima. È mio avversario, veda, eppure lo riconosco incapace d'una siffatta bassezza... E ora, che troveremo in casa di Roberto?

Donna Caterina Auriti-Laurentano abitava con la figlia Anna, vedova anch'essa, e col nipote, una vecchia e triste casa sotto la Badìa Grande.

La casa era appartenuta a Michele Del Re, marito di Anna, che null'altro aveva potuto lasciare in eredità alla vedova giovanissima, all'unico figliuolo, Antonio, che ora aveva circa diciott'anni.

Vi si saliva per angusti vicoli sdruccioli, a scalini, malamente acciottolati, sudici spesso, intanfati dai cattivi odori misti esalanti dalle botteghe buje come antri, botteghe per lo più di fabbricatori di pasta al tornio, stesa lì su canne e cavalletti ad asciugare, e dalle catapecchie delle povere donne, che passavano le giornate a seder su l'uscio, le giornate eguali tutte, vedendo la stessa gente alla stess'ora, udendo le solite liti che s'accendevano da un uscio all'altro tra due o più comari linguacciute per i loro monelli che, giocando, s'erano strappati i capelli o rotta la testa. Unica novità, di tanto in tanto, il Viatico; il prete sotto il baldacchino, il campanello, il coro delle divote:

Oggi e sempre sia lodato
Nostro Dio Sacramentato...

Morto il marito, dopo appena tre anni di matrimonio, Anna Auriti era quasi morta anch'essa per il mondo. Fin dal giorno della sciagura non era uscita mai più di casa, neanche per andare a messa le domeniche; né s'era mai più mostrata, nemmeno attraverso i vetri delle finestre sempre socchiuse. Soltanto le monache della Badìa Grande, affacciandosi alle grate a gabbia, avevano potuto vederla dall'alto, quand'ella veniva a prendere, sul vespro, un po' d'aria nell'angusto giardinetto pensile della casa, ch'era addossata alla tetra, altissima fabbrica di quella badìa, già antico castello baronale dei Chiaramonte. Né certo quelle monache avevano potuto sentire alcuna invidia di lei, reclusa come loro. Come loro, se non più semplicemente, vestiva di nero, sempre; come loro nascondeva, sotto un fazzoletto nero di seta annodato al mento, i capelli, se non recisi, non più curati affatto, appena ravviati in due bande e attorti alla lesta dietro la nuca; que' bei capelli castani, voluminosi, che tanta grazia un giorno, acconciati con arte, avevano dato al suo pallido, mite, soavissimo volto.

Donna Caterina aveva condiviso strettamente questa clausura della figlia, vestita anch'essa di nero, fin dal 1860, data della morte eroica del marito, a Milazzo. Rigida, magra, non aveva l'aria di mesta rassegnazione della figlia. La macerazione cupa dell'orgoglio, la fierezza del carattere che, a costo d'incredibili sacrifizii, non s'era mai smentita di fronte alle più crudeli avversità della sorte, le avevano alterato così i lineamenti del volto, che nessuna traccia esso ormai serbava più dell'antica bellezza. Il naso le si era allungato, affilato e teso sulla bocca vizza, qua e là rientrante per la perdita di alcuni denti; le gote le si erano affossate; aguzzato il mento. Ma soprattutto gli occhi, sotto le folte sopracciglia nere, mostravano la rovina di quel volto: le pàlpebre s'eran rilassate, una più, l'altra meno, e quell'occhio più dell'altro socchiuso, dallo sguardo lento, velato d'intensa angoscia, conferiva a quella faccia spenta l'aspetto d'una maschera di cera, orribilmente dolorosa. I capelli, intanto, le erano rimasti nerissimi e lucidi, quasi per dileggio, per far risaltare meglio lo scempio di quelle fattezze e smentir la credenza che i dolori facciano incanutire. Aveva sofferto tutto donna Caterina Laurentano, anche la fame, lei nata nel fasto, allevata e cresciuta fra gli splendori d'una casa principesca: la fame, quando, domata la rivoluzione del 1848, a diciotto anni, col primo figliuolo neonato, Roberto, aveva dovuto seguire nell'esilio, in Piemonte, il marito, escluso con altri quarantatré dall'amnistia, e condannato alla confisca dei pochi beni. Il padre, don Gerlando Laurentano, anch'egli tra quei quarantatré esclusi, la aveva allora invitata ad andare con lui a Malta, suo luogo d'esilio, a patto però che avesse abbandonato per sempre Stefano Auriti. Lei? Aveva rifiutato sdegnosamente; e con più sdegno aveva poi rifiutato l'elemosina del fratello Ippolito, il quale con altri pochi indegni della nobiltà siciliana era andato a ossequiar Satriano a Palermo, e ne aveva ottenuto la restituzione dei beni confiscati al padre. Ed era andata a Torino col marito, tutti e due sperduti e come ciechi, a mendicare per quel figlioletto la vita. Nessuno degli esuli, dei fuorusciti siciliani colà, aveva voluto credere dapprima che ella, di così cospicui natali, unica figliuola femmina del principe di Laurentano, non avesse portato nulla con sé, né ricevesse soccorsi dalla famiglia; e Stefano Auriti era stato perciò in tutti i modi ostacolato dagli stessi compagni di sventura nella ricerca affannosa d'un posticino che gli avesse dato pane, solo pane per la moglie e per sé. E allora ella s'era gravemente ammalata e per cinque mesi era stata in un ospedale, ricoverata per carità dopo infiniti stenti, e per carità il piccolo Roberto era stato allevato in un altro ospizio. S'erano ravveduti finalmente e commossi i compagni d'esilio e avevano ajutato a gara Stefano Auriti. Uscita dall'ospedale, ella aveva ricevuto la notizia che il padre, don Gerlando Laurentano, era morto volontariamente a Bùrmula, di veleno. Dei dodici anni passati a

Torino, fino al 1860, donna Caterina serbava ormai una memoria vaga, confusa, come di una vita non vissuta propriamente da lei, ma piuttosto immaginata in un sogno strano e violento, in cui tuttavia sprazzavano visioni liete, qualche momento felice e ardente, d'entusiasmo patriottico. Incancellabilmente impressa nel cuore aveva invece l'ora del risveglio da questo sogno: allorché le era pervenuta la notizia che Stefano Auriti, partito col figliuolo appena dodicenne da Quarto con Garibaldi per la liberazione della Sicilia, era caduto nella battaglia campale di Milazzo. Neanche la grazia di farla impazzire aveva voluto concederle Iddio in quel momento! E aveva dovuto sentire, vedere quasi, il suo cuore di moglie straziato, colpito a morte, là in Sicilia trascinarsi sanguinando dietro al figliuolo giovinetto, rimasto ora senza il presidio del padre a seguitare la guerra. Le avevano fatto a Torino una colletta, e coi due orfanelli, Giulio e Anna, nati colà, era ritornata in Sicilia, nella patria già liberata; ma da vedova, in gramaglie, e più misera di come ne era partita: tra l'esultanza di tutti, lei, con quei due piccini, vestiti anch'essi di nero. Roberto era già entrato a Napoli con Garibaldi, e ora combatteva sotto Caserta, accanto a Mauro Mortara. Era stata accolta in casa degli Alàimo, parenti poveri di Stefano Auriti. Novamente il fratello Ippolito, ora riparato a Colimbètra, le aveva profferto ajuto; e novamente, con pari sdegno, ella lo aveva rifiutato, meravigliando e gettando nella costernazione gli Alàimo, che la ospitavano. Povera gente, anche d'intelletto povera e di cuore, quante amarezze non le aveva cagionate! S'era dovuta guardare da loro, come da nemici acerrimi della sua dignità, ch'essi non intendevano; capacissimi com'erano di chiedere e d'accettare di nascosto quell'ajuto che ella aveva rifiutato, non contenti del lavoro che faceva in casa

e che si procacciava da fuori per cavarne un giusto
compenso al poco dispendio che dava loro. S'era
rialzata per poco da quell'orribile avvilimento al ritorno di Roberto, accolto da tutto il paese quasi
in delirio. Ancora, ricordando quel giorno, quel
momento, le sue misere carni eran corse da brividi.
Ah con quale esultanza, con che spasimo d'amore
e di dolore s'era serrato al seno il figliuolo, che ritornava solo, senza il padre, l'eroe giovinetto dalla
camicia rossa, che il popolo le aveva recato su le
braccia in trionfo! Il Governo provvisorio le aveva
accordato un sussidio mensile, e a Roberto – non
potendo altro, per l'età – aveva accordato una borsa
di studio in Palermo. L'aveva perduta pochi anni
dopo, questa borsa, Roberto, per seguir Garibaldi
alla conquista di Roma. Ma al torrente di sangue
giovanile, che avrebbe ristorato le vene esauste di
Roma, la ragion di Stato aveva opposto, ad Aspromonte,[14] un argine di petti fraterni; e Roberto, con
gli altri, era stato preso e imprigionato, prima alla
Spezia, poi al forte Monteratti a Genova. Liberato,
aveva ripreso gli studii, per poco. Nel 1866, dietro
a Garibaldi, di nuovo.[15] Solo nel 1871 gli era venuto
fatto di laurearsi in legge; e subito era andato a
Roma per provvedere, dopo tante vicende tumultuose, alla propria esistenza e a quella dei suoi. Qualche
anno dopo, lo aveva raggiunto il fratello Giulio. Anna, a Girgenti, aveva già trovato marito, e donna
Caterina – aspettando che Roberto a Roma si facesse largo e si preparasse un avvenire degno del
suo passato, e la consolasse infine di tutte le amarezze patite e dell'avvilimento per cui maggiormente
aveva sofferto – era andata a vivere in casa del genero
Michele Del Re. La morte di questo, tre anni dopo,
la sciagura della figlia, la miseria sopravvenuta di
nuovo, quasi non avevano avuto potere di scuoterla da un dolore più cupo e profondo, in cui era

caduta. Il figlio, il figlio da cui tanto si aspettava, il suo Roberto, fra il trambusto violento della nuova vita nella terza Capitale, tra la baraonda oscena dei tanti che vi s'abbaruffavano reclamando compensi, carpendo onori e favori, il suo Roberto s'era perduto! Stimando semplicemente come suo dovere quanto aveva fatto per la patria, non aveva voluto né saputo accampare alcun diritto a compensi; aveva forse sperato e atteso che gli amici, i compagni, si fossero ricordati di lui dignitoso e modesto. Poi forse lo schifo lo aveva vinto e tratto in disparte. E qual rovinìo era sopravvenuto in Sicilia di tutte le illusioni, di tutta la fervida fede, con cui s'era accesa alla rivolta! Povera isola, trattata come terra di conquista! Poveri isolani, trattati come barbari che bisognava incivilire! Ed eran calati i *Continentali* a incivilirli: calate le soldatesche nuove, quella colonna infame comandata da un rinnegato, l'ungherese colonnello Eberhardt,[16] venuto per la prima volta in Sicilia con Garibaldi e poi tra i fucilatori di Lui ad Aspromonte, e quell'altro tenentino savojardo Dupuy, l'incendiatore; calati tutti gli scarti della burocrazia; e liti e duelli e scene selvagge; e la prefettura del Medici,[17] e i tribunali militari, e i furti, gli assassinii, le grassazioni, orditi ed eseguiti dalla nuova polizia in nome del Real Governo; e falsificazioni e sottrazioni di documenti e processi politici ignominiosi: tutto il primo governo della Destra parlamentare! E poi era venuta la Sinistra al potere,[18] e aveva cominciato anch'essa con provvedimenti eccezionali per la Sicilia; e usurpazioni e truffe e concussioni e favori scandalosi e scandaloso sperpero del denaro pubblico; prefetti, delegati, magistrati messi a servizio dei deputati ministeriali, e clientele spudorate e brogli elettorali; spese pazze, cortigianerie degradanti; l'oppressione dei vinti e dei lavoratori, assistita e protetta dalla legge, e assicurata l'impunità agli oppressori...

Da due giorni – dacché Roberto era arrivato a Girgenti – usciva dalla bocca amara di donna Caterina Auriti questo fiotto veemente di crudeli ricordi, d'acerbe rampogne, di fiere accuse. Guardando il figlio, a traverso le pàlpebre rilassate, con quell'occhio quasi spento, si vòtava il cuore di tutte le amarezze accumulate in tanti anni, di tutto il dolore, di cui l'anima sua s'era nutrita e attossicata.

– Che speri? che vuoi? – gli domandava. – Che sei venuto a far qui?

E Roberto Auriti, investito dalla furia della madre, taceva aggrondato, a capo chino, con gli occhi chiusi.

Aveva ormai quarantatré anni: già calvo, ma vigoroso, col volto fortemente inquadrato dalle folte sopracciglia nere, quasi giunte, e dalla corta barba pur nera, se ne stava avvilito e addogliato, come un fanciullo debole al cospetto di quella madre che, pur così debellata dai dolori e dagli anni, serbava tanta energia e così fieri spiriti. Si sentiva veramente sconfitto. L'animo, troppo teso negli sforzi della prima gioventù, gli era venuto meno a poco a poco, di fronte alla nuova, laida guerra, guerra di lucro, guerra per la conquista indegna dei posti. E ne aveva chiesto uno anche lui, non per sé, per il fratello Giulio, e lo aveva ottenuto al Ministero del tesoro. Egli s'era affidato agli scarsi, incerti proventi della professione d'avvocato: proventi che tuttavia, tal volta, non gli lasciavano al tutto tranquilla la coscienza, non già perché non li credesse meritato compenso al proprio lavoro, allo zelo; ma perché la maggior parte delle liti gli venivano per il tramite dei deputati siciliani suoi amici, di Corrado Selmi specialmente, e per parecchie aveva il dubbio che le avesse vinte, non tanto

per la sua bravura, quanto per l'indebita e non
gratuita ingerenza di quelli. Ma, morto il cognato
Michele Del Re, aveva la madre e la sorella vedova
e il nipote da mantenere a Girgenti; oltre che a
Roma, da parecchi anni, non era più solo. Certo
la madre non ignorava la convivenza di lui a Roma
con una donna, di cui per antichi pregiudizii e per
la puritana rigidezza dei costumi non poteva avere
alcuna stima; non glien'aveva mai fatto parola;
ma egli sentiva l'aspra condanna nel cuore materno,
un'altra amarezza – secondo lui ingiusta – che la
madre non gli mostrava per non avvilirlo, per non
ferirlo vieppiù. Ma forse donna Caterina, in quei
momenti, non ci pensava nemmeno, tutt'intesa
com'era a mettere innanzi al figlio, con foga ine-
sausta, insieme coi ricordi luttuosi della famiglia,
le condizioni tristissime del paese. E durante quest'esposizione, la sorpresero il canonico Pompeo
Agrò e il Mattina.

Dalla cordialità vivace, con cui Roberto Auriti
lo accolse, l'Agrò comprese subito ch'egli ignorava
ancora la pubblicazione di quel turpe articolo. Presentò il Mattina, ossequiò la signora.

Donna Caterina aspettò che i primi convenevoli
fossero scambiati e che i due amici esprimessero
la gioja di rivedersi dopo tanti anni; e riprese, rivolta all'Agrò:

– Per carità, Monsignore, glielo faccia intendere
anche lei, che è amico sincero. Qua siamo tra noi.
Anche questo signore, se l'ha condotto lei, sarà un
amico. Io voglio persuadere mio figlio a non accettare questa lotta.

– Mamma... – pregò Roberto, con un sorriso
afflitto.

– Sì, sì, – incalzò la madre. – Lo dicano loro.
Che ha fatto Roberto, e perché, in nome di che
cosa viene oggi a chiedere il suffragio del suo paese?

Forse in nome di tutto ciò che fece da giovinetto, in nome del padre morto, dei sacrifizii e degli ideali per cui quei sacrifizii furono fatti e quello strazio sofferto? Farà ridere!

– Oh, no, perché, donna Caterina? – si provò a interrompere il canonico Agrò, portandosi una mano al petto, quasi ferito. – Non dica così.

– Ridere! ridere! – incalzò quella con più foga. – Lo sa bene anche lei come quegli ideali si sono tradotti in realtà per il popolo siciliano! Che n'ha avuto? com'è stato trattato? Oppresso, vessato, abbandonato e vilipeso! Gli ideali del Quarantotto e del Sessanta? Ma tutti i vecchi, qua, gridano: *Meglio prima! Meglio prima!* E lo grido anch'io, sa? io, Caterina Laurentano, vedova di Stefano Auriti!

– Mamma! mamma! – supplicò Roberto, con le mani agli orecchi.

E subito la madre:

– Sì, figlio: perché prima almeno avevamo una speranza, quella che ci sostenne in mezzo a tutti i triboli che tu sai e non sai, là, a Torino... Nessuno vuol più saperne, ora, credi. Troppo cari si son pagati, quegli ideali; e ora basta! Ritórnatene a Roma! Non voglio, non posso ammettere che tu sia venuto qua in nome del Governo che ci regge. Tu non hai rubato, figlio, non hai prestato man forte a tutte le ingiustizie e le turpitudini che qua si perpetrano protette dai prefetti e dai deputati, non hai favorito la prepotenza delle consorterie locali che appestano l'aria delle nostre città come la malaria le nostre campagne! E allora perché? che titoli hai per essere eletto? chi ti sostiene? chi ti vuole?

Entrò, in questo punto, Guido Verònica, rassettato e ricomposto. Era salito all'albergo dopo la rissa per cambiarsi d'abito, e vi aveva lasciato detto che se qualcuno fosse venuto a cercar di lui, egli sarebbe ritornato alle ore tre del pomeriggio.

Subito l'Agrò e il Mattina gli fecero cenno con gli occhi, che Roberto non sapeva nulla. Donna Caterina Auriti s'era levata in piedi, per incitare il figlio a rifiutare l'ajuto del Governo, che del resto non avrebbe avuto alcun valore nell'imminente lotta, e ad accettar questa, invece, in nome dell'isola oppressa. Non avrebbe vinto, certamente; ma la sconfitta almeno non sarebbe stata disonorevole e sarebbe servita di mònito al Governo.

– Perché voi lo vedrete, – concluse. – Faccio una facile profezia: non passerà un anno, assisteremo a scene di sangue.

Guido Verònica parò le mani grassocce.

– Per carità, signora mia, per carità, non dica codeste cose, che sono orribili in bocca a lei! Le lasci dire ai sobillatori che, senza volerlo, fanno il giuoco dei clericali! Scusi, Canonico; ma è proprio così! Quattro mascalzoni ambiziosi che seminano la discordia per assaltare i Consigli comunali e provinciali e anche il Parlamento; altri quattro ignobili nemici della patria che sognano la separazione della Sicilia sotto il protettorato inglese, uso Malta! E c'è poi la Francia, la nostra cara sorella latina, che soffia nel fuoco e manda denari per trar partito domani di qualche sommossa brigantesca, ispirata dalla mafia!

– Ah sì? – proruppe donna Caterina, che s'era tenuta a stento. – Lei si conforta così? Sono tutte calunnie, le solite, quelle che ripetono i ministri, facendo eco ai prefetti e ai tirannelli locali capi-elettori; per mascherare trenta e più anni di malgoverno! Qua c'è la fame, caro signore, nelle campagne e nelle zolfare; i latifondi, la tirannia feudale dei cosiddetti *cappelli*, le tasse comunali che succhiano l'ultimo sangue a gente che non ha neanche da comperarsi il pane! Si stia zitto! si stia zitto!

Guido Verònica sorrise nervosamente, aprendo le braccia; poi si rivolse a Roberto:

– Oh senti... (col suo permesso, signora!): avrei bisogno del tuo cifrario, per spedire un telegramma d'urgenza a Roma.

– Ah già, bravo, bravo! – esclamò il canonico Agrò, riscotendosi dal doloroso atteggiamento preso durante la violenta intemerata di donna Caterina.

Roberto si recò di là per il cifrario. La conversazione cadde fra i tre amici e la vecchia signora; poi l'Agrò per rompere il silenzio penoso sopravvenuto, sospirò:

– Eh, certo sono tristi assai le condizioni del nostro povero paese!

E la conversazione fu ripresa un po', ma senza più calore. I tre avevano un'intesa segreta tra loro ed erano anche gonfii e costernati dello scandalo di quell'articolo: si scambiavano occhiate d'intelligenza, avrebbero voluto rimanere soli un momento per accordarsi sul miglior modo di preparare Roberto. Ma donna Caterina non se n'andava.

– Sa se Corrado Selmi, – le domandò Guido Verònica, – ha scritto a Roberto che verrà?

– Verrà, verrà, – rispose ella, scrollando il capo con amaro sdegno.

– Ci ho pensato, – disse piano il Verònica all'Agrò e al Mattina. – Tanto meglio, se viene. Anzi gli spedirò io stesso un telegramma perché venga subito, *per me*, capite? Così Lando... zitti, ecco Roberto.

Ma non era Roberto: entrò invece nella sala un giovinotto alto, smilzo, a cui le lenti serrate in cima al naso, congiungendo le folte sopracciglia, davano un'aria di cupa e rigida tenacia. Era Antonio Del Re, il nipote. Pallidissimo di solito, appariva in quel momento quasi cèreo.

– Hanno letto nell'*Empedocle*? – domandò con un fremito nelle labbra e nel naso.

Il canonico Agrò e il Mattina alzarono subito le mani per impedire che seguitasse.

– Contro Roberto? – domandò donna Caterina.

– Contro il nonno! – rispose, vibrante, il giovinotto. – Una manata di fango! E contro te!

– Sozzure! sozzure! – esclamò l'Agrò. – Per carità, non ne sappia nulla il povero Roberto!

– Già sta a leggerlo, – disse il nipote, sprezzante.

– No! no! – gridò allora l'Agrò, levandosi in piedi. – Oh Signore Iddio, bisogna prevenirlo! Già questi farabutti hanno avuto la lezione che si meritavano dal nostro Verònica! Per carità, vada lei, donna Caterina... Imprudenza, imprudenza, ragazzo mio!

Donna Caterina accorse; ma troppo tardi. Roberto Auriti, ignorando quel che poc'anzi aveva fatto il Verònica, era corso – pallido, col volto contratto da un sorriso spasmodico, e come un cieco – alla redazione di quel giornalucolo, presso Porta Atenèa. Vi aveva trovati già raccolti i maggiorenti del partito, con Flaminio Salvo alla testa, per proclamare, subito dopo l'aggressione, la candidatura di Ignazio Capolino. Al vecchio usciere, che stava di guardia nella saletta d'ingresso innanzi all'uscio a vetri della sala di redazione, aveva detto – ancor sorridendo a quel modo – che Roberto Auriti voleva parlare col direttore. Nella sala di redazione s'era fatto un improvviso silenzio; poi agli orecchi di Roberto eran venute queste parole concitate:

– Nossignori! Vado io, tocca a me; l'articolo l'ho scritto io, e io ne rispondo!

Non aveva neppur visto chi gli s'era fatto innanzi: gli s'era lanciato addosso come una belva, lo aveva levato di peso e scagliato con tale impeto contro l'uscio, che questo s'era sfondato, sfasciato, con gran fracasso e rovinìo di vetri infranti.

Quando il Verònica, il Mattina e il nipote Del Re sopraggiunsero a precipizio, tra la ressa della gente accorsa da ogni parte agli urli che s'eran levati altissimi dalla sala di redazione, Marco Prèola col volto insanguinato e un coltello in mano si dibatteva ferocemente sbraitando:

– Lasciatemi, maledetti, lasciatemi! Se lo liberate adesso, l'ammazzo più tardi! Lasciatemi! Lasciatemi!

IV

In fondo al vestibolo, tra i lauri e le palme, su lo sfondo della gran porta a vetri colorati, la preziosa statua acefala di Venere Urania, scavata a Colimbètra nello stesso posto ove ora sorge la villa, pareva che non per vergogna della sua nudità tenesse sollevato un braccio davanti al volto ideale che ciascuno, ammirandola, le immaginava subito, lievemente inclinato, come se in realtà vi fosse; ma per non vedere inginocchiati alla soglia della cappella che si apriva a destra tutti quegli uomini così stranamente parati: la compagnia borbonica di capitan Sciaralla.

La messa era per finire. Dentro la cappella, lucida di marmi e di stucchi, stavano soltanto il principe don Ippolito, raccolto nella preghiera su l'inginocchiatojo dorato e damascato, innanzi all'altare; più indietro, Lisi Prèola, il segretario; più indietro ancora, le donne di servizio: la governante e due giovani cameriere. La servitù mascolina doveva contentarsi d'assistere alla messa dal vestibolo; solo a Liborio, cameriere favorito del principe, in brache corte e calze di seta, era concesso di star su l'entrata, più dentro che fuori; e questa pareva a Sciaralla un'ingiustizia del Prèola, bell'e buona. In qualità di capitano, egli si riteneva degno di sedere per lo meno accanto al Prèola stesso, se non subito dopo il principe, ecco. Apertamente, no, non se ne lagnava, per prudenza; ma ci pigliava certe bili! E come d'un peccato d'invidia se n'era confessato a don Lagàipa, che ogni domenica veniva a Colimbètra a dir messa.

– Almeno davanti a Dio dovremmo essere tutti eguali, ecco!

Tutti, escluso il principe; non c'era bisogno di dirlo.

Ma lui, Sciaralla, non si lagnava perché voleva esser favorito, messo avanti agli altri, distinto dai suoi subalterni al cospetto di Dio? Le corna aveva dunque, le corna e la coda del demonio, quella sua riflessione, che pur sembrava giusta a prima giunta.

Così don Illuminato Lagàipa aveva tappata la bocca a Sciaralla.

E Sciaralla, un sospirone.

Vera tentazione del demonio era intanto quella statua nuda, lì davanti la cappella, per tutti quegli uomini di guardia che dovevano star fuori. Mentre le labbra recitavano le preghiere, gli occhi eran quasi costretti a peccare guardando senza volerlo quella nudità, che S. E. il principe, tanto divoto, non avrebbe dovuto tenere così esposta! Oh maledetta! Sembrava viva, sembrava... Le povere donne di servizio abbassavano gli occhi, ogni volta, passando; e anche don Illuminato li abbassava, pezzo d'ipocrita!

Ridevano intanto, fiorenti, le mirabili forme della dea decapitata, emersa dal tempo remoto, nata da uno scalpello greco, da un artefice ignaro che la sua opera dovesse tanto sopravvivere e parlare a profana gente un linguaggio diabolico, ornamento d'un vestibolo, tra cassoni di lauri e di palme.

Finita la messa, gli uomini della compagnia di

guardia fecero ala su l'attenti, al passaggio del principe che si recava al *Museo*.

Così eran chiamate le sale a pianterreno dell'altro lato del vestibolo, nelle quali tra alte piante di serra erano raccolti gli oggetti antichi, d'inestimabile valore: statue, sarcofaghi, vasi, iscrizioni, scavati a Colimbètra, e che don Ippolito aveva illustrati molti anni addietro nelle sue *Memorie d'Akragas*, insieme col prezioso medagliere esposto sù, nel salone della villa.

L'antica famosa Colimbètra akragantina era veramente molto più giù, nel punto più basso del pianoro, dove tre vallette si uniscono e le rocce si dividono e la linea dell'aspro ciglione, su cui sorgono i Tempii, è interrotta da una larga apertura. In quel luogo, ora detto dell'Abbadia bassa, gli Akragantini, cento anni dopo la fondazione della loro città, avevano formato la pescheria, gran bacino d'acqua che si estendeva fino all'Hypsas e la cui diga concorreva col fiume alla fortificazione della città.

Colimbètra aveva chiamato don Ippolito la sua tenuta, perché anch'egli lassù, nella parte occidentale di essa, aveva raccolto un bacino d'acqua, alimentato d'inverno dal torrentello che scorreva sotto Bonamorone e d'estate da una nòria, la cui ruota stridula era da mane a sera girata da una giumenta cieca. Tutt'intorno a quel bacino sorgeva un boschetto delizioso d'aranci e melograni.

Nel museo don Ippolito soleva passare tutta la mattinata, intento allo studio appassionato e non mai interrotto delle antichità akragantine. Attendeva ora a tracciare, in una nuova opera, la topografia storica dell'antichissima città, col sussidio delle lunghe minuziose investigazioni sui luoghi, giacché la sua Colimbètra si estendeva appunto dov'era prima il cuore della greca Akragante.

Presso una delle ampie finestre della seconda sala,

guarnite di lievi tende rosee, era la scrivania massiccia, intagliata; ma don Ippolito componeva quasi sempre a memoria, passeggiando per le sale; architettava all'antica due, tre periodoni gravi di *laonde* e di *conciossiaché*, e poi andava a trascriverli su i grandi fogli preparati su la scrivania, spesso senza neppur sedere. Tenendosi con una mano sul mento la barba maestosa, che serbava tuttavia un ultimo vestigio, quasi un'aria del primo color biondo d'oro, egli, alto, aitante, bellissimo ancora, non ostanti l'età e la calvizie, si fermava davanti a questo o a quel monumento, e pareva che con gli occhi ceruli, limpidi sotto le ciglia contratte, fosse intento a interpretare una iscrizione o le figure simboliche d'un vaso arcaico. Talvolta anche gestiva o apriva a un lieve sorriso di soddisfazione le labbra perfette, giovanilmente fresche, se gli pareva d'aver trovato un argomento decisivo, vittorioso, contro i precedenti topografi.

Su la scrivania era quel giorno aperto un volume delle storie di Polibio, nel testo greco, Lib. IX, Cap. 27, alla pagina ov'è un accenno all'acropoli akragantina.[19]

Un gravissimo problema travagliava da parecchi mesi don Ippolito circa alla destinazione di questa acropoli.

– Disturbo? – domandò, inchinandosi su la soglia di quella seconda sala, don Illuminato Lagàipa, che già si era spogliato degli arredi sacri e aveva fatto la solita colazione di cioccolato e biscottini.

Era un prete di mezz'età, tondo di corpo, dal volto bruciato dal sole, nel quale gli occhi cilestri, troppo chiari, pareva vaneggiassero smarriti. Buon uomo, in fondo, pacifico e noncurante; lì, in presenza del principe, che ogni domenica lo tratteneva a colazione, si dava, per fargli piacere, arie di rigida e battagliera intransigenza, di cui rideva poi, discorrendo filosoficamente con la sua vecchia e fedele Fifa, l'asina mansueta, che lo riconduceva al campicello presso il camposanto di Bonamorone, pochi ettari di terra, che – se sapevano il rapido passar della vita – pure, sotto questo o quel re, gli producevano ogni anno quel tanto che modestamente gli bisognava.

– Domenica, oggi, e non si lavora! – soggiunse, levando le mani e sorridendo.

– Non è lavoro, il mio, propriamente, – gli disse con un sobrio gesto garbato don Ippolito.

– Già, già! *otia, otia*, secondo Cicerone! – si corresse don Lagàipa. – Ha ragione. Venivo per dirle che jeri mattina, prima che mi recassi al mio campicello, Monsignore mi fece l'onore d'incaricarmi d'un'ambasciata per Vostra Eccellenza.

– Monsignor Montoro?

– Già. Mi disse di avvertir Vostra Eccellenza che oggi, nel pomeriggio, con l'ajuto di Dio, verrà qua, per parlare, suppongo, delle prossime elezioni. Eh, – sospirò, intrecciando le dita e scotendo le mani così giunte, – pare che il diavolaccio maledetto si senta prudere le corna... Guerra, guerra... tempesta! Ho sentito che sono arrivate da Palermo, per richiamo, dicono, del canonico Agrò, due certe gallinelle d'acqua... già! due famosi galoppini al comando dell'alta mafia e della famigerata banda massonica... un tal Mattina, un tal Verònica...

– L'Agrò? – disse cupo don Ippolito Laurentano, che s'era impuntato a quel nome, senza più badare al resto. – Dunque l'Agrò vuole proprio scendere in piazza, senza alcun ritegno, senza alcun riguardo, nemmeno per l'abito che indossa?

– Eh! – tornò a sospirare don Lagàipa. – Superiore mio... superiore... ma dico ciò che si dice... *relata refero*... non manda giù, dicono, che non l'abbiano fatto vescovo al posto del nostro Eccellentissimo monsignor Montoro. Crede di salvare le apparenze con... con la scusa dell'antica amicizia che lo lega all'Auriti, ecco...

– Bell'amicizia, da gloriarsene! – brontolò il Laurentano. – Per un sacerdote!

– Ma l'Agrò... – osservò don Illuminato. E non aggiunse altro. Chiuse gli occhi, tentennò il capo, emise un terzo sospiro: – Eh, si complica... la faccenda si complica... sì, dico... si fa molto delicata...

– Per me? – saltò sù a dire don Ippolito (e il lucido cranio gli s'infiammò). – Delicata per me? Sappia monsignor Montoro... già dovrebbe saperlo; io non riconosco, non ho mai riconosciuto per nipote codesto Roberto Auriti garibaldesco. Non lo conosco neppur di vista: qua non è mai venuto, né io del resto gli avrei fatto oltrepassar la soglia del mio cancello. Per ordine del suo governo, non invitato dalla cittadinanza, viene con la folle speranza di prendere il posto di Giacinto Fazello? Bene. Avrà ciò che si merita. Senza alcuna considerazione per la mia sciagurata parentela in-vo-lon-ta-ria, si lotti e si vinca!

– Ah, lottare, lottare, sicuro! bisogna lottare! – disse don Illuminato, aggrottando fieramente le ciglia su quegli occhi vani. – Anche se non si dovesse vincere...

– E perché no? – domandò severo don Ippolito. – Che probabilità di vittoria può aver l'Auriti? Che conta l'Agrò?

– Ma... dicono... la prefettura... – e don Illuminato si grattò la guancia raschiosa.

– Non è base! – ribatté subito il principe. – L'abbiamo veduto nelle elezioni comunali.

– Già, già... – si rimise don Lagàipa. – Però... la mafia in campo, adesso... la polizia favoreggiatrice... tutte le male arti... dicono... e deve arrivare...

non so, un pezzo grosso... un deputato.... Selmi, mi par d'avere inteso...

Don Ippolito rimase in silenzio per un pezzo, col volto atteggiato di nausea; poi, scotendo un pugno, proruppe:

– Filangieri! Filangieri!

Il Lagàipa scrollò il capo, sospirando a questa esclamazione, frequente su le labbra del principe e accompagnata sempre da quel gesto di rabbioso rammarico:

– Filangieri!

Sapeva quanta venerazione don Ippolito Laurentano serbasse ancora alla memoria del Satriano, repressore benedetto della rivoluzione siciliana del 1848, provvido, energico restauratore dell'ordine sociale dopo i sedici mesi dell'*oscena baldoria rivoluzionaria*. Di quei sedici mesi era rimasto vivo di raccapriccio nel principe il ricordo, sopra tutto per la minaccia brutale del volgo ai privilegi nobiliari e alla credenza religiosa. Satriano era stato per lui il sole trionfatore di quella bufera sovvertitrice; e come un sole, ritornata la calma, aveva brillato sù nel cielo di Sicilia dalla reggia normanna di Palermo, riaperta alle splendide feste per circondare di prestigio napoleonico il suo potere. Lì, nella reggia, don Ippolito aveva conosciuto donna Teresa Montalto, giovinetta, a cui poi il Satriano stesso aveva voluto far da padrino nelle nozze, ottenendo a lui, sposo, con sommo stento dal Re l'ordine di cavaliere di San Gennaro, di cui già il padre era stato insignito. La bufera s'era scatenata di nuovo nel 1860: dal ritiro di Colimbètra egli ne udiva il rombo lontano: lottava di là con tutte le forze, nel piccolo àmbito della città natale: la causa dei Borboni era per il momento perduta; bisognava lottare per il trionfo del potere ecclesiastico; restituita Roma al Pontefice, chi sa! Intanto si doveva a ogni costo impedire che la rappresentanza di Giacinto Fazello fosse usurpata da Roberto Auriti.

– Del resto, – riprese, – l'Auriti non ha più alcun prestigio nel paese. Ne manca da circa vent'anni...

– Simpatie, però... – oppose reticente il Lagàipa, – ecco, sì... qualche simpatia forse la gode...

– Non contano nulla, oggi, le simpatie, – rispose don Ippolito recisamente. – Di fronte agl'interessi, nulla!

Prese dalla scrivania, così dicendo, il volume delle storie di Polibio che vi stava aperto e istintivamente se l'appressò agli occhi. Subito questi gli andarono sul passo, tante volte riletto e tormentato, della controversia su quella benedetta acropoli. Si distrasse dal discorso; rilesse ancora una volta il passo, con la mente già piena di nuovo della controversia che l'agitava; sospirò; chiuse il libro, lasciandovi l'indice in mezzo e, ponendoselo dietro il dorso:

– Insomma, – disse, – bisogna vincere, don Illuminato! Io, guardi, in questo momento ho contro me un esercito di eruditi tedeschi; di topografi; di storici antichi e nuovi, d'ogni nazione; la tradizione popolare; eppure non mi do per vinto. Il campo di battaglia è qua. Qua li aspetto!

Gli mostrò il libro, picchiando con le nocche delle dita su la pagina, e soggiunse:

– Come tradurrebbe lei queste parole: κατ' αὐτὰς τὰς δερινὰς ἀνατολάς?

Investito da quei quattro *às, às, às, às*, come da quattro schiaffi improvvisi, il povero don Illuminato Lagàipa restò quasi basito. Credeva di non meritarsi un simile trattamento.

Don Ippolito sorrise; poi, introducendo il braccio sotto il braccio di lui, soggiunse:

– Venga con me. Le spiegherò in due parole di che si tratta.

Uscirono sul vasto spiazzo innanzi alla villa; se ne scostarono un tratto a destra; quindi, voltando le spalle, il principe mostrò al prete l'ampia zona di terreno, dietro la villa, in scosceso pendìo, coronata in cima da un greppo isolato, ferrigno, da un cocuzzolo tutt'intorno tagliato a scarpa.

– Questa, è vero? la collina akrea, – disse. – Quella lassù, la nostra famosa Rupe Atenèa. Bene. Polibio dice: «*La parte alta* (l'arce, la così detta acropoli, insomma) *sovrasta la città*, noti bene!, *in corrispondenza a gli orienti estivi*». Ora, dica un po' lei: donde sorge il sole, d'estate? Forse dal colle dove sta Girgenti? No! Sorge di là, dalla Rupe. E dunque lassù, se mai, era l'Acropoli, e non su l'odierna Girgenti, come vogliono questi dottoroni tedeschi. Il colle di Girgenti restava oltre il perimetro delle antiche mura. Lo dimostrerò... lo dimostrerò! Mettano lassù Camìco... la reggia di Còcale... Omfàce... quello che vogliono... l'Acropoli, no.

E scartò con la mano Girgenti, che si vedeva per un tratto, lassù, a sinistra della Rupe, più bassa.

– Lì, – riprese, additando di nuovo la Rupe Atenèa e ispirandosi, – lì, sublime vedetta e sacrario soltanto, non acropoli, sacrario dei numi protettori, Gellia ascese, fremebondo d'ira e di sdegno, al tempio della diva Athena, dedicato anche a Giove Atabirio, e vi appiccò il fuoco per impedirne la profanazione. Dopo otto mesi d'assedio, stremati dalla fame, gli Akragantini, cacciati dal terrore e dalla morte, abbandonano vecchi, fanciulli e infermi e fuggono, protetti dal siracusano Dafnèo, da porta Gela. Gli ottocento Campani si sono ritirati dal colle; il vile Desippo s'è messo in salvo; ogni resistenza è ormai inutile. Solo Gellia non fugge! Spera d'avere incolume la vita mercé la fede, e si riduce al santuario d'Athena. Smantellate le mura, ruinati i meravigliosi edifizii, brucia qua sotto la città intera; e lui dall'alto, mirando l'incendio spaventoso che innalza una funerea cortina di fiamme e di fumo su la vista del mare, vuol ardere nel fuoco della Dea.

– Stupenda, stupenda descrizione! – esclamò il Lagàipa con gli occhi sbarrati.

Giù, nel secondo dei tre ampii ripiani fioriti, degradanti innanzi alla villa, come tre enormi gradini d'una scalea colossale, Placido Sciaralla e Lisi Prèola, appoggiati alla balaustrata marmorea, avevano interrotto la conversazione e ora tentennavano il capo, ammirati anch'essi del calore con cui il principe aveva parlato, sebbene per la distanza non ne avessero colto una parola.

Don Ippolito Laurentano restò acceso a mirare con gli occhi intensi il magnifico panorama. Dov'egli aveva rappresentato l'incendio formidabile e la distruzione, ora s'abbandonava la pace inconsapevole della campagna; dov'era il cuore dell'antica città sorgeva ora un bosco di mandorli e d'olivi, il bosco detto perciò ancora della *Civita*. Le chiome dei mandorli s'erano con l'autunno diradate e, tra quelle perenni degli olivi cinerulei, parevano aeree, assumevano sotto il sole una tinta roseo-dorata.

Oltre il bosco, sul lungo ciglione, sorgevano i famosi Tempii superstiti, che parevano collocati apposta, a distanza, per accrescere la meravigliosa vista della villa principesca. Oltre il ciglione, il pianoro, ove stette splendida e potente l'antica città, strapiombava aspro e roccioso a precipizio sul piano dell'Akragas: tranquillo piano luminoso, che spaziava fino a terminare laggiù laggiù, nel mare.

– Non posso soffrire questi Tèutoni, – disse il principe, rientrando con don Illuminato Lagàipa nel *Museo*, – questi Tèutoni che, non potendo più con le armi, invadono coi libri e vengono a dire spropositi in casa nostra, dove già tanti se ne fanno e se ne dicono.

S'intese in quel punto il rotolìo d'una vettura per la strada incassata, dietro la villa, e don Ippolito contrasse le ciglia. Entrò poco dopo, turbato, smarrito nella sorpresa, Liborio, il cameriere.

– Pe... perdoni, eccellenza, – balbettò. – È arrivata da Girgenti la... la signora...

– Che signora? – domandò il principe.

– Sua sorella... donna Caterina...

Don Ippolito restò dapprima come stordito da un improvviso colpo alla testa. Arricciò il naso, impallidì. Poi, d'un subito, il sangue gli balzò al capo. Chiuse gli occhi, impallidì di nuovo, aggrottò le ciglia, serrò le pugna e, col cuore che gli martellava in petto, domandò:

– Qua? Dov'è?

– Sù, eccellenza... nel salone, – rispose Liborio; e, poco dopo, vedendo che il principe restava perplesso, chiese: – Ho fatto male?

Don Ippolito si voltò a guardarlo per un pezzo, come se non avesse inteso; poi disse:

– No...

E si mosse, senza neppur volgere uno sguardo al Lagàipa. Con l'animo in tumulto, cercò di fissare un pensiero che gli spiegasse il perché di quella visita straordinaria, non volendo, non sapendo ammettere quel che gli era in prima balenato, che la sorella cioè, colei che in tante e tante sciagure aveva sempre rifiutato con ostinata fierezza, anzi con disprezzo, ogni soccorso, venisse ora a intercedere per il figlio Roberto. Ma che altro poteva voler da lui? Salì la scala. Era tanto oppresso d'angoscia e in preda a un'agitazione così soffocante, che dovette fermarsi per un momento davanti la soglia. Entrare? presentarsi a lei in quello stato? No. Doveva prima ricomporsi. E in punta di piedi si diresse alla camera da letto. Qua, istintivamente, s'appressò allo scrigno dove erano conservati un medaglioncino di lei in miniatura, di quand'ella era giovinetta di sedici anni, e i due biglietti che gli aveva scritti, senza intestazione e senza firma, uno da Torino, dopo la morte violenta del padre, l'altro da Girgenti, al ritorno dall'esilio dopo la morte del marito.

Il primo, più ingiallito, diceva:

I beni, confiscati a Gerlando Laurentano dal governo borbonico, furono restituiti al figlio Ippolito da Carlo Filangieri di Satriano. Nulla dunque mi spetta dell'eredità paterna. La moglie e il figlio di Stefano Auriti non mangeranno il pane d'un nemico della patria.

L'altro, più laconico, diceva:

Grazie. Alla vedova, agli orfani, provvedono i parenti poveri di Stefano Auriti. Da te, nulla. Grazie.

Scostò con la mano quei due biglietti e fissò gli occhi sul medaglioncino, che egli aveva tolto dal salone della casa paterna dopo la fuga della sorella con Stefano Auriti.

Da allora – eran già quarantacinque anni – non l'aveva più riveduta!

Come avrebbe riveduto, ora, dopo tanto tempo, dopo tante vicende funeste, quella giovinetta bellissima che gli stava davanti, rosea, ampiamente scollata, nell'antica acconciatura, con quegli occhi ardenti e pensosi?

Richiuse lo scrigno, dopo aver gettato un altro sguardo su i due biglietti sprezzanti; e, grave, accigliato, s'avviò al salone.

Sollevata la tenda dell'uscio, intravide con gli occhi intorbidati dalla commozione la sorella in piedi, alta, vestita di nero. Si fermò poco oltre la soglia, oppresso d'angoscioso stupore alla vista di quel volto disfatto, irriconoscibile.

– Caterina, – mormorò, sostando; e le tese istintivamente le braccia, pur con l'impressione in contrasto, che quella era ormai un'estranea, al tutto ignota.

Ella non si mosse: rimase lì, in mezzo al salone, cerea tra le fitte gramaglie, col volto contratto e gli occhi chiusi, altera, indurita nello spasimo di quell'attesa. Aspettò che egli le si accostasse e gli toccò appena la mano con la sua, gelida, guardandolo ora con quegli occhi stanchi, velati di cordoglio, quasi a metà nascosti dalle palpebre, uno più, l'altro meno.

– Siedi, – disse, con gli occhi bassi, quasi intimidito, il fratello, indicando il divano e le poltrone nella parete a sinistra.

Seduti, stettero un lungo pezzo entrambi senza poter parlare, in un silenzio che fremeva d'intensa, violenta commozione. Don Ippolito chiuse gli occhi. La sorella, dopo aver soffocato parecchie volte con sforzo un singhiozzo che le faceva impeto alla gola, disse alla fine, con voce rauca:

– Roberto è qui.

Don Ippolito si scosse; riaprì gli occhi e, senza volere, li volse in giro per la sala, come se – smarrito tra gl'interni ricordi tumultuanti – avesse temuto un'imboscata.

– Non qui, – riprese donna Caterina, con un freddo, amaro, lievissimo sorriso, – nel tuo dominio straniero. A Girgenti, da due giorni.

Don Ippolito, aggrondato, chinò più volte la testa per significarle che sapeva.

– E so perché è venuto, – aggiunse con voce cupa; poi levò il capo e guardò la sorella con penosissimo sforzo. – Che potrei...

– Nulla... oh! nulla, – s'affrettò a rispondergli donna Caterina. – Voglio che tu lo combatta con tutte le tue forze. Non ci mancherebbe altro, che anche tu lo sostenessi e che egli andasse sù anche coi vostri voti!

– Sai bene... – si provò a dirle il fratello.

– So, so, – troncò recisamente con un gesto della mano donna Caterina. – Ma combatterlo, Ippolito, non col coltello alla mano, non andando a scavar le fosse, come le jene, a scoperchiare certe tombe sacre, da cui i morti potrebbero levarsi e farvi morire di paura.

– Piano, piano, – disse don Ippolito tendendo le mani che gli tremavano, non tanto per protestare, quanto per placare quell'ombra tragica della sorella così agitata. – Io non t'intendo...

– Mi brucia le mani, – disse allora donna Caterina, gettando sul tavolinetto innanzi al divano una copia dell'*Empedocle* tutta brancicata.

Don Ippolito prese quel foglio, lo spiegò e cominciò a leggerlo.

– Con codeste sozze armi... Contro un morto... – mormorò donna Caterina, accompagnando la lettura del fratello.

Ansava, seguendo quella lettura e osservando sul volto di lui l'impressione disgustosa ch'egli ne riceveva.

– Roberto – riprese, – è andato alla redazione di codesto giornale. Gli si è fatto innanzi l'autore dell'articolo, che è figlio, m'hanno detto, d'un tuo... schiavo qui, il Prèola. L'ha preso e scagliato contro una porta. Glielo hanno strappato dalle mani... Ora costui, armato di coltello (e l'ha cavato fuori!) minaccia d'uccidere; e questa mattina stessa è stato visto in agguato presso la mia casa. Ma io non temo di lui; temo che Roberto si comprometta di nuovo e torni a insozzarsi le mani... Così volete combatterlo?

Don Ippolito che, seguitando a leggere, aveva

ascoltato con animo sospeso il racconto, a quest'ultima domanda si scosse, indignato, come se la sorella lo avesse percosso sul viso, accomunandolo con quell'abietto che aveva scritto l'articolo.

Si levò in piedi, alteramente; ma si frenò subito, e andò a premere un campanello. A Liborio, che subito si presentò su la soglia:

— Il Prèola! — ordinò.

Poco dopo il vecchio segretario entrò curvo, ossequioso, anzi strisciante, quasi cacciato lì dentro a frustate. Vestiva un'ampia e greve napoleona. Dal colletto basso, troppo largo, la grossa testa calva, inteschiata, sbarbata, gli usciva come quella d'un vitello scorticato.

— Eccellenza... eccellenza...

— Manda subito a chiamare tuo figlio a Girgenti, — comandò il principe. — Che venga subito qua! Debbo parlargli.

— Eccellenza, mi conceda, — s'arrischiò a dire il Prèola, storcendosi e curvandosi vie più, con una mano sul petto, mentre la trama delle vene gli si gonfiava sul cranio paonazzo, — mi conceda che all'eccellentissima sua signora sorella io, umilmente...

— Basta, basta, basta! — gridò seccamente il principe. — So io quel che debbo dire a tuo figlio. Anzi, ascolta! Mi fa troppo schifo, e non voglio né vederlo, né parlargli. Gli dirai tu che se si arrischia ancora a mostrare la sua laida grinta per le vie di Girgenti, tu sei messo alla strada: ti caccio via su due piedi! Inteso?

Il Prèola cavò un fazzoletto dalla tasca posteriore della napoleona e approvò, approvò più volte, asciugandosi il cranio; poi si portò il fazzoletto agli occhi e si scosse tutto per un impeto di singhiozzi: — Sforcato... sforcato... — gemette. — Mi disonora, eccellenza... Lo manderò via, a Tunisi... Ho già fatto le pratiche... Intanto, subito, lo faccio venire qua. Mi perdoni, mi compatisca, eccellenza.

E uscì, rinculando, ossequiando, col fazzoletto su la bocca.

Donna Caterina si alzò.

– Con questo, – le disse don Ippolito, – non intendo affatto di derogare a me stesso, alla lotta per i miei principii, contro tuo figlio.

Donna Caterina alzò gli occhi a un grande ritratto a olio di Francesco II,[20] a un altro del Re Bomba,[21] che troneggiavano nel magnifico salone, da una parete: chinò il capo e disse:

– Sta bene. Non desidero altro.

E si mosse per uscire.

– Caterina! – chiamò don Ippolito, quand'ella era già presso l'uscio. – Te ne vai così? Forse non ci rivedremo mai più... Tu sei venuta qua...

– Come dall'altro mondo... – diss'ella, crollando il capo.

– E non t'avrei riconosciuta, – soggiunse il fratello. – Perché... attendi un po' qua: ti farò vedere come io ti ricordavo, Caterina.

Corse a prendere dallo scrigno nella camera da letto il medaglioncino in miniatura, e glielo mostrò:

– Guarda... Ti ricordi?

Donna Caterina provò dapprima come un urto violento alla vista della sua immagine giovanile, e ritrasse il capo; poi prese dalle mani di lui il medaglioncino, si appressò al balcone e si mise a contemplarlo. Da un pezzo quegli occhi quasi spenti non avevano più lacrime, e l'ebbero. Pianse silenziosamente anche lui, il fratello.

– Lo vuoi? – le disse infine.

Ella negò col capo, asciugandosi gli occhi col fazzoletto listato di nero, e gli porse in fretta il medaglioncino.

– Morta, – disse. – Addio.

Don Ippolito l'accompagnò a piè della villa; l'ajutò a montare in vettura; le baciò lungamente la mano; poi la seguì con gli occhi, finché la vettura non svoltò dal breve viale a manca per uscire dal cancello. Là uno della compagnia, in divisa borbonica, pensò bene d'impostarsi militarmente per presentar le armi. Don Ippolito se n'accorse e si scrollò rabbiosamente.

– Codeste pagliacciate! – muggì fulminando con gli occhi capitan Sciaralla, che si trovava presso il vestibolo.

Risalì alla villa, si chiuse in camera, e di lì mandò a far le scuse a don Illuminato, se per quel giorno non lo tratteneva a desinare con lui.

Monsignor Montoro arrivò alle quattro del pomeriggio con la sua vettura silenziosa, tirata da un pajo di vispi muletti accappucciati.

Lo accompagnava Vincente De Vincentis, l'arabista, che aveva lasciato quel giorno la biblioteca di Itria per il vicino palazzo vescovile e s'era sfogato a parlare per tutti i giorni e i mesi, in cui, quasi avesse lasciato la lingua per segnalibro tra un foglio e l'altro di quei benedetti codici arabi, restava muto come un pesce.

Aveva parlato anche in vettura, durante il tragitto, con certi scatti e schizzi e sbruffi che gli scotevano tutto il corpicciuolo ossuto, sparuto, convulso. Gli occhi duri, dietro le lenti fortissime da miope, nel volto scavato, sanguigno, avevano la fissità della pazzia.

Parecchie volte il vescovo con le mani molli feminee e la voce melata, dalle inflessioni misurate e quasi soffuse di pura autorità protettrice, gli aveva consigliato calma, calma; gli consigliò adesso, piano, prudenza, prudenza, oltrepassando il cancello della villa tra il riverente ossequio degli uomini di guardia; e, di nuovo, col gesto, prudenza, prima di smontare dalla vettura.

I due ospiti furono subito introdotti da Liborio nel salone; ma confidenzialmente il vescovo si permise d'uscire sul terrazzo marmoreo aggettato su le colonne del vestibolo esterno, per godere del grandioso spettacolo della campagna e del mare.

Si delineava tutta di lassù la lontana riviera su l'aspro azzurro del mare sconfinato, da Punta Bianca, a levante, che pareva uno sprone d'argento, via via, con insenature e lunate più o meno lievi fino a Monte Rossello a ponente, di cui soltanto nella notte si vedeva il faro sanguigno. Solo per breve tratto, quasi nel mezzo della dolce amplissima curva, la riviera era interrotta dalla foce dell'Hypsas.

Don Ippolito sopravvenne poco dopo, premuroso, non ancor ben rimesso dal grave turbamento che la visita della sorella gli aveva cagionato.

– Ho condotto con me il nostro De Vincentis, – disse subito monsignor Montoro, – perché vorrebbe vedere non so che cosa nel vostro *Museo*, caro principe. Lo farete accompagnare, e noi resteremo qua, su questo pergamo di delizia: non saprei staccarmene. Ma prima il De Vincentis vorrebbe rivolgervi una preghiera.

– Sì, – scattò questi, come se avesse ricevuto una scossa elettrica. – Volevo venire da solo, questa mattina stessa. Monsignore, invece, no, dice, meglio che vieni con me. È una cosa molto seria, molto seria...

– Sentiamo, – disse il principe, invitandolo col gesto a rimettersi a sedere sulla seggiola di giunco del terrazzo.

Il De Vincentis si curvò goffamente per vedere dove fosse la seggiola; poi, sedendo e afferrando i bracciuoli con le piccole mani secche e adunche, proruppe:

– Don Ippolito, rovinati! rovinati!
– Ma no... ma no... – si provò a correggere Monsignore, protendendo la mano gravata dall'anello vescovile.
– Rovinati, Monsignore, mi lasci dire! – ribatté il De Vincentis; e le cave gote sanguigne gli diventarono livide. – E causa della rovina è mio fratello Ninì! È andato lui dal... dal...
Ancora una volta le mani del vescovo si protesero; il De Vincentis le intravvide a tempo e si poté tenere. Ma già il principe aveva compreso.
– Dal Salvo, – disse pacatamente. – So che gli avete ceduto...
– Ninì! Ninì! – squittì il De Vincentis. – *Primosole*... Ninì! Lui gliel'ha ceduto... Non so nulla io; nulla di nulla; al bujo, cieco... E lui più cieco di me, stupido, pazzo, innamorato... Come dice? *Transeat* per *Primosole*... Sì! Ci ho fatto la croce... benché... benché il podere solo, sa, è stato pagato, e in un modo che fa ridere...
– Ma no, perché? – interruppe di nuovo, serio, Monsignore.
– Piangere, allora! – rimbeccò il De Vincentis, che aveva già perduto le staffe. – Va bene? Ottantacinquemila lire, e la villa in groppa! La villa di mia madre, là...
E con la mano accennò verso levante, oltre il greppo dello Sperone, al colle più alto, detto di *Torre che parla*, dall'aspetto d'un leone posato, a cui faceva da giubba un folto bosco di ulivi.
– Quarantaduemila, – riprese, – erano di cambiali scadute: il resto, sfumato, volato via in meno di due anni? dove? Ora sento che si tratta di cedere al Salvo anche le terre di *Milione*. E che ci resta? I debiti col Salvo... gli altri debiti... Lo so, ho saputo... Lei sposerà, dice, la sorella... donna Adelaide...

– E che c'entra? – domandò, stordito, dolente, il principe, guardando monsignor Montoro.

– Mi congratulo, badi, mi congratulo... – soggiunse subito il De Vincentis, rosso come un gambero. – Noi però siamo rovinati!

E si alzò per non far vedere le lagrime sotto le lenti cerchiate d'oro.

Don Ippolito guardò di nuovo il vescovo, senza comprendere.

– Vi dirò, – disse questi con tono grave, di risentimento per la disubbidienza del giovine e calò su gli occhi chiari, pallidi, globulenti, le palpebre esilissime come veli di cipolla. – Vi dirò.[22] So che Flaminio Salvo ha già fatto donazione alla sorella delle terre di *Primosole* e che è disposto a farle donazione, quando sarà, anche di quelle del fèudo di *Milione*. Ma sono addolorato del modo con cui il nostro Vincente si è espresso, perché... perché non è il modo, codesto, di parlare di persone onorandissime, da cui forse, senza saperlo, abbiamo ricevuto qualche beneficio.

Il De Vincentis, che stava con le spalle voltate ad asciugarsi gli occhi, si voltò a queste ultime parole del vescovo.

– Beneficio?

– Sì, figliuolo. Tu non puoi comprenderlo perché disgraziatamente non ti sei dato mai cura de' tuoi affari. Vedi ora il dissesto e senti il bisogno d'incolparne qualcuno, a torto; invece di portarvi rimedio. Non eri venuto qua per questo?

Il De Vincentis, che non poteva ancora parlare dalla commozione, chinò più volte il capo.

– È meglio – riprese Monsignore, – che tu vada giù; col vostro permesso, principe. Esporrò io il tuo desiderio.

Don Ippolito si alzò e invitò il De Vincentis a seguirlo; poi, su la scala, lo affidò a Liborio, cui diede la chiave del *Museo*, e ritornò dal vescovo, che lo accolse con un sospiro, scotendo le mani intrecciate.

– Due sciagurati, lui e il fratello! Flaminio Salvo, vi assicuro, principe, ha usato loro un trattamento da vero amico. Senz'alcuna... non diciamo usura per carità, non se ne parla nemmeno; senz'alcun interesse ha prestato loro dapprima somme rilevantissime; ha avuto poi offerta da loro stessi una terra, di cui egli, banchiere, dedito ai commercii, capirete, non sa che farsi: un altro creditore avrebbe mandato al pubblico incanto la terra, per riavere il suo danaro. Egli invece ha fatto all'amichevole e ha continuato a tenere aperta la cassa ai due fratelli che spendono, spendono... non so come, in che cosa... senza vizii, poverini, bisogna dirlo, ottimi, ottimi giovani, ma di poco cervello. Il fatto è che navigano proprio in cattive acque.

– Vorrebbero ajuto da me? – domandò don Ippolito, con un tono che lasciava intendere che sarebbe stato dispostissimo a darlo.

– No, no, – rispose afflitto Monsignore. – Una preghiera che, stimo, non potrà avere alcun effetto. Il De Vincentis crede che Ninì, suo fratello minore, sia innamorato della figlia di Flaminio Salvo, e...

– E...? – fece il principe.

Ma aveva già compreso; e il dialogo terminò sicilianamente in uno scambio di gesti espressivi. Don Ippolito si pose le mani sul petto e domandò con gli occhi: «Dovrei farne io la richiesta al Salvo?». Monsignore assentì malinconicamente col capo; col capo dapprima negò l'altro, poi alzò le spalle e una mano a un gesto vago, per significare: «Non lo faccio; ma quand'anche lo facessi?...». Monsignore sospirò, e basta.

Stettero un pezzo in silenzio entrambi.

Don Ippolito, già da parecchi anni, avvertiva confusamente che quel monsignor Montoro gli era non tanto davanti agli occhi, quanto nello spirito, un grave ingombro, quasi che col peso inerte di quelle sue carni rosee troppo curate si adagiasse a impedire che tante cose attorno a lui e per mezzo di lui si movessero. Quali, in verità, non avrebbe saputo dire; ma certo, con quella figura lì, con quella mollezza rosea inerte ingombrante, molte e molte colui doveva trascurarne, che forse un altro, al posto suo, più àlacre e men femineo, avrebbe mosse, anzi scosse e avviate.

Dal canto suo, Monsignore avvertiva, che tra lui e il principe c'era un sentimento non ben definibile, che spesso da una parte e dall'altra s'arricciava, si ritraeva, lasciando tra loro un vuoto impiccioso, dal quale venisse dentro a ciascuno de' due una certa lieve acredine rodente.

Forse questo vuoto era fatto da un argomento, che Monsignore sapeva di non poter toccare, e che pure era tanta parte della vita del principe: cioè, i suoi studii archeologici, il suo culto per le antiche memorie. Non poteva toccarlo, quest'argomento, per timore che fosse pretesto a don Ippolito di riparlargli d'una cosa, di cui egli, uomo di mondo e senza ubbìe d'alcuna sorta, non voleva sapere. Più volte il principe aveva cercato d'indurlo a consacrare almeno una piccola parte della sua cospicua mensa vescovile al restauro dell'antico Duomo, insigne monumento d'arte normanna, deturpato nel Settecento da orribili sostruzioni di stucco e volgarissime dorature. Egli s'era rifiutato, dicendogli che, se mai fosse riuscito a metter da parte qualche risparmio, lo avrebbe piuttosto destinato a costituire una rendita, per cui al convento di Sant'Alfonso, lì presso la cattedrale, potessero ritornare i Padri Liguorini[23] cacciati dopo il 1860.

A don Ippolito non importava nulla dei miglioramenti arrecati alla sua città natale dalle nuove amministrazioni succedute alle decurie e agli intendenti del suo tempo. Per quanto non si desse requie nella lotta e mostrasse animo risoluto a raggiungerne il fine, non aveva più fiducia, in fondo, di potere un giorno rivedere la città, da cui s'era esiliato. La vedeva col pensiero, com'era prima di quell'anno fatale, ancora coi *burgi* e gli *stazzoni*, cioè coi pagliaj e le fornaci nella piazza paludosa fuori Porta di Ponte; ancora coi tre crocioni del Calvario sul declivio del colle, da cui ogni anno, il venerdì santo, si faceva la predica a tutto il popolo lì adunato, e ancora con l'antico giardinetto che un suo amico devoto, il colonnello Flores, comandante la guarnigione borbonica, per ingraziarsi gli animi dei cittadini, vi aveva fatto costruire dieci anni prima della rivoluzione. Sapeva che quel giardinetto era stato abbattuto per ingrandire il piano dalla parte che guarda il mare; e sapeva che su la vasta piazza sorge adesso un gran palazzo, destinato agli uffici della Provincia e sede della Prefettura. Ma anche questa era per lui un'usurpazione indegna, perché la prima pietra di quel palazzo era stata posta nel 1858 da un munifico vescovo, che voleva farne un grande ospizio per i poveri, onde ancora i vecchi lo chiamavano il *Palazzo della Beneficenza*.

Gli sarebbe piaciuto che il Duomo fosse restaurato da monsignor Montoro, perché le chiese... eh, quelle non erano edifizii che la nuova gente potesse aver piacere d'abbellire; ed eran la sola cosa, di cui egli sentisse profondo il rimpianto. Gli arrivavano lì, nel suo esilio, le voci delle campane delle chiese più vicine. Egli le riconosceva tutte, e diceva: – Ecco, ora suona la Badìa Grande... ora suona San Pietro... ora suona San Francesco...

Arrivò, anche quella sera, a rompere il lungo silenzio, in cui egli e il vescovo lì sul terrazzo eran caduti, il suono dell'avemaria dalla chiesetta di San Pietro. Il cielo, poc'anzi d'un turchino intenso, s'era tutto soffuso di viola; e sotto, nella campagna già raccolta nella prima ombra, spiccava tra i mandorli spogli una fila di alti cipressi notturni, come un vigile drappello a guardia del vicino tempio della Concordia, maestoso, sul ciglione. Monsignor Montoro si tolse lo zucchetto, si curvò un poco, chiudendo gli occhi; il principe si segnò, e tutti e due recitarono mentalmente la preghiera.

– Avete sentito di questi scandali, – disse poi il vescovo gravemente, – che turberanno certo la nostra tranquilla diocesi?

Don Ippolito chinò più volte il capo, con gli occhi socchiusi.

– È stata qui mia sorella.

– Qui? – domandò con vivo stupore il vescovo.

Don Ippolito allora gli parlò brevemente della visita e della violenta scossa ch'egli ne aveva avuto.

– Oh comprendo! comprendo! – esclamò Monsignore, scotendo le bianche mani intrecciate e socchiudendo gli occhi anche lui.

– Come ridotta... – sospirò don Ippolito profondamente.

Per cangiar tono al discorso, monsignor Montoro, dopo aver tirato dentro aria e aria, sbuffò:

– E intanto il nostro paladino vuol montare a ogni costo in arcione; e sarà un nuovo scandalo, che avrei voluto almeno evitare...

– Capolino? – domandò, accigliandosi, don Ippolito. – Battersi?

– Ma sì! Aggredito...

– Lui? Il Prèola!

– Lui, anche lui! Non sapete tutto, dunque? Il nostro Capolino fu aggredito la mattina da un tal Verònica, che si trovava insieme con l'Agrò, che tanto m'addolora...

– Non me lo disse, – mormorò quasi tra sé don Ippolito.

– Perché pare, – spiegò Monsignore, – almeno a quel che si dice in paese, pare che l'Auriti non sapesse della rissa della mattina. Basta. Bisognerà chiudere un occhio, perché lo sfregio, eh, lo sfregio è stato molto grave: gli hanno strappato il giornale in faccia, su la pubblica via... Sapete che il nostro Capolino è focoso, cavaliere compito... Non è stato possibile ridurlo a ragione, all'osservanza del precetto cristiano... Ha già mandato il cartello di sfida...

– So che tira bene di spada, – disse don Ippolito, cupo e fiero. – In fin dei conti, non sarà male dare una lezione a uno di costoro per abbassare a tutti la cresta. Per me, Monsignore, l'ho dichiarato alla stessa mia sorella, lotta senza quartiere!

– Ma sì! la vittoria, la vittoria sarà nostra senza dubbio, – concluse il vescovo.

Seguì un altro silenzio; poi Monsignore domandò, riscotendosi:

– Landino? – come se per caso gli fosse venuto di far quella domanda, ch'era in fondo la vera ragione della sua visita.

Aveva combinato lui quelle prossime nozze di Adelaide Salvo con don Ippolito; aveva lasciato intendere a questo che solo per un riguardo a lui Flaminio Salvo consentiva che la sorella contraesse quel matrimonio illegittimo, almeno a giudizio della società civile; ma voleva – ed era giusto – che il figlio del primo letto riconoscesse la seconda madre, e fosse presente alla celebrazione religiosa: trattando con gentiluomini di quella sorte, questo solo atto di presenza gli sarebbe bastato.

Don Ippolito s'infoscò.

Dopo una lunga lotta con se stesso, aveva scritto al figlio che gli era cresciuto sempre lontano, prima a Palermo nella casa dei Montalto, poi a Roma, e col quale perciò non aveva alcuna confidenza. Lo sapeva d'idee e di sentimenti al tutto opposti ai suoi, quantunque non fosse mai venuto con lui ad alcuna discussione. Era molto malcontento del modo con cui gli aveva comunicato la decisione di contrarre queste seconde nozze e del modo con cui gli aveva espresso il desiderio di averlo a Colimbètra per l'avvenimento. Troppe ragioni in iscusa: la solitudine, l'età, il bisogno di cure affettuose... Gli pareva d'essersi avvilito a gli occhi del figlio. Il disgusto però e l'avvilimento non erano soltanto per effetto d'una lettera mal riuscita: provenivano da una causa più intima e profonda, nel cuore di lui.

Senza troppo volerlo da principio, s'era lasciato persuadere a ridurre a effetto un disegno stimato su le prime inattuabile; superato l'ostacolo della sua grave pretesa, trovata la sposa, stabilite le nozze, d'un tratto s'era veduto stretto da un impegno non ben ponderato avanti, e non aveva potuto più tirarsi indietro per nessuna ragione. La famiglia Salvo, se non aveva titoli nobiliari, era pur d'antico sangue; conveniente l'età della sposa; nulla in fondo da ridire su l'immagine che gli avevano mostrata di donna Adelaide in una fotografia; e poi la soddisfazione per la deferenza ai suoi principii politici e religiosi... Sì, sì; ma la memoria venerata di donna Teresa Montalto? e l'avvilimento per la coscienza della propria debolezza? Non aveva saputo resistere allo sgomento che gl'incuteva segretamente, da qualche tempo in qua, la solitudine, la sera, quando si chiudeva in camera e, guardandosi le mani, si dava a pensare che... sì, la morte è sempre accanto a tutti, bimbi, giovani, vecchi, invisibile, pronta a ghermire da un momento all'altro; ma allorché man mano si fa sempre più prossimo il limite segnato alla vita umana e già per tanti anni e tanto cammino si è sfuggiti comunque all'assalto di questa compagna invisibile, scema da un canto, grado grado, l'illusione d'un probabile scampo, e cresce dall'altro e s'impone il sentimento gelido e oscuro della tremenda necessità di incontrarla, di trovarsi a un tratto a tu per tu con essa, in quella strettura del tempo che avanza. E sentiva mancarsi il respiro; si sentiva stringer la gola da un'angoscia inesprimibile. Le sue mani gli facevano orrore. Soltanto le mani in lui, per ora, erano da vecchio: ingrossate le nocche, la pelle aggrinzita. Sì, le sue mani avevano cominciato a morire. Gli s'intorpidivano spesso. E non poteva più, la notte, stando a giacer supino sul letto, vedersele congiunte sul ventre. Ma quella era pure la sua positura naturale: doveva distendersi così per conciliare il sonno. Ebbene, no: si vedeva morto, con quelle mani fredde come di pietra sul ventre; e subito si scomponeva, prendeva un'altra positura, e smaniava a lungo.

Per questo aveva manifestato il desiderio d'un'intima compagnia; e il desiderio, ecco, si attuava; ma egli ne provava in segreto stizza e avvilimento. Gli pareva che questo suo desiderio avesse acquistato su lui una volontà che non era più la sua. Altri infatti lo aveva assunto e lo guidava e trascinava lui, che non poteva più opporsi: come il cavallo, che aveva dato la prima spinta a una vettura in discesa, ora dalla vettura stessa si sentiva premere e spingere suo malgrado.

– Nessuna risposta? – soggiunse Monsignore, per rompere subito il fosco silenzio in cui il principe s'era chiuso. – Bene, bene; tanto per sapere. Risponderà. Intanto... ecco: abbiamo parlato con Flaminio circa alla presentazione. Si può fare a Valsanìa, è vero? Donna Adelaide scenderà a visitar la nipote e la povera cognata; voi, di qua stesso, per lo stradone, senza toccar la città, vi recherete a visitare il fratello e i vostri ospiti. Va bene così? In settimana. Sceglierete voi il giorno.

— Subito, — disse il principe, riavendosi con una mossa energica. — Domani.

— Troppo presto... — osservò sorridendo Monsignore. — Bisognerà avvertire... dar tempo... Doman l'altro poi, no: è martedì. Le donne, sapete bene, badano a codeste cose. Sarà per mercoledì.

E si alzò, con stento e con riguardo per la sua molle rosea grassezza donnescamente curata, sospirando:

— *Bene eveniat!* Quel povero figliuolo... — soggiunse poi, alludendo al De Vincentis. — Si trovasse modo di tranquillarlo... Ne sarei proprio lieto... Mah!

A piè della scala monsignor Montoro trattenne il principe e, indicando la porta del *Museo* ove era il De Vincentis, disse piano:

— Non vi fate vedere. Lo saluterete dal terrazzo. Buona sera.

Il principe gli baciò la mano e risalì la scala. Poco dopo dal terrazzo s'inchinò al vescovo e salutò con la mano il De Vincentis che si scappellava, evidentemente senza scorgerlo. Rimase lì, seduto presso la balaustrata a guardar nella campagna l'ombra che man mano s'incupiva, la striscia rossastra del crepuscolo che diveniva livida e quasi fumosa sul cerulo mare lontano, su cui, laggiù in fondo, nereggiavano gli uliveti di Montelusa, a destra della lucida foce dell'Hypsas. In mezzo al cielo cominciava ad accendersi la falce della luna.

Don Ippolito guardò i Tempii che si raccoglievano austeri e solenni nell'ombra, e sentì una pena indefinita per quei superstiti d'un altro mondo e d'un'altra vita. Tra tanti insigni monumenti della città scomparsa solo ad essi era toccato in sorte di veder quegli anni lontani: vivi essi soli già, tra la rovina spaventevole della città; morti ora essi soli in mezzo a tanta vita d'alberi palpitanti, nel silenzio, di foglie e d'ali. Dal prossimo poggio di Tamburello pareva che movesse al tempio di Hera Lacinia, sospeso lassù, quasi a precipizio sul burrone dell'Akragas, una lunga e folta teoria d'antichi chiomati olivi; e uno era là, innanzi a tutti, curvo sul tronco ginocchiuto, come sopraffatto dalla maestà imminente delle sacre colonne; e forse pregava pace per quei clivi abbandonati, pace da quei Tempii, spettri d'un altro mondo e di ben altra vita.

Sonò a un tratto, nel bujo sopravvenuto, il chiurlo lontano d'un assiolo, come un singulto.

Don Ippolito si sentì stringere improvvisamente la gola da un nodo di pianto. Guardò le stelle che già sfavillavano nel cielo, e gli parve che al loro lucido tremolìo rispondesse dalle campagne deserte il tremulo canto sonoro dei grilli. Poi vide, oltre il burrone del fiume, a levante, vacillare il lume di quattro lanterne cieche sù per l'aspro greppo dello Sperone.

Era Sciaralla, che si arrampicava coi tre compagni per montar la vana guardia alla casermuccia lassù.

V

Appena il primo albore filtrò lieve attraverso le foglie coriacee del caprifico in fondo alla vigna, Mauro Mortara, che vi stava sotto, con le spalle appoggiate al tronco, aggrottò le ciglia, ritirò le braccia e stirò la schiena rugliando; poi s'allargò tutto in un lungo sbadiglio e si rilassò richiudendo gli occhi come a cercar di nuovo il tepido bujo del sonno; ma udì un gallo cantare da un'aja lontana, un altro da più lontano rispondere; udì un frullo d'ali vicino, e si riscosse. I tre mastini, accucciati sotto l'albero intorno a lui, lo guardavano con occhi umidi, intenti, salutandolo amorosamente con la coda. Ma il padrone li guatò, seccato che lo avessero veduto dormire; poi si guatò le gambe distese aperte, rigide, su la terra cretosa della vigna; si scrollò dalle spalle il cappotto d'albagio; si stropicciò gli occhi acquosi col dorso delle mani; cavò infine dalla sacca, pendula da un ramo, tre tozzi di pan secco e li buttò in bocca alle bestie; si tirò sù sù in piedi e, appeso il cappotto all'albero, lo schioppo alla spalla, si mosse ancor mezzo trasognato per la vigna.

Non gli riusciva più vegliar tutta la notte: guardingo, a una cert'ora, come se qualcuno se ne potesse accorgere, andava a rintanarsi sotto quel caprifico; per poco, diceva a se stesso; ma stentava a destarsi di giorno in giorno vieppiù. Le gambe non eran più quelle d'una volta; anche la forza del polso non era più quella.

Ah, la sua bella vigna! Forse il vino di quell'anno lo avrebbe ancora bevuto; ma quello dell'anno venturo? Diede una spallata, come per dire: « Oh, alla fin fine... », e tornò a sbadigliare a quella prima luce del giorno che pareva provasse pena a ridestare la terra alle fatiche; guardò la distesa vasta dei campi, da cui tardava a diradarsi l'ultimo velo d'ombra della notte; poi si voltò a guardare il mare, laggiù, d'un turchino fosco, vaporoso, di tra le agavi ispide e i pingui ceppi glauchi dei fichidindia, che sorgevano e si storcevano in quella scialba caligine. La luna calante, sorta tardi nella notte, era rimasta a mezzo cielo, sorpresa dal giorno, e già smoriva nella crudezza della prima luce. Qua e là nella campagna entro quel velo lieve di nebbiolina bianchiccia fumigavano i fornelli dove si bruciava il mallo delle mandorle, e quel fumichìo, nell'immobilità dell'aria, saliva dritto al cielo.

Tuttavia, da due giorni, Mauro Mortara era meno aggrondato. Guardava ancora in cagnesco la villa; ma poi, pensando che Flaminio Salvo ogni mattina, a quell'ora, se ne partiva in carrozza o per Girgenti o per Porto Empedocle, e che non vi ritornava se non a tarda sera, tirava un respiro di sollievo, come se la vista del cascinone gli diventasse più lieve, sapendo che colui non c'era. Vi rimanevano, sì, coi servi, la moglie e la figliuola; ma quella, una povera pazza, tranquilla e innocua; e questa... – pareva impossibile! – questa, quantunque figlia di quel « malo cristiano », non era cattiva, no, anzi...

E Mauro, senza volerlo, volse in giro uno sguardo per vedere se donna Dianella fosse già per la vigna.

In pochi giorni, da che era a Valsanìa, s'era rimessa quasi del tutto; si levava per tempo, ogni mattina; aspettava che il padre partisse con la carrozza, e veniva a raggiunger lui là per la vigna, e gli domandava tante cose della campagna: degli olivi, come si governano; dei gelsi, che a marzo colgono sangue di nuovo e, quando sono in amore, per gettare, son molli come una pasta; poi si fermava sotto l'ombrellone del pino solitario laggiù dove l'altipiano strapiomba sul mare, per assistere alla levata del sole dalle alture della Crocca, in fondo in fondo all'orizzonte, livide prima, poi man mano cerulee, aeree e quasi fragili. Il primo a indorarsi al sole, ogni mattina, era quel pino là, che si stagliava maestoso su l'azzurro aspro e denso del mare, su l'azzurro tenue e vano del cielo.

In pochi giorni Dianella aveva fatto il miracolo: l'orso era domato. L'aria del volto, la nobiltà gentile e pure altera del portamento, la dolcezza mesta dello sguardo e del sorriso, la soavità della voce avevano fatto il miracolo, pianamente, naturalmente, andando incontro e vincendo la ruvidezza ombrosa del vecchio selvaggio.

Parlando, a volte, ella aveva nella voce e negli sguardi certe improvvise opacità, come se, di tratto in tratto, l'anima le si partisse dietro qualche parola e le andasse lontano lontano, chi sa dove; smarrita, se tardava a ritornarle, domandava: – Che dicevamo? – e sorrideva, perché lei stessa non sapeva spiegarsi ciò che le era avvenuto. Spesso anche, a ogni minimo tocco rude della realtà, provava quasi un improvviso sgomento, o, piuttosto, l'impressione di un'ombra fredda che le si serrasse attorno, e aggrottava un po' le ciglia. Subito però cancellava con un altro dolce sorriso il gesto ombroso involontario, sgranando e ilarando gli occhi, rinfrancata.

« Perché mi si dovrebbe far male? » pareva dicesse a se stessa. « Non vado innanzi alla vita, fiduciosa e serena? »

La fiducia le raggiava da ogni atto, da ogni sguardo, e avvinceva. Anche quei tre mastini feroci del Mortara bisognava vedere che festa le facevano ogni volta! Si voltavano anch'essi, or l'uno or l'altro, a guardare verso la villa, come se l'aspettassero. E Mauro, per non allontanarsi troppo, s'indugiava a esaminare ora questo ora quel tralcio, i cui grappoli, tesori gelosamente custoditi, aveva già mostrati quasi a uno a uno a Dianella, gongolando accigliato alle lodi ch'ella gli profondeva tra vivaci esclamazioni di meraviglia:

– Uh, quanti qua!
– Carica, eh? E questo tralcio, guardate...
– Un albero... pare un albero!
– E qua, qua...
– Oh, più uva che pampini! E può sostenerla tant'uva, questa vite?
– Se non avrà male dal tempo...
– Che peccato sarebbe! E questa? – domandava, vedendo qualche vite atterrata. – È stato il vento? Ah, dev'essere ancora legata...

Oppure, più là:

– E questi? Vitigni selvaggi? Innesti nuovi, ho capito. Evviva, evviva... Ah, c'è pure compensi nella vita!

E nella voce pareva avesse la gioja dell'aria pura e del sole, quella stessa gioja che tremava nella gola delle allodole.

Per quel giorno Mauro le aveva promesso una visita al « camerone » del Generale: al « santuario della libertà ». Ma i cani, a un tratto, drizzarono le orecchie; poi l'uno dopo l'altro s'avventarono senza abbajare verso il sentieruolo sotto la vigna, sul ciglio del burrone.

– Don Ma'! Don Ma'! – chiamò poco dopo, di lì, una voce affannata.

Mauro la riconobbe per quella di Leonardo Costa, l'amico di Porto Empedocle; e chiamò a sé i cani.

– Te', *Scampirro*! Te', *Nèula*! Qua, *Turco*!

Ma i cani avevano riconosciuto anch'essi il Costa e s'erano fermati al limite della vigna, scodinzolandogli dall'alto.

Sopravvenne Mauro.

– Il principale? È partito? – gli domandò subito Leonardo Costa, trafelato, ansante.

Era un omaccione dalla barba e dai capelli rossi, crespi, la faccia cotta dal sole e gli occhi bruciati dalla polvere dello zolfo. Portava agli orecchi due cerchietti d'oro; in capo, un cappellaccio bianco tutto impolverato e macchiato di sudore. Veniva di corsa da Porto Empedocle, per la spiaggia, lungo la linea ferroviaria.

– Non so, – gli rispose Mauro, fosco.

– Per favore, date una voce di costà, che aspetti; debbo parlargli di cosa grave.

Mauro scosse il capo.

– Correte, farete a tempo... Che vi è avvenuto?

Leonardo Costa, riprendendo la corsa, gli gridò:

– Guaj! guaj grossi alle zolfare!

« Maledetto lui e le zolfare! » brontolò Mauro tra sé.

Flaminio Salvo scendeva la scala della villa per

montar su la vettura già pronta, quando Leonardo Costa sbucò dal sentieruolo a ponente, di tra gli olivi, gridando:

– Ferma! Ferma!

– Chi è? Cos'è? – domandò il Salvo, con un soprassalto.

– Bacio le mani a Vossignoria, – disse il Costa, togliendosi il cappellaccio e accostandosi senza più fiato e tutto grondante di sudore. – Non ne posso più... Volevo venire stanotte... ma poi...

– Ma poi? Che cos'è? che hai? – lo interruppe, brusco, il Salvo.

– Ad Aragona, a Comitini, tutti i solfaraj, sciopero! – annunziò il Costa.

Flaminio Salvo lo guardò con freddo cipiglio, lisciandosi le lunghe basette grige che, insieme con le lenti d'oro, gli davano una certa aria diplomatica, e disse, sprezzante:

– Questo lo sapevo.

– Sissignore. Ma jersera, sul tardi, – riprese il Costa, – è arrivata a Porto Empedocle gente da Aragona e ha raccontato che tutto jeri hanno fatto l'ira di Dio nel paese...

– I solfaraj?

– Sissignore: picconieri, carusi, calcheronaj, carrettieri, pesatori: tutti! Hanno finanche rotto il filo telegrafico. Dice che hanno assaltato la casa di mio figlio, e che Aurelio ha tenuto testa, come meglio ha potuto...

Flaminio Salvo, a questo punto, si voltò a spiare acutamente gli occhi di Dianella che s'era accostata alla vettura. Quello sguardo strano, rivolto alla figlia a mezzo del discorso, frastornò il Costa, il quale si voltò anche lui a guardare la « signorinella », com'egli la chiamava. Questa di pallida si fece vermiglia, poi subito pallida di nuovo.

– Dunque? – gridò Flaminio Salvo, con ira.

– Dunque, sissignore, – riprese il Costa, sconcertato. – Guajo grosso, non c'è soldati; il paese, nelle loro mani. Due carabinieri soli, il maresciallo e il delegato... Che possono fare?

– E che posso fare io di qua, me lo dici? – gridò il Salvo su le furie. – Tuo figlio Aurelio che cos'è? il signor ingegnere direttore, venuto dall'*École des Mines* di Parigi, che cos'è? Marionetta? Ha bisogno che gli tiri io il filo di qua, per farlo muovere?

– Ma nossignore, – disse Leonardo Costa, ritraendosi d'un passo, come se il Salvo lo avesse sferzato in faccia. – Può star sicuro Vossignoria che mio figlio Aurelio sa quello che deve fare. Testa e coraggio... non tocca a dirlo a me... ma di fronte a duemila uomini, tra solfaraj e carrettieri, mi dica Vossignoria... Del resto, il guajo è un altro, fuori del paese. Aurelio ha mandato ad avvertirmi jeri sera che quelli hanno catturato per lo stradone gli otto carri di carbone che andavano alle zolfare di Monte Diesi.

– Ah, sì? – fece il Salvo, sghignando.

– Vossignoria sa – seguitò il Costa – che il carbone lassù per le pompe dei cantieri è come il pane pei poverelli, e anche più necessario. Vossignoria va a Girgenti? Vada subito dal prefetto perché mandi soldati alla stazione d'Aragona, quanti più può, per fare scorta al carbone fino alle zolfare. Ci son sette vagoni pieni per rinnovare il deposito; i carrettieri sono in isciopero anch'essi; ma il carbone si potrà caricare su i muli e su gli asini, scortati dalla forza: ci metteranno più tempo, ma almeno si potrà scongiurare il pericolo che la zolfara grande, la *Cace*, Dio liberi, s'allaghi...

– E s'allaghi! s'allaghi! s'allaghi! – scattò, furente, Flaminio Salvo, levando le braccia. – Vada tutto alla malora! Non m'importa più di niente! Io chiudo, sai! e mando tutti a spasso, te, tuo figlio, tutti, dal primo all'ultimo, tutti! Caccia via! Andiamo! – ordinò al cocchiere.

La carrozza si mosse, e Flaminio Salvo partì senza neppur voltarsi a salutare la figlia.

Alla sfuriata insolita, don Cosmo s'era affacciato a una finestra della villa e donna Sara Alàimo s'era fatta sul pianerottolo della scala. L'uno e l'altra, e giù Dianella e il Costa rimasero come intronati. Il Costa alla fine si scosse, alzò il capo verso la finestra e salutò amaramente:

– Bacio le mani, si-don Cosmo! Ha ragione, lui: è il padrone! Ma per quel Dio messo in croce, creda pure, si-don Cosmo mio, creda, Signorinella: non sono prepotenze! La fame è fame, e quando non si può soddisfare...

Donna Sara dal pianerottolo scrollò il capo incuffiato, con gli occhi al cielo.

– Mangia il Governo, – seguitò il Costa, – mangia la Provincia; mangia il Comune e il capo e il sottocapo e il direttore e l'ingegnere e il sorvegliante... Che può avanzare per chi sta sotto terra e sotto di tutti e deve portar tutti sulle spalle e resta schiacciato?... Ah Dio! Sono un miserabile, un ignorante sono; e va bene: mi pesti pure sotto i piedi finché vuole. Ma mio figlio, no! mio figlio non me lo deve toccare! Gli dobbiamo tutto, è vero; ma anche lui, se è ancora lì, padrone mio riverito, che mi può anche schiaffeggiare, ché da lui mi piglio tutto e gli bacio anzi le mani; se ancora è lì che comanda e si gode le sue belle ricchezze, lo deve pure a mio figlio, lo deve: lei lo sa, Signorinella, e fors'anche lei, si-don Cosmo... siamo giusti!

– Già, già, – sospirò il Laurentano dalla finestra, – l'affare delle zucche...

– Che zucche? – domandò, incuriosita, donna Sara Alàimo.

– Ma! – fece il Costa. – Ve lo farete raccontare

qualche volta dalla Signorinella qua, che conosce bene mio figlio, perché son cresciuti insieme, anche con quell'altro ragazzo, suo fratellino, che il Signore volle per sé e fu una rovina per tutti. La povera signora, là, che me la ricordo io, bella, un occhio di sole! ci perdette la ragione; e lui, povero galantuomo... chi ha figli lo compatisce...

Dianella, col cuore gonfio per la durezza del padre, a questo ricordo non poté più reggere e, per nascondere il turbamento, prese il sentieruolo per cui il Costa era venuto, e sparve tra gli olivi.

Subito donna Sara, poi anche don Cosmo invitarono il Costa ad andar sù, per farlo rimettere un po' dalla corsa e non lasciarlo così sudato alla brezza del mattino. Donna Sara avrebbe voluto far di più: offrirgli una tazzina di caffè; ma per non perdere una parola del discorso fitto fitto che il Costa aveva attaccato subito con don Cosmo sul Salvo, ora che la figliuola non poteva più sentirlo, finse di non pensarci.

– Ci conosciamo, santo Dio, ci conosciamo, si-don Co'! Che era lui, alla fin fine? Io, sì, coi piedi scalzi, ho portato in collo, lo dico e me ne vanto; in collo lo zolfo e il carbone, dalla spiaggia alle spigonare. Il latino come dice? *Necessitas non abita legge*. Sissignore; e sono stato stivatore, e me ne vanto, misero staderante agl'imbarchi per la dogana, e me ne vanto. Lui, però, che cos'era? Di nobile casato, sissignore; ma un sensaluccio era, che veniva da Girgenti a Porto Empedocle, tutto impolverato per lo stradone della Spinasanta, perché non aveva neanche da pagarsi la carrozza o d'affittarsi un asinello, allora che la ferrovia non c'era. E i primi pìccioli, come li fece? Lo sa Dio e tanti lo sanno, tra i morti e i morti. Poi prese l'appalto delle prime ferrovie, insieme col cognato che ora sta a Roma, signor ingegnere, banchiere, commendatore, don Francesco Vella, che conosciamo anche lui...

– Ah, – fece donna Sara, – ha un'altra sorella, lui?

– Come no? – rispose il Costa, sospendendo gli inchini con cui aveva accompagnato ogni titolo del Vella, – donna Rosa, maggiore di tutti, moglie del – (e s'inchinò ancora una volta) – commendatore Francesco Vella, pezzo grosso dell'Amministrazione delle ferrovie adesso. La linea qua, da Girgenti a Porto Empedocle, non la fece lui? Balla comare, che fortuna suona![24] Centinaja di migliaja di lire, sorella mia; denari a cappellate, come fossero stati rena... Due ponti e quattro gallerie... Allunga là un gomito; taglia qua a scarpa... Poi altre imprese di linee... Tutta la ricchezza gli è venuta di là, dico bene, si-don Co'? Ci conosciamo!

– E le zucche? le zucche? – tornò a domandare donna Sara.

Bisognò che il Costa gliela narrasse per minuto, quella famosa storia delle zucche; e donna Sara lo compensò con le più vivaci esclamazioni di stupore, di raccapriccio, d'ammirazione del vocabolario paesano, battendo di tratto in tratto le mani, per scuotere don Cosmo, il quale, conoscendo la storia, era ricaduto nel suo solito letargo filosofico. Si scosse alla fine, ma senza aprir gli occhi; pose una mano avanti, disse:

– Però...

– Ah, sì! – riattaccò subito con enfasi il Costa, battendosi le due manacce sul petto. – In coscienza, un'anima sola abbiamo, davanti a Dio, e debbo dire la verità. Ma mio figlio, oh, si-don Cosmo – (e il Costa levò una mano con l'indice e il pollice giunti, in atto di pesare) – tutti i figli saranno figli, ma quello! cima! diritto come una bandiera! in tutte le scuole, il primo! Appena laureato, subito il concorso per la borsa di studio all'estero... Erano, sorella mia, più di quattrocento giovani ingegneri d'ogni parte d'Italia: tutti sotto, tutti sotto se li mise! E mi stette fuori quatt'anni, a Parigi, a Londra, nel Belgio, in Austria. Appena tornato a Roma, senza neanche farlo fiatare, il Governo gli diede il posto nel Corpo degli ingegneri minerarii, e lo mandò in Sardegna, a Iglesias, dove ci fece un lavoro tutto colorato su una montagna... Sarrubbas... non so... ah, Sarrabus, già, dico bene, Sarrabus (parlano turco, in Sardegna), un lavoro che fa restare, sorella mia, allocchiti. Ci stette poco, un anno, poco più, perché una Società francese, di quelle che... i marenghi, a sacchi... vedendo quella carta, rimase a bocca aperta. Non lo dico perché è figlio mio; ma quanti ingegneri c'è, qua e fuorivia? se li mette in tasca tutti! Basta. Questa Società francese, dice, qua c'è la cassa, figlio mio, tutto quello che volete. Aurelio, tra il sì e il no, d'accettare, venne qua in permesso – saranno sei o sette mesi – per consigliarsi con me e col principale, suo benefattore, ch'egli rispetta come suo secondo padre e fa bene! Il principale stesso gli sconsigliò d'accettare, perché lo volle per sé, capite? per badare alle sue zolfare d'Aragona e Comitini. Noi diciamo: il poco mi basta, l'assai mi soverchia... Accettò, ma ci scàpita, parola d'onore! E con tutto questo, ora... ora è marionetta, l'avete inteso?... Cristo sacrato!

Leonardo Costa levò un braccio, si alzò, sbuffò per il naso, scrollando il capo, e prese dalla sedia il cappellaccio bianco. Doveva andar via subito; ma ogni qual volta si metteva a parlare di quel suo figliuolo, lustro, colonna d'oro della sua casa, non la smetteva più.

– Bacio le mani, si-don Cosmo, mi lasci scappare. Donna Sara, servo vostro umilissimo.

– Oh, e aspettate! – esclamò questa, fingendo di ricordarsi, ora che il discorso era finito. – Un sorsellino di caffè...

– No no, grazie – si schermì il Costa. – Ho tanta fretta!

– Cinque minuti! – fece donna Sara, levando le mani a un gesto che voleva dire: « Non casca il mondo! ».

E s'avviò. Ma il Costa, sedendo di nuovo, sospirò, rivolto a don Còsmo:

– C'è una mala femmina, si-don Co', una mala femmina che da qualche tempo a questa parte mette male tra mio figlio e don Flaminio; io lo so!

E donna Sara non poté più varcare la soglia: si voltò, strizzò gli occhi, arricciò il naso e chiese con una mossettina del capo: – Chi è?

– Non mi fate sparlare ancora, donna Sara mia! – sbuffò il Costa. – Ho parlato già troppo!

Ma, tanto, donna Sara Alàimo aveva già compreso di quale mala femmina egli intendesse parlare, e uscì, esclamando con le mani per aria:

– Che mondo! che mondo!

Dianella non s'affrettò quella mattina a raggiungere Mauro alla vigna. Quello sguardo duro del padre nell'ira, mentre il Costa parlava del pericolo da cui il figlio era minacciato in Aragona, le aveva in un baleno richiamato alla memoria un altro sguardo di lui, di tanti anni addietro, quando il fratellino era morto e la madre impazzita.

Aveva undici anni, lei, allora.

E più della morte del fratello, più della sciagura orrenda della madre le era rimasta indelebile nell'anima l'impressione di quello sguardo d'odio che a lei – ragazzetta ancor quasi ignara, incerta e smarrita tra i giuochi e la pena – aveva lanciato il padre, nel cordoglio rabbioso:

« *Non potevi morir tu invece?* » le aveva detto chiaramente quello sguardo.

Così. Proprio così. E Dianella comprendeva bene

adesso perché il padre non avrebbe esitato un momento a dar la vita di lei in cambio di quella del fratello.

Tutte le cure e l'affetto e le carezze e i doni, di cui egli l'aveva poi colmata, non erano più valsi a scioglierle dal fondo dell'anima il gelo, in cui quello sguardo s'era quasi rappreso e indurito. Spesso se n'adontava con se stessa, sentendo che il calore dell'affetto paterno non riusciva più a penetrare in lei, quasi respinto istintivamente da quel gelo.

Per qual ragione seguitava egli ormai a lavorare con tanto accanimento? ad accumulare tanta ricchezza? Non per lei, certamente; sì per un bisogno spontaneo, prepotente, della sua stessa natura; per dominare su tutti; per esser temuto e rispettato; o fors'anche per stordirsi negli affari o per prendersi a suo modo una rivincita su la sorte che lo aveva colpito. Ma in certi momenti d'ira (come dianzi), o di stanchezza o di sfiducia, lasciava pur vedere apertamente che tutte le sue imprese e i suoi sforzi e la sua vita stessa non avevano più scopo per lui, perduto l'erede del nome, colui che sarebbe stato il continuatore della sua potenza e della sua fortuna.

Da un pezzo, convinta di questo, Dianella, pur non sapendo neanche immaginare la propria vita priva di tutto quel fasto che la circondava, aveva cominciato a sentire un segreto dispetto per quella ricchezza del padre, di cui un giorno (il più lontano possibile!) ella sarebbe stata l'unica erede, per forza e senza alcuna soddisfazione per lei. Quante volte, nel vederlo stanco e irato, non avrebbe voluto gridargli: « Basta! Lascia! Perché la accresci ancora, se dev'esser poi questa la fine? ». E altro ancora, ben altro avrebbe voluto gridargli, se con l'anima avesse potuto arrivare all'anima del padre, senza che le labbra si movessero e udissero gli orecchi.

Da quanto aveva potuto intendere col finissimo

intuito e penetrare con quegli occhi silenziosamente vigili e da certi discorsi colti a volo senza volerlo, aveva già coscienza che la ricchezza del padre, se non al tutto male acquistata, aveva pur fatto molte vittime in paese. Crudele con lui la sorte, crudele la rivincita che si prendeva su essa. Voleva tutto per sé, tutto in suo pugno: zolfare e terre e opificii, il commercio e l'industria dell'intera provincia. Ora perché gravare su le esili spalle di lei – figlia... sì, amata, ma non prediletta, quantunque rimasta sola – il fardello di tutte quelle ricchezze, che molti forse maledicevano in segreto e che certo non le avrebbero portato fortuna? Eppure s'era illusa, fino a poco tempo fa, che il padre l'avrebbe lasciata libera nella scelta; che anzi egli stesso la avesse ajutata a scegliere, beneficiando colui che, da ragazzo, gli aveva salvato la vita. Bruno, come fuso nel bronzo, coi capelli ricci, neri, e gli occhi fermi e serii, Aurelio Costa le era apparso la prima volta, a tredici anni; era stato poi per tanto tempo suo compagno di giuoco, suo e del fratellino. Tutt'e tre, ragazzi, non capivano allora che differenza fosse tra loro. Alla morte del fratellino però, Aurelio era man mano divenuto con lei sempre più timido e circospetto; non aveva più voluto giocare come prima; era cresciuto tanto; gli s'era alterata la voce; s'era messo a studiare, a studiare; e lei, che allora non aveva più di dodici anni, s'era contentata d'assistere zitta zitta al suo studio, fingendo di studiare anche lei; ogni tanto, in punta di piedi, andava a tiragli un ricciolo sulla nuca. A diciott'anni Aurelio era poi partito per iscriversi all'Università di Palermo nella facoltà d'ingegneria. Senza più lui, la casa per tanti mesi era rimasta per lei come vuota; aveva l'impressione di quella sua prima solitudine, come se avesse passato tutto un inverno interminabile con la fronte appoggiata ai vetri d'una finestra su cui le gocce della pioggia scorrevano come lagrime, su cui qualche mosca superstite, morta di freddo, rimaneva attaccata e lei con un dito, toccandola appena, la faceva cadere. Forse da allora la sua fronte, per il contatto di quei vetri gelati, le era rimasta così come fasciata di gelo. Ma che esultanza poi al ritorno di lui, finito l'anno scolastico! Era stata così vivace e piena di giubilo quella festa, che il padre, appena andato via Aurelio, se l'era chiamata in disparte e pian piano, con garbo, carezzandole i capelli, le aveva lasciato intendere che sarebbe stato bene frenarsi, perché era ormai un giovanotto quel suo antico compagno di giuoco, a cui non bisognava più dare del tu. Senza saperne bene il perché s'era fatta di bragia: oh Dio, e come allora, del lei? non era più lo stesso Aurelio? No, non era più lo stesso Aurelio, neanche per lei; e se n'era accorta sempre di più di anno in anno ai ritorni di lui, finché all'ultimo, presa la laurea, egli aveva manifestato l'intenzione di concorrere a una borsa di studio all'estero. Lui, proprio lui non era più lo stesso; perché lei, invece... sì, con la bocca, *signor Aurelio*, ma con gli occhi seguitava a dargli del tu. Prima di partire per Parigi, era venuto a ringraziare il suo benefattore, a giurargli eterna gratitudine; a lei non aveva saputo quasi dir nulla, quasi non aveva osato guardarla, fors'anche non s'era accorto né del pallore del volto né del tremito della mano di lei. E tuttavia non s'era perduta; aveva fatto anzi tanto più certo in sé il suo sentimento, quanto più incerta era rimasta sul conto di lui. Era sicura, superstiziosamente, ch'egli le fosse destinato. Dopo la partenza, più volte aveva sentito il padre parlare del valore eccezionale di quel giovine e dello splendido avvenire che avrebbe avuto, e lodarsi di quanto aveva fatto per lui, di averlo trattato come un figliuolo. Naturalmente questi discorsi le avevano ravvivato sempre più nel cuore il fuoco segreto e sempre più acceso la speranza che il padre, avendo perduto l'unico figliuolo, e avendo quasi creato lui quest'altro al quale pur doveva la vita, avrebbe preferito che a lui, anziché a un altro più *estraneo*, andassero un giorno le ricchezze e la figlia. S'era maggiormente raffermata in questa speranza pochi mesi fa, quando Aurelio, ritornato dalla Sardegna, era stato assunto dal padre alla direzione delle zolfare. Non lo aveva più riveduto dal giorno della partenza per Parigi. Oppressa, tra il vano fasto, dalla vita meschina di Girgenti, vecchia città, non zotica veramente, ma attediata nel vuoto desolato dei lunghi giorni tutti uguali, sempre con quel giro di visite delle tre o quattro famiglie conoscenti che gareggiavano d'affetto e di confidenza verso di lei, ch'era come la reginetta del paese, fra le spiritosaggini solite dei soliti giovanotti eleganti, anneghittiti immelensiti nella povera e ristretta vita provinciale, s'era riscossa alla vista di lui così maschio e padrone di sé. La gioja di rivederlo le s'era però d'un subito offuscata al sopravvenire di Nicoletta Spoto, da un anno appena moglie del Capolino. Aveva notato uno strano imbarazzo, un vivo turbamento tanto in costei quanto in Aurelio, allorché questi, introdotto nel salone, s'era inchinato a salutare. Poi, appena il padre aveva condotto via con sé nello studio Aurelio, la Capolino, rifiatando, aveva narrato con focosa vivacità a lei e alla zia Adelaide, che quel poveretto lì, tutto impacciato, aveva nientemeno osato di mandare a chiederla in isposa, subito dopo ottenuto il posto d'ingegnere governativo in Sardegna, ricordandosi forse di qualche occhiatina scambiata tanti e tanti anni addietro, quand'egli era ancora studentello all'Istituto. Figurarsi che orrore aveva provato lei, Lellè Spoto, a una tal richiesta, e come s'era affrettata a rifiutare, tanto più che già erano avviate le prime pratiche per il matrimonio con Ignazio Capolino. S'era sentita voltare il cuore in petto a questa notizia inattesa; s'era fatta certo di mille colori e certo s'era tradita con quella donna, di cui già conosceva la relazione segreta e illecita col padre. Non le aveva detto nulla; ma quando Aurelio, dopo la lunga udienza, era ritornato in salone, lei, tutta accesa in volto lo aveva accolto apposta con premure esagerate, ricordandogli i giorni passati insieme, i giuochi, le confidenze. E più volte, con gioja, aveva veduto colei mordersi il labbro e impallidire. Dianella sperava che Aurelio, almeno quella volta, avesse compreso. Lo aveva subito scusato in cuor suo del tradimento, di cui non poteva aver coscienza, non credendo di poter ardire di alzar gli occhi fino a lei; ma... intanto, ah! proprio a quella donna lì, sotto ogni riguardo indegna di lui, era andato a pensare! E il rifiuto di quella donna le era sembrato quasi un'offesa diretta anche a lei. Però, ecco, egli era stato a Parigi; la vivacità, la capricciosa disinvoltura di Nicoletta Spoto avevano forse acquistato allora un gran pregio agli occhi di lui, ricordandogli probabilmente le donne conosciute e ammirate colà. D'umilissimi natali, aveva creduto forse di fare un gran salto imparentandosi con una famiglia come quella della Spoto, molto ricca un giorno, ora decaduta, ma tuttavia tra le più cospicue del paese. Costei ora, certo, avvalendosi del potere che aveva sul padre, si vendicava dell'affronto patito quella volta. Anche lei, Dianella, aveva notato che da qualche tempo il padre non si mostrava più contento di Aurelio; e che da alcune sere lì, nella villa, parlando con don Cosmo Laurentano, insisteva su certe domande che le davano da pensare. Segretamente, lei disapprovava quelle nozze strane della zia col principe don Ippolito, ne aveva quasi onta, sospettando nel padre un pensiero nascosto: che cioè si volesse servire di quelle nozze non certo onorevoli per introdursi nella casa dei Laurentano e attrarre a sé a poco a poco anche le sostanze di questa. Da alcune sere, a cena, il discorso di don Cosmo cadeva, insistente, sul figlio del principe, su Lando Laurentano, che viveva a Roma. Perché?

Assorta in questi pensieri, Dianella s'era seduta sotto un olivo sul ciglio del profondo burrone e guardava la dirupata costa dirimpetto, dove pascolava una greggiola di capre scesa dalle terre di Platanìa. Il giorno dopo l'arrivo in quella campagna, s'era sentita quasi rinascere. L'aria di selvatica rustichezza, che la vecchia villa aveva preso nell'abbandono; la malinconia profonda che da quell'abbandono pareva si fosse diffusa tutt'intorno, nei viali, nei sentieri solinghi, quasi scomparsi sotto le borracine e le tignàmiche, ove l'aria – fresca dell'ombra degli olivi e dei mandorli o delle alte spalliere di fichidindia – era satura di fragranze, amare di prugnole, dense e acute di mentastri e di salvie; e quell'ampio burrone precipite; e la chiara e gaja vicinanza del mare; e quegli alberi antichi, non curati, irti di polloni selvaggi, sognanti nel silenzio della solitudine immensa, si accordavano soavemente con l'animo in cui ella si trovava. Ora, invece, quei discorsi del padre... l'ira contro Aurelio... e quello sciopero di solfaraj ad Aragona... le minacce... E lei, lì sola, senza nessuno veramente con cui vôtarsi il cuore... Aver la madre e non potersi rivolgere a lei, e vedersela davanti, peggio che morta – viva e vana... Lustreggiava per un tratto, tra i culmi radi delle canne in fondo al burrone un ruscelletto che a un certo punto era stato tagliato dai lavori di presa per la linea ferroviaria. Vi fissò gli occhi e le sorse allora spontanea l'immagine che lei fosse rimasta

appunto come un ruscello a cui una mano ignota
per malvagio capriccio avesse traviato la vena presso
la fonte con irti e gravi sassi; e l'acqua di là si
fosse sparsa stagnante, e di qua il ruscello si fosse
raddensato in rena e in ciottoli. Ah, che sete inestinguibile le era rimasta dell'amore materno! Ma s'appressava alla madre, e questa non la riconosceva
per figlia. Il dolore di lei così vicino e urgente non si
ripercoteva per nulla in quella coscienza spenta.

— Vittoria Vivona d'Alessandria della Rocca, —
diceva la madre di se stessa, con voce che pareva
arrivasse di lontano. — Bella figlia! bella figlia!
Aveva una treccia di capelli che non finiva mai;
tre donne gliela pettinavano... Cantava e sonava.
Sonava anche l'organo in chiesa, a Santa Maria dell'Udienza, e gli angioletti stavano a sentirla, in ginocchio e a mani giunte, così... Doveva sposare un
riccone di Girgenti; le venne un mal di capo, e
morì...

Dianella non poté più frenare le lagrime e si mise a
piangere silenziosamente, con amara voluttà in quella
solitudine. Ma il silenzio attorno era così attonito,
e così intenso e immemore il trasognamento della
terra e di tutte le cose, che a poco a poco se ne sentì
attratta e affascinata. Le parvero allora gravati da
una tristezza infinita e rassegnata quegli alberi assorti
nel loro sogno perenne, da cui invano il vento cercava di scuoterli. Percepì, in quella intimità misteriosa con la natura, il brulichìo delle foglie, il ronzìo
degli insetti; e non sentì più di vivere per sé; visse
per un istante quasi incosciente, con la terra, come
se l'anima le si fosse diffusa e confusa in tutte le
cose della campagna. Ah, che freschezza d'infanzia nell'erbetta che le sorgeva accanto! e come appariva rosea la sua mano sul tenero verde di quelle foglie! oh, ecco un maggiolino sperduto, fuor di
stagione, che le scorreva su la mano... Com'era bel-

lo! piccolo e lucido più d'una gemma! E poteva dunque la terra, tra tante cose brutte e tristi, produrne pure di così gentili e graziose?

Trascorse, quasi in risposta, su quelle foglie, su la sua mano come un lieve e fresco alito di gioja. Dianella trasse un sospiro e aspettò con la mano su l'erba che l'insetto ritrovasse la sua via tra le foglie, poi si scosse di soprassalto all'arrivo festoso improvviso dei tre mastini che le si fecero attorno, anzi sopra, impazienti, scostandosi l'un l'altro, per aver sul capo la carezza delle sue mani. E non la lasciavano alzare. Alla fine sopraggiunse Mauro Mortara.

– Vi siete sentita male? – le domandò, cupo, senza guardarla.

– No... niente... – gli rispose, schermendosi con le braccia dalle piote e dalle linguate dei cani, e sorridendo mestamente. – Un po' stanca...

– Qua! – gridò forte Mauro ai tre mastini, perché la lasciassero in pace.

E subito quelli restarono, come impietriti dal grido. Dianella sorse in piedi e si chinò a carezzarli di nuovo, in compenso della sgridata.

– Poverini... poverini...

– Se volete venire... – propose Mauro.

– Eccomi. A veder la stanza del Generale? Ho tanta curiosità...

Era impacciata nel parlargli, non sapendo ancor bene se dargli del voi o del tu.

– Vostro padre è partito?

– Sì, sì, – s'affrettò a rispondergli; e subito si pentì della fretta che poteva dimostrare in lei quel sollievo stesso che provavano tutti quando il padre era assente. – Ad Aragona, – disse – si sono ribellati i solfaraj. Bisognerà mandarci soldati e carabinieri.

– Piombo! piombo! – approvò Mauro subito,

scotendo energicamente il capo. – Sbirro, vi giuro, andrei a farmi, vecchio come sono!

– Forse... – si provò a dire Dianella.

Ma il Mortara la interruppe con una sua abituale esclamazione:

– Oh Marasantissima, lasciatevi servire!

Non ammetteva repliche, Mauro Mortara. Nelle sue perpetue ruminazioni vagabonde tra la solitudine della campagna, s'era a modo suo sistemato il mondo, e ci camminava dentro, sicuro, da padreterno, lisciandosi la lunga barba bianca e sorridendo con gli occhi alle spiegazioni soddisfacenti che aveva saputo darsi d'ogni cosa. Tutto ciò che accadeva, doveva rientrar nelle regole di quel suo mondo. Se qualche cosa non poteva entrarci, egli la tagliava fuori, senz'altro, o fingeva di non accorgersene. Guaj a contraddirlo!

– Oh Marasantissima, lasciatevi servire! Che pretendono? Voglio sapere che pretendono! Dobbiamo tutti ubbidire, dal primo all'ultimo, tutti, e ognuno stare al suo posto, e guardare alla comunità! Perché questi pezzi di galera, figli di cane ingrati e sconoscenti, debbono guastare a noi vecchi la soddisfazione di vedere questa comunità, l'Italia, divenuta per opera nostra quella che è? Che ne sanno, di cos'era prima l'Italia? Hanno trovato la tavola apparecchiata, la pappa scodellata, e ora ci sputano sopra, capite? Intanto, guardate: Tunisi è là!

Si voltò verso il mare e col braccio teso indicò, fosco, un punto nell'orizzonte lontano. Dianella si volse a guardare, senza comprendere come c'entrasse Tunisi. Ella lo lasciava dire e non l'interrompeva mai, se non per approvare tutti quegli sproloquii patriottici ch'egli le faceva.

– È là! – ripeté Mauro fieramente. – E ci sono i Francesi là, che ce l'hanno presa a tradimento! E domani possiamo averli qua, in casa nostra, capite?

Vi giuro che non ci dormo, certe notti, e mi mordo le mani dalla rabbia! E invece d'impensierirsi di questo, quei mascalzoni là pensano a fare scioperi, ad azzuffarsi tra loro! Tutta opera dei preti, sapete? Cima di birbanti! schiuma d'ogni vizio! abissi di malizia! Soffiano nel fuoco, sotto sotto, per smembrare di nuovo l'Italia... I Sanfedisti![25] i Sanfedisti! Io debbo guardarmi davanti e dietro, perché me l'hanno giurata e mi contano i passi. Ma con me le spese ci perdono... Guardate qua!

E mostrò a Dianella i due pistoloni napoletani che gli pendevano dalla cintola.

Quella visita alla famosa stanza del Generale, detta per antonomasia il *Camerone*, era una grazia veramente particolare concessa a Dianella. Mauro Mortara, che ne teneva la chiave, non vi lasciava entrar mai nessuno. E non l'uscio soltanto, ma anche le persiane dei due terrazzini e della finestra stavano sempre chiuse, quasi che l'aria e la luce, entrandovi apertamente, potessero fugare i ricordi raccolti e custoditi con tanta gelosa venerazione.

Certo, dopo la partenza del vecchio principe per l'esilio, uscio e finestre erano stati spalancati chi sa quante volte; ma il Mortara, da che era ritornato a Valsanìa, aveva tenute almeno le persiane sempre chiuse così, e aveva l'illusione che così appunto fossero rimaste da allora, sempre, e che però quelle pareti serbassero ancora il respiro del Generale, l'aria di quel tempo.

Questa illusione era sostenuta dalla vista della suppellettile rimasta intatta, tranne la lettiera d'ottone a baldacchino, che non aveva più né materasse, né tavole, né l'ampio parato a padiglione.

Quella penombra era così propizia alla rievocazione dei lontani ricordi!

Mauro, ogni volta, girava un po' per la stanza; si

fermava innanzi a questo o a quel mobile decrepito, dall'impiallacciatura gonfia e crepacchiata qua e là; poi andava a sedere sul divano imbottito d'una stoffa verde, ora ingiallita, con due rulli alla base di ciascuna testata, e lì, con gli occhi socchiusi, lisciandosi con la piccola mano tozza e vigorosa la lunga barba bianca, pensava, e più spesso ricordava, assorto, come in chiesa un divoto nella preghiera.

Non lo disturbavano neppure i topi che facevano talvolta una gazzarra indiavolata sul terrazzo di sopra, il cui piano, per impedire che il soffitto del *camerone* rovinasse, s'era dovuto ricoprire di lastre di bandone. Il rimedio era giovato poco e per poco tempo; le lastre di bandone s'erano staccate e accartocciate al sole, con molta soddisfazione dei topi che, rincorrendosi, vi s'appiattavano; e il soffitto già s'era aggobbato, gocciava d'inverno per due o tre stillicidii, e le pareti serbavano, anche d'estate, due larghe chiose d'umido, grommose di muffa. Don Cosmo non se ne dava pensiero: non entrava quasi mai nel camerone; Mauro non voleva che si riattasse: poco più gli restava da vivere e voleva che tutto lì rimanesse com'era; sapeva che, morto lui, nessuno si sarebbe preso più cura di custodire quel « santuario della libertà »; e il soffitto allora poteva anche crollare o essere riattato. Intanto, ogni anno, al sopravvenire dell'autunno, egli si recava sul terrazzo a rassettare e fissar le lastre di bandone con grosse pietre, e sul pavimento del *camerone* collocava concole e concoline sotto gli stillicidii. Le gocce vi piombavan sonore, ad una ad una; e quel *tin-tan* cadenzato pareva gli conciliasse il raccoglimento.

Dianella, entrando, ebbe subito come un urto dalla vista inattesa d'una belva imbalsamata che, nella penombra, pareva viva, là, nella parete di fronte,

presso l'angolo, con la coda bassa e la testa volta da
un lato, felinamente.

— Che paura! — esclamò, levando le mani verso il
volto e sorridendo d'un riso nervoso. — Non me
l'aspettavo... Che è?

— Leopardo.

— Bello!

E Dianella abbassò una mano a carezzare quel
pelame variegato; ma subito la ritrasse tutta impolverata, e notò che alla belva mancava uno degli occhi
di vetro, il sinistro.

— Un altro, compagno a questo, — riprese Mauro —
l'ho regalato al Museo dell'Istituto, a Girgenti. Non
l'avete mai veduto? C'è una vetrina mia, nel Museo.
Accanto al leopardo, una jena, bella grossa, e, sopra,
un'aquila imperiale. Su la vetrina sta scritto: *Cacciati, imbalsamati e donati da Mauro Mortara*. Gnorsì.
Ma venite qua, prima. Voglio farvi vedere un'altra
cosa.

La condusse davanti al vecchio divano sgangherato.

Appese alla parete, sopra il divano, eran quattro
medaglie, due d'argento, due di bronzo, fisse in una
targhetta di velluto rosso ragnato e scolorito. Sopra
la targhetta era una lettera, chiusa in cornice, scritta
di minutissimo carattere in un foglietto cilestrino,
sbiadito.

— Ah, le medaglie! — esclamò Dianella.

— No, — disse Mauro, turbato, con gli occhi chiusi.
— La lettera. Leggete la lettera.

Dianella s'accostò di più al divano e lesse prima la
firma: GERLANDO LAURENTANO.

— Del Generale?

Mauro, ancora con gli occhi chiusi, accennò di
sì col capo, gravemente.

E Dianella lesse:

Amici,

Le notizie di Francia, il colpo di Stato di Luigi Napoleone recheranno certamente una grave e lunga sosta al movimento per la nostra santa causa e ritarderanno, chi sa fino a quando, il nostro ritorno in Sicilia.

Vecchio come sono, non so né posso più sopportare il peso di questa vita d'esilio.

Penso che non sarò più in grado di prestare il mio braccio alla Patria, quand'essa, meglio maturati li eventi, ne avrà bisogno. Viene meno pertanto la ragione di trascinare così un'esistenza incresciosa a me, dannosa a' miei figli.

Voi, più giovani, questa ragione avete ancora, epperò vivete per essa e ricordatevi qualche volta con affetto del vostro

Gerlando Laurentano

Dianella si volse a guardare il Mortara che, tutto ristretto in sé, con gli occhi ora strizzati, il volto contratto e una mano su la bocca, si sforzava di soffocare nel barbone abbatuffolato i singhiozzi irrompenti.

— Non la rileggevo più da anni, — mormorò quando poté parlare.

Tentennò a lungo la testa, poi prese a dire:

— Mi fece questo tradimento. Scrisse la lettera e si vestì di tutto punto, come dovesse andare a una festa da ballo. Ero in cucina; mi chiamò. «Questa lettera a Mariano Gioèni, a La Valletta.» C'erano a La Valletta gli altri esiliati siciliani, ch'erano stati tutti qua, in questa camera, prima del Quarantotto, al tempo della cospirazione. Mi pare di vederli ancora: don Giovanni Ricci-Gramitto,[26] il poeta; don Mariano Gioèni e suo fratello don Francesco; don Francesco De Luca; don Gerlando Bianchini; don Vincenzo Barresi: tutti qua; e io sotto a far la guardia. Basta! Portai la lettera... Come avrei potuto supporre? Quando ritornai a Burmula, lo trovai morto.

— S'era ucciso? — domandò, intimidita, Dianella.

— Col veleno, — rispose Mauro. — Non aveva fatto neanche in tempo a tirare sul letto l'altra gamba. Come era bello! Conoscete don Ippolito? Più bello. Diritto, con un pajo d'occhi che fulminavano: un San Giorgio! Anche da vecchio, innamorava le donne.

Richiuse gli occhi e a bassa voce recitò la chiusa della lettera, che sapeva a memoria:

— *Voi, più giovani, questa ragione avete ancora, epperò vivete per essa e ricordatevi qualche volta con affetto del vostro Gerlando Laurentano.* Vedete? E vissi io, come lui volle. E qua, sotto la lettera, che mi feci restituire da don Mariano Gioèni, ho voluto appendere, come in risposta, le mie medaglie. Ma prima di guadagnarmele! Sedete, qua; non vi stancate...

Dianella sedette sul vecchio divano. In quel punto, donna Sara Alàimo, sentendo parlare nel *camerone* e vedendo insolitamente l'uscio socchiuso, sporse il capo incuffiato a guardare.

— Che volete voi qua? — saltò su Mauro Mortara, come avrebbe fatto, se vivo, quel leopardo. — Qua non c'è nulla per voi!

— Puh! — fece donna Sara, ritraendo subito il capo. — E chi vi tocca?

Mauro corse a sprangar l'uscio.

— La strozzerei! Non la posso soffrire, non la posso vedere, questa spïaccia dei preti! S'arrischia anche a ficcare il naso qua dentro, ora? Non l'aveva mai fatto! La tengono qua i preti, sapete? approfittandosi di quel babbeo di don Cosmo. I Sanfedisti, i Sanfedisti...

— Ma ci sono ancora davvero codesti Sanfedisti? — domandò Dianella con un benevolo sorriso.

— Oh Marasantissima, lasciatevi servire! — tornò ad esclamare il Mortara. — Se ci sono! Forse ora si fanno chiamare d'un'altra maniera; ma sono sempre quelli. Setta infernale, sparsa per tutto il mondo! Spie dappertutto: ne trovi una finanche in Turchia, figuratevi! a Costantinopoli.

— Siete stato fin là? — domandò Dianella.

— Fin là? Ma più lontano ancora! — rispose Mauro con un sorriso di soddisfazione. — Dove non sono stato e che cosa non ho fatto io? Contiamo; ma non bastano le dita delle mani; pecorajo, contadino, servitore, mozzo di nave, scaricatore di bordo, stivatore, fochista, cuoco, bagnino, cacciatore di bestie feroci, poi volontario garibaldino, attendente di Bixio;[27] poi, dopo la Rivoluzione, capo-carcerario: trecento galeotti ho tenuto in un pugno a Santo Vito, che volevano scappare; e alla fine, qua, campagnuolo di nuovo. La mia vita? Non parrebbe vera, se qualcuno la volesse raccontare.

Stette un pezzo a lisciarsi la barba, mentre gli occhi verdastri gli ridevano lucidi, al fremito interno dei ricordi.

— Tagliate un tronco d'albero, — disse, — e buttatelo a mare, lontano dalla spiaggia. Dove andrà a finire? Ero come un tronco d'albero, nato e cresciuto qua, a Valsanìa. Venne la bufera e mi schiantò. Prima partì il Generale coi compagni; io partii due giorni dopo, di notte, sopra un bastimento a vela, com'usava a quei tempi: una barcaccia di quelle che chiamano tartane. Ora rido. Sapeste però che spavento, quella notte, sul mare!

— La prima volta?

— Chi c'era mai stato! Nero, tutto nero, cielo e mare. Solo la vela, stesa, biancheggiava. Le stelle, fitte fitte, alte, parevano polvere. Il mare si rompeva urtando contro i fianchi della tartana, e l'albero cigolava. Poi spuntò la luna, e il bestione si abbonacciò. I marinai, a prua, fumavano a pipa e chiacchieravano tra loro; io, buttato là, tra le balle e il cordame incatramato, vedevo il fuoco delle loro pipe; piangevo, con gli occhi spalancati, senz'accorgermene. Le lagrime mi cadevano su le mani. Ero come una creatura di cinque anni; e ne avevo trentatré! Addio, Sicilia; addio, Valsanìa; Girgenti che si vede da lontano, lassù, alta; addio, campane di San Gerlando, di cui nel silenzio della campagna m'arrivava il ronzìo; addio, alberi che conoscevo a uno a uno... Voi non vi potete immaginare, come da lontano vi s'avvistino le cose care che lasciate e vi afferrino e vi strappino l'anima! Io vedevo certi luoghi, qua, di Valsanìa, proprio come se vi fossi; meglio, anzi; notavo certe cose, che prima non avevo mai notato; come tremavano i fili d'erba alla brezza grecalina, un sasso caduto dal murello, un albero un po' storto a pendìo, che si sarebbe potuto raddrizzare, e di cui potevo contare le foglie, a una a una... Basta! All'alba, giunsi a Malta. Prima si tocca l'isola di Gozzo... Malta, capite? tutta come un golfo, abbraccia il mare. Qua e là, tante insenature. In una di queste è Burmula, dove il Generale aveva preso stanza. Grossi porti, selve di navi; e gente d'ogni razza, d'ogni nazione: Arabi, Turchi, Beduini, Marocchini; e poi Inglesi, Francesi, Spagnuoli. Cento lingue. Nel Cinquanta, ci scoppiò il colera, portato dagli Ebrei di Susa, che avevano con loro belle femmine, belle! ma, sapete? ragazzette fresche, di sedici e diciott'anni come voi...

– Oh, ne ho di più io! – sorrise Dianella.

– Di più? Non pare. Si dipingevano. Senza bisogno, – seguitò Mauro, – come se fossero state vecchie. Peccato! Belle femmine! Portarono il colera, vi dicevo: un'epidemia terribile! Figuratevi che a Burmula, paesettuccio, in una sola giornata, ottocento morti. Come le mosche si moriva. Ma la

morte a un disgraziato che paura può fare? Io mangiavo, come niente, petronciani e pomodori: lo facevo apposta. Avevo imparato una canzonetta maltese e la cantavo giorno e notte, a cavalcioni d'una finestra. Perché ero innamorato...
 – Ah sì? Là? – domandò Dianella, sorpresa.
 – Non là, – rispose Mauro. – Avevo lasciato qua, a Valsanìa, una villanella con cui facevo all'amore: Serafina... Si maritò con un altro, dopo un anno appena. E io cantavo... Volete sentire la canzonetta? Me la ricordo ancora.
Socchiuse gli occhi, buttò indietro il capo e si mise a canticchiare in falsetto, pronunciando a suo modo le parole di quella canzonetta popolare:

Ahi me kalbi, kentu gianì...

Dianella lo guardava, ammirata, con un intenerimento e una dolcezza accorata, che spirava anche dal mesto ritmo di quell'arietta d'un tempo e d'un paese lontano, la quale affiorava su le labbra di quel vecchio, fievole eco della remota, avventurosa gioventù. Non sospettava minimamente sotto la ruvida scorza del Mortara la tenerezza di tali ricordi.
 – Com'è bella! – disse. – Ricantatela.
Mauro, commosso, fe' cenno di no, con un dito.
 – Non posso; non ho voce... Sapete che vogliono dire le prime parole? *Ahimè, il cuore, come mi duole*. Il senso delle altre non lo ricordo più. Piaceva tanto al Generale, questa canzonetta. Me la faceva cantare sempre. Eh, avevo buona voce, allora... Voi guardate il leopardo? Ora vi racconto.
E seguitò a raccontarle come, dopo la morte del Generale, rimasto solo a Burmula, non volendo ritornare in Sicilia, dove s'era già compromesso, si fosse recato a La Valletta. Qua, gli esiliati siciliani avrebbero voluto ajutarlo; ma egli, sapendo in che misere condizioni si trovassero, aveva rifiutato ogni soc-

corso e s'era messo a lavorare nel porto, come mozzo, come scaricatore, come stivatore. Mancavano le braccia, decimata la popolazione dal colera. Poi s'era imbarcato su un piroscafo inglese da fochista. Per più di sei mesi era stato sepolto lì, nel saldo ventre strepitoso della nave, ad arrostirsi al fuoco alimentato notte e giorno, senza mai sapere dove s'andasse. I macchinisti inglesi lo guardavano e ridevano – chi sa perché – e un giorno, per forza, avevano voluto presentarlo, così tutto affumicato com'era, al capitano – pezzo d'omone sanguigno, con una barbaccia fulva che gli arrivava fin quasi ai ginocchi – e il capitano gli aveva più volte battuto la spalla, lodandolo forse per lo zelo. Egli, difatti, in tutti quei mesi, non s'era dato un momento di requie, neanche per prendere un boccone; aveva perduto l'appetito: beveva soltanto, per temprar l'arsura del corpo che, là sotto, smaniava il respiro, un po' d'aria! Unico svago, quando si approdava in qualche porto, un vecchio libro di cucina, tutto squinternato, sul quale aveva imparato a compitare con l'ajuto del cuoco di bordo, anch'esso italiano, da lungo tempo spatriato a Malta.

Svago e tesoro, per lui, quel libro! Perché, un giorno, il cuoco, ammalatosi gravemente, era stato sbarcato a Smirne e, in mancanza d'altri, alla prova di quest'altro fuoco era stato messo lui, erede del libro e della dottrina culinaria di quello. S'era dato con tutto l'impegno a questo nuovo ufficio e in breve aveva saputo contentar così bene il capitano, che questi poi, vedendolo lì lì per ammalarsi come quell'altro cuoco, spontaneamente lo aveva allogato quale sguattero in una famiglia inglese, ricchissima, domiciliata a Costantinopoli. Ma la malattia contratta a bordo non lo aveva lasciato lungo tempo a quel posto, per un tristo accidente capitatogli uno di quei giorni. Un droghieruccio d'Alcamo, stabilito da molti anni là a Costantinopoli, dal quale egli si recava qualche volta per sentir parlare il dialetto nativo, aveva voluto avvelenarlo. Sì! Invece d'una pozione d'olio di mandorle dolci, gli aveva dato forse olio di mandorle amare. Spia dei preti, dei Sanfedisti, anche quello! Sbaglio involontario? Ma che! Ricordava bene che una volta colui aveva osato rimproverarlo acerbamente per l'avventura del francescano appeso, ch'egli, così per ridere, gli aveva narrata. Ah, ma rimessosi per miracolo, dopo circa tre mesi, dall'avvelenamento, gli aveva fatto pagar caro il delitto. Con un pugno (e Mauro mostrò sorridendo il pugno) lo aveva steso là, nella bottega. Aveva al dito un grosso anello di ferro, come un chiodo ritorto, comperato a Smirne, e con esso – senza volerlo, veh! – gli aveva sfracellato la tempia. Ripresosi dal pauroso sbalordimento nel vederselo cascare giù tutto in un fascio sotto gli occhi, insanguinato, s'era dato alla fuga e poche ore dopo era partito con una nave che si recava a un piccolo porto dell'Asia Minore. Non ricordava più il nome del paesello di mare in cui era disceso: era d'estate e aveva trovato subito da allogarsi come bagnino.

– Avete sentito nominare Orazio Antinori?[28] – domandò a questo punto il Mortara.

– L'esploratore? Sì, – disse Dianella.

– Venne là, ai bagni, un giorno, – seguitò Mauro, – con un altro italiano. Li sentii parlare e m'accostai. L'Antinori assoldava cacciatori per la caccia delle fiere, nel deserto di Libia. Gli piacqui, mi prese con sé. Noi andavamo; gli mandavamo le fiere uccise; egli le imbalsamava e poi le spediva ai musei, a Londra, a Vienna... Quando ritornavo dalle cacce, siccome lui mi voleva bene sapendomi fidato, lo ajutavo a preparar le droghe, e intanto, zitto zitto, gli rubavo l'arte. Così imparai a imbalsamare; e quando lui andò via, seguitai per conto mio la caccia e la spedizione. Vi voglio raccontare una certa avventura. Un giorno, eravamo sperduti, io e lui, morti di fame e di sete. A un certo punto avvistammo alcuni alberi di fico e li prendemmo d'assalto, figuratevi! Ma i fichi migliori erano in alto e non potevamo prenderli. Allora io, contadino, che feci? m'allontanai e ritornai poco dopo, munito d'una canna bella lunga; la spaccai un po' in cima e con essa mi misi a cogliere i fichi alti più maturi, con la lagrima di latte: un miele, vi dico! L'Antinori mi guardava e si rodeva dentro. Alla fine non poté più reggere e mi gridò: «Che fai? La smetti? Vuoi farmi ammazzare dai Turchi?». Capii l'antifona. Zitto, stesi il braccio e gli porsi la canna. Andai a prenderne un'altra, e tutti e due seguitammo a rubar fichi tranquillamente. Ah, l'Antinori... mi voleva bene, e m'ajutò tanto, anche da lontano. Stetti lì più di sei anni. Poi sentii che Garibaldi era sbarcato a Marsala; volai subito in Sicilia. Sbarco a Messina; raggiungo i volontarii a Milazzo. Don Stefano Auriti mi morì tra le braccia. Non poteva più parlare, mi raccomandava con gli occhi il figlio, don Roberto, il suo leoneto di dodici anni... Ci battemmo! A Reggio[29] aprii il fuoco io, sapete? la prima fucilata fu la mia! Poi Bixio mi prese per attendente. Che giornata, quella del Volturno! Ma ora, dopo aver visto tante cose, dopo averne passate tante, sono soddisfatto, che volete! L'Italia è grande! L'Italia è alla testa delle nazioni! Detta legge nel mondo! E posso dire che anch'io, così da povero ignorante e meschino come sono, ho fatto qualche cosa, senza tante chiacchiere. Posso andare dal re e dirgli: «Maestà, alla sedia su cui voi sedete, se non una gamba o una traversa, un piccolo pernio, qualche cavicchio, l'ho messo anch'io. La mia parte te l'ho fatta, figlio mio!».[30] E sono contento. Cammino qua per Valsanìa, vedo i fili del telegrafo, sento ronzare il palo, come se ci fosse dentro un nido di calabroni, e il petto mi s'allarga; dico: « Frutto della Rivoluzione! ». Vado più là, vedo la ferrovia, il treno che si caccia sottoterra, nel traforo sotto Valsanìa, che mi pare un sogno; e dico: « Frutto della Rivoluzione! ». Vado sotto il pino, guardo il mare, vedo laggiù a ponente Porto Empedocle, che al tempo della mia partenza per Malta non aveva altro che la Torre, il Rastiglio, il Molo Vecchio e quattro casucce, e ora è diventato quasi una città; vedo le due lunghe scogliere del nuovo porto, che mi pajono due braccia tese a tutte le navi di tutti i paesi civili del mondo, come per dire: « Venite! venite! l'Italia è risorta, l'Italia abbraccia tutti, dà a tutti la ricchezza del suo zolfo, la ricchezza dei suoi giardini! ». Frutto della Rivoluzione, anche questo, penso, e – vedete? – mi metto a piangere come un bambino, dalla gioja...

Cavò, così dicendo, dall'apertura della ruvida camicia d'albagio un grosso fazzoletto di cotone turchino, e si asciugò gli occhi, che gli s'erano veramente riempiti di lagrime.

Dianella sentì anche lei inumidirsi gli occhi. Quel vecchio che incuteva tanta paura, che aveva ucciso un uomo come niente e ne aveva fatto morire un altro per l'ombra d'un sospetto maniaco; che andava così armato, in procinto sempre di versare altro sangue, pronto com'era all'ira e irsuto e ombroso; quel vecchio, ecco, piangeva come un fanciullo per l'opera compiuta, ch'egli vedeva senza mende e gloriosa; piangeva esaltandosi nella sua gesta e nella grandezza della patria, per cui aveva tanto sofferto e combattuto, senza chieder mai nulla, generoso e feroce, fedele come un cane e coraggioso come un leone. Né i suoi colombi, né la pace dei campi, né il governo della vigna, né il canto delle allodole, riuscivano a rassèrenargli lo spirito dopo tanto tempo: quel camerone era come la sua chiesa; e usciva di là com'ebbro, e s'aggirava per la campagna sotto i mandorli e gli olivi, parlando tra sé di battaglie e di congiure, guardando biecamente il mare dalla parte di Tunisi, donde immaginava un improvviso assalto dei Francesi...

Un rumore di sonaglioli e il rotolìo d'una vettura vennero a un tratto a scuotere Dianella da queste considerazioni e Mauro dal pianto.

– Vostro padre? – domandò questi, infoscandosi d'un subito e ricacciandosi nell'apertura della camicia il fazzoletto.

Dianella si levò, costernata, e corse alla finestra a guardare attraverso le stecche delle persiane. Restò. Dalla vettura, che s'era fermata davanti alla villa, scendevano il padre, di ritorno, e Aurelio Costa – lui! – in tenuta da campagna.

– Andate, andate, – le disse Mauro, quasi spingendola. – Chiudo e me ne scappo!

Dianella uscì sul corridojo e vide in fondo a esso il Costa e il padre, diretti alla camera di questo, nella quale si chiusero. Allora Mauro Mortara, come una bestia sorpresa nel giaccio, sgattajolò ranco ranco, senza dirle nulla.

Ella rimase perplessa, profondamente turbata, non sapendo che pensare di quell'improvviso insolito ritorno del padre. Evidentemente, tanto questo ritorno quanto la venuta d'Aurelio Costa si connettevano con le notizie dei tumulti d'Aragona. Qualcosa di molto grave doveva essere accaduto. Era fuggito Aurelio? No: Dianella non volle nemmeno supporlo. Forse il padre stesso aveva mandato a chiamarlo. Con quale animo?

Fu tentata di recarsi nella sua camera, attigua a quella del padre, se le riuscisse di cogliere qualche parola attraverso la parete; ma ricordò lo sguardo del padre, quella mattina, e se n'astenne; rimase tuttavia come tenuta tra due, nella sala d'ingresso.

– Suo papà, – le annunziò donna Sara Alàimo, sporgendo il capo dall'uscio della cucina.

Dianella le accennò di sì col capo.

– Con l'ingegnere, – aggiunse donna Sara, sottovoce.

Dianella le accennò di nuovo col capo che sapeva, e uscì sul pianerottolo della scala esterna. La vettura era lì ancora, in attesa, a piè della scala. Dunque il padre doveva ripartire subito? Forse era venuto per prendere qualche carta.

– Andrete a Porto Empedocle adesso? – domandò al cocchiere.

– Eccellenza, sì – rispose questi.

Ed ecco il padre e il Costa frettolosi. Flaminio Salvo non s'aspettava di trovar la figlia sul pianerottolo della scala, e, vedendola, si tirò un po' indietro, senza fermarsi, le fece un sorriso e la salutò con la mano. Aurelio Costa, che gli veniva dietro, rimase un istante confuso, accennò di togliersi il berretto da viaggio; ma il Salvo gli gridò:

– Andiamo, andiamo...

Dianella, pallida, col fiato rattenuto, li vide montare su la vettura, partire senza volgere il capo, e li seguì con gli occhi finché non scomparvero tra gli alberi del viale.

Com'era cangiato Aurelio! Sconvolto... Pareva malato, invecchiato, con la barba non rifatta... Dianella pensò al giudizio che ne aveva dato Nicoletta Capolino. Avrebbe voluto vederlo più altero di fronte al padre; avrebbe voluto che, non ostante il richiamo imperioso di questo, egli si fosse fermato lì sul pianerottolo, almeno per salutarla. Invece subito aveva obbedito... Forse il momento... Chi sa che era accaduto alle zolfare!

Flaminio Salvo ritornò tardi, la sera, d'umor gajo, come ogni qual volta prendeva una grave decisione.

A cena, si scusò con don Cosmo della sfuriata della mattina; disse che n'aveva fino alla gola, delle innumerevoli seccature che gli erano diluviate da quelle zolfare d'Aragona, e che aveva deciso di chiuderle.

— Così sciopereranno un po' per piacer mio, i signori solfaraj, e avranno più tempo d'assistere alle prediche dei loro sacerdoti umanitarii. Mangino prediche! Bello, il vangelo umanitario, don Cosmo, letto su una pagina sola! Se voltassero pagina... Ma se ne guardano bene! Hanno ragione; ma la loro ragione è qua!

E si toccò il ventre.

— Andate a far loro intendere che la politica doganale seguìta dal governo italiano è stata tutta una cuccagna per l'industria e gl'industriali dell'alta Italia e una rovina spaventosa per il Mezzogiorno e per la nostra povera isola; che da anni e anni l'aumento delle tasse e di tutti i pesi è continuo e continuo il ribasso dei prodotti; che col prezzo a cui è disceso lo zolfo non solo è assolutamente impossibile trattarli meglio, ma è addirittura una follìa seguitar l'industria... Io non avevo chiuso le zolfare per loro, per dar loro almeno un tozzo di pane. Scioperano? Tante grazie! Vuol dire che possono fare a meno di lavorare. Tutti a spasso! Allegria!

— La vita! — sospirò don Cosmo, con gli angoli della bocca contratti in giù. — A pensarci bene... Lo zolfo, sicuro... le industrie... questa tovaglia qua, damascata, questo bicchiere arrotato... il lume di bronzo... tutte queste minchionerie sulla tavola... e per la casa... e per le strade... piroscafi sul mare, ferrovie, palloni per aria... Siamo pazzi, parola d'onore!... Sì, servono, servono per riempire in qualche modo questa minchioneria massima che chiamiamo vita, per darle una certa apparenza, una certa consistenza... Mah! Vi giuro che non so, in certi momenti, se sono più pazzo io che non ci capisco nulla o quelli che credono sul serio di capirci qualche cosa e parlano e si muovono, come se avessero veramente un qualche scopo davanti a loro, il quale poi, raggiunto, non dovesse a loro stessi apparir vano. Io comincerei, signor mio, dal rompere questo bicchiere. Poi butterei giù la casa... Ricominciando daccapo, chi sa!... Voi dite che quei disgraziati la ragione l'hanno qua? Beati loro, signor mio! E guaj se si saziano... Dove l'avete più voi, la ragione? Dove l'ho più io?

Poco dopo, Flaminio Salvo e Dianella erano affacciati alla finestra. La notte era scurissima. Le stelle profonde, che pungevano e allargavano il cielo, non arrivavano a far lume in terra. I grilli scampanellavano lontano ininterrottamente e, a quando a quando, dal fondo del vallone saliva il verso accorato d'un gufo, come un singulto. Il bujo, il silenzio intorno alla villa era qua e là a tratti punto e vibrante di rapidi stridi di nottole invisibili. Poi la luna emerse, paonazza, sù dall'ampia chiostra di Monserrato in fondo, e s'avvertì un lievissimo brulichìo di foglie per tutta la campagna. Un cane, lontano, abbajò.

– Tu non hai niente, Dianella, proprio niente da dire a tuo padre? – domandò il Salvo senza guardarla, con tono mesto, come se con l'anima vagasse lontano assai da quella finestra.

– Io? – fece Dianella, incerta e quasi sbigottita. – Niente... Che potrei dirti?

– Niente, dunque, – riprese il padre. – Nessun piccolo, piccolo segreto... niente, eh? Sono contento. Perché tu, povera figliuola mia, purtroppo hai soltanto me, preso da tante brighe... E oggi... che giornataccia!... Sai che manca a molti? Il senso dell'opportunità. Non dico che avrei risposto di sì, se la domanda mi fosse stata rivolta in altro giorno, in altro modo; ma avrei risposto di no, almeno con più garbo, ecco, dopo aver parlato con te.

Dianella temette, ascoltando queste parole calme e lente del padre, che questi potesse udire il violento martellare del cuore di lei, sospeso in un'aspettazione angosciosa, tra l'impetuoso ribollimento di tutto il sangue per le vene.

– Mi hanno chiesto... tu m'intendi, – seguitò il Salvo, voltandosi a spiarla negli occhi. – E io, certo che la mia buona figliuola, così savia, non poteva aver fissato neanche per un momento la propria attenzione su un giovane – oh, buono, sì; ma pure, per tante ragioni, non adatto né degno – preso in quel momento proprio inopportuno, ho rifiutato, senz'altro. Vediamo un po', non indovini?

– No... – rispose, più col fiato che con la voce, Dianella.

– Non indovini proprio? – insistette il padre, sorridendo, come conscio della tortura che le infliggeva. – Sù, pròvati...

– Non... non saprei... – balbettò lei.

– E allora bisognerà che te lo dica, – concluse il padre, – perché tu sappia regolarti. Il De Vincentis...

– Ah! – esclamò Dianella, con uno scatto di riso irresistibile. – Quel povero Ninì?

– Quel povero Ninì, – ripeté il padre, scrollando il capo e sorridendo anche lui. – Dunque, te l'aspettavi?

– No, ti giuro, – s'affrettò a rispondergli Dianella, con vivacità. – M'ero accorta, sì...

– Ma t'aspettavi qualche altro? – tornò a domandare il padre, pronto, guardandola più acutamente.

Dianella allora s'impuntò e sostenne lo sguardo del padre con fredda fermezza.

– Ti ho detto di no.

Il sospetto che il padre con quel discorso avesse voluto tenderle un'insidia era divenuto certezza. Forse non era neanche vero che Ninì De Vincentis gli avesse fatto quella richiesta. E l'essersi il padre servito di lui, povero giovane troppo dabbene, quasi per metterlo in dileggio, le parve odioso, sapendo il De Vincentis anche per altro vittima del padre.

Questi non disse più nulla; rimase ancora un pezzo alla finestra, a guardar fuori, poi se ne ritrasse con un sospiro e salutò la figlia per andare a dormire.

– Buona notte – gli rispose Dianella, freddamente.

Appena sola, si nascose il volto tra le mani e pianse. Le parve che il padre si fosse divertito a straziarle il cuore, come un gatto col topo. Oh Dio, perché, perché così cattivo anche con la propria figlia, quando gli sarebbe stato così facile esser buono con tutti? Se veramente voleva ch'ella gli dicesse il suo segreto, ricordandole che non aveva più da confidarsi con altri se non con lui, perché, nello stesso momento che le poneva innanzi la sorte crudele che le aveva tolto il consiglio e l'amore della madre, le tendeva un'insidia? Dunque, no; era certo ormai: egli non voleva che lei amasse Aurelio. Aveva chiuso le zolfare; forse aveva posto a effetto la minaccia della mattina: « Caccio via tutti! ». Anche Aurelio? Oh, Aurelio non aveva più bisogno di lui, adesso! Perduto quel posto, tanti altri, anche migliori, avrebbe potuto trovarne subito. E questo forse, ecco, faceva più dispetto al padre, aver dato a quel giovane il mezzo di non aver più bisogno di lui, e averglielo dato per un dovere che a lui lo legava. Voleva che tutti fossero docili strumenti nelle sue mani; e Aurelio invece avrebbe potuto levarglisi contro, dov'egli più temeva la ribellione: nel cuore di sua figlia. Sì, sì, perché sapeva bene che ella lo amava. Così lo avesse saputo Aurelio! Ma che sarebbe intanto avvenuto, se davvero il padre, chiuse le zolfare, lo aveva licenziato? Aurelio se ne sarebbe andato di nuovo lontano, sarebbe ritornato in Sardegna, senz'alcun sospetto dell'amore di lei, e forse, là...

Dianella tornò a nascondersi il volto tra le mani. Nel vuoto angoscioso, fissando l'udito, senza volerlo, nel fitto continuo scampanellìo dei grilli, le parve ch'esso nel silenzio diventasse di punto in punto più intenso e più sonoro; pensò ai tumulti d'Aragona e di Comitini; e quel fervido concento divenne allora per lei, a un tratto, il clamore lontano, indefinito d'un popolo in rivolta, di cui Aurelio, ribelle, andava a farsi duce e vendicatore. E lei? e lei?

Scoprì il volto: come un sogno le apparve allora la pace smemorata della campagna, lì presente, all'umido e blando albore lunare. E un fresco rivo inatteso di tenerezza le scaturì dal cuore; e altre lagrime le velarono gli occhi.

Ah, era pur bello lo spettacolo di quella profonda notte lunare su la campagna, con quegli alberi antichi, immobili nel loro triste sogno perenne, sorgente col fusto dal grembo della terra, con quei monti laggiù che chiudevano, cupi contro il cielo, il mistero degli evi più remoti, con quel tremulo limpido assiduo canto dei grilli che, sparsi tra le erbe dei piani, pareva persuadessero all'oblìo d'ogni cosa.

Tra quei grilli e quegli alberi e quella luna e quei monti non era forse un concerto misterioso, a cui gli uomini restavano estranei? Tanta bellezza non era fatta per gli uomini, che chiudevano stanchi, a quell'ora, gli occhi al sonno; sarebbe durata tutta la notte non veduta più da nessuno, nella solitudine della campagna, quando anche lei avrebbe chiuso la finestra. Forse voleva questo la nottola invisibile che strideva svolando lì innanzi, offesa e attratta dal lume: voleva ch'ella non disturbasse più oltre con la sua veglia il notturno misterioso concerto della natura solitaria?

E Dianella chiuse la finestra: lasciò aperto appena appena uno scuro e, attraverso quello spiraglio, con le mani congiunte innanzi alla bocca, pregò silenziosamente per tutta quella bellezza rimasta fuori, animata a un tratto agli occhi di lei dallo spirito di Dio che gli uomini offendono con le loro torbide e tristi passioni. Volgendo un ultimo sguardo al viale innanzi alla villa, scorse un'ombra che vi passeggiava, un cranio lucido sotto la luna. Don Cosmo? Lui.

Ah, immerso là nello spirito di Dio, egli forse non lo sentiva! Andava a quell'ora sù e giù per il viale, con le mani dietro la schiena, assorto tuttavia, certo, nelle sue buje e vane meditazioni.

VI

Né inviti agli elettori stampati a caratteri cubitali su carta d'ogni colore, né alcuna animazione insolita per le vie tortuose della vecchia città. Eppure il giorno fissato per le elezioni politiche era imminente. Ma il tedio da gran tempo aveva soffiato in bocca alla ciarlataneria, e questa aveva perduto la voce. La scala per dar l'assalto ai muri le si era imporrita e rotto il pentolino della colla. S'era camuffata decorosamente da prete la ciarlataneria a Girgenti, e raccolta, guardinga, a collo torto, andava per via, nascondendo tra le pieghe del tabarro il mazzocchio della grancassa cangiato in aspersorio. I cittadini, sotto a quel travestimento, la riconoscevano bene: la lasciavano andare e fare; la rispettavano anche; oh, perché non seccava nemmeno con troppe prediche; prestava denaro poi, sottomano – a usura, ma ne prestava –; pubblicamente, con molti carati del Salvo e con altri di socii minori, aveva aperto una banca popolare cattolica – all'interesse consentito da santa madre Chiesa. I pubblici uffici, prefettura, intendenza delle finanze, scuole governative, tribunali, davano ancora un po' di movimento, ma quasi meccanico, alla città: altrove ormai urgeva la vita. L'industria, il commercio, la vera attività insomma, s'era da un pezzo trasferita a Porto Empedocle giallo di zolfo, bianco di marna, polverulento e romoroso, in poco tempo divenuto uno de' più affollati e affaccendati emporii dell'isola. Ma anche là, la sovrabbondanza dello zolfo per le condizioni mal proprie con cui si svolgeva l'industria, l'ignoranza degli usi a cui quel minerale era destinato e dei profitti che se ne potevano ricavare, il difetto di grossi capitali, il bisogno o l'avidità di un pronto guadagno, eran cagione che quella ricchezza del suolo, che avrebbe dovuto esser ricchezza degli abitanti, se n'andasse giorno per giorno ingojata dalle stive dei vapori mercantili inglesi, americani, tedeschi e francesi, lasciando tutti coloro che vivevano di quell'industria e di quel commercio con le ossa rotte dalla fatica, la tasca vuota e gli animi inveleniti dalla guerra insidiosa e feroce, con cui si eran conteso il misero prezzo o lo scotto o il nolo della merce da loro stessi rinvilita. A Girgenti, solo i tribunali e i circoli d'Assise davano da fare veramente, aperti com'erano tutto l'anno. Sù al Culmo delle Forche il carcere di San Vito rigurgitava sempre di detenuti, che talvolta dovevano aspettare tre o quattro anni per essere giudicati. E meno male che l'innocenza, nel maggior numero dei casi, di questo forzato indugio non aveva a patire. La città era piuttosto tranquilla; ma nelle campagne e nei paesi della provincia i reati di sangue, aperti o per mandato, per risse improvvise o per vendette meditate, e le grassazioni e l'abigeato e i sequestri di persona e i ricatti erano continui e innumerevoli, frutto della miseria, della selvaggia ignoranza, dell'asprezza delle fatiche che abbrutivano, delle vaste solitudini arse, brulle e mal guardate. In piazza Sant'Anna, ov'erano i tribunali, nel centro della città, s'affollavano i clienti di tutta la provincia, gente tozza e rude, cotta dal sole, gesticolante in mille guise vivacemente espressive: proprietarii di campagne e di zolfare in lite con gli affittuarii o coi magazzinieri di Porto Empedocle, e sensali e affaristi e avvocati e galoppini; s'affollavano storditi i paesani zotici di Grotte o di Favara, di Racalmuto o di Raffadali o di Montaperto, solfaraj e contadini, la maggior parte, dalle facce terrigne e arsicce, dagli occhi lupigni, vestiti dei grevi abiti di festa di panno turchino, con berrette di strana foggia: a cono, di velluto; a calza, di cotone; o padovane; con cerchietti o catenaccetti d'oro agli orecchi; venuti per testimoniare o per assistere i parenti carcerati. Parlavano tutti con cupi suoni gutturali o con aperte protratte interjezioni. Il lastricato della strada schizzava faville al cupo fracasso dei loro scarponi imbullettati, di cuojo grezzo, erti, massicci e scivolosi. E avevan seco le loro donne, madri e mogli e figlie e sorelle, dagli occhi spauriti o lampeggianti d'un'ansietà torbida e schiva, vestite di baracane, avvolte nelle brevi mantelline di panno, bianche o nere, col fazzoletto dai vivaci colori in capo, annodato sotto il mento, alcune coi lobi degli orecchi strappati dal peso degli orecchini a cerchio, a pendagli, a lagrimoni; altre vestite di nero e con gli occhi e le guance bruciati dal pianto, parenti di qualche assassinato. Fra queste, quand'eran sole, s'aggirava occhiuta e obliqua qualche vecchia mezzana a tentar le più giovani e apparisceti che avvampavano per l'onta e che pur non di meno talvolta cedevano ed eran condotte, oppresse di angoscia e tremanti, a fare abbandono del proprio corpo, senz'alcun loro piacere, per non ritornare al paese a mani vuote, per comperare ai figliuoli lontani, orfani, un pajo di scarpette, una vesticciuola. (– Occasioni! Una poverella bisognava che ne profittasse. Nessuno avrebbe saputo... Presto, presto... Peccato, sì, ma Dio leggeva in cuore...). I molti sfaccendati della città andavano intanto sù e giù, sempre d'un passo, cascanti di noja, con l'automatismo dei dementi, sù e giù per la strada maestra, l'unica piana del paese, dal bel nome greco, Via Atenèa, ma angusta come le altre e tortuosa. Via Atenea, Rupe Atenea, Empedocle... – nomi: luce di nomi, che rendeva più triste la miseria e la bruttezza delle cose e dei luoghi. L'Akragas dei Greci, l'Agrigentum dei Romani, eran finiti nella Kerkent dei Musulmani, e il marchio degli Arabi era rimasto indelebile negli animi e nei costumi della gente. Accidia taciturna, diffidenza ombrosa e gelosia. Dal bosco della Civita, cuore della scomparsa città vetusta, saliva un tempo al colle, su cui siede misera la nuova, una lunga fila di altissimi e austeri cipressi, quasi a segnar la via della morte. Pochi ormai ne restavano; uno, il più alto e il più fosco, si levava ancora sotto l'unico viale della città, detto della Passeggiata, la sola cosa bella che la città avesse, aperto com'era alla vista magnifica di tutta la piaggia, sotto, svariata di poggi, di valli, di piani, e del mare in fondo, nella sterminata curva dell'orizzonte. Quel cipresso, stagliandosi nero e maestoso dopo il fiammeggiare dei meravigliosi tramonti su la piaggia che s'ombrava tutta di notturno azzurro, pareva riassumesse in sé la tristezza infinita del silenzio che spirava dai luoghi, sonori un tempo di tanta vita. Era qua, ora, il regno della morte. Dominata, in vetta al colle, dall'antica cattedrale normanna, dedicata a San Gerlando, dal Vescovado e dal Seminario, Girgenti era la città dei preti e delle campane a morto. Dalla mattina alla sera, le trenta chiese si rimandavano con lunghi e lenti rintocchi il pianto e l'invito alla preghiera, diffondendo per tutto un'angosciosa oppressione. Non passava giorno che non si vedessero per via in processione funebre le orfanelle grige del *Boccone del povero*: squallide, curve, tutte occhi nei visini appassiti, col velo in capo, la medaglina sul petto, e un cero in mano. Tutti, per poca mancia, potevano averne l'accompagnamento; e nulla era più triste che la vista di quella fanciullezza oppressa dallo spettro della morte, seguito così ogni giorno, a passo a passo, con un cero in mano, dalla fiamma vana nella luce del sole.

Chi poteva curarsi, in tale animo, delle elezioni politiche imminenti? E poi, perché? Nessuno aveva fiducia nelle istituzioni, né mai l'aveva avuta. La corruzione era sopportata come un male cronico, irrimediabile; e considerato ingenuo o matto, impostore o ambizioso, chiunque si levasse a gridarle contro.

In quei giorni, più che delle imminenti elezioni politiche, gli sfaccendati parlavano del duello del candidato Ignazio Capolino con Guido Verònica.

Per l'intromissione violenta di Roberto Auriti, la questione cavalleresca s'era complicata. Guido Verònica aveva accettato subito la sfida del Capolino; aveva chiesto però qualche giorno di tempo per provvedersi di padrini. Ed era arrivato da Palermo il deputato Corrado Selmi, con un altro signore, che si diceva famoso spadaccino. Roberto Auriti, intanto, non potendo battersi col Prèola e non volendo che altri vendicasse della turpe offesa la memoria del padre, aveva preteso di battersi lui per primo col Capolino. I padrini di questo, il Verònica stesso, si erano opposti a tale pretesa.

A nome del Capolino quelli avevano lealmente dichiarato di deplorar l'articolo del Prèola, pubblicato di furto nel giornale. Squalificato così dai suoi stessi partigiani il vero autore dell'offesa, peraltro riconosciuto indegno di scendere sul terreno e ormai cacciato via da Girgenti, l'Auriti non aveva più da domandare altra soddisfazione; e un solo duello doveva aver luogo, perché l'affare si terminasse lodevolmente: tra il Verònica e il Capolino, per l'aggressione da questo patita sulla pubblica via. Troppo giusto!

La vertenza tanto dibattuta aveva appassionato vivamente la cittadinanza, tra la quale d'improvviso s'erano scoperti tanti calorosi dilettanti di cavalleria; e la passione sopra tutto s'era accesa per l'intervento d'un uomo così noto come il Selmi e per le arie spagnolesche e provocanti dell'altro testimonio del Verònica, spadaccino.

Ma, dal canto suo, il campione paesano, Ignazio Capolino, s'era affidato anche lui in buone mani: a un certo D'Ambrosio, lontano parente della moglie, che sapeva tener bene la spada in pugno e non si sarebbe lasciato imporre né dal prestigio di Corrado Selmi né dalla spocchia di quell'altro messere. E lui solo, ohè! perché l'altro testimonio di Capolino faceva ridere: Ninì De Vincentis, figurarsi!

Povero Ninì, vi era stato tirato proprio pei capelli! Sciabole, sangue – lui che era una damigella, un San Luigi col giglio in mano. Sarebbe svenuto certamente, assistendo allo scontro! Che idea, quel Capolino, andare a scegliere proprio Ninì, come se non ci fossero stati altri più adatti in paese! Ma forse lo aveva scelto il D'Ambrosio, apposta, per una bravata, per rispondere ironicamente alla chiamata dello spadaccino dalla parte avversaria.

Ninì ignorava ancora il rifiuto reciso opposto dal Salvo alla domanda di matrimonio che – costretto dal fratello Vincente – gli aveva fatto rivolgere da monsignor Montoro. Il Capolino lo aveva forzato ad accettar quell'ufficio per lui terribile di secondo testimonio al duello, dandogli a intendere che il Salvo lo avrebbe molto gradito. Perbacco, doveva sì o no sfatare una buona volta la fama di verginale timidezza che s'era fatta in paese? Uomo! uomo! bisognava che si dimostrasse uomo! Del resto, pancia e presenza: non si voleva altro da lui. Che pancia? Dove aveva la pancia Nini? Fino e diritto come un bastoncino... Via, era un modo di dire, pancia e presenza. Composto, elegantissimo come un vero zerbinotto di Parigi, avrebbe fatto una splendida figura.

Tutti e quattro i padrini s'erano recati nella mattinata alla villa del principe di Laurentano, a Colimbètra, dove il duello avrebbe avuto luogo, per i concerti opportuni e la scelta del terreno. Nessuno lì si sarebbe attentato a disturbare lo scontro. Il principe, la mattina seguente, si sarebbe recato a Valsanìa per la presentazione con la sposa, com'era già convenuto; subito dopo la partenza del principe, si sarebbe fatto il duello.

Gli sfaccendati peripatetici assistettero dal viale della Passeggiata al ritorno in carrozza dei quattro padrini da Colimbètra.

Ignazio Capolino, intanto, aspettava i suoi, passeggiando coi maggiorenti del partito su l'ampia terrazza marmorea, davanti al Circolo che, come tant'altre cose, aveva anch'esso nome da Empedocle.

Quel duello, proprio alla vigilia delle elezioni, gli aveva accresciuto importanza e simpatia. Mostrava di non curarsene affatto, e questa noncuranza per nulla ostentata destava ammirazione e compiacimento negli amici che gli passeggiavano accanto. Aveva già intrapreso il giro elettorale, e ora descriveva le festose accoglienze ricevute il giorno avanti nel vicino borgo di Favara. Avrebbe voluto recarsi quel giorno stesso nell'altro borgo di Siculiana, dove gli elettori lo attendevano impazienti; ma il D'Ambrosio, suo padrone, suo tiranno in quel momento, gliel'aveva assolutamente proibito, per paura che si strapazzasse troppo.

Gli dispiaceva per gli amici di Siculiana, ecco. Gli avevano preparato anch'essi una gran festa. La vittoria era sicura, non ostanti le minacce e le prepotenze del Governo e gli ordini del Prefetto e le persecuzioni della polizia. Roberto Auriti avrebbe avuto, sì e no, una maggioranza di pochi voti soltanto nel borgo di Comitini, dove Pompeo Agrò contava molti amici.

Capolino dava queste notizie con sincero rammarico per il suo avversario, e sinceramente questo rammarico era condiviso da quanti lo ascoltavano. Perché si sapeva che l'Auriti non aveva mai cavato alcun profitto dai principii liberali, per cui da giovine aveva combattuto, né dalla fedeltà che sempre aveva serbato ad essi; certamente non per cavarne profitto adesso era venuto a chiedere il suffragio dei suoi concittadini, bensì quasi per un dovere impostogli, o forse per l'ingenua illusione che potesse bastargli a chiederlo il rispetto che si doveva alla sua onestà. Nessuno gli negava questo rispetto, e tutti si sentivano anche disposti a rendergli qualche onore consentaneo ai suoi meriti. Quello della deputazione, no, via: non era, né poteva essere per lui; e la prova più evidente era appunto nell'ingenuità di quella sua illusione.

Venuti i padrini, Capolino s'appartò con essi in un angolo dell'ampio salone del Circolo.

Ninì De Vincentis pareva imbalordito, col viso chiazzato, come se gli avessero dato qua e là tanti pizzichi, e gli occhi lustri, assenti e scontrosi. Il

D'Ambrosio, alto e biondo, miope, irrequieto, dalla faccia equina, le spalle in capo, il torace enorme e le gambe secche e lunghe, parlava arruffato, ruzzolando le parole. Era sguajatissimo, e tutti tolleravano le sue sguajataggini, non solo perché lo sapevano manesco, ma anche perché spesso faceva ridere. Le sue ingiurie si spuntavano e perdevano il fiele nelle risate da cui erano accolte, e così egli poteva ingiuriar tutti e scagliare in faccia le villanie più crude senza che nessuno se ne sentisse offeso o ferito.

– Fammi il santissimo piacere, – cominciò, – di dire a mia cugina Nicoletta che questa sera si stia quieta, perché tu devi combattere per i santi diavoli. Voglio dire per i santi ideali. Sei vecchio, Gnazio, lo vuoi capire? Stendi il braccio: fammi vedere se ti trema.

Capolino, sorridendo, stese il braccio.

– Va bene, – riprese il D'Ambrosio. – Gli daremo le palle, caro mio. Sul serio! Prima, alla pistola. Scambio di tre palle, a venticinque passi. (Raccomandazione a Ninì di non turarsi gli orecchi, al botto). Poi, alla sciabola. Quanto alla sciabola, siamo a cavallo; ma per la pistola, Gnazio mio, sei vecchio, e ho paura che... Basta; vieni con me, a casa mia. C'è il cortile. Voglio vedere come tiri.

Capolino tentò d'opporsi; ma non ci fu verso: dovette andare, e anche Ninì, per esercitarsi gli orecchi al botto.

Presero per l'erta via di Lena, dove pareva fosse un tumulto attorno a qualcuno che cantava. Niente! Erano i pescivendoli che, arrivati or ora dalla marina, scavalcati dalle mule cariche, gridavano tra la folla il pesce fresco, con lunga e gaja cantilena. I tre proseguirono per la salita sempre più erta di Bac Bac, finché non giunsero presso la porta più alta della città, a settentrione, il cui nome, arabo anch'esso, *Bâb-er-rijah* (Porta dei venti), era divenuto Biberìa.[31]

Il D'Ambrosio stava lassù, in una casa antica, col *baglio* (vasto cortile acciottolato) e un cisternone in mezzo, insieme con la madre vecchissima, per cui aveva una devozione più che religiosa. La povera vecchina era sorda, e viveva in continua ansia, in continui palpiti per quel suo figliuolo impetuoso. Sempre con la calza in collo, stava a guardare dai vetri d'una finestra. Vedeva il colle, su cui sta Girgenti, scoscendere in ripido pendìo su la Val Sollano, tutta intersecata di polverosi stradoni. Il panorama, di fronte, era profondo e montuoso. A destra, si levava fosco e imminente monte Caltafaraci; più là, in fondo, il San Benedetto; quindi s'allargava il piano di Consolida, e a mano a mano, sempre più verso ponente, il pian di Clerici, di là dalla montagna di Carapezza e di Montaperto più qua. Giù, dirimpetto, la Serra Ferlucchia, gessosa, mostrava le bocche cavernose delle zolfare e i lividi tufi arsicci dei calcheroni spenti. In fondo in fondo, dai confini della provincia sorgeva maestoso e invaporato Monte Gemini, tra i più alti della Sicilia. La grigia, arida asperità ferrigna era solo interrotta qua e là da qualche cupo carubo.

Il D'Ambrosio fece aspettare i due amici nel cortile; andò sù e ridiscese subito con una grossa rivoltella da cavalleggere e una scatola di cartucce; tracciò con un pezzo di carbone sul muro, presso la stalla vuota, quattro segnacci, un uomo, Guido Verònica; poi contò dal muro venticinque passi.

— Qua, Gnazio! Batto tre volte le mani; alla terza, fuoco! In guardia.

Capolino si prestava a quella prova come a uno scherzo, svogliato. Tuttavia, quando si vide innanzi, sul muro, quella quintana là, che ora smorfiosamente inerte pareva aspettasse i suoi colpi ma che domani gli si sarebbe fatta incontro staccandosi da quel muro, con gambe e braccia vive, presentandogli la bocca d'un'altra pistola, Capolino, col sorriso rassegato sulle labbra, aggrottò le ciglia e tirò con impegno.

Il D'Ambrosio si dichiarò molto soddisfatto della prova; poi, per ridere, volle forzare Ninì a tirare anche lui al bersaglio. Ninì recalcitrò come un mulo. Ma il D'Ambrosio tanto disse, tanto fece, che lo costrinse a sparare; poi, subito dopo, scoppiò in una matta risata:

– Parola mia d'onore, ha chiuso gli occhi, tutti e due! Un bicchier d'acqua! un bicchier d'acqua!

E corse a sostenerlo, come se davvero Ninì stesse per svenire. Ma non insistette molto su quello scherzo. Prese a parlare con molto fervore di Corrado Selmi:

– Simpaticone! Pare un giovanotto, sai? ed è del 4 aprile, della campana della Gancia... Deve avere per lo meno cinquant'anni... Ne dimostra trentacinque, trentotto al più... Geniale, spregiudicato, alla mano. Dicono che ha più debiti che capelli. Me l'immagino! E... gallo, oh! Matto per le pollastrelle. Sua Eccellenza il ministro D'Atri pare ne debba sapere qualche cosa...

Presi gli accordi per la mattina seguente, Capolino andò via con Ninì De Vincentis.

– Mi raccomandò per Nicoletta! Prudenza alla vigilia! – gli gridò dietro il D'Ambrosio dall'usciolo del cortile, facendosi portavoce delle mani; poi, come se avesse veduto un cane arrabbiato: – Scànsati, Gnazio! scànsati! Passa là! passa là!

Capolino e Ninì De Vincentis si voltarono a guardare, ridendo, e videro alle loro spalle Nocio Pigna, *Propaganda*, che scendeva per la stessa via col lungo braccio penzoloni e l'altro pontato a leva sul ginocchio. *Propaganda* si voltò anche lui, iroso,

verso il D'Ambrosio, sbarrò gli occhi lustri da matto, e levando il braccio, gli scagliò ia parola, ch'era per lui il più grave marchio d'infamia:
– Ignorante!

E aveva più che mai il diritto, adesso, di bollar con questo marchio tutti i suoi nemici, borghesi e preti e titolati, *Propaganda*: il *Fascio*, a dispetto della Prefettura e del Municipio, della Polizia e del Comando militare, era riuscito finalmente a metterlo sù.

Sissignori, anche a Girgenti, nel paese dei corvi e delle campane a morto, un Fascio, con tutti i sagramenti.

Guardava lassù, gonfio d'orgoglio e con aria di protezione, quelle vecchie casupole del quartiere di San Michele, tane di miseria; quelle anguste viuzze storte, sudice, affossate, piene tutte di quel tanfo che suol lasciare la spazzatura marcita; gli occhi gli sfavillavano. Più che con gli uomini, se la intendeva per ora con le pietre corrose e annerite di quelle casupole, coi ciottoli mal connessi di quelle viuzze fetide e dirupate; parlava con esse in cuor suo; diceva loro: « *Bai bai!* ». Sopra tutto per l'onore del paese, infatti, aveva lottato e lottava, perché non si dicesse che Girgenti sola, quando tutta l'isola era in fermento, restava muta e come morta. Presto in quelle case, presto per quelle vie una nuova vita avrebbe tripudiato.

Era un gran dire però, che gli dovesse costar tanta fatica il persuadere agli altri di fare il proprio bene; e che tutti lo dovessero costringere ad affannarsi, a incalorirsi in quell'opera di persuasione così, che quasi quasi si poteva sospettare ci avesse qualche tornaconto!

Chi glielo faceva fare? Oh bella! Era stato messo da parte, espulso dalla società, reso nella sua stessa casa superfluo. Con le buone e con le cattive gli avevano detto e dimostrato che se ne poteva pure andare; che non si aveva più alcun bisogno di lui. Dopo averlo spremuto come un limone, avergli disonorato una figlia, o, come lui diceva, «inzaccherata di fango la canizie», averlo calunniato e infamato, volevano buttarlo via? Ah, no! Queste cose al Pigna non si facevano. Non solo non era superfluo, ma anzi necessario, perdio, voleva essere: necessario, a dispetto di tutti! E presto se ne sarebbero accorti gli ignoranti che non volevano riconoscerlo. Se altri lavorava per il suo mantenimento, egli non ne profittava che per lavorare a sua volta per gli altri; con questo per giunta, che l'ajuto dato a lui era misero, in fondo, e per meschine, infime necessità, mentre l'ajuto ch'egli dava agli altri, l'opera ch'egli metteva, era grande e per necessità superiori. Facile, comoda, quest'opera? Ah, sì, tutta rose, difatti! Ma scalmanarsi da mane a sera, correr di qua e di là con quelle belle cianche che Dio gli aveva date, perderci la voce, sprecarci il fiato, ognuno poteva immaginare che bel piacere dovesse essere!

Come una rocca assediata, che di tutto ciò che aveva dentro si fosse fatto arma e puntello per resistere agli assalti di fuori, e dentro fosse rimasta vuota, Nocio Pigna aveva posto davanti e dietro e tutt'intorno a sé ragioni e sentimenti, tutte le sue disgrazie, com'armi di difesa contro a quelli che lavoravano accanitamente per levargli ogni credito. Più parlava e più le sue stesse parole accrescevano la sua persuasione e la sua passione. Ma a furia di ripetere sempre le medesime cose, col medesimo giro, queste alla fine gli s'erano fissate in una forma che aveva perduto ogni efficacia; gli s'erano, per dir così, impostate su le labbra, come bocche di fuoco che non mandavano più fuori se non botto, fumo e stoppaccio. Dentro, non aveva più nulla. Era un uomo che parlava, e nient'altro.

Il Fascio, intanto, lo aveva messo sù. Che fosse proprio tutto di lavoratori, si poteva dubitare. Neanch'egli, *Propaganda*, forse avrebbe avuto il coraggio d'affermare che quegli stessi non lavoratori iscritti fossero molti per ora. Ma il forte era cominciare; e così, a poco a poco, si comincia. Certo, una bella retata, un'entratura solenne con qualche migliajo di socii raccolti in un sol giorno sarebbe stata possibile a Porto Empedocle soltanto, tra gli *uomini di mare*, i carrettieri, i mozzi delle spigonare, i giovani di magazzino, i pesatori e gli scaricatori. Ma a Porto Empedocle... Piano, per amor di Dio! non poteva più sentirlo nominare, Nocio Pigna: la memoria della baja che gli avevano data laggiù era come una piaga sempre aperta nel cuore di lui e, a toccargliela appena appena, non avrebbe finito più di strillare. Figli di cane, ributto d'ogni civiltà! avere il mare, signori miei, lì sempre davanti agli occhi; che si scherza? il mare, l'immensità! aver posto le proprie case su la spiaggia in attesa delle navi di lontani paesi, cioè la propria vita alla mercé delle genti; e, sissignori, nessuno spirito di fratellanza umana! di tutto quel mare non sapevano veder altro che la spiaggia, anzi le immondizie soltanto della spiaggia, le loro fecce scorrenti lungo le fogne scoperte. Quel mare, ah quel mare avrebbe dovuto gonfiarsi d'ira, di sdegno, alzare un'ondata e sommergerlo, ingojarselo, quel paese di carognoni!

Qua, a Girgenti, bisognava lavorare come le formiche, pazienza! Aveva cominciato a trattare con qualche presidente delle maestranze locali: ma quelle due mani afferrate, simbolo delle società di mutuo soccorso, mani tagliate, senza sangue, cioè senza colore politico, o mani col santo rosario e la rametta d'olivo di qualche circolo cattolico, stentavano a staccarsi, stentavano a tendersi fraternamente ai lavoratori d'altre arti e d'altri mestieri, come avevano fatto a Catania, a Palermo, per comporre un più ampio circolo, l'unione di tutte le forze proletarie, il Fascio dei Fasci, in somma. Luca Lizio aveva già scritto a Roma a don Lando Laurentano (ch'era dei loro, vivaddio, principe e socialista!), perché désse lui la spinta a tutti i perplessi e i titubanti: una sola parola di lui, un cenno sarebbe bastato. Si aspettava di giorno in giorno la risposta, la quale forse tardava per il dispiacere che quel buffo matrimonio del padre doveva cagionare al giovine principe. Intanto lui, Nocio Pigna, non perdeva tempo e non s'avviliva tra gli ostacoli. Comprendeva che sarebbe stata ingenuità far troppo assegnamento su quelle maestranze: in un paese morto come Girgenti, privo d'ogni industria, ove da anni non si fabbricavan più case e tutto deperiva in lento e silenzioso abbandono; ove non solo non si cercavano mai svaghi costosi, ma ciascuno si sforzava di restringere i più modesti bisogni; muratori e fabbri-ferraj, sarti e calzolaj dipendevano troppo dai pochi così detti signori; e il segreto malcontento non avrebbe trovato certo in loro il coraggio d'affermarsi apertamente, all'occasione. Domani avrebbero votato tutti per quel farabutto di Capolino, a un cenno di don Flaminio Salvo. Ma pure, entrando, iscrivendosi al Partito, gli operaj potevano servire d'esempio ai contadini; tirarseli dietro, ecco. Come le pecore – questi – poveretti! Pecore però, che sapevan la crudeltà delle mani rapaci che le tosavano e le mungevano; pecore che, se riuscivano ad acquistar coscienza dei loro diritti, a compenetrarsi minimamente di quella famosa « virtù della loro forza », sarebbero diventate lupi in un punto. Parte di essi, intanto, dimorava sparsa nelle campagne e non saliva alla città, alta sul colle, se non le domeniche e le feste. Quelli tra loro che si chiamavano *garzoni*, i meno imbecilliti dalla miseria, perché riscotevano tutto l'anno un meschino salario, temevan troppo i castaldi, o *curàtoli*, o *soprastanti*, feroci aguzzini a servizio dei padroni. Restavano i braccianti a giornata, quelli che, dopo sedici ore di fatica (quando avevan la fortuna di trovar lavoro), si riducevano la sera in città con la zappa in collo, la schiena rotta e quindici soldi in tasca, sì e no. A questi mirava Nocio Pigna; erano i più; ma creta, creta, creta, su cui Dio non aveva soffiato, o la miseria aveva da tempo spento quel soffio; creta indurita, che destava pena e stupore se, guardando, moveva gli occhi e, parlando, le labbra.

Aveva preso in affitto il vasto magazzino d'un pastificio abbandonato al Piano di Gamez, accanto alla sua casa: capace di cinquecento e più socii. Umido e bujo, di giorno, senza l'ajuto di due o tre candele non ci si vedeva; ma con quelle candele accese e certi vecchi paramenti sacri di finto damasco appesi alle pareti, aveva l'aria d'un funerale. Quei paramenti avevano ornato un tempo, nelle feste solenni, la chiesa di San Pietro di cui Nocio Pigna era stato sagrestano; li aveva avuti in dono dal padre beneficiale d'allora, quando s'erano fatti i nuovi; e li aveva conservati con la canfora e col pepe in una vecchia cassapanca, tesoro ormai screditato. Ora, con le dieci tabelle sopra, cinque di qua e cinque di là, coi motti sacramentali del Partito, Luca Lizio poteva pur dire di no, ma agli occhi di Pigna facevano una magnifica figura. Del resto, per attirare i contadini, non vedeva male che il Fascio avesse quell'aria di chiesa; e su la tavola della presidenza aveva posto anche un Crocefisso. Dietro la tavola troneggiava lo stendardo rosso ricamato da sua figlia Rita, la *compagna* di Luca. E Luca stava lì, dalla mattina alla sera, a studiare Marx (*Marchis*, diceva il Pigna), a prendere appunti, a corrispondere coi presidenti degli altri *Fasci* della provincia e con quelli di tutta l'isola e con Milano e con Roma. Qualcuno, passando davanti al portone del Fascio, talvolta lo poteva credere magari intento a cavarsi qualche caccoletta dal naso; quand'uno è assorto e perduto nei suoi pensieri, un dito nel naso è niente, le maleducazioni a cui, senza saperlo, può lasciarsi andare, sono senza fine e imprevedibili; in quei momenti Luca non avvertiva neppur le strombettate dei cinque *fratelli* addetti alla fanfara; i quali, per dire la verità, erano un'ira di Dio. Ma non conveniva raffreddare l'entusiasmo giovanile. Cinque tra gli studenti dell'Istituto Tecnico accorsi tra i primi a iscriversi al Partito: Rocco Ventura, che aveva preso quell'anno il diploma di ragioniere, Mondino Micciché, Bernardo Raddusa, Totò Licasi ed Emanuele Garofalo ajutavano Luca nella corrispondenza. Avevan trovato un galoppino che s'era assunto l'ufficio della polizia segreta, un certo *Pispisa*, che bazzicava tutto il giorno con quelli della questura. I quaranta socii, che presto sarebbero diventati quattrocento, quattromila, avevano già eletto i loro decurioni, ciascuno con la sua brava fascia rossa a tracolla. In previsione di qualche arresto del presidente, cioè di Luca Lizio, era stato eletto dal Consiglio presidente segreto Rocco Ventura. Perché già, tanto lui, Pigna, quanto il Lizio erano stati chiamati insieme *ad audiendum verbum* dal cavalier Franco, commissario di polizia. Uh, garbatissimo, biondo e sorridente, strizzando i begli occhi languidi o carezzandosi con le bianche mani di dama l'aurea barbetta spartita sul mento, il cavalier Franco aveva tenuto loro un discorsetto che Pigna non si stancava di ripetere a tutti, imitando i gesti e la voce. Il rosso, il rosso del gonfalone e delle fasce aveva urtato soprattutto il signor commissario. Eh già, come i tori, la sbirraglia davanti al rosso perdeva il lume degli occhi. Ma non s'era mica infuriato il cavalier Franco:

tutt'altro; aveva voluto sapere perché rosso, ecco, quando c'erano tant'altri bei colori. E un'altra cosa aveva voluto sapere: perché proprio loro due, Lizio e Pigna, s'erano messi a quell'impresa. Che speravano? che se n'aspettavano? Un seggio al Consiglio comunale, o anche più sù, al Parlamento? Niente di tutto questo? E allora perché? Per disinteressata carità di prossimo? Oh guarda! Ma erano poi certi di rendere al popolo un servizio rialzandolo dalle condizioni in cui si trovava? Chi sta al bujo non spende per il lume; e il lume costa, e fa veder certe cose che prima non si vedevano; e più se ne vedono e più se ne vogliono. Ora, in che consiste la vera ricchezza, la vera felicità? Nell'aver pochi bisogni. E dunque... e dunque... – In somma, uno squarcio di filosofia e questa conclusione:

– Cari signori, io non vi faccio arrestare, neanche se voi voleste. Voi dite che l'urto avverrà per forza, se non migliora la sorte dei vostri protetti? Bene. Io vi prego di ricordarvi della brocca che tanto andò al pozzo... E non aggiungo altro!

Era rimasto un po' tra indispettito e sconcertato il cavalier Franco dal silenzio di Luca; parlando, s'era rivolto sempre a lui, e a stento aveva nascosto la stizza nel sentirsi invece rispondere dal Pigna. Ma avrebbe potuto dirgli, questi, la ragione di quel silenzio? Povero Luca, che supplizio! Sarebbe stato meno da compiangere, se cieco. Oratore nato, nato per arringar le folle, vero tipo dell'uomo pubblico, tutto per gli altri, niente per sé – bollato nella lingua dal destino buffone! Scriveva, si sfogava a scrivere, e schizzava fuoco dalla penna, schegge d'inferno; poi s'arrabbiava, poveretto, si mangiava le mani, mugolava, quando sentiva leggere la roba sua senza il giusto tono, il giusto rilievo, la fiamma che ci aveva messo lui dentro, nello scriverla. Nessuno lo contentava, neanche Celsina, quella tra le figliuole del Pigna, che sola s'era tutta accesa delle nuove idee. Anche Rita, sì, un poco, prima che le nascesse il bambino... Ma che cos'era Rita a confronto di Celsina? Altra spina, questa, che faceva sanguinare il cuore di Nocio Pigna: non poter mandare all'Università questa figliuola, che aveva preso la licenza d'onore all'Istituto Tecnico, sbalordendo tutti, preside, professori e condiscepoli. A tanti scemi, figli di ricchi signori, la via aperta e piana; a Celsina, troncata ogni via; condannata Celsina a funghir lì, in quel paese marcio, d'ignoranti. Ecco la giustizia sociale! Intanto, quella sera, vigilia delle elezioni, Celsina avrebbe fatto la sua prima comparsa in pubblico: avrebbe tenuto una conferenza nella sede del Fascio. Era in giro dalla mattina, Nocio Pigna, per questo solenne avvenimento.

Mancavano le seggiole.

Se ogni socio si fosse portata la sua con sé, e l'avesse poi lasciata lì... Per ora, egli non pretendeva neppure che pagassero con la dovuta puntualità la misera quota settimanale. Ma avessero almeno regalato una seggiola, santo Dio, da servire per loro stessi! Niente. Sì e no, aveva potuto metterne insieme una ventina. Pensava a tutte le seggiole delle chiese; a quelle ch'erano sotto la sua custodia, un tempo, a San Pietro; pensava alle carrettate che ogni domenica sera se ne trasportavano all'emiciclo in fondo al viale della Passeggiata, ove sonava la banda militare. Seggiole d'avanzo, là per le bigotte, qua per le civette! e nel Fascio, niente! Colpa dei socii, però, alla fin fine; e dunque, peggio per loro! Sarebbero rimasti in piedi.

Stava per rincasare, quando da un vicoletto che sboccava nella piazza sentì chiamarsi piano da qualcuno in agguato lì ad aspettarlo, incappucciato.

– *Ps, ps...*

Un contadino! Il cuore gli diede un balzo in petto. Gli s'accostò premuroso.
– *Serv'a Voscenza*. Posso dirle una parolina?
– Come dici? – gli domandò Nocio Pigna, facendoglisi più presso, costernato dall'aria di sospetto e di mistero con cui quell'uomo gli stava davanti, parlando dentro il cappuccio che gli lasciava scoperti appena gli occhi soltanto. – Vuoi parlare con me?
– Sissignore, – rispose quegli più col cenno che con la voce.
– Eccomi, figlio mio, – s'affrettò a dir Pigna. – Vieni qua... entriamo qua...
E gl'indicò il portone del *Fascio*.
Ma quegli negò col capo e subito si trasse più indietro nel vicoletto. Pigna lo seguì.
– Non aver paura. Non c'è nessuno. Che vuoi dirmi?
L'uomo incappucciato esitò ancora un po', prima di rispondere; volse intorno gli occhi sospettosi, poi mormorò, sempre dentro il cappuccio:
– M'hanno parlato a quattr'occhi... Persona fidata... Dice che...
E s'interruppe di nuovo.
– Parla, parla, figlio mio, – lo esortò il Pigna. – Siamo qua soli... Che t'hanno detto?
Gli occhi sospettosi sotto il cappuccio espressero lo sforzo penoso che colui faceva su se stesso per vincere il ritegno di parlare. Alla fine, stringendosi più al muro e stendendo appena fuor del cappotto una mano sul braccio del Pigna, domandò a bassissima voce:
– È qua che si spartiscono le terre?
Nocio Pigna, mezzo imbalordito per tutto quel mistero, restò a guardarlo un pezzo di traverso, a bocca aperta.
– Le terre? – disse. – Le terre, no, figlio mio.

Quegli allora alzò il mento e chiuse gli occhi, per un cenno d'intesa. Sospirò:

— Ho capito. Mi pareva assai! Mi hanno burlato.

E si mosse per andar via. Nocio Pigna lo trattenne.

— Perché burlato? No, figlio mio... Senti...

— Mi scusi *Voscenza*, — disse quegli, fermandosi per farsi dar passo. — È inutile. Ho capito. Mi lasci andare...

— E aspetta, caro mio, se non mi dài il tempo di spiegarmi... — s'affrettò a soggiungere il Pigna. — Le terre, sissignore, verranno anche quelle... Basta volere! Se noi vogliamo... Sta tutto qui!

Quegli seguitò a scuotere il capo con amara e cupa incredulità; poi disse:

— Ma che dobbiamo volere, noi poveretti? che possiamo volere?

Pigna si scrollò, urtato:

— E allora, scusa, tie', ti do le terre, è vero? Prima di tutto dev'esserci la volontà, in te e in tutti, senza paura, capisci? Non c'è bisogno di guerra, mettiti bene in mente questo! Noi vogliamo anzi cantare inni di pace, caro mio. Il Fascio è come una chiesa! E chi entra nel Fascio...

— *Voscenza* mi lasci andare...

— Aspetta, ti voglio dir questo soltanto: chi entra nel Fascio, entra a far parte d'una corporazione che abbraccia, puoi calcolare, i quattro quinti dell'umanità, capisci? i quattro quinti, non ti dico altro.

E agitò innanzi a quegli occhi le quattro dita d'una mano: poi riprese:

— Unione, corpo di Dio, e siamo tutto, possiamo tutto! La legge la detteremo noi: debbono per forza venire a patti con noi. Chi lavora? chi zappa? chi semina? chi miete? O date tanto, o niente! Questo per il momento. Il nostro programma... Vieni, ti spiego tutto...

– *Voscenza* mi lasci andare... Non è per me...

– Come non è per te, pezzo d'asino? se si tratta proprio di te, della tua vita, del tuo diritto? Pensaci, figlio! Guarda: il *Fascio* è qua. Mi trovi sempre.

– Sissignore, bacio le mani.... Per carità, come se non le avessi detto niente...

E, voltate le spalle, se n'andò randa randa, guardingo. Nocio Pigna lo seguì per un pezzo con gli occhi, scrollando il capo.

Trambusto, a casa, più del solito. Si progrediva notevolmente, di giorno in giorno, verso la rivoluzione sociale. C'erano – e s'indovinava subito fin dalla strada – i cinque studenti, già condiscepoli di Celsina. C'era anche, ma ingrugnato e tutto aggruppato in un angolo, Antonio Del Re, il nipote di donna Caterina Laurentano e di Roberto Auriti. Parlavano tutti insieme a voce alta. Il gigante, cioè Emanuele Garofalo, e quel piccolo Miccichè che friggeva in ogni membro e scattava e schizzava come un saltamartino, e il recalmutese atticciato e violento Bernardo Raddusa gridavano, non si capiva bene che cosa, attorno a sua figlia Mita, la maggiore delle sei rimaste in casa, quella che lavorava tutto il giorno e talvolta anche la notte insieme con Annicchia, ch'era la terza. Attorno a questa strillavano le sorelle Tina e Lilla con Totò Licasi e Rocco Ventura; Rita cercava di quietare il bimbo che piangeva, spaventato; Celsina, accesa di stizza, litigava con Antonio Del Re; e, come se tutto quel badanai fosse poco, *'Nzulu*, il vecchio barbone nero baffuto e mezzo cieco, acculato su una seggiola, levando alto il muso, si esercitava in lunghi e modulati guaiti di protesta.

Luca Lizio, appartato, si teneva il capo con tutt'e due le mani, quasi per paura che quegli strilli glielo portassero via.

– Signori miei, che cos'è? dove siamo? – gridò Nocio Pigna, entrando.

Tutti si voltarono, gli corsero incontro e, accalorati, presero a rispondergli a coro. Nocio Pigna si turò gli orecchi.

– Piano! Mi stordite! Parli uno!
– Mita e Annicchia, al solito! – strillò Tina.
– Smorfie! – aggiunse Lilla.

Ed Emanuele Garofalo, il gigante, scotendo le braccia levate, con voce da cannone:

– Tutti giù! tutti giù!
– S'imponga l'autorità paterna! – saltò a dire Mondino Micciché, facendo il mulinello in aria col bastoncino.
– Non capisco nulla! Zitti! – urlò Nocio Pigna.

Tacquero tutti; ma subito, nel silenzio sopravvenuto, sonò un: – Mammalucco! – rivolto da Celsina ad Antonio Del Re con tale espressione di rabbia concentrata, che le risa si levarono fragorose.

Celsina si fece avanti, snella su i fianchi procaci, col seno colmo in sussulto, il bruno volto in fiamme e gli occhi sfavillanti. In mezzo a tutte quelle risa, l'espressione di fierissima stizza accennò in un baleno di scomporsi, le labbra di fuoco le si atteggiarono per un momento a un riso involontario, ma subito si riprese e gridò imperiosamente e con sprezzo:

– Andiamo! andiamo! andiamo! Chi vuol sentire, senta! Chi non vuol sentire... me n'importa un corno!
– Insomma, – gemette Nocio Pigna, raggruppando le dita delle due mani e giungendole per le punte, – posso sapere che diavolo è avvenuto? – E subito aggiunse, sbarrando gli occhi: – Ma parli uno!

Parlò Rocco Ventura, piccolo e tondo, col naso a pallottola in sù e due baffetti spelati che gli cominciavano agli angoli della bocca e subito finivano lì, come due virgolette:
— Niente, — disse, — proponevamo semplicemente di scendere tutti giù, nella stanza a pianterreno, per assistere alla prova generale della conferenza di Celsina, ecco.
— E Mita e Annicchia, al solito... — aggiunse Tina, tutta scarmigliata.
— Smorfie! — ripeté Lilla.
— Non vogliono scendere? e lasciatele stare! — disse Celsina, dalla soglia. — Loro sono le formiche, si sa, io la cicala. Andiamo, andiamo giù, e basta!
Pigna guardò le due figlie Mita e Annicchia rimaste sedute, tutt'e due vestite di nero, pallide in volto e con gli occhi dolenti; poi guardò Antonio Del Re, rimasto anch'egli seduto, torbido in faccia, con un gomito appoggiato sul ginocchio e le unghie tra i denti.
— Andate, andate, — disse a quelli che già si disponevano a scendere dietro Celsina nella stanza terrena. — Ora vengo... Debbo dire una parola a don Nino Del Re.
— Nient'affatto! — gridò Celsina, risalendo gli scalini della scaletta di legno e ripresentandosi tutta vibrante su la soglia. — Te lo proibisco, papà! A Nino ho parlato io, e basta! Vieni giù!
— Va bene, va bene, — disse il Pigna. — Che furia! Debbo tenergli un altro discorsetto io... Piano piano...
Antonio Del Re si sgruppò, scattò in piedi per un improvviso ribollimento di sdegno; ma, subito pentito della risoluzione d'andarsene, restò lì, cercando soltanto con gli occhi, in giro per la stanza, il cappello.
— Uh, santo Dio, come fate presto a pigliar ombra

anche voi! Non vi precipitate! – esclamò Nocio Pigna.

– Ma no! ma lascialo andare, se vuole andarsene! – soggiunse aizzosa Celsina. – Mi fa un gran piacere, se va via; già gliel'ho detto! Anzi, aspetta...

Corse nel camerino accanto, in cui dormiva; trasse da un cassetto del canterano una vecchia bambola, la sua ultima bambola di tant'anni fa, ritrovata per caso alcuni giorni a dietro e a cui quel bestione di Emanuele Garofalo, senz'intendere la pena che le avrebbe cagionato, aveva fatto di nascosto con la penna un pajo di baffoni da brigadiere; e venne a posarla sul petto d'Antonio Del Re; gli tirò sù un braccio, perché se la tenesse lì stretta, dicendo:

– Tieni; questa è per te! questa tu puoi amare! – E di corsa scomparve per la scaletta.

Antonio Del Re buttò la bambola nel grosso canestro da lavoro, che stava tra Mita e Annicchia. Nocio Pigna rimase un po' a guardarla, accigliato; si curvò a osservarla davvicino; domandò:

– Che sono, baffi?

Per tutta risposta, Nino riprese la bambola e se la ficcò in tasca a capo all'ingiù. Le due gambette, una calzata e l'altra no, rimasero fuori.

– E così il sangue le andrà alla testa! – disse allora Nocio Pigna. – Calma, calma, don Ninì! Ragioniamo. Veramente sarebbe meglio che voi ve n'andaste. La vostra condizione, in questo momento, con vostro zio a Girgenti, in ballo... Noi qua dobbiamo lavorare. Si comincia adesso; poco possiamo fare; ma una voce almeno dobbiamo levarla, di protesta. Ora, io entro nel vostro cuore di nipote, e comprendo. Siete ancora ragazzo, figlio di famiglia: so come la pensate; certe cose non vi possono far piacere. Dovreste però entrare anche voi un poco nel mio cuore di padre, comprendere la mia responsabilità, mi spiego? e anche... Don Ninì, sono un uomo esposto, voi lo sapete; un pover'uomo lapidato di calunnie da tutte le parti: me ne rido; ma quanto a voi e ai vostri parenti, anche per riguardo a... – come sarebbe di voi don Landino Laurentano? zio? cugino? zio, è vero? già... cugino carnale di vostra madre – anche per un riguardo a lui, dicevo, non vorrei che si sospettasse... Parlo bene, Mitina?

Mita alzò gli occhi appena appena dal lavoro e li riabbassò subito, seguitando a cucire. Antonio Del Re era andato presso la vetrata del balconcino e guardava fuori, nel Piano di Gamez deserto, seguitando a rodersi le unghie.

– Sentite, – riprese il Pigna. – È la verità sacrosanta: non ha fatto tanto male a sé, a tutta la sua famiglia e a voi, vostra nonna...

A questo punto il Del Re si voltò di scatto, gli venne incontro, scotendo le pugna, e gridò:

– Basta! basta! basta!

Nocio Pigna lo guardò un pezzo, sbalordito, poi disse:

– Ma sapete che mi sembrate pazzi tutti quanti, oggi, qua? Sto dicendo che il più gran male lo fece al paese, lasciando tutto il ben di Dio che le spettava nelle mani di quel fratello che... Ma poi, ohè don Ninì, lasciamo svaporar le smanie e parliamoci chiaro! Di che colore siete? Così non facciamo niente! Io non vi sforzo. Ma è tempo di risolvervi, caro mio: o qua con noi, dico col Partito, a viso scoperto; o ve ne state coi vostri. Se non sapete neanche voi stesso...

– Ma giusto lei? giusto lei? – proruppe Antonio Del Re, quasi piangendo dalla rabbia, facendoglisi di nuovo incontro, con le dita artigliate (alludeva a Celsina). – Perché lei? Non c'eravate voi? non c'erano quegli stupidi là, Raddusa o Garofalo?

– Che, lei? – fece il Pigna, stordito.

– La conferenza, – spiegò, a bassa voce, Annicchia.

– Ah, la conferenza? E che fa?... Ah, già... Ma scusate tanto, don Nino mio! A voi non brucia! Voi ora ve n'andate a Roma con vostro zio, a seguitare gli studii, nella bella città; andate a sedere a tavola a pappa scodellata; tasse, libri, tutto pagato... Ma pensate, Cristo di Dio, che anche mia figlia qua... Ve l'immaginate come le deve ribollire il sangue, povera figlia mia, pensando che ha fatto tanto, stentato tanto, per niente? che deve finire così tutto il suo amore per lo studio, tutta la sua smania di riuscire? Lasciatela sfogare! Dovrebbe dar fuoco a tutto il paese! Vorreste metterle la museruola, per giunta? E con quale diritto, scusate? Che potete far voi per lei? Se non me ne vado, schiatto...

Scappò via, anche lui, infuriato, per la scaletta di legno.

Antonio Del Re era ritornato presso la vetrata a guardar fuori. Mita e Annicchia seguitarono a lavorare in silenzio, a testa bassa. In quel silenzio tutti e tre avvertirono l'affanno del proprio respiro, che palesava a loro stessi l'interno cordoglio, esasperato dal pensiero di non poter opporsi a quello stato di cose contrario alla loro natura, ai loro affetti, alle loro aspirazioni.

Il più combattuto era Antonio Del Re. Tutta la cupa amarezza della nonna gli s'era trasfusa, sin dall'infanzia, nel sangue, e glielo aveva avvelenato; la tenerezza quasi morbosa, piena di palpiti e di sgomento, della madre gli dava pena e fastidio, un'angustia che lo avviliva; la remissione dello zio, sopraffatto dalle tristi vicende, rimasto indietro, pur avendo corso da giovinetto con tanta fiamma e tanto ardire, e che tuttavia non voleva parer vinto e sorrideva per mostrar fiducia ancora in un ideale che tanti torti, tanti errori, avevano offeso e offuscato, gli cagionava dispetto. Sentiva, sapeva che quel sorriso avrebbe voluto nascondere un marcio insanabile, per una pietà mal intesa. Ma perché, invece di nasconderlo, non lo scopriva zio Roberto quel marcio, come la nonna, come qua in casa del Pigna, i suoi compagni, tutti i giovani? In un modo, però, questi lo scoprivano, che gli faceva nausea e stizza. Quelli che avevano operato, combattuto e sofferto, quelli sì avrebbero dovuto gridar forte contro tante colpe e tante miserie e domandar giustizia e vendetta in nome dell'opera loro e del loro sangue e delle loro sofferenze; non questi che nulla avevano fatto, che nulla dimostravano di saper fare, altro che chiacchiere per passatempo, e metter tutti in un fascio gli onesti e i disonesti, suo zio coi mestatori e gl'intriganti, coi tanti patrioti per burla o per tornaconto!

Non questa ingiustizia soltanto, però, rendeva avverso Antonio Del Re ai suoi compagni. Educato alla scuola di un dolor cupo e fiero che sdegnava di sfogarsi a parole, d'una rinunzia ancor più fiera che sdegnava ogni bassa invidia, se egli si fosse gettato nella lotta, spezzando ogni legame ideale coi suoi, non avrebbe né proferito una parola né cercato compagni: a testa bassa, coi denti serrati e la mano armata, subito all'atto si sarebbe avventato. Quelli invece eran lì per ciarlare, lì per spassarsi con le figlie del Pigna.

Non avrebbe voluto riconoscere Antonio Del Re che la sua avversione e il suo sdegno erano in gran parte gelosia feroce.

Con lo stesso ardor chiuso con cui si sarebbe lanciato a un'azione violenta, s'era innamorato perdutamente di Celsina fin dal primo giorno che questa, ragazzetta allora con la vestina fino al ginocchio, s'era presentata alle scuole tecniche maschili. E Celsina, pure corteggiata da tutti i compagni, aveva risposto all'amore di lui, prima in segreto, poi lasciandolo intravedere agli altri, dichiarandosi infine apertamente e sfidando la baja dei disillusi. Non s'era chiusa però nel suo amore, non s'era accostata e stretta a lui com'egli avrebbe voluto: era rimasta lì, in mezzo a tutti, col cuore aperto, la mente qua e là, prodiga di parole, di sguardi e di sorrisi, inebriata dei suoi trionfi, della sua gloriola di ribelle a tutti i pregiudizii, conscia del suo valore e smaniosa di farsi notare, ammirare, applaudire.

Più ella gli appariva così, e più Antonio riconosceva che non avrebbe dovuto amarla, non solo perché così non era secondo il sentimento suo, ma anche perché, pensando alla madre e alla nonna, comprendeva che l'una ne avrebbe avuto orrore e l'altra l'avrebbe stimata una fraschetta sciocca. Eppure, no: non era né cattiva né sciocca Celsina, egli lo sapeva bene; e anzi, se avesse dovuto ascoltar la voce più intima e profonda della sua coscienza, voce soffocata dal rispetto, dalla suggezione, dall'amore, anziché la ribellione aperta di Celsina, avrebbe condannato la fierezza troppo chiusa della nonna, la rassegnazione troppo ligia della madre.

– Don Ninì, – chiamò con dolce voce Mita. – Volete venire un po' qua?

Antonio si scosse, le s'accostò; ma nel vederle sollevare il capo di biancheria ch'ella stava a cucire come per prendergli una misura, si trasse subito indietro, urtato, scrollandosi tutto.

– No!... no, adesso...

– Caro don Ninì, – sospirò Mita. – Pazienza ci vuole! Bisogna far presto... Voi partite... Beato voi!

Mita stava ad allestirgli, insieme con la sorella, la biancheria che doveva portarsi a Roma.

Tutte le migliori famiglie della città, e anche la nonna e la madre d'Antonio, davan lavoro a quelle due povere sorelle, che si recavano spesso anche a giornata qua e là. La considerazione era per esse soltanto, anzi la pietà; ed esse lo comprendevano bene, e di giorno in giorno si facevano più umili per meritarsela meglio, per dimostrar la loro gratitudine e non essere abbandonate. Capivano che a troppe cose si doveva passare sopra per ajutarle, a troppe cose che il padre e le sorelle, anziché attenuare, facevan di tutto perché avventassero di più, come se apposta volessero concitarsi contro tutto il paese e stancare la pazienza e la carità del prossimo. Ma il danno poi non sarebbe stato anche loro? Che doveva dir la gente? Noi, estranei, dobbiamo aver considerazione per voi, dobbiamo ajutarvi, mentre il vostro sangue stesso, quelli che voi mantenete con l'ajuto nostro, debbono farci la guerra? Disordini, scandali, inimicizie!

Per scusare in certo qual modo il padre, Mita e Annicchia si forzavano a credere che veramente il cervello gli avesse dato di volta dopo la sciagura di Rosa, la sorella maggiore. Certo, da allora s'era aperto l'inferno in casa loro. Più che del padre, Mita e Annicchia si lagnavano, si crucciavano in cuore delle sorelle. Come mai non comprendevano, queste, che solamente col silenzio, con la modestia più umile e più schiva si poteva, se non cancellare del tutto, render meno evidente il marchio d'infamia di cui la loro casa era ormai segnata? Rita, quando il bambino le lasciava un po' le mani libere, e anche Tina e Lilla, sì, le ajutavano a cucire, a imbastire o a passare a macchina, nei giorni non frequenti che il lavoro abbondava; ma lavoravano senz'amore, svogliate, specialmente le due ultime, perché non rassegnate dopo quella sciagura alla rinunzia di ogni speranza e di ogni desiderio. Nel vederle acconciarsi e rabbellirsi ogni mattina, si sentivano stringere il cuore, intendendo che non si acconciavano, non si facevano belle per speranze e desiderii onesti: dovevano sapere anch'esse purtroppo che nessuno più, ormai, avrebbe voluto mettersi con loro. E da un giorno all'altro s'aspettavano che Tina e Lilla, con tutti quei giovanotti lì sempre tra i piedi, avrebbero finito come Rita. Ma avessero trovato almeno un buon giovine, come Luca! Poteva cader peggio Rita... Perché, in fondo, sì, sì, dovevano riconoscere che Luca era buono. Solo non potevano passargli l'ostinazione di non regolare davanti alla legge e all'altare la sua unione con Rita. Era così buono con tutti, e amava tanto il bambino e non pesava nulla in casa. Certo, se non si fosse fatti tanti nemici per quelle sue idee, e non fosse stato così disgraziato, avrebbe potuto recar molto ajuto alla famiglia, ché, quanto a lavorare, lavorava sempre e doveva esser dotto davvero, a giudicare dai tanti libri che aveva letti e leggeva!

Un po' di questo rispetto imposto dall'ingegno e dall'istruzione, Mita e Annicchia lo estendevano anche a Celsina, perché veramente pareva loro, per tante prove, fuori dell'ordinario, e riconoscevano col padre che, in altro luogo, in altre condizioni, ella avrebbe fatto davvero chi sa che spicco! La vedevano piena di sprezzo per gli uomini – e questo per un verso le rassicurava –. Ah, gli uomini ella era andata a sfidarli là, nelle loro stesse scuole; e tutti li aveva superati! Veramente, quella sfida non avevano saputo approvarla: con maggior profitto, se pur con minore soddisfazione, avrebbe potuto frequentare le scuole femminili e diventar maestra. Così, invece, era rimasta senza professione. Ma non temevano per l'avvenire: qualche via, certo, Celsina se la sarebbe aperta, in paese o altrove. Quel povero don Ninì, intanto, che l'amava e ne era geloso... Tanto buono, poveretto! Ma non era per lui, Celsina. Guaj se lo avessero saputo i suoi parenti! Pareva loro mill'anni che partisse per Roma.

Annicchia toccò pian piano un braccio a Mita per

mostrarle le due gambette della bambola, che uscivano dalla tasca di lui ancora lì, dietro la vetrata del balconcino. Mita rispose con un mesto sorriso al sorriso della sorella; poi sovvenendosi di una preghiera che dalla notte aveva in animo di rivolgere al giovine, si levò in piedi, posando il lavoro nel canestro, e gli si accostò timidamente.

– Don Ninì, – gli disse piano, – prima di partire per Roma, dovreste farmi per l'ultima volta quella tal grazia, se...

– No, per carità, no, Mita, non me ne parlate! – la interruppe con violenza Antonio Del Re, premendosi le mani sulle tempie e strizzando gli occhi.

– L'avete a disonore, è vero? – disse afflitta, con gli occhi bassi, Mita.

– No, non per questo! non per questo! – s'affrettò a soggiungere Antonio. – Ma ora, in questo momento... non posso... non posso sentir parlare di nulla, Mita!

Una cosa atroce voleva da lui quella poveretta, un ricordo atroce gli ridestava proprio in quel momento. La guardò, temendo che l'orrore che traspariva attraverso il suo rifiuto avesse potuto farle sorgere qualche sospetto. Ma le vide più che mai dolenti e umili i begli occhi, che tante lagrime versate avevano velati e quasi intorbidati per sempre. Quasi ogni notte, infatti, ella piangeva col cuore sfranto per Rosa, la sorella sua disgraziata, la sorella sua perduta, caduta nell'ultimo fondo dell'ignominia. Più volte, non potendo andarla a trovare nel luogo infame, dove ora stava chiusa, aveva pregato Antonio di andarci per lei. E Antonio, l'ultima volta che c'era andato, trovandola mezzo brilla, era stato attratto da lei e...

Un fracasso di grida, d'applausi, misti agli strilli del bambino e agli abbajamenti del cane, giunse in quel punto dalla stanza a terreno; e poco dopo

'Nzulu, il vecchio barbone, cacciato via a pedate da giù, tutto tremante, piegato sulle zampe di dietro come se volesse col fiocchetto della coda convulsa spazzare il suolo, venne ad allungare il naso baffuto su le ginocchia di Mita, che s'era rimessa a sedere. Le due sorelle, nel veder la povera bestia implorante ajuto e riparo da loro, si misero a piangere. E allora Antonio Del Re, non sapendo più tenersi, si cacciò in capo il cappello, aprì la vetrata del balconcino e, scavalcata la ringhiera di ferro, mentre Mita e Annicchia, spaventate, gridavano:
– Oh, Dio, don Ninì... che fate? che fate? –, si calò giù, reggendosi prima con le mani a due bacchette della ringhiera, poi si lasciò cadere nella piazza sottostante.

S'udì il tonfo e quindi il rumore di qualcosa andata in frantumi. Mita accorse a guardare e lo vide, curvo, che cercava con le braccia protese, come un cieco, il cappello che gli era cascato lì presso.

– Don Ninì, vi siete fatto male?
– Nulla... – rispose egli di sotto. – Le lenti... Mi son cascate le lenti.

E, ghermito il cappello, scappò via.
– Impazzisce! – disse Mita. – Ma possibile?
E accennò con la mano la stanza giù, dove Celsina predicava.

Precipitandosi per la via di Gamez, Antonio Del Re, che senza lenti non vedeva di qui là, inciampò in qualcuno all'imboccatura della via Atenea.
– Oh Nino!
Riconobbe alla voce l'on. Corrado Selmi.
– Mi lasci andare! – gli gridò, scrollandosi rabbiosamente.

Corrado Selmi aveva lasciato il Verònica all'albergo in compagnia dell'altro testimonio, e si recava ora in casa di Roberto Auriti che l'ospitava.

Da quattro giorni, appena si mostrava per via, si vedeva tutti gli occhi addosso; parecchi curiosi si fermavano anche a mirarlo a bocca aperta; altri sbucavano dalle botteghe e si piantavan sulla soglia, addossati gli uni agli altri. Tanta curiosità l'obbligava a darsi un certo contegno, contro il suo solito. Ma gli veniva da ridere. Non sapeva più dove guardare, perché gli occhi naturalmente gaj e l'aria aperta e fresca del volto non déssero di lui un falso concetto di petulanza. Era davvero e si sentiva giovanissimo ancora, nel corpo e nell'anima, non ostanti l'età, le vicende fortunose e le tante lotte sostenute. Non un pelo bianco, né per nulla ancora appassito il color biondo dei baffi e dei capelli. Vestiva con naturale eleganza e spirava da tutta la persona, da ogni gesto, da ogni sguardo, una freschezza e una grazia che incantavano. Questa persistente gioventù Corrado Selmi di Rosàbia la doveva al vivace, costante amore per la vita e, nello stesso tempo, al pochissimo peso che sempre le aveva dato. Né di troppi ricordi, né di troppi studii, né di troppi scrupoli, né d'aspirazioni tenaci se l'era voluta mai gravare, come fanno tanti a cui per forza poi, sotto un tal fardello, debbono le gambe piegarsi e aggobbirsi le spalle. Viaggiatore senza bagaglio, soleva definirsi. E sempre s'era imbarcato così, spiccio e leggero, per viaggi lunghi, avventurosi e difficili. Niente da perdere, e avanti! Fallita l'insurrezione del 4 aprile, scampato per miracolo dal convento della Gancia, aveva dapprima guerrigliato con le squadre attorno a Palermo; aveva poi fatto la campagna del 1860 con Garibaldi fino al Volturno; ma come? senza munizioni e con un fucilaccio che non tirava, venuto da Malta per sei ducati. Alla Camera, tra tanti colleghi dalla fronte gravida di pensieri e dalla cartella gonfia di note e d'appunti, aveva fatto parte delle Commissioni più difficili, senza né un lapis né un taccuino. E sempre s'era dato da fare, comunque; senza mai sforzarsi; e tutto gli era riuscito facile e agevole, non schivando mai, anzi sfidando e bravando i più gravi pericoli, le più difficili imprese, le avventure più intricate. Non ammetteva che ci potessero essere difficoltà per uno come lui, sempre pronto a tutto. Non andava incontro alla vita; si faceva innanzi, e passava. Passava, disarmando tutti con la sicurezza convinta e la gaja tranquillità: d'ogni retorica ostentazione, la rigida virtù dei Catoni; d'ogni scrupolo di pudore, l'onestà delle donne. Né s'era mai fermato un momento in questa corsa della vita per giudicare fra sé se fosse bene o male ciò che aveva fatto pur dianzi. Non bisognava dar tempo al giudizio, come né peso ai proprii atti. Oggi, male; bene, domani. Inutile richiamarlo indietro a considerare il mal fatto; scrollava le spalle, sorrideva, e avanti; avanti a ogni modo, per ogni via, senza mai indugiarsi, lasciandosi purificare dall'attività incessante e dall'amore per la vita e rimanendo sempre alacre e schietto, largo di favori a tutti, con tutti alla mano. La vita era per lui piena di ganci che lo tiravano di qua e di là. Fermarlo, sospenderlo a uno solo per giudicarlo, sarebbe stata un'ingiustizia crudele.[32]

Ora Corrado Selmi temeva che la minaccia d'una tale ingiustizia gli stesse sopra: che lo si volesse cioè agganciare per i molti debiti ch'era stato costretto a contrarre, per le molte cambiali che aveva in sofferenza presso una delle primarie banche, di cui già si cominciavano a denunziare le magagne. Forse all'apertutra della nuova Camera lo scandalo sarebbe scoppiato. Prevedeva lo spettacolo che avrebbero offerto tutti i gelosi irsuti guardiani dell'onestà, a cui il timore di commettere qualche atto men che corretto aveva sempre impedito di far qualche cosa oltre alle insulse chiacchiere retoriche; egoisti meschini e miopi, diligenti coltivatori dell'arido giardinetto del loro senso morale, cinto tutt'intorno da un'irta siepe di scrupoli, la quale non aveva poi nulla da custodire, giacché quel loro giardinetto non aveva mai dato altro che frutti imbozzacchiti o inutili fiori pomposi. Debiti? Cambiali? Oh bella! Aveva firmato sempre cambiali, lui, in vita sua. A diciott'anni, a Palermo, nei primi mesi del 1860, il Comitato rivoluzionario non sapeva come fare: si sperava in Garibaldi, si sperava in Vittorio Emanuele e nel Piemonte, si sperava in Mazzini; ma i mezzi mancavano e le armi e le munizioni. Ebbene, chi aveva proposto di prendere dalla Cassa di sconto del Banco di Sicilia seimila ducati con le firme dei signori più facoltosi? Lui. E aveva firmato lui, capolista, per duecento ducati, lui che non aveva neppure un carlino in tasca. Il Governo provvisorio avrebbe poi pagato. Come s'era fatta l'insurrezione del 4 aprile?[33] S'era fatta così! E come aveva compiuto, lui solo, il bonificamento dei terreni paludosi che ammorbavano gran parte del suo collegio elettorale? Ma anche a furia di cambiali! Poi, il collegio s'era liberato della malaria, e i debiti, si sa, erano rimasti a lui, perché l'impresa della coltivazione, affidata a certi suoi parenti inesperti, era fallita, e i frutti dell'opera sua ora se li godevano per la maggior parte tanti altri che gli davan solo le bucce come e quando volevano, ma che però gli facevano costantemente l'onore di eleggerlo deputato. Era vero, sì: oltre ai denari attinti alle banche per questa impresa e per altre ugualmente vantaggiose a molti e solo disgraziate per lui, altri e non pochi ne aveva presi per il suo mantenimento. Vivere doveva; e poveramente non sapeva, né voleva. Da giovane, aveva interrotto gli studii per prender parte alla rivoluzione. Per undici anni, finché Roma non era stata presa, non s'era dato un momento di requie. Posate le armi, rimasto senza professione e senza alcuno stato, dopo avere speso per gli altri i suoi anni migliori, che doveva fare? Impiccarsi? La fortuna non aveva voluto favorirlo nei negozii; gli aveva accordato altri favori, ma che gli eran costati cari, e qualcuno – il maggiore e il peggiore – non alla tasca soltanto.

Corrado Selmi vietava a se stesso ogni rimpianto. Pure, di tratto in tratto, quello dell'amore di donna Giannetta D'Atri-Montalto gli assaltava e gli strizzava improvvisamente il cuore. Ma più che pena per l'amore perduto, era rabbia per il cieco abbandono di sé nelle mani di quella donna che per più d'un anno lo aveva reso la favola di tutta Roma, facendogli commettere vere e proprie pazzie. Pareva che colei avesse giurato a se stessa di compromettersi e di comprometterlo in tutti i modi, presa da una furia di scandalo. Più per lei che per sé, aveva cercato prima di frenarla; ma s'era poi sfrenato anche lui per timore che i suoi ritegni la offendessero o che la sua prudenza le paresse dappocaggine. I più grossi debiti li aveva contratti allora, sebbene non figurassero sotto il suo nome per un riguardo alla donna che glieli faceva contrarre. Roberto Auriti s'era prestato con fraterna abnegazione a prender denari per lui alla banca, dopo una segreta intesa però col governatore di essa. La minacciata denunzia dei disordini di questa banca costernava pertanto Corrado Selmi, forse più che per sé, per Roberto Auriti. Ma la grave costernazione gli era in parte ovviata dalla fiducia che il Governo aveva interesse, per tante ragioni, a impedire che lo scandalo scoppiasse. Sapeva bene che questo scandalo non avrebbe prodotto soltanto il fallimento d'una banca, ma anche il fallimento di tutto un ordine di cose. L'appoggio del Governo alla sua rielezione, non ostante che Francesco D'Atri fosse al potere, e l'appoggio alla candidatura di Roberto Auriti lo raffermavano in questa fiducia. Prima di partire da Roma, aveva promesso a Roberto di venire a Girgenti a sostenerlo nella lotta; chiamato in fretta in furia dal telegramma del Verònica, era accorso, e subito s'era reso conto delle condizioni difficilissime in cui Roberto si trovava di fronte a gli avversarii, aggravate ora, per giunta, da quel duello. Avrebbe fatto di tutto per liberar Roberto dalle tante angustie da cui lo vedeva oppresso, per tirarlo sù a respirare un'altr'aria, per innalzarlo a quel posto di cui lo sapeva meritevole per le doti della mente e del cuore, per tutto ciò che aveva fatto in gioventù; ma da che aveva posto il piede nella casa di lui a Girgenti e conosciuto la madre e la sorella, s'era sentito cascar le braccia; d'un tratto gli era apparsa chiara la ragione per cui l'Auriti era nella vita uno sconfitto. Un reclusorio gli era sembrata quella casa! Ma possibile che due creature umane si fossero adattate a trascinar l'esistenza in quella cupa ombra di tedio amaro e sdegnoso? che si fossero fatto un così tetro concetto della vita? Non aveva saputo resistere alla tentazione di muoverne il discorso alla madre, con la speranza di scuoterla un po'.

— Ma se la vita è una piuma, donna Caterina! Un soffio, e via... Lei vuol dar peso a una piuma?

— Voglio, caro Selmi? — gli aveva risposto donna Caterina. — Non l'ho voluto io... Per voi la vita è una piuma; un soffio e via; per me, è diventata di piombo, caro mio.

— Appunto questo è il male! — aveva subito rimbeccato lui. — Farla diventar di piombo, una piuma! Dovendo vivere, scusi, non le sembra che sia necessario mantenere l'anima nostra in uno stato... dirò così, di fusione continua? Perché fermare questa fusione e far rapprendere l'anima, fissarla, irrigidirla in codesta forma triste, di piombo?

Donna Caterina aveva tentennato un po' il capo, con le labbra atteggiate d'amaro sorriso.

– La fusione... già! Ma per mantener l'anima, come voi dite, in codesto stato di fusione, ci vuole il fuoco, caro amico! E quando, dentro di voi, il fornellino è spento?

– Non bisogna lasciarlo spegnere, perbacco!

– Eh, caro: quando il vento è troppo forte; quando la morte viene e ci soffia sù; quando cercate attorno e non trovate più un fuscello per alimentarlo...[34]

– Ma dove lo cerca lei? qua? chiusa sempre fra queste quattro mura come in una carcere? La signora Anna, scusi... possibile che la signora Anna... io non so...

S'era interrotto per un subito imbarazzo, notando che la sorella di Roberto, nel vedersi tirata in ballo quando men se l'aspettava, s'era tutta invermigliata. Fin dal primo vederla, Corrado Selmi era rimasto ammirato della pura e delicata bellezza di lei e istintivamente aveva sofferto nel veder quella bellezza così mortificata da quelle ostinate gramaglie e, più che trascurata, sprezzata. A quel rossore improvviso, aveva temuto d'essersi spinto un po' troppo oltre; ma poi, vincendo il momentaneo imbarazzo, aveva soggiunto:

– Non ha un figliuolo, lei? E l'obbligo, dunque, di vivere per lui, di amar la vita per lui... no? Che so io... forse manifesto un po' troppo vivacemente quel che penso, vedendo qua tutta questa tetraggine che non mi par ragionevole, ecco! Che ne dice lei, signora Anna?

Ella s'era di nuovo invermigliata, s'era penosamente costretta a non abbassar gli occhi, e con la vista intorbidata e un sorriso nervoso sulle labbra,

stringendosi un po' nelle spalle, aveva risposto, alludendo al figlio:
– È giovane, lui... La vita, se la farà da sé...
– Ma lei, dunque... è vecchia, lei?
Con quest'ultima domanda, quasi involontaria, s'era chiusa quella prima conversazione.
Ora Corrado Selmi rientrava in casa di Roberto, esilarato di quanto aveva veduto nella villa di Colimbètra. Tutti quei fantocci là con la divisa borbonica, che gli avevano presentato le armi! Roba da matti! Ma che splendore, quella villa! Il principe – no – non s'era fatto vedere. Che peccato! Avrebbe tanto desiderato di conoscerlo. Ecco là uno che s'era fissato anche lui, nei suoi affetti, in un tempo oltrepassato... – ma che pur seguitava a vivere, fuori del tempo, fuori della vita... in un modo curiosissimo, che bellezza! protendendo da quel suo tempo certe immagini di vita che per forza, nella realtà dell'oggi, dovevano apparire inconsistenti, maschere, giocattoli: tutti quei fantocci là... che bellezza!
– Eppure quei fantocci là, caro Selmi, che vi hanno fatto ridere, – gli disse donna Caterina, – nelle elezioni di domani, qua, vinceranno voi, il vostro amico Roberto, il signor Prefetto, il vostro Governo e tutti quanti... Ridete ancora, se vi riesce. Ombre? Ma siamo noi, le ombre!
– Io no, la prego, donna Caterina, – disse allora, ridendo e toccandosi, il Selmi. – Mi lasci almeno questa illusione! Guardi, il principe, innanzi a me, s'è dileguato lui come un'ombra... Avrei pagato non so che cosa per vedermelo venire incontro, anche per rifarmi... eh, Roberto lo sa... per rifarmi d'un certo incontro con suo figlio a Roma, in cui toccò a me, per forza, far la parte dell'ombra... Beh! pazienza... Ma sì, lei dice bene, donna Caterina; ci ostiniamo purtroppo a volere esser ombre

noi, qua, in Sicilia. O inetti o sfiduciati o servili. La colpa è un po' del sole. Il sole ci addormenta finanche le parole in bocca! Guardi, non fo per dire: ho studiato bene la questione, io. La Sicilia è entrata nella grande famiglia italiana con un debito pubblico di appena ottantacinque milioni di capitale e con un lieve bilancio di circa ventidue milioni. Vi recò inoltre tutto il tesoro dei suoi beni ecclesiastici e demaniali, accumulato da tanti secoli. Ma poi, povera d'opere pubbliche, senza vie, senza porti, senza bonifiche, di nessun genere. Sa come fu fatta la vendita dei beni demaniali e la censuazione di quelli ecclesiastici? Doveva esser fatta a scopo sociale, a sollievo delle classi agricole. Ma sì! Fu fatta a scopo di lucro e di finanza. E abbiamo dovuto ricomprare le nostre terre chiesiastiche e demaniali e allibertar le altre proprietà immobiliari con la somma colossale di circa settecento milioni, sottratta naturalmente alla bonifica delle altre terre nostre. E il famoso quarto dei beni ecclesiastici attribuitoci dalla legge del 7 luglio 1866?[35] Che irrisione! Già, prima di tutto, il valore di questi beni fu calcolato su le dichiarazioni vilissime del clero siciliano, per soddisfar la tassa di manomorta; e da questo valore nominale, noti bene, furon dedotte tutte le percentuali attribuite allo Stato e le tasse e le spese d'amministrazione. Poi però tutte queste deduzioni furon ragionate sul valore effettivo e furon sottratte inoltre le pensioni dovute ai membri degli enti soppressi. Cosicché nulla, quasi nulla, han percepito fin oggi i nostri Comuni. Ora, dopo tanti sacrificii fatti e accettati per patriottismo, non avrebbe il diritto l'isola nostra d'essere equiparata alle altre regioni d'Italia in tutti i beneficii, nei miglioramenti d'ogni genere che queste hanno già ottenuto? Non c'è stato mai verso, per quanti sforzi io abbia fatto, di raccogliere in un fascio operoso tutta la deputazione siciliana. Via, via, non ne parliamo, donna Caterina! Dovrei guastarmi il sangue. Io faccio quanto posso. Poi alzo le spalle e dico: « Vuol dire che questo ci meritiamo, noi ».

Si voltò verso Roberto, per cambiar discorso, e aggiunse:

– Sai? Ho visto jeri, per via, la moglie del tuo avversario. Caro mio, tu devi perdere per forza. Ah che bella donnina! Scusatemi, signore mie, se parlo così; ma io non avrei proprio il coraggio di vincere, neanche nel nome santo della Patria e della Libertà, per non far piangere gli occhi di quella bella signora!

VII

Nicoletta Capolino entrò nello studio del marito già abbigliata, con uno strano cappellone piumato di feltro su i bellissimi capelli corvini. Florida, snella e procacissima, ardente negli occhi e nelle labbra, spirava dalle segrete sapienti cure della persona un profumo voluttuoso, inebriante. Era quello un momento drammatico, d'intermezzo alla commedia che marito e moglie rappresentavano da due anni ogni giorno, anche nell'intimità delle pareti domestiche, l'una di fronte all'altro, compiacendosi reciprocamente della loro finezza e della loro bravura. Sapevano bene l'uno e l'altra che non sarebbero mai riusciti a ingannarsi e non tentavan nemmeno. Che lo facessero per puro amore dell'arte, non si poteva dire, ché odiavano entrambi in segreto la necessità di quelle loro finzioni. Ma se volevano vivere insieme, senza scandalo per gli altri, senza troppo disgusto per sé, riconoscevano di non poterne far di meno. Ed eccoli dunque premurosi a vestire, o meglio, a mascherare di garbata e graziosa menzogna quel loro odio; a trattar la menzogna come un mesto e caro esercizio di carità reciproca, che si manifestava in un impegno, in una gara di compitezze ammirevoli, per cui alla fine marito e moglie avevano acquistato non solo una stima affettuosa del loro merito, ma anche una sincera gratitudine l'uno per l'altra. E quasi si amavano davvero.

– Gnazio, non vado via tranquilla! – diss'ella, entrando, come imbronciata d'un supposto inganno che la addolorava e costernava. – Giurami che non vai a batterti questa mattina.

– Oh Dio, Lellè, ma se t'ho detto che vado a Siculiana! – rispose Capolino, levando le mani per posargliele lievemente sulle braccia. – Dovevo andarci jeri, lo sai. Sta' tranquilla, cara. Il duello è stato rimandato alla fine delle elezioni.

– Debbo crederci, proprio? – insistette lei, mentre stentava ad abbottonarsi il guanto con l'altra mano già inguantata.

Capolino volentieri avrebbe risposto a quell'insistenza con uno sbuffo; invece, sorrise; si accostò premuroso; le prese la mano per abbottonarle lui quel guanto, e vi s'indugiò, come un innamorato.

– Sapessi quanto mi secca d'andare a Valsanìa! – soggiunse lei allora, parlandogli quasi all'orecchio, con abbandono.

– Ma va'! – esclamò egli, guardandola negli occhi, come per farle avvertire che quella nota tenera (molto cara e graziosa, del resto) era per lo meno fuor di tempo e di luogo.

– Ti giuro! – replicò lei, ostinandosi, ma pur rispondendo al sorriso.

Capolino scattò a ridere forte:

– Ma va'! ma va'! che ti divertirai un mondo! Vedere quella foca di Adelaide davanti allo sposo... Sarà uno spettacolo impagabile! Dici sul serio, Lellè?

– Se avessi il cuore tranquillo... – ripeté Nicoletta.
– Jersera ti sei trattenuto qua, chi sa quanto... Non t'ho sentito venire a letto...
– Ma tutta questa corrispondenza elettorale, non vedi? – le disse egli, indicando la scrivania. – Zio Salesio, santo Dio, almeno in questo, potrebbe ajutarmi...
– Oh sì, zio Salesio! Fossero pasticcini...
– Basta. Non perder tempo, va' va'... O aspetti la carrozza?

Nicoletta fece con gli occhi il gesto di chi si rassegna a credere non convinto, e sospirò:
– Se è vero che vai a Siculiana, al ritorno verso sera, passando dallo stradone, non potresti venire a Valsanìa?
– Ah, potendo, figùrati! – rispose egli. – Ma se gli amici... Non ritornerò solo... Se potrò... dico, se potrò lasciarli...

Tese le labbra per baciarla. Ella ritrasse il capo, istintivamente, temendo di guastarsi l'acconciatura.
– Perché? – disse.
– Perché mi piaci, così... Non vuoi darmi un bacio?
– Piano, però...

Furono sorpresi dalla vecchia cameriera, la quale veniva ad annunziare che la carrozza del Salvo era arrivata. Nicoletta si staccò subito dal marito.
– Ecco, vengo, – disse alla serva; poi, tendendo la mano al marito: – E allora, a rivederci.
– Divèrtiti, – le augurò Capolino.

Quella vettura, per una cittaduzza come Girgenti, era proprio di più; goffa ostentazione di lusso e di ricchezza che soltanto al Salvo si poteva passare. Dal sobborgo Ràbato, ove Capolino abitava, al viale della Passeggiata, ove il Salvo da alcuni anni s'era fatto costruire un'amenissima villa, si poteva andare a piedi in mezz'ora.

Nicoletta non aveva alcun dubbio che il marito andava a battersi quella mattina. Ma non doveva saperlo per potersi divertire. Quante e quant'altre cose non doveva allo stesso modo sapere, per poter essere così, gaja e amante della vita! Ci riusciva, spesso, a forza di volontà, non già a non saperle, che non le sarebbe stato possibile, ma a fare, proprio, come se non le sapesse. Di nascosto, quando ne aveva fino alla gola, uno sbuffo, e là! sollevava l'anima sopra tutte le miserie che la avevano oppressa sempre, fin dalla nascita. Non doveva sapere, ad esempio, che la madre le aveva fatto morire, se non proprio di veleno, come qualcuno in paese aveva malignato, certo però di crepacuore il padre, per unirsi in seconde nozze con colui ch'ella chiamava zio Salesio, antico scritturale del banco Spoto. Aveva appena cinque anni, quando il padre le era morto, eppure lo ricordava bene; tanto che la madre non aveva potuto mai persuaderla a chiamar babbo quel suo secondo marito molto più giovine di lei. Non era cattivo, no, zio Salesio; ma fatuo, e vano come la stessa vanità. Appena marito della vedova di Baldassare Spoto, aveva creduto sul serio che da quel matrimonio gli fosse derivato quasi un titolo di nobiltà; e i più strani fumi gli erano saliti al cervello; tutta l'anima anzi gli si era convertita in fumo. Presto però la brace per quei fumi aveva cominciato a languire. Spese pazze... E n'avesse almeno goduto! Che supplizio cinese dovevano essere per lui, tuttora, quelle scarpine di coppale, che lo costringevano ad andare a passetti di pernice, quasi in punta di piedi! Le male lingue dicevano che sotto il panciotto teneva il busto, come le donne. Il busto, no; una fascia di lana teneva, stretta e rigirata più volte attorno alla vita, anche a salvaguardia delle reni che gli s'erano ingommate. Non era poi tanto vecchio: aveva appena qualche annetto più di Capolino: ma lo sfacimento, ad onta di tutte le diligenze e delle più amorose e disperate cure, era cominciato in lui prestissimo. Pareva adesso un fantoccio automatico: tutto aggiustato, tutto congegnato, tutto finto: nei denti, nel roseo delle gote, nel nero dei baffetti incerati e del piccolo pappafico e delle esili sopracciglia e dei radi capelli; e camminava e si moveva come per virtù di molle, giovanilmente. Gli occhi, però, tra tanta chimica, quasi smarriti entro le borse gonfie e acquose delle pàlpebre, esprimevano una pena infinita. Perché erano venuti i guaj, purtroppo, dopo la morte della moglie. Nicoletta avrebbe potuto sbarazzarsi di lui, ma ne aveva avuto pietà; s'era presa lei però l'amministrazione di quel po' ch'era restato; e le apparenze, sì, aveva voluto salvarle, e zio Salesio (ormai quasi mummificato) aveva seguitato a mostrarsi per via come un milordino, prodigio d'eleganza, sempre in calze di seta e scarpine di coppale, in punta di piedi; ma, in casa, eh, in casa la più stretta economia. Tanto che un giorno Nicoletta se l'era visto arrivare con un involto di due polli arrosto finti, di cartone, sotto il braccio. Sicuro: due polli arrosto di cartone da figurare su la magra mensa sotto il paramosche di rete metallica Ogni giorno il povero vecchio se li metteva lì davanti, su la tavola, per illudersi: non poteva farne a meno! E quei due polli di cartone e un tozzo di pane (vero, ma duro per i suoi denti non veri) erano adesso per intere settimane tutto il suo pranzo giornaliero! Perché Capolino non aveva voluto prenderlo con sé, e zio Salesio Marullo, rimasto solo nella vecchia e triste casa che Nicoletta gli aveva ceduto con quel po' ch'era riuscita a salvare dalla rovina, spesso, non sapendo limitarsi nelle spese, per comperarsi una bella cravatta o un bel bastoncino, restava digiuno - quando, beninteso, non si presentava in casa di Flaminio Salvo nell'ora del desinare, sapendo che la figliastra era lì. E Nicoletta, che per l'onta segreta gli avrebbe strappato il pappafico o gli occhi, doveva accoglierlo sorridente.

Sentiva che avrebbe potuto esser buona, in fondo, e veramente buona le pareva d'essersi dimostrata in certi momenti della sua vita; ma che intanto un perfido destino non aveva voluto permetterle d'esser tale. Cattiva per forza doveva essere! Tutto falso in lei, dentro e fuori e intorno. E una lotta segreta, continua, per vincer l'afa del disgusto, per non sentir l'impiccio della maschera, quantunque già sul volto le fosse divenuta fina come la stessa pelle. Ma aveva su la fronte un cerro di capelli svoltato, ribelle, Nicoletta Capolino, e temeva in certe ore che così l'anima qualche giorno le si sarebbe svoltata in petto, in un subito prorompimento contro la soffocazione di tanti e tanti anni.

Per ora, il marito andava a battersi? E lei a festa!

Per non vedere, per non esser veduta da troppa gente, ordinò al cocchiere di lasciar la via Atenea e di prendere per la strada esterna di Santa Lucia, sotto la città. Non si curava più da un pezzo di ciò che la gente pensava nel vederla nella carrozza del Salvo. Era ormai cosa risaputa. Del resto, anche qua, le apparenze in certo qual modo erano salvate dalla parentela che Capolino aveva avuto col Salvo e dall'ufficio ch'ella rappresentava presso la figlia di don Flaminio. L'audacia aveva sfidato la malignità e, se non vinta del tutto, l'aveva costretta a tacere e a far di cappello in pubblico; a spettegolare solo in privato, ed anche con una certa filosofica indulgenza. Perché la filosofia ha questo di buono: che alla fine dà sempre ragione a chi, comunque, riesca a imporsi.

Villa Salvo era situata in alto, aerea, e dominava il viale tagliato su la collina dal lato meridionale.

Vi si saliva per ampie scalee, che superavano l'altezza con agevoli fughe. A ogni ripiano, su i pilastrini, eran quattro statue d'arcigna bruttezza, che certo non facevano buona accoglienza ai visitatori, né si congratulavano molto con essi della branca superata. Si godeva però di lassù la vista incantevole dell'intera campagna tutta a pianure e convalli e del mare lontano.

Prima di salire al piano superiore della villa, Nicoletta corse diviata allo studio del Salvo a pianterreno; ma si arrestò d'un tratto su la soglia, vedendo ch'egli non era solo.

– Avanti, avanti, – disse, inchinandosi, Flaminio Salvo, che stava in piedi davanti alla scrivania, a cui era seduto un giovine, intento a scrivere: Aurelio Costa.

– Domando scusa, se... – cominciò a dire Nicoletta, guardando il Costa che si levava da sedere.

– Ma non lo dica! – la interruppe il Salvo, lisciandosi le basette, con un sorriso freddo, a cui lo sguardo lento degli occhi sotto le grosse palpebre dava un'espressione di lieve ironia. – Venga avanti... stavo qui a chiacchierare col mio ingegnere.

Poi, notando l'impaccio di questo per la presenza della signora, aggiunse:

– Non vi conoscete?

– Veramente, di nome sì, – rispose con una certa disinvoltura Nicoletta. – Credo però non ci sia mai stata presentazione fra noi...

– Oh! e allora, – riprese il Salvo, – per la formalità: l'ingegnere Aurelio Costa, la signora Lellè Capolino-Spoto.

Aurelio Costa, con gli occhi bassi, senza scostarsi dalla scrivania, chinò lievemente il capo. Era ben messo, senz'ombra di ricercatezza, composto e altero nella maschia bellezza, cui l'insolito abito cittadino, di fresca fattura, faceva forse apparire un po' rude.

– Sarà pronta Adelaide? – domandò Nicoletta al Salvo dopo aver osservato il giovane e risposto con un lieve sorriso all'inchino sostenuto di lui.

– Ecco, un momento, – rispose il Salvo. – Segga, segga, donna Lellè. Io vado e torno. Credo che Adelaide sia pronta.

E s'avviò per uscire.

– Ma sarà meglio che venga sù anch'io! – gli gridò dietro Nicoletta.

– No, perché? – disse il Salvo, voltandosi su la soglia. – Viene giù subito Adelaide.

E uscì.

Nicoletta non volle sedere; girò un po', dimenandosi capricciosamente per l'ampia sala addobbata con sobria ricchezza. Aurelio, rimasto in piedi, non sapeva se dovesse, o no, rimettersi a sedere; temeva di commettere un atto indelicato; ma, d'altra parte, era urtato dal pensiero che, per il capriccio di colei, dovesse star lì come un servitore in attesa. E come una padrona veramente ella era lì: ma a qual prezzo? E dire che lui aveva sognato tant'anni di farla sua, quella donna! Era anche lui lì al servizio del Salvo, come lei, come Capolino, come tutti; ma se ella fosse stata sua moglie, il Salvo non avrebbe certamente osato neppur di pensare che avrebbe potuto servirsene per i suoi senili allettamenti. Là, tra due vecchi si trovava ella ora, con la sua florida bellezza voluttuosa, contaminata. Ne godeva? Ostentava di fronte a lui quella sfacciata padronanza? Godeva di quel lusso? degli onori che le si rendevano per l'onore perduto? Ma sì! Anche deputato sarebbe stato tra poco suo marito... E lei, moglie d'un deputato! Con lui, invece, che sarebbe stata, se pur fosse riuscita a vincere l'orrore – già, l'orrore! – d'unirsi a uno di così bassi natali?

L'onestà, la gioventù, l'amore puro e santo? Ma valevan di più per lei le piume ondeggianti e il velo dell'ampio cappello!

Stanco e sdegnato, sedette.

– Oh bravo, sì, – esclamò allora Nicoletta, voltandosi a guardarlo. – Mi scusi tanto, se non gliel'ho detto... Distratta, pensavo...

Si appressò; venne a porsi innanzi alla scrivania, di fronte a lui, con una mossa repentina, risoluta e provocante della persona.

– Lei ora starà qui, ingegnere?

– Forse... Non so... – le rispose egli, guardandola a sua volta con fermezza. – Attendiamo per ora a tracciare un disegno... Se si attua...

– Rimarrà qui?

– Ci sarà bisogno d'un direttore...

Nicoletta rimase un po' a guardarlo, sopra pensiero; poi, rialzandosi lievemente con una mano i capelli su la fronte:

– Lei studiò a Parigi, è vero?

– Sì, – rispose lui, reciso, sentendo il profumo inebbriante che ella esalava dalla procacissima persona.

– Parigi! – esclamò Nicoletta Capolino, levando il mento e socchiudendo gli occhi. – Ci sono stata, nel mio viaggio di nozze... e dica un po', volendo, adesso, lei non potrebbe più ritornare ingegnere governativo?

Aurelio la guardò, stordito da questa subitanea diversione. Aggrottò le ciglia; rispose:

– Non so. Non credo. Ma non tenterei neppure. Ritornerei per mio conto in Sardegna. Sono qua per fare un piacere al signor Salvo. Non perderei nulla, andandomene.

– Oh lo so! – disse subito lei. – Coi suoi meriti... Volevo dir questo appunto! E il signor Salvo certamente non se lo lascerà scappare, se ha in mente, come lei dice, un disegno.

Strizzò un po' gli occhi, e portò un dito alle labbra, stette un po' assorta e riprese con altro tono di voce:

– Eppure io mi ricordo bene di lei, sa? di quando lei era qua, ancora studente... giovanottino... sì! me ne ricordo benissimo ora...

Aurelio fece un violento sforzo su se stesso per resistere al turbamento, all'urto che le parole di lei, dette con così calma improntitudine, gli cagionavano. Che voleva da lui quella donna? Perché gli parlava così?

Era veramente difficile a indovinare; e per Aurelio, anzi, impossibile. L'improvviso, inopinato incontro con lui; l'impressione che ne aveva ricevuta; i pensieri che coi feminei sguardi furtivi gli aveva letti in fronte dopo il suo irrompere con tanta libertà nello studio del Salvo, e poi durante quell'attesa; l'avvilimento segreto per la sua condizione, che in fondo non poteva non sentire davanti a quel giovine che un giorno l'aveva chiesta in moglie onestamente, per amore; il pensiero ch'egli ora sarebbe rimasto lì, nella casa del Salvo, e che Dianella lo amava in segreto, e che presto egli, con la vicinanza, avrebbe potuto accorgersene; e che tra poco dunque – ostinandosi Dianella fino a vincere l'opposizione del padre – lei avrebbe potuto soffrir l'onta d'assistere al fidanzamento di colui con la figlia del suo padrone, avevano messo in subbuglio l'anima di Nicoletta Capolino. Sarebbe toccato a lei, allora, di sorvegliare, di far la guardia ai fidanzati; e quel giovine là, che si mostrava ancor tanto mortificato del rifiuto ch'ella sdegnosamente aveva opposto alla domanda di lui; quel giovine là si sarebbe presa una tale rivincita su lei: sarebbe diventato domani suo padrone anche lui, marito di quella Diana, da cui ella si sentiva sprezzata e odiata. Ed era pur bello, e forte, e fiero! E ancora (se n'era accorta bene!), ancora sotto il fascino di lei, per quanto offeso e sdegnato... Perché poi Flaminio Salvo, che sapeva tutto, se n'era subito uscito e l'aveva lasciata lì, sola con lui?

Tornò a strizzar gli occhi, quasi per smorzare lo sfavillìo dei segreti pensieri; e aggiunse con un tono strano:

– Anche lei forse si ricorderà...

Aurelio, sconvolto, levò gli occhi a guardarla con un'espressione fosca e dura.

– Non me ne voglia male, – disse allora ella con triste dolcezza, piegando da un lato la testa. – Poiché lei rimarrà qui e noi avremo occasione di vederci spesso, cogliamo questa, intanto, per togliere con franchezza un'ombra tra noi, che ci aduggerebbe. Io passo per sventata; sarò tale, non nego; ma non posso soffrire le simulazioni, le dissimulazioni d'ogni sorta, per nessuna ragione, i pensieri coperti... Vogliamo essere buoni amici?

Gli tese, così dicendo, la bella mano inanellata; e, dopo la stretta, gliela lasciò ancora un poco per aggiungere:

– Tanto, creda, non glielo dico per civetteria, né per avere un complimento; lei ancora ha la sua bella libertà; nessuna perdita e nessun rimpianto. Buoni amici?

E, sentendo l'ànsito affannoso e il fruscìo della veste di seta di donna Adelaide Salvo, tornò a stringergli la mano in fretta, apposta, come per dar senso e sapore d'un patto segreto a quella conversazione.

– Alla fiera! alla fiera! – esclamò donna Adelaide, entrando con le mani per aria, accaldata, sbuffante. – Guarda, Lellè, guarda, ingegnere, figlio mio, come mi hanno parata! Oh, Maria Santissima, mi sembro io stessa una bella puledra stagionata, tutta infiocchettata, da condurre alla fiera... Ma con Flaminio non si può combattere, *picciotti* miei; bisogna fare: *Sù, bubbolino, salutami il re*; dir sempre di sì, dir sempre di sì. Ridete? ridete pure...

Ridevano, infatti, Nicoletta Capolino e Aurelio Costa, mentre donna Adelaide con le braccia aperte si girava intorno come una trottola; ridevano anche, irresistibilmente, per il piacere di sentire espressa con tanta disinvoltura e tanta comicità la loro segreta impressione, che essi si sarebbero guardati bene, non che d'esprimere, ma anche di riflettere, con quella crudezza, su la propria coscienza. Appunto questo voleva donna Adelaide. La quale sentiva il ridicolo di quelle nozze strane e tardive, e poneva le mani avanti per disarmar l'altrui malignità. Dotata di buon senso e d'un certo spirito, aveva stimato di poter senz'altro approfittare della sua privilegiata condizione e di quella dello sposo, che mascheravano con pompa sdegnosa quanto vi era d'illegale in quelle nozze. Ma vi si prestava senza entusiasmo, quasi per fare un piacere al fratello più che a se stessa. Sapeva però che il principe era un bellissimo e garbatissimo uomo. Ella, già anziana, dopo l'entrata di quella simpatica Nicoletta in casa, che aveva preso tanto impero su Flaminio (e giustamente, veh! bella figliuola, sacrificata, poverina, da quel cagliostro del marito!), ella s'era stancata della sua « terribile signorinaggine » come la chiamava, e aveva detto di sì:

— *Sù, bubbolino, salutami il re!*

Senza municipio; con la chiesa soltanto. Che glien'importava? Vecchia, non avrebbe fatto figli di certo. L'assoluzione del prete, per lei, bastava, per i parenti e gli amici bastava, e dunque avanti, alla fiera! allegramente! La musoneria, la musoneria non poteva soffrire, donna Adelaide. Era impensierita soltanto di questo: che le avevano detto che il principe aveva la barba lunga. Un uomo con la barba lunga doveva essere molto serio per forza, o averne per lo meno l'impostatura. Sperava di fargliela accorciare. Bella Madre Santissima, non ci avrebbe avuto pazienza, lei, a lisciar peli lunghi come fiumi! Più corta, la barba, più corta... Chionza, popputa, quasi senza collo, non era tuttavia brutta, donna Adelaide; aveva anzi bello il viso, ma gli occhi troppo lucenti, d'una lucentezza cruda, quasi di smalto, e lucentissimi i denti che le si scoprivano tutti nelle sonore risate frequenti. Smaniava sempre, oppressa com'era e soffocata da quelle enormi poppe sotto il mento, «prepotenti escrescenze», com'ella le chiamava. E caldo, caldo, caldo; aveva sempre caldo, e voleva aria! aria! aria!

Non se l'aspettava, intanto, il vecchio cascinone di Valsanìa, nel desolato abbandono in cui da tanti anni viveva, tutti quei fronzoli e quei pennacchi, tutti quei paramenti sfarzosi che i tappezzieri gli appendevano dalla mattina. Pareva se li guardasse addosso, triste e un po' stupido, con gli occhi delle sue finestre. Oh! oh! gli avevano appeso anche un lungo festone di lauro, come una collana; un'altra collana, più sù, di mortella, sotto le gronde, con certi rosoni di carta che avevano spaventato i passeri del tetto. Povere care creaturine, a cui esso, buon vecchione ospitale, voleva tanto bene! Eccoli là, tutti scappati via, nascosti tra le foglie degli alberi attorno. E di là gli mandavano, sgomenti, certi acuti squittii, che volevano dire:

« Oh Dio, che ti fanno, vecchione, che ti fanno? »

Mah! S'era da gran tempo addormentato, il vecchione, nella pace dei campi. Lontano dalla vita degli uomini e quasi abbandonato da essa, aveva da un pezzo cominciato a sentirsi, nel sogno, cosa della natura: le sue pietre, nel sogno, a risentire la montagna nativa da cui erano state cavate e intagliate; e l'umidore della terra profonda era salito e s'era diffuso nei muri, come la linfa nei rami degli alberi; e qua e là per le crepe erano spuntati ciuffi d'erba, e le tegole del tetto s'eran tutte vestite di musco. Il vecchio cascinone, dormendo, godeva di sentirsi così riprendere dalla terra, di sentire in sé la vita della montagna e delle piante, per cui ora intendeva meglio la voce dei venti, la voce del mare vicino, lo sfavillìo delle stelle lontane e la blanda carezza lunare. Che bel tappeto nuovo fiammante su la vecchia scala rustica, che aveva due stanghe verdi per ringhiera! che scorta di lauri e di bambù sù per i gradini e poi sul pianerottolo! e che drappi damascati ai davanzali delle finestre e al terrazzo di levante per nascondere la ringhiera arrugginita! che tappeto anche lì, su quel terrazzo, e sedie di giunco e tavolini e vasi di fiori... Ora vi rizzavano una tenda a padiglione. Il ricevimento e la presentazione degli sposi avrebbero avuto luogo lì, poiché non s'era potuta strappare a Mauro Mortara la chiave del *camerone*. Dall'alba egli era andato a rintanarsi, non si sapeva dove. Don Cosmo, in maniche di camicia, sbuffava e smaniava per la camera in disordine, mentre donna Sara Alàimo, ancora spettinata, cercava dentro un'arca antica di faggio, stretta e lunga come una bara, un abito decente, per farlo comparire nella solenne cerimonia. Spirava da quell'arca piena d'abiti vecchi un denso acutissimo odore di canfora.

— Mi tenga il coperchio, almeno, santo Dio! — gemeva soffocata, come da sotterra, la povera « casiera ». Già due volte il coperchio le era caduto addosso, su le reni.

E don Cosmo:

— Gnornò! Siamo in campagna! Lasciatemi in pace!

– Ma si lasci servire... – seguitava a gemere dentro l'arca donna Sara. – Verrà monsignor vescovo... verrà la sposa... Vuol comparire in giacchetta? Mi lasci cercare... So che c'è!

– E io vi dico, invece, che non c'è più!

– Ma se l'ho vista io! C'è! C'è!

Cercava un'antica napoleona, che don Cosmo al tempo dei tempi aveva indossata una o due volte, e rimasta perciò nuova nuova, lì sepolta sotto la canfora, di foggia antica, sì, ma «abito di tono» almeno...

– Eccola qua! – gridò alla fine, trionfante, donna Sara, rizzandosi su le reni indolenzite.

E tira e tira e tira... oh, Dio, così lunga?... e tira...

Le si allentarono le braccia, a donna Sara. Era una tonaca, quella. La tonaca da seminarista di don Cosmo Laurentano. Finì di tirarla fuori tutta, mogia mogia, per ripiegarla a modo e riseppellirla coi debiti riguardi. Tentennò il capo; sospirò:

– Vero peccato! Chi sa che, invece di monsignor Montoro, non sarebbe lei a quest'ora vescovo di Girgenti...

– Starebbe fresca la diocesi! – borbottò don Cosmo. – Buttatela via, giù!

S'era turbato alla vista inaspettata di quella tonaca, spettro della sua antica fede giovanile. Vuota e nera come quella tonaca era rimasta di poi l'anima sua! Che angosce, che torture gli resuscitava... Con gli angoli della bocca in giù e gli occhi chiusi, don Cosmo s'immerse nelle memorie lontane e tuttavia dolenti della sua gioventù tormentata per anni dalla ragione in lotta con la fede. E la ragione aveva vinto la fede, ma per naufragare poi in quella nera, fredda e profonda disperazione.

– C'era o non c'era? – gli disse donna Sara alla fine, parandoglisi davanti con la napoleona su le braccia protese.

Don Cosmo fece appena in tempo a indossarla. Uno degli uomini di guardia (ne erano venuti otto, alla spicciolata, da Colimbètra, in gran tenuta) entrò di corsa ad annunziar l'arrivo di Monsignore. Don Cosmo tornò a sbuffare; volle alzar le braccia per esprimere il fastidio che gli recava quell'annunzio; ma non poté; la napoleona...

– Giusta! attillata! dipinta! – lo prevenne donna Sara.

– Dipinta un corno! – gridò don Cosmo. – Mi sega le ascelle, mi strozza!

E scappò via.

Sperava che arrivasse per ultimo il vescovo e che non toccasse a lui d'accoglierlo e di tenergli compagnia fino all'arrivo degli altri ospiti. Gli seccavano anche questi, gli seccava enormemente tutta quella pagliacciata pomposa; ma più di tutto e di tutti la vista di monsignor vescovo, di quell'alto rappresentante d'un mondo da cui egli s'era allontanato dopo tanto strazio, urtato specialmente dall'ipocrisia di tanti altri suoi compagni, i quali, pur assaliti in segreto dai suoi stessi dubbii, vi erano rimasti. E monsignor Montoro era appunto fra questi. Ora si faceva baciar la mano, colui, e aveva la cura suprema delle anime di un'intera diocesi. Le illusioni incoscienti, le finzioni spontanee e necessarie dell'anima, don Cosmo, sì, le scusava e le commiserava e compativa; ma le finzioni coscienti, no, segnatamente in quell'ufficio supremo, in quel ministero della vita e della morte.

– Oh bello! oh bene! – diceva intanto Monsignore, molle molle, smontato dalla vettura e guardando la campagna intorno, tra Dianella Salvo e il suo segretario, giovane prete, smilzo e pallidissimo, dagli occhi profondi e intelligenti. – Col mare vicino... oh bello!... oh bene!... e la valle... e la valle... e che...

S'interruppe, vedendo don Cosmo scender la scala della vecchia villa infronzolata.

– Oh eccolo! Caro mio don Cosmo...

– Monsignore riveritissimo, – disse questi, inchinandosi goffamente.

– Caro... Caro... – ripeté Monsignore, quasi abbracciandolo e battendogli una mano sulla spalla. – Da quanti mai anni non ci vediamo più... Vecchi... eh! vecchi... Tu... (ci daremo del tu, spero, come un tempo, noi due) tu devi avere, se non sbaglio, qualche annetto più di me...

– Forse... sì, – sospirò don Cosmo. – Ma chi li conta più, Montoro mio? So che n'ho molti dietro; pochi, davanti; e quelli mi pesano, e questi mi pajono enormemente lunghi... Non so altro.

Dianella Salvo, guardando don Cosmo, aveva atteggiato involontariamente il volto di riso nel vedergli addosso quell'antica napoleona che gli serrava le spalle e le braccia. Sorrideva sotto il naso anche il giovine e pallido prete; e gli otto uomini di guardia, postati e impalati a piè della scala, miravano il fratello del principe loro padrone, a quel solenne ricevimento, tra afflitti e mortificati. Donna Sara Alàimo s'era accomodati alla bell'e meglio i capelli sotto la cuffia ed era scesa a baciar la mano al vescovo, piegando un ginocchio fino a terra; erano scese con lei le due cameriere insieme col cuoco e il servitore, e s'era accostata anche la moglie del *curàtolo* Vanni di Ninfa coi tre marmocchi sbracati, dalle zampe a roncolo. Monsignore tendeva la mano al bacio e sorrideva a tutti, chinando il capo. Poi presentò il segretario a don Cosmo, e, salendo la scala della villa, parlò della visita che aveva fatto testé, di passata, alla chiesuola della Seta, e della festa che gli avevano fatta tutti gli abitanti di quel casale.

– Che buona gente... che buona gente...

E domandò a Dianella e a donna Sara se la domenica andavano a messa lì, a quella chiesuola.

— So che ci viene apposta un sacerdote da Porto Empedocle, e che quei buoni borghigiani raccolgono l'obolo dai viandanti tutta la settimana, per lo stradone...

Entrando nella villa si rivolse a Dianella e le domandò:

— La mamma?

Dianella gli rispose con un gesto sconsolato delle braccia, impallidendo e guardandolo negli occhi amaramente.

— Che pena! — sospirò Monsignore, andando a sedere nel terrazzo già addobbato. — Ma calma, eh, almeno è calma?

— Non si sente! — esclamò donna Sara.

— E seguita a pregare, è vero? — aggiunse il vescovo.

— Sempre, — rispose Dianella.

— Consolante per voi, — osservò Monsignore, tentennando lievemente il capo, con gli occhi globulenti socchiusi, — che nel bujo della mente, soltanto il lume della fede le sia rimasto acceso... Divina misericordia...

— Perdere la ragione! — mormorò don Cosmo.

Monsignore si voltò a guardarlo, piccato. Ma don Cosmo, assorto, non lo vide: pensava per conto suo.

— Dico serbar la fede, pur avendo perduto la ragione, — spiegò Monsignore.

— Sì, sì! — sospirò don Cosmo, riscotendosi. — Ma difficile è il contrario, Monsignore mio!

— Credo che non sia prudente, è vero, farmi vedere da lei? — domandò il vescovo, rivolgendosi a Dianella, come se non avesse inteso le parole di don Cosmo. — Lasciamola, lasciamola tranquilla... Con te, — soggiunse poi, piano e con un benevolo sorriso a don Cosmo, – vorrei pur riprendere le fervide discussioni nostre d'un tempo, ma non ora e non qui... Se tu volessi venire a trovarmi...

– Discutere? Stolido perfetto! – esclamò don Cosmo. – Sono diventato stolido perfetto, caro Montoro mio... Non connetto più! Se uno mi dice che due e due fanno sei e un altro mi dice che fanno tre...

– Ecco il principe! – lo interruppe donna Sara, che guardava verso il viale dalla ringhiera del terrazzo.

Monsignore si alzò con Dianella e don Cosmo per vederlo arrivare. Questi accorse, per abbracciarlo appena smontato dalla vettura. Cavalcavano ai due lati capitan Sciaralla e un altro graduato, anch'essi in alta tenuta. Il rosso acceso dei calzoni spiccava gajamente tra il verde degli alberi e sotto l'azzurro del cielo. La vettura era chiusa. Il segretario Lisi Prèola sedeva dirimpetto al principe.

Donna Sara si ritrasse dal terrazzo, ove rimasero soltanto Monsignore, Dianella Salvo e il segretario ad assistere dalla ringhiera all'abbraccio che i due fratelli si sarebbero scambiato.

Don Ippolito Laurentano smontò dalla vettura con giovanile agilità. Vestiva da mattina e aveva in capo un cappello avana dalle ampie tese. Baciò il fratello e subito si trasse indietro a osservarlo.

– Cosmo, e come ti sei conciato? – gli domandò sorridendo. – Ma no! ma no! Vai subito a levarti codesto monumento dalle spalle...

Don Cosmo si guardò addosso la napoleona, di cui non si ricordava più, quantunque se ne sentisse segar le ascelle.

– Sì, difatti, – disse, – sento un certo odore...

– Odore? Ma tu appesti, caro! – esclamò don Ippolito. – Senti di canfora lontano un miglio!

E sorrise a Monsignore e si levò il cappello per salutare Dianella Salvo nel terrazzo; poi s'avviò per la scala.

— Vi do la consolante notizia che siete molto più stolida di me! ma molto! molto! – diceva poco dopo don Cosmo alla « casiera » avvilita e stizzita, punto persuasa che quell'« abito di tono » fosse fuor di luogo in un avvenimento come quello, con la presenza d'un monsignore. – E mi avete fatto girar la testa, – incalzava don Cosmo, – e mi avete ubriacato con tutta la vostra canfora... Tirate, giù! tirate subito... Non mi posso scorticare da me! Datemi la mia solita giacca, adesso.

Quando ricomparve sul terrazzo, don Ippolito levò le braccia.

— Ah, sia lodato Dio! così va bene!

Monsignore e Dianella ridevano.

— Pensate di donna Sara! che vuoi farci? – sospirò don Cosmo, alzando le spalle. – Vi assicuro che è molto più stolida di me.

— Questo poi! – disse il principe, ridendo. – E di' un po', Mauro dov'è? non si fa vedere?

— Uhm! – fece don Cosmo. – Sparito! Non ne ho più nuova da tanti giorni, da che abbiamo l'onore...

— Io so dov'è, – disse Dianella, inchinando graziosamente il capo al complimento di don Cosmo, che volle interrompere. – Sotto un carubo giù nel vallone... Ma, per carità, non deve saperlo nessuno! Noi abbiamo fatto amicizia...

— Ah sì? – domandò don Ippolito, ammirando con occhi ridenti la gentilezza e la grazia della fanciulla. – Con quell'orso?

— È un gran pazzo! – sentenziò gravemente don Cosmo.

— No, perché? – fece Dianella.

— E guardi poi chi lo dice, Monsignore! – esclamò il principe. – Non so che pagherei per assistere, non visto, alle scene che debbono avvenire qua fra tutti e due, quando sono soli.

Don Cosmo approvò col capo ed emise il suo solito riso di tre *oh! oh! oh!*

— Dev'essere uno spasso! — aggiunse don Ippolito.

Dianella guardava con piacere e indefinibile soddisfazione quel vecchio, a cui la virile bellezza, la composta vigoria, la sicura padronanza di sé davano una nobiltà così altera e così serena a un tempo; indovinava il tratto squisito che doveva avere senza il minimo studio e però senz'ombra d'affettazione, e soffriva nel porgli accanto col pensiero sua zia Adelaide di così diversa, anzi opposta natura: scoppiante e sempliciona. Che impressione ne avrebbe ricevuta tra poco?

Si mossero tutti dal terrazzo e tutti, tranne Monsignore e il suo segretario che rimasero sul pianerottolo innanzi alla porta, scesero a piè della scala, quando i sonaglioli d'argento annunziarono per il viale la vettura di Flaminio Salvo. Don Ippolito si fece avanti per ajutar le signore a smontare, e sorprese la sposa nell'atto di sbuffare un *Eccoci qua!* con le braccia protese verso il cielo della carrozza, come per spicciarsele. Finse di non accorgersi di quell'atto sguajato, facendo più profondo l'inchino, poi le baciò la mano; la baciò a donna Nicoletta Capolino, e strinse vigorosamente quella di Flaminio Salvo, mentre le due signore abbracciavano festosamente Dianella, e don Cosmo restava impacciato, non sapendo se e come farsi avanti. Capitan Sciaralla su la giumenta bianca pareva una statua, a piè della scala, innanzi al plotone su l'attenti.

— Ah, i militari! lasciatemi vedere i militari! — esclamò donna Adelaide, accorrendo come una papera, senza accorgersi che dall'alto della scala, tra i cassoni di lauro e di bambù, monsignor Montoro col volto atteggiato di benevolo condiscendente sorriso per la terza volta si inchinava invano.

Dianella, scorgendo alla fine l'imbarazzo di don Cosmo, troncò le espansioni d'affetto di Nicoletta Capolino, e trattenne la zia per indicargli e presentargli il futuro cognato.

– Ah già, – fece donna Adelaide, ridendo e stringendogli forte la mano. – Tanto piacere! Il romito di Valsanìa, è vero? Piacerone! E come l'hanno parata bella la villa! Uh, guarda! guarda! ma c'è già Monsignore... E nessuno me lo diceva!

S'avviò in fretta per la scala; subito il principe accorse per offrirle il braccio; don Cosmo lo offrì a donna Nicoletta, e Dianella seguì col padre.

– Vestiti proprio bene codesti militari! – disse donna Adelaide al principe, tirandosi sù davanti con la mano libera la veste, per non incespicar nella salita. – Graziosi davvero! pajono pupi di zucchero!

Poi, prima d'arrivare al pianerottolo in cima alla scala:

– Monsignore eccellentissimo! Credevo che Vostra Eccellenza dovesse arrivare col comodo suo, ed eccola qua invece... puntuale!

Il vescovo sorrise, tese la mano perché donna Adelaide baciasse l'anello, e le disse:

– Per aver la gioja di vedervi così, a braccio del principe, e darvi la benvenuta, donna Adelaide, nelle case dei Laurentano.

– Ma che degnazione, grazie, grazie, proprio gentile, Vostra Eccellenza! – rispose donna Adelaide, entrando nella villa a un invito del principe.

Entrò Monsignore e poi donna Nicoletta e poi Dianella e il Salvo e il segretario del vescovo e anche don Cosmo: il principe volle entrare per ultimo. Quando si fece nel terrazzo, sorprese i dolci occhi di Dianella che lo aspettavano, indagatori. Istintivamente rispose a quello sguardo con un lievissimo sorriso.

– Bell'uomo, no? – disse piano a Dianella Nicoletta Capolino. – Non ci sarà punto bisogno d'accorciargli la barba, come dice Adelaide.

– Accorciargli la barba? – domandò Dianella.

– Sì, – riprese l'altra. – Ci ha fatto tanto ridere in carrozza, con la paura della barba lunga del principe!

– Che avete da dire voi due là? – saltò a domandare a questo punto donna Adelaide. – Ridete di noi? Ridono di me e di voi, caro principe. Ragazzacce! Ma non c'è che fare: siamo qua per questo; oggi è la nostra giornata... Come alla fiera! Flaminio, figlio mio, non mi mangiare con gli occhi. Fammi coraggio, piuttosto! Io ti dico di sì, sempre di sì... Ma lasciami stare allegra! Dico sciocchezze, perché sono commossa... Andiamo, Nicoletta! Con licenza vostra, principe, vado a salutare la mia povera cognata.

E andò, seguita dalla nipote e da Nicoletta.

Subito il Salvo, per rimediare all'impressione sgradevole di quella scappata della sorella nell'animo del principe, spiegò con aria misteriosa che la signora Capolino ignorava affatto che il marito forse in quel momento stesso si batteva e che lo credeva invece a Siculiana per il giro elettorale.

– Preghiamo Iddio che avvenga bene! – sospirò Monsignore, afflittissimo, levando gli occhi al cielo.

– Oh, non c'è da dubitarne! – sorrise il Salvo. – Un avversario ridicolo, che le ha prese da tutti, sempre: corto, grassoccio e miope forte. Il nostro Capolino, invece...

– Ho visto da lontano, per lo stradone, appena uscito dalla villa, – disse don Ippolito, – le due carrozze che venivano a Colimbètra.

– Eh già, – soggiunse il Salvo, – a quest'ora, certamente...

E s'interruppe. Tacquero tutti per un istante, sopraffatti senza volerlo dalla costernazione, e volarono col pensiero alla villa lontana, dove in quel momento avveniva lo scontro. Lì era una ben diversa realtà: due uomini a fronte, due sciabole nude, guizzanti nell'aria; qua, in mezzo al silenzio della campagna, gli addobbi sfarzosi, improvvisati per una festa, che ora, stranamente, appariva a tutti quasi fuor di luogo. C'era veramente, fin dall'arrivo, in fondo a gli animi una certa freddezza impicciosa, che tanto il principe quanto il Salvo cercavano di dissimulare alla meglio. Tale freddezza proveniva dalla risposta di Landino, finalmente arrivata, alla lettera del padre: solite congratulazioni, soliti augurii, espressioni ricercate di compiacimento per la buona e affettuosa compagnia che il padre avrebbe avuto; ma nessun accenno alla sua venuta per assistere alle nozze. Don Ippolito, partendo da Colimbètra, aveva divisato di mandare a Roma Mauro Mortara, perché facesse intendere a Landino quanto dispiacere gli cagionasse la sua condotta, e lo inducesse a ritornare con sé in Sicilia. Sapeva che Landino fin dalla prima infanzia nutriva un affetto tenerissimo e profondo per il vecchio Mauro e una viva ammirazione per il carattere di lui, per la fedeltà fanatica alla memoria e alle idee del nonno, per l'atteggiamento quasi sdegnoso che aveva assunto fin da principio e manteneva tuttora di fronte al padre, cioè di fronte a lui don Ippolito, che pure era il suo padrone. Nessun ambasciatore forse sarebbe stato più efficace di lui. Perché quel vecchio selvaggio era come radicato nel cuore della famiglia. Volle approfittare di quel momento che le due signore s'erano assentate, per uscire sul pianerottolo della scala a ordinare a Sciaralla di mandar giù nel burrone Vanni di Ninfa in cerca di Mauro, a cui voleva parlare. Quando ritornò sul terrazzo, vi ritrovò donna Adelaide, donna Nicoletta e Dianella. Le prime due s'erano tolti i cappelli. Donna Adelaide aveva gli occhi rossi di pianto e Dianella era più pallida e più fosco il Salvo.

– Io non v'ho chiesto, don Flaminio, – disse il principe, afflitto, – d'essere presentato alla vostra signora, perché so purtroppo...

– Oh, grazie, grazie, – lo interruppe il Salvo, stringendosi nel suo cordoglio e scrollando lievemente il capo, con gli occhi socchiusi, come per dire: « Tanto... è come se non ci fosse! ».

Donna Adelaide s'era accostata alla ringhiera del terrazzo e, con le spalle voltate, s'asciugava gli occhi, si soffiava forte il naso, dicendo a Nicoletta Capolino che la esortava a calmarsi:

– Sono un'asinaccia, lo so! Ma che ci posso fare? Quando la vedo.... quando le vedo quegli occhi... mi fa una pena! una pena!

A un tratto, facendo uno sforzo, alzò le braccia, si provò a sollevare e a scuotere il capo, come soffocata, sbuffò:

– Uff, e basta ora! – e si voltò sorridente.

Vennero nel terrazzo due camerieri in livrea con vassoj pieni di tazze e di paste. Dopo la colazione, monsignor Montoro prese la parola per dichiarare con un forbito sermoncino (che pur voleva aver l'aria d'essere improvvisato lì per lì, alla buona) la promessa formale delle prossime nozze, ed esaltò naturalmente i bei tempi, in cui alla società degli uomini bastava d'intendersi solamente con Dio per il vincolo matrimoniale, che soltanto la religione può render sacro e nobile, laddove la legge umana e così detta civile lo avvilisce e quasi lo abietta... Tutti ascoltavano a occhi bassi, religiosamente, le parole dipinte del vescovo. Solo don Cosmo teneva le ciglia aggrottate e gli occhi serrati, come se in qualcuna di quelle parole volesse trovar l'appiglio per una discussione filosofica. Don Ippolito, nel vederlo in quell'atteggiamento, se ne impensierì sul serio. Flaminio Salvo, dal canto suo, con quella lettera da Roma attraverso all'anima, pensava che eran belle e buone, sì, quelle considerazioni del vescovo, ma che intanto il signor figlio del principe faceva orecchie da mercante, e che non si stava ai patti, e che la sorella senz'alcuna garanzia si lasciava andare a quella prima compromissione. Per donna Adelaide quell'orazioncina era come una funzione sacra, quasi come sentir messa: una formalità, insomma. Tutta una commedia, invece, non molto divertente in quel punto era per Nicoletta Capolino, e nauseosa per Dianella che guardava costei e chiaramente le leggeva in fronte ciò che pensava.

S'era levata una brezzolina dal mare, e la tenda a padiglione si gonfiava a tratti come un pallone, e un lembo del drappo damascato sbatteva insolentemente contro le bacchette della ringhiera nascosta. Questo battìo distrasse alla fine l'attenzione non molto intensa che donna Adelaide prestava all'orazioncina oramai troppo lunga e, come una nuvola portata dal vento offuscò a un tratto il sole, ella si chinò alquanto a sbirciare il cielo di sotto la tenda e non poté tenersi dal mormorare:

– Purché non piova...

Queste tre parole, appena mormorate, ebbero un effetto disastroso, come se tutti irresistibilmente (tranne Monsignore, s'intende) scoprissero una relazione immediata tra la minaccia della pioggia e quel ponderoso e interminabile sermone. Don Cosmo sbarrò gli occhi, stralunato; donna Nicoletta non poté frenare uno scatto di riso; don Flaminio si accigliò; Monsignore s'interruppe, si smarrì, disse:

– Speriamo di no, – e subito soggiunse: – Conchiudo.

Conchiuse, naturalmente, con augurii e rallegramenti, e tutti si levarono con molto sollievo. Donna Adelaide, sentendosi proprio soffocare sotto quel parato a padiglione, propose di scendere a passeggiare per il viale. Il principe tornò a offrirle il braccio, Nicoletta scese con Dianella, e Monsignore, il Salvo, don Cosmo e il segretario tennero dietro.

Don Ippolito Laurentano si sentiva la lingua inaridita e legata, per la lotta crudele dentro di lui tra il sentimento cavalleresco che lo spingeva a mostrarsi premuroso e galante con la dama, e il disinganno e la repulsione invincibile che i modi di lei, il tratto, i gesti, la voce, il riso gli avevano subito ispirato; tra il bisogno istintivo, prepotente, irresistibile di liberarsene al più presto, mandando a monte senz'altro quel disegno che ora, in atto, gli appariva così intollerabilmente minore dell'idea che se n'era formata, e il pensiero della difficoltà dopo quella prima compromissione, e il puntiglio inoltre, segreto e acerbo, contro il figlio lontano, a cui gli pareva di darla vinta, dopo che s'era abbassato fin quasi a chiedergli il permesso di quelle nozze. Gli bolliva dentro, infine, acerrima, la stizza contro Monsignore che così ingannevolmente gli aveva dipinto la sposa: – *briosetta, gran cuore, indole aperta, sincera, vivace, remissiva...* – Che dirle intanto? da che rifarsi a parlarle? Per fortuna sopravvenne capitan Sciaralla ad annunziargli, su l'attenti, che il Mortara era venuto sù dal « vallone ».

– E dov'è? – domandò il principe aspramente. – Digli che venga qua.

– Mauro? – domandò don Cosmo. – Eh no, lascialo stare, poveretto... Sai com'è...

– Ah, quello che chiamano *il monaco*? – esclamò donna Adelaide. – Andiamo a vederlo, andiamo subito, principe, per favore!

– No, zia! – pregò Dianella, che si pentiva d'ave-

re indicato il nascondiglio... – Lo faremmo soffrire...
– Ma è proprio così orso? – disse, stupita, donna Adelaide.
– Orsissimo! – confermò don Cosmo.
– Figuratevi, – soggiunse Flaminio Salvo, – che, dopo tanti giorni, non ho potuto ancora vederlo.
E Nicoletta domandò:
– È vero che ha una pelle di capro in testa e va armato fino ai denti?
– Andiamo noi due soli, principe! – propose di nuovo donna Adelaide. – Vorrei proprio vederlo... non so resistere, andiamo!
Mauro se ne stava davanti alla porta della sua camera a terreno, e guardava torvo la vigna e il mare. Vedendo il principe con una signora, s'infoscò vieppiù, ma, come don Ippolito lo chiamò amorevolmente, s'accostò e si curvò a baciarlo sul petto. Il bacio fu seguìto da una specie di singulto.
– Vecchio mio, – disse don Ippolito, intenerito da quel bacio sul cuore, – sai chi è questa signora?
– Me lo figuro; e Dio vi faccia contento! – rispose Mauro, guardando serio donna Adelaide che lo mirava con gli occhi lucenti, sbarrati, e la bocca ridente.
– Vorrei far contento anche te, – riprese il principe. – Vuoi andare a Roma?
– A Roma? io? – esclamò Mauro, stordito. – A Roma? E me lo domandate? Chi sa quante volte ci sarei andato a piedi, pellegrino, se le mie gambe...
– Bene, – lo interruppe il principe, – ci andrai col vapore e con la ferrovia. Ho da darti un incarico per Lando. Vieni domani a Colimbètra... cioè, domani no... lasciami pensare! Manderò io a chiamarti in settimana. Devo parlarti a lungo.
– E poi... presto a Roma? – domandò, titubante, Mauro.
– Prestissimo!

– Perché sono vecchio, – soggiunse Mauro. – Su la forca dei due 7... e morire senza veder Roma è stata sempre la spina mia!

– Ma ci andrete vestito così, a Roma? – gli domandò donna Adelaide.

– Nossignora, – le rispose Mauro. – Ci ho l'abito buono, di panno, e un bel cappello nero, come codesto del vostro sposo.

– E codesta berretta lanosa, – tornò a domandargli donna Adelaide, – come potete sopportarla? Oh Dio, io soffro soltanto a vederla!

– Questa berretta... – cominciò a dir Mauro; ma un grido improvviso, dall'altra parte della cascina, lo interruppe.

Sopraggiunse, sconvolto, con passo concitato, Flaminio Salvo.

– Don Ippolito, venite! venite!... Il nostro Capolino...

– Che è stato? – gridò donna Adelaide.

– Ferito? – domandò il principe.

– Sì, pare gravemente... – rispose il Salvo. – Venite!

– Ma chi l'ha detto?

– È venuto di corsa uno dei vostri uomini da Colimbètra... L'hanno portato sù da voi ferito al petto... non so ancora se di sciabola o di pistola... E la povera signora Nicoletta che è qua con noi!

Quando salirono alla villa, Nicoletta si dibatteva tra Monsignore e Dianella, gemendo di continuo:

– Il cuore me lo diceva! il cuore mi parlava! Il mio cappello... il mio cappello... Presto, la vettura... Infami, assassini... O Gnazio mio!

– La vettura è pronta! – venne ad annunziare capitan Sciaralla.

Nicoletta si lanciò senza salutar nessuno.

– Voi, principe? – disse il Salvo.

– Debbo andare anch'io? – domandò don Ippolito.

E il Salvo:

– Sarebbe meglio. Tu, Adelaide, questa sera rimarrai qua. Andiamo. Andiamo.

La vettura con Nicoletta, il principe e il Salvo partì di galoppo.

– Oh bella Madre Santissima, che jettatura! – rimase a esclamare sul pianerottolo della scala donna Adelaide, battendo le mani. – Ma che c'entrava proprio oggi il duello, che c'entrava? Son cose giuste? Lasci star Dio, Monsignore! Mi faccia il piacere! Che ci prega?... Mi scusi Vostra Eccellenza, ma sono parti, queste, da fare a una povera donna come me?

VIII

Nella casa di donna Caterina Auriti Laurentano, il giorno delle elezioni, erano raccolti intorno a Roberto i pochi amici rimasti fedeli, riveduti in quei giorni, mutati come lui dal tempo e dalle vicende della vita. Per un momento, negli occhi di ciascuno, abbracciando l'amico, era guizzato lo sguardo della gioventù, di quei giorni lontani, ignari di ciò che la sorte riserbava; e, subito dopo, fra un lieve tentennìo del capo, quegli occhi s'eran velati di commozione mentre le labbra si schiudevano a uno squallido sorriso. « Chi ci avrebbe detto, » esprimevano quello sguardo velato e quel sorriso « chi ci avrebbe detto allora, che un giorno ci saremmo ritrovati così? che tante cose avremmo perdute, che erano tutta la nostra vita allora, e che ci sarebbe parso impossibile perdere? Eppure le abbiamo perdute; e la vita ci è rimasta così: questa! » Più penosa ancora era la vista di qualcuno che non s'era accorto, o fingeva di non accorgersi tuttavia delle sue perdite, e lo mostrava nella cura della propria persona rinvecchignita, da cui spiravano, compassionevolmente affievolite, le arie e le maniere d'un'altra età. Ciascuno s'era adattato alla meglio alla propria sorte, s'era fatto un covo, uno stato. Sebastiano Ceràulo, avvocato di scarsi studii, fervido improvvisatore di poesie patriottiche negli anni della Rivoluzione, giovine allora animoso, impetuoso, con una selva di capelli scarmigliati, era entrato per favore come segretario negli ufficii della Provincia, e si raffilava ora sul cranio con miserevole studio i quattro lunghi peli incerottati che gli erano rimasti; s'era ingrassato enormemente; aveva preso moglie; ne aveva avuto cinque figliole, ora tutte smaniose di trovar marito. Un altro, Marco Sala, condannato a morte dal governo borbonico, e pur non di meno tante volte dall'esilio venuto in Sicilia travestito da frate per diffondervi segretamente i proclami del Mazzini, s'era dato prima al commercio dello zolfo; aveva avuto fortuna per alcuni anni; poi un tracollo; e per parecchio tempo aveva mantenuto col giuoco la famiglia; alla fine aveva avuto il posto di magazziniere dei tabacchi. Rosario Trigóna, che nella giornata del 15 maggio del 1860, a Girgenti, mentre Garibaldi combatteva a Calatafimi, era uscito solo, pazzescamente, con altri quattro compagni, la bandiera tricolore in una mano e uno sciabolone nell'altra, incontro ai tre mila uomini del presidio borbonico, e che, inseguito, tempestato di fucilate, era scampato per miracolo e aveva raggiunto a piedi Garibaldi vittorioso, correndo di giorno e di notte e sfuggendo all'esercito regio che s'internava nella Sicilia in cerca del Filibustiere, il quale era intanto a Gibilrossa sopra Palermo; Rosario Trigóna, disfatto adesso dalla nefrite, gonfio, calvo, sdentato e quasi cieco, sovraccarico anch'esso di famiglia, vivucchiava miseramente col magro stipendio di vice-segretario alla Camera di Commercio. E Mattia Gangi, che aveva buttato la tonaca alle ortiche per prender parte alla Rivoluzione, ora, asmatico, rabbioso, con la barba, i capelli e le foltissime sopracciglia ritinti d'un color rosso di carota, insegnava nel ginnasio inferiore *alauda est laeta*, e «lieta un corno!» soggiungeva ai ragazzi con tanto d'occhi sbarrati: «ma che lieta! non ci credete, canta perché ha fame, canta per chiamare! lieta un corno!». Contrastava con questi Filippo Noto, alto, magro, appassito, ma ancora biondiccio e azzimato. Prima del '60 s'era battuto in duello con un ufficialetto borbonico per motivo di donne ed era stato perseguitato; quell'avventura amorosa era divenuta per lui un precedente patriottico; ma s'impacciava poco di politica: studiando molto, era riuscito a tenersi a galla, a rinnovarsi coi tempi, pur rimanendo *malva*, conservatore; passava per uno degli avvocati più dotti del foro siciliano, ed era spesso chiamato a difendere le più importanti cause civili anche a Palermo, a Messina, a Catania.

Questi cinque amici e il canonico Agrò si sforzavano di tener desta la conversazione, parlando di cose aliene, di avvenimenti lontani, ricordando aneddoti che promovevano qualche riso stentato; tanto per impedire che col silenzio il peso della sconfitta, quantunque prevista, gravasse maggiormente su gli animi oppressi. Ma veramente, a poco a poco, dopo la prima scossa nel riveder l'amico e ora per la commozione crescente nel rievocare gli antichi ricordi della gioventù, cominciava a scomporsi in loro la coscienza presente, e con una specie di turbamento segreto che li inteneriva avvertivano in sé la sopravvivenza di loro stessi quali erano stati tanti e tanti anni addietro, con quegli stessi pensieri e sentimenti che già da un lungo oblìo credevano oscurati, cancellati, spenti. Si dimostrava vivo in quel momento in ciascuno di loro un altro essere insospettato, quello che ognun d'essi era stato trent'anni fa, tal quale; ma così vivo, così presente che, nel guardarsi, provavano una strana impressione, triste e ridicola insieme, dei loro aspetti cangiati, che quasi quasi a loro medesimi non sembravano veri. Di tratto in tratto, però, entrava nel salotto Antonio Del Re, che li vedeva vecchi com'erano, e che, stando un pezzo a udire i loro discorsi, provava una tristezza indefinita, la tristezza che si prova nel veder nei vecchi, che per un tratto si dimenticano d'esser tali, ancora verdi certe passioni che hanno radici in un terreno oltrepassato, che noi ignoriamo.

– Ci eravamo trattenuti a San Gerlando, – raccontava Marco Sala, – a giocare fin quasi a mezzanotte in casa di Giacinto Lumìa, buon'anima.

– Povero Giacinto! – sospirò il Trigóna, scrollando il capo.

– C'era con noi Vincenzo Guarnotta di Siculiana, – seguitò il Sala.

– Ah, Vincenzo! – disse Roberto Auriti. – Che ne è?

– Morto, – rispose il Sala.

– Anche lui?

– Eh, sarà nove o dieci anni!

Con quel suo sorriso perenne, più degli occhi che della bocca... occhi chiari, di mare, col nudo faccione di terracotta... «*Ah! sti cazzi! chi mi pigli pi fissa?*» – scomparso anche lui.

– Era venuto a Girgenti per affari, e alloggiava, come usava allora che non c'erano alberghi, nel convento di Sant'Anna. Adesso, neanche il convento c'è più! Nottata da lupi: vento, lampi, tuoni e acqua, acqua che il tetto pareva ne dovesse subissare. Tanto che Giacinto Lumìa alla fine propose a tutti di rimanere a dormire in casa sua. Ci saremmo accomodati alla meglio. Gli altri, scapoli, e il

Guarnotta, forestiere, accettarono l'invito; io, non ostanti le preghiere insistenti, volli andarmene per non tenere in pensiero mia madre, sant'anima, e mia moglie. Prima d'andarmene, il Guarnotta, sapendo che per arrivare a casa dovevo passare per lo stretto di Sant'Anna, mi pregò di bussare alla porta del convento per avvertire il frate portinajo ch'egli quella notte avrebbe dormito fuori. Glielo promisi e andai. Vi assicuro che, appena su la via, mi pentii di non avere accettato l'ospitalità del Lumìa. Che vento! portava via! frustava la pioggia, densa come piombo; e freddo e bujo, un bujo che s'affettava, dopo gli sprazzi paurosi dei lampi. Tuttavia, passando per lo stretto di Sant'Anna, mi ricordai di quel che m'aveva detto il Guarnotta e mi fermai a picchiare alla porta del convento. Picchia e ripicchia: niente! non mi sentiva nessuno! Per miracolo non buttai la porta a terra. Stavo per andarmene, su le furie, quando sentii schiudere una finestra ferrata in alto; e un vocione: «*Chi è là?*». «Sala,» dico, «Marco Sala!» «*Va bene!*» risponde allora il vocione di lassù; e subito dopo sento sbattere di nuovo e sprangare la finestra. Restai come un allocco. Non mi avevano dato il tempo di parlare, e andava bene? Mi scrollai dalla rabbia, pensando che per far piacere al Guarnotta che se ne stava al coperto, io, col rischio di prendere un malanno, per giunta ero passato forse per matto o per ubriaco. Chi poteva girare a quell'ora, con quel tempo? Fatti pochi passi, sento per lo Stretto un rintocco di campana, – *don* – lento, che mi fece sobbalzare; e il vento propagò il suono, lugubremente, nella notte; poi, di nuovo, *don, don*, altri rintocchi; saranno stati quindici; non ci badai più. Arrivato a casa, mi strappai gli abiti, che mi s'erano incollati addosso; mi asciugai ben bene; mi cacciai a letto, e buona notte. La mattina dopo, m'alzo presto, com'è mia abitudine, vado per aprire la porta, e indovinate chi mi trovo davanti? I portantini col cataletto. Appena mi vedono, levano le braccia, dànno un balzo indietro; rimangono basiti: « Don Marco! Ma come? *Voscenza* non è morto? ». « Figliacci di cane! » grido io levando il bastone. E quelli: « Sissignore... A Sant'Anna, stanotte, sono venuti ad avvertire che *Voscenza* era morto! ». Quella campana, capite? aveva sonato a morto per me. Ed ero andato io stesso ad annunziare la mia morte.

Benché la storiella non fosse allegra, le ultime parole del Sala furono accolte dalle risa degli amici.

– Ridete? – diss'egli. – Eppure chi sa se non sono morto davvero, io, allora, cari miei! Ma sì! Posso dire che quella fu l'ultima nottata allegra della mia gioventù! Forse, ripensandoci, l'impressione di quei rintocchi mi s'è fissata, mal augurosa; ma mi sembra che proprio da allora la vita mi si sia chiusa tra un diluvio di guaj, sia divenuta per me come era lo stretto di Sant'Anna in quella notte da lupi, e che quei *don don* della campana a morto mi abbiano seguito per tutto il cammino...

Rientrò, in quel punto, Antonio Del Re con un nuovo telegramma. Ne erano già arrivati parecchi dalle varie sezioni elettorali del collegio. Il canonico Agrò lo aprì, lo lesse con gli occhi soltanto e lo buttò in un canto, su la sedia presso al canapè. Né Roberto né gli altri si curarono di sapere da che sezione venisse, che esito recasse. Il gesto e il silenzio dell'Agrò avevano reso inutile ogni domanda. La sconfitta del momento, che toccava all'Auriti, rendeva più evidente quella, ben più grave e irrimediabile, che a ciascuno era toccata dal tempo e dalla vita. E questa sconfitta pareva avesse la propria immagine scolpita in donna Caterina Auriti Laurentano, taciturna e scura. Di tratto in tratto gli amici e Roberto le volgevano uno sguardo fuggevole, come a uno spettro del tempo, di cui essi erano i superstiti vani. Altre voci erano nel nuovo tempo, che non trovavano eco negli animi loro; altri pensieri che non entravano nelle loro menti; altre energie, altri ideali, innanzi a cui i loro animi si chiudevano ostili. E la prova era patente e cruda in quel mucchio di telegrammi su la sedia. Era sorta improvvisamente, negli ultimi giorni, ma certo preparata in segreto da lunga mano, la candidatura d'un tale Zappalà di Grotte, perito minerario: candidatura esplicitamente dichiarata come di protesta e d'affermazione dei lavoratori delle zolfare e delle campagne della provincia, già raccolti in fasci. Roberto Auriti era passato in terza linea. In quasi tutte le sezioni quello Zappalà aveva raccolto più voti di lui, mettendolo così fuori di combattimento, d'un tratto spiccio e sprezzante, come si butterebbe da canto con un piede uno straccio inutile, ingombro più che inciampo. A un certo punto, quando arrivò il telegramma da Grotte ch'era uno dei maggiori centri zolfiferi della provincia con l'esito della votazione quasi unanime per lo Zappalà, parve che costui dovesse finanche contender seriamente la vittoria al Capolino ed entrare in ballottaggio, non ostante il suffragio entusiastico che il campione clericale aveva raccolto a Girgenti, in compenso della grave ferita riportata nel duello. Il Trigóna, per coprire con pietoso inganno la verità, voleva attribuire principalmente la sconfitta all'esito di quel duello inconsulto, alle maniere troppo violente del Verònica, forestiere, e al contegno arrogante d'uno dei suoi padrini, quel signor tale, spadaccino, che aveva urtato e indignato veramente la cittadinanza girgentana, non ostante che il Selmi, già partito per il suo collegio, avesse fatto di tutto per attenuare l'indignazione. Il canonico Agrò approvò col capo, in silenzio. Non sapeva perdonare al Verònica di avergli mandato a monte, con quella indegna piazzata, il piano strategico meditato e disegnato da lui con astuzia così sottile. E quell'altro cavaliere Giovan Battista Mattina! Mandato a Grotte a sostenervi la candidatura dell'Auriti, aveva fatto la parte di Giuda, mettendosi d'accordo all'ultimo momento coi popolari.

– Ma chi è costui? – domandò col solito piglio feroce Mattia Gangi. – Chi rappresenta? come vive? che fa? da qual chiavica è scappato fuori? Lindo, attillato, con quell'aria di principe regnante...

Il canonico Agrò scosse leggermente la testa con un sogghignetto su le labbra, poi disse:

– Aquiloni, cari amici, aquiloni! Lui, il Verònica e quanti altri mai! Aquiloni... Li vedete in alto, ai sette cieli, rimanete a bocca aperta a mirarli; e chi sa intanto qual è la mano che dà loro il filo! Può esser quella di qualche mala femmina; o il filo può venire dalla Questura, o da qualche bisca notturna... Nessuno può saperlo! L'aquilone intanto è là, piglia il vento, lo segue e par che lo domini. Di tratto in tratto, uno svarione, una vertigine, l'accenno d'un crollo a capofitto. Ma la mano ignota, sotto, subito lo rialza con lievi scossettine sapienti o con larghe stratte energiche e lo rimette a vento e torna a dar filo e filo e filo. Gli aquiloni, cari miei... Quanti ce n'è! E hanno tutti la coda, *et in cauda venenum*...

Sei teste si scossero per approvare silenziosamente e con profonda amarezza l'immaginoso paragone del canonico Agrò, che ne rimase egli stesso un pezzetto come abbagliato, e trasse un respiro di sollievo, quasi con esso si fosse scrollato dall'anima il peso della sconfitta.

Roberto Auriti soffriva maggiormente per quell'ostinato, cupo silenzio della madre. Ella aveva parlato molto prima, contro il suo solito, per dissuaderlo dall'impresa; e gravi erano state allora le sue parole; più grave, adesso, era il suo silenzio. Voleva che soltanto i fatti parlassero ora, crudamente, a conferma di quanto aveva detto. Se ne irritò, e disse:

– Del resto, amici miei, aquiloni o serpi... lasciamoli andare! A parlarne, parrebbe che io, venendo, mi fossi fatta qualche illusione. Nessuna, lo sapete. Mi ha mandato qua Uno, a cui non potevo dir di no: mi sarebbe parso di disertare.

– Povero Cristo! – esclamò Mattia Gangi. – Per farti mettere in croce sei venuto!

– In croce no, veramente, – sorrise Roberto. – Perché la mia offerta, col valore che poteva avere nella presente lotta, venisse respinta dai miei concittadini; e questa risposta, data sul mio nome al Governo, facesse pensare che ormai basta, qua si vuol altro!

– Zappalà, Zappalà si vuole! – sghignò allora Mattia Gangi. – Quanto mi piacerebbe che fosse eletto Zappalà!

– Mamma, – soggiunse piano Roberto, toccandole un braccio, con un sorriso d'amara rassegnazione, – asini vecchi...

La madre sporse il labbro e aggrottò le ciglia mentre gli altri gridavano, approvando l'augurio di Mattia Gangi, che fosse eletto Zappalà. Un Zappalà solo? No! Cinquecentootto Zappalà, uno per ogni collegio della penisola! Che sedute allora alla Camera! Subito, abolizione di tutte le scuole! abolizione di tutte le tasse! abolizione dell'esercito e della polizia! della polizia e della pulizia! spianare i confini, e tutti fratelli! già, già, decapitare le montagne, ridurle tutte a colline d'uguale altezza! E Mattia Gangi, sorto in piedi, si mise a declamare:

Al ronzio di quella lira
Ci uniremo, gira gira,
Tutti in un gomitolo.

> *Varietà d'usi e di clima*
> *Le son fisime di prima;*
> *È mutata l'aria.*
> *I deserti, i monti, i mari,*
> *Son confini da lunari,*
> *Sogni di geografi...*
> *...E tu pur chétati, o Musa,*
> *Che mi secchi con la scusa*
> *Dell'amor di patria.*
> *Son figliuol dell'universo,*
> *E mi sembra tempo perso*
> *Scriver per l'Italia.*[36]

S'eran levati tutti in piedi, tranne Pompeo Agrò, e applaudivano calorosamente.

– Signori miei, signori miei, – disse allora Filippo Noto, tirandosi con le dita adunche i polsini di sotto le maniche, – siamo giusti, signori miei; non pigliamocela con loro, perché il torto è tutto nostro! di noi cristianelli! Quando noi sentiamo dire: «*Vogliamo che a ciascuno si dia secondo le sue opere! Vogliamo che la personalità umana possa elevarsi sopra la vita materiale! Vogliamo che ciascuno trovi pane e lavoro!*» – noi borghesucci ignoranti, noi cristianelli pietosi, siamo i primi ad applaudire...

– Sfido! – gridò il Ceràulo. – Nei voti per la felicità universale, sfido! tutti gli animi onesti si trovano d'accordo.

– E i socialisti, ahm! aprono la bocca, e voi ci cascate dentro, – rimbeccò pronto Filippo Noto. – Fanno intravedere un ideale d'umanità e di giustizia che a nessuno può dispiacere, di cui tutti dovrebbero esser contenti; e così fanno proseliti alla loro causa tra quanti non sanno distinguere le ragioni astratte da quelle pratiche della vita sociale, caro Ceràulo! Ingenui che non si domandano neppure se i nuovi metodi non siano tali da render mille volte maggiori le ingiustizie e la tristezza della nostra valle di lacrime; dico bene, Monsignore?

Pompeo Agrò chinò più volte il capo in segno di approvazione.

— Il pericolo vero, signori miei, è qua, — seguitò con più calore il Noto: — nella persuasione in cui siamo venuti noi cristianelli, che il movimento del così detto quarto stato sia inevitabile, irresistibile...

— È, è, è, purtroppo! — lo interruppe di nuovo il Ceràulo.

— Ma nient'affatto! nientissimo affatto! Fandonie! Fandonie! — gridò Filippo Noto. — Alla teoria dei socialisti manca l'appoggio della scienza, caro mio, della scienza, della logica, della morale e anche della civiltà, e non può reggersi, e cadrà per forza come un sogno pazzo, come uno sproloquio da ubriachi! Vorrei dimostrartelo, vorrei dimostrarlo a tutti, e prima a gli uomini di governo che ci fanno assistere allo spettacolo miserando dello Stato che si piega, dello Stato che si smarrisce e s'impaccia di cose di cui non dovrebbe impacciarsi!

Si calmò alquanto, protese le mani e riprese con altro tono di voce:

— Lasciatemi dire, in poche parole. Tutto il procedimento è sbagliato, dall'*a* alla *z*. Guardate! Il provvedere ai vecchi, alle donne, ai fanciulli abbandonati, agli infermi, può esser cosa, realmente, d'interesse pubblico.

— Interesse d'umanità, — disse il Trigóna.

— Benissimo! D'accordo! — approvò il Noto. — Ma dal soccorrere la miseria presente per mezzo d'asili, di dormitorii, di cucine economiche, è stato facile, inavvertito il passo, signori miei, a salvaguardare il proletariato...

— Il così detto proletariato, — masticò tra i denti il Gangi.

— ... dalla miseria anche possibile, — seguitò il Noto, – mercé le assicurazioni obbligatorie contro gl'infortunii del lavoro e contro la futura inabilità dell'operajo per età o per malattia. Ora non vi sembra facile, cari miei, dati questi primi passi, il darne altri che ci conducano sempre più verso quello Stato-Provvidenza tanto biasimato dai più illustri scrittori positivi? Perché, quando sia entrato nella coscienza pubblica il concetto che la comunità deve occuparsi di coloro che per inabilità fisica non possono lavorare, è facile saltare il fosso che ci separa dalla regione vera del socialismo, estendendo il principio anche agli uomini validi e disoccupati. E valga il vero! Se questi, non ostante la buona volontà, non trovano lavoro, o se le loro fatiche non sono sufficientemente retribuite, sono forse meno da compiangere di coloro che, per un difetto fisico, non possono lavorare? L'effetto è il medesimo, signori miei: la fame non meritata! E con la proclamazione del diritto al lavoro, si può vedere da tutti dove si andrà a finire; si è già veduto, del resto, in Francia, nel 1848...

Un'improvvisa esclamazione di sdegno del canonico Agrò interruppe a questo punto il discorso di Filippo Noto, che cominciava ad assumere proporzioni e tono di vera concione.

Era arrivata da Comitini, paese nativo dell'Agrò, una lettera che denunziava un altro tradimento. Il figlio di Rosario Trigóna s'era venduto colà al partito Capolino, spargendo la voce che Roberto Auriti si ritirava dalla lotta e pregava gli amici di votare per il candidato clericale contro il socialista Zappalà. L'Agrò non si poté frenare: senz'alcuna pietà per il povero padre mezzo cieco lì presente, ebbe parole di fuoco per quel tristo che gli faceva patire un così grave smacco là, nella sua stessa cittadella. Roberto Auriti tentò più volte di interromperlo, s'affrettò poi a consolare l'amico, il quale dapprima s'era levato in piedi inorridito, lì per lì per lanciarsi su quella lettera e su l'Agrò, poi s'era lasciato cader di peso su la seggiola, rompendo in singhiozzi, col volto tra le mani.

– Ma sarà una calunnia, Rosario... una calunnia, vedrai! Tuo figlio avrà agito in buona fede, credendo di interpretare il mio pensiero... Difatti, tra i due, tra il Capolino e quello Zappalà, via! meglio che i voti siano andati al Capolino... Ha stimato insostenibile da parte mia la lotta... e...

– No... no... – muggiva tra i singhiozzi Rosario Trigóna, inconsolabile. – Infame! Infame!

Per fortuna, sopravvenne Mauro Mortara, che da Valsanìa s'era recato a Colimbètra per accordarsi col principe circa alla sua andata a Roma. Non sapeva nulla delle elezioni. Accolto con festa da Marco Sala, dal Ceràulo, dal Gangi, i quali non lo vedevano da tanto tempo, scostò tutti con le braccia e quasi s'inginocchiò ai piedi di donna Caterina, prendendole una mano e baciandogliela più e più volte; abbracciò poi Roberto e si chinò a baciarlo al suo solito in petto, sul cuore.

– A Roma! – disse. – Sapete? Vengo a Roma!

Ma il suo giubilo non trovò eco: tutti erano ancora sconcertati e commossi dal pianto del Trigóna.

– Oh, don Rosario! – esclamò Mauro. – E che avete? Perché piangete?

Guardò tutti in giro e appuntò gli occhi sul canonico Agrò che appariva il più scuro e il più turbato.

– Niente, – disse subito Roberto. – Una notizia, senza dubbio, infondata. Signori miei, per carità! Soffro... soffro della vostra pena... molto più che per me. Volete farmi contento? Non parliamo più di nulla. Quel che è stato è stato. Basta! Voi sapete quanto mi siete cari e per qual ragione. Io non vi ringrazio di quel che avete fatto per me in questa occasione, perché so che, se sono cangiati i tempi, non è cangiato il nostro cuore, e voi dunque non potevate non fare per me quel che avete fatto. Il torto è nostro, veramente, cari miei! E lo sappiamo tutti, da un pezzo, chi per un verso, chi per un altro. Dunque... dunque basta: perché lagnarci adesso? È stata un'altra prova, di cui io, per conto mio, non sentivo alcun bisogno... Basta!

Non ne poteva proprio più Roberto Auriti. La vista di quegli amici e il silenzio della madre, il pianto del Trigóna, la stizza acerba dell'Agrò, la frigida saccenteria del Noto gli eran divenuti insopportabili. Gli premeva di scrivere a Roma, di dar subito notizia della lotta perduta alla sua donna, a colei che da tanto tempo gli aveva addormentato aspirazioni e sdegni, e nella quale, affogato ormai nell'incuria di tutto ciò che non si riferisse direttamente e minutamente alla sua persona, neghittoso e dimentico, saziava soltanto la fame bruta del senso. Di fronte alla nobiltà della madre, alla purezza della sorella, si sentiva quasi istintivamente costretto a nascondere anche a se stesso la sua schiavitù d'affetto per quella donna che conosceva tutte le sue miserie; e le scriveva di notte. Falsando i proprii sentimenti, per stare in pace con lei e averla docile e pronta alle sue voglie, non aveva osato confessarle prima di partire la vera ragione per cui s'esponeva a quella lotta: le aveva dato a intendere ch'era per migliorare la sua condizione, ponendosi da deputato più in vista. E nelle prime lettere le aveva lasciato sperare non improbabile la vittoria; poi man mano l'aveva messa in dubbio; le aveva scritto in fine che gli premeva ormai soltanto di ritornar presto a lei. Andava lui stesso a impostare quelle lettere, mentre per tutte le altre si serviva del nipote. Eppure sapeva che questi, il giorno appresso, sarebbe partito con lui per intraprendere a Roma gli studii universitarii e avrebbe abitato in casa sua e veduto, dunque, e saputo tutto. Ma voleva, finché era lì, serbare il segreto. Quel giovanotto ispido e angoloso non era fatto certamente per attirar la confidenza d'alcuno. E Roberto soffriva al pensiero di condurlo con sé, di fargli conoscere e di far quindi conoscere per mezzo di lui alla madre e alla sorella la vita ch'egli viveva a Roma. Ma come esimersi?

Donna Caterina, intanto, domandava a Mauro notizie del fratello Cosmo, « di quel matto », e di donna Sara Alàimo.

– Non me ne parlate, per carità! – esclamò Mauro. – Vado a Roma, vi dico, e non so altro, non voglio saper altro in questo momento!

– Caro Mauro mio, – gli rispose allora donna Caterina, sorridendo amaramente, – se è così, chiudi gli occhi, tùrati bene gli orecchi e ritórnatene subito in campagna: segui il consiglio mio!

Quando dalla Badia Grande gli amici scesero alla via Atenea, si trovarono presi in mezzo a una fiumana di popolo che esaltava la proclamazione d'Ignazio Capolino.

La carrozza del canonico Agrò si dovette fermare. Il vecchio servo-cocchiere dalle zampe sbieche faceva schioccar la frusta: – *Ohi, favorì! Ohi, favorì!* –. Poteva mai figurarsi che si dovesse mancar di rispetto al suo padrone, o che questi dovesse aver paura? E, tra il clamore e la confusione, non udiva la voce del Canonico che gli gridava: – Indietro, Cola! indietro! Per la via del Purgatorio! –. Un fischio, e due, e tre... Figli di cane! Ma Capolino era ancora a letto, convalescente nella villa del principe di Laurentano a Colimbètra, e la dimostrazione di giubilo, per darsi uno sfogo diretto, fu proprio tentata di cangiarsi lì per lì in dimostrazione di protesta contro il canonico Agrò. Per fortuna, i

caporioni riuscirono a stornar la bufera che stava per rovesciarsi sulla carrozza mal capitata, non per riguardo a Pompeo Agrò, che non ne meritava alcuno, ma all'abito che indossava indegnamente. Qualche fischio sì, passando, non sarebbe stato sprecato; poi via, via, alla Passeggiata, sotto la villa di Flaminio Salvo.
– Viva Ignazio Capolinòòò!
– Vivààà!
– Viva il nostro deputatòòò!
– Vivààà!

Nel bujo della sera, sotto il pallore dei lampioni, per l'angusta via passò tumultuando quel torrente di popolo, che si lasciava trascinare senza il minimo entusiasmo, come un armento belante, dalla volontà di due o tre interessati. La villa di Flaminio Salvo era illuminata tutta, splendidamente, perché si vedesse come segno di trionfo dalla lontana Colimbètra. Vi erano raccolti i maggiorenti del partito che si affacciarono tutti al gran balcone dalla balaustrata di marmo, appena i clamori della dimostrazione si fecero sentire giù per il viale.
– Viva Flaminio Salvòòò!
– Vivààà!
– Viva Ignazio Capolinòòò!
– Vivààà!

Salì alla villa una commissione di dimostranti, che fu accolta dal Salvo con quel solito sorriso freddo, a cui lo sguardo lento degli occhi sotto le grosse pàlpebre dava un'espressione di lieve ironia. E veramente quei quindici o sedici cittadini accaldati, usciti or ora dalla moltitudine anonima, che giù nel bujo del viale aveva tanta imponenza, assumendo lì ciascuno il proprio nome, il proprio aspetto, timidi, impacciati, smarriti, ossequiosi, facevano una ben misera figura, tra gli splendori del magnifico salone. Flaminio Salvo si dichiarò grato alla cittadinanza di quella spontanea affermazione del sentimento popolare; diede notizie della salute dell'on. Capolino e, in presenza della commissione stessa, pregò l'ingegnere Aurelio Costa di recarsi sul momento alla villa del principe, a Colimbètra, per darvi l'annunzio della proclamazione e di quella manifestazione di giubilo di tutto il popolo di Girgenti. Uno dei quindici, allora, s'affacciò al balcone e, tra i lumi sorretti da due camerieri, arringò con impeto la folla.

Nessuno badò allo scompiglio delle povere nottole del viale che abbarbagliate piombavan dall'alto a strisciare sulle teste dei dimostranti, quindi al clamore, al battìo delle mani, si risollevavano disperatamente, lanciando acutissimi stridi, come per chiedere ajuto e vendetta alle stelle che sfavillavano ilari in cielo. L'oratore improvvisato diceva che l'elezione di Capolino era un avvenimento dei più memorabili della storia italiana contemporanea; ma nessuno certamente avrà potuto levar dal capo a quelle nottole, che invece tutta la città, quella sera, si fosse raccolta soltanto per dare a loro una immeritatissima guerra. Arringava ancora quell'oratore, quando Aurelio Costa su un sauro del Salvo, sellato in fretta in furia, partì di galoppo per Colimbètra.

Giù, confuso tra la folla, era il Pigna, arrivato in coda alla dimostrazione, espurgato smaltito evacuato da essa con molta violenza di conati lungo tutto il percorso. Prepotenza! Sopraffazione! Andava per i fatti suoi, stava a traversar la via Atenea, quando la folla gli era venuta addosso; non aveva fatto in tempo a ritrarsi, e allora quelli che stavano alla fronte lo avevano strappato indietro per passare, e così la fiumana se l'era ingojato: sguizzare, con quelle cianche e quel groppone, non gli era stato possibile; furibondo, urlando, s'era messo a tirare

spinte da tutte le parti e pugni e calci e gomitate, per farsi un po' di largo e uscirne; ma quelli per il gusto di portarselo via con sé come in ostaggio gli s'eran pigiati con furia addosso, gridando: – Ecco Pigna! c'è Pigna! viva Pigna! abbasso *Propaganda*! no, viva! giù, giù con noi! – e qualche lattone e qualche scapaccione era pur volato; più che mai inferocito, come un cinghiale in mezzo a una muta di cani, aveva avventato anche morsi ai più vicini; più d'una volta, puntando i piedi e le spalle per svincolare un braccio e credendo che la folla dietro lo avrebbe parato, trovando invece un po' di largo fatto da qualcuno che voleva scansarlo, era stato per cadere; ma subito altri lo avevano scaraventato con un nuovo urtone alle spalle di chi stava davanti, e lì, rinserrato, compresso, boccheggiante come un pesce, altri lattoni e scapaccioni e dileggi; e tira e spingi, se l'erano sballottato così, malmenandolo in tutti i modi, fino a che, pesto, disfatto, non s'era lasciato andare alla corrente, ma con le proprie gambe no, no: là, così, trascinato...
– Selvaggi! Mascalzoni! Coscienze vendute! Che spettacolo! Oh Girgenti, disonore della Sicilia e dell'umanità! ludibrio, vituperio! Tutti in sagrestia domani, sì, sì, ad attaccar con le ostie della chiesa le mezze carte da cinque lire... Sì, viva Capolino e viva Salvo! viva Bacco e viva Mammone! – Così esclamando, e guardando con aria di dispetto minaccioso la folla sotto la villa del Salvo, ora s'accomodava una spalla, ora soffiava o sbruffava, ora sorsava col naso, e puh, feccia della umanità! puh, vili ignoranti!

– Domani, *Propaga'*, sta' zitto! – gli gridavano alcuni. – Domani c'inscriveremo tutti al Fascio! Ora, qua: *Viva Capolinòòò!* (Non ci credere, sai? è per minchionare). *Viva! Vivààà!*

Questa la conclusione d'una giornata campale, questo il rinfranco di tutte le corse che s'era fatte fin dalla mattina da un seggio elettorale all'altro, per assegnar le parti ai compagni, per dare istruzioni, e qua regolare, e là persuadere, e incitare, e pregare, secondo i casi, che il suffragio di tutti i lavoratori fosse per un lavoratore, loro compagno, perdio! Angelo Zappalà, che li avrebbe difesi, che avrebbe perorato la loro causa in Parlamento!

Sì, dato che quella candidatura popolare doveva valer soltanto quale protesta, egli in fondo avrebbe potuto dichiararsi soddisfatto dell'esito: sì, ma della votazione dei paeselli vicini! il cuore gli faceva sangue invece per la vergogna di Girgenti capoluogo, della sua città natale! Ludibrio, vituperio...

Quando, alla fine, il Pigna, senza più voce, cascante a pezzi dalla stanchezza, si ridusse a casa, al Piano di Gamez, per mandar giù un boccone di cena avvelenato dalla bile, salendo i primi gradini della scaletta di legno che dalla stanza terrena conduceva a quella di sopra, vi trovò al bujo in fitto colloquio Celsina e Antonio Del Re.

— Ohè, voi qua?

— Va' sù; passa, papà! — gli disse Celsina, come a un cane. — Sto a salutarlo. Parte domani.

— Ah, buona sera, allora, — disse il Pigna. — Cioè, buon viaggio... Partite subito, dunque? V'invidio, caro mio. Oh, vedrete certo a Roma... come viene a essere di voi don Landino Laurentano? già, zio, l'abbiamo detto: riveritelo tanto per me, diteglli che Girgenti ha bisogno di lui; sta disonorando l'isola, Girgenti...

— Abbiamo inteso, papà, — lo interruppe Celsina infastidita. — Lasciaci parlare adesso! Vattene!

— Paese di carogne! — brontolò il Pigna, tirando sù a stento le cianche per la scala. — Farabutti... ohi ohi... ignoranti...

E svoltò. Subito i due giovani si riabbracciarono.

Antonio non si reggeva più; ebro, perduto, non poteva più staccarsi da lei; le cercò la bocca, com'arso di sete, per un altro bacio che le penetrasse nel fondo più fondo dell'anima; un altro bacio smanioso, cocente, infinito, col quale darle tutto se stesso e prendersela tutta, nello spasimo del più violento desiderio.

– Basta, – gemette ella, esausta, abbandonandogli il capo sul petto.

Ma egli la stringeva ancora, più ardente; più tremante; voleva ancora la bocca.

– No, basta, Nino, – disse allora Celsina, riavendosi. – Basta... basta...

Gli prese le mani, gliele strinse; se le posò sul seno ansante, senza lasciargliele; riprese:

– Così!... Dunque, senti... tu vedrai, è vero? cercherai... Devi far di tutto...

– Sì...

– M'ascolti?

– Sì...

– Non m'ascolti! Basta, ora, Nino! T'ho detto, basta. Non m'ascolti...

– Sì... cercherò...

– Che cercherai? Lasciami, per carità!

– Non so... farò di tutto... figùrati! Dammi ancora un bacio...

– No! Dove cercherai?

– Ma per tutto, per tutto..

– Sì, un posticino qualunque... infimo anche... per cominciare, capisci?... Tu sai che posso... m'adatterò a fare ogni cosa! Debbo, debbo essere a Roma al più presto, m'ascolti?

– Sì, amore... amore... amore mio! – alitò egli; poi, stringendole le braccia e smaniando: – Come faccio? oh Celsina mia... come faccio?

– Zitto! – gli intimò Celsina. – Non voglio che ti sentano sù.

– Allora vado... non posso...
– Sì, va' va'... è tardi! Mi chiamano. Scrivimi subito, sai?
– Sì...
– Addio, addio.

Ma egli non sapeva lasciarle ancora la mano; le accostò il volto al volto, le domandò:
– Che mi dài?
– Che vuoi?
– Te, tutta! Vieni con me, vieni con me!
– Potessi! Subito!
– Oh amore... Che mi dài? Qualcosa tua...
– Non ho nulla, Nino mio...
– Eppure ho qualcosa di te, sai? che tu m'hai data.
– Io?
– Non m'hai dato niente tu? Neppure il cuore, un poco?
– Ah, quello...
– E un'altra cosa... Non ti ricordi?
– No...
– La bambola...
– Ah, – sorrise Celsina, – quella coi baffi?
– Non ridere, non ridere. Glieli ho cancellati, sai? Me la porto con me.
– Ragazzo...
– Sai? stanotte è stata con me, abbracciata con me, a letto. E sempre...
– Ma va'! Non sono io, quella, sai!
– Lo so; ma è tua, è stata tua... Non l'hai baciata tu?
– Tanto, da bambina...
– E dunque...
– Va', va', Nino. Mi richiamano. Addio. Ricòrdati, sai? Scrivimi! Addio.

Un altro lungo, lungo bacio sulla porta, e Antonio andò via. Si fermò nel Piano di Gamez deser-

to; e si guardò intorno, smarrito; guardò sù nel vano immoto dell'aria ed ebbe un senso di stupore, come se, sveglio, fosse entrato in un sogno. Come sfavillavano le stelle! Sentì schiudere la vetrata del balconcino. Celsina s'affacciò.
– Addio. Ricòrdati.
– Sì. Addio!
Era già lontana; lontana la voce, lontana la figura; e quella casetta, sulla cui facciata chiara in mezzo al Piano umido e nero si rifletteva la luna, e quel Piano stesso, il chioccolìo della fontanella, e quelle anguste viuzze storte, nere, tutto il paese silenzioso nella notte, alto sul colle, sotto le stelle, ogni cosa gli parve come lontana ormai; gli parve come se egli da lontano, con tristezza infinita, con infinita angoscia contemplasse la propria vita che rimaneva lì, strappata da lui.

Quando Aurelio Costa arrivò a Colimbètra, don Ippolito Laurentano sapeva già della proclamazione di Capolino; e ne parlava nel salone con don Salesio Marullo e con Ninì De Vincentis. Il primo, accorso subito da Girgenti appena conosciuto l'esito del duello; il secondo, dopo lo scontro a cui aveva assistito da testimonio, rimasto a Colimbètra accanto al letto del ferito.
Zio Salesio ascoltava il principe con un'aria di degnazione contegnosa, come se Capolino lo avesse fatto elegger lui. Ma sì, via! non gli aveva dato in moglie la figliastra? Da cinque giorni si sentiva proprio rinato, là tra gli splendori di Colimbètra, nei quali s'invaniva e si ricreava, come se fossero suoi. Camminava su gli spessi tappeti più che mai in punta di piedi; faceva il bocchino a tutte le cose belle e preziose che vedeva; a tavola per poco non sveniva dal piacere davanti a quelle finissime stoviglie luccicanti, o quando Liborio in marsina e guanti bian-

chi gli presentava i cibi prelibati. E sul tramonto, non ostante che i piedi gli facessero male, scendeva su lo spiazzo e andava fino al cancello per il gusto di farsi salutare militarmente dall'uomo di guardia in calzoni rossi e cappotto turchino. L'uomo di guardia prendeva lo stesso gusto a salutare; e tutti e due, dopo il saluto, si guardavano e si sorridevano.

Ninì De Vincentis pareva non si fosse rimesso ancora del tutto dallo spavento che s'era preso nel veder Capolino piegarsi sulle gambe, ferito in petto dalla pistola del Verònica, al secondo colpo. Era stata, veramente, una terribile sorpresa per tutti, quella ferita. Le pistole, per tacita intesa fra i padrini, erano state caricate in modo da non produrre alcun effetto, volendosi che il vero duello avvenisse alla sciabola. E meno male che la palla, arrivata senza troppa violenza, aveva appena appena intaccato una costola ed era deviata dal cuore! Ma non solo quello spavento teneva ancora il povero Ninì tanto abbattuto e sbalordito; Nicoletta Capolino gli aveva lasciato intendere chiaramente che Dianella Salvo non era né sarebbe mai stata per lui, quand'anche il padre non avesse opposto un così reciso rifiuto alla domanda. Dopo la prima notte vegliata accanto al letto del marito, non ostante l'assicurazione dei medici che ogni pericolo per fortuna fosse scongiurato, Nicoletta si era persuasa che non era più il caso di rappresentar la parte della moglie disperata, come aveva fatto a Valsanìa all'annunzio della ferita toccata « a Gnazio suo ». E s'era messa ad alternar le cure amorose e diligenti al suo povero « paladino » ferito con lo studio sapiente di rimaner lì a Colimbètra, nella memoria di don Ippolito Laurentano, ospite graditissima. Ah, se al posto di quella foca di Adelaide Salvo fosse stata lei, là, tra poco, regina di quel piccolo regno! Era certa che tutte le parti buone, di cui si sentiva pur dotata e che la sorte aveva voluto opprimere e soffocare in lei, si sarebbero ridestate liberamente e avrebbero preso alla fine in lei il sopravvento; certo che avrebbe saputo render felici gli ultimi anni di quell'altero e bellissimo vecchio, ancora così vegeto e fresco! Indovinava in lui l'amaro disinganno provato alla vista della futura sposa; ma intuiva che nessun'arte di seduzione sarebbe valsa su quell'uomo, il quale della fedeltà alla parola data s'era fatta quasi una religione. Neppur l'ombra della civetteria, dunque, in lei, ma una gara di cortesie e di compitezze con lui, in quei giorni, senza la minima affettazione. E che prediche a quattro occhi allo zio Salesio, il quale non voleva capire che non c'era più nessuna ragione, proprio, perché si trattenesse ancora a Colimbètra. Sapeva star bene a posto, sì – troppo bene, anzi – zio Salesio; ma... ma... ma... E del suo sogno inattuabile, della nostalgia della bontà, dell'incubo che le cagionava la vista del patrigno così compìto e ridicolo, della nausea che in quel momento le dava la sua lunga odiosa finzione d'affetto per quel marito, per quel degno compagno della parte peggiore di sé, Nicoletta si vendicava tormentando Ninì De Vincentis, segnatamente la sera, su quel terrazzo aggettato su le colonne del vestibolo esterno. Gli parlava di Dianella. Lo straziava quasi con voluttà. Sapeva che nessun dolore, nessuna ingiustizia, non solo non avrebbero fatto commettere alcunché di male a quel giovine incorruttibile, ma non gli avrebbero neppure strappato una parola acerba dalle labbra, tanto era schiavo della propria bontà e rassegnato a essa! Gli parlava misteriosamente, con frasi smozzicate, quasi per non farlo saziare in una volta sola del proprio dolore. Ninì voleva sapere per qual ragione gli avesse detto che Dianella Salvo non sarebbe stata mai per lui, nemmeno se il padre avesse accondisceso.

– Perché? Eh, caro Ninì... C'è una ragione, una ragione che non è cattiva soltanto per voi!
– Che ragione?
– Non ve la posso dire.
– Cattiva anche per chi?
– Anche per me, Ninì!
– Per lei? – domandava Ninì, stupito.

E lei, sorridendo:
– Sicuro. Voi non la vedete; ma c'è. C'è una relazione tra me, voi e... lei. Che relazione? Che ci può esser di comune tra me e voi? Eppure c'è, Ninì. Io e voi siamo uniti da qualche cosa. Pare impossibile, no? Eppure!

Ninì De Vincentis restava assorto ad almanaccare su quella ragione misteriosa e si struggeva dentro.

Quando Aurelio Costa, introdotto da Liborio, si presentò nel salone, Nicoletta era presso il marito; ma sopravvenne poco dopo e provò un gran piacere nel farsi veder da lui in quella casa principesca, tra gli ossequii e il rispetto di tutti. Don Ippolito s'affrettò a riferirle la notizia della dimostrazione popolare.

– Ora riposa, – diss'ella. – Temo che si turberebbe troppo... Ma, se vogliono...

– No, no, – soggiunse subito il principe. – Si troverà modo d'annunziarglielo domani.

– Ma sì, credo che don Flaminio, – aggiunse Aurelio Costa, – mi abbia mandato così di fretta a quest'ora, per far sapere lì per lì agli elettori che l'onorevole Capolino e il principe sarebbero stati subito informati della dimostrazione.

– Mi dispiace tanto per lei, ingegnere, – disse allora Nicoletta, – che ha dovuto farsi codesta corsa...

– Ma non lo dica! – la interruppe subito il Costa. – L'ho fatta anzi con piacere.

– Anche perché, scommetto, – interloquì zio Salesio, – lei non era mai stato a Colimbètra, eh? Me-

ravigliosa dimora, caro ingegnere... meravigliosa!
Vero paradiso in terra!

Il principe sorrise, chinando lievemente il capo, e invitò Aurelio Costa a rimanere a cena.

Per quella serata Ninì De Vincentis fu lasciato in pace da Nicoletta; ma non gliene fu grato affatto. Aveva preso gusto alla tortura. Fu tutta per Aurelio Costa Nicoletta quella sera. E volle proprio inebriarlo; volle ch'egli interpretasse segretamente tutte le premure e gli sguardi e i sorrisi di lei come un compenso all'incarico ingrato impostogli da Flaminio Salvo, di venire cioè là a Colimbètra ad annunziare il trionfo del marito; e volle che in quel compenso ch'ella gli dava, egli sentisse un sapor di vendetta contro il Salvo stesso, il quale, pur conoscendo i sentimenti di lui, lo aveva mandato lì come un servo. Considerava egli tutti come suoi schiavi venduti? Poteva anche darsi però che questi schiavi alla fine, così provocati, accettassero la sfida e s'intendessero tra loro! Non s'intendevano già? Non c'era già tra loro un accordo, un patto segreto? E gli occhi di Nicoletta Capolino fissi in quelli di lui ora sfolgoravano aizzosi e ardenti, ora s'illanguidivano velati e turbati, quasi nella promessa di un'intensa voluttà. Schiavo, schiavo con lei! si sarebbero vendicati di tutti quei vecchi che volevano tenere schiavi loro due giovani! Per lei, d'ora innanzi, egli avrebbe amata la sua schiavitù; e non avrebbe più pensato di diventar padrone anche se Dianella Salvo gli avesse fatto intendere apertamente il suo amore. Schiavo, schiavo con lei!

Era veramente com'ebro Aurelio Costa, avvampato in volto da una gioja riconoscente verso quella donna, quando, a sera tarda, lasciò Colimbetra. Non sapeva che pensare. Il sangue gli frizzava per le vene, le orecchie quasi gli rombavano. Era ella così, per abito o per natura, lusinghiera con tutti, o per lui unicamente aveva formato quei sorrisi e trovato quegli sguardi e quelle premure? Doveva dubitarne o esserne certo? E se certo, per qual ragione s'era indotta così d'improvviso a tentarlo, a provocarlo, dopo avere opposto, anni fa, un così reciso e sdegnoso rifiuto all'onesta domanda di lui? Se n'era pentita? Stanca, nauseata della parte infame che le aveva assegnato il marito, voleva ribellarsi e vendicarsi, scegliendo per la vendetta chi onestamente un giorno aveva voluto farla sua? Voleva ora dargli questa rivincita sopra colui per il quale lo aveva allora rifiutato? O voleva tendergli un'insidia? Questo sospetto, per quanto gli paresse indegno in quel momento, gli s'era pure insinuato tra le varie ondeggianti supposizioni. Non poteva aver molta stima di lei. Ma quale insidia? Innamorarlo, fargli perdere la testa, fino al punto di suscitar la gelosia di Flaminio Salvo, e farlo cacciar via da questo? Ma non le aveva egli detto che nessuna perdita sarebbe stata per lui, ormai, lasciare il Salvo? E poi, qual interesse avrebbe avuto ad allontanarlo? che ombra le dava? Le ricordava, nella miseria presente, il passato? Ma se lei stessa, stringendogli forte, segretamente la mano, aveva voluto ricordare a lui invece quel passato, per togliere l'ombra di esso fra loro due? E gli era parsa sincera! Sì, franca e sincera! E com'era bella! Qual fascino si sprigionava da tutta la persona di lei! Oh, esserne amato...

Giunto alla villa di Flaminio Salvo, ora silenziosa e buja, Aurelio Costa lasciò nella scuderia il cavallo e salì nello studio, ove il Salvo lo aspettava. Questi notò subito il turbamento, l'animazione insolita nel volto e nelle parole del giovine che si scusava del ritardo per essere stato trattenuto a cena dal principe. Ascoltandolo, lo fissava con acuta investigazione; e, appena Aurelio chinava gli occhi, accentuava un po' più il solito sorriso, effuso in tutti i lineamenti del volto, che un po' di stanchezza, quella sera, faceva apparir più floscio.

— Me l'aspettavo, — gli disse, carezzandosi le basette.

— Credetti che... — si provò ad aggiungere Aurelio.

— Ma sì! hai fatto bene, — lo interruppe subito il Salvo. — Che buon'aria porti da fuori! Deve far bene una cavalcata a quest'ora in campagna... Bella serata! Qua si soffoca... Quando sarai vecchio te ne ricorderai...

— Io? — domandò Aurelio, indotto a sorridere dal tono amorevole con cui il Salvo gli parlava, quantunque le parole, dopo le riflessioni fatte nel venire, lo ponessero in sospetto. — Perché?

— Mah... dico, forse... — sospirò il Salvo, accompagnando un'alzata di spalle con un gesto vago della mano. — Veramente, tu ci sei avvezzo... Di giorno, di notte, in giro... Vita mossa, la tua! Ma forse questa gita è stata speciale. Quando siamo vecchi, ci si accendono, così, a lampi, ricordi, visioni lontane di noi stessi quali fummo in certi momenti... e non sappiamo neppure perché quel momento e non un altro ci sia rimasto impresso e, a un tratto, ci si stacchi e guizzi sperduto nella memoria. Era forse un ricordo più ampio, di tutto un brano di vita. S'è spezzato. Resta viva una sola scena, vivo un sol momento, un attimo... E ti rivedrai a cavallo, in una notte serena sotto le stelle... e forse invano ti sforzerai di ricordarti quali pensieri avevi in quel punto in mente, quali sentimenti nel cuore...

— Ma questo avviene anche senz'esser vecchi. — osservò Aurelio.

— Non è lo stesso, — rispose il Salvo. — Te n'accorgerai.

E restò un pezzo con gli occhi immobili e fissi senza attenzione. C'era veramente anche nel Salvo, quella sera, non so che di strano, e anche Aurelio lo notò, come se, durante la sua assenza, quegli, lì nello studio austero, se ne fosse stato immerso in pensieri che gli avessero ingenerato una tristezza nuova. Quali pensieri? Certo, se n'era stato coi gomiti su la scrivania e la testa tra le mani, poiché sul capo, calvo su l'occipite, erano scomposti i pochi capelli grigi attorno alla fronte. Aurelio sapeva ch'era profondamente triste il fondo di quell'anima torbida e imperiosa, e che il tratto duro, i modi risentiti e irruenti eran come rigurgiti istantanei di quella tristezza inveterata, nascosta, compressa, inconsolabile. Ma perché si era tanto abbandonato ad essa proprio in quella sera che doveva esser lieto della vittoria?

– Tutti bene laggiù? – domandò il Salvo, riscotendosi. – Lui, lo hai visto?

– No, – rispose Aurelio, dissimulando l'impaccio e il turbamento che forse gli trasparivano sul viso, col timore d'aver mancato a una cosa che doveva fare; e però aggiunse in iscusa, arrossendo: – Perché la signora disse che riposava.

– Su gli allori, eh? – aggiunse il Salvo; quindi, levando il mento e sorridendo apertamente, domandò: – E... dimmi, contenta, lei... la signora?

Aurelio aprì le braccia, e con l'aria di chi si fa nuovo di una cosa:

– Non mi parve, – rispose. – Perché?

– Dev'esser contenta. Va a Roma...

– Già, col marito adesso...

– Deputato, deputato, – concluse il Salvo, dimenando il capo. – Era necessario! Deputato.

E si alzò.

– Vedi, caro mio, quali sono le nostre colpe imperdonabili? Poi ci lamentiamo! In un momento come questo, con un'impresa come quella che abbiamo in animo di tentare, che ci costa già tanti studi, che mi espone già a tanti rischi, ho fatto eleggere deputato Capolino. Proprio l'uomo che mi ci voleva, non ti pare? per parlar forte a Roma, domani, al Ministero dell'Industria e del Commercio... Ma era necessario. Vedrai che Ignazio starà benissimo a Roma: è il posto suo, quello. Qua m'ingombrava... Piazza pulita, piazza pulita... Caso mai, andrò io a parlare col signor Ministro, a Roma. Bisogna però che prima qua sottoscrivano tutti i produttori di zolfo, grossi e piccini; li voglio tutti; e con questo, che limitino, occorrendo, l'estrazione del minerale e lo depositino tutto nei magazzini generali. Se no, niente. Arrischio i miei capitali per la salvezza dell'industria siciliana. Ho diritto di pretendere l'unione e l'accordo di tutti gl'interessati e qualche lieve sacrifizio, se occorre. Intanto, mentre qua si studia sul serio per portar rimedio a questa condizione di cose disperata per tutti, hai sentito a Grotte? Vogliono imporsi col numero... Stupidi! Imporsi a chi, e perché? la rovina, oggi, è più per chi ha, che per chi non ha! Il numero... Che forza può avere il numero? Ti può dar l'urto bestiale; ma la valanga che atterra, si frantuma anch'essa nello stesso tempo. Ah che nausea! che nausea! A uno a uno, hanno paura, capisci? e si raccolgono in mille per dare un passo che non saprebbero da soli; a uno a uno, non hanno un pensiero; e mille teste vuote, raccolte insieme, si figurano che l'avranno, e non s'accorgono che è quello del matto o dell'imbroglione che le guida. Questo, là. E qua? Qua un altro spettacolo, più nauseante. Io forse invecchio, Aurelio.

– Lei?

– Invecchio, sì; perdo il gusto di comandare. Me lo fa perdere la servilità che scopro in tutti. Uomini, vorrei uomini! Mi vedo attorno automi, fantocci che devo atteggiare così o così, e che mi restano davanti, quasi a farmi dispetto, nell'atteggiamento che ho dato loro, finché non lo cambio con una manata. Soltanto di fuori però, capisci? si lasciano atteggiare! Dentro... eh, dentro, restano duri, coi loro pensieri coperti, nemici, vivi solamente per loro. Che puoi su questi? Docili di fuori, miti, malleabili, visi ridenti, schiene ossequiose, t'approvano, t'approvano sempre. Ah, che sdegno! Vorrei sapere perché mi arrovello così; perché e per chi lo faccio... Domani morrò. Ho comandato! Sì, ecco: ho assegnato la parte a questo e a quello, a tanti che non hanno mai saputo veder altro in me che la parte che rappresento per loro. E di tant'altra vita, vita d'affetti e di idee che mi s'agita dentro, nessuno che abbia mai avuto il più lontano sospetto... Con chi vuoi parlarne? Sono fuori della parte che devo rappresentare... Certe volte, a qualcuno che viene qua a visitarmi, a incensarmi, mi diverto a rivolgere certi sguardi, certi sguardi che sfondano la parete, e me lo vedo allora per un attimo, restar davanti sospeso, impacciato, goffo; Dio sa che forza devo far su me stesso per non scoppiargli a ridere in faccia. Mi crederebbe ammattito, per lo meno. E anche tu, caro mio, se vedessi con che occhi mi stai guardando in questo momento...

– Io no! – disse subito Aurelio, riscotendosi.

Flaminio Salvo rise, scotendo il capo:

– Anche tu, anche tu... È così; per forza è così... Ti posso io dire quel che vorrei veramente da te? il piacere che mi faresti, se tu agissi com'io forse al tuo posto agirei?

– E perché no? – domandò Aurelio, levandosi. – Mi dica...

– Ma perché no, – negò subito il Salvo, stringendosi nelle spalle, – perché non posso... Puoi dirmi tu quel che pensi, quel che senti, la vita che hai dentro in questo momento?... Non puoi... Sei davanti a me nelle relazioni che possono correre fra me e te: tu sei il mio ingegnere, il mio buon figliuolo che amo, a cui questa sera, davanti a una ventina di marionette, ho dato l'incarico di recarsi a Colimbètra, messaggero di trionfo: e basta! Che altro potrei dirti? Questo soltanto, forse, per il tuo bene...

E Flaminio Salvo posò una mano sulla spalla di Aurelio:

– Non ti tracciar vie da seguire, figliuolo mio; né abitudini, né doveri; va', va', muoviti sempre; scròllati di tratto in tratto d'addosso ogni incrostatura di concetti; cerca il tuo piacere e non temere il giudizio degli altri e neanche il tuo, che puoi stimar giusto oggi e falso domani. Conosci don Cosmo Laurentano? Se sapessi quanta ragione ha quel matto! Va', va', è tardi; andiamo a dormire. Addio.

Sceso nel viale della Passeggiata, sotto gli alberi spioventi, nell'ampio silenzio della notte, Aurelio Costa ebbe l'impressione di non trovar più se stesso in sé, e si fermò come per cercarsi. I pensieri che lo avevano agitato intorno al suo avvenire, per quel vasto disegno del Salvo; gli sguardi provocanti, le parole e le premure di Nicoletta Capolino, poc'anzi, a Colimbètra; e qua, adesso, questo discorso triste, sinuoso e inatteso del Salvo, gli avevano quasi disperso, sparpagliato lo spirito. Una parte era rimasta là a Colimbètra; l'altra qua nella villa. Frastornato, messo in sospetto, ripensava alle parole del Salvo. E dunque sarebbe andata a Roma Nicoletta? E allora? Ma come? Il Salvo s'era voluto sbarazzare del Capolino? Sì, lo aveva detto chiaramente: *Piazza pulita*. Aveva alluso fors'anche a lei? C'era una certa ironia nella domanda che gli aveva rivolta: *Contenta, la signora?* Aveva voluto allontanare anche lei dalla sua casa? O forse ella gli si era ribellata? Era egli così triste, in un animo così insolito, per questo? E che voleva da lui? Che senso cavare dalle strane cose che gli aveva dette? *Ti posso io dire il piacere che mi faresti, se tu agissi com'io forse al*

tuo posto agirei? Che piacere? che aveva inteso dire?
Un desiderio segreto, inconfessabile? O aveva detto
così, in genere? S'era lamentato d'aver attorno automi, fantocci... E quei consigli, in fine. Per quanto
si sforzasse, non riuscì a raccapezzarsi. E allora,
quasi lasciando fuori, a vagar dove volevano, pensieri e dubbii e sospetti, si restrinse nel guscio
sicuro della sua coscienza, nel sentimento modesto,
tranquillo e solido che aveva sempre avuto di sé.
Per il caso fortuito d'aver cavato, un giorno,
quasi senza volerlo, dalle mani della morte il Salvo,
era stato sollevato a una condizione invidiabile, di
cui con le sue stesse doti naturali, e la buona volontà, aveva poi saputo rendersi degno. Il favore
stesso della fortuna, che tutti riconoscevano meritato,
l'eco ingrandita degli onori a cui era venuto negli
studii, nei concorsi, nella professione, gli avevano
dato di poi un'importanza che egli stesso riconosceva soverchia, e che lo metteva qualche volta in
imbarazzo. Il modo con cui si vedeva accolto e trattato, quel che si diceva di lui, gli dimostravano di
continuo ch'egli era per gli altri qualcosa di più
che per se stesso; un altro Aurelio Costa, ch'egli
non conosceva bene, di cui non si rendeva ben conto;
restava perciò sempre innanzi agli altri in uno
stato d'animo angustioso, in una strana apprensione confusa, di venir meno all'aspettativa altrui,
di decadere dalla sua reputazione. Sapeva star bene
al suo posto, ma avrebbe voluto starci quieto e
sicuro; invece gli pareva che gli altri, avendo egli
preso a salire fin da ragazzo, gli indicassero ancora
come a lui pertinente un posto più alto, e lo spin-
gessero e non lo lasciassero star tranquillo. Non era
timidezza la sua; era un ritegno impiccioso, che
spesso lo irritava contro gli altri o contro se stesso,
una costernazione assidua che si scoprisse in lui
qualche manchevolezza, se appena appena si fosse

allontanato dal campo delle sue conoscenze, ove si sentiva sicuro, dal posto, ove poteva stare, ov'era arrivato da sé per suo merito effettivo. La irritazione contro se stesso nasceva anche dal veder che tanti, da lui stesso stimati inferiori in tutto, sapevano farsi avanti con disinvoltura ed erano lasciati passare; mentre lui, ritenuto da tutti superiore anche al concetto ch'egli aveva di se medesimo, lui si tirava indietro e, se spinto, si sentiva spesso impacciato nei movimenti, nel parlare, e arrossiva talvolta come una fanciulla.

Quella sera, Aurelio Costa avvertì più che mai quel senso di inesplicabile fastidio che gli cagionava sempre la propria ombra nell'allungarsi sperticatamente, assottigliandosi innanzi a lui, a mano a mano che si allontanava dai lampioni accesi. Dopo il frastuono della dimostrazione popolare, il silenzio della città addormentata, vegliata da quei lugubri lampioni, gl'incuteva ora una cupa ambascia.

A metà della via Atenea deserta, scorse Roberto Auriti, solo; si voltò a guardarlo con profonda pena e lo seguì con gli occhi finché non lo vide svoltare per una delle erte viuzze a manca che conducevano alla Badia Grande.

Tutta quella notte si vegliò in casa di donna Caterina Laurentano, dovendo Roberto e il nipote partire a bujo, alle quattro del mattino. La vecchia casa era ancora illuminata a petrolio, e s'andava col lume in mano da una stanza all'altra.

Anna Del Re s'indugiava amorosamente negli ultimi preparativi per il figliuolo. Che strazio, per lei, quella partenza! Tutto il suo mondo, tutta la sua vita, da anni e anni, erano raccolti nell'amore e nelle cure per quel suo unico bene. Come avrebbe vissuto più ora senza di lui? E piangeva silenziosamente.

Se l'era allevato, lo aveva custodito con l'anima e col fiato, non badando ai rimproveri della madre che temeva lo avviziasse troppo. Ma no, no! che avviziare! Era tanto impensierita e tormentata, lei, nel vederlo crescere così freddo e arcigno, sempre e tutto chiuso in sé, e procurava con le sue maniere, con le cure sempre vigili, d'addolcirlo, ecco, di riscaldarlo con l'amore materno, di renderlo più espansivo e confidente.

Non sapeva che cosa egli covasse in fondo al cuore, che lo allontanava anche dalla compagnia dei giovani della sua età. Studiare, studiava anche troppo, con nocumento finanche della salute; e quando non studiava, stava acutamente assorto in certi pensieri che gli rendevano più irsute le ciglia, più duro e scontroso lo sguardo dietro le lenti da miope.

– Oh Dio, Ninuccio, se vedessi come ti fai brutto...

Egli le rispondeva con una spallata.

Forse soffriva, il suo Ninuccio, delle angustiose condizioni della famiglia, forse pensava che la nonna anche senza derogare affatto a se stessa, ai suoi sentimenti, avrebbe potuto essere ricca. Troppo, certo, l'infanzia di lui e la prima giovinezza erano state aduggiate dall'ombra cupa di tante sventure in quella vecchia e vasta casa sempre silenziosa, nella quale il sole, entrando, pareva non recasse mai né luce né calore. Che casa! Lo notava quella notte, presentendo lo squallore in cui domani le sarebbe apparsa! Logorati i mobili, anneriti i soffitti, consunto il pavimento, inaridite e stinte le cornici delle imposte, sbiadita in tutte le stanze la carta da parato. Pur curata e pulita e rassettata sempre, pareva che anch'essa sentisse oscuramente la doglia della vita. Aveva ragione Corrado Selmi; aveva interpretato bene il segreto sentimento di lei... Già da tempo rassegnata, avrebbe desiderato, se non *per sé*, almeno per quel figliuolo, che alla fine qualche sorriso di pace alleviasse un po' l'oppressione delle memorie dolorose, quel cupo rancore contro la vita, la muta, disperata amaritudine della madre.

Calma, e non pace! Non poteva aver pace l'anima di donna Caterina Laurentano. Forse perché non credeva più in nulla? Lei sì, Anna, credeva; credeva fervidamente in Dio, pur senza seguire alcuna delle pratiche religiose. Le donne del vicinato non la vedevano mai andare a messa, come la madre; e tuttavia distinguevano tra l'una e l'altra, indovinavano che la *signora giovane* era religiosa e, nell'intravederla qualche volta da lontano, così bella e mite, sempre vestita di nero, se l'additavano come una santa.

Anna stava soprattutto in pensiero per la nuova vita, in mezzo alla quale si sarebbe trovato fra poco il figlio nella casa del fratello, a Roma. Non dubitava che Roberto avrebbe avuto le più diligenti cure per il nipote; ma la donna ch'egli aveva con sé? i parenti, gli amici? quel Corrado Selmi che, col suo fascino strano, era finanche riuscito a turbar lei? Chi sa quale impressione ne avrebbe ricevuto il suo Ninuccio, vissuto sempre qua, rinchioccito presso lei e la nonna! L'una e l'altra avevano parlato spesso e a lungo, con amarezza, della vita mancata del loro Roberto, della falsa famiglia che s'era formata, su le notizie che ne aveva dato loro Giulio, l'altro fratello; notizie piuttosto vaghe, perché Giulio, cresciuto sempre a Roma, aveva perduto del tutto l'aria, il sentimento della famiglia, non pareva più affatto neanche siciliano; e forse scusava il fratello maggiore; certo non dava alcun peso, alcuna importanza a tante cose che per poco a lei e alla madre non facevano orrore.

Era una maestra di canto, moglie d'un tenore che aveva perduto la voce, la compagna di Roberto. E Giulio aveva detto, ridendo, che questo tenore, buon uomo, sedeva ogni giorno alla tavola di Roberto e dormiva poi, la sera, presso un fratello della moglie che teneva una specie di collegio, di conservatorio di musica privato, dove colei insegnava canto e il marito fungeva nientemeno che da censore. Roberto era come in pensione in quella casa, dove qualche volta, nelle annate di maggiore affluenza, alloggiava anche qualche convittore che non aveva trovato posto nel collegio del fratello. A contatto di tal gente si sarebbe trovato dunque, tra poco, il figliuolo. Parecchie volte Anna aveva cercato di persuadere la madre di proporre a Roberto il loro trasferimento a Roma. Avrebbero venduto quella casa, albergo di tante sventure, e si sarebbero accomodate a vivere alla meglio a Roma, magari sole dapprima, sole o con Giulio soltanto. Chi sa che, a poco a poco, col tempo, la madre non sarebbe poi riuscita a liberar Roberto da quella compagnia... Non sarebbe stato anche un risparmio, di tre case farne una sola? E tutta la famiglia raccolta insieme...

– Sogni! – le aveva detto la madre. E non aveva voluto neanche mettere in discussione la proposta.

Sapeva che né Giulio avrebbe voluto perdere la propria libertà, né Roberto avrebbe saputo sciogliersi dalla schiavitù di quella donna. Anche lei, poi, all'età sua, non avrebbe potuto resistere a un cambiamento così radicale di vita e d'abitudini.

– Sogni! Quand'io morrò, e Nino sarà cresciuto, tu andrai con lui... Ci penserà lui a farti una nuova vita.

– Ma intanto!... – sospirava Anna, e guardava nell'altra stanza il figlio, che ascoltava i discorsi della nonna e dello zio, con una mano tra i capelli, un gomito su la tavola, sotto la lampada che pendeva dal soffitto. Eccolo: non dimostrava né pena d'allontanarsi da lei per circa un anno, né gioja di recarsi a Roma. Sempre così! Una volta sola su i primi dello scorso anno, infatuato d'una scoperta che credeva d'aver fatto, d'un suo speciale congegno per trarre – diceva – l'energia elettrica dalle onde del mare (era venuto, quell'anno, all'Istituto Tecnico un bravo professore di fisica, il quale era riuscito a inferVorare per la sua scienza tutti gli scolari) le aveva parlato con vero calore, per indurla a spingere la nonna a chiedere in prestito qualche migliajo di lire, – non allo *Zio Borbonico*, no! – ma allo zio Cosmo, magari: un migliajo di lire in prestito, per costruire alla meglio gli attrezzi necessarii agli esperimenti che si sarebbe recato a fare a Valsanìa, su la piaggia. Povero figliuolo! Gli aveva fatto cascar le braccia, subito. La nonna? chieder denaro in prestito ai fratelli? E non la conosceva? S'era subito rinchiuso nel suo ispido silenzio, e non aveva voluto darle nemmeno una spiegazione su quella sua famosa scoperta. Chi sa quanto c'era di vero... Forse un'illusione puerile! Ma pure, tutto quell'anno, aveva seguitato a studiare accanitamente quella scienza, e ora, andando a Roma, si proponeva di dedicarsi a essa interamente. Altri affetti – pur essendo così giovane – altre cure, altre voglie pareva non avesse.

– Ninuccio, – chiamò.

Aveva finito di preparare la valigia, e voleva l'ajuto di lui, per chiuderla. Egli accorse subito.

– Troppo piena? – gli domandò. – Hai voluto metterci tutti quei libri... Non sarebbe meglio levarli di qua e porli insieme con gli altri nella cassetta? Tanto, te la spediremo subito.

– Me la porto via con me, la cassetta, – diss'egli. – Non mi fido. Chi sa quando m'arriverebbe...

– Ma ti peserà troppo, figlio mio, che dici? Impossibile... Non dubitare, l'avrai subito. Ci penserò io...

– E allora qua nella valigia, lasciali qua, questi libri. Chiudo?

– Non ha detto nulla la nonna di là, a zio Roberto? – domandò lei allora, alludendo a quella sua proposta.

– Nulla, – rispose il figlio.

– Capisco anch'io, – sospirò Anna, – che è quasi impossibile... L'avrei voluto per te... Mah! Ninuccio mio, mi raccomando: mi devi scrivere tutto, sempre... se hai bisogno di qualche cosa... come stai... se ti trovi bene... Tutto! Mi contento anche di poche righe... Ma le prime lettere, no, sai? lunghe, le prime lettere... Voglio saper tutto! E bada, Ninuccio... un po' più d'ordine! Ti disporrai bene tutta la biancheria nei cassetti... Non fare al solito tuo! Zio Roberto è molto ordinato, lo sai... Ordinato anche tu! E non ti dico altro... So che farai il tuo dovere e che contenterai tua madre e la nonna, che restiamo qua... sole... Basta, basta... Presto sarà l'ora...

Entrarono nella sala da pranzo, dove la nonna e Roberto sedevano accanto sul canapè.

– Vedrai, – diceva donna Caterina. – Io vorrei prima finir di chiudere questi occhi. Ma toccherà forse di vedere anche a me, per conchiudere bene, questo spettacolo qua. Ci sarà, non dico, chi mette male apposta; ma alla mala semenza il terreno è preparato da anni. Voi state a Roma, e non sentite e non vedete nulla. Vorrei ingannarmi! Ma non m'inganno.

Alzò il capo a guardar la figlia e il nipote, vide negli occhi di Anna le lagrime, ed esclamò, levando un braccio:

– Lascialo partire, lascialo andar via! Aria! Aria! Respirerà... Buca l'uovo, figliuolo mio; e lascia star qua nojaltri, ad aspettare la manna del cielo! Nel Sessanta, caro Roberto, sai che facemmo noi qua? sciogliemmo in tante tazzoline le animucce nostre, come pezzetti di sapone; il Governo ci mandò in regalo un cannellino per uno; e allora noi qua, poveri imbecilli, ci mettemmo tutti a soffiare nella nostra acqua saponata, e che bolle! che bolle! una più bella e più variopinta dell'altra! Ma poi il popolo cominciò a sbadigliare per fame, e con gli sbadigli, addio! fece scoppiare a una a una tutte quelle magnifiche bolle che sono finite, figlio mio, con licenza parlando, in tanti sputi... Questa è la verità!

La serva venne ad annunziare che la carrozza era arrivata e che il vetturino, un po' in ritardo, faceva fretta. C'era circa mezz'ora di vettura da Girgenti alla stazione ferroviaria in Val Sollano.

Anna, con la candela in mano innanzi alla porta, presso la madre, rimase come sopraffatta, insaziata dell'ultimo abbraccio frettoloso al figlio, che correva accanto allo zio, giù per la ripida viuzza a scalini, nel bujo ancor fitto.

« Figlio mio! figlio mio! » gemeva tra sé.

— Tu, Ninuccio, lo rivedrai, — le disse piano la madre. — Io, Roberto... chi sa!

Udirono nel silenzio profondo il rotolio della vettura che s'allontanava. E Anna levò gli occhi pieni di lagrime al cielo, dove le stelle, per lei, vegliavano religiosamente.

PARTE SECONDA

I

Seduto innanzi all'ampia scrivania, su cui stavano schierati tutt'intorno prospetti e relazioni irti di cifre, il segretario aspettava che S. E. il Ministro si ricordasse che doveva riprendere a dettare. Già era la terza notte che il cav. Cao... – ohè, lavorare, va bene; ma... ma... ma... – un'intera giornata a sgobbare al Ministero; poi la sera lì, al palazzo di Sua Eccellenza; di questo passo, non sarebbe venuta più a fine quella esposizione finanziaria. Eppure, tra pochi giorni, avrebbe dovuto esser letta alla Camera dei deputati. Non ne poteva più! Ma veramente non era tanto la stanchezza, quanto la sofferenza che da qualche tempo gli cagionava la vista di quell'uomo venerando, per cui sentiva ancora profondo e sincero affetto, se non più l'ammirazione di prima. Aveva già veduto tante cose il cav. Cao, prima da lontano, cert'altre ne vedeva adesso da vicino! Non si può vivere, è vero, settanta e più anni, commettendo sempre eroiche azioni. Per forza qualche sciocchezza, o piccola o grande, si deve pur commettere. E una oggi, una domani, tirando infine le somme... Si tirava, invece, così pensando, il cav. Cao un ispido pelo dei baffi, inverosimilmente lungo. Perbacco! Fin sul capo, gli arrivava... Un pelo solo. Nero. Per avvertir meno la stanchezza e la noja di quell'attesa, lavorava di fantasia. Un pajo di lenti di Sua Eccellenza, lì su la scrivania, eran diventate due laghetti gemelli; uno spazzolino da penne, un fitto boschetto di elci; il piano della scrivania, dov'era sgombro, una sterminata pianura, che forse primitive tribù migratrici attraversavano, sperdute. Sua Eccellenza passeggiava per lo scrittojo, aggrondato, a capo chino, con le mani dietro la schiena. E il cav. Cao, alzando gli occhi a guardarlo, con l'immagine di quello spazzolino da penne nella retina, pensò che Sua Eccellenza aveva la schiena pelosa. Pelosa la schiena e peloso il petto. Lo aveva veduto un giorno nel bagno. Pareva un orso, pareva. Ah quante cose, quante particolarità ridicole non aveva scoperto nella persona di Sua Eccellenza, da che non lo ammirava più come prima! Quella nuca, per esempio, così grossa e liscia e lucente, e tutti quei nerellini che gli pinticchiavano il naso, e quelle sopracciglia... là *zì!* e *zì!* – come due virgolette. Finanche negli occhi, negli occhi che gli incutevano un tempo tanta suggezione, aveva scoperto certe macchioline curiose, che pareva gli forassero la cornea verdastra. Proprio vero: *minuit praesentia famam!*[87] E si meravigliava il cav. Cao e si rattristava insieme di poter vedere ora così quell'uomo che in altri tempi lo aveva addirittura abbagliato, acceso d'entusiasmo per le gesta eroiche che si raccontavano di lui garibaldino e poi per le memorabili lotte parlamentari « strenuamente combattute ». Mah! Ormai Francesco D'Atri non pensava che a sporcarsi timidamente, d'una tinta gialligna, canarina, i pochi capelli che gli erano rimasti attorno al capo e l'ampia barba che sarebbe stata così bella, se bianca. Anche lui, è vero, il cav. Cao, da circa un anno, poco poco... i baffi soltanto. Ma per non averli, ecco, un po' bianchi, un po' neri. Gli seccava. E poi del resto, per lui quella tintura non avrebbe mai avuto le disastrose conseguenze che aveva avuto per Sua Eccellenza. Quantunque infine non avesse ancora quaran... ah già, sì, quarant'anni, da tre giorni: ebbene, quaranta: non avrebbe mai preso moglie, lui. E

Francesco D'Atri, invece, sì l'aveva presa, a sessan-ta-set-te anni sonati; e giovane per giunta l'aveva presa. Segno evidentissimo di rammollimento cerebrale. Bisognava metterlo da parte – (la vita ha le sue leggi!) – da parte, senza considerazione e senza pietà. Pietà, tutt'al più, poteva averne lui, perché gli voleva bene, perché lo vedeva soffrire atrocemente, in silenzio, dell'enorme sciocchezza commessa; ma provava anche sdegno, ecco, per la remissione di cui gli vedeva dar prova di fronte a quella moglie che, quasi subito dopo le nozze, s'era messa a far pubblicamente strazio dell'onore di lui. Tutti, o quasi tutti, ammogliati tardi e male, questi benedetti uomini della Rivoluzione. Da giovani, si sa, avevano da pensare a ben altro! Amare, sì... *la bella Gigogin*... un bacio, e:

Addio, mia bella, addio;
l'armata se ne va...[38]

In fondo, a voler dir proprio, non avevano potuto far nulla a tempo e bene, né studii, né altro. Nelle congiure, nelle battaglie erano stati come nel loro elemento; in pace, erano ora come pesci fuor d'acqua. In vista, e senza uno stato; anziani, e senza una famiglia attorno... Dovevan purtroppo commettere tardi e male tutte quelle corbellerie che non avevano avuto tempo di commettere da giovani, quando, per l'età, sarebbero stati più scusabili. E poi, anche...

Il cav. Cao, a questo punto, tornò a scuotersi come per un brivido alla schiena. Da alcuni giorni era veramente sbigottito della gravità e della tristezza del momento. Tutte le sere, tutte le mattine, i rivenditori di giornali vociavano per le vie di Roma il nome di questo o di quel deputato al Parlamento nazionale, accompagnandolo con lo squarciato bando ora di una truffa ora di uno scrocco a danno di questa o di quella banca. In certi momenti climaterici, ogni uomo cosciente che sdegni di mettersi con gli altri a branco, che fa? si raccoglie; póndera; assume secondo i proprii convincimenti una parte, e la sostiene. Così aveva fatto il cav. Cao. Aveva assunto la parte dell'indignato e la sosteneva. Non poteva tuttavia negare a se stesso, che godeva in fondo dello scandalo enorme. Ne godeva sopra tutto perché, investito bene della sua parte, trovava in sé in quei giorni una facilità di parola che quasi lo inebriava, certe frasi che gli parevano d'una efficacia meravigliosa e lo riempivano di stupore e d'ammirazione. Ma sì, ma sì: dai cieli d'Italia, in quei giorni, pioveva fango, ecco, e a palle di fango si giocava; e il fango s'appiastrava da per tutto, su le facce pallide e violente degli assaliti e degli assalitori, su le medaglie già guadagnate su i campi di battaglia (che avrebbero dovuto almeno queste, perdio! esser sacre) e su le croci e le commende e su le marsine gallonate e su le insegne dei pubblici uffici e delle redazioni dei giornali. Diluviava il fango; e pareva che tutte le cloache della città si fossero scaricate e che la nuova vita nazionale della terza Roma dovesse affogare in quella torbida fetida alluvione di melma, su cui svolazzavano stridendo, neri uccellacci, il sospetto e la calunnia. Sotto il cielo cinereo, nell'aria densa e fumicosa, mentre come scialbe lune all'umida tetra luce crepuscolare si accendevano ronzando le lampade elettriche, e nell'agitazione degli ombrelli, tra l'incessante spruzzolìo di una acquerugiola lenta, la folla spiaccicava tutt'intorno, il cav. Cao vedeva in quei giorni ogni piazza diventare una gogna; esecutore, ogni giornalajo cretoso, che brandiva come un'arma il sudicio foglio sfognato dalle officine del ricatto, e vomitava oscenamente le più laide accuse. E nessuna guardia s'attentava a turargli la bocca! Ma già, più oscenamente i fatti stessi urlavano da sé. Uomo d'ordine, il cav. Cao avrebbe voluto difendere a ogni costo il Governo contro la denunzia delle vergognose complicità tra i Ministeri e le Banche e la Borsa attraverso le gazzette e il Parlamento. Non voleva credere che le banche avessero largheggiato verso il Governo per fini elettorali, per altri più loschi fini coperti; e che, favore per favore, il Governo avesse proposto leggi che per le banche erano privilegi, e difeso i prevaricatori, proponendoli agli onori della commenda e del Senato. Ma non poteva negare che fosse stato aperto il credito a certi uomini politici carezzati, che in Parlamento e per mezzo della stampa avevano combattuto a profitto delle banche falsarie, tradendo la buona fede del paese; e che questi gaudenti avessero voluto occultare ciò che da tempo si sapeva o si poteva sapere; e che, ora che le colpe avventavano, si volesse percuotere, ma con la speranza che la percossa ai più deboli salvasse i più forti. Certo, lo sdegno del paese nel veder così bruttati di fango alcuni uomini pubblici che nei begli anni dell'eroico riscatto avevano prestato il braccio alla patria, si rivoltava acerrimo, adesso, anche contro la gloria della Rivoluzione, scopriva fango pur lì; e il cav. Cao si sentiva propriamente sanguinare il cuore. Era la bancarotta del patriottismo, perdio! E fremeva sotto certi nembi d'ingiurie che s'avventavano in quei giorni da tutta Italia contro Roma, rappresentata come una putrida carogna. In un giornale di Napoli aveva letto che tutte le forze s'erano infiacchite al contatto del Cadavere immane; sbolliti gli entusiasmi; e tutte le virtù, corrotte. Meglio, meglio quand'essa viveva d'indulgenze e di giubilei, affittando camere ai pellegrini, vendendo corone e immagini benedette ai divoti! Ne fremeva il cav. Cao, perché i clericali naturalmente, ne tripudiavano. Accompagnando talvolta Sua Eccellenza a Montecitorio, vedeva per i corridoi e le sale tutti i deputati, giovani e vecchi, novellini e anziani, amici o avversarii del Ministero, come avvolti in una nebbia di diffidenza e di sospetto. Gli pareva che tutti si sentissero spiati, scrutati; che alcuni ridessero per ostentazione, e altri, costernati del colore del loro volto, fingessero di sprofondarsi con tutto il capo in letture assorbenti. Per certuni, non ostante il freddo della stagione, i caloriferi erano mal regolati: troppo caldo! troppo caldo! Chi sa in quante coscienze era il terrore che da un momento all'altro gli occhi d'un giudice istruttore penetrassero in esse a indagare, a frugare, armati di crudelissime lenti. Al cav. Cao era sembrato, il giorno avanti, che alcuni deputati, i quali discutevano accalorati in una sala, avessero troncato a un tratto la discussione vedendo passare Sua Eccellenza D'Atri. S'era fermato un po' a guardare, accigliato, e da uno di quei deputati, che aveva subito voltato le spalle, aveva sentito ripetere chiaramente più volte, sottovoce ma con accento vibrato e impeto di sdegno, il nome di Corrado Selmi che in quei giorni correva sulla bocca di tutti. Il cav. Cao sapeva bene che nessuno avrebbe osato mettere in dubbio l'illibatezza di Francesco D'Atri; ma poteva darsi che, per via della moglie, fosse coinvolto anche lui nella rovina del Selmi che pareva ormai a tutti irreparabile.

Eppure, eccolo lì: passeggiando per lo scrittojo e non ricordandosi più evidentemente né di chi stava ad aspettarlo né dell'esposizione finanziaria, Sua Eccellenza pareva soltanto impensierito d'un pianto infantile angoscioso che, nel silenzio della casa, arrivava fin lì, da una camera remota, non ostanti gli usci chiusi. Già una volta si era recato di là a vedere che cosa avesse la figliuola. Il cav. Cao non seppe frenar più oltre la stizza – (perché, santo Dio, tutta Roma sapeva che quella bambina... quella bambina...) – si alzò come sospinto da una susta, soffiando per le nari uno sbuffo.

Sua Eccellenza si fermò e si volse a guardarlo. Subito il cav. Cao contrasse la faccia, come per un fitto spasimo improvviso, e disse, sorridendo e stropicciandosi con una mano la gamba:

– Crampo, eccellenza...

– Già... lei aspettava... Scusi tanto, cavaliere. M'ero distratto... Basta per questa sera, eh? Lei sarà stanco; io non mi sento disposto. Saranno le undici, è vero?

– Mezzanotte, eccellenza! Ecco qua: le dodici e dieci...

– Ah sì? E... e questo teatro, dunque, quando finisce?

– Che teatro, eccellenza?

– Ma, non so; il *Costanzi*,[39] credo. Dico per... per quella bambina... Sente come strilla? Non si vuol quietare. Forse, se ci fosse la mamma...

– Vuole che passi dal *Costanzi*, ad avvertire?

– No, no, grazie... Tanto, adesso, poco potrà tardare. Piuttosto, guardi: avrei bisogno urgente di parlare con l'Auriti.

– Col cav. Giulio?

– Sì. È con mia moglie. Può darsi che non venga sù, alla fine del teatro. Mi farebbe un gran piacere, se lo avvertisse.

– Di venir sù? Vado subito, eccellenza.

– Grazie. Buona notte, cavaliere. A domani.

Il cav. Cao s'inchinò profondamente, tirando per il naso aria aria aria; appena varcata la soglia, la buttò fuori con un versaccio di rabbia, che mutò subito però in un sorriso grazioso alla vista del cameriere in livrea che gli si faceva incontro.

Rimasto solo, Francesco D'Atri si premé forte le mani sul volto. Il lucido cranio gli s'infiammò sotto le lampadine elettriche della lumiera che pendeva dal soffitto. Si trattenne ancora un pezzo nello scrittojo a passeggiare col viso disfatto dalla stanchezza e alterato dai foschi pensieri in cui era assorto. Con la piccola mano grinzosa e indurita dagli anni si lisciava quella lunga barba canarina in contrasto così penoso e ridicolo con tutta l'aria del volto e la gravità della persona. Come mai non s'accorgeva egli stesso, che quella barba, così mal dipinta, nelle circostanze presenti, era una smorfia orrenda? Non se n'accorgeva, perché da un pezzo ormai Francesco D'Atri non aveva più la guida di sé, né più lui soltanto comandava in sé a se stesso. Non eran più suoi gli occhi con cui si guardava; eran d'un altro Francesco D'Atri che dallo specchio gli si faceva incontro ogni mattina con aria rabbuffata e di sdegnoso avvilimento nel vedergli gonfie e ammaccate le borse delle pàlpebre, e tutte quelle rughe e quel bianco attorno alla faccia. Né questo era il solo Francesco D'Atri che si rifacesse vivo in lui nella senile disgregazione della coscienza, e lo tirasse a pensare, a sentire, a muoversi, com'egli adesso non poteva, non poteva più, con quelle membra e il cervello e il cuore imbecilliti dall'età. Era ormai un povero vecchio che volentieri si sarebbe rannicchiato in un cantuccio per non muoversene più; ma tanti altri *lui* spietati che gli sopravvivevano dentro, approfittando di quel suo smarrimento, non volevano lasciarlo in pace; se lo disputavano, se lo giocavano, gli proibivano di lamentarsi e di dirsi stanco, di dichiarare che non si ricordava più di nulla; e lo costringevano a mentire senza bisogno, a sorridere quando non ne aveva voglia, a pararsi, a far tante cose che gli parevano di più. E uno, ecco, gli tingeva in quel modo ridicolo la barba; un altro gli aveva fatto prender moglie, quando sapeva bene che non era più tempo; un altro ancora gli faceva tener tuttavia quel posto supremo, pur riconoscendolo di tanto superiore alle sue forze; un altro poi lo persuadeva ad amare con infinita pena quella bambina, che anch'egli sapeva non sua, adducendo una ragione quanto mai speciosa, che cioè, avendo egli avuto da giovine una figliuola a cui altri aveva dato e nome e amore e cure e sostanze, in compenso e in espiazione toccasse a lui ora di dare a questa il proprio nome e amore e cure e sostanze, come se questa fosse veramente quella sua povera piccina d'allora. Cedendo però a questo sentimento, riconoscendo davanti agli altri come sua la figliuola, «eh» lo avvertiva quello della barba, armato di pennello e di tintura «bisogna pure che tu, caro, per esser creduto padre, con codesta moglie giovine accanto, dia una mano di giallo a tutta la tua canutiglia!»; consiglio sciocco, a cui avrebbe voluto opporsi, per non profanare, non solo la sua figura veneranda, ma anche, in fondo, il suo vero sentimento verso quella bambina. Non sapeva però opporsi più, se non timidamente. E questa timidità penosa e ridicola si rispecchiava appunto nella tintura della barba. Preso in mezzo, tenuto lì come fra tanti, che ognuno pareva facesse per sé e lui non ci fosse per nulla, non sapeva dove voltarsi prima; niente gli piaceva; ma, a muoversi per un verso o per l'altro, temeva di far dispiacere a questo o a quello dei suoi crudeli padroni; e ogni risoluzione, anche lieve, gli costava pena e fatica. Vedeva purtroppo in qual ginepraio si fosse cacciato, contro ogni sua voglia; e non trovava più modo a uscirne. Tutto a soqquadro, tutto! Qua a Roma, l'abbaruffio osceno d'una enorme frode scellerata; in Sicilia, un fermento di rivolta. Tra gli urli delle passioni più abiette, scatenatesi nello sfacelo della coscienza nazionale, non s'era quasi avvertito un rombo di fucilate lontane, prima scarica d'una terribile tempesta che s'addensava con spaventosa rapidità. Una sola voce s'era levata nel Parlamento a porre avanti al Governo lo spettro sanguinoso di alcuni contadini massacrati in Sicilia, a Caltavutùro; ad agitare innanzi a tutti con fiera minaccia il pericolo, non si radicasse nel paese la credenza perniciosa che si potessero impunemente colpire i miseri e salvare i barattieri rifugiati a Montecitorio. Sì, aveva esposto la verità dei fatti quel deputato siciliano: quei contadini di Sicilia, trovando nella rabbia per l'ingiustizia altrui il coraggio d'affermare con violenza un loro diritto, s'erano recati a zappare le terre demaniali usurpate dai maggiorenti del paese, amministratori ladri dei beni patrimoniali del Comune: intimoriti dall'intervento dei soldati, avevano sospeso il lavoro ed erano accorsi a reclamare al Municipio la divisione di quelle terre; assente il capo, s'era affacciato al balcone un subalterno che, per allontanare il tumulto, li aveva consigliati di ritornar pure a zappare; ma per via la folla aveva trovato il passo ingombro dalla milizia rinforzata; accennando di voler resistere, s'era veduta prima assaltare alla bajonetta; poi, a fucilate, per avere agitato in aria le zappe a intimorir gli assalitori. Dodici, i morti; più di cinquanta, i feriti: tra questi, alcuni bambini, uno dei quali crivellato da ben sette bajonettate. Questo particolare orrendo s'era rappresentato agli occhi di Francesco D'Atri così vivo, che da tre giorni pur tra tante cure e tanto tumulto di pensieri, di tratto in tratto, riaffacciandosi, gli dava raccapriccio. Perché la ferocia di quel soldato, accanita sul corpo d'un bambino innocente, gli pareva l'espressione più precisa del tempo: la vedeva in tutti, quella stessa ferocia, e n'era sbalordito. Non più rispetto, né carità per le cose più sacre; una furia cieca, una rabbia d'odio, una selvaggia voluttà di basse vendette. S'aspettava d'esser preso per il petto da un forsennato qualunque, per dar conto di tutti i suoi errori, antichi e nuovi. Errori? E chi non ne aveva commessi? Ma era un momento, quello, che anche i più lievi, quelli a cui in altro tempo s'era soliti di passar sopra, saltavano a gli occhi di tutti, pigliavan dalla sinistra luce di quei giorni un certo ispido rilievo, un certo color misterioso, che subito aizzavano la smania di frugar sotto, per la soddisfazione atroce o la feroce consolazione di scoprire altre più gravi magagne nascoste. Il coraggio più difficile, quello della pubblica accusa, legato e persuaso con tanti argomenti a non rompere i freni della prudenza, ora che tutti si trovavan d'accordo, s'era svincolato, sferrato da tutti i ritegni e riguardi sociali; era diventato tracotanza inaudita; e nessuna coscienza poteva più sentirsi tranquilla e sicura. Quelle sue nozze tardive con una giovine; l'illusione che il prestigio del suo passato e degli altissimi onori a cui era venuto sarebbe valso a compensare, nella stima e nel cuore di lei, quanto di fervor giovanile doveva di necessità mancare al suo affetto grato e profondo; il lusso avventato; la relazione scandalosa della moglie col Selmi, quella bambina... potevano da un momento all'altro diventar pretesto d'accusa e di maligne insinuazioni, cagione di chi sa quali sospetti oltraggiosi. Tra i fantasmi dell'incertezza, in quella vuota, oscura realtà in cui gli pareva d'esser avviluppato, Francesco D'Atri sentiva di punto in punto crescere in sé la costernazione, ora che le grida rinfuriavano per il salvataggio violento, da parte del Governo, di alcuni parlamentari più in vista e più compromessi. Tra questi era il Selmi, che pure fino a quel giorno s'era lasciato esposto allo scandalo. Non glien'avevano detto nulla i suoi colleghi del Gabinetto; ma s'era accorto dalle loro arie che gli si voleva dare a intendere che il Selmi si salvava per lui. Non era vero! Non per lui, se mai; ma perché egli era con loro; e, in quel momento, la sua caduta avrebbe potuto determinare il crollo di tutti. Non era intanto peggiore del male quel rimedio? Non aveva saputo opporsi. Come proferir quel nome? Mondo d'ogni colpa, integro, per una sola debolezza, per quella illusione così presto perduta, si vedeva trascinato dalla moglie giù nel fango della piazza, ove una canea famelica di scandalo lo aspettava per farne strazio, accozzando in uno sconcio impasto il suo corpo e quello della moglie e del Selmi. Ora, con una nuova violenza si vedeva strappato dalla piazza, ma insieme col Selmi, aggrappato a lui e alla moglie, insieme con tutta la canaglia aggrappata al Selmi. Gli pareva che glielo rimettessero in casa, là, con tutta la folla urlante, beffarda e ingiuriosa. Tutti, ora, tutti avrebbero creduto che lo salvava lui il Selmi, non per generosità, ma per paura. E fors'anche il Selmi stesso... Ma qual paura, in fondo, poteva aver lui? Per generosità, se mai, avrebbe potuto farlo, perché lo ricordava prode e nobile, un giorno, sprezzante della vita tra i pericoli e tutto acceso dell'ideale santo della patria. Ma no, no, neanche per questa generosità lo avrebbe fatto: troppo, oltre all'odio e allo sdegno per il tradimento (quantunque ne facesse più carico alla moglie), troppo gli coceva il sospetto in lui di quella paura. Intanto, sottratte tutte le carte che avrebbero potuto perdere il Selmi, era rimasto esposto, senza difesa, e compromesso, un innocente: Roberto Auriti. S'era trovato a carico di lui un debito di circa quarantamila lire; e, quel ch'era peggio, più d'un biglietto laconico e misterioso, in cui si faceva allusione a un *amico* che assicurava il governatore della banca, o prometteva che avrebbe fatto o parlato o scritto secondo le istruzioni ricevute. Questi biglietti erano già in mano dell'autorità giudiziaria, e di questo egli doveva informare tra poco Giulio Auriti, fratello di Roberto.

S'era già abituato all'orrore della situazione; ne aveva acquistato il sentimento quasi d'una necessità fatale; e il suo sbalordimento era pieno d'uggia, di ribrezzo e greve d'una stanchezza dolorosa. Nessun conforto dalle memorie del passato: a richiamarle per un momento, non sarebbero valse ad altro che ad accrescere la vergogna e la miseria del presente. E in quell'uggia, la vista di tutte le cose, anche dei ninnoli della stanza, acquistava agli occhi suoi una insopportabile gravezza. Ah, il bujo, il bujo, un luogo di riposo: la morte, sì! Tutta quella guerra faceva vincere volentieri il ribrezzo della morte. Che crudeltà! Egli era uno che doveva presto morire... Serbargli quella feccia per gli ultimi giorni, da ingojare nel bicchiere della staffa...

Francesco D'Atri si fermò, con gli occhi immobili e vani. Immaginò il tempo dopo la sua fine: il tempo per gli altri... Ecco tornata la calma... per gli altri! rabbonite quelle onde, squarciato l'orrore di quella tempesta; e nessuna pietà, nessun rimpianto, nessuna memoria di chi s'era trovato in quei frangenti e vi era perito.

A un tratto, su la mensola, a cui teneva fissi gli occhi, gli s'avvistò una piccola bertuccia di porcellana, che gli rideva in faccia sguajatamente. Gli venne quasi la tentazione di romperla; voltò le spalle; avvertì di nuovo il pianto angoscioso della bambina e s'avviò a quella camera remota.

Era la camera della bàlia. Un lumino da notte, riparato da una ventola litofana, sul cassettone, la rischiarava a mala pena. La vecchia governante, magra e linda, passeggiava con la bimba in braccio che, convulsa dagli spasimi, pareva volesse sguizzarle dalle mani; procurava di tenersela adagiata sul seno e:

– *Nooo... nooo...* – le ripeteva, come in risposta ai vagiti angosciosi, dimenandosi in ritmo con tutta la persona e battendole di continuo, lievemente, una mano alle spalle.

La bàlia, con un'enorme mammella tirata fuori del busto, piangeva anche lei: piangeva in silenzio e giurava alla cameriera che le sedeva accanto di non aver mangiato nulla che avesse potuto cagionare quella colica alla bambina.

Francesco D'Atri si fermò un pezzo a guardarla con occhi assenti: e i tratti del volto espressero lo sforzo quasi istintivo ch'egli, col cervello altrove, faceva per intendere ciò che essa stava a dire tra le lagrime copiose. Intanto guardava nauseato quella sconcia mammella dal cui capezzolo paonazzo pendeva una goccia di latte. La cameriera pensò bene di tirar sù il corpetto della bàlia per nascondere quella vista. E allora Francesco D'Atri si volse a guardar la governante. Stordito dai vagiti della bimba trangosciata, strizzò gli occhi; poi si recò a prendere dal tavolino da notte un campanello e si mise a farlo tintinnire pian piano innanzi a gli occhi della piccina, per distrarla, andando dietro alla governante che seguitava a passeggiare, dondolandosi.

Così lo trovò, poco dopo, donna Giannetta di ritorno dal teatro, tutta frusciante di seta. Alzò le ciglia e schiuse appena le labbra a un impercettibile sorriso canzonatorio dinanzi a quel notturno commovente quadro familiare, credendo che Sua Eccellenza si compiacesse, sotto gli occhi delle serve, di mostrare la sua ridicola tenerezza paterna dopo le gravi cure dello Stato. Ma la cameriera, accorsa a prendere il velo nero tutto luccicante di dischetti d'argento ch'ella si levava dal capo e a slacciarle la mantiglia, le spiegò, piano, che cosa era accaduto.

– Ah sì? Poverina... – disse, ostentando indifferenza, ma con una voce calda, melodiosa, e si accostò alla governante, così tutta fragrante di profumo e di cipria e ampiamente scollata. Ma il D'Atri le fe' cenno di tacere. La bambina si era finalmente quietata. Donna Giannetta allora con un lieve sbuffo di stanchezza s'avviò per la sua camera. Su la soglia si volse e disse al marito, quasi cantando:

– Oh, Giulio Auriti è di là.

Francesco D'Atri chinò il capo; le si avvicinò e le disse a voce bassa e grave, senza guardarla:

– Aspettami. Ho da parlarti.

– Discorso lungo? – domandò ella. – Non potresti domani? Temo d'esser troppo stanca e d'aver sonno. Mi sono orribilmente annojata.

– Mi farai il piacere d'aspettarmi, – insistette egli.

E andò allo scrittojo, ove lo attendeva l'Auriti.

Ah, come volentieri, adesso, avrebbe fatto a meno di veder quel giovine a cui doveva dare una tremenda notizia! Se n'era già dimenticato... Si moveva, in quei giorni, dava ordini, istruzioni, imponeva a se stesso atti, parole, risoluzioni, di cui subito dopo non riusciva più a veder bene la ragione, l'opportunità, lo scopo. Chiuse gli occhi e sospirò profondamente, con le ciglia gravate da un'oppressione tenebrosa. Aveva or ora detto alla moglie che lo aspettasse perché doveva parlarle. Ma di che? a che scopo? E lui stesso, poc'anzi, aveva pregato il suo segretario d'avvertir l'Auriti, all'uscita dal teatro, che venisse sù da lui, perché aveva urgente bisogno di vederlo. Era necessario, sì, che quel povero giovine avesse al più presto notizia dell'orrenda sciagura che gli stava sopra. Non poteva comunicargliela altri che lui. Sollevata la tenda dell'uscio e vedendolo, provò intanto un certo rancore per la pietà e la commozione che colui già gli suscitava.

Giulio Auriti non somigliava punto al fratello: alto, smilzo, elegantissimo, spirava dalla temprata agilità del corpo una energia vigorosa, che gli occhi, d'un bel grigio d'acciajo, attenuavano con un certo sguardo d'orgoglio svogliato. Si cangiò tutto, d'un subito, alla vista del vecchio Ministro che gli si faceva innanzi così scombujato. Uno dei guanti, che teneva in mano, gli cadde sul tappeto.

– Ebbene? – domandò.

Francesco D'Atri socchiuse gli occhi per sottrarsi alla pena dell'ansia smaniosa che gli leggeva nel viso. Aprì le mani e mormorò scotendo il capo:

– Non s'è trovata.

– Ah, no! – scattò allora l'Auriti con una nuova subitanea alterazione del viso, che esprimeva sdegno, rabbia e insieme risoluzione fierissima di ribellarsi a un'iniquità, senza alcun riguardo più per nessuno. – Ah, no, mi perdoni, eccellenza: la carta c'è, e si deve trovare! Lei sa che mio fratello Roberto...

– So, so... – cercò d'interromperlo, con durezza, il D'Atri.

– Ma dunque! – incalzò l'Auriti. – Quella sola dichiarazione può salvarlo, e non deve sparire! O via anche tutto ciò che può compromettere Roberto!

Il D'Atri sedette, tornò a premersi forte le mani sul volto e si lasciò cader dalle labbra:

– Il guajo è questo: che l'autorità giudiziaria...

– Ma no, eccellenza! – insorse di nuovo l'Auriti. – L'autorità giudiziaria ha in potere soltanto ciò che il Governo le ha voluto lasciare. Lo sanno tutti ormai!

Il D'Atri lo guardò come se egli, intanto, non lo

sapesse: si rizzò su la vita e, facendo viso fermo,
parve lo ammonisse che non poteva permettere si
desse corso, in sua presenza, a una voce così piena
di scandalo. Ma l'Auriti, smaniando, torcendosi le
mani, aggiunse:
 – E io... io che riposavo tranquillo.... Ma come,
eccellenza? Io riposavo tranquillo perché c'era lei!
 Il D'Atri s'accasciò; ma subito, come se qualcosa
dentro gli facesse impeto nello spirito, tornò a
rizzarsi e gridò con rabbia, guardando odiosamente
il giovine:
 – Che c'entro io? che posso io?
 – Come! – esclamò l'Auriti. – Il Selmi...
 – Il Selmi... – ruggì Francesco D'Atri, serrando
le pugna, come se avesse voluto averlo fra le unghie.
 – Ma sì, lo salvino pure! – esclamò Giulio Auriti. –
Per salvarlo però...
 – Già! ti figuri anche tu che lo salvi io... – disse
lentamente il D'Atri, scrollando il capo con amarissimo sdegno.
 – Ma il Selmi stesso, eccellenza, – ripigliò subito,
con diverso sdegno l'Auriti, – vedrà che il Selmi
stesso non tollererà d'esser salvato a costo dell'assas-
sinio morale di mio fratello. E poi, eccellenza, se
non parla lui, se tacerà Roberto, griderò io! C'è
mia madre di mezzo, eccellenza! L'arresto di Roberto? Mia madre ne morrebbe! E il nostro nome?
 A questo grido, il volto di Francesco D'Atri si
scompose.
 – Tua madre... sì... tua madre... – mormorò;
e, curvo, si portò di nuovo le mani sul volto; stette
un pezzo così, finché non cominciò a sussultare
violentemente come per un impeto di singhiozzi
soffocati. Aveva conosciuto a Torino, giovane, donna Caterina Laurentano e Stefano Auriti che quel
figliuolo gli ricordava in tutto; pensò a quegli

anni lontani; vide se stesso com'era allora; vide Roberto ragazzo; pensò a una notte sul mare, con quel ragazzo su le ginocchia, un'ora dopo la partenza da Quarto... ah, da quella notte a questa, che baratro!

Giulio Auriti, vedendo sussultare le spalle poderose del vecchio Ministro, allibì.

Questi alla fine scoprì il volto e, rimanendo curvo, guardando verso terra, scotendo le mani a ogni parola:

– Che gridi? che gridi? – gli disse. – La vergogna di tutti? Tutti impeciati! Vuoi dirmi che sai perché il Selmi prese quel denaro sotto il nome di tuo fratello? E griderai anche la mia vergogna!

– No, eccellenza! – negò subito con sbalordimento d'orrore, l'Auriti.

– Ma sì! – rispose Francesco D'Atri, levandosi. – Tutti impeciati, ti dico! Tutti... tutti... Muojo di schifo... Il fango, fino qua!

E s'afferrò con le mani la gola.

– M'affoga! Questo... dovevo veder questo! I più bei nomi... Tu vedi soltanto tuo fratello! Niente, sì, non glien'è venuto niente in mano; ma ha tenuto di mano a quello lì... E non è vergogna, questa? come lo scusi? che gridi? Tuo fratello promette, il tuo signor fratello assicura, in quei biglietti là, i laidi uffici dell'amico...

– E non lo nomina! – disse coi denti stretti, ridendo d'ira, d'onta, di dispetto, Giulio Auriti. – Ecco perché non sono stati sottratti!

– Ma quando la paura ha preso possesso! – venne a gridargli in faccia, con voce soffocata, Francesco D'Atri. – Zuffa di ladri che rubano di notte con mani tremanti e come ciechi; rimestano, arraffano, ficcano dentro; e intanto di qua, di là, dal sacco, dalle tasche, il furto scappa via; e nella ressa, tra i piedi, c'è chi ruba ai ladri, chi ghermisce questa o quella carta caduta e corre a far bottega su la vergogna: « Ecco, signori, i più bei nomi d'Italia! Ecco l'onore! ecco le glorie della patria! ». Non mi far parlare... So a chi parlo! Ma ormai... tanto, n'ho fino alla gola... Non è umano, capisco che non è umano pretendere da Roberto il silenzio: per sé, per sua madre, per te, per il nome che portate...

– Roberto? – fece l'Auriti. – Ma Roberto, Vostra Eccellenza lo conosce, sarà anche capace di tacere. Il Selmi stesso...

– Se Roberto tacerà? – domandò il D'Atri, come se ne dubitasse.

– Ma io no, eccellenza! – s'affrettò allora a ripetere l'Auriti. – Glielo dico avanti: io no, per mia madre!

– Aspetta! – riprese il D'Atri, quasi imponendogli di tacere. – Se ho voluto vederti, è segno che ho da dirti qualche cosa.

Giulio Auriti lo guardò ansiosamente negli occhi. Ma il D'Atri non sostenne quello sguardo; n'ebbe fastidio, anzi dispetto; scorse per terra il guanto caduto fin da principio dalle mani del giovine e riebbe fortissima l'impressione di gravezza insopportabile, che in quei giorni gli faceva la vista di tutto. Ne distrasse gli occhi e disse, cupamente:

– Tu intendi che in tutta questa faccenda... io non posso cacciar le mani...

Si guardò le mani e le ritirò con atto di schifo.

– Pure, – seguitò, – per Roberto, ho parlato... questa sera stessa; ho detto... ho... ricordato... ricordato le sue benemerenze... Forse – ascolta bene – quei biglietti compromettenti, per cui è già spiccato il mandato di cattura... sì! Ma – ascolta bene – quei biglietti...

Non volle dire: significò con un rapido gesto espressivo della mano: via!

– Però, – riprese subito, – tu sai che i giornali hanno già pubblicato il nome di tuo fratello. Bisognerà, per togliere ogni sospetto di compromissione losca e per non lasciare nessuna traccia, nessuno strascico...

— Pagare? — domandò, smorendo, l'Auriti. — E dove... come?

Il D'Atri si strinse rabbiosamente nelle spalle.

— Sono quarantamila lire, eccellenza...

— Io non posso dartele... Procura... E presto! Tu intendi, è l'unico mezzo...

— Un denaro preso da altri... — gemette l'Auriti.

— Ma come preso? — domandò con ira il D'Atri. — Questo devi vedere!

— Per altri! — protestò Giulio.

— Sei un ragazzo?

— No, eccellenza: è la difficoltà... Dove lo trovo? come lo trovo?

— Cerca... tu hai parenti ricchi... tuo cugino...

— Lando?

— O i tuoi zii...

Giulio Auriti rimase pensieroso, a considerare quale, quanta probabilità di riuscita gli offrisse quella via indicata tra gli ostacoli che già gli si paravano davanti: per Lando, l'ombra odiosa del Selmi; per gli zii, la fierezza incrollabile della madre. Come si sarebbe piegata questa a chiedere ajuto di danaro, per quel debito non netto del figlio, a quel fratello? A piegarla, si sarebbe certo spezzata! Decise senz'altro di tentar lui presso Lando: lui, a costo di tutto, per risparmiare quel sacrifizio estremo della madre.

— Che tempo? — domandò.

— Presto... — ripeté il D'Atri. — Vedi tu... cinque, sei giorni...

Giulio Auriti, perduta lì per lì la nozione dell'ora, compreso già della parte che doveva sostenere, si licenziò e s'avviò in fretta, accigliato, come se dovesse subito correre a casa del cugino.

Francesco D'Atri lo seguì con gli occhi fino alla

soglia dell'uscio; poi rimase perplesso, aggrondato, a stropicciarsi con una mano il dorso dell'altra, quasi cercasse nella memoria ciò che ancora gli restava da fare. A un tratto, scorse di nuovo per terra, sul rosso del tappeto, il guanto bianco, caduto di mano all'Auriti. Quel guanto, lasciato lì, gli parve il segno che egli ormai non avrebbe potuto più allontanare del tutto da sé le cose, la gente, i pensieri da cui si sentiva soffocare; sempre una traccia, sempre un'orma, un vestigio, ne sarebbero rimasti, risorgenti o incancellabili, come nell'incubo d'un sogno. E come se in quel guanto si potesse scorgere una sua compromissione, Francesco D'Atri si chinò guardingo a raccattarlo con ribrezzo e se lo cacciò in tasca, furtivamente.

Donna Giannetta, in accappatojo, con una graziosa cuffia di trine e di nastri in capo, aspettava intanto nella sua camera su un'ampia e bassa poltrona massiccia di cuojo grigio; una gamba su l'altra, tormentandosi il labbro inferiore con le dita irrequiete. Teneva gli occhi fissi acutamente alla punta della babbuccia di velluto rosso, che compariva e spariva dall'orlo della veste al lieve dondolìo della gamba accavalciata.

Era la prima volta che il marito con quell'aria e quel tono le annunziava di voler parlare con lei. Non le aveva detto mai nulla, prima, quando avrebbe avuto ragione di parlare. Che poteva più dirle, ora?

Aveva notato che, da alcuni mesi, era più cupo e più oppresso del solito; ma, certo, non per lei; forse, per difficoltà parlamentari. Non aveva mai voluto saper di politica, lei: aveva sempre proibito assolutamente a gli amici che ne parlassero davanti a lei; non leggeva giornali e si gloriava della sua ignoranza, si compiaceva delle risate con cui erano

accolte certe sue confessioni, come ad esempio quella
di non sapere chi fossero i colleghi del marito. Che
ora egli volesse annunziarle, come aveva già fatto
una volta, dopo il primo anno di matrimonio, che
aveva in animo di lasciare il «potere»? Oh, non
le avrebbe fatto più né caldo né freddo, ormai.

Ma eccolo... Subito donna Giannetta si sgruppò, si abbandonò con gli occhi chiusi su la spalliera
della poltrona, volendo fingere di dormire; come
però il D'Atri aprì l'uscio, riaprì gli occhi con
molle stanchezza, quasi veramente avesse dormito.

– Domani, no? – gli domandò di nuovo, con grazia languida. – Ho proprio sonno, Francesco! Temo
di perdere il filo del discorso.

– Non lo perderai, – diss'egli aggrondato, lisciandosi la barba con la mano tremolante. – Del resto,
se vuoi, il mio discorso potrà anche essere breve.

– Ti dimetti? – domandò lei, placidamente.

Francesco D'Atri la guardò, stordito.

– No... – disse. – Perché?

– Credevo... – sbadigliò donna Giannetta, portandosi una mano alla bocca.

– No, qui, qui, di cose nostre, della casa, devo
parlarti, – riprese egli. – Abbi un po' di pazienza.
Sono anch'io tanto stanco! Se vuoi del resto che
il mio discorso sia breve, non offenderti.

Donna Giannetta sgranò gli occhi:

– Offendermi? perché?

– Ma perché, se dev'esser breve, sarà pure per
conseguenza un po' rude, senza frasi, – rispose
egli. – Mi lascerai dire; poi farai, spero, quel che
ti dirò io, e basterà così. Dunque, senti.

– Sento, – sospirò ella, richiudendo gli occhi.

Francesco D'Atri agitò più volte con stento due
dita:

– Due sciagure ti sono capitate, – cominciò.

Donna Giannetta tornò a scuotersi:

— Due? a me?
— Una, l'hai proprio voluta, — seguitò egli. — Vecchia sciagura. Sono io.
— Oh, — sclamò ella, abbandonandosi di nuovo su la poltrona. — Mi hai spaventata!
Sorridendo e intrecciando le mani sul capo, soggiunse:
— Ma no.... perché?
Le larghe maniche dell'accappatojo scivolarono e le scoprirono le braccia bellissime.
— Finora, no, — riprese egli. — Non te ne sei accorta bene, perché al fastidio che ho potuto recarti di quando in quando...
— Francesco, ho tanto sonno, — gemette lei.
— Permetti... permetti... permetti... — diss'egli con stizza. — Voglio dirti, che al fastidio hai trovato un compenso assai largo nella mia... nella mia... dirò, filosofia...
— Dimmi subito l'altra sciagura, ti prego! — sospirò quasi nel sonno donna Giannetta.
Francesco D'Atri si mise a sedere. Veniva adesso il difficile del discorso, e voleva esprimersi quanto meno crudamente gli fosse possibile. Poggiò i gomiti su i ginocchi, si prese la testa tra le mani per concentrarsi meglio, e parlò, guardando verso terra.
— Eccomi. Aspetta. Io ho dovuto... ho dovuto scontare... Ma già tu, in questo, non hai nessuna colpa. Era naturale che, tra i diritti della tua gioventù e i tuoi doveri di moglie, tu seguissi piuttosto quelli che questi. Avrei potuto farti osservare da un pezzo che tu stessa, accettando spontaneamente, anzi con... con giubilo, un giorno, questi doveri verso un vecchio, avevi implicitamente rinunciato a quei diritti; ma neanche di ciò ti fo colpa perché forse anche tu, allora, ti facesti l'illusione che...
A questo punto Francesco D'Atri sollevò il capo

e s'interruppe. Donna Giannetta dormiva, con un braccio ancora sul capo e l'altro proteso verso di lui, come per implorar misericordia.

— Gianna! — chiamò, ma non tanto forte, frenando la stizza e lo sdegno, come se al suo amor proprio dolesse che ella, destandosi a quel richiamo, dovesse riconoscere d'aver ceduto così presto al sonno mentr'egli le parlava di cosa tanto grave. Riabbassò il capo e terminò a voce alta il discorso rimasto sospeso:

— Ti facesti l'illusione che... sì, che avresti potuto facilmente adempiere ai tuoi doveri.

Donna Giannetta non si destò; anzi, pian piano l'altro braccio le scivolò dal capo, le cadde in grembo con pesante abbandono. Allora Francesco D'Atri sorse in piedi, fremente; fu lì lì per afferrarle quel braccio nudo proteso e scoterglielo con estrema violenza, gridandole in faccia le ingiurie più crude. Ma la calma incosciente del sonno di lei, per quanto gli paresse spudorata e quasi una sfida, lo trattenne. Sembrava che così giacente nel sonno, gli dicesse: « Guardami come son giovane e come son bella! Che pretendi, tu vecchio, da me? ».

Ah, che pretendeva! Ma di quella sua bellezza che ne aveva fatto? e che ne stava facendo della sua gioventù? Scempio vergognoso! Sì, dandosi a lui, a un vecchio, dapprima! Ma egli almeno, quei tesori li avrebbe adorati con animo tremante e traboccante di gratitudine, come un premio divino! Ella, invece, con obbrobrioso disprezzo, con incosciente crudeltà, li aveva violati! E nulla più poteva ormai rifar sacre quella bellezza e quella gioventù così indegnamente profanate!

Scosse il capo e uscì pian piano dalla camera.

Subito donna Giannetta balzò in piedi, sbuffando.

Auff! sul serio, a quell'ora, una spiegazione? E perché? Quando avrebbe dovuto parlare, zitto; ora che lei s'annojava soltanto, mortalmente, pretendeva una spiegazione? Eh via! Troppo tardi. Se lui stesso, del resto, col suo contegno, tra le inevitabili relazioni della nuova vita in cui l'aveva messa, di fronte alle tentazioni a cui questa vita la esponeva, agli esempii che di continuo le poneva sotto gli occhi, l'aveva indotta, certo senza volerlo, a stimar troppo ingenuo, puerile e tale da attirar l'altrui derisione il bel sogno da lei accarezzato, sposandolo?

Con la massima sincerità aveva sognato di rallegrare col riso della sua giovinezza gli ultimi anni della vita eroica di Francesco D'Atri, vecchio amico e fratello d'armi del padre.

Gli era forse sembrato che con troppa avventatezza ella avesse preso la risoluzione di sposarlo, quella sera ormai lontana, in cui, discorrendosi in casa del padre di donne, di vecchi, di matrimonii, a una domanda di lei egli aveva risposto per ischerzo, sorridendo malinconicamente: – Eh, bellina mia, se mi sposi tu... –?

Ma fors'anche aveva sospettato in lei l'ambizione di diventar moglie d'un ministro! Per il parentado, per le condizioni della sua nascita, era quasi povera.

Avrebbe dovuto saper bene però che in casa di lei, sempre, le risoluzioni più serie erano state prese così; e che la precipitazione nel prenderle non era stata mai a scàpito della fermezza nel mantenerle. Suo padre, Emanuele Montalto, giovine, nella compagnia spensierata e gioconda di tant'altri giovani dell'aristocrazia palermitana, quasi per una picca da un giorno all'altro s'era ribellato alla famiglia devota ai Borboni; e non solo per quella ribellione aveva sofferto persecuzioni, prigionia, esilio dal governo oppressore, ma era stato anche diseredato dal padre a beneficio del fratello maggiore e della sorella Teresa, moglie di don Ippolito Laurentano e madre di Lando. E anche lei, già una volta, proprio per una picca, da un giorno all'altro s'era guastata col cugino Lando, il quale, vivendo a Palermo in casa dello zio principe di Montalto, veniva di furto ad amoreggiar con lei, cuginetta *eretica*, figlia dello zio *eretico*, a cui quello (il principe) come per un'elemosina della quale si dovesse vergognare, faceva passar sotto mano un assegno appena appena decente. Da un giorno all'altro, tutto finito, per sempre: non aveva più voluto sapere del cugino e aveva indotto il padre a lasciar Palermo per Roma, con la speranza che, allontanando il padre dall'isola, in una più larga cerchia e meno oppressa da pregiudizii, egli avesse alla fine condisceso a lasciarle prendere la via per cui il sangue materno la chiamava. Sua madre era stata un'attrice piemontese, la Berio, conosciuta dal padre a Torino, durante l'esilio, e sposata colà. Il sangue, proprio il sangue, non l'esempio la chiamava, perché la mamma lei non l'aveva nemmeno conosciuta: morta nel darla alla luce; e tutti, a Palermo, e più di tutti il padre, s'erano sempre guardati dal farle sapere ciò che la madre era stata. Ma una Montalto sul palcoscenico? Orrore! E anche lei, sì, doveva riconoscerlo, provava tra sé e sé un certo segreto ribrezzo. Tuttavia, per lanciare una sfida al cugino Lando e far onta a quello zio che si vergognava finanche di mantenerli di nascosto, oh, non solo questo ribrezzo avrebbe saputo vincere facilmente, ma qualunque altro! Lando, poco dopo, era venuto anche lui a stabilirsi a Roma, e insieme col padre aveva cercato di ammansarla, di rabbonirla. No, no e no. Già s'era innamorata di quel suo sogno per Francesco D'Atri, che, fin dal primo vederla, era rimasto come abbagliato di lei. Perché poi non l'aveva ritenuta capace Francesco D'Atri di serbarsi fedele a quel sogno? come non aveva compreso che un tal dubbio, un tal timore, manifestati con certi sguardi pietosi, con certi mezzi sorrisi afflitti, l'avrebbero offesa acerbamente, al pari della libertà concessa, anzi quasi imposta, non ostanti quel dubbio e quel timore? Dunque per lui una sua caduta era inevitabile e ci si rassegnava? E se lui non credeva, qual merito, qual premio, a non cadere? Per se stessa? Ah sì, per se stessa! Le era morto il padre, da poco. Addolorata, amareggiata profondamente, eppur costretta a far buon viso a tutti, s'era veduta, pure in quei giorni di lutto, vigilata da Lando con occhi freddamente sdegnosi. In un momento d'angoscia, di esasperazione, in un momento di vera pazzia, perché lo sdegno di quegli occhi si ritorcesse anche contro di lui, gli s'era offerta. Probo, intemerato, incorruttibile, Lando l'aveva respinta. Oh, e allora, più per vendicarsi di lui che della triste e muta sconfidenza del vecchio marito, s'era buttata in braccio di Corrado Selmi, e giù, giù, giù... orribilmente, sì... come un'ubriaca, come una pazza aveva sguazzato un anno nello scandalo.

Ma via! Non le aveva detto anche or ora il vecchio, che non trovava nulla da ridire? Perché dunque avrebbe dovuto farsene un rimorso? Oh, non si era davvero divertita in quell'anno della sua relazione col Selmi. Che voleva da lei, ora, il marito?

Donna Giannetta scrollò le spalle, e subito vide quel suo gesto, come se l'avesse fatto un'altra davanti a lei. Aveva spiccatissima la facoltà strana di osservarsi così, quasi da fuori, anche nei momenti di maggior concitazione, di vedersi muovere, di sentirsi parlare o ridere; e ne aveva quasi sgomento, talvolta, e spesso fastidio; temeva che i suoi atteggiamenti, i suoi gesti, il suono della sua voce, gli scatti dei suoi sorrisi potessero apparire studiati; soffriva di quel raggelarsi improvviso dei moti più spontanei e men pensati del suo essere, sorpresi in sul nascere da lei stessa in sé. Si passò parecchie volte la mano su la fronte e cercò d'affondarsi in un pensiero che le togliesse la visione di sé, così costernata. Ecco. L'altra sciagura... Quale poteva essere l'altra sciagura di cui il marito avrebbe voluto parlarle? Il volto le si fece scuro. Davanti a gli occhi le sorse l'immagine del Selmi, che, o sbigottito, per romper quella furia di scandalo, o per timore di perderla, cominciando ella a essere stufa, o con la speranza di legarla a sé maggiormente, o forse anche per vendetta, non aveva saputo impedire che divenisse madre. Sì, non c'era dubbio: l'altra sciagura, a cui il vecchio alludeva, era la figlia, quella bambina...

– *Due sciagure ti sono capitate... Una, l'hai proprio voluta.*

L'altra, dunque, no. E aveva ragione: quest'altra sciagura, non l'aveva proprio voluta.

Ma se egli sapeva tutto, e sapeva che lei non poteva sentire alcun affetto per quella creatura che le ricordava l'amante odiato, perché poc'anzi s'era fatto trovare presso quella bambina piangente, con un campanello in mano? Perché tanta ostentazione di tenerezza per quella creatura? Perché aveva voluto accomunarla a sé, come per mettersi con essa di fronte a lei, dicendo che entrambi – lui e la bambina – rappresentavano per lei due sciagure? Che voleva concludere?

Donna Giannetta si pentì d'aver finto di dormire. Rimase ancora un pezzo a riflettere; poi uscì dalla camera in punta di piedi e, al bujo, trattenendo il respiro, si recò fino all'uscio della camera del marito. Origliò, poi si chinò a guardare attraverso il buco della serratura.

Francesco D'Atri, seduto lì nella sua camera, come dianzi nella camera di lei, coi gomiti sui ginocchi e la testa tra le mani, piangeva.

Donna Giannetta si sentì fendere la schiena da un

brivido e si ritrasse sconvolta, in preda a uno stupore che era anche sgomento.

– Piange...

Restò lì, tremante, senza riuscire a formare un pensiero. Poi, improvvisamente, temendo ch'egli aprisse l'uscio e la scoprisse lì in agguato, si mosse per rientrare nella sua camera. Ma, passando come una ladra davanti all'uscio della camera ove dormiva la bambina, si fermò.

Anche la bambina, qua, piangeva! Tutt'e due...

Inconsciamente, quasi per trovare un rifugio che la nascondesse a se medesima in quel momento, schiuse quell'uscio, entrò.

La bàlia, seduta in mezzo al letto, smaniava, disperata. La bambina, dopo un breve sonno inquieto, aveva ripreso a contorcersi per le doglie e a vagire così.

Donna Giannetta non intese bene dapprima ciò che la bàlia diceva; allungò una mano su la bambina trangosciata e subito la ritrasse, quasi per ribrezzo. Com'era fredda! Ma bisognava farla tacere... Quel pianto era insopportabile... Non voleva latte? Era fasciata forse troppo stretta? Volle sfasciarla lei, con le sue mani. Oh che gambette misere, paonazze... e come tremavano, contratte dallo spasimo... Si provò a tenergliele; ma erano gelate! Era tutta gelata, quella povera piccina... Fosse stato almeno un maschio; ma no, ecco, femminuccia... Con che ravvolgerla? Ecco là, la copertina della culla... Sù, sù. Donna Giannetta se la prese in braccio, se la strinse contro il seno, forte e delicatamente, e si mise a passeggiare per la camera, cullando la figlioletta col dondolìo della persona, come non aveva mai fatto. E stupì di saperlo fare. Sentiva sul seno le contrazioni del piccolo ventre addogliato e quasi il gorgoglio del pianto dentro quel corpicciolo tenero e freddo. Quasi senza volerlo, allora, si mise a piangere anche lei, non per pietà della piccina, no... o fors'anche, sì, perché la vedeva soffrire... ma piangeva anche perché... perché non lo sapeva neppur lei.

A poco a poco la piccina, come se sentisse il calore dell'amor materno che per la prima volta la confortava, si quietò di nuovo. Donna Giannetta era già stanca, tanto stanca, e pur non di meno seguitò ancora un pezzo a passeggiare e a batter lievemente, a ogni passo, una mano sulle spallucce della piccina. Poi si fermò; con la massima cautela, per non farla svegliare, se la tolse dal seno; si mise a sedere e se la adagiò su le ginocchia; fe' cenno alla bàlia di rimanersene a letto e, al lume del lampadino da notte, si diede a contemplare la figliuola. Vide quella creaturina, tranquilla ora per opera sua, lì in grembo a lei, come non l'aveva mai veduta. Forse perché non aveva mai fatto nulla per lei, povera piccina, cresciuta finora senz'affetto, senza cure... E che colpa aveva lei? Strizzò gli occhi, come per ricacciare indietro un sentimento odioso... Ma no! Che colpa aveva la piccina d'esser nata?

E a un tratto, guardando così la figlia, comprese quel che il marito voleva dirle. Egli era e si sentiva vecchio, e sapeva di non poter riempire la vita di lei; ma ella aveva una figlia, ora; e una figlia può e deve riempir la vita d'una madre. Egli poteva fare uno scandalo, e non l'aveva fatto; non solo, ma aveva dato anzi a quella bambina, che non era sua, il prestigio del nome, del grado, e anche... sì, anche la sua tenerezza. Orbene, lei, madre, poteva dar bene alla propria figlia l'affetto, le cure, l'esempio d'una condotta illibata.

Ecco, sì, questo, questo senza dubbio, egli voleva dirle. E lei aveva fatto finta di dormire...

A lungo donna Giannetta rimase lì quella notte a pensare, con la bambina in grembo. Pensò con amarissimo rimpianto al suo sogno giovanile; e, con nausea, a quel che gli uomini le avevano offerto in cambio di quel sogno... Stupide finzioni, volgarità schifose... Poi, a poco a poco, cedette al sonno.

Prima dell'alba, Francesco D'Atri, attraversando il corridojo per recarsi allo studio, vide aperto l'uscio della camera della bàlia e sporse il capo a guardare. Rimase stupito nel trovare la moglie lì addormentata su una poltrona, con la bambina in braccio. Le s'accostò pian piano per contemplarla e sentì lo stupore sciogliersi, con un tremore per le vene, in una tenerezza infinita. Si chinò e le sfiorò con un bacio la fronte.

Donna Giannetta si destò; provò anche lei stupore, dapprima, nel ritrovarsi lì, con la piccina su le ginocchia; poi sorrise – vide quel suo sorriso – e, tendendo una mano al marito e guardandolo con gli occhi pieni d'una gioja nuova, gli domandò:

– Va bene così?

II

Da una ventina di giorni, tutti, anche quelli che andavano per via frettolosi e sopra pensiero, si voltavano, si fermavano a mirare un vecchiotto nodoso e ferrigno, con un piccolo zàino alle spalle, quattro medaglie al petto e un cappellaccio nero, da cui scappava un arruffio di peli, i gialli cernecchi confusi col barbone lanoso, abbatuffolato. Camminava quel vecchiotto come in sogno, gli occhi lustri, ilari e lagrimosi, senz'alcun sospetto della sua straordinaria apparizione per le vie e le piazze di Roma, in quella comica acconciatura e con quella goffa aria di selvaggio intenerito. Ma, lasciati a Valsanìa il berretto villoso, gli scarponi imbullettati e il fucile, indossato il vestito nuovo di panno turchino e, sotto alla ruvida camicia d'albagio violacea, un'altra camicia di tela che gli sovrabbondava bianca e floscia dal collo e dalle maniche; con quel cappellaccio nero e le scarpe pulite, Mauro Mortara era sicuro d'essersi acconciato da compìto cittadino. La giacca, sì, aveva su i fianchi certi rigonfii... ma le pistole, eh quelle aveva fatto voto di non lasciarle mai. Le quattro medaglie poi che gli s'intravedevano appese alla camicia d'albagio, sul petto, se le era portate (chiestane licenza al Generale) unicamente per dimostrare ch'era degno di passare per Roma, che s'era meritata la grazia e guadagnato l'onore di vederla. Tutti i documenti erano dentro lo zainetto.

Come avrebbe potuto supporre che quelle medaglie, a Roma, attufata d'odio e tutta imbrattata di fango in quei lividi giorni, dovessero chiamare su le labbra un ghigno di scherno, diventata quasi titolo d'infamia la qualifica di « vecchio patriota »? Senza il più lontano sospetto che ridessero di lui, Mauro Mortara rideva a tutti coloro che gli ridevano in faccia, credendo che partecipassero alla sua gioja, a quella sua gioja rigata di lagrime che, quasi grillandogli attorno come una luce, gli abbagliava ogni cosa. Non vedeva altro di Roma, che questa sua gioja di esserci; e tutto in quella fiamma d'allucinazione gli si presentava magico e vaporoso; e non sentiva la terra sotto i piedi. Tre, quattro volte, nell'allungare il passo, gli era venuto meno il marciapiedi, e per poco non era ruzzolato. Andava com'ebro, senza mèta, smarrito, annegato nella sua beatitudine; e appena gli fantasmeggiava davanti un aspetto grandioso, giù altre lagrime dagli occhi gonfii di commozione.

Lando Laurentano avrebbe voluto dargli una guida; ma che guida! non voleva saper nulla; non voleva che gli si precisasse nulla; temeva istintivamente che ogni notizia, ogn'indicazione, ogni conoscenza anche sommaria gli rimpiccolisse quella smisurata, fluttuante immagine di grandezza, che il sentimento gli creava. Roma doveva rimanere per lui, come il mare, sconfinata. E ritornando la sera, stanco e non sazio, al villino di via Sommacampagna dove Lando abitava, alle domande se avesse veduto il Colosseo, il Foro, il Campidoglio:

– Ho visto, ho visto! – rispondeva in fretta. – Non mi dite niente... Ho visto!

– Anche San Pietro?

– Oh Marasantissima! Vi dico che ho visto. Non voglio saper niente! Questo... quello... che me n'importa? È tutto Roma!

Che gl'importava di sapere chi fosse quel cavaliere con le gambe nude e la corona in capo sul gran cavallo di bronzo in quell'alta piazza vegliata da statue in capo alla salita, dominata da una torre e porticata a destra e a sinistra? Era a Roma? E dunque era un grande, certo, un eroe dell'antichità, un vittorioso, un padrone del mondo. E quella statua lì, rossa, seduta sopra la fontana, con una palla in mano? Roma: quella era Roma, col mondo in pugno, e basta. Se per quella piazza non fosse passata di continuo tanta gente, si sarebbe chinato a baciar l'orlo di quella fontana, accostato a baciare il piedestallo di quel cavaliere con le gambe nude. E perché s'affaccendava lassù tutta quella gente? Ma perché lavorava a far più grande Roma: ecco perché! Si davano tutti da fare per questo. E Roma, Roma... eccola là: di nuovo, tra poco, tutto il mondo in pugno avrebbe tenuto, così!

Era lui davvero, Mauro Mortara, a Roma? respirava proprio lui lassù quell'aria di Roma? toccava proprio lui coi piedi il suolo di Roma? vedeva lui tutte quelle grandezze? o era sogno? Ah, si potevano chiudere ora gli occhi suoi, dopo tanta grazia? Veduta Roma, avevano veduto tutto. Posta la sua firma nel registro del Pantheon, alla tomba del Re,[40] poteva morire: aveva dato atto di presenza nella vita, risposto all'appello della storia. Che stupore! Se le era trovate davanti all'improvviso, quelle colonne scure e maestose. Nel dubbio che fosse una chiesa, s'era tenuto in prima d'entrare per il cancello semichiuso della ringhiera, come vedeva fare a tanti. Venendo a Roma, aveva stabilito che, dalle chiese, alla larga! Rispettare Dio, sì, ma in cielo... E non era entrato difatti neanche in San Pietro. In mano ai preti, lui? Maramèo! Con occhi torvi aveva guatato il Vaticano, premendo coi gomiti su i fianchi il calcio delle due pistole. Era dunque una chiesa anche quella? Stava per domandarlo, quando gli s'era accostato un venditore di vedute di Roma: – Il Pantheon... la tomba del Re...

– Là dentro?

E subito allora era entrato. Quell'occhio tondo aperto nella cupola, da cui si vedeva il cielo, l'altare di fronte lo avevano un po' sconcertato. Dov'era la tomba del Re? Eccola là, a destra, in alto, di bronzo... E s'era avvicinato, timoroso; aveva veduto sotto la tomba i due veterani di guardia, con le medaglie al petto, il registro per le firme dei visitatori e, con gli occhi ridenti e invetrati di lagrime, aveva sollevato un po' la giacca per far vedere a quelli che aveva il diritto, lui, di firmare. Quei due veterani non avevano compreso bene, forse, ciò che avesse voluto dire e, vedendolo ridere e piangere insieme, lo avevano preso fors'anche per matto. Uno dei due, infatti, come a rassicurarsi, gli aveva domandato con un gesto della mano: firmare? Sì, aveva risposto lui, col capo: or ora, dopo tutti gli altri; ché, un po' per la mano poco avvezza, un po' per gli occhi e soprattutto poi per la commozione, chi sa quanto tempo ci avrebbe messo! Alla fine, rimasto solo davanti ai veterani, dopo aver raspato alla meglio sul registro, a lettera a lettera, nome, cognome e luogo di nascita:

– Ah, da Girgenti... siciliano? – s'era sentito domandare da uno di quelli, che con gli occhi aveva tenuto dietro alla penna. – Avete fatto la campagna del Sessanta?

– Eccole qua! – gli aveva risposto, gongolante, mostrando le medaglie. – E questa, del Quarantotto!

– Ah, reduce del Quarantotto... E siete *danneggiato*?

– Come, danneggiato? Che vuol dire?

– Se avete la pensione dei danneggiati politici...

Ma che pensione! Lui? Perché la pensione? Non aveva niente, lui. Non sapeva neppure che ci fosse, quella pensione; e se l'avesse saputo, non l'avrebbe mai chiesta. Prender danaro per quel che aveva fatto? Ma gli dovevano prima cascar le mani!

Quelli, ch'eran due piemontesi, s'erano messi a ridere, guardandosi negli occhi. Lo avevano approvato – credeva lui – sicuramente. Sì, come lo approvavano, nel villino, ogni sera, Raffaele il cameriere e Torello il servitorino, dopo la severa riprensione del padrone che li aveva sorpresi in un momento che se lo pigliavano a godere proprio di gusto. Alle esclamazioni di gioja, di meraviglia, di entusiasmo, di soddisfazione, alle ingenue considerazioni di Mauro sulla grandezza della patria, Lando Laurentano, benché pieno in quei giorni di sdegno e di nausea, non aveva mai replicato; aveva trattenuto il sorriso anche quando il suo caro vecchio, una di quelle sere, era entrato ad annunziargli ancor tutto esultante:

– Ho visto il Re! ho visto il Re! Oh, povero figlio mio, come avrei potuto mai crederlo? tutto bianco... bianco come me... Chi sa quanto gli costa sedere lassù! quanti pensieri! Eh, il palo è lui! c'è poco da dire: il palo che regge tutto... E sapete? M'ha salutato! se la carrozza andava più piano, mi buttavo in ginocchio, com'è vero Dio!

« Sentirsi in petto per un momento quel cuore! » aveva pensato con tenerezza e con invidia Lando

Laurentano. « Potere con quella stessa fede, con quella stessa purezza d'intenti, nutrire un sogno, un più vasto sogno; affrontare per esso più aspre lotte e vincere, per goder poi una gioja più pura e più grande di quella! »

Come per ritemprarsi e lavarsi lo spirito di tutte le sozzure sbornicanti in quei giorni dalla vita nazionale, s'era immerso nei discorsi di quel vecchio, strambi, sì, ma vero lavacro di purezza e di fede. La sua vista, la sua presenza a Roma, in quei giorni, gli facevano apparir più sozzi, più turpi tutti coloro che della fortuna insigne d'esser nati in un momento supremo e glorioso s'erano avvantaggiati come ingordi mercanti e ladri speculatori. Che ne sapeva, che poteva saperne quel vecchio, il quale, dopo aver dato il meglio della sua forte e ingenua natura alla patria, s'era ritratto in solitudine a fantasticare sul frutto che l'opera sua avrebbe certamente recato, sicuro che tutti gli altri avevano fatto come lui? Egli non pensava: sentiva soltanto: fiamma accesa, che si beava nel suo lume e nel suo calore, e tutto avvivava intorno a sé di questo lume. E, certo, come ora qua non avvertiva la tempesta di fango in mezzo alla quale passava raggiante di gioja e d'entusiasmo, da trent'anni in Sicilia non aveva mai avvertito gli orrori delle tante ingiustizie, la desolazione dell'abbandono, il crollo delle illusioni, il grido e le minacce della miseria. Impensierito dalle notizie di giorno in giorno più gravi che gli arrivavano di laggiù, Lando avrebbe voluto qualche ragguaglio da lui, almeno intorno alla provincia di Girgenti; ma non glien'aveva neppur fatto cenno, sicuro che gli avrebbe oscurato d'un tratto tutta la festa col fargli sapere ch'egli, il nipote del Generale, era per quelli che egli in buona fede doveva stimar nemici della patria, e dunque un nemico della patria anche lui. Gli aveva domandato invece notizie del padre.

– Giù, dovete venire giù con me! – gli aveva risposto Mauro recisamente. – Voi siete il ladro; io, il carabiniere. E ringraziate Dio che ha mandato me! Poteva mandarvi un plotone di quei suoi terribili pagliacci, con Sciaralla il capitano.

Lando aveva schiuso le labbra a un sorriso afflitto. E allora Mauro, picchiandosi la fronte con una mano:

– Testa! Che volete farci? Me li manda anche lì, a Valsanìa, vestiti a quel modo, nella casa di suo Padre! Il cuore mi si volta in petto e vedo rosso, vi giuro, certe volte! Basta, che dicevamo? Ah... anche questa vi pare che sia da meno? andare a sposar di nuovo, alla sua età, e una di quella razza! Santo e santissimo non so chi e non so come, il padre di quello, vi dico, quando vostro nonno fu mandato in esilio, andò in chiesa a cantare il *Te Deum*. E lui, lui, questo don Flaminio Salvo... Corpo di Dio, sapete che ho dovuto sopportarmelo per un mese a Valsanìa? Ah, che bracalone quel vostro zio don Cosmo! «Come!» doveva dire. «Flaminio Salvo a Valsanìa?» E invece, niente! Padronissimo. E sapete come sono stato io per un mese? Come una bestia che va cercando tutti i buchi e i bucherelli per nascondersi. Se lo vedevo... sangue di... per qua lo afferravo, vi dico, per la gola, e là, suona che ti suono, cazzotti dove coglievo coglievo! Sapete che quando mi piglia quel momentaccio, bestiale come sono... Lasciamo andare! Questo don Flaminio Salvo, al quarantotto, che fece? ve lo dico io che fece, andò dritto filato a denunziare alla sbirraglia borbonica il luogo dove s'era nascosto don Stefano Auriti con vostra zia donna Caterina. Storia! E ora, a Girgenti, porta tutti i preti in pianta di mano! Ma Dio, ah Dio l'ha castigato! La moglie, pazza! Peccato che la figlia... quella, no: buona, la figlia;

buona e bella... Ma non vi venisse in mente, oh, di pigliarvela in moglie! Voi, caro mio, portate il nome di vostro nonno, ricordatevelo! E il nome di Gerlando Laurentano dev'essere per voi... che dico? no, caro mio, non ridete... di queste cose non dovete ridere davanti a me!

– Rido, – gli aveva risposto Lando, – perché ha mandato un buon ambasciatore mio padre per persuadermi ad assistere alle sue nozze!

E Mauro, mettendo le mani avanti:

– Ah no, che c'entra? io le cose le dico papali in faccia, anche a lui. E, tanto, se non le dico, mi si leggono in fronte lo stesso... Ciascuno col sentimento suo. Ma voi dovete venire con me, perché il padre è padrone, caro mio. Non andate di vostra volontà. Lui, com'ha cominciato, deve finire. Se s'è messo per quella via, che volete farci? Ve ne verrete per un po' di giorni a Valsanìa, a ristorarvi; vi arrabbierete un po' con quello stolido di vostro zio don Cosmo; ma poi ci sono io, c'è il camerone del Generale, intatto, tal quale... Entrando là, il petto... ah! vi s'allarga e il cuore vi si fa tanto... Voi, non so, mi parete... Con permesso, lasciatemi sentir l'orologio.

Gli s'era accostato, gli aveva posato un orecchio sul petto, dalla parte del cuore e, ridendo furbescamente, aveva concluso:

– Ho capito! L'ora delle femmine.

Calmo e freddo in apparenza, Lando Laurentano covava in segreto un dispetto amaro e cocente del tempo in cui gli era toccato in sorte di vivere; dispetto che non si sfogava mai in invettive o in rampogne, conoscendo che, quand'anche avessero trovato eco negli altri, come ne trovavano difatti quelle dei tanti malcontenti in buona o in mala fede, non avrebbero approdato a nulla.

Era, quel suo dispetto, come il fermento d'un mosto inforzato, in una botte che già sapeva di secco.

La vigna era stata vendemmiata. Tutti i pampini ormai erano ingialliti; s'accartocciavano aridi; cadevano; i tralci nudi si storcevano nella nebbia autunnale, come chi si stiri in un lungo e sordo spasimo di noja; nella grigia distesa dei campi, tra la caligine umida, non rimaneva più altro che un accennar muto e lieve e lento di pàlmiti vagabondi.

Aveva dato il suo frutto, il tempo. E lui era venuto a vendemmia già fatta. Il mosto generoso e grosso, raccolto in Sicilia con gioja impetuosa, mescolato con l'asciutto e brusco del Piemonte, poi col frizzante e aspretto di Toscana, ora col passante, raccolto tardi e quasi di furto nella vigna del Signore, mal governato in tre tini e nelle botti, mal conciato ora con tiglio or con allume, s'era irrimediabilmente inacidito.

Età sterile, per forza, la sua, come tutte quelle che succedono a un tempo di straordinario rigoglio. Bisognava assistere, tristi e inerti, allo spettacolo di tutti coloro che avevan dato mano all'opera e volevano ora esser soli a darle assetto; alcuni tuttavia sovreccitati e quasi farneticanti, altri già lassi e crogiolantisi con senile sorriso di sufficienza nella soddisfazione d'un'ardua fatica comunque terminata, di cui non volevano vedere i difetti, né che altri li vedesse.

Ah, in verità, sorte miserabile quella dell'eroe che non muore, dell'eroe che sopravvive a se stesso! Già l'eroe, veramente, muore sempre, col momento: sopravvive l'uomo e resta male. Guaj se non scoppia l'anima con veemenza, investita da quel vento propulsore che la gonfia, la sforza e le fa assumere a un tratto una terribile maschera di grandezza! Dopo quello sforzo, caduto il vento, l'anima violentata non sa, non può più ricomporsi nelle sue naturali proporzioni, non trova più il suo equilibrio: qua ancora abbottata e intumidita, là floscia, ammaccata, casca da tutte le parti e, come un pallone in cui si sia consumato lo stoppaccio, incespica e si straccia in tutti gli sterpi della via dianzi sorvolata.

Lando Laurentano non sfogava il dispetto, perché, non avendo potuto prima per l'età, non potendo più ora per l'inerzia dei tempi far nulla, sdegnava come troppo facile dir che gli altri avevano fatto male. Fare... ecco, poter fare, senza punte parole! Avevano fatto gli altri. Ora era il tempo delle parole. Ne facevano tante gli altri inutilmente, ch'egli poteva bene risparmiar le sue. Vedeva che coloro, a cui era stato dato di fare, s'erano dibattuti a lungo tra due concezioni, una vacua e l'altra servile: quella di un'Italia classica e quella di un'Italia romantica: una fantasima in toga e un manichino da vestire con la livrea e il beneplacito altrui: un'Italia retorica, fatta di ricordi di scuola, quella stessa forse vagheggiata dal Petrarca e suggerita a Cola di Rienzo, repubblicana; e un'Italia forestiera, o inforestierata tutta nell'anima e negli ordini. Purtroppo, le necessità storiche dovevano effettuar questa. E, in fondo, non si era fatto altro che sostituire una retorica a un'altra; alla scolastica imitazione degli antichi, la spropositata imitazione degli stranieri. Imitare, sempre. « Oh Italiani, » aveva gridato dalle *Murate* di Firenze il Guerrazzi, « scimmie e non uomini! »[41]

Soffocati dalle così dette ragioni di Stato gl'impeti più generosi, la nazione era stata messa sù per accomodamenti e compromissioni, per incidenze e coincidenze. Un solo fuoco, una sola fiamma avrebbe dovuto correre da un capo all'altro d'Italia per fondere e saldare le varie membra di essa in un sol corpo vivo. La fusione era mancata per colpa di

coloro che avevano stimato pericolosa la fiamma e
più adatto il freddo lume dei loro intelletti accorti
e calcolatori. Ma, se la fiamma s'era lasciata soffocare, non era pur segno che non aveva in sé quella
forza e quel calore che avrebbe dovuto avere? Che
nembo di fuoco allegro e violento dalla Sicilia sù
sù fino a Napoli! Ancora da laggiù, più tardi, la
fiamma s'era spiccata per arrivare fino a Roma...
Dovunque era stata costretta ad arrestarsi, ad Aspromonte o su le balze del Trentino, era rimasto un
vuoto sordo, una smembratura.

Non poteva l'Italia farsi in altro modo? Segno
che non erano ancora ben maturi gli eventi, o che
eran mancati in alcuni l'energia e l'ardire per secondarli. Troppi calcoli e riflessioni ombrose e tentennamenti e scrupoli e ritegni e soggezioni avevano mortificato la creazione della patria.

Che fare, adesso? Per chi vuole, sì, è sempre tempo di far bene. Ma un bene modesto, umile, paziente,
Lando Laurentano sentiva che non era per lui. Gli
avevano offerto, nelle ultime elezioni generali, la
candidatura in uno dei collegi di Palermo: né preghiere, né pressioni, né richiami alla disciplina del
partito erano valsi a farlo recedere dal rifiuto. Lui,
a Montecitorio, in quel momento? Meglio affogarsi
in una fogna!

Fin da giovinetto s'era nutrito di forti e severi
studii, non tanto per bisogno di coltura o per passione, quanto per poter pensare e giudicare a suo
modo, e serbare così, conversando con gli altri,
l'indipendenza del proprio spirito. Aveva qua, nel
villino solitario di via Sommacampagna, una ricca
biblioteca, ove soleva passare parecchie ore del giorno. Ma, leggendo, era tratto irresistibilmente a tradurre in azione, in realtà viva quanto leggeva; e,
se aveva per le mani un libro di storia, provava un
sentimento indefinibile di pena angustiosa nel veder

ridotta lì in parole quella che un giorno era stata vita, ridotto in dieci o venti righe di stampa, tutte allo stesso modo interlineate con ordine preciso, quello ch'era stato movimento scomposto, rimescolìo, tumulto. Buttava via il libro, con uno scatto di sdegno, e si metteva a passeggiare per la sala. Che strana impressione gli facevano allora tutti quei libri nella prigione degli alti e ampii scaffali che coprivano da un capo all'altro le quattro pareti! Dalle due finestre basse, che davano sul giardino, entrava il passerajo fitto, assiduo, assordante degl'innumerevoli uccelletti che ogni giorno si davan convegno sul pino là, palpitante più d'ali che di foglie. Paragonava quel fremito continuo, instancabile, quell'ebro tumulto di voci vive, con le parole racchiuse in quei libri muti, e gliene cresceva lo sdegno. Composizioni artificiose, vita fissata, rappresa in forme immutabili, costruzioni logiche, architetture mentali, induzioni, deduzioni – via! via! via!

Muoversi, vivere, non pensare!

Che angoscia, che smanie talvolta, se s'affondava nel pensiero che anch'egli, inevitabilmente, coi concetti e le opinioni che cercava di formarsi su uomini e cose, con le finzioni che si creava, con gli affetti, coi desiderii che gli sorgevano, fermava, fissava in sé e tutt'intorno a sé in forme determinate il flusso continuo della vita! Ma se già egli stesso, con quel suo corpo, era una forma determinata, una forma che si moveva, che poteva seguire fino a un certo punto questo flusso della vita, fino a tanto che, man mano irrigidendosi sempre più, il movimento già a poco a poco rallentato non sarebbe cessato del tutto! Ebbene, certi giorni, arrivava a sentire per il suo stesso corpo, così alto e smilzo, per il suo volto bruno pallido, dalla fronte troppo ampia, dalla barba nera, quadra, dal naso imperioso in contrasto con gli occhi da arabo sonnolento e voluttuoso, una strana antipatia. Se li guardava nello specchio come se fossero d'un estraneo. Dentro quel suo stesso corpo, intanto, in ciò che egli chiamava anima, il flusso continuava indistinto, sotto gli argini, oltre i limiti ch'egli imponeva per comporsi una coscienza, per costruirsi una personalità. Ma potevano anche tutte quelle forme fittizie, investite dal flusso in un momento di tempesta, crollare, e anche quella parte del flusso che non scorreva ignota sotto gli argini e oltre i limiti, ma che si scopriva a lui distinta, e ch'egli aveva con cura incanalato nei suoi affetti, nei doveri che si era imposti, nelle abitudini che si era tracciate, poteva in un momento di piena straripare e sconvolger tutto.[42]

Ecco: a uno di questi momenti di piena egli anelava! Si era perciò immerso tutto nello studio delle nuove questioni sociali, nella critica di coloro che, armati di poderosi argomenti, tendevano ad abbattere dalle fondamenta una costituzione di cose comoda per alcuni, iniqua per la maggioranza degli uomini, e a destare nello stesso tempo in questa maggioranza una volontà e un sentimento che facessero impeto a scalzare, a distruggere, a disperdere tutte quelle forme imposte da secoli, in cui la vita s'era ponderosamente irrigidita. Sarebbero sorti nelle maggioranze quella volontà e quel sentimento così forti da promuover subito il crollo? Mancava in esse ancora la coscienza e l'educazione necessarie. Renderle coscienti, educarle, prepararle: ecco un ideale! Ma a quando l'attuazione? Opera lenta, lunga e paziente anche questa, purtroppo.

Nei suoi vasti possedimenti in Sicilia, nella provincia di Palermo, ereditati dalla madre, aveva già accordato ai contadini la più equa mezzadria, proibendo assolutamente al suo amministratore di gravare anche d'un minimo interesse le anticipazioni concesse con liberalità per la semente e per tutte le altre spese necessarie alla coltura dei campi; vi aveva fondato e manteneva a sue spese parecchie scuole rurali; più volte, a ogni richiesta, aveva contribuito largamente ai fondi di riserva per la resistenza dei contadini e dei solfaraj nelle lotte contro i proprietari di terre e i produttori di zolfo; pagava le spese di stampa d'un giornale del partito: *La Nuova Età*, che si pubblicava ogni domenica a Palermo. L'amministratore Rosario Piro protestava da laggiù, mese per mese, con lunghissime lettere piene di buon senso e di spropositi di lingua: protestava e si lavava le mani. Povero Piro! Chi sa come se l'era ridotte, quelle mani, a furia di lavarsele! Lando, forse senza neppure accorgersene, o credendo fors'anche di viver sobriamente, spendeva molto per sé. L'esperienza di quanto vacua e insulsa fosse la vita di tutti coloro che per professione facevano bella figura nel così detto bel mondo, nei circoli, nei saloni dei grandi alberghi, nelle sale da giuoco, nelle piste delle corse, nelle cacce a cavallo, se l'era pagata, non per voglia che n'avesse, ma per non apparir singolare dagli altri in una cosa di così poco valore per lui e che in fondo non gli costava alcun sacrificio, date le sue abitudini signorili e le sue relazioni sociali; seguitava ancora a pagarsela di tratto in tratto, e pur cara, nei momenti in cui più forte sentiva il bisogno d'afferrarsi al solido fondamento della bestialità umana per sottrarsi o resistere a certi impulsi strani, a certi capricci dell'immaginazione, alle smaniose incertezze dell'intelletto. Si abbandonava allora a esercizii violenti con una freddezza che a lui stesso talvolta incuteva raccapriccio, o a piaceri sensuali, la cui profumata e luccicante squisitezza esteriore non riusciva a nascondergli la trista volgarità. Ma nell'inerzia si sentiva rodere; tra le smanie della forzata inazione, soffocare, tanto più in quanto si costringeva a respingere quelle smanie per non dare alcuno spettacolo di sé, mai. E mentre sorrideva, ascoltando al circolo o in qualche altro ritrovo le baggianate dei suoi conoscenti, dondolando un piede o carezzandosi la barba, immaginava freddamente qualche scoppio improvviso che mettesse in iscompiglio ridicolo a un tempo e spaventoso tutto quel mondo fatuo, fittizio, di cui gli pareva incredibile che gli altri sul serio potessero vivere e appagarsi. Gli altri? E lui? Di che viveva lui? Non se ne appagava, è vero; ma che ci guadagnava a non appagarsene? Ecco, quelle smanie. Non cupidigie effimere, non appetiti da soddisfare vi trovavano i suoi sensi: ritrarsene, non gli sarebbe costato alcuno sforzo di volontà; anzi doveva sforzarsi per rimanervi, come se fosse per lui esercizio di un dovere increscioso, condanna. D'altro canto, non sarebbe impazzito a restar solo con se stesso? Tanta era la mala contentezza della propria esistenza arida, senza germogli di desiderii vivi. Certe notti, rincasando oppresso dalla più cupa noja, aveva così forte l'impressione d'andare a ritrovar nella solitudine del suo villino il proprio spirito che non se n'era mosso e che lo avrebbe accolto dallo specchio con atteggiamento di scherno e gli avrebbe domandato se fuori faceva bel tempo, se c'era la luna, se qualche lampada elettrica non si fosse per caso stizzita lungo la via, o se San Paolo, stanco di stare in piedi, non si fosse messo a sedere su la colonna Antonina; così forte aveva questa impressione, che tornava indietro, per lasciar fuori la propria persona e non presentarla a quella derisione. Eccola, eccola lì, la sua bella persona, ben curata, ben lisciata, azzimata... chi se la voleva prendere a quell'ora di notte? Si fermava un po' per sentire intorno a sé il silenzio notturno; gli pareva che questo silenzio si profondasse nel tempo, nel passato di Roma, e diventasse terribile. Un brivido lo scoteva. Gravava quella notte su una città di mille e mille anni, per cui egli passava, ombra vana, minima, che un lieve soffio avrebbe spazzata via.

Da questi momenti non rari lo richiamava in sé ogni volta, accorrendo da Palermo senza invito e sempre in punto un amico, forse il solo che avesse sincero: Lino Apes, direttore della *Nuova Età*: *Socrate*, com'egli lo chiamava. E di Socrate veramente Lino Apes aveva l'umore e la bruttezza: alto, tutto collo e senza spalle, con le braccia scimmiesche che gli scivolavano fin quasi ai ginocchi, la fronte sfuggente, il naso schiacciato, e certi occhi ilari e acuti, che ridendo gli lagrimavano, quasi nascosti dalle folte sopracciglia spioventi. Poverissimo, con incredibili stenti superati allegramente, s'era mantenuto da sé agli studii, fino a laurearsi in lettere e filosofia; senza ambizioni di sorta, s'adattava a insegnare a suo modo in un ginnasio inferiore, con molto godimento dei ragazzi, con molto struggimento del direttore che non osava muovergli alcuna riprensione. Passava il resto della giornata sperperando nella conversazione l'inesauribile ricchezza delle idee che, dopo un lungo giro, gli ritornavano appena appena riconoscibili, ciascuna col marchio della sciocchezza o della vanità di chi se l'era appropriata. Era il suo discorso una fonte perenne di speciosissimi argomenti, da cui sprazzava a un tratto una luce nuova e strana che, inaspettatamente, rendeva tutto semplice e chiaro. Lino Apes aveva più volte dimostrato a Lando Laurentano che, dicendosi socialista, mentiva con la più ingenua sincerità; si vedeva non qual era, ma quale avrebbe voluto essere. Il che, sosteneva lui, avviene a tutti, ed è la sorgente prima del ridicolo. Socialista, un indisciplinato? socialista, un nemico, non di questo o quell'ordine, ma dell'ordine in genere, d'ogni forma determinata? Socialista era per il momento: per quel tal momento di piena, a cui anelava. Ma la maggior parte dei socialisti, del resto, erano come lui e perciò poteva consolarsi, o piuttosto, provarne dispetto. A ogni modo, una specialità l'avrebbe sempre avuta: quella di esser ricco tra tanti consimili poveri e di farsi cavar sangue da tutti e da lui, Lino Apes, direttore della *Nuova Età* e privato ispettore delle scuole rurali dipendenti da S. E. il giovane principe di Laurentano.

Lando lo ascoltava con piacere. Tutto quello che gli altri dicevano lo lasciava scontento e insoddisfatto, come tutto quello che diceva lui stesso, pur riconoscendo che, sì, era spesso sensato. Riconosceva anche che tanti e tanti parlavano meglio di lui; ma che valevano poi tutte quelle parole, tutti quei ragionamenti, tutte quelle idee giuste, tutte quelle cose sensate? Dentro di lui scattava, esasperata, una protesta: «No, no, non è questo!» senza che poi egli stesso sapesse dire che cosa dovesse essere in cambio. Ma tutto il resto, i guizzi, i lampi che gli s'accendevano nello spirito non erano esprimibili: sarebbe sembrato pazzo, se li avesse espressi. Ebbene, Lino Apes, *Socrate*, aveva questo: che sapeva esprimerli, ed era stimato saggio.

Riceveva da lui in quei giorni lettere su lettere, e ognuna con agro stile lo pressava ad accorrere in Sicilia. Tutti i galli nelle aje bruciate non avevano avuto mai così rossa e così irta la cresta, né mai più spavaldo avevan lanciato nei campi il loro grido a salutare il nuovo sole che, per la prima volta dopo una notte di secoli, sbadigliava nelle coscienze dei lavoratori. Coscienze? Per modo di dire. Alla chiesa avevano sostituito il Fascio; e aspettavan da questo tutti i miracoli impetrati invano da quella. Ma il fanatismo era al colmo: e dunque possibili i miracoli e facile il cómpito dei taumaturghi. La piena stava per irrompere, e in un momento avrebbe potuto travolgere «le impure sedi del dominio borghese» ora senza presidio di soldatesche. Bisognava accorrere e agire prima che la Sicilia fosse invasa militarmente e la reazione cominciasse.

Lando fremeva, ma non sapeva staccarsi da Roma in quel momento. Lo scandalo bancario era come una voragine di fuoco aperta davanti al Parlamento nazionale: a una a una, uscendo di là, le putride carcasse del *vecchio patriottismo* vi sarebbero precipitate; e quel fuoco, divorandole, avrebbe purificato la patria. Lo spettacolo era allegro nella sua oscena terribilità. Ma forse non sarebbe stato tale per Lando, se in quella voragine non avesse aspettato con ansia feroce uno: Corrado Selmi.

Ah finalmente! Già lo vedeva come un albero mezzo sfrondato all'appressarsi della lava: fors'anche prima d'esser toccato dal liquido fuoco vorace, sarebbe sparito in una stridula vampata. E Lando sperava che il suo spirito si sarebbe rischiarato a quella vampata. Ah, per un momento almeno! Il male che quell'uomo gli aveva fatto non era più rimediabile: gli aveva per sempre ottenebrato la vita, tolto per sempre la speranza di volgersi, di riaccostarsi a colei che nella prima giovinezza gli aveva fatto intendere l'eternità in un attimo di luce: luce sfavillante da due occhi neri e da un vanente sorriso, una sera di maggio, lungo la marina di Palermo illuminata, tra il fragor delle vetture, l'odore delle alghe che veniva dal mare, il profumo delle zagare che veniva dai giardini. Per il divino ricordo incancellabile di quest'attimo si sarebbe certamente riaccostato alla cugina, appena senza rimorso, senza profanazione almeno dal suo canto, morto il vecchio marito, avrebbe potuto farla sua di nuovo. Ben per questo l'aveva respinta, quand'ella, in un momento di follia, aveva voluto con rabbiosa disperazione aggrapparsi a lui. E quell'uomo vigliaccamente ne aveva profittato.

No, non poteva allontanarsi da Roma in quel momento.

Ora, chiamato con tanta premura da ben altre ragioni in Sicilia, quella per cui Mauro Mortara era venuto non poteva non sembrargli una grottesca irrisione. Pensò che non certo per il piacere di vederlo lo si voleva presente a quel festino di nozze, ma per una diffidenza del Salvo, che l'offendeva. E, per sbarazzarsene, decise di scrivere a costui una lettera che lo rassicurasse pienamente e per cui quel matrimonio potesse aver luogo senza il suo intervento. A Lino Apes rispose che, prima di muoversi, avrebbe voluto consultare tutti quei compagni che tra pochi giorni dovevano passare per Roma diretti al Congresso di Reggio Emilia. Si sarebbe tenuta un'adunanza in casa sua, alla quale anche lui, *Socrate*, doveva prender parte. A suo carico le spese di viaggio, tanto sue quanto quelle dei rappresentanti dei maggiori Fasci, di cui voleva un preciso ragguaglio delle condizioni in cui si sarebbe impegnata la lotta; e se queste veramente erano favorevoli, non avrebbe esitato un momento a cimentarsi, ad arrischiar tutto, là e addio! Due giorni dopo la spedizione di questa lettera, gli arrivò all'orecchio la notizia del salvataggio scandaloso del Selmi tentato dal Governo. Sentì rompersene lo stomaco, e in un furioso ribollimento di sdegno decise di partir subito per dar fuoco alle polveri preparate in Sicilia. La mattina dopo, mentre parlava con Mauro Mortara della partenza imminente, gli fu annunziata la visita del cugino Giulio Auriti.

Mauro era andato due volte a casa di Roberto in via delle Colonnette, e non l'aveva trovato. Prima di partire, avrebbe voluto almeno salutarlo. Non conosceva Giulio, avendolo veduto due o tre volte soltanto da ragazzo; diede un balzo, appena lo vide entrare nella stanza:

– Don Stefano! – esclamò. – Oh figlio mio! Don Stefano nelle forme... Tutto, tutto lui! La stessa faccia... lo stesso corpo...

Ma, notando che il giovine, nell'esagitazione a cui era in preda, gli restava dinanzi con fredda e accigliata perplessità:

– Non sapete chi sono io? – aggiunse. – Sono Mauro Mortara. Morì qua, tra queste braccia, vostro padre, con una palla in petto, qua sotto la gola. Aveva al collo il fazzoletto, e una cocca gli era entrata nella ferita: non poteva parlare; con codesti vostri occhi, nell'agonia, mentre lo sorreggevo, mi raccomandò il figliuolo, vostro fratello, che io scostavo col gomito, coprendo con tutta la persona il corpo di vostro padre caduto, per non farglielo vedere...

Giulio Auriti si premé forte le mani sul volto e scoppiò in singhiozzi.

Lando, conoscendo la rigida tempra del cugino, il dominio freddo che aveva di se stesso, si voltò a guardarlo, turbato e costernato. Gli s'accostò; gli posò una mano su la spalla:

– Giulio!

– Avreste fatto meglio a lasciargliclo vedere! – disse allora questi, rivolto a Mauro, riavendosi d'un tratto, al richiamo. – Gli sarebbe rimasto più impresso. Era troppo piccolo! E piccolo è rimasto. Piccolo e cieco. Ho da parlarti, – aggiunse poi, rivolgendosi a Lando, e con la mano si strinse gli occhi, quasi per portarne via ogni traccia di pianto.

Mauro non intese, non comprese nulla: con gli occhi fissi nella lontana visione della battaglia, scosse il capo a lungo, sospirò:

– Bella morte! Bella morte! Può piangerla un figlio; ma a pensarci, è una festa. Una festa era per noi morire! Che morte faremo adesso? Vecchi, sporcheremo il letto... Basta; me ne vado. È in casa don Roberto? Voglio andare a salutarlo. Ho visto Roma, però, e anche in un canto, mangiato dalle mosche, posso morir contento...

Fece con la mano un gesto di noncuranza e se ne andò.

Tutta la notte, dopo il colloquio con Francesco D'Atri, Giulio Auriti invece di pensare a ciò che avrebbe dovuto dire al cugino per ottener l'ajuto che doveva chiedergli, prevedendolo nemico, per farsi animo all'impresa aveva richiamato, tra un continuo incalzar di smanie rabbiose, pensieri e ragioni che non avrebbe potuto manifestargli; s'era compiaciuto nel dire a se stesso ciò che non avrebbe potuto dire a lui; aveva voluto vedere in sé quasi un diritto a quell'ajuto. E s'era accorto che soltanto in apparenza era stata finora cordiale la sua relazione con lui. Quanta invidia ignorata e qual rancore non gli aveva sommosso dal fondo segreto dell'anima, in quella notte, il bisogno! Finora aveva pensato che la meschinità della condizione sua d'impiegato in un Ministero, nascosta con tanti sacrifizii sotto vesti signorili, non poteva avvilirlo di fronte al cugino ricco e titolato, perché Lando doveva sapere che essa era conseguenza dell'altera e sdegnosa rinunzia della madre; e che, quanto alla nobiltà, non era da meno la sua, per ciò che il padre era stato. Ma ora? Compromesso indegnamente Roberto in quel turpe scandalo bancario, e costretto lui a chieder soccorso, crollavano miseramente le ragioni della sua alterezza, e con esse, a un tratto, anche quelle della cordialità verso il cugino. E s'era preparato a quel colloquio con lui come a un assalto contro un nemico. Nemico, sì, perché Lando certamente avrebbe negato l'ajuto, sapendo che quel denaro era stato preso dal Selmi. Avrebbe dovuto per forza confessarglielo. Ma Lando doveva anche pensare, perdìo, che né Roberto si sarebbe ridotto a prestar come un cieco di quei favori al Selmi, in ricambio d'altri favori; né lui a chiedergli ora quell'ajuto, se la madre non avesse rinunziato all'eredità paterna! Il danaro che gli avrebbe chiesto, rappresentava in fondo una minima parte di quello lasciato sdegnosamente dalla madre al fratello maggiore; ed egli avrebbe potuto chiederlo a titolo di restituzione, data quell'orribile necessità. Il sacrificio suo nel chiederlo non sarebbe stato minore di quello di Lando nel darlo.

Ora, uscito Mauro Mortara, che gli aveva cagionato quella improvvisa commozione col ricordo della morte eroica del padre, egli, di fronte al cugino che lo guardava turbato, in attesa ansiosa e benigna, restò per un pezzo come smarrito, in preda a un orgasmo crudele. Contrasse tutto il volto nella rabbia del cordoglio, e stringendo le mani intrecciate fin quasi a spezzarsi le dita:

– Ho bisogno di te, Lando, – disse. – È per me un momento terribile, da cui solamente tu puoi liberarmi, ma... te ne prevengo, con un grande sacrifizio anche da parte tua, morale e materiale.

Lando, confuso, perplesso, soffrendo alla vista del cugino così agitato e presentendo anche dalle parole di lui la gravità di ciò che gli avrebbe chiesto, mormorò, aprendo le braccia:

– Parla... tutto quello che posso...
– Ah, no! – troncò subito Giulio, urtato dalla frase comune. – È difficile, è difficile, tanto per me, quanto per te, sai! Ma devi pensare che la mia vita, Lando, la vita di mia madre, l'onore nostro, sono... sono nelle tue mani, ecco! Pensa a questo, e allora forse... spero... troverai la forza di compiere il sacrifizio che ti domando.

– Tu mi spaventi! – esclamò Lando. – Parla; che ti è accaduto?

Giulio tornò a stringersi le mani, convulsamente;

se le batté più volte, così strette, su la bocca, tenendo gli occhi serrati. Le vene gonfie, nella fronte contratta, mostravano lo sforzo atroce che faceva su se stesso.
— Se dico tutto, — scattò, smaniando, — mi darai ajuto?
— Ma perché no? — domandò Lando, con pena. — Che c'è? Se non so di che si tratta!
— Di me, — rispose pronto Giulio. — Pensa che si tratta di me soltanto, o, piuttosto, di mia madre. Tieni presente mia madre e tutte tutte le sciagure della mia famiglia. Tu hai rispetto e affezione per mia madre, non è vero?
— Ma sì, lo sai! — affermò Lando, con sincero interessamento. — Non mi tener così sospeso, per carità!
— Aspetta... aspetta... — scongiurò l'Auriti; come se non sapesse staccarsi da quel rivo di tenerezza, nell'amaritudine in cui affogava. — Per noi, per me è tutto; l'orgoglio suo, il suo sentimento... per cui, senza lagnarci mai, ci siamo ridotti... così... Non so, non so proprio come debba dirti; ma noi non abbiamo altro, non abbiamo mai avuto altro che questo orgoglio... e ora... ora...
— Càlmati, Giulio! — lo esortò di nuovo Lando, con un moto d'impazienza. — Non comprendo... Hai bisogno di me. Di'... Tua madre...
— Debbo impedire che ne muoja! — gridò Giulio. — A qualunque costo! E tu devi ajutarmi, Lando; e per ajutarmi devi fare il sacrifizio di vincere ogni risentimento, ogni ragione d'odio verso un uomo che è la causa di tutta questa rovina e che io detesto e maledico come te e vorrei morto con la stessa tortura che infligge ora a noi!
Lando s'irrigidì a un tratto, aggrottò le ciglia.
— Il Selmi? — domandò. — Roberto... col Selmi? Giulio crollò più volte il capo; poi, in breve, con-

citatamente, espose la situazione del fratello e quel che si doveva fare per salvarlo, tacendo del colloquio avuto la sera avanti con S. E. il ministro D'Atri.

Ma Lando, già prevenuto, col pensiero fisso in un sol punto, dalle parole affannose del cugino non comprese altro, in prima, che salvare così Roberto voleva dire salvare anche il Selmi, e che la salvezza di questo poteva ancor dipendere da quella del cugino. Guardò Giulio negli occhi, quasi ora soltanto lo vedesse davanti a sé:

– E come? – esclamò, stupito. – Tu vieni da me, Giulio, per questo? proprio da me?

Sopraffatto da questa domanda piena di tanto stupore, Giulio si perdette per un momento e, come se l'orgasmo gli si sciogliesse dentro in un'agrezza velenosa:

– A chi... a chi altro...? – balbettò. – Tu sai che la mia famiglia... E poi... ricòrdati, t'ho chiesto, entrando, un sacrifizio...

– Ma che sacrifizio! No! – gridò Lando. – Non è umano! Vieni da me per questo? Ma come! Non sai che cosa rappresenta per me quell'uomo?

– T'ho detto perciò... – si provò a soggiungere Giulio.

– Che m'hai detto? No! – scattò di nuovo Lando. – Tu vieni a dirmi, Giulio, così: « Eccoti l'arma, l'unica arma con cui puoi uccidere il nemico che sta per sfuggire alla tua vendetta; ma no! quest'arma, tu non devi usarla; tu devi anzi ajutarmi a nasconderla, a levarla di mezzo, per salvarlo! ». Questo vieni a dirmi!

– Perché vedi il Selmi, ecco, vedi il Selmi e non sai veder altro! – smaniò, esasperato, l'Auriti. – Lo sapevo! Quando ti dirò tutto, mi darai più ajuto?

– Ma che ajuto? – ribatté ancora una volta Lando. – Lo chiami ajuto, codesto? Questa è, da

parte mia, complicità! Mi vuoi complice nel salvataggio del Selmi?
– E dàlli! – gridò Giulio. – Roberto! Io voglio salvare Roberto! Mia madre! Che m'importa del Selmi? L'odio, ti ho detto, lo detesto più di te! Ma devo salvar Roberto...
Lando con un violento sforzo su se stesso si costrinse alla calma di fronte a quella cieca, disperata ostinazione del cugino. Volle provarsi a ragionare con lui.
– Scusa, – disse. – Guarda... guarda, Giulio, rispondi a me. È colpevole Roberto? lo credi tu colpevole?
– Colpevole o non colpevole, – rispose Giulio, scrollandosi, – non si tratta di questo! è compromesso!
– Ma può difendersi, perdìo! – ribatté subito Lando.
– Grazie! Lo so. Ma io devo impedire che sia accusato, che sia tratto in arresto, non capisci? – spiegò l'Auriti. – Lo so che può difendersi! E se non vorrà difendersi lui...
– Ecco, ecco... benissimo! – approvò Lando. – Anch'io con te...
– Ma no! grazie! – ricusò di nuovo, con sdegno, Giulio. – Ajuto di parole, grazie! Basto io solo. Non c'era bisogno che venissi da te.
– Scusa, – disse Lando, risentito. – L'ajuto onesto... la difesa vera, onorevole, è soltanto questa. Pagare è complicità. Roberto deve parlare; non rendersi complice del Selmi, tacendo e pagando per lui.
– E tu vuoi dunque, – domandò Giulio, – ch'egli subisca l'ignominia dell'arresto e del carcere, quand'io posso ancora risparmiargliela?
– Col denaro?
– Col denaro, col denaro, – ripeté Giulio. – Onestà, disonestà... che vuoi che m'importi adesso?

Basta a me saperlo onesto! Chi lo crederebbe più tale, domani, se oggi fosse arrestato? Chi crede più alle difese di chi è stato in carcere? Lando, per carità, stiamo all'esperienza. Guarda soltanto a Roberto! Tu, bada bene, ora mi neghi l'ajuto, non per altro, ma perché vuoi far Roberto strumento della tua vendetta!

— No, questo no! — negò energicamente Lando. — Ma non posso farmi, io, strumento della salvezza del Selmi, lo capisci? Tu m'infliggi un supplizio disumano! Io non posso, non devo subirlo! Per Roberto, tutto! Ma se Roberto è coinvolto col Selmi, e il mio ajuto può giovare a costui, no, io non posso dartelo, né tu puoi chiedermelo!

Giulio Auriti rimase un pezzo in silenzio, assorto cupamente.

— Dunque, no? — disse poi, levando il capo e guardando negli occhi il cugino.

A questa domanda categorica, Lando, compreso di profonda pietà, non seppe rispondere con un nuovo reciso rifiuto. Giunse le mani, s'accostò all'Auriti, disse:

— Ma, a parte ogni ragione mia propria, Giulio, pensa... pensa alle relazioni mie, al mio modo di sentire, alle idee per cui combatto... Io non potrei più domani trovarmi coi miei compagni in quest'opera d'epurazione che abbiamo intrapresa...

S'accorse subito che non doveva dire così, e tuttavia non seppe frenarsi, pur notando quasi con sgomento l'alterazione del volto del cugino a ogni parola che proferiva. Lo vide alla fine scattare in piedi, scontraffatto.

— Voi epurate, già! — esclamò Giulio Auriti, con un ghigno orribile. — Tu puoi epurare! Siete i puri, vojaltri! Noi, io, Roberto, anche mio padre, se vivesse...

– Giulio... Giulio! – cercò di richiamarlo Lando, addolorato.

Ma l'Auriti, fuori di sé, seguitò:

– Tutti quanti sporcati, nojaltri. E conierei moneta falsa, sì, e ruberei per aver queste quarantamila lire, che tu hai e ch'io non ho. E perché non le ho, sono uno sporcato! Tu le hai, e sei puro! Ma pensa che mia madre, intanto, non volle averle, perché le parvero sporche!

Lando si drizzò su la persona, e, fermo in mezzo alla stanza, squadrò il cugino con fredda alterezza:

– Il denaro mio, – disse, – tu lo sai, è quello soltanto di *mia* madre.

Ma anche dopo aver proferite queste parole si pentì subito, e atteggiò il volto di schifo per la crudezza triviale, a cui la discussione trascendeva. Pensò in un attimo che, per un'iniqua disposizione, anche nella famiglia materna uno aveva scontato con la povertà la ribellione generosa; pensò che tra le tante ragioni, per cui nel fervore giovanile aveva voluto far sua Giannetta Montalto, egli aveva posto anche questa, di ridarle cioè almeno una parte di quanto era stato tolto al padre di lei, diseredato. Previde che il cugino avrebbe risposto a quella sua altera e inconsulta affermazione, trascinando ancor più in basso la contesa vergognosa. E difatti Giulio Auriti, scontorcendo il torbido volto, cozzando tra loro le pugna serrate e poi aprendole innanzi agli occhi sfavillanti di un lustro di scherno, ghignò:

– Ma anche il denaro di tua madre, via!

E Lando, di fronte alla provocazione, ancora una volta non seppe frenarsi.

– Il denaro di mia madre? – domandò, facendoglisi avanti a petto.

Giulio Auriti si passò una mano su la fronte

ghiaccia di sudore, si nascose gli occhi, s'accasciò dolorosamente.
— Non mi far dire altro!
Lando rimase a guardarlo, o piuttosto, a guardargli dentro; poi disse con cruda freddezza, piano, tra i denti, quasi sillabando:
— E anche ammesso ciò che tu pensi, vuoi che paghi io un debito contratto dal Selmi per lo spasso d'una donna, che potrebbe aver da ridire sul denaro di mia madre? Va', va', va',... per carità, vàttene!
— proruppe poi, nascondendosi anche lui gli occhi.
— Non posso più guardarti in faccia!

Udì andar via il cugino, stette ancora a lungo con le mani sul volto, per il ribrezzo che sentiva d'aver toccato il fondo lurido d'una realtà, a cui non si sarebbe mai aspettato di poter discendere, e della quale sempre gli sarebbe rimasta nell'anima l'impressione orrenda. Ora, risorgendo da quel fondo, nel quale per un momento era scivolato, non gli sarebbe sembrato falso e vacuo e lercio tutto intorno? In ogni suo sentimento, in ogni idea, in ogni atto, in ogni parola, non sarebbe rimasto un segno, l'impronta di quel fango toccato?

Con gli occhi strizzati, i denti serrati e le labbra schiuse, aride e amare, si stropicciò forte le mani. Poi aprì gli occhi, guardò la stanza; si sentì soffocare, e andò a una finestra che dava sul giardino.

Ah, tutto, tutto così!... Tutto era vergogna in quel momento! La peste era nell'aria. La carcassa sociale si sfaceva tutta, e anche la sua anima, ogni suo pensiero, ogni suo sentimento... tutto era insozzato...

Tre giorni dopo, nella sala della biblioteca erano adunati i compagni che dovevano recarsi al Congresso socialista di Reggio Emilia; i rappresentanti dei *Fasci* più numerosi dell'isola, invitati da

Lando; alcuni deputati amici, quattro milanesi del *Partito italiano dei lavoratori* e Lino Apes.

Spiccava tra tanti uomini una giovinetta in giacchettino rosso e berretto nero a barca, con una penna di gallo ritta spavaldamente da un lato: Celsina Pigna, venuta invece di Luca Lizio a rappresentare il *Fascio* di Girgenti. Nessuno voleva far le viste di meravigliarsene; ma ella s'accorgeva bene dei rapidi sguardi furtivi che tutti le lanciavano, in ispecie i meno giovani; e notava, ridendo dentro di sé, che quei pochi, i quali ostinatamente si vietavano di guardarla, prendevano per lei arie languide o fiere impostature e, per lei, parlando, davan certe modulazioni alla voce, chi flebili e chi vivaci, le quali tradivano tutte quel tale orgasmo che la presenza d'una donna suscita di solito. Notava anche in più d'uno un'altra ostentazione: quella di una disinvoltura quasi sprezzante, che tradiva il disagio segreto di trovarsi in una casa ricca e ben messa.

Lando Laurentano non c'era ancora. Lino Apes, a nome di lui, aveva pregato gli amici d'avere un po' di pazienza, che presto sarebbe venuto. Nell'attesa s'erano formati alcuni crocchi: due presso le finestre che davano sul giardino, uno presso la tavola preparata in capo alla sala per chi doveva presiedere all'adunanza. Alcuni passeggiavano cogitabondi, altri leggevano sul dorso delle rilegature i titoli dei libri negli scaffali, tendendo gli orecchi, senza parere, a ciò che si diceva in questo e in quel crocchio. Parecchi spiavano obliquamente uno dei deputati che, passeggiando per la sala con le dita inserte nei taschini del panciotto, alzava di tratto in tratto le spalle, protendeva il collo e in segno di meraviglia e di commiserazione stirava la bocca sotto i ruvidi baffi rossastri già mezzo scoloriti. Era il deputato repubblicano Spiridione Covazza che in quei giorni aveva scritto male, su una rassegna francese, dell'organamento delle forze proletarie in Sicilia. Vedendosi sfuggito da tutti, con quel gesto pareva dicesse: «Incredibile!». Ma pur doveva sapere che il suo torto era quello di veder tante cose che gli altri non vedevano, e di dare ad esse quel peso che gli altri ancora non sentivano, perché nel calore della passione ogni cosa par che si sollevi con chi la porta in sé. Illusioni: bolle di sapone, che possono a un tratto diventar palle di piombo. Lo sapevano bene quei poveri contadini massacrati a Caltavutùro. Aveva scritto su quella rassegna francese ciò che in coscienza credeva la verità; al solito suo, rudemente e crudamente. Ma volevano dire ch'egli provasse un acre piacere nel mettere avanti così, fuor di tempo e di luogo, le verità più spiacevoli, nello spegnere col gelo delle sue argomentazioni ogni entusiasmo, ogni fiamma d'idealità, a cui pur tuttavia era tratto irresistibilmente ad accostarsi. Scarafaggio con ali di falena – lo aveva definito su la *Nuova Età* Lino Apes: – accostatosi alla fiamma, spariva la falena, restava lo scarafaggio. Calunnia e ingratitudine! Egli stimava dover suo, invece, serbarsi così frigido in mezzo a tante fiamme giovanili; che se queste non eran fuochi di paglia, alla fine si sarebbe scaldato anche lui; e se erano, faceva il bene di tutti, spegnendoli. Forse la sua stessa figura, grassa e pure ispida, quegli occhi vitrei, aguzzi dietro gli occhiali a staffa, quel naso di civetta, il suono della voce, suscitavano in tutti una repulsione tanto più irritante, in quanto ciascuno poi era costretto a riconoscere che quasi sempre il tempo e gli avvenimenti gli avevano dato ragione, a pregiarne la dottrina vasta e profonda, la dirittura della mente e della coscienza, la onestà degli intenti e ad avere stima e anche ammirazione di quella sua franchezza rude e dispettosa e del coraggio con cui sfidava l'impopolarità. Quell'accoglienza ostile, intanto, Spiridione Covazza sapeva di doverla soprattutto a tre giovani siciliani, che erano nella sala circondati in quel momento dalla fervida simpatia di tutti: Bixio Bruno, Cataldo Sclàfani e Nicasio Ingrao, i quali più degli altri s'eran sentiti ferire dalla sua critica. Stava ciascun d'essi in mezzo ai tre crocchi che si erano formati nella sala. Bixio Bruno, svelto, dal volto olivastro animoso e i capelli crespi gremiti da negro, spiegava con fluida e colorita loquela, storcendo in un mezzo sorriso di soddisfazione la bocca rossa e carnuta, come in poco tempo fosse riuscito a raccogliere a Palermo in un sol fascio i ventisei sodalizii operai, le maestranze discordi, le cui bandiere smesse erano adesso conservate in una sala, quali trofei di vittoria. Appariva pieno di fiducia e sicuro del trionfo. Si aspettava, credeva anzi imminente la reazione da parte del Governo: scioglimento dei *Fasci*, arresti, invasione militare. Ma il buon seme era sparso! Ogni sopraffazione, ogni persecuzione avrebbe reso più grande la vittoria. Potevano esser tratti in arresto trecentomila uomini? No. I capi soltanto, qualche dozzina di soci, se mai. Bene, eran già pronti i capi segreti, ignorati ancora dalla polizia; e la propaganda avrebbe seguitato più efficace che mai. Cataldo Sclàfani, tarchiato, con gli occhi un po' strabi e un barbone che pareva un fascio di pruni, parlava nell'altro crocchio, profeticamente ispirato; diceva con sorridente commozione che là dove prima era spuntata l'alba dell'unità della patria, era fatale spuntasse ora quella più rossa e più fulgida della rivendicazione degli oppressi. Sapeva, sì, che già prima nelle Romagne, nel Modenese, nelle province di Reggio Emilia e di Parma, nel Cremonese, nel Mantovano, nel Polesine, era sorto a far le prime armi il socialismo italiano; ma tutt'altra cosa era adesso in

Sicilia! Rivelazione improvvisa, prodigiosa! Lino Apes, ascoltandolo, si tirava i baffi fino a strapparseli, per tenere a freno il sorriso. Nelle sue lettere a Lando, chiamava Cataldo Sclàfani il *Messia dei Fasci*. Nel terzo crocchio Nicasio Ingrao, tozzo, rude, con un'atra voglia di sangue che gli prendeva mezza faccia, parlava coi deputati, arrotondando alla meglio il dialetto nativo, e balzando con strana mimica da una sconcia bestemmia a una ingenua invocazione infantile; parlava della crisi dell'industria zolfifera in Sicilia e della spaventevole miseria dei solfaraj già da alcuni mesi in isciopero forzato. Un compagno, direttore del *Fascio* di Comitini, si provò a far sapere a quei deputati quanto l'Ingrao, proprietario di terre e di case in Aragona, avesse fatto e facesse per quei solfaraj, per impedire che trascendessero a rapine, incendii e tumulti sanguinosi; ma l'Ingrao gli saltò addosso e gli turò la bocca, minacciando di attondarlo con un pugno, se seguitava. Celsina Pigna, dal posto in cui si teneva appartata, scoppiò a ridere, a quel violento gesto burlesco, e l'Ingrao le domandò, ridendo anche lui:

– Lo attondo, signorina?

Nei tre crocchi tutti gli altri isolani, giovinotti dai venti ai trent'anni, sentendo parlare quei tre capi più in vista, gonfiavano d'orgoglio, s'intenerivano fin quasi alle lagrime. Erano certi, nella loro sincera fatuità giovanile, di rappresentare una parte nuova nella storia, pur lì a Roma. Avevano veduto davanti a quei tre duci del Comitato centrale migliaja di donne, migliaja di contadini, intere popolazioni dell'isola in delirio, gettar fiori, prosternarsi con la faccia a terra, piangere e gridare, come prima davanti alle immagini dei loro santi.

Tutti si volsero a un tratto e si mossero verso Lando Laurentano che entrava di fretta. Chiedendo scusa del ritardo, strinse la mano ai primi che gli si fecero innanzi; pregò tutti di prender posto, e appena fu fatto silenzio, disse:

– Ho perduto tempo, signori, per una ragione forse non estranea agli interessi nostri, agli interessi specialmente di tanti nostri compagni che più degli altri, credo, hanno bisogno in questo momento di ajuto, giù in Sicilia.

– I solfaraj! – gridò l'Ingrao, balzando in piedi, come se egli ne fosse il più legittimo difensore. – Ho capito! – aggiunse. – Vuoi dire che c'è qua l'ingegnere Aurelio Costa? Ho capito. Eh, ha viaggiato con me questo signore! Abbiamo discorso a lungo e...

Lando con un gesto lo pregò di tacere:

– L'ingegnere Aurelio Costa, appunto, – riprese, – direttore delle zolfare del Salvo, che credo sia uno dei più ricchi proprietarii di miniere della provincia di Girgenti, è venuto a Roma per interessare la deputazione siciliana a un disegno...

– Permesso? – interruppe di nuovo l'Ingrao. – Non perdiamo tempo, signori miei! Vi spiego io il fatto com'è. Il signor Salvo sta per imparentarsi, per via d'una sorella, col principe di Laurentano...

Un mormorio di protesta si levò per il tratto ruvido dell'Ingrao verso Lando, a cui tutti gli occhi si volsero a chiedere scusa dello sgarbo. Ma Lando, sorridendo, s'affrettò a dire:

– Non con me, vi prego! non con me!

E l'Ingrao allora, scrollandosi irosamente, gridò:

– Madonna santissima, per chi mi prendete? Se dico il principe! Avrei chiamato principe il nostro amico riverito, ospite e compagno amatissimo? Non per cosa oh! ma egli sa di non salire, se lo chiamiamo principe, e sa che noi non vogliamo abbassarlo chiamandolo semplicemente Laurentano. Io alludo al principe suo padre; e Lando Laurentano non può offendersi delle parole mie. Se si offende, è uno sciocco! Parlo io invece di lui, perché egli sta a Roma, io sto in mezzo alle zolfare, e so che il progetto del signor Salvo non tende ad altro che ad ingraziarsi il figlio del principe, facendogli vedere che gli stanno a cuore le sorti degli operaj delle zolfare. Bubbole! Panzane! Polvere negli occhi! Sa meglio di me il signor Salvo che il suo progetto è una coglionatura! Sissignori, io parlo nudo, così. Se veramente vuol fare qualche cosa, tolga il signor Salvo dalle zolfare di sua proprietà le così dette *botteghe*, dove gli operaj sono costretti a provvedersi con l'usura del cento per cento dei generi di prima necessità: vino, che è aceto; pane, che è pietra!

Spiridione Covazza domandò allora di parlare, e tutti si voltarono con viso ostile a guardarlo.

– Volete adesso difendere le *botteghe*? – lo apostrofò l'Ingrao.

Il Covazza non si voltò nemmeno.

– Vorrei sapere – disse piano – le idee generali di questo disegno.

– Vi dico che è una coglionatura! – tornò a gridare l'Ingrao.

Il Covazza tese una mano, senza scomporsi.

– Prego, – disse, – urlare non è ragionare. Sono stato anch'io nelle zolfare: ho studiato attentamente le condizioni dell'industria zolfifera, le ragioni complesse della sua crisi; e vi so dire che, se nelle condizioni presenti quelli che hanno da sperar meno sono i solfaraj, picconieri e carusi, non meno tristi sono però le sorti dei coltivatori delle miniere e dei proprietarii; e se questo disegno...

Non poté seguitare. Tutti i rappresentanti dei *Fasci* scattarono in piedi protestando. Lando s'interpose, cercò di calmarli, ammonì che si avesse rispetto per le opinioni altrui, e propose che uno fosse subito chiamato a dirigere la discussione.

– Bruno! Bruno! Bixio Bruno! – si gridò da varie parti.

E Bixio Bruno, avvezzo ormai a vedersi designato a quell'ufficio, in due salti fu alla tavola preparata in capo alla sala.

– Signori, – disse. – Di straforo, incidentalmente, siamo entrati nel pieno della discussione. L'on. Covazza, in un suo scritto recente...

– Pubblicato all'estero! – interruppe uno in fondo alla sala.

– All'estero, o in Italia, sciocchezze! – ribatté il Bruno. – Le nostre idee, il nostro partito non riconoscono confini di nazionalità. In questo scritto l'on. Covazza ha criticato l'opera mia e dei miei compagni.

Spiridione Covazza, con le braccia incrociate sul petto, negò più volte col capo.

– No? – domandò il Bruno. – Come no? Non ha ella detto che la nostra propaganda è fatta di miraggi?

– Io ho detto, – rispose il Covazza, levandosi in piedi, – che le vostre dimostrazioni oneste d'una libertà che dia intero realmente il diritto di soddisfare ai bisogni della vita, le spiegazioni che voi date della lotta di classe, sfruttati contro sfruttatori, e del programma della scuola marxista in genere e di quello minimo che vi siete tracciato, si traducono, inevitabilmente e sciaguratamente, in miraggi, per la ignoranza di coloro a cui sono rivolte. Questo ho detto! E ho soggiunto...

Nuove proteste confuse si levarono nella sala. Il Bruno batté il pugno sulla tavola e impose silenzio.

– Lasciatelo parlare!

– Ho soggiunto, – riprese il Covazza, – che voi, abbagliati, nel fervore della vostra sincera fede giovanile, credete che le vostre dimostrazioni e spiegazioni siano veramente comprese.

– Sono! sono! sono! – gridarono molti a coro.
– Non sono! Non possono essere! – negò energicamente il Covazza. – Come volete che siano, se non le comprendete bene neanche voi stessi?

Una tempesta di urli si scatenò a questa affermazione. Il Bruno, Lando Laurentano, Lino Apes, i colleghi deputati stentarono un pezzo a domarla. Spiridione Covazza aspettò a capo chino, con gli occhi chiusi, che fosse domata; a un certo punto, giunse le mani e, tenendole alte, piegò di più il capo tra esse, curvò con fatica l'obesa persona; poi, aprendole in un ampio gesto e risollevandosi, pregò quasi piangente:

– Non mi costringete, signori, per falsi riguardi al vostro malinteso amor proprio, non mi costringete ad attenuare d'un punto la verità, con concessioni che farebbero a me e a voi stessi vergogna, e che potrebbero essere perniciose in questo momento! Quanti tra voi conoscono veramente Marx? Quattro, cinque, non più! Siate franchi! Tutti gli altri non hanno coscienza vera di quel che si vuole: sì, sì, proprio così! né dei mezzi congrui per conseguirlo, infatuati d'un socialismo sentimentale, che s'inghirlanda delle magiche promesse di giustizia e d'uguaglianza. Ma sapete voi che cosa vuol dire *giustizia* per i contadini e i solfaraj siciliani? Vuol dire violenza! sangue, vuol dire! vuol dire strage! Perché alla giustizia legale, alla giustizia fondata sul diritto e sulla ragione essi non hanno mai creduto, vedendola sempre a loro danno conculcata! Li conosco io, molto meglio di voi, i contadini e i solfaraj siciliani... sì, sì, purtroppo, molto meglio di voi! Voi vi illudete! Voi dite loro collettivismo? ed essi traducono: divisione delle terre, tanto io e tanto tu! Dite loro abolizione del salario? ed essi traducono: padroni tutti, fuori le borse, contiamo il denaro, e tanto io tanto tu.

– Non è vero! Non è vero! – gridarono alcuni.
– Lasciatemi finire! – esclamò stanco, anelante, il Covazza. – L'altra illusione, che voi vi fate, è sul numero degli iscritti ai vostri *Fasci*: tremila qua, quattromila là, ottocento, mille, diecimila... Dove, come li contate? Son ombre vane, signori, filze di nomi e nient'altro! Sì, lo so anch'io: appena si aprono le iscrizioni, come le pecore: una dà l'esempio, tutte le altre dietro! Ma volete sul serio dar peso, fondarvi su questo, ch'è frutto d'un inevitabile contagio psichico? Quanti, sbollito il primo entusiasmo, restano effettivamente nei vostri *Fasci*? Basta ad allontanare il maggior numero la prima richiesta della misera quota settimanale! E quanti *Fasci*, sorti oggi, non si sciolgono domani? Lasciatevelo dire da uno che non s'inganna e che non vi inganna, signori! So che voi oggi qua volete stabilire se si debba, o no, secondare la tendenza delle moltitudini a un'azione immediata. So che parecchi tra voi sono contrarii, e io li stimo saggi e li approvo. Un movimento serio come voi l'intendete, non è possibile ancora in Sicilia! Se credete che già ci sia per opera vostra, v'ingannate! Per me non è altro che febbre passeggera, delirio di incoscienti!

Spiridione Covazza sedette, asciugandosi il sudore dal volto congestionato, mentre dieci, quindici, tutt'insieme, si levavano a domandar la parola.

Parlò Cataldo Sclàfani con voce tonante e col volto atteggiato più di dolore che di sdegno, giacché non l'accusa per se stessa poteva offenderlo, ma che uno potesse accusarlo e accusar con lui i suoi compagni.

– Non mi difendo, – disse, – espongo!

Quanti erano i *Fasci*? Eran presenti i capi dei più importanti, e ciascuno poteva dire all'on. Covazza come erano contati i socii e quanti fossero. I *Fasci*, secondo gli ultimi dati del Comitato centrale, erano centosessantatré fermamente costituiti, trentacinque in via di formazione. C'era dunque davvero un grande esercito di lavoratori in Sicilia, nel quale non si sapeva se ammirar più il fervore, la coscienza, o la disciplina con cui obbediva a un cenno del Comitato centrale. Il capo d'ogni *Fascio* passava la parola d'ordine ai singoli capi di sezione, e questi a lor volta ai capi dei rioni e delle strade: in un batter d'occhio, sia di giorno, sia di notte, tutti i socii dei *Fasci* potevano ricevere un avviso. E se domani i lavoratori si fossero mossi, tutta la gente siciliana sarebbe stata travolta come da una corrente di fuoco. Perché già da lunghi anni covava il fuoco in Sicilia, da che essa cioè, nel mare, si era veduta come una pietra a cui lo stivale d'Italia allungava un calcio in premio di quanto aveva fatto per la così detta unità e indipendenza della patria. Perché dire che solo da un anno si parlava di socialismo in Sicilia? Non vi era già, diciott'anni addietro, una sezione dell'Internazionale? E da allora non vi si eran sempre pubblicati giornali del partito; e circoli, gruppi, nuclei non si erano formati qua e là, sicché appena sorta la prima idea dei *Fasci*, era stato un subito accorrere e un subito riaggregarsi di antichi compagni di fede? Non era vero dunque che la rapidissima formazione dei *Fasci* era dovuta solo all'assidua e vigorosa propaganda dei giovani: il terreno era già da lunga mano preparato; mancava l'unione, un indirizzo; e ai giovani era bastato soltanto dare una voce e indicar la via, la stessa via che da anni batteva il proletariato di altri paesi. I contadini e gli operaj di Sicilia erano accorsi ai giovani con le braccia tese, gridando: – *Voi, voi siete i veri amici!* – e si erano mossi a seguirli con la gioja nel cuore, con la piena coscienza di ciò che si disponevano a fare. E, a provar questa coscienza, Cataldo Sclàfani parlò, commosso, dei discorsi tenuti nell'ultimo congresso di Palermo da alcune donne di Piana dei Greci e di Corleone; discorsi che dimostravano, nel modo più lampante, come non il lume artificiale d'una coltura accademica, né teorie di scuola bisognavano a destar quella coscienza, ma la pratica quotidiana del dolore e dell'ingiustizia, e l'indicazione più semplice e più spontanea del rimedio a tanti mali: l'unione! Socialismo sentimentale? Ma la forza che crea è appunto il sentimento, non la fredda ragione, armata di dottrina! Che importava la nozione astratta d'un diritto, quando c'era il sentimento immediato e prepotente di un bisogno? Sentire il proprio diritto con la forza stessa con cui si sente la fame valeva mille volte più d'ogni precisa dimostrazione teorica di esso. Per altro, ora questo sentimento era già divenuto coscienza lucida e ferma, e si dimostrava in tutti i modi. Un vero spirito fraterno s'era diffuso tra i contadini e gli operaj, per cui nei numerosi arresti recenti s'eran veduti i compagni liberi mantenere i carcerati e le loro famiglie; nella disgrazia di qualcuno, il pronto soccorso di tutti e l'assistenza e la sorveglianza amorosa. Ecco la ronda dei decurioni, la sera, per le strade e le osterie delle città e delle campagne, perché i fratelli non trascendessero ad atti violenti, eccitati dal vino.

– Questi sono gli arruffapopoli, on. Covazza! – esclamò a questo punto, concludendo, Cataldo Sclàfani con gli occhi lustri d'ebrezza e commozione. – Vergognatevi delle vostre accuse! Siamo qua oggi, a Roma, di fronte, due generazioni. Guardate allo spettacolo che dànno i vecchi, e guardate a noi giovani! Domani da qui il Governo, che protegge tutti coloro che dell'amor di patria affagottato e tolto in braccio si fecero scudo per tanti anni ai sassi del popolo censore, manderà in Sicilia l'esercito e l'armata per soffocare con la violenza questo gran palpito di vita nuova che noi giovani vi abbiamo destato! Fin oggi la maggioranza del Comitato centrale, di cui fo parte, è contraria a un'azione immediata. Ma presto verrà il giorno, lo prevedo, che le smanie dell'impazienza da tanto tempo represse scoppieranno, e noi capi non potremo più frenare il popolo senza immolare noi stessi.

Lando Laurentano, seduto accanto a Lino Apes, ascoltò il lungo discorso dello Sclàfani a capo chino, stirandosi qua e là con le dita nervose la barba e lanciando occhiate a destra e a sinistra. Quell'adunanza in casa sua gli pareva la prova generale di una rappresentazione. Tutti quei giovani si erano anche loro assegnate le parti, e gli pareva che, a furia di ripeterle, se le fossero cacciate a memoria e le recitassero con artificioso calore. Mancava il coro innumerevole, che era in Sicilia. Oh sì, parlava bene, con bella enfasi apostolica, Cataldo Sclàfani; meritava in qualche punto l'applauso caldo e scrosciante, le lodi del coro, se fosse stato presente. Innamorato della sua parte, l'avrebbe rappresentata con perfetta coerenza anche davanti ai fucili dei soldati, in piazza; e, se tratto in arresto, davanti ai giudici, in una corte di giustizia. Perché lui solo non riusciva ancora a comporsi una parte? perché ancora, ancora dentro, esasperatamente, gli scattava la protesta: «No, non è questo»? Che volevano in fatti tutti quei suoi compagni? Ben poco, per il momento, in Sicilia. Volevano che, per l'unione e la resistenza dei lavoratori, venissero a patti più umani i proprietarii di terre e di zolfare, e cessasse il salario della fame, cessassero l'usura, lo sfruttamento, le vessazioni delle inique tasse comunali, per modo che a quelli fosse assicurato, non già il benessere, ma almeno tanto da provvedere ai bisogni primi della vita. Volevano, adattandosi modestamente alle condizioni locali, l'impianto di cooperative di consumo e di lavoro e la conquista dei pubblici poteri; fra qualche anno trionfare nelle elezioni comunali e provinciali dell'isola; riuscir vittoriosi in qualche collegio politico, per aver controlli e banditori delle più urgenti necessità dei miseri nei Consigli comunali e provinciali e nella Camera dei deputati. Questo volevano. Ed era giusto. Degne d'ammirazione la fede e la costanza con cui seguitavano quest'opera di protezione e di rivendicazione. Che altro voleva lui? Non c'era altro da volere, altro da fare, per ora. E tanta esaltazione, dunque, e tanto fermento per ottenere ciò che forse nessuno, fuori dell'isola, avrebbe mai creduto che già non ci fosse: che in ogni casolare sparso nella campagna la lucernetta a olio non mostrasse più ai padri che ritornavano disfatti dal lavoro lo squallido sonno dei figliuoli digiuni e il focolare spento; che fossero posti in grado di divenire e di sentirsi uomini, tanti cui la miseria rendeva peggio che bruti. Una buona legge agraria, una lieve riforma dei patti colonici, un lieve miglioramento dei magri salarii, la mezzadria a oneste condizioni, come quelle della Toscana e della Lombardia, come quelle accordate da lui nei suoi possedimenti, sarebbero bastati a soddisfare e a quietare quei miseri, senza tanto fragor di minacce, senza bisogno d'assumere quelle arie d'apostoli, di profeti, di paladini. Oneste, modeste aspirazioni, quasi evangelicamente disciplinate, da raggiungere grado grado, col tempo e con la chiara coscienza del diritto negato! Poteva egli pascersi di esse, e non pensare ad altro? No, no: troppo poco per lui! Se fosse bastato, magari avrebbe dato tutto il suo denaro, e chi sa, forse allora, da povero, avrebbe trovato in quelle aspirazioni un pascolo per l'anima irrequieta. Ma così, no, non potevano bastargli! All'improvviso, voltandosi a guardar Lino Apes, si sentì sonar dentro, come una feroce irrisione, i versi del Leopardi nella canzone all'Italia:

> *L'armi, qua l'armi: io solo*
> *Combatterò, procomberò sol io!*[43]

E scattò in piedi agli applausi che in quel punto stesso scoppiavano nella sala a coronar l'eloquente discorso di Cataldo Sclàfani, e anche lui con tutti gli altri, senza volerlo, si recò a stringere la mano all'oratore.

Ma Lino Apes, dal suo posto, col socratico sorriso su le labbra e negli occhi, domandò allora a gran voce:

– Signori miei, e che si conclude?

Pareva tutto finito; assolto il còmpito; e ciascuno si sentiva come sollevato e liberato da un gran peso. Al richiamo dell'Apes tutti si guardarono negli occhi, sorpresi, con pena, e ritornarono mogi mogi ai loro posti.

– La natura, signori miei, – seguitò Lino Apes, appena li vide seduti, – la natura, nella sua eternità, può non concludere, anzi non può concludere, perché se conclude, è finita. Ma l'uomo no, deve concludere; ha bisogno di concludere; o almeno di credere che abbia concluso qualche cosa, l'uomo! Ebbene, signori miei, che concluderemo noi? Siamo uomini, e venuti qua per questo. Ma vi leggo negli occhi. Voi non avete nessuna voglia di concludere, pur non essendo eterni! Voi avete viaggiato. Molti tra voi seguiteranno il viaggio fino a Reggio Emilia. Qua a Roma, chi ci viene per la prima volta, ha da veder tante cose; e il tempo stringe. Scusatemi, se parlo così: sapete che io vedo per minuto, e parlo come vedo. Ho poca fiducia nelle conclusioni degli uomini, i quali tutti, a un certo punto, guardandosi dietro, considerando le opere e i giorni loro, scuotono amaramente il capo e riconoscono: « Sì, ci siamo arricchiti », oppure: « Sì, abbiamo fatto questo o quest'altro, – ma che abbiamo in fine concluso? ». Veramente, a dir proprio, non si conclude mai nulla, perché siamo tutti nella natura eterna. Ma ciò non toglie che noi oggi qua, dato il momento, non dobbiamo venire a una qualsiasi, magari illusoria, conclusione. Io vi dico che questa s'impone, perché altrimenti ci verranno da sé, senza la vostra guida illuminata e il vostro consenso, gli operaj delle città, delle campagne, delle zolfare. E sarà cieco scompiglio, tumulto feroce, quello che potrebbe essere invece movimento ordinato, premeditato, sicuro. Le conseguenze? Signori, usa prevederle chi non è nato a fare. Credete voi che ci sia ragione d'agire? Avvisiamo ai modi e ai mezzi. Tutta la Sicilia è ora senza milizie. Tre, quattro compagnie di fantaccini vi fan la comparsa dei gendarmi offenbachiani, oggi qua, domani là, dove il bisogno li chiama. È contro ad essi, come voi dite, un intero, compatto esercito di lavoratori. Non c'è neanche bisogno d'armarlo; basterà disarmar quei pochi e si resta padroni del campo. No? Dite di no? Aspettate! Lasciatemi dire... santo Dio, concludere!

Ma non poté più dire. Come i ranocchi quatti a musare all'orlo d'un pantano, se uno se ne spicca e dà un tonfo, tutti gli altri a due, a tre, tuffandosi, vi fanno un crepitìo via via più fitto; gli ascoltatori, incantati dapprima dall'arguto dire dell'Apes, cominciarono alla fine dietro un primo interruttore a interromperlo a due, a tre insieme, e quasi d'un subito, tra fautori e avversarii, schizzò da ogni parte violenta la contesa.

Di qua Lando Laurentano quasi pregava:

– Sì, ecco, se c'è da fare qualche cosa, amici...

Di là Bixio Bruno e Cataldo Sclàfani gridavano:

– No! no! Sarebbe una pazzia! Ma che! La rovina!

E sfide, invettive, proposte, s'abbaruffarono per un pezzo nella sala. Alcuni, e tra questi il Covazza, scapparono via, indignati. A un certo punto, uno, tutto spaurito, si cacciò zittendo e con le braccia levate nel crocchio dove più ferveva la contessa e annunziò:

– Signori miei, siamo spiati!

Tutti gli occhi si volsero alle due finestre.

Dietro la ringhiera del giardino due uomini stavano di fatti a spiare, cercando di farsi riparo delle piante. Celsina Pigna guardò alla finestra anche lei e, appena scorse quei due, diventò in volto di bragia.

– Ma no! – saltò a dire irresistibilmente. – Li conosco io... Aspettano me.

Innanzi al vermiglio sorriso e agli occhi sfavillanti di lei, la contessa cadde, come se a nessuno paresse più possibile seguitarla, quando quel fior di giovinetta, a cui s'era fatto le viste di non badare, si faceva avanti d'un tratto, quasi ad ammonire: «Ci sono io, finitela: sono aspettata!».

Poco dopo, come tutti, tranne Lino Apes, furono andati via, Celsina si accostò a Lando Laurentano e gli domandò, alludendo a uno di quei due che stavano dietro la ringhiera ad aspettarla:

– Non lo conosce? È suo nipote...

– Mio nipote? – disse con meraviglia Lando che ignorava affatto d'averne uno.

– Ma sì, Antonio Del Re, – affermò Celsina. – Figlio di sua cugina Anna, sorella del signor Roberto Auriti.

– Ah! – sclamò Lando. – E perché non è entrato?

Celsina notò sul volto del Laurentano un improvviso turbamento subito dopo la domanda, e lo interpretò a suo modo, che egli cioè, sospettando qualche intrigo fra lei e il nipote, si fosse pentito della domanda inopportuna, e si affrettò a rispondere:

– Non è dei nostri, sa! Sta qui a Roma in casa del signor Roberto, all'Università... Ma temo che...

S'interruppe, accorgendosi che il Laurentano, astratto, assorto, non le badava; e subito riprese:
– Le reco i saluti del Lizio, presidente del *Fascio* di Girgenti, e i saluti di mio padre. Anch'io credo, se posso esprimere il mio parere, che non sia tempo d'agire. Abbiamo nel *Fascio* di Girgenti circa ottocento iscritti... Ma sono nomi soltanto: pochi vengono, pochi pagano...
– Ma sì, ma sì, ma sì... – le disse allora, graziosamente ridendo con tutto il volto bruttissimo, Lino Apes, quasi per farle intendere che egli aveva parlato a quel modo col solo intento di cacciar via tutti. – Agire? Ma sarebbe una pazzia! L'ho detto per celia, signorina!

Gli occhi di Celsina schizzarono fiamme. Lo avrebbe schiaffeggiato. Gli sorrise. Tese la mano a Lando Laurentano e:
– Mi permettano – disse. – Li lascio in libertà.

Il *quondam* tenore Olindo Passalacqua, marito onorario della maestra di canto signora Lalla Passalacqua-Bonomè, nonché censore effettivo del *Privato Conservatorio Bonomè*, da circa due ore cercava in tutti i modi di tenere a freno la muta rabbiosa impazienza di Antonio Del Re. Parlava sottovoce, e ogni tanto, di nascosto, se Antonio Del Re sbuffando guardava altrove, cavava fuori lesto lesto l'orologino della moglie e « Poveretto, ha ragione! » diceva prima con la mimica degli occhi, delle ciglia, della bocca, e subito dopo, con altra mimica: « Qua sono: avanti; seguitiamo! ». E seguitava a parlare, a parlare quasi per commissione; ma in una particolar maniera comicissima e quasi incomprensibile, perché a voli a salti a precipizii per sottintesi che si riferivano a lontane e bizzarre vicende della sua scompigliata esistenza. E a ogni salto, a ogni volo, eran subitanee alterazioni di viso e di voce, esclamazioni e ghigni e gesti o di rabbia o di gioja o di minaccia o di commiserazione o di sdegno, che facevano restare intronato, a bocca aperta chi, ignorando quelle vicende, riuscisse per un po', senza ridere, a prestargli ascolto. Olindo Passalacqua, di fronte a questo intronamento, restava soddisfatto; era per lui la misura dell'effetto; e con le mani aperte a ventaglio si tirava sù, sù, sù, da ogni parte i lunghi grigi capelli ricciolutti per modo che gli nascondessero la radura sul cocuzzolo, e quindi coi due indici tesi si toccava gli aghi incerati dei baffetti ritinti, quasi per mettere il punto a quel gesto abituale o per accertarsi che nella foga del parlare, non gli fossero cascati.

— Una miseria, basterebbe una miseria! – diceva. – Guarda, che sono due lirette al giorno, che sono? E vorrei dire anche meno! Una miseria... Sciagurato! Quanti ne butta via con quei farabutti là che gl'insudiciano il come si chiama... sicuro... lo stemma avito! Porci! E mio suocero per l'Italia rovina l'impresa del *Carolino*[44] a Palermo... Tesori! Bastava la semplice *Jone*...[45] povero Petrella!... mio cavallo di battaglia... Là, tutto a catafascio... per questi porci qua! Senti come strillano? Ed è principe, sissignore... Vergognosi... Dico io, due lirette al giorno per un'opera meritoria... Dio dei cieli, una fortuna come questa! Tutto gratis... E tu che ne sai? Certi patti infernali... schiavitù per tutta la vita... Io, io, per più di dieci anni, trionfatore e schiavo... Qua, invece, solo ch'egli dicesse di sì... M'impegnerei io, Nino, m'impegnerei io di portarla in meno d'un anno su i primari palcoscenici d'Italia. Tu mi conosci; mi spezzo, non mi... non mi... *frangar*... come si dice? lo sapevo pure in latino, mannaggia! La parola... se do la parola! E che mi resta? Unico patrimonio. Bisognerà nutrirla un tantino meglio nei primi tempi: questo sì! Ma se ne viene... se ne viene... oh se se ne viene... E la bastarda musica moderna...

Aveva scoperto, Olindo Passalacqua, una portentosa voce di soprano nella gola di Celsina Pigna, subito, appena l'aveva sentita parlare.

— E con quella figurina là, che scherzi? Furore, m'impegno io: farà furore! Basterebbe a mio cognato, per rispetto a Roberto e a te, un misero assegnino, anche di una lira e cinquanta al giorno, per le spese del vitto... Nutrirla bene... e in meno di un anno... dici di no?

Antonio Del Re tornava a scrollarsi tutto, rabbiosamente, appena una parola del Passalacqua riusciva a cacciarsi tra il tumulto dei pensieri violenti a cui era in preda. Il giorno avanti, Celsina gli s'era presentata all'improvviso in casa dello zio Roberto, durante il desinare. Frastornato, stordito dalla vita rumorosa della grande città, dagli aspetti nuovi, dalle nuove e strane abitudini, non aveva potuto attendere in alcun modo alla promessa che le aveva fatto prima di partire, di trovarle subito, cioè, un collocamento a Roma. Le aveva scritto tuttavia che presto, appena un po' rassettato, si sarebbe messo a cercare; con la certezza però, dentro di sé, che non solo non sarebbe riuscito, ma che non avrebbe avuto né animo né modo di provarcisi, sospeso come si sentiva, e come per un pezzo avrebbe seguitato a sentirsi, in uno smarrimento che quasi gli toglieva il respiro e gli faceva apparir tutto intorno vacillante e inconsistente. Questo smarrimento, difatti, non solo gli era durato, ma gli era via via cresciuto, in mezzo a quella precarietà d'esistenza eccentrica, scombussolata, in casa dello zio. Come mai aveva potuto questi adattarsi a vivere così, comporsi in un certo suo ordine meticoloso, in mezzo a tanto disordine, trovarvi un po' di terra da gettarvi le radici? Capiva Olindo

Passalacqua, la signora Lalla (*Nanna*, come la chiamavano) e il fratello di lei, Pilade Bonomè: zingari; il primo, chi sa donde venuto; gli altri due, figli d'un impresario teatrale, capitato prima del 1860 a Palermo e travolto nella corrente liberale dai giovani signori dell'aristocrazia palermitana, frequentatori assidui del palcoscenico del teatro *Carolino*. Fallita dopo alcuni anni l'impresa, poveri, *vittime della rivoluzione*, come diceva ancora Olindo Passalacqua, il quale, subito dopo avere sposato la figlia dell'impresario, aveva perduto la voce; erano venuti a Roma, poco dopo il '70, e s'erano rovesciati addosso a zio Roberto, raccomandati da un amico di Palermo. Avventurarsi nel bujo della sorte, gettarsi alle più stravaganti imprese, prendere da un momento all'altro le più strampalate risoluzioni, era per essi come bere un bicchier d'acqua. Oggi qua, domani là; oggi abbondanza, domani carestia; bastava loro ogni giorno arrivare alla sera, comunque, senza indietreggiare di fronte a tutti i possibili ostacoli, ai sacrifizii più duri, buttando in mare le cose più care e più sacre pur di salvar la barca, barca senza più né bussola, né àncora, né timone, assaltata dalle onde incessanti in quella perpetua bufera ch'era stata la loro vita. Ma tuttavia questo era in essi meraviglioso e pietoso e comico a un tempo, che pur avendo fatto getto di tutto senza alcun ritegno, eran rimasti nell'anima schietti, d'una ingenuità vivida e tutta alata di palpiti gentili, eran rimasti affettuosi, generosi, pronti sempre a spendersi per gli altri, a confortare, a soccorrere, ad accendersi d'entusiasmo per ogni nobile azione. Quel che di scorretto, di male, di vergognoso era nella loro vita, forse stimavano sinceramente non imputabile a essi. Necessità su cui bisognava chiudere un occhio, e se uno non bastava, tutt'e due. Con quanta dignità, per esempio, Olindo Passalacqua, dopo aver mangiato alla tavola di zio Roberto e aver raccomandato a questo di non dimenticarsi di far prendere a *Nanna* le gocce per il mal di cuore o di far togliere subito dalla tavola il trionfino delle frutta per paura che, toccando inavvertitamente la buccia di qualche pesca, non le si avesse a rompere, Dio liberi, il sangue del naso come tante volte le soleva avvenire; lasciava a lui il letto maritale e, augurando alla moglie la buona notte, felicissimi sogni a tutti; anche ai canarini e al merlo nelle gabbie, al pappagallo *Cocò* sul tréspolo; a *Titì*, la scimmietta tisica, su l'anello; a *Ragnetta*, la gattina in colletto e cravatta; ai due vecchi cani *Bobbi* e *Piccinì*, invalidi entrambi in una cesta, quello cieco e questo con la groppa impeciata; se n'andava coi due indici su le punte dei baffi, impalato già nella rigida severità di censore inflessibile, a dormire nel *Privato Conservatorio* del cognato Bonomè in via dei Pontefici! E che barca di matti quella tavola, a cui sedevano ogni sera quattro o cinque estranei, invitati lì per lì, o che venivano a invitarsi da sé, deputati amici di zio Roberto e di Corrado Selmi, maestri di musica chiomati, cantanti d'ambo i sessi! Che discorsi vi si tenevano, a quali scherzi spesso si trascendeva! E che pena vedere zio Roberto lì in mezzo, zio Roberto ch'egli da lontano s'era immaginato con le stesse idee e gli stessi sentimenti della nonna e della mamma (e non a torto, ché ogni giorno poi glieli dimostrava con le più squisite attenzioni e le cure paterne), che pena vederlo lì in mezzo, partecipare a quei discorsi, a quegli scherzi, e di tratto in tratto sorprendergli nel volto uno sguardo, un sorriso afflitto, di mortificazione, se incontrava gli occhi suoi che lo osservavano stupiti e addolorati! Qual guida più poteva dargli quello zio? Avrebbe potuto permettersi tutto, sicuro di non potere aver da lui né un richiamo, né un rimprovero. S'era iscritto alla facoltà di scienze; ma come studiare in quella casa che cinfolava, gargarizzava, guagnolava dalla mattina alla sera di trilli e scivoli e solfeggi e vocalizzi? Del resto, l'Università così lontana, i numerosi studenti gaj e spensierati, gli avevano destato fin dal primo giorno un'avversione invincibile, uggia, scoramento, sdegno, dispetto; e, pigliando scusa da ogni cosa, non era più andato. S'era figurato, e subito aveva ritenuto per certo, che a qualcuno di quei ragazzacci potesse venire la cattiva ispirazione di farsi beffe di lui così serio e diverso: e che sarebbe allora accaduto? Solo a pensarci, gli s'artigliavano le mani. Un incentivo qualunque, in quel punto, una favilla, e il furore, represso con tanto sforzo, sarebbe divampato terribile. Aveva l'impressione che la vita gli si fosse come ingorgata dentro e gli ribollisse, fomentata dal rimorso di quell'ozio e dal bisogno prepotente di darsi comunque uno sfogo. Ma come sottrarsi a quell'ozio, se aveva ormai acquistato la certezza di non poter più far nulla, poiché tutto gli si era come intralciato e confuso nel cervello? e dove trovar lo sfogo? Aveva corso Roma da un capo all'altro, come un matto, quasi senza veder nulla, tutto assorto in sé, in quella cupa scontentezza di tutto e di tutti, in quel ribollimento continuo di pensieri impetuosi che, prima di precisarsi, gli svaporavano dentro, lasciandolo vuoto e come stordito, coi lineamenti del volto alterati, le pugna serrate, le unghie affondate nel palmo della mano.

Infine, dalla sorda rabbia che lo divorava, da quell'agra inerzia fosca, un'idea truce, mostruosa, aveva cominciato a germinargli nel cervello, la quale subito aveva preso a nutrirsi voracemente di tutto il rancore contro la vita, fin dall'infanzia accolto e covato. L'idea gli era balenata, sentendo una sera a tavola discorrere del modello delle bombe recate da Francesco Crispi in Sicilia alla vigilia della Rivoluzione del 1860[46] e della preparazione di esse. Corrado Selmi aveva detto che ne aveva preparate alcune anche lui, di notte, nel magazzino preso in affitto da Francesco Riso presso il convento della Gancia. Forte delle sue nozioni di chimica moderna, s'era messo a ridere e aveva dimostrato quanto fosse puerile quella preparazione, e come adesso si sarebbero potuti ottenere effetti più micidiali con ordigni di molto più piccolo volume.

– Ecco! – aveva esclamato allora Corrado Selmi. – Per fare un po' di festa, bisognerebbe buttare dalle tribune uno di questi giocattolini nell'aula del Parlamento!

D'improvviso s'era sentito prendere e predominar tutto da quest'idea. Gli urli d'indignazione della piazza per la frode scoperta delle banche, e prima il sospetto e poi la certezza che anche zio Roberto col Selmi era coinvolto nello scandalo di quella frode, le notizie sempre più gravi che arrivavano dalla Sicilia, lo avevano deciso a cercare i mezzi e il modo d'attuare al più presto quell'idea. Tanto, ormai, era finita per lui! Se zio Giulio, partito a precipizio per Girgenti, non riusciva a ottenere dal fratello della nonna il denaro, zio Roberto sarebbe stato arrestato; e allora il crollo, il baratro... Ah, ma prima! Sì, sì, questa sarebbe la giusta vendetta, questo lo sfogo di tutte le amarezze, che avevano attossicato la sua vita e quella dei suoi; e a quei suoi compagni là, di Sicilia, cianciatori, avrebbe dimostrato che lui solo sapeva far quello che loro tutti insieme non avrebbero mai saputo.

Ebbene, proprio in quel momento, era capitata Celsina a Roma. Nel vedersela comparir dinanzi tutta accesa in volto e ridente nell'imbarazzo, aveva provato un fierissimo dispetto. Gli pareva ormai che nulla più potesse accadere, nulla più muoversi senza una sua spinta; che tutti dovessero stare al loro posto, immobili e come sospesi nell'attesa dell'atto grandioso e terribile ch'egli doveva compiere. Donde, come era venuta Celsina, se egli non aveva fatto nulla per farla venire? I denari di Lando... già! quei denari negati a zio Roberto... Il *Fascio di Girgenti*... Buffonate! E che rabbia nel veder Celsina accolta con tanta festa da quei Passalacqua, per i quali era la cosa più naturale del mondo che una ragazza si avventurasse sola fino a Roma con un pretesto come quello, e si presentasse lì in cerca dell'innamorato, ferma nel proposito di non ritornar più in Sicilia. S'era fatto di tutti i colori nel vedersi guardato da quelli con certi occhi ridenti di malizia e di indulgenza, che gli dicevano chiaramente: « Via, che c'è di male? abbiamo capito! Non ti vergognare! ». E anche zio Roberto era rimasto lì, col suo solito sorriso afflitto, sotto al quale voleva nascondere il fastidio che gli recava ogni novità: soltanto il fastidio. Anche per lui nulla di male che una ragazza fosse venuta a trovare il nipote in casa sua, in un momento come quello, col baratro aperto in cui stavano per precipitare tutti. Per quei Passalacqua quel baratro era niente: una delle tante difficoltà della vita da superare; e per superarla fidavano ciecamente in Corrado Selmi. Bastava poi a tranquillarli la calma che zio Roberto s'imponeva per non agitar la sua *Nanna* malata di cuore. Via, via quel *signor Antonio* e quel *lei*, con cui Celsina s'era messa a parlargli! a chi voleva darla a intendere? ma si dessero pure del tu! Oh, cara... Ma sì, brava, ridere... Se non si rideva di cuore a quell'età, e con quegli occhi e con quel musino... Uh, che voce! ma senti?... un campanello! Non s'era mai provata la voce? Non aveva mai cantato, neanche così per ischerzo? mai mai? Ma bisognava provare, subito subito... Impossibile che non ci fosse la voce, con quelle inflessioni, con quelle modulazioni... Via, sù, una canzoncina qualunque, là, nel salottino, subito subito... Ecco il terno! Nulla meglio di questo espediente per non ritornar più in Sicilia! I mezzi per studiare? Ma c'era lei, la signora Lalla, e il *Privato Conservatorio Bonomè*. Lezioni gratis, carte e pianoforte gratis: soltanto un piccolo assegno per il vitto. E Olindo Passalacqua, saputo che Celsina era compagna di fede socialista di Lando Laurentano, subito aveva suggerito di chiedere a lui quell'assegno. No? perché no? Opera meritoria! Maledetti certi scrupoli, certi pudori che impediscono alla coscienza di fare il bene! Si sarebbe potuto proporre al Laurentano la restituzione di quel piccolo assegno coi primi guadagni; ma, nossignori, queste cose le fanno gli sfruttatori, gli strozzini, ragion per cui un gentiluomo deve astenersi dal farle... Stupidaggini! Miserie! S'era contorto su la seggiola, Antonio, udendo questi discorsi. Avrebbe voluto strappare per un braccio Celsina e gridarle sul volto: « Va', tórnatene donde sei venuta! Costoro son pazzi che danzano su l'abisso. Va'! va'! L'abisso lo spalancherò io! Non c'è più nulla; io stesso non sono più: tutto è finito! ». Ma pure, eccolo lì, aveva col Passalacqua accompagnato Celsina fino al villino di Lando, e ora stava ad aspettare che l'adunanza si sciogliesse ed ella ne uscisse. Celsina gli aveva promesso in confidenza che non avrebbe neppur fatto cenno al Laurentano di quella ridicola proposta dell'assegno; solo lo avrebbe pregato d'interessarsi in qualche modo per farle trovare, con le sue tante aderenze, un posticino a Roma. L'assegno, Celsina si era proposto di domandarlo invece per lui, per

Antonio. Egli le aveva confidato la sera avanti la terribile condizione in cui si trovava lo zio.

– E tu? – gli aveva domandato lei.

Non aveva avuto altra risposta che un gesto furioso, di disperazione. Le era balenato il sospetto ch'egli covasse un proposito violento, ma contro sé; e aveva cercato di scuoterlo, di rincorarlo. Era venuta con l'animo tutto acceso di sogni e di speranze, piena di fiducia in sé, e pronta e preparata a vincere tutti gli ostacoli. Ebbene, sarebbero stati in due, ora, a dividerli e ad affrontarli; ella lo avrebbe trascinato nella sua foga. Possibile ch'egli, col suo parentado, perisse? E non c'era poi l'altro zio? Via, via! Le difficoltà sarebbero state per lei. Ma ecco, ne rideva!

Uscì dal villino, su le furie.

– Niente! Buffoni... Andiamo! andiamo! – disse, spingendo i due compagni.

– Non ha parlato? – domandò, sospeso e afflitto, il Passalacqua.

– Ma che parlare! – si scrollò Celsina. – Sono tanti pazzi, scemi, stupidi, imbecilli... Chiacchiere, chiacchiere, declamazioni o ciance insipide che vorrebbero parere spiritose... Via, via, via! Ma ci ho guadagnato questo almeno, che sono qua, a Roma! Nino, per carità, Nino, non mi far quella faccia! Vattene... sì, sì... è meglio che te ne vada, se mi devi affliggere così!

Olindo Passalacqua corse dietro ad Antonio che, gonfio di rabbia, tutto rabbuffato, aveva allungato il passo; lo trattenne, invitò con la mano Celsina ad avvicinarsi subito, raccomandando con cenni calma e prudenza. Ma Celsina, sorridendo e avvicinandosi pian piano, gli accennò col capo che lo lasciasse pure andare.

– Ma pazzie, scusate... calma, ragazzi! Così v'accecate... E il rimedio? il rimedio così, accecandovi con le furie, non lo trovate più. Il rimedio c'è sempre, cari amici; a tutto c'è rimedio; più o meno duro, più o meno radicale... ma c'è! Non bisogna spaventarsi... In prima, come! dice, questo? Questo no! questo mai!... Poi... eh, cari miei, l'avrei a sapere! Questo e altro!... Però, però, però... dico, intendiamoci, rispettando sempre le leggi del... del... della... Siamo gentiluomini! Nino, tu lo sai, mi spezzo, non mi... non mi...

– Che fai? che vuoi? che ti stilli così? – domandò Celsina a Nino, rimasto ansante in atteggiamento truce. – Finiscila! Sono proprio furie sprecate... Io mi sento così tranquilla e contenta! Sù, sù, per dove si prende, signor Olindo? Tu... tu guardami... no, no, guardami bene negli occhi... qua, dentro gli occhi... Prima di partire, ti ricordi?

Nino contrasse tutto il volto, nel tremendo orgasmo, e singultò nel naso, premendosi forte un pugno su la bocca.

– Via! basta, ora! Andiamo! – riprese Celsina. – Lei, signor Olindo, mi deve dir questo soltanto, ma me lo deve dire proprio in coscienza: – Ho la voce?

Olindo Passalacqua si tirò un passo indietro, con le due mani sul petto:

– Ma io ho cantato con la Pasta,[47] sa lei? con la Lucca[48] ho cantato; io ho cantato con le due Brambilla...[49]

– Va bene, va bene, – lo interruppe Celsina. – E lei è certo dunque che io abbia la voce?

– Ma d'oro! – esclamò il Passalacqua. – D'oro, d'oro, d'oro, glielo dico io! E in meno d'un anno lei...

– Va bene, – tornò a interromperlo Celsina. – E allora senta... un altro favore! A procurarmi l'assegnino, come dice lei, ci penso io. Son capace di presentarmi in tutte le botteghe che vedo, in tutti gli alberghi, uffici, banche, caffè, se han bisogno d'una contabile, giovane di negozio, interprete, quel che diavolo sia! Ho il diploma in ragioneria, licenza d'onore; possiedo due lingue, inglese e francese... Ma anche per sarta mi metto, per modista... Non so neppur tenere l'ago in mano; imparerò!... Maestra, governante, istitutrice... Lasci fare a me! Lei ora se ne vada! Mi lasci sola con questo bel tomo! A rivederla.

E, preso Antonio sotto il braccio, scappò via.

– Fammi veder Roma!

Ma che vedere! Non poteva veder nulla, col cervello in subbuglio. Parlava, parlava, e gli occhi le sfavillavano ardenti, sotto quel cappellino dalla piuma spavalda; le labbra accese le fremevano, e rideva senz'ombra di malizia a tutti quelli che si voltavano a mirarla.

– Nino, senti, – gli disse a un certo punto, piano, in un orecchio. – Portami lontano... in un punto solitario... lontano... voglio cantare!... Ho bisogno di sentire come canto... Se fosse vero! Tu ci pensi? Ah, se fosse vero, Nino mio! Andiamo, andiamo...

Seguitò a cinguettare per tutta la via. Gli disse che per forza lei, prima di diventare un soprano, un contralto celebre, per forza doveva trovar marito, dato quel brutto cognome che l'affliggeva.

– Celsa, va bene; ma Pigna! ti pare possibile? Vediamo un po', mettiamo... Celsa... come? Celsa Del Re? Oh Dio, no! Le mie opinioni politiche... Del re? Impossibile, Nino! non posso diventare tua moglie, è fatale! Ma tu del resto non mi vuoi... Ahi, ahi no! mi hai fatto un livido nel braccio... Mi vuoi? E allora Celsina Del Re, e non se ne parli più! Celsina di Sua Maestà, è buffo, sai? di Sua Maestà Antonio I.

Arrivarono, ch'era già il tramonto, di là dal recinto militare, in prossimità del Poligono, su la sponda destra del Tevere. Monte Mario drizzava il suo cimiero di cipressi nel cielo purpureo e vaporoso, e la vasta pianura, che serve da campo di esercitazione alle milizie, e le sponde erbose del fiume, nell'ombra soffusa di viola, parevano smaltate. Nel silenzio quasi attonito, più che la voce si sentiva il movimento delle acque dense, d'un verde morto, tinte dai riflessi rosei del cielo e qua e là macchiate da qualche cuora nera.

– Bello! – sospirò Celsina, guardandosi intorno. E con l'impressione che la vita vera se ne fosse come andata via di là, e ne fosse rimasta quasi una larva, nel ricordo o nel sogno, dolce e malinconica, aggiunse piano:

– Dove siamo qua?

Poi, volgendosi ad Antonio, che si era seduto su un masso e guardava verso terra, curvo, con le mani strette tra le gambe:

– Ma che fai? – gli domandò. – Ma tu non vedi, tu non senti più nulla? Alza il capo, guarda, senti... questo silenzio qua... il fiume... e là Roma... e io che sono qua con te!

Gli s'accostò, gli posò una mano sui capelli, si chinò a guardarlo in faccia, e:

– Tu non hai ancora vent'anni! – gli disse. – E io ne ho diciotto...

Antonio si scrollò rabbiosamente, per respingerla, e allora ella, sdegnata, alzò una spalla e si allontanò.

Poco dopo, da lontano, giunse ad Antonio il suono della voce di lei che cantava, in quel silenzio, limpida e fervida.

Disperato, serrando le pugna nella furia della gelosia, la vide parata da attrice, in un vasto teatro, davanti ai lumi della ribalta. Si alzò, fremente; andò a raggiungerla.

– Andiamo! andiamo! andiamo!

– Che te ne pare? – gli domandò lei, con un fresco sorriso di beatitudine.

Antonio le strinse un braccio e, guardandola odiosamente negli occhi:

— Tu ti perderai! — le gridò tra i denti.

Celsina scoppiò a ridere.

— Io? — disse. — Ma se tu non mi vuoi, si perderanno quelli che mi verranno appresso, caro mio! Io ho le ali... le ali... Volerò!

III

L'on. Ignazio Capolino non capiva nei panni dalla gioja. Migliaja d'operaj, nel suo collegio, inferociti dalla fame per la chiusura delle zolfare del Salvo, minacciavano tumulti, rapina, incendii, strage; Aurelio Costa, esposto all'ira di quelli per le promesse fatte a nome del Salvo, fremeva d'indignazione alle lepide ciance di S. E. il Sottosegretario di Stato al Ministero d'agricoltura; e lui gongolava beato dell'insperata affabilità, del tratto confidenziale, da vecchio amico, con cui quella sotto-eccellenza lo aveva accolto.

Chiedendo per il Costa quell'udienza, aveva temuto che l'ostentato prestigio, la vantata amicizia personale coi membri del Governo, messi alla prova, avrebbero sofferto la più affliggente mortificazione; e invece... Ma sì, ma sì, matti da legare, benissimo! nemici dell'ordine sociale, quei solfaraj là! gente facinorosa, ma sì! esaltata da quattro impostori degni della forca! Misure estreme? di estremo rigore? ma sì! benissimo! Non ci voleva altro... Viso fermo, già! polso duro! Umanità... ah sicuro... fin dov'era possibile... Già, già, oh caro... ma come no? ma come no?

E accennava, con timidezza mal dissimulata, d'allungare una mano per batterla o su la gamba o dietro le spalle del Sottosegretario di Stato, come un cagnolino che, dopo essersi storcignato per far le feste al padrone che teme severo, s'arrischia a levare uno zampino per far la prova d'averlo placato.

Quanto a quel disegno d'un consorzio obbligatorio tra tutti i produttori di zolfo della Sicilia, studiato dall'amico ingegnere lì presente... – oh, valorosissimo e tanto modesto, già del corpo minerario governativo, sì, e uscito dall'*École des Mines* di Parigi – quanto a quel disegno, ecco, se almeno S. E. il Ministro avesse voluto degnarlo d'uno sguardo... No, eh? impossibile, è vero? il momento... già! già! non era il momento quello! nuova esca al fuoco, sicuro! ci voleva altro... ma sì! bravissimo! oh caro... come no? come no?

Uscì dal palazzo del Ministero, tronfio e congestionato come un tacchino, mentre Aurelio Costa, per sottrarsi alla tentazione di schiaffeggiarlo o sputargli in faccia, pallido e muto allungava il passo e lo lasciava indietro.

– Ingegnere!

Il Costa, senza voltarsi, gli rispose con un gesto rabbioso della mano.

– Ingegnere! – lo richiamò Capolino, raggiungendolo, fieramente accigliato. – Ma scusi, è pazzo lei? o che pretendeva di più?

– Mi lasci andare! per carità, mi lasci andare, – gli rispose Aurelio Costa, convulso. – Corro al telegrafo. Venga qua lui, don Flaminio! Io me ne riparto domani.

– Ma si calmi! Dice sul serio? – riprese, con tono tra arrogante e derisorio, Capolino. – Che voleva lei da un Sottosegretario di Stato? che le buttasse le braccia al collo? Io non so... Meglio di così? Non m'aspettavo io stesso una simile accoglienza...

– Eh, sfido! – ghignò, fremente, il Costa. – Se lei...

– Io che cosa? – rimbeccò pronto Capolino. – Voleva promesse vaghe? fumo? Mi ha trattato, mi ha parlato da amico, da vero amico! E metta ch'io sono deputato d'opposizione; che sono stato combattuto dal Governo, accanitamente, nelle elezioni. Lei lo sa bene!

– Non so nulla io! – sbuffò il Costa. – So questo soltanto: che avevo l'ordine, ordine positivo, che il disegno almeno fosse preso subito in considerazione dal Governo. E lei non ha speso una parola; lei non ha fatto che approvare...

Capolino lo arrestò, squadrandolo da capo a piedi.

– Parlo con un uomo, o parlo con un ragazzino? Dove vive lei? Può credere sul serio che in un momento come questo, in mezzo a questo pandemonio, si possa attendere all'esame del suo disegno? L'ordine! Abbia pazienza! Quando ricevette lei quest'ordine da Flaminio Salvo? Prima di partire, è vero? Ma scusi, ormai... ecco qua!

E Capolino con furioso gesto di sdegno trasse fuori dal fascio di carte che teneva sotto il braccio la partecipazione delle speciose nozze di S. E. il principe don Ippolito Laurentano con donna Adelaide Salvo.

– L'avrà ricevuta anche lei! – disse. – Si stia zitto, e non pensi più né a ordini né a progetti!

– Ah, dunque, un giuoco? – esclamò Aurelio Costa. – Con la pelle degli altri?

– Ma che pelle! – fece Capolino, con una spallata.

– Con la mia pelle! con la mia pelle, sissignore! – raffermò il Costa infiammato d'ira. – Con la mia pelle, perché dovrò tornarci io laggiù, ad Aragona, tra i solfaraj! E sa lei come li ritroverò, dopo sette mesi di sciopero forzato? Tante jene! Ma perché dunque mi ha fatto promettere a tutti... anche qua, anche qua adesso a Nicasio Ingrao, al figlio del principe? E tutti gli studii fatti?

– Caro ingegnere, scusi, – disse pacatamente Capolino, con gli occhi socchiusi, trattenendo il sorriso, – lei pratica con Flaminio da tanti anni, e ancora non s'è accorto che Flaminio non è soltanto uomo d'affari, ma anche uomo politico. Ora la politica, sa? bisogna viverci un po' in mezzo; la politica, signor mio, che cos'è in gran parte? giuoco di promesse, via! E lei, scusi, va a cacciarsi in mezzo proprio in questo momento...

– Io? – proruppe Aurelio Costa, portandosi le mani al petto. – Io, in mezzo?

– Ma sì, ma sì, – affermò con forza Capolino. – Come un cieco, scusi! E non dico soltanto per questa faccenda qua, del progetto. Lei non vede nulla, lei non capisce... non capisce tante cose! Dia ascolto a me, ingegnere: non s'impicci più di nulla! se ne torni al suo posto... Mi duole, creda, sinceramente, veder fare a un uomo come lei, per cui ho tanta stima, una figura... non bella, via! non bella...

Aurelio Costa restò dapprima, a queste parole, a bocca aperta, trasecolato; poi si fece pallido e abbassò gli occhi per un momento; in fine, non riuscendo a frenar l'impeto della stizza:

– A me, – balbettò, – a me dice così? a me?... Ma io... Quando mai io... a quali cose io mi son cacciato in mezzo, di mia volontà? Vi sono stato sempre trascinato, io, tirato per i capelli, e sono stufo, sa? stufo, stufo di queste imprese, di questi intrighi, e bizze, e scandali...

– Scandali, poi! – fece Capolino.

– Sissignori, scandali! – seguitò Aurelio, senza più freno. – Scandali qua, laggiù... e se non li vede lei, li vedo io! Basta! basta! Io non ho voluto mai nulla! non ho aspirato mai a nulla, per sua norma, altro che di stare in pace con la mia coscienza, e tranquillo, facendo ciò che so fare. E basta! Venga qua lui, ora, e pensi, dopo le promesse fatte, ad aggiustar

bene le cose, perché laggiù, ripeto, debbo tornarci
io, e la pelle non ce la voglio lasciare. La riverisco.
 Ignazio Capolino lo seguì un tratto con gli occhi;
poi si scosse con un altro ghigno muto, e tentennò
a lungo il capo. Se avesse saputo che la vera ragione, per cui Aurelio Costa voleva che Flaminio
Salvo venisse a Roma, era quella stessa appunto
per cui egli voleva che non venisse: sua moglie!
Il calore con cui difendeva quel disegno, studiato
veramente con tutto lo zelo scrupoloso che metteva
in ogni sua opera, e la stizza nel vederlo mandato a
monte, buttato lì, senz'alcuna considerazione e quasi deriso, provenivano in fondo dal calore d'un'altra
passione, dalla stizza per un altro smacco, di cui
egli, per non mortificare innanzi a se stesso il suo
amor proprio, non si voleva accorgere. Allontanato
da Flaminio Salvo da Girgenti con la scusa di quel
disegno, proprio nel momento in cui la figlia sapeva che Nicoletta Capolino era a Roma col marito,
era accorso come un assetato alla fonte. Aveva
creduto di ritrovar qui Nicoletta come la aveva veduta l'ultima volta a Colimbètra, piena di lusinghe
per lui, ardente e aizzosa. E invece... per miracolo
non s'era messa a ridere nel leggergli nello sguardo
profondo il ricordo di quella sera indimenticabile!
 Capolino, che aveva tanto da ridire su la condotta
della moglie in quei giorni, se ne sarebbe potuto
accorgere; ma da che, a Colimbètra, ancora col petto
fasciato per la ferita, aveva sentito il bisogno d'un
pajo d'occhiali, non riusciva a veder più nulla con
l'antica chiarezza, Capolino, né in sé né attorno a
sé. Lo scherzo di quella palla, scappata fuori con
inopinata violenza dalla pistola del Verònica, gli aveva turbato profondamente la concezione della vita.
Fino a quel punto, aveva creduto di farlo lui agli
altri, lo scherzo, uno scherzo che gli era riuscito
sempre bene; ora, all'improvviso e sul più bello,

s'era accorto che, ad onta di tutte le diligenze e contro ogni previsione, ridendosi d'ogni arte e d'ogni riparo, il caso, nella sua cecità, può e sa scherzare anche lui, facendone passare agli altri la voglia. E Capolino era diventato seriissimo. Già, subito, o per la violenta emozione o per il sangue perduto, gli s'era indebolita la vista. Il principe don Ippolito, graziosamente, aveva voluto regalargli lui gli occhiali, un bel pajo d'occhiali serii, con staffe, cerchietti e sellino di tartaruga. E la vita veduta con quegli occhiali, e da deputato, gli aveva fatto d'improvviso un curioso effetto: le sue mani, tutte le cose intorno, sua moglie, il suo passato, il suo avvenire, gli s'erano presentati con linee, luci e colori nuovi, innanzi a cui egli si era veduto quasi costretto ad assumer subito un certo cipiglio tra freddo e grave, che aveva fatto rompere, la prima volta, in una risata sua moglie:

– Oh povero Gnazio mio!

Ed ecco, segnatamente sua moglie non aveva più saputo vedersi d'attorno, Capolino: sua moglie che gli cercava gli occhi dietro quei nuovi occhiali, e non poteva in alcun modo prenderlo sul serio.

Venuta a Roma con lui per quindici o venti giorni, per un mese al più, Lellè vi si tratteneva da più di tre mesi e non accennava ancora, neppur lontanamente, di volersene partire. O ch'era matta? Tripudiava, Lellè. Aveva trovato finalmente il suo elemento. Dai Vella, parenti di Flaminio Salvo, e un po' anche del marito per via della prima moglie, era diventata subito di casa. A Francesco Vella piaceva il fasto, donna Rosa Vella era tal quale la sorella minore donna Adelaide, sbuffante e sempliciona, e i loro due figli, Ciccino e Lillina, se Nicoletta fosse andata a ordinarseli apposta, non avrebbe potuto trovarli più di suo gusto. Che amore quella Lillina! Rimasta nubile, ormai spighita nella simpatica bruttezza tutta pepe, era la compagna inseparabile del fratello Ciccino: più scaltra, più ardita, più vivace di lui, lo ajutava, lo difendeva, lo guidava, a parte di tutti i suoi segreti più intimi. Fratello e sorella non avevano mai pensato ad altro che a darsi buon tempo; e Nicoletta, con loro, in pochi giorni era diventata una cavallerizza perfetta; era già andata tre volte alla caccia della volpe; e teatri e feste e gite: una cuccagna! Lillina sapeva sempre con precisione quando doveva farsi venire un po' di emicrania o qualche altro dolorino, per lasciare in libertà Ciccino e la nuova amica Lellè.

Ora Capolino, per quanto Roma fosse grande, da deputato e con gli occhiali serii, non vi si vedeva minimo, e temeva che quello sbrigliamento della moglie potesse dare all'occhio. Del resto, non poteva soffrirlo, non tanto per quello che potevano pensarne gli altri quanto per sé. Da deputato e con gli occhiali, voleva che anche sua moglie, ormai, diventasse più seria. A Roma e con quei Vella attorno e con la libertà in cui era costretto a lasciarla, non gli pareva possibile. Flaminio Salvo, ora che donna Adelaide era andata a nozze, certamente avrebbe avuto bisogno di lei, a Girgenti. Per la figliuola, s'intende; per quella cara Dianella senza mamma. Se non oggi, domani, avrebbe scritto per pregarla di ritornare. Non gli pareva l'ora all'onorevole Ignazio Capolino! Ma ecco, adesso, quell'imbecille del Costa che veniva a guastargli le uova nel paniere! La pelle... Temeva per la pelle... Pezzo d'asino! Ma già, se non era stato buono in tanti anni neanche d'accorgersi che Dianella lo amava, che aveva sotto mano la fortuna, una simile fortuna! come avrebbe riconosciuto ora, che meglio di così un deputato d'opposizione non poteva essere accolto da un Sottosegretario di Stato? E aveva osato rimproverargli le approvazioni... Ma sicuro! per far piacere a lui doveva difendere i solfaraj, quasi che, nelle ultime elezioni, egli fosse andato sù anche col suffragio di quei galantuomini! Messo tra il Governo e i socialisti, poteva un deputato conservatore, d'opposizione, esitare nella scelta? Ma andate a ragionare di queste cose con uno, a cui la fortuna dava il pane perché lo sapeva senza denti! Intanto Flaminio Salvo, per seguitare da un canto la commedia di quel progetto e aver modo dall'altro d'abboccarsi con Lando Laurentano, che non aveva voluto assistere alle nozze del padre, senza dubbio sarebbe accorso alla chiamata; e certo avrebbe condotto con sé Dianella, che non poteva restar sola a Girgenti. E sarebbe forse rimasta a Roma per un pezzo, Dianella, presso gli zii, per divagarsi e... chi sa! – gli occhi di Flaminio Salvo vedevano molto lontano – Lando andava qualche volta in casa Vella, e... chi sa! Rimanendo Dianella a Roma, addio ritorno di Lellè a Girgenti. Così pensando, Capolino sbuffava, e gli occhiali serii, con staffe, cerchietti e sellino di tartaruga, gli s'appannavano.

Non passò neanche una settimana, che Flaminio Salvo fu a Roma insieme con Dianella, come Capolino aveva preveduto.

Dianella arrivò come una morta; Flaminio Salvo, al solito, sicuro di sé, con quel sorriso freddo su le labbra, a cui lo sguardo lento degli occhi sotto le grosse pàlpebre dava un'espressione di lieve ironia. Furono ospitati dai Vella, che insieme coi coniugi Capolino e il Costa si recarono ad accoglierli alla stazione. Donna Rosa, Ciccino e Lillina non conoscevano ancora Dianella.

– Figlia mia, o che mangi lucertole? – le domandò in prima la zia Rosa, nel vederle il volto come di cera e con gli occhi dolenti e smarriti.
– Ma capisco, sai? con un uomo insulso come tuo

padre, difficile passarsela bene. Ah, io gliele dico, sai? Non sono come tua zia Adelaide che cala a tutto la testa. Sono più grande di lui, e mi deve rispettare.

– Io ti bacio sempre la mano, – disse don Flaminio, inchinandosi.

– Sicuro! Ecco qua: bacia, bacia! – riprese donna Rosa, stendendo la mano tozza, paffuta. – Sicuro che me la devi baciare! Sta' un po' con noi qua a Roma, figlia mia, e vedrai che ti farò ritornare in Sicilia bella grossa come una madre badessa. Vedi questa signora? – aggiunse, indicando Nicoletta Capolino. – Come ti pare? Brutta è, bisogna dirglielo; ma da che Ciccino e Lillina le hanno fatto far la cura di trotto a cavallo, vedi l'occhio? più vivo! Lascia fare ai tuoi cugini, cara mia. Andiamo, andiamo! Ridere, ridere... Cosa da ridere, la vita, te lo dico io.

A casa, don Flaminio narrò mirabilia alla sorella, al cognato, ai nipoti, agli amici, degli sponsali del principe con donna Adelaide, celebrati da monsignor Montoro nella cappella di Colimbètra, tra il fior fiore della cittadinanza girgentana. S. A. R. il Conte di Caserta[50] aveva avuto la degnazione di mandare dalla Costa Azzurra una lettera autografa d'augurii e rallegramenti agli sposi.

– E chi è? – domandò donna Rosa, guardando tutti in giro; poi, picchiandosi la fronte: – Ah già, ho capito, il fratello di Cecco Bomba... Ho un cognato borbonico, coi militari... Me l'ha scritto Adelaide! Ora è mai possibile che stia allegra codesta povera figliuola con tale razza di Altezze Reali che scrivono lettere autografe per le nozze di sua zia? Va' avanti, va' avanti... Ah se ci fossi stata io! Codesto tuo principe di Laurentano...

Seguitando, don Flaminio si dichiarò particolarmente grato della presenza di don Cosmo, fratello dello sposo, alla magnifica festa, e del dono prezioso mandato da Lando alla matrigna.

– L'ho visto! – disse Ciccino.
– L'ha comperato con noi! – aggiunse Lillina.
– Ah, dunque lo conoscete bene? – domandò, contento, don Flaminio.

E volle sapere dai nipoti in che intrinsechezza fossero con lui, e che aspetto e che umore avesse, chiamando a parte la figliuola, con vivaci esclamazioni, della sua meraviglia e del suo compiacimento per le risposte che quelli gli davano. Ma Dianella si turbò in viso così manifestamente e mostrò negli occhi un così strano sbigottimento, ch'egli cangiò a un tratto aria e tono, e finse di meravigliarsi, perché la gravità delle cose che avvenivano in quei giorni in Sicilia, e nelle quali il giovane principe, a quanto si diceva, doveva essere più d'un po' immischiato, gli pareva non comportasse in lui quell'umor gajo, che i nipoti dicevano. E prese a raccontare, con atteggiamento di grave costernazione, i fatti avvenuti di recente in Sicilia, a Serradifalco, a Catenanuova, ad Alcamo, a Casale Floresta, i quali provavano come in tutta l'isola covasse un gran fuoco, che presto sarebbe divampato; e a rappresentar la Sicilia come una catasta immane di legna, d'alberi morti per siccità, e da anni e anni abbattuti senza misericordia dall'accetta, poiché la pioggia dei benefizii s'era riversata tutta su l'Italia settentrionale, e mai una goccia ne era caduta su le arse terre dell'isola. Ora i giovincelli s'erano divertiti ad accendere sotto la catasta i fasci di paglia delle loro predicazioni socialistiche, ed ecco che i vecchi ceppi cominciavano a prender fuoco. Erano per adesso piccoli scoppii striduli, crepitii qua e là; scappava fuori ora da una parte ora dall'altra qualche lingua di fiamma minacciosa; ma già s'addensava nell'aria come una fumicaja soffocante. E il peggio era questo: che il Governo, invece d'accorrere a gettar acqua, mandava soldati a suscitare altro fuoco col fuoco delle armi. Ma avesse almeno avuto soldati abbastanza, da fronteggiare l'impeto delle popolazioni irritate! Gli scarsi presidii, bestialmente incitati a sparare su le folle inermi, si vedevano costretti, subito dopo, a rinserrarsi nelle caserme; e allora la folla, inselvaggita dagli eccidii, restava padrona del campo e assaltava furibonda i municipii e vi appiccava il fuoco. Lo sgomento intanto si propagava per tutta l'isola; sindaci e prefetti e commissarii di polizia perdevano la testa; e dove si sarebbe andati a finire?

Queste cose disse, rivolto specialmente al cognato Francesco Vella, al Capolino e ad Aurelio Costa: volle dedicare alle signore il racconto d'una recente prodezza compiuta da cinquecento donne in un villaggio dell'interno della Sicilia, chiamato Milocca. Per la speciosa denuncia di un mucchio di concime sparso non già fuori, ma nelle terre medesime d'un proprietario che non aveva voluto arrendersi ai nuovi patti colonici dei contadini del *Fascio*, la forza pubblica aveva tratto in arresto iniquamente e sottoposto a processo per associazione a delinquere il presidente e i quattro consiglieri del *Fascio* stesso. E allora le donne del villaggio, in numero di cinquecento, indignate dell'ingiustizia e della prepotenza, s'erano scagliate come tante furie contro la caserma dei carabinieri, ne avevano sfondato la porta e tratto fuori i cinque arrestati; poi, ebbre di gioja per la liberazione dei prigionieri, avevano condotto in trionfo sulle braccia, per le vie del paese, uno dei carabinieri e le armi strappate loro dalle mani.

Donna Rosa, Nicoletta Capolino e Lillina approvarono festosamente la vittoria di quelle donne gagliarde; ma don Flaminio parò le mani gridando:

– Piano, piano! Aspettate! L'allegrezza è stata

breve... I milocchesi, dico gli uomini, che non s'erano affatto immischiati in questa rivolta delle loro donne, saputo che il prefetto della provincia mandava un rinforzo di soldati e delegati e giudici a Milocca, cavalcarono le mule e, armati di fucile, presero il largo. Sono ancora sparsi per le campagne, decisi a vender cara la loro libertà. Ma i signori giudici, a Milocca, hanno arrestato trentadue donne, di cui alcune gestanti, altre coi bambini lattanti in collo, e le hanno tradotte ammanettate nelle carceri di Mussomeli.

– Valorosi! valorosi! – esclamò allora donna Rosa. – Ma come? E voi, Gnazio, deputato siciliano, non levate la voce in Parlamento neanche contro l'arresto delle donne gravide e delle mamme coi bambini in collo?

Don Flaminio sorrise e, lisciandosi le basette:

– Non gli conviene, – disse. – Sono gestanti e mamme socialiste. Lui è conservatore. Quantunque laggiù, sai? don Ippolito Laurentano vorrebbe che il partito clericale secondasse il movimento proletario e se n'avvalesse, stabilendo anche con esso qualche accordo segreto. Ma monsignor Montoro, confortati, è contrario; forse perché il canonico Pompeo Agrò è da un mese a Comitini a far propaganda, non so quanto evangelica, contro me, tra i solfaraj. Basta. Vedremo di stare tra il padre e il figlio. Domani mi recherò dal giovane principe socialista a lasciargli un biglietto da visita.

Capolino accompagnò Flaminio Salvo in quella gita al villino di via Sommacampagna, tanto nell'andata quanto nel ritorno. La strana impressione, quasi di sgomento, che gli aveva fatta la vista di Dianella, all'arrivo, si raffermò al discorso che gli tenne il Salvo lungo la via.

Fu al solito un discorso sinuoso, pieno di sottintesi e di velate allusioni, da cui parve a Capolino di poter desumere questo: che il Salvo era davvero fortemente impensierito non dalle condizioni politiche della Sicilia, ma dalle condizioni di spirito della figliuola, le quali tanto più dovevano dar da pensare, in quanto che la madre era pazza; ch'egli intendeva perciò di contentarla, se quel viaggio a Roma non riusciva agli effetti che se ne riprometteva; contentarla, anche perché, uscita ormai di casa la sorella, egli, non avendo più alcuno che stésse attorno alla figliuola bisognosa di cure, d'affettuosa compagnia, di distrazioni, avrebbe dovuto sacrificare troppo gli affari, e non poteva (qui parve a Capolino di dover notare un grave rimprovero per sua moglie, che aveva osato lasciar sola anche donna Adelaide nell'avvenimento delle nozze); contentarla, in fine, anche per dare ad Aurelio Costa (che presto, fra due o tre giorni, sarebbe tornato in Sicilia) un premio degno, se riusciva a ridurre a ragione gli operaj delle zolfare.

Queste deduzioni così chiare del lungo discorso a mezz'aria del Salvo costarono a Capolino un così intenso sforzo, che uno dei cristalli degli occhiali, continuamente appannati dagli sbuffi, gli s'infranse tra le dita nervose, a furia di ripulirlo. Fortuna che le scagliette del cristallo s'infissero soltanto nel fazzoletto, senza ferirgli le dita. Ma la sera dovette parlare, e seriamente, alla moglie, senza occhiali.

Nicoletta sapeva che l'improvviso arrivo di Flaminio Salvo e di Dianella a Roma era dovuto al Costa. Più perspicace del marito, aveva subito preveduto che questo arrivo avrebbe segnato la fine della sua cuccagna, ed era perciò così gonfia d'odio contro quello che lo avrebbe ucciso senza esitare, se le avessero assicurato l'impunità. Già aveva veduto il primo effetto dell'arrivo: Ciccino e Lillina Vella se n'erano andati in giro per Roma

con la cuginetta pallida e smarrita, mettendo lei
da parte fin dal primo giorno. Scelto male, dunque, il momento per un discorso serio!

— Debbo partire? – domandò subito, per tagliar corto. – Parto anche domani. Senza chiacchiere. Ma sola, no!

— E con chi? – fece Capolino. – Io...

— Tu hai le sorti d'Italia su le braccia, lo so! –
esclamò Nicoletta. – Come potrebbe sedere la Camera, domani, se tu mancassi?

— Ti prego, – fece Capolino, con un gesto delle
mani, che significava freno, prudenza, da un canto,
e dall'altro, sdegno di avviare il discorso, senza
scopo, per una china facile, per quanto sdrucciolevole. – Io sono qui per fare il mio dovere.

— Anch'io! – rimbeccò, pronta, Nicoletta. – Non ti
pare? Tu, di deputato; io, di moglie. Lo dice anche
il sindaco: la moglie deve seguire il marito. Caro
mio, se la pigli così!... Lascia stare i doveri, non mi
far ridere! Te l'ho detto: tu, caro mio, hai perduto
da un pezzo in qua la bussola! Parliamoci come
prima, o piuttosto, intendiamoci come prima, senza
parlare affatto, per il tuo e per il mio meglio! Bada,
Gnazio, tu sei stufo, ma io più che più, e capace...
non so, capace in questo momento di commettere
qualunque pazzia. Te n'avverto!

— Santo Dio, ma perché? – gemette Capolino
con le mani giunte.

— Ah, perché? – gridò Nicoletta, andandogli incontro, vampante d'ira e di sprezzo. – Mi domandi
perché? Mi dici di partire, di ritornarmene laggiù,
e mi domandi perché?

— Prego, prego... – cercò d'interromperla Capolino,
protendendo adesso le mani, per arrestare anche col
gesto quella furia. – Nel nostro... nel tuo stesso
interesse, scusa! Se non mi lasci parlare...

– Ma che vuoi dire! Lascia stare! – esclamò Nicoletta.

– So come debbo dire, non dubitare, – riprese Capolino con molta gravità, abbassando gli occhi. – Tu ignori il discorso che mi ha tenuto Flaminio questa mattina. T'ho detto nulla, finora, del tuo prolungato soggiorno a Roma? Nulla... E tu stessa ti sei rimproverata di non esser partita per assistere Adelaide nel giorno delle nozze. Ora la tua assenza da Girgenti sai qual effetto ha prodotto? Questo, semplicemente: che Flaminio Salvo, lasciato solo e stanco, ha deciso di contentar finalmente la figliuola.

Nicoletta restò a questa notizia.

– Ah sì? – disse; e si morse il labbro, fissando nel vuoto gli occhi, odiosamente.

– Capisci? – seguitò Capolino. – Teme che le dia di volta il cervello, come alla madre. E mi pare che il timore non sia infondato. L'hai veduta? Fa pietà...

– Schifo! – scattò Nicoletta. – Se ne dovrebbe vergognare!

– L'amore... – sospirò Capolino, alzando le spalle, socchiudendo gli occhi. – E Flaminio fors'anche pensa che, con l'ombra della pazzia della madre, un degno partito per la figlia non sarebbe facile trovarlo. Ha messo poi in gravissimi imbarazzi il Costa laggiù, tra i solfaraj, e pensa di premiar la devozione, l'abnegazione...

– Quanti pensieri!... quante dolcezze!... – disse Nicoletta. – E io dovrei sguazzarci in mezzo, è vero? come un'ape nel miele...

– Tu? perché? – domandò Capolino.

– Ma la custode della figlia non sono io? – inveì Nicoletta. – Non toccherà a me allora covar con gli occhi la coppia innamorata? assistere alle loro carezze, ai loro colloquii? accogliere in seno le confidenze della timida colombella risanata?

Capolino si strinse nelle spalle, come per dire: « Dopo tutto, che male?... ».

– Ah, no, caro mio! – riprese con impeto la moglie. – Non me ne importerebbe nulla se, per il mio interesse, come tu dici, non mi vedessi costretta a far questa parte... E tu dimentichi un'altra cosa! Che codesto signor ingegnere chiese un giorno la mia mano, e che io la rifiutai, perché non mi parve degno di me! Bella vendetta, adesso, per lui, diventare sotto gli occhi miei il fidanzato della figlia di Flaminio Salvo!

– Ma questo, se mai, di fronte a te che l'hai rifiutato, – le fece osservar Capolino, – potrà esser ragione d'avvilimento per la figlia di Flaminio Salvo...

– Già! – esclamò Nicoletta, levandosi. – Perché io adesso sono la moglie dell'onorevole deputato Ignazio Capolino!

– Che vale molto di più, ti prego di credere! – gridò questi, dando un pugno sulla tavola e levandosi in piedi anche lui, fiero.

Nicoletta lo squadrò, calma, di sotto in sù; poi disse:

– Uh, quanto a meriti, non oserei metterlo in dubbio! Però... però io debbo partire, ecco, sempre per il mio interesse, come tu dici... Che vuoi? i meriti, caro, non hanno spesso fortuna.

– Fa rabbia anche a me, – disse allora Capolino, – che uno stupido, un imbecille di quella fatta debba salire così, tirato sù dal favore della sorte, cacciato a spintoni, come una bestia bendata e restìa... Perché egli, sai? l'ha detto a me: non vorrebbe nulla... Questo è il bello. Non s'accorge di nulla, non capisce nulla, e la fortuna lo ajuta! Domani, genero di Flaminio Salvo!

– Ah no! – scattò Nicoletta. – Questo matrimonio non si farà! Te l'assicuro io: non-si-fa-rà!

Capolino tornò a stringersi nelle spalle e a socchiudere gli occhi:

– Se Flaminio vuole... come potresti impedirlo?

– Come? – rispose Nicoletta. – Come... non so! Ma a ogni costo... ah, a ogni costo! puoi esserne certo!

Capolino insistette:

– Ma via, tu credi che il Costa sia capace di sentir la vendetta che tu dici, per il tuo rifiuto? No, sai! Non è capace neanche di questo! Io l'ho studiato: è con te riguardoso, ossequioso... anzi, tutto impacciato in tua presenza... non ci penserà mai! E se tu... se tu saprai vincer lo sdegno, e trattarlo... dico, trattarlo con una certa... disinvoltura cortese...

Sotto gli occhi di Nicoletta, che lo fissavano con freddo e calmo sprezzo, smorì, si scompose il sorriso con cui aveva accompagnato le ultime parole.

– Come, del resto, lo hai trattato finora, – soggiunse dignitosamente. Poi, cangiando discorso: – Oh, volevo proporti d'uscire... Ceneremo fuori... Ti va?

Di ritorno a casa a tarda notte, Nicoletta, nel mettersi a letto, domandò al marito:

– Non deve ripartire fra due o tre giorni l'ingegnere Costa per la Sicilia?

– Sì, – rispose Capolino. – Me l'ha detto Flaminio stamattina.

– E tu a Flaminio potresti dire, – seguitò Nicoletta, raccogliendosi sotto le coperte, – che sono pronta anch'io a partire; ma non sola. Poiché parte l'ingegnere...

– Ah, già! – esclamò Capolino. – Benissimo! Potresti accompagnarti con lui.

– Buona notte, caro!
– Buona notte.

Fermamente convinto d'aver sempre avuto contraria la sorte, fin dalla nascita, Flaminio Salvo credeva che soltanto con l'assidua difesa d'una volontà sempre vigile e incrollabile, e opponendosi con atti che egli stesso stimava duri, contro tutti coloro che s'eran fatti e si facevano strumenti ciechi di essa, avesse potuto vincerla finora. Ma l'avversione della sorte, non potendo su lui, s'era rivolta con ferocia su i suoi, su la moglie, sul figlio: ora anche, con quella passione invincibile, su la figlia. In queste sciagure sentiva veramente come una vendetta vile e crudele; e questo sentimento non solo gli toglieva il rimorso di tutto il male che sapeva d'aver commesso, ma gl'ispirava anzi vergogna di qualche debolezza passeggera, e quasi lo abilitava a commettere altro male, sia per vendicarsi a sua volta della sorte, sia per non essere egli stesso sopraffatto. Non si poneva neppur lontanamente il dubbio che potesse in fondo non essere un male quella passione della figliuola per Aurelio Costa. Era per lui sicuramente un male; e non già per la disparità della nascita o della condizione sociale (fisime!); ma perché essa aveva origine da una sua debolezza, dalla gratitudine per tanti anni dimostrata al suo piccolo salvatore. Da un bene non poteva venirgli altro che un male. Domma, questo, per lui. E nessun filosofo avrebbe potuto indurlo a riconoscere che il suo ragionamento, fondato su un pregiudizio, era vizioso. La logica! Che logica contro l'esperienza di tutta una vita? E poi, se per un solo caso si fosse indotto a riconoscere il vizio del suo ragionamento, addio scusa di tutto il male in tanti altri casi coscientemente commesso! Ogni qual volta un negozio, una faccenda qualsiasi accennava fin da principio di volgergli a seconda, egli, anziché rallegrarsene, s'adombrava, sospettava subito una insidia e si parava in difesa.

Accolse male perciò, da un canto, la notizia e la proposta di Capolino, che cioè Nicoletta era pronta a partire il giorno appresso e che avrebbe voluto accompagnarsi nel viaggio col Costa; dall'altro, l'annunzio recato da Ciccino e Lillina, che Lando Laurentano, il quale tutta quella mattina era stato in giro con essi e con Dianella, sarebbe venuto quella sera stessa a salutarlo. Lo avevano incontrato per caso, e quantunque avesse detto loro in prima d'esser fortemente irritato per una certa pubblicazione in un giornale del mattino, s'era poi dimostrato gajo in loro compagnia e gratissimo della distrazione procuratagli. Flaminio Salvò era nella stanza da studio di Francesco Vella e dava ad Aurelio Costa le ultime istruzioni circa il ritorno di questo in Sicilia, fissato per la mattina seguente, quando i due nipoti gli recarono quest'annunzio, irrompendo rumorosamente e tirandosi dietro Dianella. Egli notò subito nel viso della figlia un'alterazione molto diversa dalle solite alla vista di Aurelio, e rimase per un attimo quasi stordito, allorché, parlando i due cugini della graziosa affabilità del Laurentano verso di loro, ella con voce vibrante, che non pareva più la sua, e con un'aria di sfida, confermò:

– Sì, gentilissimo! proprio gentilissimo!

– Piacere... – rispose freddamente, guardandola di su gli occhiali. – Ma, vi prego, io ora qua...

E accennò il Costa con un gesto che significava: «Ho da pensare a ben altro per il momento...».

Era vero, del resto. Si trattava d'esporre a un rischio di morte quel giovane dabbene, ignaro affatto della parte, che stava a rappresentare; si trattava di gettarlo in preda alla rabbia d'un intero paese affamato e disilluso. Nell'anima del Salvo si svolse allora uno strano giuoco di finzioni coscienti. Il piacere di quell'annunzio doveva mutarsi in lui in dispiacere, la speranza in diffidenza; e però non solo non doveva tener conto di quella fortunata combinazione dell'incontro del Laurentano e della buona impressione che la figlia pareva ne avesse avuto, ma considerarla anzi come una vera e propria contrarietà, nel momento ch'egli, per contentare appunto la figliuola, faceva intravvedere a quel buon giovane del Costa il premio della pericolosissima impresa a cui lo gettava. E seguitò in quella finzione cosciente, acceso di stizza contro la figliuola, la quale, dopo averlo costretto a piegarsi fino a tanto, eccola lì, veniva ora a fargli intendere, con aria nuova, che il giovane principe Laurentano non le era punto dispiaciuto! Né s'arrestava qui il giuoco delle finzioni nell'anima del Salvo. Fingeva di non comprendere ancora quell'aria nuova della figlia, che pure aveva già compreso bene; era sicuro infatti che Dianella, facendo quella lode del Laurentano in presenza di Aurelio, s'era intesa di vendicarsi di questo, e ora di là certo piangeva e si straziava in segreto. La stizza finta per quel premio ch'egli doveva far balenare al Costa, era dunque in fondo stizza vera, tanto che, per non avvertire il rimorso di quello strazio che cagionava alla figlia, seguitò a fingere di credere sul serio, che veramente, sì, veramente, se il Costa fosse riuscito a ridurre a ragione gli operaj delle zolfare in Sicilia, gli avrebbe dato in premio Dianella. Intanto, lo faceva partire il giorno appresso in compagnia di Nicoletta Capolino.

La sera, fu compìto, ma con una certa sostenutezza, verso Lando Laurentano, accolto con molta festa dai Vella, specialmente da Ciccino e Lillina.

Dianella era pallidissima, e si teneva sù per continui sforzi a scatti, che facevano pena e paura. I dolci occhi ora le s'accendevano come in un confuso spavento, ora le smorivano quasi in una torba opacità. Nicoletta Capolino, invitata a tavola dai Vella quell'ultimo giorno, le aveva fatto sapere che la mattina appresso sarebbe partita col Costa; e adesso, ecco, era lì e parlava senza vezzi affettati, ma con la vivace disinvoltura consueta al giovane principe di Laurentano della cortesia squisita di don Ippolito, là a Colimbètra, nella disgraziata congiuntura del duello del marito.

Questi entrò, poco dopo, nel ricco salone insieme con l'ingegnere Aurelio Costa, che veniva a licenziarsi dai Vella.

Fu per Dianella e per Nicoletta un momento d'angosciosa sospensione. Quanto composto e grave e costernato l'onorevole Ignazio Capolino con quei funebri occhiali di tartaruga, tanto appariva stordito, acceso, abbagliato, Aurelio Costa. Gli si leggeva chiaramente in viso l'emozione profonda, che la notizia della sua prossima partenza con Nicoletta gli aveva suscitato. Non sentiva più la terra sotto i piedi; non riusciva ad articolar parola. Nel vederlo entrare, Nicoletta ne ebbe quasi sgomento: sentì, senza guardarlo, che egli la cercava con gli occhi, senza più badare a nessuno. Respirò nel sentirlo poco dopo discutere animatamente col Laurentano su i moti dei *Fasci* in Sicilia. Ogni costernazione gli era svanita, svanita ogni considerazione per quei solfaraj affamati d'Aragona, svanito il dispetto per quel suo disegno d'un consorzio obbligatorio mandato a monte: avrebbe ora affrontato col frustino in mano tutti quei ribelli laggiù. Flaminio Salvo, per prudenza di fronte al Laurentano, lo richiamò sorridendo a più miti propositi.

– Perché le diano fuoco alle zolfare? – gli domandò tutto infervorato il Costa. – Li conosco io, quei bruti! Guaj a mostrare di temerli! Con la verga si riducono a ragione! Lasci fare a me... Abbandonato da tutti, senza neanche la soddisfazione di veder degnato d'uno sguardo il mio progetto, andrò solo, laggiù... e ci guarderemo in faccia...

Nell'esaltazione, non avvertiva la stonatura di quella sua apostrofe bellicosa; né si mortificò affatto nell'accorgersi alla fine che nessuno gli badava più; si lasciò condurre da Capolino nell'ampio balcone della sala, mentre Flaminio Salvo, Francesco Vella e Lando Laurentano seguitavano a conversare tra loro pacatamente, e Ciccino prometteva a Nicoletta che presto sarebbe venuto a trovarla a Girgenti, e donna Rosa e Lillina davano consigli a Dianella che si regolasse così e così, se voleva presto recuperare la salute e la gajezza. Chiamato dal Salvo, Capolino rientrò poco dopo, e Aurelio Costa restò solo nel balcone.

Quanto vi restò? Guardava le stelle, guardava come in un sogno il chiaror della luna che si rifletteva su i vetri di lontane finestre dirimpetto, nella piazza; stretto da un'ansia smaniosa e dolce; senza più pensare al luogo ove si trovava; con una sola immagine davanti agli occhi, quella di lei che ora, tra poco, senza dubbio sarebbe venuta a trovarlo là per dirgli: *A domani! Per sempre!* « A domani, per sempre, » si ripeteva, serrando le pugna, con gli occhi socchiusi voluttuosamente.

Aveva già parlato con lei la mattina. S'erano già accordati. Tutto, tutto ella avrebbe lasciato, per seguir lui! Sì, anche laggiù, nel pericolo, da cui egli non avrebbe potuto in quel momento ritrarsi. Del resto, per forza, doveva andar laggiù; lì era la sua casa, lì il suo lavoro, che avrebbe ora messo a disposizione di altri, lasciando il Salvo. Che gl'importava? Di qual premio gli aveva ella parlato? Un grosso premio ch'egli avrebbe perduto lasciando il Salvo... Che gl'importava? Qual premio maggiore della felicità che ella gli avrebbe data, amandolo? Così farneticava Aurelio nel balcone, in attesa, tornando a ripetere di tratto in tratto, smaniosamente: « A domani! per sempre! ».

Nel salone, intanto, Ignazio Capolino parlava con aria afflitta del subbuglio, in cui la pubblicazione d'una denunzia in un giornale del mattino aveva messo tutto quel giorno i corridoj della Camera. Si trattava delle quarantamila lire, di cui appariva debitore verso la Banca Romana Roberto Auriti, « notoriamente prestanome » diceva il giornale « d'un deputato meridionale molto conosciuto e nelle grazie, fino a poco tempo fa, se non proprio del Governo, di qualche membro (*hic et haec*) di esso ». E quel giornale, seguitando, parlava delle carte sottratte per salvare questo deputato meridionale. Ma nella fretta, all'ultimo momento, qualche biglietto era rimasto fuori e caduto in mano all'autorità giudiziaria, qualche biglietto appunto dell'Auriti, ora in ricerca affannosa di quelle quarantamila lire, per salvare sé e l'amico.

Capolino diceva che parecchi deputati dell'Estrema Sinistra avrebbero portato la denunzia alla Camera, e prevedeva imminente l'arresto dell'Auriti.

Lando Laurentano era su le spine. Tutto il pomeriggio di quel giorno aveva cercato d'appurare donde quella notizia fosse pervenuta al giornale del mattino: pareva riferita da qualcuno che fosse stato a origliare all'uscio della stanza, in cui Giulio Auriti aveva implorato ajuto da lui; e temeva che questi potesse ora sospettarlo autore della denunzia.

Il Salvo, il Vella e il Capolino, notando il turbamento del giovane principe, si misero a compiangere Roberto Auriti, come una vittima, e il Salvo lasciò intendere chiaramente che egli sarebbe stato disposto ad approntare quella somma per salvarlo; ma il Capolino disse che ormai era troppo tardi. Non restava che di prendere una tazza di tè, che Lillina aveva già preparato.

Le prime due tazze, recate da Ciccino, erano andate a donna Rosa e a Dianella. Nicoletta ne porgeva ora una tazza a Lando Laurentano.

– Latte?
– Sì, grazie. Poco.

E Dianella, sorbendo la sua, aspettava che Nicoletta si recasse al balcone con l'ultima tazza per Aurelio. Ma Nicoletta, vedendosi spiata, finse in prima di dimenticarsene, e tenne la tazza per sé.

– Uh, e per il mio cavaliere? – esclamò poi, come sovvenendosi all'improvviso.

E andò al balcone.

Appena Aurelio la vide comparire, si ritrasse istintivamente nell'ombra quanto più poté, per attirarla. Ma ella varcò appena la soglia del balcone e, porgendogli la tazza, disse piano, rigida:

– Rientri, per carità: lei si fa notare. Non faccia ragazzate!

– Ma mi dica soltanto... – scongiurò egli.

– Sì, questo; e se lo imprima bene in mente, – soggiunse lei, subito: – che ho fatto di tutto per impedir la sua e la mia rovina. Non mi accusi, domani; perché l'ha voluta anche lei. Basta!

E rientrò nel salone.

IV

Corrado Selmi uscì dalla Camera dei deputati livido, stravolto, con un tremor convulso per tutto il corpo. Appena su la piazza, nel sole, fece uno sforzo disperato su se stesso per riaversi, per riafferrare in sé e rimettere sotto il suo dominio la vita che gli sfuggiva in un tremendo scompiglio; ma restò, avvertendo che non aveva neanche la forza di trarre il respiro, quasi avesse il petto, il ventre squarciati.

Un sentimento nuovo gli sorse allora improvviso: la paura. Non degli altri; ma di sé.

Or ora gli altri li aveva sfidati e assaliti, nell'aula del Parlamento, con estrema violenza. Ancora ne tremava tutto. Nessuno, là, aveva osato fiatare. Ma quel silenzio... ah, quel silenzio era stato per lui peggiore di ogni invettiva, d'ogni tumultuoso insorgere di tutta l'assemblea.

Quel silenzio lo aveva ucciso.

Aveva ancora negli orecchi il suono dei suoi passi nell'uscire dall'aula. Nel silenzio formidabile, quei passi avevano sonato come colpi di martello su una cassa da morto.

Sentiva una grande arsione; e le gambe, come... come se gli si fossero stroncate sotto.

Schiacciato dall'accusa, aveva voluto rilevarsene con tutto l'impeto delle energie vitali, ancora possenti in lui; ma appena aveva finito di parlare, quel silenzio. Nessun dubbio che l'assemblea, subito dopo la sua uscita dall'aula, avesse votato l'autorizzazione a procedere contro di lui.

Eppure tutti lo sapevano povero; sapevano che il denaro preso alle banche non poteva essere rinfacciato a lui come a tanti altri.

Dall'avere affrontato la morte, quando più bella suol essere per tutti la vita, non gli veniva il diritto di vivere? Nella losca complicazione di tante oblique vicende la semplicità di questo diritto appariva quasi ingenua e tale, che tutti, ridendo, dovessero negarglielo.

Morto; non solo, ma anche svergognato lo volevano! Doveva morire allora, e sarebbe stato un eroe per tutti questi vivi d'oggi che gli rinfacciavano come un delitto l'aver vissuto.

Ma non tanto l'accusa, in fondo, gli sembrava ingiusta, quanto ingiusti gli accusatori; e, più che ingiusti, ingrati e vili: vili perché, dopo aver per tanti anni compreso che egli aveva pure questo diritto di vivere, si levavano ora a dimostrargliene con ischerno l'ingenuità; dopo avere per tanti anni compreso il suo bisogno, si levavano ora a rinfacciarglielo come un'onta.

Né si sarebbero arrestati qui! Ora, il processo, la condanna, il carcere.

Corrado Selmi rise, e avvertì ancora lo sforzo che gli costava lo scomporre la truce espressione del volto in quel riso orribile. Il sorriso schietto e lieve, che aveva accompagnato sempre tutti gli atti della sua vita, anche i più gravi e i più rischiosi, s'era tramutato in quella triste smorfia dura e amara? Ebbe di nuovo paura di sé: paura di assumere coscienza precisa di un certo che oscuro e orrendo che gli s'era cacciato all'improvviso nel fondo dell'essere e glielo scompaginava, dandogli quell'impressione d'esser come squarciato dentro, irrimediabilmente. E per ricomporre comunque la compagine del suo essere, per vincere il ribrezzo e l'orrore di quell'impressione, si guardò attorno, quasi chiedendo sostegno e conforto ai noti aspetti delle cose. Gli parvero anche questi cangiati e come evanescenti. Sentì con terrore che non gli era più possibile ristabilire una relazione qual si fosse tra sé e tutto ciò che lo circondava. Sì, poteva guardare; ma che vedeva? poteva parlare; ma che dire? poteva muoversi; ma dove andare?

Parlò, tanto per udire il suono della sua voce, e gli parve anch'esso cangiato. Disse:

– Che faccio?

Sapeva bene quel che gli restava da fare. Ma nello

schiacciar con la lingua contro il palato le due *c* di *faccio*, non avvertì altro che l'annodatura della lingua e l'amarezza aspra della bocca; e rimase col viso disgustato e arcigno.

– No, – soggiunse. – Prima... che altro?

Qualunque altra cosa gli apparve inutile, vana. Poteva soltanto, ancor per poco, per passarsi la voglia e darsi così fuor fuori uno sfogo, dire e fare sciocchezze. Pensare seriamente, agire seriamente non avrebbe potuto se non a costo di cedere al proposito oscuro e violento che stava a distruggergli dentro tutti gli elementi della vita. Baloccarsi poteva coi frantumi di essa che dal tumulto interno balzavano a galla della sua coscienza squarciata: baloccarsi un poco... Sì, in casa di Roberto Auriti! Doveva vederlo, dirgli che per lui, per coprirlo, si era messo da sé sotto accusa. Ecco che aveva ancora dove andare.

Chiamò una vettura, per non avvertire il tremore e la debolezza delle gambe, e diede al vetturino l'indirizzo: via delle Colonnette.

Appena montato, se ne pentì, prevedendo, in compenso di quanto aveva fatto, una scenata. Ma no: a ogni costo avrebbe saputo impedirla. Più che doveroso, il suo atto gli appariva generoso verso Roberto Auriti. E, in quel momento, non poteva sentir che disprezzo della sua stessa generosità. S'era spogliato d'ogni prestigio, d'ogni prerogativa, per subir la stessa sorte d'uno sconfitto, che delle sue doti, dei suoi meriti non aveva saputo avvalersi per farsi uno stato, per imporsi, come avrebbe potuto, alla considerazione altrui. Non pietà, ma dispetto, poteva ispirare Roberto Auriti. Che se pure egli, navigando alla ventura, lo aveva gittato con sé in quei frangenti, non meritava certo quel naufrago che Corrado Selmi, già quasi scampato, si ributtasse in mare per perire con lui: non lo meritava, perché non aveva saputo mai vivere, quell'uomo, mai disimpacciarsi da ostacoli anche lievi: era già per se stesso un annegato, a cui tante e tante volte egli aveva gettato una corda per ajutarlo a trarsi in salvo. L'unica volta che quest'uomo s'era messo a dar lui ajuto, ecco, con la stessa mano che gli aveva teso, lo tirava con sé nel baratro, giù, giù, costringendolo a rinunziare al salvataggio altrui. E quel suo fratello corso in Sicilia per salvare entrambi: ma sì! tutti dovevano stare ad aspettare che andasse e ritornasse col denaro! a comodo! senza fretta! e dopo avere svelato tutto a Lando Laurentano! imbecille! Ecco: per questo solo fatto, egli avrebbe potuto fare a meno d'esporsi per coprire un inetto. Ma ormai...

Arrivato in via delle Colonnette, salendo la scala semibuja, incontrò Olindo Passalacqua che scendeva gli scalini a quattro a quattro.

— Ah! giusto lei, onorevole! Correvo in cerca di lei... Dica, che c'è? che c'è?

— Vento, — rispose Corrado Selmi, placidamente.

Olindo Passalacqua restò come un ceppo.

— Vento? Che dice? Quella denunzia infame? Ma come? chi è stato? roba da sputargli in faccia! Andate a far l'Italia per questa canaglia!

Corrado Selmi gli prese il mento fra due dita:

— Bravo, Olindo! *Nobili sensi, invero...* Sù, andiamo!

— Aspetti, onorevole, — pregò il Passalacqua, trattenendolo. — La prevengo! *Nanna* mia non sa ancora nulla. Non sapevamo nulla neanche noi. Per combinazione a mio cognato Pilade càpita tra le mani il giornale di due giorni fa... apre e vede... ce lo manda sù, segnato... Roberto stava ad annaffiare i fiori in terrazzo... legge, casca dalle nuvole... Ma ci si crede? un uomo, un uomo come lui, non leggere i giornali, in un momento come questo? Capisce? come quell'uccello... qual è? che caccia la testa nella rena... E gliene compro tre, sa? ogni sera: tre giornali! Ne leggesse uno! Appena lo apre, si mette a pisolare; e poi dice che li ha letti tutti e tre e che dorme poco!

— Lo struzzo, — disse Corrado Selmi. — Permetti?

E alzò le mani per aggiustare sotto la gola a Olindo Passalacqua la cravatta rossa sgargiante, annodata a farfalla.

— Lo struzzo, — ripeté. — Quell'uccello che dicevi... Così va bene!

Olindo Passalacqua restò di nuovo a bocca aperta.

— Grazie, — disse. — Ma dunque... dunque possiamo star tranquilli?

Corrado Selmi lo guardò negli occhi, serio; gli posò le mani sugli omeri, e:

— Non sei censore tu? — gli domandò.

— Censore... già, — rispose perplesso, quasi non ne fosse ben sicuro, il Passalacqua.

— E dunque lascia crollare il mondo! — esclamò il Selmi con un gesto di noncuranza sdegnosa. — Censore, te ne impipi. Sù, sù, vieni sù con me.

Trovarono Roberto abbattuto su una poltrona, con la faccia rivolta al soffitto, le braccia abbandonate, l'annaffiatojo accanto. Appena vide il Selmi, fece per balzare in piedi, e, arrangolando in una irrompente convulsione, andò a buttarglisi sul petto.

— Per carità! per carità! — scongiurò Olindo Passalacqua, correndo a chiudere l'uscio e accennando con le mani di far piano, che *Nanna* non sentisse di là.

Attraverso l'uscio chiuso, all'arrangolìo di Roberto sul petto di Corrado Selmi rispondeva di là il vocalizzo miagolante di una studentessa di canto. Corrado Selmi, gravato dal peso di Roberto, stette un po' a guardare i cenni del Passalacqua, che seguitava a implorar carità per il cuore malato della sua povera moglie, carità per Roberto così perduto, carità per la casa che sarebbe andata a soqquadro; e

scattò alla fine, scrollandosi, in una risata pazzesca:
— Ma da' qui! — disse, ghermendo l'annaffiatojo e avviandosi di furia al terrazzo. — Ma che facciamo sul serio? Annaffiavi? E seguitiamo ad annaffiare! Qua... qua... così! così! Pioggia, Olindo! pioggia! pioggia!

E una vera pioggia furiosa si rovesciò dalla mela dell'annaffiatojo addosso a Olindo Passalacqua, che prese a fuggire per il terrazzo, gridando e riparandosi con le mani la testa, inseguito dal Selmi che seguitava a ridere, dicendo:

— Io passo l'acqua, tu passi l'acqua, egli passa l'acqua, tutti passiamo l'acqua!

— Oh Dio! per carità... no! caro... nòooo... ma che fa? basta... per carità... non è scherzo! basta... uuuh... basta!...

Alle grida, sopravvennero *Nanna*, la studentessa di canto, Antonio Del Re e Celsina. Subito Corrado Selmi, ansante, corse a stringere la mano alla signora Lalla che rideva, guardando il marito che si scrollava come un pulcino bagnato. Ridevano anche le due giovinette.

— La pianta, *Nanna* mia, — gridò il Selmi, — quale è la pianta più utile? Il riso! Coltiviamo il riso e annacquiamo Olindo che fa ridere!

— Ma io piango, invece... — gemette il Passalacqua.

— E appunto perché piangi, fai ridere! — ribatté il Selmi.

— Chi fa ridere, invece... — brontolò Antonio Del Re, serrando le pugna.

— Fa piangere, è vero? — compì la frase il Selmi. — Bravo, giovanotto! Sempre serio! Tu le tue sciocchezze le farai sempre sode, bene azzampate e con tanto di grugno. Noi, le nostre... qua, censore... ballando, ballando... Sù, di là, *Nanna*, di là... al pianoforte! Lei suona, e noi balliamo! Roberto si metterà i calzoncini con lo spacco di dietro e la falda della camicina fuori; prenderà la sciaboletta e il cavalluccio di legno, quelli con cui giocò alla guerra, al Sessanta; gli faremo l'elmo di carta, e si metterà a girare attorno... *arri!* ...*arri!*... mentre io e Olindo balleremo al suono dell'inno di Garibaldi... *Va' fuori d'Italia... va' fuori d'Italia... va' fuori d'Italia... va' fuori, o stranier!*[51]

Non aveva finito l'ultima battuta, che su la soglia del terrazzo si presentò, con gli occhi ilari e lagrimosi, raggiante di commossa beatitudine, Mauro Mortara, con le medaglie sul petto e lo zainetto dietro le spalle. Appena lo vide, Corrado Selmi fece un gesto d'orrore e scappò via per l'altro finestrone che dava sul terrazzo, gridando:

– Ah perdio, no! Questo poi è troppo!

Roberto Auriti gli corse dietro per trattenerlo:

– Corrado! Corrado!

Mauro Mortara, a quella fuga, restò come smarrito davanti allo stupore della signora Lalla, del Passalacqua e della studentessa di canto, alla meraviglia sorridente di Celsina e a quella ingrugnita di Antonio Del Re.

– Vengo, se non c'è offesa, – disse, – a salutare don Roberto. Parto domani.

– Ma chi siete? – gli domandò la signora Lalla, come se avesse davanti un abitante della luna, piovuto dal cielo.

– Sono... – prese a rispondere Mauro Mortara; ma s'interruppe riconoscendo Antonio Del Re. – Non siete il nipote di donna Caterina, voi?

E, pronunziando questo nome, si levò il cappello.

– Diteglielo voi, – soggiunse, – chi sono io. Sono venuto due altre volte; non mi hanno fatto salire, perché don Roberto non era in casa.

Il Passalacqua, tutto bagnato, gli s'accostò, gli sbirciò le medaglie sul petto, e:

– Patriota siciliano? – domandò. – Ai patrioti siciliani, perdio, statue d'oro! sta... statu... statue...

Uno starnuto, tardo a scoppiare, lo tenne un tratto a bocca aperta, le nari frementi, le mani tese come a pararlo; finalmente scoppiò e:

– D'oro! – ripeté il Passalacqua. – Mannaggia il Selmi che m'ha fatto raffreddare! Ma perché è scappato? Che è pazzo?... Guardate come mi... mi ha... ma dove è andato?

– Roberto! – strillò a questo punto la signora Lalla, accorrendo dal terrazzo nella stanza, attraverso la quale il Selmi era poc'anzi fuggito.

Rientrarono tutti, spaventati, dietro a lei.

Un estraneo, col cappello in mano e gli occhi bassi, stava rigido su la soglia di quella camera, mentre Roberto, col viso terreo, chiazzato qua e là, si guardava attorno, convulso, indeciso. Al grido di lei, protese le mani, ma come per impedire il prorompere della sua più che dell'altrui commozione.

– Vi prego, vi prego, – disse, – senza chiasso... Nulla... Una... una chiamata in questura...

– Lo arrestano! – fischiò allora tra i denti Antonio Del Re, col volto scontraffatto e tutto vibrante.

Nanna cacciò uno strillo e cadde in convulsione tra le braccia del marito.

– Lo arrestano? – domandò Mauro Mortara, facendosi innanzi, mentre Roberto Auriti cercava nella camera gli abiti da indossare e con le mani accennava a tutti di non gridare, di non far confusione.

– Come? – seguitò Mauro, guardando Antonio Del Re.

Non ottenendo risposta da nessuno, andò incontro a quell'estraneo e, levando un braccio, lo apostrofò:

– Voi! voi siete venuto qua ad arrestare don Roberto Auriti?

– Mauro! – lo interruppe questi. – Per carità, Mauro... lascia!

– Ma come? – ripeté Mauro Mortara, rivolgendosi a Roberto. – Arrestano voi? Perché?

Roberto accorse a dare una mano al Passalacqua, alla studentessa di canto, a Celsina, che non riuscivano a sorreggere la signora Lalla, la quale si dibatteva e si scontorceva, tra urli, singhiozzi, gemiti e risa convulse.

– Di là, per carità, di là, portatela di là! – scongiurò.

Ma non fu possibile. Il Passalacqua, invece di avvalersi dell'ajuto di Roberto, pensò bene di buttargli le braccia al collo, rompendo in singhiozzi ed esclamando:

– Cireneo! Cireneo! Cireneo!

Roberto si divincolò, quasi con schifo, e si turò gli orecchi, mentre il Passalacqua, rivolto a Mauro Mortara, seguitava:

– Patriota, vedete? così l'Italia compensa i suoi martiri! così!

– Il figlio di Stefano Auriti! – diceva tra sé Mauro Mortara, con gli occhi sbarrati, battendosi una mano sul petto. – Il figlio di donna Caterina Laurentano!... E dovevo veder questo a Roma? Ma che avete fatto? – corse a domandare a Roberto, afferrandolo per le braccia e scotendolo. – Ditemi che siete sempre lo stesso! Sì? E allora...

Si afferrò con una mano le medaglie sul petto; se le strappò; le scagliò a terra; vi andò sopra col piede e le calpestò; poi, rivolgendosi al delegato:

– Ditelo al vostro Governo! – gridò. – Ditegli che un vecchio campagnuolo, venuto a veder Roma con le sue medaglie garibaldine, vedendo arrestare il figlio d'un eroe che gli morì tra le braccia nella battaglia di Milazzo, si strappò dal petto le medaglie e le calpestò! così!

Tornò a Roberto, lo abbracciò, e sentendolo singhiozzare su la sua spalla:

– Figlio mio! figlio mio! – si mise a dirgli, battendogli dietro una mano.

A questo punto, Antonio Del Re scappò via dalla camera, mugolando e rovesciando nella furia una seggiola. Celsina, che lo spiava, gli corse dietro, sgomenta, chiamandolo per nome. Mauro Mortara si voltò felinamente, come se a quell'uscita precipitosa gli fosse balenato in mente che si volesse impedire comunque l'arresto; e si mostrò pronto a qualunque violenza. Sciolto dall'abbraccio di lui, Roberto Auriti si fece innanzi al delegato:

– Eccomi.

– No! – gridò Mauro, riafferrandolo per un braccio. – Don Roberto! Così vi consegnate?

– Ti prego, lasciami... – disse Roberto Auriti; e, rivolgendosi al delegato: – Lei scusi...

Con la mano chiamò *Nanna*, che fiatava ora a stento, con ambo le mani sul cuore, e la baciò in fronte, dicendole:

– Coraggio...

– E che dirò a vostra madre? – esclamò allora Mauro agitando le mani in aria.

Roberto Auriti si gonfiò, si portò le mani sul volto per far argine all'impeto della commozione e andò via, seguito dal delegato, mentre la signora Lalla, sostenuta dal marito e dalla studentessa di canto, riprendeva più a gemere che a gridare:

– Roberto! Roberto! Roberto!

Mauro Mortara restò a guatare, come annichilito. Quando il Passalacqua lo ragguagliò di tutto, e, fresco della recente lettura del giornale, gli espose tutta la miseria e la vergogna del momento:

– Questa, – disse, – questa è l'Italia?

E, nel crollo del suo gran sogno, non pensò più a Roberto Auriti, all'arresto di lui, non sentì, non vide più nulla. Le sue medaglie rimasero lì per terra, calpestate.

Uscendo dalla casa di Roberto, Corrado Selmi s'imbatté per le scale nel delegato e nelle guardie che salivano ad arrestar l'innocente. Si fermò un istante, indeciso; ma subito si sentì occupare il cervello da una densa oscurità, e in quella tenebra d'ira e d'angoscia udì una voce che dal fondo della coscienza lo ammoniva ch'egli non poteva in alcun modo sul momento impedire quell'atroce ingiustizia. Seguitò a scendere la scala; rimontò in vettura e provò quasi stupore alla domanda del vetturino, ove dovesse condurlo. Ma a casa; c'era bisogno di dirlo? dove poteva più andare? che più gli restava da fare?

– Via San Niccolò da Tolentino.

E, come se già vi fosse, si vide per le scale della sua casa: ecco, entrava in camera; si recava all'angolo, ov'era uno stipetto a muro, di lacca verde; lo apriva; ne traeva una boccetta, e... Istintivamente, s'era cacciata una mano nel taschino del panciotto, ov'era la chiave di quello stipetto. Cosa strana: pensava ora allo specchio, a un piccolo specchio ovale, appeso accanto a quello stipetto, al quale egli non avrebbe dovuto volger lo sguardo, per non vedersi. Ma pure, ecco, si vedeva: sì, in quello specchio, con la boccetta in mano: vedeva l'espressione dei suoi occhi, ridente, quasi non credessero ch'egli avrebbe fatto *quella cosa*. No! Prima doveva scrivere e suggellare una dichiarazione per l'Auriti: poche righe, esplicite. Non meritavano gli accusatori un suo ultimo sfogo. Due righe soltanto, per salvar l'amico, già in carcere.

I nemici... – ma quali? quanti erano? Tutti! Possibile? Tutti gli amici di jeri. Tutti e nessuno, a prenderli a uno a uno. Ché nulla egli aveva fatto a nessuno di loro perché le liete accoglienze di jeri si convertissero così d'un tratto in tanta alienazione d'animi, in tanta ostilità. Ma era il momento, la furia cieca del momento, che s'abbatteva su lui, che in lui trovava la preda, e lo abbrancava, ecco, e lo sbranava in un attimo.

Ah come andava lenta quella vettura! Parve a Corrado Selmi ch'essa gli prolungasse con feroce dispetto l'agonìa.

– Non sono in casa per nessuno, – disse a Pietro, il vecchio servo che stava da tanti anni con lui.

E il primo suo moto, entrando in camera, fu verso quello stipetto. Si trattenne. Pensò alla dichiarazione da scrivere. Ma pur volle prendere prima la boccetta e, senza guardarla, la recò con sé alla scrivania dello studio. Restò un pezzo lì in piedi, come sospeso in cerca di qualche cosa che s'era proposto di fare e a cui non pensava più. Istintivamente, pian piano, rientrò nella camera; gli occhi gli andarono al piccolo specchio ovale, appeso alla parete presso lo stipetto. Aveva dimenticato di guardarsi lì. Scrollò le spalle e tornò indietro, alla scrivania; sedette; trasse dalla cartella un foglio e una busta; guardò se su la scrivania ci fosse il cannello di ceralacca e il sigillo; si alzò di nuovo e rientrò nella camera per prendere dal tavolino da notte la bugia con la candela.

La dichiarazione gli venne men breve di quanto aveva divisato, poiché a maggior salvaguardia dell'innocenza dell'Auriti pensò di chiamare in testimonio lo stesso governatore della banca, già anche lui tratto in arresto, col quale, prima di contrarre sott'altro nome quel debito, si era segretamente accordato. Finito di scrivere, guardò su la scrivania la boccetta, e sentì mancarsi a un tratto la voglia di rileggere quanto aveva scritto. Gli parvero enormi tutte le piccole cose che gli restavano ancora da fare: piegare in quattro quel foglio; chiuderlo nella busta; accendere la candela; bruciarvi il cannello di ceralacca; apporre i sigilli... Si diede a far tutto con esasperazione. Ansava; le dita, senza più tatto, gli ballavano. Stava per chiudere la busta, quando giù dalla via scattò stridulo, sguaiato, il suono d'un organetto. Parve al Selmi che quel suono, in quel punto, gli spaccasse il cranio: si turò gli orecchi, balzò in piedi, contrasse tutto il volto come per uno strazio insopportabile, fu per avventarsi alla finestra a scagliare ingiurie a quel sonatore ambulante. Ah no, perdio! così, no! al suono d'una canzonetta napoletana, no, no, no. Si sentì avvilito da tutta quella furia. O che era un ladro davvero? Piano, piano, senza tremor di mani, senza quell'aridezza in bocca; dopo aver sedato i nervi, e sorridente, egli doveva uccidersi, come a lui si conveniva. Prese la busta con la dichiarazione e la cacciò dentro la cartella; si pose in tasca la boccetta del veleno. Voleva uscir di nuovo, per un'ultima passeggiata, per salutar la vita, scevro ormai d'ogni cura, esente d'ogni peso, libero d'ogni passione, con occhi limpidi e animo sereno; salutar la vita, col suo lieve antico sorriso; bearsi per l'ultima volta delle cose che restavano, liete in quel giorno di sole, ignare in mezzo al torbido fluttuare di tante vicende che presto il tempo avrebbe travolte con sé. Ridiscese in istrada, fe' cenno a un vetturino d'accostarsi e si fece condurre al Gianicolo. Dapprima, come in preda a quello stordimento rombante cagionato da un improvviso otturarsi degli orecchi, non poté avvertire, né vedere, né pensar nulla; solo quando passò con la vettura per la via della Lungara, innanzi le carceri di Regina Coeli, pensò che forse a quell'ora Roberto Auriti vi era rinchiuso; ma non volle affliggersene più. Tra poco, con quella sua dichiarazione, ne sarebbe uscito, per seguitare la sua incerta e penosa esistenza tra quella sua signora Lalla e il Passalacqua e il Bonomè, mentre egli, invece – ah! si sarebbe liberato!

Giunto in cima al colle, gli parve davvero una liberazione quell'altezza, da cui poté contemplare Roma luminosa nel sole, sotto l'azzurro intenso del cielo; liberazione da tutte le piccole miserie acerbe che laggiù lo avevano offeso e soffocato; dall'urto di tutte le meschine volgarità quotidiane; dalle fastidiose risse dei piccoli uomini che volevano contendergli il passo e il respiro. Si sentì lassù libero e solo, libero e sereno, sopra tutti gli odii, sopra tutte le passioni, sopra e oltre il tempo, inalzato, assunto a quella altezza dal suo grande amore per la vita ch'egli difendeva, uccidendosi. E in esso e con esso si sentì puro, in un attimo, per sempre. Nell'eternità di quell'attimo si cancellarono, sparvero assolte le sue debolezze, i suoi trascorsi, le sue colpe, già che egli era pure stato un uomo e soggetto a contrarie necessità. Ora, con la morte, le avrebbe vinte tutte. Restava solo, in quel punto, luminoso indefettibile immortale il suo amore per la vita, l'amore per la sua terra, per la sua patria, per cui aveva combattuto e vinto. Sì, come i tanti che avevano avuto lassù, in difesa di Roma, una bella morte, troncati nel frenetico ardore della gioventù e resi immuni di tutte le miserie, liberi di tutti gli ostacoli che forse nel tempo li avrebbero deformati e avviliti. Ora in quel momento anch'egli, spogliandosi di tutte le miserie, liberandosi di tutti gli ostacoli, acceso e vibrante dell'ardore antico, con negli occhi l'oro dell'ultimo sole su le case della grande città quadrata, si foggiava com'essi una bella morte, una morte che lo inalzava a se stesso, senza invidia per quelli effigiati e composti lassù per la gloria in un mezzo busto di marmo. Pensò che aveva con sé la boccetta del veleno; ma no! a casa! a casa! tranquillamente, sul suo letto: senza dare spettacolo! E ridiscese alla città.

Ridisceso, gli parve di aver lasciato la propria anima lassù, nel sole. Qua, nell'ombra, era il corpo ancor vivo, per poco. Si guardò le mani, le gambe, e provò subito un brivido d'orrore. Ma, come se di lassù una voce severamente lo richiamasse, egli si riprese e a quella voce rispose che sì, quel suo corpo, egli lo avrebbe tra poco ucciso, senza esitare.

Passato il ponte di ferro, udì strillare da alcuni giornalaj un'edizione straordinaria del foglio più diffuso di Roma. Pensò che fosse per lui, e fece fermar la vettura; comprò quel foglio. Difatti, in prima pagina era il resoconto della seduta parlamentare, e nella sesta colonna spiccava in cima il suo nome

CORRADO SELMI

come titolo dell'articolo del giorno. Prese a leggerlo; ma presto n'ebbe un fastidio strano: avvertì che quello era già per lui un linguaggio vuoto e vano, che non aveva più alcun potere di muovere in lui alcun sentimento, quasi fatto di parole senza significato. Gli parve che lo scrittore di quell'articolo non avesse altra mira che quella di dimostrare che egli era vivo, ben vivo, e che, come tale, poteva e sapeva giocare con le parole, perché gli altri vivi, i lettori, potessero dire: «Guarda com'è bravo! guarda come scrive bene!». Quel foglio, così leggero, gli parve a un tratto, con quel suo nome stampato lì in cima, una lapide, la sua lapide, ch'egli stesso per uno strano caso si portasse in carrozza, diretto alla fossa; strana lapide, in cui, anziché le solite lodi menzognere, fossero incise accuse e ingiurie. Ma che importavano più a lui? Era morto.

Voltò la pagina del giornale. Subito gli occhi gli andarono su un'intestazione a grossi caratteri, che prendeva cinque colonne di quella seconda pagina:

L'ECCIDIO D'ARAGONA IN SICILIA

e sotto, a caratteri più piccoli: *Gli operaj delle zolfare in rivolta – L'assalto alla vettura dell'ingegnere minerario*

Costa – Scene selvagge – Lo uccidono con la moglie del deputato Capolino e bruciano i cadaveri.

Corrado Selmi restò, oppresso d'orrore e di ribrezzo, con gli occhi fissi su quelle notizie. Comprese che per esse e non per lui era uscita quell'edizione straordinaria del giornale. La moglie del deputato Capolino? Egli l'aveva veduta a Girgenti, quando vi si era recato per sostenere la candidatura di Roberto Auriti e assistere il Verònica nel duello col marito di lei. Bellissima donna... Uccisa? E come si trovava in vettura, ad Aragona, con quell'ingegnere? Ah, partita da Roma con lui... Una fuga?... Era l'ingegnere del Salvo... Gli operaj delle zolfare si recavano in colonna dal paese alla stazione, risoluti a non farlo entrare, se da Roma non portava l'assicurazione che le promesse sarebbero state mantenute... Oh, guarda... quel Prèola... Marco Prèola, quel miserabile che Roberto Auriti aveva scaraventato contro l'uscio a vetri della redazione del giornalucolo clericale... capitanava lui, adesso, quella turba selvaggia di facinorosi... li incitava all'assalto della vettura, al macello. Ah, vili! colpire una donna... Il Costa sparava... e allora...

Il Selmi non poté leggere più oltre; restò, nel raccapriccio, col giornale aperto tra le mani, come soffocato da quella strage; gli parve di sentirsi investito dal feroce affanno di tutto un popolo inselvaggito. Appallottò in un impeto di schifo il foglio e lo scagliò dalla vettura. Domani, o la sera di quello stesso giorno, in una nuova edizione straordinaria esso avrebbe annunziato con quei grossi caratteri il suicidio di lui.

Rientrando in casa, da Pietro, il vecchio servo, fu avvertito che c'era in salotto il nipote dell'Auriti, Antonio Del Re.

– Sta bene, – disse. – Lo farai entrare nello studio, appena sonerò.

Forse Pietro si aspettava una riprensione per aver fatto entrare quel giovanotto, e aveva pronta la risposta, che questi cioè s'era introdotto di prepotenza in casa, non ostante che lui già una prima volta gli avesse detto che il padrone non c'era e avesse fatto poi di tutto per impedirgli il passo. Aprì le braccia e s'inchinò al reciso ordine del Selmi; ma, come questi s'avviò per la sua camera, rimase perplesso, se non lo dovesse prevenire circa al contegno minaccioso e all'aspetto stravolto di quel giovanotto. Socchiuse gli occhi, si strinse nelle spalle, come per dire: « L'ordine è questo! » e si recò nel salotto per tener d'occhio quell'insolente visitatore.

– Ecco – gli disse, indicando con una mossa del volto l'uscio di fronte. – Adesso, appena suona...

Antonio Del Re non stava più alle mosse; friggeva. Il viso, nello spasimo dell'attesa terribile, gli si scomponeva. Teneva una mano irrequieta in tasca. E il vecchio servo gli guatava quella mano che, dentro la giacca, pareva brancicasse un'arma. Il suono del campanello, intanto, tardava; e più tardava, più cresceva l'ansito, invano dissimulato, del giovine e l'irrequietezza di quella mano. Il vecchio servo, ormai al colmo della costernazione, si accostò all'uscio, vi si parò davanti, appena a tempo, ché allo squillo del campanello Antonio Del Re s'avventò all'uscio come una belva con un pugnale brandito, trascinandosi dietro nella furia il vecchio che lo teneva abbrancato.

Corrado Selmi, pallidissimo, seduto innanzi alla scrivania, col bicchiere ancora in mano, da cui aveva bevuto or ora il veleno della boccetta rovesciata presso la cartella, si volse e arrestò d'un tratto con uno sguardo gelido e un sorriso appena sdegnoso, tremulo su le labbra, la violenza del giovine.

– Non t'incomodare! – gli disse. – Vedi? Ho fatto

da me ... Lascialo! – ordinò al servo. – E ti proibisco di gridare o di correre a soccorsi.

Prese dalla scrivania la busta sigillata e la mostrò al giovine che ansimava e mirava, ora, allibito.

– Tu butti male, ragazzo, – gli disse. – Hai una trista faccia... Ma sta' tranquillo: questa busta è per tuo zio. Sarà liberato. Lasciala stare qua.

Posò di nuovo la busta su la scrivania; strizzò gli occhi; serrò i denti; s'interì, mentre nel pallore cadaverico il viso gli si chiazzava di lividi. Fece per alzarsi; il servo accorse a sostenerlo.

– Accompagnami... al letto...

Si voltò al Del Re, con gli occhi già un po' vagellanti. Quasi l'ombra d'un sorriso gli tremò ancora nella faccia spenta. E disse con strana voce:

– Impara a ridere, giovanotto... Va' fuori: oggi è una bellissima giornata.

E scomparve dall'uscio, sostenuto dal servo.

Come da via delle Colonnette, all'arresto di Roberto Auriti, Antonio Del Re era scappato alla casa del Selmi, così, ma con altro animo, Mauro Mortara era corso in cerca di Lando Laurentano. Al villino di via Sommacampagna, Raffaele il cameriere gli aveva detto che il padrone, letta nel giornale la notizia di quell'eccidio avvenuto in Sicilia, dalle parti di Girgenti, era saltato in vettura, diretto alla casa dei Vella.

– E dov'è? Come faccio a trovar la via?
– Se volete, in vettura vi ci accompagno io.

In vettura, vedendolo affannato e smanioso d'arrivare, gli aveva chiesto se conosceva quella signora e quell'ingegnere.

– Che signora? che ingegnere?
– Come? Non avete inteso? Non sapete nulla? Li hanno assassinati ad Aragona...
– Ad Aragona?
– I solfaraj.

- Ma dunque...

E s'era interrotto, con un balzo, per guardar prima fiso in faccia, con occhi stralunati, il cameriere, poi dalla vettura la gente che passava per via, quasi tutt'a un tratto assaltato dal dubbio che una gran catastrofe fosse accaduta, senza ch'egli ne sapesse nulla.

- Ma dunque, che succede? Tutto sottosopra? Là ammazzano! Qua arrestano! Sapete che hanno arrestato don Roberto Auriti?
- Il cugino del padrone?
- Il cugino! il cugino! E lui se ne va dai Vella! Gli arrestano il cugino, don Roberto Auriti, uno dei Mille, che al Sessanta aveva dodici anni, e combatteva! E suo padre mi morì fra le braccia, a Milazzo... Arrestato! Sotto gli occhi miei! A questo, a questo mi dovevo ritrovare!

S'era messo a gridare in vettura e a gesticolare e a pianger forte; e tutta la gente, a voltarsi, a fermarsi, a commentare, nel vederlo così stranamente parato, con quello zainetto dietro le spalle, in fuga su quella vettura e vociferante.

- Statevi zitto! statevi zitto!

Ma che zitto! Voleva giustizia e vendetta Mauro Mortara di quell'arresto; e come Raffaele, per farlo tacere, gli parlò della visita che, alcuni giorni addietro, forse per questo don Giulio, il fratello di don Roberto, aveva fatto al padrone:

- Ma sicuro! - gridò, sovvenendosi. - C'ero io! c'ero io! E l'ho visto piangere. Per questo, dunque, piangeva quel povero figliuolo? Voleva ajuto... E dunque... e dunque don Landino gliel'ha negato? possibile?
- Forse perché la somma era troppo forte...
- Ma che troppo forte mi andate dicendo! Quando si tratta dell'onore d'un patriota! E lui è ricco! E sua zia non ebbe nulla dei tesori del padre, ché si prese tutto il fratello maggiore... Oh Dio! Dio! Donna

Caterina... l'unica degna figlia di suo padre... Ora donna Caterina ne morrà di crepacuore... Ma se è vero questo, per la Madonna, che gli ha negato ajuto, non lo guardo più in faccia, com'è vero Dio! Non ci credo! non ci voglio credere!

Arrivato in casa Vella, però, vi trovò tale scompiglio, che non poté più pensare a domandar conto a Lando dell'arresto di Roberto Auriti. Dianella Salvo, la sua amicuccia donna Dianella, la sua colomba, che in quel mese passato a Valsanìa aveva saputo avvincerlo e intenerirlo con la grazia soave degli sguardi e della voce, nel vederlo entrare aggrondato e smarrito nel salone, gli si precipitò subito incontro quasi con un nitrito di polledra spaurita, e gli s'aggrappò al petto, tutta tremante, affondandogli la testa scarmigliata entro la camicia d'albagio, quasi volesse nascondersi dentro di lui, e gridando, con una mano protesa indietro, verso il padre:

– Il lupo!... Il lupo!

Mauro Mortara, così soprappreso, frugato nel petto da quella fanciulla in quello stato, levò il capo, sbalordito, a cercar negli occhi degli astanti una spiegazione: mirò visi sbigottiti, afflitti, piangenti, mani alzate in gesti di timore, di riparo, di pena e di maraviglia. Non comprese che la fanciulla fosse impazzita. Le prese il capo tra le mani e provò di scostarselo dal petto per guardarla negli occhi:

– Figlia mia! – disse. – Che vi hanno fatto? che vi hanno fatto? Ditelo a me! Assassini... Il cuore... hanno strappato il cuore... il cuore anche a me!

Ma, come poté vederle gli occhi e la faccia disfatta, stravolta, aperta ora a uno squallido riso, con un filo di sangue tra i denti, inorridì: guatò di nuovo tutti in giro e, riponendosi sul petto il capo di lei e lasciandovi sui capelli scarmigliati la mano in atto di protezione e di pietà:

– Come la madre? – disse in un brivido, e addietrò spinto dalla fanciulla che, seguitando sul petto di lui quell'orribile riso come un nitrito, con ansia frenetica lo incitava:
– Da Aurelio... da Aurelio...
Accorse, col volto inondato di lagrime, la cugina Lillina, mentre in fondo al salone Lando Laurentano e don Francesco Vella cercavano di far coraggio a Flaminio Salvo che, a quella scena, s'era nascosto il volto con le mani, imprecando.
– Sì, Dianella, sii buona! sii buona! Ora lui ti porterà... ti porterà dove tu vuoi... sii buona, cara, sii buona! da Aurelio!
Ma Dianella, sentendo la voce del padre, invasa di nuovo dal terrore, aveva ripreso ad affondar la testa sul petto di Mauro e a riaggrapparsi a lui più freneticamente, urlando:
– Il lupo!... il lupo!...
– Ci sono qua io! Dov'è il lupo? – le gridò allora Mauro, ricingendola con le braccia. – Non abbiate paura! Ci sono io, qua!
– Vedi? c'è lui, ora! c'è lui! – le ripeteva Lillina.
E anche Ciccino e la zia Rosa le si fecero attorno a ripetere:
– C'è lui! Vedi che è venuto per te? per difenderti, cara...
Levò, felice e tremante, il volto, appena appena, la poverina, a mostrare un sorriso di riconoscenza, e seguitò a spinger Mauro verso la porta:
– Sì... sì... da Aurelio... da Aurelio...
Strozzato dalla commozione Mauro, così respinto indietro, tra quella gente che non conosceva e gli si stringeva attorno, domandò con rabbia:
– Ma insomma, che è? com'è stato? che dice? dice Aurelio? Chi è? Il figlio di don Leonardo Costa? Ah, è lui... quello che hanno assassinato?
Con gli occhi, con le mani, tutti gli facevano cenno

di tacere, e qualcuno gli rispondeva chinando il capo.
– Lo amava? Oh figlia...

Lando Laurentano e don Francesco Vella si portarono via di là Flaminio Salvo.

– Ditemi, ditemi che vi hanno fatto, –. seguitò Mauro rivolto a Dianella, con tenerezza quasi rabbiosa. – Ora andiamo da Aurelio... Ma ditemi che vi hanno fatto! Chi è il lupo, che lo ammazzo? Chi è il lupo? – domandò agli altri con viso fermo.

Ma nessuno sapeva con certezza che cosa fosse accaduto, a chi veramente alludesse Dianella con quel suo grido. Pareva al padre, ma poi, chi sa? Forse lo scambiava per un altro. Era stato lì, durante la loro assenza, Ignazio Capolino. Dianella era rimasta in casa, lei sola, perché si sentiva poco bene; e certo sopra di lei Capolino, senza misericordia, forsennato per l'orrenda sciagura, aveva dovuto rovesciar la furia della sua disperazione. Ciccino e Lillina, che erano stati i primi a rincasare, gli avevano sentito gridare:

– Tuo padre! tuo padre, capisci?

Ma al loro entrare, quegli era scappato via, furibondo, lasciando questa poveretta come insensata, come intronata da tanti colpi spietati alla testa, e, subito dopo, dando segni di terrore, s'era messa a urlare: – Il lupo!... il lupo!...

Che le aveva detto Capolino?

Uno solo poteva saperlo, così bene come se fosse stato presente alla scena: Flaminio Salvo, che di là, tra Lando Laurentano e il cognato Francesco Vella, sentiva prepotente il bisogno di confessare il suo rimorso, ma che tuttavia, senza che potesse impedirlo, si scusava accusandosi.

Francesco Vella gli aveva domandato, se si fosse mai accorto che la figliuola amava il Costa.

– Se tu non lo sapevi!
– Io lo sapevo. Ma potevo io, io padre, proffe-

rire la mia figliuola a un mio dipendente? Quel disgraziato, lui, non se n'era mai accorto, per la modestia della mia figliuola, e perché a lui stesso non poteva passare per il capo una tal cosa; tanto più che, da un pezzo, era invescato nella passione per quell'altra disgraziata... Ma il torto è mio, il torto è mio: io non ho scuse! Nessuno meglio di me può sapere che il torto è mio! Avevo beneficato quel povero giovine, come avevo beneficato tutti coloro che laggiù lo hanno assassinato! Qual altro frutto poteva recare il beneficio? Il Costa era cresciuto a casa mia, come un figliuolo; e quella mia povera ragazza... Ma sì, certo! E io, io vedevo bene la necessità che il male da me fatto in principio, beneficando, si dovesse compiere con un matrimonio; però, lo confesso, mi ripugnava, e cercavo d'allontanarlo quanto più mi fosse possibile. Ma, vedete: intanto, avevo richiamato quel figliuolo dalla Sardegna, e lo avevo assunto alla direzione delle zolfare d'Aragona; e ora, qua a Roma, avevo detto al Capolino, che se il Costa fosse riuscito a domare quei bruti laggiù, io gli avrei dato in premio la mia figliuola. Notate questo: che dunque Capolino sapeva e, per conseguenza, sapeva anche la moglie, che questo era il mio disegno. Sì, è vero, sotto, avevo altre intenzioni, o piuttosto, una speranza... Signori miei, io potevo bene per la mia figliuola aspirare a ben altro... (e, così dicendo, fissò negli occhi Lando Laurentano). L'avevo perciò condotta a Roma e mi proponevo di lasciarla qua in casa di mia sorella, con la speranza che si distraesse da quella sua puerile ostinazione. Ebbene, la signora Capolino volle profittare di questa mia speranza per render vano quel mio disegno: volle partire col Costa per toglierlo per sempre alla mia figliuola. E il signor Capolino forse sperava che, sposo Aurelio, domani, di mia figlia e già amante di sua moglie, egli potesse seguitare a tenere un posto in casa mia. E ora, ora che tutto gli è crollato così d'un tratto, ha gridato a mia figlia, come mie, le sue macchinazioni! Ma io vi giuro, signori, che lo schiaccerò, lo schiaccerò... Seppure... ormai... ormai...

Scrollò le spalle, scartò con le mani quella sua minaccia come se ogni proposito gli désse ora un'invincibile nausea. E andò a buttarsi su una poltrona, come atterrito a mano a mano dal vuoto arido, orrido, che dopo quel lungo sfogo gli s'era fatto dentro.

Nulla: non sentiva più nulla: nessuna pietà, né affetto per nessuno. Un fastidio enorme, anzi afa, afa sentiva ormai di tutto, e specialmente della parte che doveva rappresentare, di padre inconsolabile per quella sciagura della figliuola, che invece non gli moveva altro che irritazione, ecco, e dispetto, e quasi vergogna, sì, vergogna. Quella smania folle della figliuola per l'innamorato lo rivoltava come alcunché di vergognoso. E si domandava, con bieca crudezza, se avesse mai amato veramente, di cuore, quella sua figliuola. No. Come per dovere l'aveva amata. E ora che questo dovere gli si rendeva così grave e penoso, non poteva provarne altro che uggia e nausea. Ma sì, perché era anche fatalmente condannata quella sua figliuola! Non era pazza la madre? E ormai, tutto quello che poteva accadergli, ecco, gli era accaduto. La misura era colma, e basta ormai! Lo sterminio della sorte su la sua esistenza era compiuto; in quel vuoto arido, orrido, restava padrone, senza più nulla da temere. La morte non la temeva. E guardò il brillìo della grossa pietra preziosa dell'anello nel tozzo mignolo della sua mano pelosa, posata su la gamba. Quel brillìo, chi sa perché, gli richiamò un lembo delle carni di Nicoletta Capolino che laggiù quei bruti avevano arse. Sollevò il capo, con le nari arricciate. Ah come volentieri avrebbe fumato un sigaro! Ma pensò che non poteva fumare, perché in quel momento sarebbe sembrato scandaloso. Sentì che Francesco Vella diceva a Lando Laurentano:

– Ma sì, è certo: erano fuggiti! Partiti da quattro giorni, arrivavano allora appena ad Aragona... Dove erano stati in questi quattro giorni?

E interloquì, con altra voce, con altro aspetto, come se non fosse più quello di prima:

– Non c'è luogo a dubbio, – disse. – Già l'altro jeri da Napoli m'era arrivata una lettera del Costa, con la quale si licenziava da me. È andato dunque a morire per conto suo laggiù: e anche di questo, dunque, posso non aver rimorsi.

Entrò a questo punto Ciccino come sospeso e smarrito nell'ambascia della notizia che recava.

– Lando – disse esitante, – bisogna che ti avverta... Quel vecchio...

– Mauro?

– Ecco, sì... era venuto qua col tuo domestico a cercarti per... dice che... dice che hanno arrestato Roberto Auriti.

Lando impallidì, poi arrossì, aggrottando le ciglia come per un pensiero che, contro la sua volontà, gli si fosse imposto; si mostrò imbarazzato lì tra gente che aveva per sé una sciagura ben più grave.

– Vada, vada, – s'affrettò a dirgli Flaminio Salvo, tendendogli una mano e posandogli l'altra su una spalla per accompagnarlo.

– Le auguro, – gli disse allora Lando, – che sia un turbamento passeggero questo della sua figliuola.

Flaminio Salvo socchiuse gli occhi e negò col capo:

– Non mi faccio illusioni.

E rientrarono nel salone, così, con le mani afferrate.

Mauro Mortara, già da un pezzo esasperato, soffocato, ancora con la povera fanciulla demente aggrappata al petto, non seppe trattenersi a quello spettacolo: si scrollò con un muggito nella gola, e gridò alle due donne che gli stavano attorno:

— Tenetela... prendetevela... Gli dà la mano... Non posso vederlo... Sapete come si chiama? Ha il nome di suo nonno: Gerlando Laurentano!

E, strappandosi dalle braccia di Dianella, scappò via.

Flaminio Salvo schiuse le labbra a un sorriso amaro, più di commiserazione derisoria che di sdegno: e, alle scuse che gli porgeva Lando Laurentano, rispose:

— Contagio... Niente, principe... La pazzia purtroppo è contagiosa...

V

A Girgenti, tutto il popolo si accalcava nel vasto piano fuori Porta di Ponte, all'entrata della città, in attesa che dalla stazione, giù in Val Sollano, arrivassero con le vetture di quella corsa i resti (che si dicevano raccolti in una sola cassa) di Nicoletta Capolino e di Aurelio Costa.

Sbalordimento, angoscia, ribrezzo erano dipinti su tutti i volti per quell'efferato delitto, che da due giorni teneva in subbuglio la città e tutta la provincia intorno. Era in tutti quegli occhi un'attenzione intensa e dolorosa, un'ansietà guardinga di raccoglier nuove notizie di più precisi particolari e di non lasciarsi nulla sfuggire; perché nessuno era pago di quanto sapeva, e tutti volevano vedere e quasi toccare con gli occhi, in quella cassa che si aspettava, la prova che ciò che era avvenuto lontano, e che pareva per la sua ferocia incredibile, era vero. Non avendo potuto assistere allo spettacolo di quella ferocia, volevano vedere almeno, per quanto or ora sarebbe possibile, i miserandi effetti di essa.

Antiche ragioni, per una almeno delle vittime;

altre nuove che ora si divulgavano e accrescevano, tra lo stupore e la pietà, il tragico dell'avvenimento, se trattenevano il rimpianto, non potevano impedir la commiserazione per l'atrocità di quella morte, l'indignazione per l'infamia che si riversava per essa su l'intera provincia.

Viva ancora davanti agli occhi di tutti era l'immagine della bellissima donna, quando, altera, squisitamente abbigliata, passava nella vettura del Salvo e chinava appena il capo per rispondere ai saluti con un sorriso quasi di mesta compiacenza. Tutti vedevano entro di sé, con una strana nitidezza di percezione, qualche particolarità viva del corpo o dell'espressione di lei, il bianco dei denti appena trasparente tra il roseo delle labbra, in quel sorriso; il brillare degli occhi tra le ciglia nere; e si domandavano, con una indefinibile inquietudine, chi avrebbe potuto immaginare, allora, che dovesse esser questa la sua fine. Per lasciare, così d'un tratto, gli agi e gli onori a cui, col Salvo amico e col marito deputato, era salita, e prender la fuga con uno, al quale prima aveva ricusato d'unirsi in matrimonio, via, certo il cervello doveva averle dato di volta. Ma forse per astio, ecco, per astio contro Dianella Salvo che amava segretamente il Costa... Forse? E non si sapeva già che quella poverina, appena avuta la notizia della fuga e di quel macello, era impazzita come la madre? Dunque, dal tradimento quei due, da un'avventura che forse per uno solo di essi era d'amore, e che già di per sé avrebbe suscitato tanto scandalo in paese, erano balzati a quella morte. Ma come, perché si erano diretti ad Aragona dov'egli doveva sapersi aspettato da quelle jene fameliche da tanti mesi per la chiusura delle zolfare del Salvo? Ma perché alla volta di Girgenti, così fuggiti insieme, non potevano avviarsi. Quella fuga, più che in onta al marito, era in onta al Salvo, e perciò là appunto s'era volta, dove tutti erano contro il Salvo. Forse egli, il Costa, credeva, o almeno sperava che, annunziando subito all'arrivo che anche lui si era ribellato al Salvo, quelli dovessero accoglierlo come uno dei loro e non tenerlo più responsabile delle mancate promesse. E poi, lì, ad Aragona, aveva la casa; forse vi andava soltanto per prendere la roba, gli strumenti del suo lavoro, i libri, col proposito di ripartirsene subito, di ritornarsene in Sardegna al posto di prima. Sì; ma con la donna? doveva andar lì, tra nemici, con la donna? Poteva almeno lasciar questa, prima, in qualche posto! Eh, ma forse lei, lei stessa aveva voluto affrontare insieme il pericolo. Aveva animo fiero, quella donna, e aveva saputo mostrarlo di fronte a quell'orda di selvaggi, levandosi in piedi su la carrozza, a fare scudo del suo corpo ad Aurelio Costa, e gridando che questi per loro s'era licenziato dal Salvo, per le promesse non mantenute! Ma quel ribaldo di Marco Prèola aveva levato la voce:

— Morte alla sgualdrina!

E l'orda dei selvaggi, rimasta dapprima come sbigottita dalla temerità superba di quella signora, aveva avuto un fremito. Forse Nicoletta Capolino sarebbe riuscita a dominarla, a farsi ascoltare, se inconsultamente a quel grido di morte, a quell'ingiuria volgare, Aurelio Costa non fosse balzato in difesa di lei, con l'arma in pugno. Allora la carrozza era stata assaltata da ogni parte, e l'uno e l'altra, tempestati prima di coltellate, di martellate, erano stramazzati, poi sbranati addirittura, come da una canea inferocita; anche la carrozza, anche la carrozza era stata sconquassata, ridotta in pezzi; e, quando su la catasta formata dai razzi delle ruote, dagli sportelli, dai sedili, erano stati gettati i miserandi resti irriconoscibili dei due corpi, s'era visto uno versare su di essi, da un grosso lume d'ottone a spera, trafugato dalla vicina stazione ferroviaria, il petrolio, e tanti e tanti con cupida ansia affannosa appiccare il fuoco, come per togliere subito ai loro stessi occhi l'atroce vista di quello scempio.

Così, i particolari della strage erano per minuto e quasi con voluttà d'orrore descritti e rappresentati, come se tutti vi avessero assistito e la avessero ancora davanti agli occhi. Vedevano tutti quel bruto insanguinato, che versava il petrolio da quella lampa d'ottone su le membra oscenamente squarciate e ammucchiate su la catasta, e quegli altri chini e ansanti a suscitare il fuoco.

Si sapeva che molti, più di sessanta, erano gli arrestati insieme con Marco Prèola, aborto di natura; prima, lancia spezzata dei clericali; poi, presidente di quel *fascio* di solfaraj ad Aragona. Tra breve, dunque, forse quel giorno stesso, un nuovo avvenimento spettacoloso: il trasporto di tutti quei manigoldi, in catena, a due a due, dalla stazione al carcere di San Vito, tra una scorta solenne di guardie, di carabinieri a cavallo e di soldati.

— Ecco, ecco intanto le carrozze! — Là, eccola! — Dov'era la cassa? — Uh, come piccola! — Eccola là! — Su la terza carrozza, là, su quella che aveva in serpe un maresciallo! — Uh, capiva tutta sul sedile davanti! — Quella, quella cassetta là! quella cassettina di latta! — Quella? che nell'altro sedile c'era il commissario di polizia? — Sì, sì! — E chi era quell'altro accanto? Ah, Leonardo Costa! il padre! il padre! — Ah, povero padre, con quella cassetta là davanti!

Un urlo di pietà, di raccapriccio si levò da tutta la folla alla vista del padre che pareva impietrato in una espressione di rabbia, ma come stupefatta nell'orrore; con gli occhi fissi su quella cassetta, quasi chiedesse come poteva esser là il suo figliuolo, la sua colonna! Ma che poteva dunque esser restato, del suo figliuolo, se due corpi, due, erano là, due? Le teste sole? Forse, spiccate, sì, e qualche membro, arsicchiato. Oh Dio! oh Dio!

E quasi tutti piangevano, e tanti singhiozzavano forte.

Udendo quegli urli, quei singhiozzi, Leonardo Costa, passando, levò un urlo anche lui, esalò la ferocia del suo cordoglio in un ruglio che non aveva più nulla di umano; poi s'abbatté, si contorse, tra le braccia del commissario di polizia.

La carrozza si fermò alla voltata della piazza, dove sorge il palazzo della Prefettura, sede anche del commissariato di polizia. Due guardie presero la cassetta; il cavalier Franco ajutò Leonardo Costa a smontare. Il povero vecchio, per quanto massiccio, non si reggeva più su le gambe; un'orecchia gli sanguinava, perché alla stazione, in un impeto di rabbia, s'era strappato uno dei cerchietti d'oro. Altre guardie si schierarono davanti al portone, per impedire alla folla d'invadere l'atrio del palazzo.

E la folla restò lì davanti, irritata, delusa, insoddisfatta. Che sarebbe avvenuto adesso? Era tutto finito così? Sarebbe rimasta lì, nel commissariato, quella cassetta? Non si farebbe il trasporto al camposanto di Bonamorone? C'era lì la gentilizia della famiglia Spoto. Ormai più nessuno restava di quella famiglia. Per Aurelio Costa c'era il padre; per Nicoletta Capolino, nessuno: non poteva esserci il marito; avrebbe potuto esserci il patrigno, don Salesio Marullo; ma si sapeva che il poverino, abbandonato da tutti, era andato a cercar rifugio per carità a Colimbètra, e si trovava lì da qualche mese, ammalato. Forse Leonardo Costa reclamava per sé i resti del suo figliuolo, per trasportarli al camposanto di Porto Empedocle; e ragioni giudiziarie si opponevano a questo suo desiderio.

La folla, a poco a poco, cominciò a sbandarsi tra infiniti commenti.

Leonardo Costa voleva proprio ciò che la folla aveva immaginato. Il commissario, cav. Franco, cercava di persuaderlo ad avere un po' di pazienza, che prima tutte le pratiche giudiziarie fossero, come egli diceva, esperite, là in ufficio... Ma sì, in giornata; dopo la visita del giudice istruttore. Il Costa, come se non capisse, insisteva, ripetendo ostinatamente, con le stesse parole, la richiesta pietosa. E il cavalier Franco, quantunque compreso di pietà per quel povero padre, sbuffava, non ne poteva più. Erano momenti terribili, per lui, e non sapeva da qual parte voltarsi prima, giacché da ogni canto della provincia, da tutta la Sicilia, giungevano notizie di giorno in giorno più gravi; pareva che da un istante all'altro dovesse scoppiare una generale sommossa, e il presidio delle milizie era scarso, e più scarso ancora quello di polizia.

Ma che voleva, che altro voleva adesso quel benedett'uomo? Voleva... voleva che i resti di suo figlio – quali che fossero – non rimanessero mescolati là con quelli della donna, di quella donna esecrata! Perché, perché così insieme li avevano raccolti?

– Perché? – gli gridò. – Ma che vi figurate che ci sia più là dentro?

E indicò la cassetta, deposta su una tavola.

– Oh figlio!

– Tutto quello che si è potuto raccogliere, tra le fiamme. Niente! quasi niente!

– Oh figlio!

– Che volete più scartare, distinguere? Si arrivò troppo tardi. Alla stazione non c'erano guardie. Prima che arrivasse il delegato d'Aragona, il fuoco... Niente, vi dico... qualche residuo d'ossa...

— Oh figlio!
— Non si conosce più nulla... Sì, sì, pover'uomo, sì, piangete, piangete, che è meglio... Povero Costa, sì... sì... È una cosa che... oh Dio, oh Dio, che cosa... sì, fa rinnegare l'umanità! Ma voi pensate, per levarvi almeno questa spina dal cuore, pensate che lì non c'è... vostro figlio lì non c'è: non c'è più niente lì... E del resto, poverino, pensate che quella donna, se voi la odiate, egli la amò; e forse non gli dispiace adesso, che ciò che di lui ci può essere là dentro, sia insieme, mescolato, coi resti di lei... Povera donna! Avrà avuto i suoi torti, ma via, che sorte anche la sua!
— No... no... lei... non posso... non posso parlare... lei... a perdizione... mio figlio... lei! Ma non sapete, signor commissario, che mio figlio era amato dalla figlia del principale? Si sa sicuro... sicuro, questo... è impazzita quella povera figlia mia, come la mamma! È stata... è stata tutta una macchina... Costei e quell'assassino del padre... che se la intendevano tra loro... per rovinare questo figlio mio... per toglierlo all'amore di quella santa creatura... Oh, signor commissario, legatemi, legatemi le braccia; signor commissario, chiudetemi, chiudetemi in prigione, perché se io lo vedo, quell'assassino che mi ha fatto morire il figlio così, io lo ammazzo, signor commissario, io non rispondo di me, lo ammazzo! lo ammazzo!
Il cavalier Franco intrecciò le mani, le strinse, le scosse più volte in aria:
— Ma vi pare, — gli gridò poi, con gli occhi sbarrati — vi pare, scusate, che io debba sentire simili spropositi? Vi compatisco, siete arrabbiato dal dolore e non sapete più quel che vi dite. Ma perdio, vostro figlio, vostro figlio... in un momento come questo, che basta un niente... una favilla, a mandare

in fiamme tutta la Sicilia... non si contenta di prender la fuga come un ragazzino con la moglie d'un deputato... ma va a cacciarsi da sé, là, come a dire: « Eccoci qua, fateci a pezzi! Cercate l'esca? Eccola qua! Ci siamo noi! » – Perdio, bisogna esser pazzi, ciechi... io non so! Con chi ve la prendete? E noi siamo qua a dover rispondere di tutto... anche d'una pazzia come questa! E per giunta, mi tocca di sentire anche voi: « *ammazzo! ammazzo! ammazzo!* ». Chi ammazzate? Credete che il Salvo, se pur è vero tutto quel che voi farneticate, ha bisogno della vostra punizione? Gli basta la pazzia della figlia!

Il Costa, dopo questa sfuriata, non ebbe più ardire di parlar forte; lo guardò con gli occhi invetrati di lagrime; e si morse un dito; mormorò:

– Se fosse capace di rimorso, signor commissario! Ma non è!

Il cavalier Franco si scrollò; uscì dalla stanza.

– Andate, andate... – gli disse dietro, il Costa; poi cauto, s'appressò alla cassetta deposta su la tavola, e si provò ad alzarla.

Un gruppo di singulti muti, fitti, nella gola e nel naso, gli scrollarono in convulsione la testa.

Non pesava, non pesava niente, quella cassetta!

S'inginocchiò davanti alla tavola, appoggiò la fronte al freddo di quella latta, e si mise a gemere:

– Figlio!... figlio!... figlio!...

Due giorni dopo, arrivò a Girgenti, inatteso, funebre, l'on. Ignazio Capolino.

La condizione, in cui lo aveva messo non tanto forse la sciagura improvvisa quanto lo scatto violento per cui Dianella Salvo aveva perduto la ragione, era così difficile e incerta, che egli aveva bisogno di raccogliere a consulto, lì sul posto, tutte le sue forze per trovare una via da uscirne in qualche modo, al più presto. Lo scandalo della fuga della moglie era soffocato nell'orrore della morte; il tragico, che spirava da questa morte, lo rendeva immune dal ridicolo che poteva venirgli da quella fuga. Bastava dunque presentarsi ai suoi concittadini compunto nell'aspetto, ma nello stesso tempo austeramente riservato, per trarre profitto della commozione generale, senza tuttavia parteciparvi, giacché dalla moglie era stato offeso. La simpatia degli altri doveva venirgli come giusto e meritato compenso a questa offesa. E dovevano tutti vedere che egli soffriva, schiantato dall'atrocissimo fatto, e che lui più di tutti meritava compianto, poiché finanche dalle due vittime tanto commiserate era stato offeso, così da non poter piangere, neanche piangere ora la sua sciagura!

Eppure... come mai? Rientrando in casa, in quella casa che le squisite e sapienti cure della moglie avevano reso così bene adatta alla commedia di garbate e graziose menzogne, alla gara di compitezze ammirevoli, nella quale entrambi avevano preso tanto gusto a esercitarsi perché la loro vita non fosse troppo di scandalo agli altri, troppo disgustosa a loro stessi; e sentendo nel silenzio cupo delle stanze, rimaste con tutti i mobili come in attesa, il vuoto, il vuoto in cui dal primo momento della sciagura si vedeva perduto... – come mai? – nell'aprir la camera da letto e nell'avvertirvi affievolito, ma pur presente ancora, il voluttuoso profumo di *lei*, ecco, per un irresistibile impeto che lo stordì per la sua incoerenza, ma che pur gli piacque come un ristoro insperato di accorata tenerezza – pianse, sì, pianse per il ricordo di lei, pianse per la prima volta dopo l'annunzio di quella morte, pianse come non aveva mai pianto in vita sua, sentendo in quel pianto quasi un dolore non suo, ma delle sue lagrime stesse che gli sgorgavano dagli occhi senza ch'egli le volesse, ma, appunto perché non le voleva, con tanto sapor di dolcezza e di refrigerio!

Non doveva però, no, no, non doveva... perché... Si fermò un momento a considerare perché non avrebbe dovuto piangerla. Non era stata forse la compagna sua necessaria e insurrogabile? la compagna preziosa dei suoi sottili e complicati accorgimenti, la quale, correndo – più per sé, forse, quella volta, che per lui – a un riparo a cui anch'egli però l'aveva spinta – era caduta? Sì, e così orribilmente, così orribilmente caduta! Eppure, no; apparentemente, ecco, almeno apparentemente non doveva piangerla... Così in segreto sì, anche perché quel pianto gli faceva bene, ora. Era restato solo; e da sé solo, ora, doveva ajutarsi, difendersi; e non sapeva ancora, non vedeva come.

Piangendo, no, intanto, di certo!

E Capolino sorse in piedi; si portò via, prima con le mani, poi a lungo, col fazzoletto, accuratamente, le lagrime dagli occhi, dalle guance; si rimise le lenti cerchiate di tartaruga, e si presentò, fosco, severo, aggrondato, allo specchio dell'armadio.

Dio, come il suo viso era sbattuto, invecchiato in pochi giorni!

Il dolore? Che dolore? Non poteva riconoscere d'aver provato dolore... se non forse or ora, un poco. Ma no, anche prima, in fondo, aveva certo dovuto provarne uno e ben grande, se a Roma, all'annunzio della sciagura, era stato accecato da quella rabbia che lo aveva scagliato su Dianella Salvo.

Doveva pentirsi di quello scatto?

Si era con esso attirato per sempre l'odio, la nimicizia mortale del Salvo. Ma se pur fosse riuscito a reprimersi in quel primo momento, a vietarsi la soddisfazione feroce di quella vendetta, che avrebbe ottenuto? A lui, restato solo, senza più la moglie, avrebbe forse Flaminio Salvo seguitato a dare ajuto e sostegno, per il rimorso e la complicità segreta nel sacrifizio di quella? Forse la figlia, già inferma, sarebbe impazzita anche senza quel suo scatto, al solo annunzio della morte del Costa. E allora? Flaminio Salvo avrebbe creduto di pagare già abbastanza con la pazzia della figliuola; e per lui non avrebbe avuto più alcuna considerazione; anzi lo avrebbe respinto da sé, come lo spettro del suo rimorso. Caso pensato. Se poi Dianella non fosse impazzita e si fosse a poco a poco quietata, era uomo Flaminio Salvo, avendo raggiunto lo scopo, da restar grato alla memoria di chi gliel'aveva fatto raggiungere, a costo della propria vita; e, per essa, al marito, rimasto vedovo? Ma se già, subito, per scrollarsi d'addosso ogni responsabilità, subito aveva gridato ai quattro venti che Nicoletta Capolino e Aurelio Costa avevano preso la fuga e che il Costa s'era licenziato ed era andato dunque a morire per conto suo, ad Aragona, insieme con l'amante! Sì: fuggita col Costa, sua moglie; ma chi l'aveva spinta a commettere questa pazzia? Chi aveva spedito a Roma il Costa con la scusa di quel disegno da presentare al Ministero? Chi aveva aizzato la gelosia, o piuttosto, il puntiglio di lei, facendole balenare prossimo il matrimonio della figlia col Costa? Ed egli, Capolino, egli, il marito, aveva dovuto prestarsi a tutte queste perfide manovre che dovevano condurre a una tale tragedia; così, è vero? per restar poi abbandonato, senza più alcuna ragione d'ajuto, raccolto il frutto di tante scellerate perfidie! Ah, no, perdìo! Di quel suo scatto non doveva pentirsi. Se egli aveva perduto la moglie, e lui la figlia! Pari, e di fronte l'uno all'altro. Ora il Salvo gli avrebbe soppresso ogni assegno. Toccava a lui, dunque, di provvedere subito anche ai bisogni più immediati. E ogni credito presso gli altri, con l'amicizia del Salvo, gli veniva meno. Che fare? Come fare?

Così pensando, Capolino brancicava con le dita irrequiete la medaglietta da deputato appesa alla catena dell'orologio. Aveva per sé, ancora, il prestigio che gli veniva da quella medaglietta. Per ora, il Salvo non poteva strappargliela dalla catena dell'orologio. E con essa, per uno che valeva, se non più, certo non meno del Salvo in paese, egli era ancora il deputato. Don Ippolito Laurentano non avrebbe permesso, che colui che rappresentava alla Camera il paladino della sua fede, si dibattesse tra meschine difficoltà materiali.

Ecco: subito, prima che Flaminio Salvo arrivasse a Girgenti e si recasse a Colimbètra a preoccupare l'animo del principe contro di lui, egli vi correrebbe e parlerebbe aperto a don Ippolito della perfidia di colui. Dopo tanti mesi di convivenza con donna Adelaide, non doveva il principe essere in animo da tenere più tanto dalla parte del cognato; oltreché, in favor suo, egli avrebbe in quel momento la commiserazione per la sua sciagura. Poteva, sì, contro a questa, il Salvo porre in bilancia quella della propria figliuola; ma appunto su ciò egli andrebbe a prevenire il principe, dimostrandogli che non lui, con quel suo scatto naturale e legittimo, nella rabbia del cordoglio, era stato cagione di quella pazzia; ma il padre, il padre stesso che con tanta violenza aveva voluto impedire che la figlia sposasse il Costa, sacrificando costui e distruggendolo insieme con la moglie. Ora, per sgabellarsi d'ogni rimorso, voleva gettar la colpa addosso a lui, e anche di lui sbarazzarsi, come già del Costa e della moglie.

Ecco il piano! Ma né quel giorno, né il giorno appresso, Capolino ebbe tempo di recarsi a Colimbètra ad attuarlo. Una processione ininterrotta di visite lo trattenne in casa, con molta sua soddisfa-

zione, quantunque sapesse e vedesse chiaramente che più per curiosità che per pietà di lui si fosse mossa tutta quella gente, la quale certo, domani, a un cenno del Salvo, gli avrebbe voltato le spalle. A ogni modo, andando dal principe, avrebbe potuto parlare di questo solenne attestato di condoglianza e di simpatia dell'intera cittadinanza; oltreché, in tanti animi che, per la commozione del tragico avvenimento, eran come un terreno ben rimosso e preparato, poteva intanto seminar odio per il Salvo, così senza parere.
– Non me ne parlate, per carità! – protestava, alterandosi in viso al minimo accenno. – Dovrei dir cose, cose che... no, niente; per carità, non mi fate parlare...
E se qualcuno, esitante, insisteva:
– Quella povera figliuola...
– La figliuola? – scattava. – Ah, sì, povera, povera vittima anche lei! Non sopra tutte le altre, però, certo... Per carità, non mi fate parlare...
Il salotto era pieno zeppo di gente quando entrò il D'Ambrosio, quello che gli aveva fatto da testimonio nel duello col Verònica e che era lontano parente di Nicoletta Spoto. Avvenne allora una scena che, neanche se Capolino l'avesse preparata apposta, gli sarebbe riuscita più favorevole.
Il D'Ambrosio entrò tutto gonfio di commozione, e con le braccia protese. In piedi, tutti e due si abbracciarono in mezzo alla stanza, si tennero stretti un pezzo piangendo forte. Forte, con la sua abituale irruenza, parlò il D'Ambrosio, staccandosi dall'abbraccio:
– Dicono tutti, qua, che Nicoletta mia cugina era la ganza di quell'imbecille del Costa: è vero? Tu puoi dirlo meglio di tutti: è vero?
Sbigottiti, gli astanti si volsero a guatare il Capolino.

Questi cadde a sedere, come trafitto, su la poltrona, con le braccia abbandonate su le gambe, e scosse amaramente il capo. Poi, facendo un atto appena appena con le mani, parlò:

– Troppe... troppe cose dovrei dire, che non posso... Anche la pietà, capirete... sì, sì... anche queste lacrime, amici, mi bruciano! Perché anche da quei due che le meritano per la loro sorte, ma da voi, cari, da voi; non da me... anche da quei due io ebbi male; ma sopra tutto da chi li guidò a quel passo; da chi li teneva in pugno, e...

– Il Salvo! – proruppe il D'Ambrosio. – Hanno arrestato ad Aragona Marco Prèola; ma lui, il Salvo, per la Madonna, debbono arrestare! lui affamò là tutto il paese! lui è il vero assassino! E giustamente Dio l'ha punito, con la pazzia della figlia! Così, tra due pazze, se ne starà ora con tutte le sue ricchezze!

Capolino, allora, scattò in piedi, sublime.

– Ma per carità! no! no! Non posso permettere che si dicano di queste cose alla mia presenza! Vuoi difendere quegli assassini? Via! Sappiamo tutti che il Salvo era nel suo diritto, chiudendo là le zolfare! Ognuno provvede, come sa e crede, ai proprii interessi. E, del resto, non si è forse adoperato in tanti modi qua, al risorgimento dell'industria? No, no! Signori miei, vedete? parlo io, io, in questo momento, e arrivo fino a dirvi che egli, dal suo canto, anche come padre, ha creduto di agire per il bene della figliuola! Voi tutti non avete alcuna ragione per non riconoscer questo; potrei non riconoscerlo io, io solo, perché i mezzi di cui si è servito mi hanno distrutto la casa, spezzato la vita! Ma egli mirava, là, al bene di tutti quei bruti; e qua, al bene della sua figliuola!

Dieci, quindici, venti mani si tesero a Capolino, in un prorompimento d'ammirazione per così magnanima generosità; e Capolino si sentì levato d'un cubito sopra se stesso.

– Forse mi vedrò costretto, – soggiunse con triste gravità, – a restituirvi il mandato, di cui avete voluto onorarmi.

– No! no! che c'entra questo? E perché? – protestarono alcuni.

Capolino, sorridendo mestamente, levò le mani ad arrestare quell'affettuosa protesta:

– La condizione mia, – disse. – Considerate. Potrei più aver rapporti, non dico di parentela o d'amicizia, ma pur soltanto d'interessi, con Flaminio Salvo? No, certo. E allora? Devo provvedere a me stesso, signori miei, mentre il mandato che ho da voi esige un'assoluta indipendenza, quella appunto che avevo per i miei ufficii nel banco del Salvo. Ora... ora bisognerà che mi raccolga a pensar seriamente ai miei casi. Non son cose da decidere così su due piedi e in questo momento.

– Ma sì! ma sì! – ripresero quelli a confortarlo a coro. – Questi sono affari privati! La rappresentanza politica...

– Eh eh...

– Ma che! non c'entra...

– Altra cosa...

– E poi, per ora...

– Per ora, – disse, – mi basta, miei cari, di avervi dimostrato questo: che sono pronto a tutto, e che guardo le cose e la mia stessa sciagura con animo equo e, per quanto mi è possibile, sereno. Grazie, intanto, a tutti, amici miei.

Più tardi, recatosi al Vescovado a visitar Monsignore, ebbe da questo tali notizie su don Ippolito Laurentano e donna Adelaide, che stimò da abbandonare senz'altro il piano dapprima architettato, e che anzi gli convenisse aspettare il ritorno di Flaminio Salvo da Roma, per recarsi a Colimbètra a tentarne un altro, che già gli balenava, audacissimo.

Flaminio Salvo non volle lasciare a Roma Dianella in qualche « casa di salute », come i medici e la sorella e il cognato gli consigliavano; disse che, se mai, l'avrebbe lasciata in una di queste case a Palermo, per averla più vicina e poterla più spesso visitare; ma la sua casa ormai – soggiunse – poteva pur trasformarsi in uno di questi privati ospizii della pazzia, sotto il governo d'uno o più medici e con l'assistenza d'altre infermiere adatte: vi restava egli solo provvisto di ragione; ma sperava che presto, con l'esempio e un po' di buona volontà, la perderebbe anche lui.

Quando fu sul punto di partire, però, si vide costretto a ricorrere a Lando Laurentano, perché gli désse a compagno di viaggio Mauro Mortara, da cui Dianella non avrebbe voluto più staccarsi, e che forse era il solo che avrebbe potuto indurla a uscire da uno stanzino bujo ove s'era rintanata, e a partire. Lando Laurentano, che si preparava in gran fretta anche lui, chiamato a Palermo dai compagni del Comitato centrale del partito, rispose al Salvo, che avrebbero potuto fare insieme il viaggio, e che la mattina seguente sarebbe venuto con Mauro a prenderlo in casa Vella. Flaminio Salvo notò nell'aspetto, nella voce, nei gesti del giovane principe una strana agitazione febbrile, e fu più volte sul punto di domandargliene premurosamente il motivo; ma se n'astenne. Lando Laurentano era in quell'animo per una ragione, a cui il Salvo non avrebbe potuto neppur lontanamente pensare in quel momento: cioè, l'enorme impressione prodotta in tutta Roma dal suicidio di Corrado Selmi. Se n'era divulgata la notizia la sera stessa, che egli usciva con Mauro da casa Vella. Il grido d'un giornalajo glien'aveva dato l'annunzio. Aveva fatto fermar la vettura per comperare il giornale. Ma, anziché dargli gioja, quell'annunzio improvviso lo aveva in prima stordito. Aveva ordinato al vetturino d'accostarsi a un fanale, per leggere, non ostante l'impazienza di Mauro; aveva saltato il lungo commento necrologico premesso alle notizie sul suicidio, ed era corso con gli occhi a queste. Dal racconto del cameriere del Selmi aveva saputo, prima, l'aggressione a mano armata del nipote di Roberto Auriti, quando già il Selmi aveva ingojato il veleno; poi... ah poi!... una visita, che il giornalista diceva drammaticissima, al Selmi appena spirato, « d'una dama velata » di cui, per degni rispetti, non si faceva il nome, « accorsa », seguitava il cronista, « ignara del suicidio, forse per dare ajuto e conforto all'amico, dopo la sfida da lui lanciata, la mattina, all'intera assemblea ».

Lando Laurentano non aveva avuto alcun dubbio, che quella dama velata fosse donna Giannetta D'Atri, sua cugina; e aveva strappato il giornale, con schifo e con rabbia, gridando al vetturino di correre a casa. Qua aveva trovato in smaniosa ambascia Celsina Pigna e Olindo Passalacqua, che cercavano disperatamente Antonio Del Re, scomparso dalla mattina. Eran sembrate così inopportune a Lando in quel momento la vista buffa di quell'uomo, le smaniette di quella ragazza, tutta quell'ansia attorno a lui per la ricerca d'un giovane ch'egli non conosceva e ch'era tanto lontano dai suoi pensieri, che aveva avuto contro il suo solito un violento scatto d'ira. Aveva chiamato Raffaele, il cameriere, per ordinargli di mettersi a disposizione di quei due, ed era rimasto solo con Mauro. Questi, interpretando quello scatto come un segno di sprezzante noncuranza per l'arresto del cugino, non s'era potuto trattenere; gli s'era fatto innanzi tutto acceso di sdegno, gridando:

– Me ne voglio andare, subito! ora stesso! Non voglio più guardarvi in faccia!

– Mauro! Mauro! Mauro! – aveva esclamato Lando, scotendo in aria le mani afferrate.

Mauro allora s'era cacciato una mano in tasca, per trarne fuori le medaglie:

– Guardate! Dal petto me l'ero strappate, davanti al delegato, quando ho visto arrestare vostro cugino! Ora quella ragazza è venuta a riportarmele... Che sangue avete voi nelle vene? È questa la gioventù d'oggi? è questa?

– La gioventù... – s'era messo a rispondere con veemenza Lando; ma s'era subito frenato, premendosi forte le pugna serrate su la bocca e andando a sedere, coi gomiti su le ginocchia e la testa tra le mani.

La gioventù? Che poteva la gioventù, se l'avara paurosa prepotente gelosia dei vecchi la schiacciava così, col peso della più vile prudenza e di tante umiliazioni e vergogne? Se toccava a lei l'espiazione rabbiosa, nel silenzio, di tutti gli errori e le transazioni indegne, la macerazione d'ogni orgoglio e lo spettacolo di tante brutture? Ecco come l'opera dei vecchi qua, ora, nel bel mezzo d'Italia, a Roma, sprofondava in una cloaca; mentre sù, nel settentrione, s'irretiva in una coalizione spudorata di loschi interessi; e giù, nella bassa Italia, nelle isole, vaneggiava apposta sospesa, perché vi durassero l'inerzia, la miseria e l'ignoranza e ne venisse al Parlamento il branco dei deputati a formar le maggioranze anonime e supine! Soltanto, in Sicilia forse, or ora, la gioventù sacrificata potrebbe dare un crollo a questa oltracotante oppressione dei vecchi, e prendersi finalmente uno sfogo, e affermarsi vittoriosa!

Lando era balzato in piedi per gridare questa sua speranza a Mauro Mortara; ma s'era trattenuto per carità, alla vista di lui che piangeva, con quelle sue pietose medaglie in mano.

Il giorno appresso Antonio Del Re era stato ritrovato. Olindo Passalacqua era venuto a mostrare a Lando due telegrammi e un vaglia spediti d'urgenza da Girgenti per far subito partire il giovine; ma aveva soggiunto che il Del Re si ricusava ostinatamente di ritornare in Sicilia. Lando allora aveva pregato Mauro di recarsi a prendere il giovine per invitarlo a partire con loro il giorno appresso e Mauro a questa preghiera si era arreso di buon grado. Ma come proporgli adesso di viaggiare insieme con Flaminio Salvo?

La mattina per tempo venne al villino di via Sommacampagna Ciccino Vella per concertare il modo di spinger fuori dal nascondiglio Dianella e farla partire. Guaj, se vedeva il padre! Durante tutto il viaggio non doveva vederlo. Zio Flaminio e Lando dovevano viaggiare in un altro scompartimento della vettura, senza mai farsi scorgere. C'era anche quel giovanotto, il Del Re? Bene: tutti e tre, appartati, nascosti. Mauro e Dianella sarebbero stati soli, nello scompartimento attiguo: tutt'intera una vettura sarebbe stata a loro disposizione.

Fu men difficile, a tali condizioni, persuadere Mauro a render questo servizio al Salvo. Quando seppe che né ora, a casa Vella, né poi, durante tutto il tragitto, lo avrebbe veduto, e che non si trattava tanto di rendere un servizio a lui quanto un'opera di carità a quella povera fanciulla demente, si arrese aggrondato, e andò avanti con Raffaele in casa Vella.

Non ci fu bisogno né di preghiere né di esortazioni: appena Dianella rivide Mauro, balzò dal nascondiglio e tornò a riaggrapparsi a lui, incitandolo a fuggire insieme. Si dovette all'incontro stentare a trattenerla un po' per rassettarla alla meglio, ravviarle i capelli scarmigliati, metterle un cappello in capo, perché almeno non desse tanto spettacolo alla gente, in compagnia di quel vecchio che già per suo conto attirava la curiosità di tutti.

Quando l'uno e l'altra, tenendosi per mano, quello col viso tutto scombujato, lo zainetto alle spalle, questa con gli occhi e la bocca spalancati a un'ilarità squallida e vana, i capelli cascanti, scompigliati sotto il cappello assettato male sul capo, attraversarono il salone per andarsene, chi li vide non se ne poté più levar l'immagine dalla memoria.

Che discorsi tennero tra loro, nel viaggio?

Dietro l'usciolino dello scompartimento, il Salvo e il Laurentano, ora l'uno ora l'altro, li intesero conversar tra loro, a lungo, e s'illusero dapprima che tra loro il vecchio e la fanciulla s'intendessero. Ma sì, a maraviglia s'intendevano, perché l'uno e l'altra, ciascuno per sé, non parlavano se non con la propria follia. E le due follie sedevano accanto e si tenevano per mano.

– Una donna... vergogna!... Non si dice Aurelio... *Signor Aurelio... Signor Aurelio!*... Ma com'è possibile che l'abbia dimenticato?... Una così grossa ferita al dito... Vieni, vieni qua, al bujo... nell'andito... Te lo succhio io, il sangue dal dito... Una donna? Vergogna... *Signor Aurelio...*

– Questi... sono questi, i figli! La nuova gioventù... Per veder questo, oh assassini, abbiamo tanto combattuto, sacrificato la vita nostra... per veder questo, donna Dianella! E che ci vado più ad appendere, adesso, sotto la lettera del Generale nel camerone? che ci vado più ad appendere, dopo tutto quello che ho visto?

– Eh, ma chi lo sa l'anno che viene? Il gelso, a marzo, coglie sangue di nuovo... E allora, quand'è in amore, per gettare, è molle, molle come una pasta, e se ne fa quello che se ne vuole... Chi lo sa l'anno che viene?

— Incerto il bene, ma certe le pene, figlia mia! Incerto il bene, ma certe le pene!

Così conversavano di là, quei due.

Né Lando né Flaminio Salvo badavano intanto a un altro, di qua con loro, che non diceva nulla, ma che pure non meno di quei due vaneggiava col cervello. Non vedeva, non sentiva, non pensava più nulla, Antonio Del Re. La furia della disperazione, con la quale s'era avventato sopra il Selmi, gli aveva come folgorato lo spirito. Uscito dalla casa del Selmi, era rimasto vuoto, sospeso in una tetraggine attonita, spaventevole; e non ricordava più nulla, dove fosse andato, che avesse fatto, come e dove avesse passato la notte, se proprio la notte, una notte fosse passata. Non rispondeva a nessuna domanda; forse non udiva. Vedere, vedeva; stava per lo meno a guardare; ma la ragione non vedeva più, la ragione degli aspetti delle cose e degli atti degli uomini. Non si era già opposto al suo ritorno in Sicilia; ma a muoversi da sé dal luogo ove i piedi lo avevano condotto e la stanchezza accasciato. Si era mosso, allorché Mauro lo aveva strappato per il petto; ma senza udir nulla di quanto quegli gli aveva detto della nonna e della mamma. Il Passalacqua e Celsina lo avevano accompagnato, la mattina, al villino di Lando; prima di partire aveva veduto Celsina sorridere a Ciccino Vella, accettarne il braccio, montare in carrozza con lui e col Passalacqua: tutto questo aveva veduto, e più là, col pensiero; e nulla, più nulla gli s'era rimosso dentro.

Quando, passato lo stretto di Messina, Lando Laurentano scese dal treno per proseguire su un altro alla volta di Palermo, Flaminio Salvo provò una certa costernazione al pensiero di restar solo nella vettura per un'intera giornata fino a Girgenti con quel giovane a lui ignoto, che due giorni avanti aveva levato il pugnale per uccidere il Selmi, e che ora gli teneva gli occhi addosso con tanta fissità di sguardo, tra il torvo e l'insensato.

Ecco, con tre pazzi egli viaggiava; e forse non meno pazzo di questi tre era quello or ora sceso dal treno con l'intenzione di mettere a soqquadro tutta l'isola! Lui solo, dunque, per terribile condanna, doveva serbare intatto il privilegio di non aver minimamente velata, offuscata, né per rimorso, né per pietà, né più da alcun affetto, né più da alcuna speranza, né più da alcun desiderio, quella lucida, crudele limpidità di spirito? Lui solo.

E, come per assaporare lo scherno della sua sorte, si accostò ancora una volta all'usciolino dello scompartimento, con l'orecchio allo spiraglio, ad ascoltare i discorsi vani del vecchio e della figliuola.

Appena Mauro Mortara, arrivato a Girgenti, poté strapparsi dalle braccia di Dianella Salvo, corse di furia alla casa di donna Caterina Laurentano. Vi trovò Antonio Del Re ancora tra le braccia della madre che invano, stringendolo, scotendolo, smaniando, cercava di spetrarlo.

Come Anna vide entrar Mauro, gli corse incontro, lasciando il figlio:

– Che ha? Che ha? Ditemi voi che ha! Che gli hanno fatto?

Ma il Mortara le scostò le braccia e gridò più forte di lei:

– Vostra madre? Dov'è vostra madre?

Sopravvenne Giulio, in pochi giorni invecchiato di dieci anni. Negli occhi, nelle braccia protese aveva la speranza di aver da Mauro qualche notizia precisa sull'arresto di Roberto, sul suicidio del Selmi, se questi veramente avesse lasciato qualche dichiarazione in favore del fratello, come dicevano i giornali. Dal nipote non aveva potuto saper nulla, pei quanto, tra le braccia della madre, lo avesse furiosamente scrollato per farlo parlare.

Ma il Mortara scostò anche lui, ripetendo, testardo e violento:

— Vostra madre? Non so nulla! So che l'hanno arrestato sotto i miei occhi! Non voglio veder nessuno! Voglio vedere lei sola!

Giulio restò perplesso, se permettergli d'entrare nella camera della madre, così all'improvviso.

Dal giorno che egli, sotto l'urgenza della necessità, vincendo ogni riluttanza, dapprima con circospezione, poi risolutamente, con crudezza, le aveva detto che bisognava si recasse dal fratello Ippolito per salvare il figlio, era caduta, di schianto, in un attonimento quasi di apatia, come se la vista di tutte le cose intorno le si fosse a un tratto vuotata d'ogni senso. Non un gesto, non una parola. Più niente. E quella immobilità e quel silenzio avevano avuto fin da principio un che di così assoluto e invincibile, che né un gesto, né una parola eran più stati possibili agli altri per scuoterla o esortarla. Giulio sapeva che avrebbe ucciso la madre, parlando. E difatti, ecco, subito, parlando, l'aveva uccisa. Ella non poteva andare dal fratello per salvare il figlio: sarebbe stata la sua morte. Ed ecco, era morta.

Tanto egli quanto Anna avevano sperato, dapprima, che *non volesse* più muoversi né parlare; non che, veramente, *non potesse*. Ma ben presto s'erano accorti che non poteva. Pure, una lieve contrazione rimasta su la fronte, tra ciglio e ciglio, diceva chiaramente che, anche potendo, non avrebbe voluto. La avevano sollevata di peso dalla seggiola e adagiata sul letto. Erano di morte la immobilità e il silenzio; soltanto, ancora, non era fredda. E per impedire che anche quel freddo le sopravvenisse, si erano affrettati a coprirla bene sul letto, con mani amorose, piangendo. L'ultima crudeltà doveva compiersi così sopra di lei, e, perché fosse più iniqua, per mano stessa dei figli. Ora, vegliandola e piangendo, i figli le dimostravano, o piuttosto dimostravano a se stessi, che non erano stati loro a compierla. Se ella, per tutto ciò che aveva fatto, non poteva pagare per il figlio, bisognava che pagasse così, ora. Giulio lo sapeva; e, pur sapendolo, non aveva potuto impedirlo. Doveva parlare, spingerla a quella morte, darle il crollo. L'aveva poi raccolta su le braccia, e ora le rincalzava le coperte e le stringeva attorno alle braccia lo scialle nero di lana, per ripararla dall'ultimo freddo, e andava in punta di piedi, perché nessun rumore arrivasse più a quel silenzio. Anche il volo d'una mosca sarebbe stato di più, ora, oltre a quello che egli aveva fatto, perché doveva. Un pensiero, se non fosse anche di più la sua vita, il suo respiro, dopo quello che aveva fatto, gli era anche passato per la mente. Fuori di quella madre, fuori della Sicilia, egli, fin da giovinetto, aveva preso mondo. Era vissuto senza né ricordi, né affetti, né aspirazioni, quasi giorno per giorno: freddo, svogliato, ironico, sdegnoso. D'improvviso, quando men se l'aspettava, il destino della sua famiglia aveva allungato una spira a involgerlo, a invilupparlo, e lo aveva attratto a sé e piombato là, a rinsertarsi, a riaffiggersi alla radice, da cui s'era strappato; a sentire tutto ciò che non aveva voluto mai sentire, a ricordarsi di tutto ciò di cui non aveva voluto mai ricordarsi. La fine di colei, che aveva sempre e tutto sentito, e di tutto e sempre si era ricordata, schiantata ora dall'urto con cui egli era tornato a inviscerarsi in lei, non doveva essere adesso anche la sua fine? Schiantato il tronco, schiantati i rami. Nel tetro squallore della casa, era rimasto inorridito del suo apparire a se stesso coi sentimenti e i ricordi tutti di quella madre. Ma gli era apparsa anche Anna, la sorella: il ramo che non s'era mai staccato da quel tronco; che miseramente una volta sola, per poco, era fiorito, per dare il frutto ispido e attossicato di quel figlio, in cui neanche l'amore della madre riusciva a penetrare. E fratello e sorella si erano stretti, allora, fusi in un abbraccio d'infinita tenerezza, d'infinita angoscia, all'ombra della tetra casa, assaporando la dolcezza del pianto che li univa per la prima volta e che pur rompeva loro il cuore. Egli doveva vivere per quella sorella e per quel ragazzo. La notizia dell'arresto di Roberto, ormai inevitabile, attesa da un momento all'altro, era finalmente arrivata insieme con quella del suicidio di Corrado Selmi, ma vaga, ristretta in poche righe nei giornali siciliani, come una notizia a cui i lettori non avrebbero dato importanza, presi com'erano tutti, allora, dalla morbosa curiosità di conoscere fin nei minimi particolari l'eccidio d'Aragona.

La trepidazione di Anna per il figlio solo a Roma, il pensiero dell'ajuto da portare a Roberto avevano spinto dapprima Giulio a ritornar subito alla Capitale. Ma come abbandonar la madre in quello stato, sola lì con Anna che s'aggirava per le stanze chiamando il figlio, quasi forsennata? E che ajuto avrebbe potuto portare a Roberto? L'unico ajuto possibile sarebbe stato il denaro, il rimborso alla banca di quelle quarantamila lire, così che tutti potessero credere che queste fossero state prese da lui, per bisogni suoi. Il suicidio del Selmi, ora, avrebbe forse aperta la porta del carcere a Roberto, ma gli sarebbe rimasta, incancellabile, dopo la denunzia e l'arresto, la macchia d'una losca complicità. Quanti avrebbero creduto, domani, che disinteressatamente egli si fosse prestato a contrarre il debito, sotto il suo nome, per conto d'un altro? La dichiarazione del Selmi, se davvero esisteva come i giornali asserivano, non sarebbe valsa a cancellare del tutto quella macchia.

Di là, nella camera della madre, c'era il canonico Pompeo Agrò, che da tanti giorni, per ore e ore, non si staccava dalla poltrona a pie' del letto, fissi gli occhi nella faccia spenta della giacente, forse con la speranza di scoprirvi un indizio che ella – non avendo più nulla da dire agli uomini – desiderasse per suo mezzo comunicare con Dio. Più d'una volta con profonda voce l'aveva chiamata per nome, a più riprese, senza ottener risposta.

Giulio disse a Mauro di attendere un poco: voleva consigliarsi con l'Agrò, se questi désse più peso alla sua speranza o al suo timore che la vista o la voce del Mortara, scotendo la madre da quel torpore di morte, potessero farle bene o male.

– Credo, – gli rispose l'Agrò, – che non ci sia più né da sperare né da temere. Non avvertirà nulla. Provare. Tanto, se dura così, è la morte lo stesso.

Mauro entrò come un cieco nella camera quasi al bujo, chiamando forte, con affanno di commozione:

– Donna Caterina... donna Caterina...

Restò, davanti al letto, alla vista di quella faccia volta al soffitto, sui guanciali ammontati, cadaverica, con gli occhi che s'immaginavano torbidi e densi di disperata angoscia sotto la chiusura perpetua delle gravi pàlpebre annerite, con una ostinata, assoluta volontà di morte negli zigomi tesi, nelle tempie affossate, nelle pinne stirate del naso aguzzo, nelle livide, sottili labbra, non solo serrate, ma anche in qualche punto attaccate dall'essiccamento degli umori.

– Oh figlia... oh figlia... – esclamò. – Donna Caterina... sono io... Mauro... il cane guardiano di vostro padre... Guardatemi... aprite gli occhi... da voi voglio essere guardato... Aprite gli occhi, donna Caterina; guardando me, guardate la vostra stessa pena... Sentitemi: debbo dirvi una cosa... torno da Roma...

Urtando contro la rigida impassibilità funerea della morente, la commozione di Mauro Mortara si spezzò a un tratto in striduli singhiozzi, molto simili a una risata. L'Agrò e Giulio, anch'essi piangenti, se lo presero in mezzo, e, sorreggendolo per le braccia, lo trassero fuori della camera.

La morente, rimasta sola nell'ombra, immobile su i guanciali ammontati, udì tardi la voce, come se questa avesse dovuto far molto cammino per raggiungerla nelle profonde lontananze misteriose, ove già il suo spirito s'era inoltrato. E da queste lontananze, in risposta a quella voce, tardi venne alle sue pàlpebre chiuse una lagrima, ultima, che nessuno vide. Sgorgò da un occhio; scorse su la gota; cadde e scomparve tra le rughe del collo.

Quando Pompeo Agrò tornò a sedere su la poltrona a pie' del letto, né più nell'occhio, né più su la gota ve n'era traccia.

Donna Caterina era morta.

VI

Per donna Adelaide e don Ippolito Laurentano era cominciato, fin dalla prima sera che eran rimasti soli nella villa di Colimbètra, un supplizio previsto da entrambi difficilissimo da sopportare, per quanta buona volontà l'uno e l'altra ci avrebbero messo.

Appena andati via gl'invitati alla cerimonia nuziale, don Ippolito, con molto garbo prendendole una mano, ma pur senza guardargliela per non avvertire quanto fosse diversa da quella tenuta un tempo tra le sue (pallida e lunga mano, morbida, tenera e lieve!), aveva cercato di farle intendere il bene che da lei si riprometteva in quella solitudine d'esilio, di cui supponeva le dovessero esser note le ragioni, se non tutte, almeno in parte. Il discorso tenuto sul terrazzo, davanti alla campagna silenziosa, già invasa dal bujo della notte, era stato, in verità, un po' troppo lungo e un tantino anche faticoso. La povera donna Adelaide, oppressa dalla violenza di tanti sentimenti nuovi durante quella giornata, e ora da tutta quell'ombra e da quel silenzio che le vaneggiavano intorno e le rendevano più che mai soffocante l'ambascia per ciò che misteriosamente incombeva ancora su la sua « terribile signorinaggine », a un certo punto, per quanto si fosse sforzata, non aveva potuto udir più nulla di quel pacato interminabile discorso. Aveva avuto l'impressione che esso, proprio fuor di tempo, la volesse trarre per forza quasi in una cima di monte altissima e nebbiosa, dalla quale le sarebbe stato difficile, se non addirittura impossibile, ridiscendere ancora in grado di resistere ad altre sorprese, ad altre emozioni che quella notte certamente le apparecchiava. Non per cattiva volontà, ma per l'aria, ecco, per l'aria che, a un certo punto, cominciava a sentirsi mancare, non le era stato mai possibile prestare ascolto a lunghi discorsi. Oh, buon Dio, e perché poi prendere di questi giri così alla lontana, se alla fine pur sempre bisognava ridursi a fare, sù per giù, le stesse cose, quelle che la natura comanda? Che brutto vizio, buon Dio! E senz'altro effetto che la stanchezza e la stizza. Anche la stizza, sì. Perché le cose da fare sono semplici, e da contarsi tutte su le dita d'una mano; cosicché, alla fine, ciascuno deve riconoscere che tutto quel girare attorno a esse, non solo è inutile, ma anche sciocco e dannoso, in quanto che poi, per la stanchezza appunto e con la stizza di questo riconoscimento, si fanno tardi e si fanno male. Dapprima s'era messa a guardare, con occhi tra imploranti e spaventati, il principe, o piuttosto, quella sua lunga, lunghissima barba. Poi, nell'intronamento, aveva sentito un prepotente bisogno di ritirare la mano e di soffiare, di soffiare un poco almeno, non potendo sbuffare, non potendo gridare per dare uno sfogo alla soffocazione e alle smanie. Alla fine, era riuscita a vincere l'intronamento: gli orecchi le si erano rifatti vivi un istante, ma per fuggire lontano, per afferrarsi a un qualche filo di suono, nell'oscurità della notte, che le avesse dato sollievo, distrazione. Veniva dalla riviera, laggiù laggiù, invisibile, un sordo borboglìo continuo. E tutt'a un tratto, proprio nel punto che il discorso del principe s'era fatto più patetico, donna Adelaide era uscita a domandargli:

– Ma che è, il mare? Si sente così forte, ogni notte?

Don Ippolito, dapprima stordito (– il mare? che mare? –) si era poi sentito cascar le braccia:

– Ah sì... è il mare, è il mare...

E le aveva lasciato la mano e si era scostato.

Donna Adelaide, imbarazzata, non sapendo come rimediare all'evidente mortificazione del principe per quella domanda inopportuna, era rimasta come appesa balordamente alla sua domanda.

La risposta s'era fatta aspettare un po'; alla fine era arrivata da lontano, grave:

– Grida così, quand'è scirocco...

Quella remota voce del mare era a lui cara e pur triste. Tante volte, nella pace profonda delle notti, gli aveva dato angoscia e compagnia. Abbandonato su la sedia a sdrajo, s'era lasciato cullare da quel cupo fremito continuo delle acque che gli parlavano di terre lontane, d'una vita diversa e tumultuosa ch'egli non avrebbe mai conosciuta. S'era sentito ripiombare tutt'a un tratto da quel richiamo nella profondità della sua antica solitudine.

Come più riprendere il discorso, adesso? E, d'altra parte, come rimaner così in silenzio, lasciar lì discosta nel terrazzo quella donna che ora gli apparteneva per sempre e che s'era affidata alla sua cortesia, in quella solitudine per lei nuova e certo non gradita? Bisognava farsi forza, vincere la ripugnanza e riaccostarsi. Ma certo, ormai, di non potere entrare con lei in altra intimità che di corpo, don Ippolito s'era domandato amaramente qual altro effetto questa intimità avrebbe potuto avere, se non lo scàpito irreparabile della sua considerazione.

E difatti, quella notte...

Ah, la povera donna Adelaide non avrebbe potuto mai immaginare un simile spettacolo, di pietà a un tempo e di paura! Le veniva di farsi ancora la croce con tutt'e due le mani. Ah, Bella Madre Santissima! Un uomo con tanto di barba... un uomo serio... Dio! Dio! Lo aveva veduto, a un certo punto, scappar via, avvilito e inselvaggito. Forse era andato a rintanarsi di notte tempo nelle sale del *Museo*, a pianterreno. E lei era rimasta a passare il resto della notte, semivestita, dietro una finestra, a sentire i singhiozzi d'un chiù innamorato, forse nel bosco della Civita, forse in quello più là, di Torre-che-parla.

Meno male che, la mattina dopo, la vista della campagna e dello squisito arredo della villa l'aveva un po' racconsolata e rimessa anche in parte nelle consuete disposizioni di spirito, per cui volentieri, ove non avesse temuto di far peggio, si sarebbe lei per prima riaccostata al principe a dirgli, così alla buona, senza stare a pesar le parole, che, via, non si désse pensiero né afflizione di nulla, perché lei... lei era contenta, proprio contenta, così...

Le aveva fatto pena quel viso rabbujato! Pover'uomo, non aveva saputo neanche alzar gli occhi a guardarla, quando a colazione si era rimesso a parlarle. Ma sì, ma sì, certo: era una condizione insolita, la loro: trovarsi così, a essere marito e moglie, quasi senza conoscersi. A poco a poco, certo, sarebbe nata tra loro la confidenza, e... ma sì! ma sì! certo!

S'era accorta però che, dicendo così, le smanie del principe erano cresciute, s'erano anzi più che più esacerbate; e con vero terrore aveva veduto riapprossimarsi la notte. Per parecchie notti di fila s'era rinnovato questo terrore; alla fine aveva ottenuto in grazia d'esser lasciata in pace, a dormir sola, in una camera a parte. Se non che, il giorno dopo, era sceso a Colimbètra monsignor Montoro a farle a quattr'occhi un certo sermoncino. E allora lei, di nuovo: – Oh Bella Madre Santissima! Ma che!... no... Ah, come?... che?... che doveva far lei?... Gesù! Gesù!... Alla sua età, smorfie, moine? Ah! questo mai! no no! no no! questo mai! Non erano della sua natura, ecco. E, del resto, perché? Non si poteva restar così? Non chiedeva di meglio, lei. Che faccia aveva fatto Monsignore! E la povera donna Adelaide, da quel momento in poi, non aveva saputo più in che mondo si fosse o, com'ella diceva, aveva cominciato a sentirsi « presa dai turchi ». Ma come? il torto era suo?

Il principe, tutto il giorno tappato nel *Museo*, non s'era più fatto vedere, se non a pranzo e a cena, rigido aggrondato taciturno. Aria! aria! aria! Sì, ce n'era tanta, lì: ma per donna Adelaide non era più respirabile. E il bello era questo: che della soffocazione, avvertita da lei, le era parso che dovessero soffrire tutte le cose, gli alberi segnatamente! Sul principio dei tre ripiani fioriti innanzi alla villa c'era da più che cent'anni un olivo saraceno, il cui tronco robusto, pieno di groppi e di nodi, per contrarietà dei venti o del suolo, era cresciuto di traverso e pareva sopportasse con pena infinita i molti rami sorti da una sola parte, ritti, per conto loro. Nessuno aveva potuto levar dal capo a donna Adelaide che quell'albero, così pendente e gravato da tutti quei rami, soffrisse.

– Oh Dio, ma non vedete? soffre! ve lo dico io che soffre! poverino!

E lo aveva fatto atterrare. Atterrato, guardando il posto dove prima sorgeva:

– Ah! – aveva rifiatato. – Così va bene! L'ho liberato.

Né s'era fermata qui. Altre prove di buon cuore aveva dato, le sere senza luna, durante la cena, verso le bestioline alate che il lume del lampadario attirava nella sala da pranzo. Un certo *Pertichino*, ragazzotto di circa tredici anni, figlio del sergente delle guardie, era incaricato di star dietro la sedia di donna Adelaide e di dar subito la caccia a quelle bestioline, appena entravano. Se non che, *Pertichino* spesso si distraeva nella contemplazione dei grossi guanti bianchi di filo, in cui gli avevano insaccato le mani; e donna Adelaide, ogni volta, doveva strapparlo a quella contemplazione con strilli e sobbalzi per lo springare di qualche grillo o per il ronzare di qualche parpaglione.

– Niente! Farfalletta... Non si spaventi! Eccola qua, farfalletta...

– Povera bestiola, non farla patire: staccale subito la testa; se no, rientra... Fatto?

– Fatto, eccellenza. Eccola qua.

– No, no, che fai? non me la mostrare, poverina! Farfalletta era? proprio farfalletta? Povera bestiolina... Ma chi gliel'aveva detto d'entrare? Con tanta bella campagna fuori... Ah, avessi io le ali, avessi io le ali!

Come dire che, senza pensarci due volte, se ne sarebbe volata via.

Don Ippolito, per quanto urtato e disgustato, la aveva lasciata fare e dire. Ma una sera, finalmente, non s'era più potuto tenere. Erano tutti e due seduti discosti sul terrazzo. Egli aspettava che su dalle chiome dense degli olivi, sorgenti sul pendìo della collina dietro la ripa, spuntasse la luna piena, per rinnovare in sé una cara, antica impressione. Gli pareva, ogni volta, che la luna piena, affacciandosi dalle chiome di quegli olivi allo spettacolo della vasta campagna sottostante e del mare lontano, ancora dopo tanti secoli restasse compresa di sgomento e di stupore, mirando giù piani deserti e silenziosi dove prima sorgeva una delle più splendide e fastose città del mondo. Ora la luna stava per sorgere, s'intravvedeva già di tra il brulichìo dei cimoli argentei degli olivi, e don Ippolito disponeva la sua malinconia attonita e ansiosa a ricevere l'antica impressione insieme con tutta la campagna, ove era un sommesso e misterioso scampanellìo di grilli e gemeva a tratti un assiolo, quando, all'improvviso, dalla casermuccia sul greppo dello Sperone, era scoppiato a rompere, a fracassare quell'incanto, il suono stridulo e sguajato del fischietto di canna di capitan Sciaralla. Donna Adelaide s'era messa a battere le mani, festante.

– Oh bello! Oh bravo il capitano che ci fa la sonatina!

Don Ippolito era balzato in piedi, fremente d'ira e di sdegno, s'era turati gli orecchi, gridando esasperato:

– Maledetti! maledetti! maledetti!

E, afferrando per le spalle *Pertichino* e scrollandolo furiosamente, gli aveva ingiunto di correre a gridare a quella canaglia dal ciglio del burrone dirimpetto, che smettesse subito.

– E poi, fuori di qua! fuori dai piedi! Non voglio più vederti! Chi ha qua fastidio delle mosche se le cacci da sé! zitta, da sé! Sono stanco, sono stufo di tutte queste volgarità che mi tolgono il respiro! Basta! basta! basta!

Ed era scappato via dal terrazzo, con gli occhi strizzati e le mani su le tempie.

Fortuna che, pochi giorni dopo, s'era presentato alla villa don Salesio Marullo, con un viso sparuto e quasi affumicato, guardingo e sgomento, a chiedere ajuto e ospitalità. Era diventato, fin dal primo giorno, cavaliere di compagnia di donna Adelaide, la quale credette che gliel'avesse mandato Iddio.

– Don Salesio, per carità, mangiate! Per carità, don Salesio, rimettetevi subito! Subito, *Pertichino*, due altri ovetti a don Salesio!

S'era messa a ingozzarlo come un pollo d'India prima di Natale. Il povero gentiluomo, ridotto una larva, non aveva saputo opporre alcuna resistenza; aveva ingollato, ingollato, ingollato tutto ciò che gli era stato messo davanti, e quasi in bocca, a manate; poi... eh, poi l'aveva scontato con tremende coliche e disturbi viscerali d'ogni genere, per cui, nel bel mezzo d'uno svago o d'un passatempo concertato con capitan Sciaralla per distrarre la principessa, si faceva in volto di tanti colori e alla fine doveva scappare, non è a dire con quanta sofferenza della sua dignità, per quanto ormai intisichita.

Ma donna Adelaide ne gongolava. Non potendo nulla contro quella del principe suo marito, per vendetta s'era gettata a fare strazio d'ogni dignità mascolina che le si parasse davanti: anche di quella di Sciaralla il capitano. Aveva trovato per caso tra le carte della scrivania, nella stanza del segretario Lisi Prèola, una vecchia poesia manoscritta contro il capitano, dove tra l'altro era detto:

> *Oppur vai, don Chisciottino,*
> *all'assalto d'un molino?*
> *od a caccia di lumache*
> *t'avventuri col mattino,*
> *così rosso nelle brache,*
> *nel giubbon così turchino,*
> *Sciarallino, Sciarallino?*

E un giorno, ch'era piovuto a dirotto, appena cessata la pioggia, era scesa nello spiazzo sotto il corpo di guardia dove « i militari » facevano le esercitazioni, e chiamando misteriosamente in disparte capitan Sciaralla, gli aveva ordinato di mandare i suoi uomini, con la zappetta in una mano e un corbellino nell'altra, in cerca di *babbaluceddi*, ossia delle lumachelle che dopo quell'acquata dovevano essere schiumate dalla terra.

Il povero capitano, a quell'ordine, era rimasto basito.

Come dare militarmente un siffatto comando ai suoi uomini? Perché donna Adelaide, per metterlo alla prova, aveva preteso che quella cerca di lumache avesse tutta l'aria d'una spedizione militare.

– Eccellenza, e come faccio?
– Perché?
– Se perdiamo il prestigio, eccellenza...
– Che prestigio?
– Ma... capirà, io debbo comandare... e in momenti come questi...
– Io voglio i *babbaluceddi*.
– Sì, eccellenza... più tardi, quando rompo le file...
– Quando rompete... che cosa?
– Le file, eccellenza.
– No no! E allora finisce il bello, che c'entra! Io voglio i *babbaluceddi* militari!

E non c'era stato verso di farla recedere da quella tirannia capricciosa. Con quali effetti per la disciplina, Sciaralla il giorno dopo lo aveva lasciato considerare amaramente a don Salesio Marullo, già da un pezzo messo a parte della sua costernazione per le notizie che arrivavano da tutta la Sicilia, del gran fermento dei *Fasci*, a cui pareva non potessero più tener testa né la polizia, né la milizia, « quella vera ».

– Capissero almeno che qua siamo anche noi contro il governo... Ma no, caro sì-don Salesio: perché sono una lega, non tanto contro il governo, quanto contro la proprietà, capisce?

– Capisco, capisco...

– Vogliono le terre! E se, cacciati dalle città, si buttano nelle campagne? Quattro gatti siamo... E più diamo all'occhio, perché figuriamo in assetto di guerra, capisce?

– Capisco, capisco.

– Qua, così armati, diciamo quasi noi stessi che c'è pericolo; sfidiamo l'assalto; siamo come un piccolo stato, a cui si può fare benissimo una guerra a parte, mi spiego? E domani il prefetto un'offesa a noi sa come la prenderebbe? come una giusta retribuzione. Guarderà gli altri, e per noi dirà: «Ah, S. E. il principe di Laurentano, vuol fare il re, con la sua milizia? Bene, e ora si difenda da sé!». Ma con che ci difendiamo noi? Me lo dica lei... Che roba è questa?

– Piano... eh, con le armi...

– Armi? Non mi faccia ridere! Armi, queste? Ma quando si vuol tener gente così... e vestita, dico, lei mi vede... coraggio ci vuole, creda, coraggio a indossare in tempi come questi un abito che strilla così... e io mi sento scolorir la faccia, quando mi guardo addosso il rosso di questi calzoni. Dico, sì-don Salesio, che scherziamo? Quando, dico, si sta sul puntiglio di non volersi abbassare a nessuno...

– Forse, – suggeriva, esitante, don Salesio, – sarebbe prudente raccogliere...

– Altra gente? E chi? Sarebbe questo il mio piano! Ma chi? I contadini? E se sono anch'essi della lega? I nemici in casa?

– Già... già...

– Ma che! L'unica, sa quale sarebbe?...

A voce, non lo disse: con due dita si prese sul petto la giubba; guardingo, la scosse un poco; poi,

quasi di furto, fece altri due gesti che significavano: ripiegarla e riporla; e subito domandò:
– Che? No? Lei dice di no?
Don Salesio si strinse nelle spalle:
– Dico che il principe... forse...
– Eh già, perché non deve portarla lui! Sì-don Salesio, il cielo s'incaverna, s'incaverna sempre più da ogni parte; e i primi fulmini li attireremo noi qua, con questi ferracci in mano; vedrà se sbaglio!
Scoppiò difatti il fulmine e terribile, pochi giorni dopo, e fu la notizia dell'eccidio d'Aragona. Parve che scoppiasse proprio su Colimbètra, poiché lì, per combinazione, sotto lo stesso tetto si trovarono il padre dell'autore principale dell'eccidio, cioè il segretario Lisi Prèola, e il patrigno della vittima, il povero don Salesio. E lo sbigottimento e l'orrore crebbero ancor più, allorché da Roma, come il rimbombo di quel fulmine caduto così da presso, giunse l'altra notizia dell'impazzimento di Dianella.
Donna Adelaide, colpita ora direttamente dalla sciagura, lasciò d'accoppare con la sua fragorosa e affannosa carità don Salesio, e si mise a strillare per conto suo che, con Dianella impazzita a causa di quell'eccidio, non era più possibile che rimanesse lì a Colimbètra il padre dell'assassino! E il principe, per farla tacere, quantunque stimasse ingiusto incrudelire su quel vecchio già atterrato dalla colpa nefanda del figlio, si vide costretto a mandarlo via dalla villa, con un assegno. Prima d'andare, il Prèola, strascicandosi a stento, col grosso capo venoso e inteschiato ciondoloni, volle baciar la mano anche alla signora principessa e le disse che volentieri offriva ai suoi padroni, per il delitto del figlio, la penitenza di lasciare dopo trentatré anni il servizio in quella casa, compiuto con tanto amore e tanta devozione. Donna Adelaide, commossa e pentita,

cominciò a dare in ismanie e chiamò innanzi a Dio responsabile il principe del suo rimorso per l'ingiusta punizione di quel povero vecchio; sì, il principe, sì, per l'orgasmo continuo in cui la teneva, così che ella non sapeva più quel che si volesse e, pur di darsi uno sfogo, diceva e faceva cose contrarie alla sua natura. Le sue smanie divennero più furiose che mai, come seppe ch'erano ritornati da Roma suo fratello Flaminio e Dianella. A monsignor Montoro, sceso a Colimbètra in visita di condoglianza per la morte di donna Caterina, domandò con gli occhi gonfi dal pianto, se gli pareva umano che le si proibisse d'andare a vedere e assistere la nipote, a cui aveva fatto da madre!

Don Ippolito, in quel momento, non era in villa. S'era recato al camposanto di Bonamorone, poco discosto da Colimbètra, a pregare su la fossa della sorella. Quando entrò, scuro, nel salone, finse di non vedere il pianto della moglie, e al vescovo che gli si fece innanzi compunto e con le mani tese, disse:

– È morta disperata, Monsignore. Disperata. Il figlio in carcere, compromesso con tanti altri di questi *patrioti*, nella frode delle banche. E quel Selmi, venuto qua padrino avversario del Capolino, ha saputo? s'è ucciso. Scontano tutti le loro belle imprese! È lo sfacelo, Monsignore! Dio abbia pietà dei morti. Io mi sento il cuore così arso di sdegno, che non m'è stato possibile pregare. Un fremito ai ginocchi m'ha fatto levare dalla fossa della mia povera sorella, e mi sono domandato se questo era il momento di pregare e di piangere, o non piuttosto d'agire, Monsignore! Ma dobbiamo proprio rimanere inerti, mentre tutto si sfascia e le popolazioni insorgono? Ha sentito, ha letto nei giornali? Le folle hanno un bell'essere incitate da predicazioni anarchiche; scendendo in piazza a gridare contro la gravezza delle tasse, recano ancora con sé il Crocefisso e le immagini dei Santi!

– Anche quelle, però, del re e della regina, don Ippolito, – gli fece osservare amaramente Monsignore.

– Per disarmare i soldati, queste! – rispose pronto don Ippolito. – Il segno che l'animo del popolo è ancora con noi è in quelle! è chiaro in quelle! Sa che mio figlio è in Sicilia?

Monsignore chinò il capo più volte con mesta gravità, credendo che il principe gli avesse fatto quella domanda per chiamarlo a parte d'un dispiacere.

– Ha viaggiato insieme con don Flaminio, – aggiunse con un sospiro, – e con la povera figliuola.

Donna Adelaide ruppe in nuovi e più forti singhiozzi. Don Ippolito pestò un piede rabbiosamente.

– Bisogna vincere i proprii dolori, – disse con fierezza – e guardar oltre! Saper vivere per qualche cosa che stia sopra alle nostre miserie quotidiane e a tutte le afflizioni che ci procaccia la vita! Io ho scritto a mio figlio, Monsignore, e ho fatto anche chiamare il Capolino per proporgli d'andare ad abboccarsi con lui, se fosse possibile venire a qualche intesa...

– Ma come, don Ippolito? – esclamò, con stupore e afflizione, Monsignore. – Con quelli che gli hanno or ora assassinato barbaramente la moglie?

Don Ippolito tornò a pestare un piede sul tappeto, strinse e scosse le pugna, e col volto levato e atteggiato di sdegno, fremette:

– Schiavitù! schiavitù! schiavitù! Ah se io non fossi inchiodato qui!

– Ma che siamo sbanditi? davvero sbanditi? – domandò allora, tra le lagrime, donna Adelaide, rivolta al vescovo. – Chi ci proibisce d'uscire di qui, d'andare dove ci pare, Monsignore?

– Chi? – gridò don Ippolito, volgendosi di scatto, col volto scolorito dall'ira. – Non lo sapete ancora? Monsignore, non ha posto lei chiaramente i patti di queste mie nuove nozze sciagurate? Come non sa ancora costei chi ci proibisce d'uscire di qui?

– Ma in un caso come questo! – gemette donna Adelaide. – Vado io sola! Egli può restare! Santo Dio, ci vuole anche un po' di cuore, ci vuole!

Monsignor Montoro la supplicò con le mani di tacere, d'usar prudenza. Don Ippolito si portò e si premette forte le mani sul volto, a lungo; poi mostrando un'aria al tutto cangiata, di profonda amarezza, di profondo avvilimento, disse:

– Monsignore, procuri d'indurre mio cognato a portar qui la figliuola, presso la zia. Forse la quiete, la novità del luogo le potranno far bene.

– Ah, qui? davvero qui? Ah se viene qui... – proruppe allora con furia di giubilo donna Adelaide, dimenandosi, quasi ballando sulla seggiola. – Sì, sì, sì, Monsignore mio. Sente? lo dice lui! La faccia venire qui, Monsignore, subito subito, qui, la mia povera figliuola!

Lieto della concessione, Monsignore parò le candide mani paffute ad arrestare quella furia:

– Aspettate... permettete? Ecco... vi devo dire... oh, una cosa che mi ha tanto, tanto intenerito... Qua, sì... ma aspettate... vedrete che è meglio lasciare per ora a Girgenti la povera figliuola... Forse abbiamo un mezzo per guarirla. Sì, ecco, l'altro jeri sera, sapete chi è venuto a trovarmi al vescovado? Il De Vincentis, quel povero Ninì De Vincentis, innamorato da lungo tempo della ragazza, lo sapete. Caro giovine! Oh se l'aveste veduto! In uno stato, vi assicuro, che faceva pietà. Si mise a piangere, a piangere perdutamente, e mi pregò, mi scongiurò di dire a don Flaminio che si fidasse di lui e lo mettesse accanto alla ragazza, ché egli col suo amore, con la sua calda pietà insistente sperava di scuoterla, di richiamarla alla ragione, alla vita. Ebbene, che ne dite?

— Magari! — esclamò donna Adelaide. — E Flaminio? Flaminio?

— Ho fatto subito, jeri mattina, l'ambasciata, — rispose Monsignore. — E don Flaminio, che conosce il cuore, la gentilezza e l'onestà illibata del giovine, ha accettato la proposta, promettendo al De Vincentis che la figliuola sarà sua se farà il miracolo di guarirla. Ora il giovine è lì, presso la povera figliuola. Lasciamola stare, donna Adelaide, e preghiamo Iddio insieme, che il miracolo si compia.

Con questa esortazione, monsignor Montoro tolse commiato. Per le scale disse a don Ippolito che aveva in animo di mandare una pastorale ai fedeli della diocesi, e che fra qualche giorno sarebbe venuto a fargliela sentire, prima di mandarla. Don Ippolito aprì le braccia e, appena il vescovo partì con la vettura, andò a rinchiudersi nelle sale del *Museo*.

Donna Adelaide rimase a piangere, prima di tenerezza per quell'atto del povero Ninì, poi per disperazione, poiché sapeva purtroppo in che conto la nipote tenesse un tempo quel giovine. Forse, se anche lei avesse potuto esserle accanto, a persuaderla... chi sa! E cominciò a fremere di nuovo e a struggersi tra le smanie e a sentirsi divorata dalla rabbia per quella barbarie del principe, che la costringeva a star lì. E perché poi? che cosa rappresentava, che cosa stava a far lì, lei? No, no, no; voleva andar via, scappare, fuggire, o sarebbe anch'essa impazzita! Decise di scrivere al fratello, scongiurandolo di venir subito a riprendersela, a liberarla da quella galera, o con le buone o con le cattive.

Lieto della chiamata del principe di Laurentano, Ignazio Capolino si disponeva a scendere a Colimbètra, quando nella saletta d'ingresso udì la vecchia serva respingere sgarbatamente qualcuno, che chiedeva di lui. Si fece avanti, sporse il capo a guardare, vide due donne vestite di nero, con uno scialle pur nero in capo, stretto attorno al viso pallido e smunto. Erano le due figliuole del Pigna, Mita e Annicchia.

Capolino, come intese il nome, le fece entrare nel salotto e, dopo averle costrette a sedere, domandò loro che cosa desiderassero. Per pudore della loro miseria e per sostenere con dignità il cordoglio, resistevano entrambe alla commozione irrompente. Lo sforzo che facevano per non piangere, intanto, e la suggezione, impedivano la voce. E tutte e due stropicciavano forte, sotto lo scialle nero, il pollice della mano sinistra sulla costa dell'ultima falange dell'indice, ottusa, incallita, annerita e bucherata dall'assiduo passaggio dell'ago e del filo, quasi che soltanto nella sensibilità perduta di quel dito potessero trovar la forza e il coraggio di parlare. Alla fine, Mita, levando appena gli occhi offuscati, riuscì a dire:

– Signor deputato, siamo venute a pregarla...

E l'altra subito suggerì, corresse:

– Le diamo l'incomodo... col dolore che deve avere in sé...

– Dite, dite pure, – le esortò Capolino. – Sono qua ad ascoltarvi.

– Sissignore, ecco... Vossignoria saprà, – riprese Mita, facendosi improvvisamente rossa in viso, – che nostro padre e il Lizio, che è...

– Marito d'una nostra sorella, – tornò a suggerire Annicchia.

Mita le rivolse con gli occhi un pietoso rimprovero.

– Sono stati arrestati, signor deputato!

– Innocenti, signor deputato, innocenti!

– Siamo testimonie noi, che non sapevano nulla, proprio nulla del fatto...

Capolino, confuso tra l'ansia affannosa e incalzante con cui le due sorelle ora parlavano, domandò:
– Di qual fatto?
– Come! – fece Mita. – Del fatto, che vossignoria, purtroppo...
– Oh Signore! – esclamò Annicchia. – Ce ne trema ancora il cuore.
E Mita riprese:
– Sono stati arrestati anch'essi, innocenti come Cristo... Siamo testimonie noi, che sono rimasti sbalorditi e senza fiato, quando se ne sparse la notizia; non sapevano nulla di nulla...
– E vossignoria può credere, – aggiunse Annicchia, – che non avremmo avuto il coraggio di venire qua a parlarne a vossignoria, se non fossimo più che sicure che sono innocenti...
E Mita, con gli occhi bassi, tremante:
– La sua signora, – disse, – noi l'abbiamo servita e sappiamo quant'era buona... signora affabile... e bella, oh quant'era bella... che pena!
Capolino strizzò gli occhi, si torse un po' sulla seggiola, e domandò con voce grossa:
– Avete avuto una perquisizione in casa?
– Sissignore, – risposero a una voce le due sorelle. Seguitò Mita: – Guardie, delegati, giudici... come tanti diavoli... hanno messo tutto sossopra...
– E che hanno trovato?
– Niente!
– Oh Maria, proprio niente... Qualche lettera... giornali... l'elenco dei socii.
– Socii per modo di dire... non veniva nessuno...
– Libri... carte... Si son portato via tutto... anche un capo di biancheria, signor deputato, con una goccia di sangue che m'ero fatto io, qua al dito, cucendo...
Capolino si strinse la bocca con una mano sotto

il naso, e rimase un pezzo accigliato, a pensare; poi disse:

— Se non verrà fuori qualche compromissione...

— Ah, nossignore! — esclamò subito Mita. — Col fatto per cui sono stati arrestati, nessuna; certo nessuna! Vossignoria può crederlo...

— Non saremmo venute da vossignoria... — ripeté Annicchia.

Capolino tese le mani per fermarle; si raccolse di nuovo a pensare.

— Sapete, — poi domandò, — che io non sono benvisto dall'autorità? Sapete che, per scusare trenta e più anni di malgoverno, si vuol far credere che tutti questi torbidi in Sicilia siano suscitati sotto sotto dal partito clericale, a cui io appartengo?

— Vossignoria... ma come! — disse Annicchia, con le mani giunte. — Se vossignoria ha avuto... se a vossignoria...

— Tanto più! Tanto più! — troncò Capolino. — Diranno: « Ecco, vedete che c'è l'accordo? Il cuore è una cosa; la politica, un'altra! Viene lui, lui stesso, a intercedere per gli arrestati ». Così diranno!

Le due sorelle restarono smarrite, oppresse.

— E come si può credere una tal cosa?... — domandò Mita.

— Ma non la credono affatto! — rispose con un sorriso di sdegno Capolino. — Fingono di credere! È la loro scusa. E io, andando, voi lo capite, farei il loro gioco, senza ottenere nulla per voi. È proprio così! Anche nel 1866, che voi altre non eravate neppur nate, la sommossa popolare[52] a causa delle iniquità politiche e amministrative, fu addebitata a questo capro espiatorio del partito clericale. È la scusa più comoda, per i governanti, e di sicuro effetto!

Le due sorelle rimasero un pezzo in silenzio, assorte, quasi a veder la speranza che le aveva condotte lì, rintanarsi nella pena, cacciata da una ragione inat-

tesa che non riuscivano a intendere chiaramente.
– C'eravamo figurate, – disse poi Mita, – che se vossignoria avesse detto una parola... non solo di fronte all'autorità... ma anche per il paese... Viviamo del lavoro che facciamo noi due, io e questa mia sorella... Nessuno ce ne vuol più dare adesso, perché tutti, per quest'arresto, credono che nostro padre e nostro cognato siano complici nel fatto che giustamente ha indignato tutto il paese... Ora, se vossignoria, che è stato più di tutti offeso, dice una parola... l'innocenza...
– E c'è anche questo, signor deputato! – proruppe Annicchia, non riuscendo più a trattenere le lagrime, – che nostra sorella, signor deputato, quando sono venute le guardie ad arrestare il marito e nostro padre, aveva il bambinello attaccato al petto. Le si è attossicato il latte, signor deputato; e ora il bambino sta morendo, e non sappiamo come curarlo; e nostra sorella pare impazzita per il figlio che le muore, col padre in carcere! Siamo rimaste cinque sorelle in casa; ci volgiamo da tutte le parti e non sappiamo che ajuto darle... Per questo siamo venute qua, a supplicarla, signor deputato!
Capolino s'alzò, come sospinto dalla commozione.
– Vedrò... vedrò di fare qualche cosa... – disse. – Datemi un po' di tempo... Bisogna che veda... per la mia... dico, per la mia responsabilità politica... Il cuore, ve l'ho detto, è una cosa; la politica, un'altra... Ma vedrò... non m'impegno... Quietatevi, quietatevi... e coraggio, figliuole mie... È un momento orribile per tutti, credete... e nessuno riesce a vederci uno scampo...
Le accompagnò, così dicendo, fino alla saletta d'ingresso; non volle scuse né ringraziamenti; richiuse pian piano la porta alle loro spalle.
Pur senz'alcuna fiducia in quella vaga promessa d'ajuto le due sorelle, appena uscite su la via, pro-

varono un certo sollievo per il passo che avevano fatto, quasi un'ebbrezza d'aver saputo parlare, per cui si sentirono alquanto riconfortate. Ma presto, pensando al luogo ove erano avviate, ricaddero nell'avvilimento d'una vergogna scottante. Si recavano alla Posta a riscuotere un po' di denaro che Celsina aveva mandato da Roma, e di cui non sapevano che pensare... E altro danaro, in quei giorni, poco, oh poco, e frutto d'un'altra vergogna ben nota, veniva dalla sorella maggiore, da Rosa, a quelle loro povere mani logorate dal lavoro e ora forzate dall'ozio, forzate ad accogliere il tristo peso di quei soccorsi non chiesti.

Che agli occhi altrui figurasse d'andare a Colimbètra non di sua volontà, ma chiamato, piaceva molto a Capolino. Era là, adesso, appesa al ramo una pera, rimasta un tempo acerba alla sua brama; ma che ora, a quanto poteva congetturare da notizie recenti, doveva esser più che matura, lì lì per cadere, a una scrollatina cauta e ardita della sua mano. Sarebbe stato questo, il perfetto compimento della sua vendetta! E tutto pareva meravigliosamente preordinato perché si compisse presto e bene. Adelaide Salvo figurava nubile tuttora davanti allo stato civile. L'avrebbe spinta a fuggire con lui a Roma, a riparare in casa della sorella Rosa. Prudentemente, per raffermar bene il suo diritto di salvatore, si sarebbe prima trattenuto alcuni giorni a Napoli con lei che, poverina, doveva aver tanto bisogno di quegli svaghi che solamente una città come Napoli poteva offrirle. A Roma, si poteva senza chiasso contrar le nozze civili. Francesco Vella avrebbe trovato modo di farlo entrare in qualità d'avvocato consulente nell'amministrazione delle ferrovie; e non era detto che non dovesse piacergli che egli, divenuto di nuovo suo cognato, restasse con quella medaglietta ciondolante sul panciotto. Col tempo anche Flaminio Salvo, per intercessione di don Francesco e di donna Rosa, si sarebbe forse placato e non gli avrebbe attraversato la via. Il vero punto, adesso, era persuadere Adelaide d'affrontar lo scandalo della fuga, in quel momento sciagurato della pazzia della nipote. Ma monsignor Montoro gli aveva detto che il principe proibiva assolutamente alla moglie di recarsi a Girgenti anche per una visita in casa del fratello. Un'altra congiuntura maravigliosamente propizia era nell'opera pietosa offerta da quel caro Ninì De Vincentis alla povera ragazza. Che se Dianella fosse stata portata a Colimbètra presso la zia come il principe aveva proposto, altro che pensare alla fuga, egli non avrebbe potuto più neanche metterci il piede! Ma poteva bastare ad Adelaide questa vaga speranza, questa magra consolazione da lontano, di sapere inginocchiato innanzi alla nipote demente quel povero San Luigi? In fondo tutto quell'ardore, per quanto sincero, di visitare la nipote, doveva essere un pretesto per uscir da Colimbètra. Le ragioni delle sue smanie perduravano tutte, esacerbate per giunta da quella proibizione. Né Flaminio Salvo si sarebbe mai indotto a persuadere il principe di concedere alla sorella quell'uscita. Bisognava insistere su questo punto, dimostrare ad Adelaide che il fratello non era uomo da venir meno ai patti stabiliti col principe per nessuna considerazione; cosicché ella, perduta ogni speranza nell'ajuto del fratello e vedendosi condannata a struggersi lì nel dispetto e nella noja, non vedesse più altro scampo che in lui, e trovasse nella disperazione il coraggio della fuga.

Questi pensieri e ricordi e propositi rivolgeva in sé Capolino, scendendo da Girgenti a Colimbètra in vettura. Ma non gli suscitavano dentro né ansia, né calore. Avvertiva anzi una frigidità nauseosa, come se la vita gli si fosse rassegnata; sentiva che quella sua vendetta era per cose che restavano indietro nel tempo, irrevocabili, e già morte nel cuore, e che però non ne avrebbe avuto né gioja, né promessa di bene per l'avvenire. Vendicava uno che, un giorno, era stato respinto da Adelaide Salvo; ma era più ormai quell'uno? Tante cose non avrebbero dovuto accadere, che purtroppo erano accadute, e di cui sentiva in sé, nel cuore, il peso morto, perché avesse ora qualche gioja della sua vendetta. E appunto tutte queste cose morte gliela rendevano così facile. Ecco perché sentiva quella frigidità nauseosa. In Nicoletta Spoto aveva potuto trovare un certo compenso, un rinfranco alla nausea della sua abiezione; per quella e con quella, valeva quasi la pena d'esser vile... Ma suscitare adesso un nuovo scandalo, fare un affronto a un uomo come don Ippolito Laurentano, per Adelaide Salvo... Forse però, in fin dei conti, sarebbe stato anche un sollievo per don Ippolito portargli via quella moglie! Sul momento, l'amor proprio ne avrebbe un po' sofferto; ma non era male che a lui così favorito sempre dalla sorte, bello, nobile, ricco, che aveva potuto prendersi il gusto e la soddisfazione di tener sempre alta la fronte, la sorte stessa, ora, all'ultimo, con la mano di lui Capolino, allungasse uno scappellotto, così di passata.

Ancora un'altra agevolazione, e questa davvero inaspettata, e tale da fargli quasi cader le braccia, trovò, appena arrivato alla villa. Don Ippolito, sdegnato da un canto dalla sfiducia del vescovo, dall'altra al tutto disilluso dalla risposta di Lando, arrivatagli la sera avanti da Palermo, circa alla possibilità di venire a un accordo col partito clericale, s'era rifugiato, come in tante altre occasioni bisognoso di conforto, nel culto delle antiche memorie, nell'opera da lungo tempo intrapresa sulla topografia akragantina.

Come per l'acropoli, così per l'emporio d'Akragante, s'era messo contro tutti i topografi vecchi e nuovi, che lo designavano alla foce dell'Hypsas. Quivi egli invece sosteneva che fosse soltanto un approdo, e che l'emporio, il vero emporio, Akragante, come altre antiche città greche non poste propriamente sul mare, lo avesse lontano, in qualche insenatura che potesse offrire sicuro ricovero alle navi: Atene, al Pireo; Megara attica, al Niseo; Megara sicula, allo Xiphonio. Ora, qual era l'insenatura più vicina ad Akragante? Era la così detta Cala della Junca, tra Punta Bianca e Punta del Piliere. Ebbene là, dunque, nella Cala della Junca, doveva essere l'emporio akragantino.

A questa conclusione era arrivato con la scorta d'un antico leggendario di Santa Agrippina.[53] Ed era lieto e soddisfatto di una pagina che aveva trovato modo d'inserire nell'arida discussione topografica, per descrivere il viaggio delle tre vergini Bassa, Paola e Agatonica, che avevano recato per mare da Roma il corpo della santa martire dell'imperatore Valeriano. Non era dubbio che le tre vergini fossero approdate col corpo della santa alla spiaggia agrigentina, in un luogo detto *Lithos* in greco e *Petra* in latino, quello stesso oggi chiamato Petra Patella, o Punta Bianca. Orbene, nell'antico agiografo si leggeva che al momento dell'approdo delle tre vergini un monaco che usciva dal monastero di Santo Stefano nel villaggio di Tyro presso l'emporio, avviato ad Agrigento, s'era fermato, attratto dal soave odore che emanava dal corpo della santa, ed era poi corso alla città ad annunziare quel prodigio al vescovo San Gregorio. Se, come volevano i vecchi e nuovi topografi, l'emporio era alla foce dell'Hypsas, e dunque pur lì il *vicus* di Tyro e il monastero di Santo Stefano, come mai quel monaco, avviato ad Agrigento, s'era potuto imbattere a Punta Bianca nelle tre vergini che approdavano col corpo della santa martire? Era del tutto inammissibile. Il monastero di Santo Stefano di Tyro doveva esser lì, presso Punta Bianca, e dunque pur lì l'emporio. E la prova più convincente era nel nome di quel villaggio, uguale a quello della grande città fenicia: Tyro. Questo nome probabilmente lo avevano dato i Cartaginesi al tempo del loro attivo commercio con gli Akragantini, e tale per qualche monte che doveva sorgere presso il villaggio: *tur*, difatti, in fenicio significa monte. Ne sorgeva forse qualcuno presso la foce dell'Hypsas? No; il monte, designato anzi come per antonomasia il Monte Grande, sorge là appunto, presso Punta Bianca, e domina la Cala della Junca.

Don Ippolito, quella mattina per tempissimo, s'era recato a cavallo, con la scorta di Sciaralla e di altri quattro uomini, a visitare più attentamente quei luoghi, e in ispecie la costa di quel Monte Grande, nella contrada detta Litrasi, ove sono certi loculi creduti da alcuni topografi tombe fenicie, ma che a lui parevano molto più recenti e disposti e scavati in uno stile uso in Sicilia al tempo del basso impero, sicché potevano risalire agli anni del vescovado di San Gregorio,[54] cioè al tempo che colà erano sbarcate le tre fedeli vergini Bassa, Paola e Agatonica con la salma odorosa della santa martire Agrippina.

Di ritorno, benché da ogni parte gli si stendessero amenissimi allo sguardo nel tepore quasi primaverile immensi tappeti vellutati di verzura, qua dorati dal sole, là vaporosi di violente ombre violacee, sotto il turchino intenso e ardente del cielo, don Ippolito, guardando le sue mani appoggiate su l'arcione della sella, non aveva pensato più ad altro che alla morte, alla sua scomparsa da quei luoghi, che ormai non doveva essere lontana. Ma contemplata così, sotto quel sole, in mezzo a tutto quel verde, mentre il corpo si dondolava ai movimenti uguali della placida cavalcatura, la morte non gli aveva ispirato orrore, bensì un'alta serenità soffusa di rammarico e insieme di compiacenza, per la gentilezza e la nobiltà dei pensieri e delle cure, di cui aveva sempre intessuto la sua vita in quei luoghi cari, a cui tra poco avrebbe dato l'ultimo addio. E s'era immerso a lungo in quel sentimento nuovo di serenità, come per mondarsi del terrore angoscioso ch'essa, la morte, gli aveva cagionato finora, e a cui doveva quelle indegne sue seconde nozze che avevano profanato il decoro della sua vecchiezza, l'austerità del suo esilio.

Poco dopo mezzogiorno, rientrando a Colimbètra, stanco della lunga cavalcata, sorprese nel salone Capolino e donna Adelaide in fitto colloquio: questa, accesa e in lacrime; quello, pallido e in fervida agitazione. Si fermò su la soglia, con un piglio più di nausea che di sdegno.

– Oh, principe... – fece subito Capolino, levandosi in piedi, smarrito.

– State, state... – disse don Ippolito, protendendo una mano, più per impedirgli d'accostarsi, che per fargli cenno di restar seduto. – Non vi chiedo scusa del ritardo, perché la signora, vedo... mi avrà dipinto anche a voi per un così barbaro uomo, che non vi sarete doluto se vi è mancata finora la mia compagnia...

– No... la... la principessa... veramente... – barbugliò Capolino.

Don Ippolito s'impostò fieramente e disse con accigliata freddezza:

– Può andare, se vuole. Ma sappia che ciò che oggi le impedisce di uscire dal cancello della mia villa, le impedirà domani di rientrarvi. E ora seguitate pure la vostra conversazione.

Si mosse per uscire dal salone. Capolino tentò di sostenere, innanzi alla donna, la sua dignità maschile, e gli disse dietro, quasi con aria di sfida, ma che poteva anche parer di scusa:

— Voi, principe, mi avete fatto chiamare...

Don Ippolito, già arrivato all'uscio, si voltò appena, tenendo scostata con la mano la portiera:

— Oh, per una cosa da nulla, — disse. — Ormai... ubbie! ubbie!

E passò, lasciando ricadere la portiera.

— La risposta... la risposta... — proruppe subito donna Adelaide, alzandosi soffocata e con gli occhi tumidi e insanguati dal pianto, — aspetto fino a domani la risposta, o che venga lui qua a dirmi se debbo proprio crepare e farmi pestar la faccia così...

— Ma certo! ma certo! ma certo! — ribatté Capolino, andandole dietro. — Come vuoi che Flaminio ti dica...

— Me lo deve dire! — lo interruppe lei, frenetica, mostrando i denti e le pugna. — Questo mi deve dire, con la sua bocca; e allora sì, allora sì, subito! faccio lo sproposito! sono pronta! faccio lo sproposito!

Entrò in quel punto Liborio, il cameriere favorito del principe, in preda a un'ansia spaventata, e restò un momento perplesso alla vista del pianto e dell'agitazione della signora.

— Eccellenza... Eccellenza... — disse, — il signor don Salesio...

— Che cos'è? — domandò con rabbia donna Adelaide. — Che vuole?

— Niente, eccellenza... pare che...

E Liborio alzò una mano a un gesto vago, di benedizione.

— Ah, — fece allora donna Adelaide, piantando duramente gli occhi in faccia a Capolino e restando un tratto a guardarlo accigliata e a bocca aperta, come per saper da lui se fosse bene o male, che giusto in quel punto quel poveretto morisse. — Meglio... meglio così! — esclamò poi, — meglio così, pover'uomo... Andiamo, Gnazio, andiamo a vederlo...

E corse dietro a Liborio, seguita da Capolino, frastornato e turbato.
– L'ho tenuto qua con me... – gli diceva, andando, – l'ho trattato... l'ho curato... Bella gente siete stati vojaltri, ad abbandonarlo così... povero vecchio... Meglio, meglio... si leva di patire... Anch'io l'ho trascurato in questi ultimi giorni... Assassini! Gli hanno dato il colpo di grazia... Ma anche lui però, bisogna dirlo, mangiava troppo... troppi dolci...
– Eh sì, eccellenza, – sospirò Liborio, – glielo dicevo anch'io... troppi...
– Piglia, piglia, Gnazio... m'è caduto il fazzoletto. Oh Bella Madre Santissima, che puzzo qui!
E si turò il naso con una mano, restando davanti alla soglia della cameretta in cui il povero vecchio moriva, sostenuto sul letto dal cuoco, accorso alla chiamata di Liborio. Trattenuti dall'orrore istintivo della morte, ma forse più dal ribrezzo per l'estrema magrezza di quel volto cartilaginoso, dai peli stinti, dai globi degli occhi già induriti sotto le pàlpebre semichiuse, donna Adelaide e Capolino stavano a guardare, ancora lì su la soglia, allorché videro la bocca del moribondo aprirsi, aprirsi sempre più, spalancarsi smisuratamente, come forzata con violenza crudele da una molla interna.
– Oh Dio! – gemette donna Adelaide. – Perché fa così?
Non aveva finito di dirlo, che da quella bocca springò fuori, di scatto, qualcosa, orribilmente. Donna Adelaide gettò un grido di raccapriccio e levò le mani quasi a riparo del volto. Liborio andò a guardare sul letto e, scorgendovi una dentiera aperta:
– Niente, eccellenza! – disse con un sorriso pietoso. – Ha finito di mangiare...
Il cuoco intanto adagiava sul cuscino il capo esanime del povero vecchio.

VII

Nella vasta sala sonora dell'antica cancelleria nel palazzo vescovile, dal tetro soffitto affrescato e coperto di polvere, dalle alte pareti dall'intonaco ingiallito, ingombre di vecchi ritratti di prelati, coperti anch'essi di polvere e di muffa, appesi qua e là senz'ordine sopra armarii e scansìe stinte e tarlate,[55] si levò un brusìo d'approvazioni appena monsignor Montoro, con la sua bella voce dalle inflessioni misurate quasi soffuse di pura autorità protettrice, finì di leggere al capitolo della cattedrale e a molti altri canonici e beneficiali, lì apposta radunati, la pastorale ai reverendi parroci della diocesi su i luttuosi avvenimenti che funestavano la Sicilia e contristavano ogni cuor cristiano. Da un versetto di San Matteo, Monsignore aveva intitolato quella sua pastorale: *Semper pauperes habetis vobiscum...*[56]

Era una giornataccia rigida e ventosa di gennajo; e più volte durante la lettura il vescovo e anche gli ascoltatori avevano rivolto gli occhi ai vetri dei finestroni che pareva volessero cedere alla furia urlante della libecciata. Tutta la lettura calma di quella mansueta omelìa aveva avuto l'accompagnamento sinistro di sibili acuti e veementi, di cupi, lunghi mugolìi che spesso avevano distratto più d'uno, diffondendo nella vasta sala vegliata da quei ritratti antichi impolverati e ammuffiti uno sbigottito rammarico della vanità di quella interminabile esercitazione oratoria.

Parecchi se n'erano stati a guardare attraverso uno di quei finestroni il terrazzino d'una vecchia casa dirimpetto, sul quale un povero matto pareva provasse chi sa che voluttà, forse quella del volo, esposto lì al vento furioso che gli faceva svolazzare attorno al corpo la coperta del letto, di lana gialla, posta su le spalle: rideva con tutto il viso squallido, e aveva negli occhi acuti, spiritati, come un lustro di lagrime, mentre gli scappavan via di qua e di là, come fiamme, le lunghe ciocche dei capelli rossigni. Quel poverino era il giovane fratello del canonico Batà, il quale si trovava anche lui nella sala, attentissimo in vista alla lettura del vescovo, ma dentro di sé assorto di certo in pensieri estranei che più volte lo avevano fatto gestire comicamente.

Terminata la lettura, quelli tra i più vecchi canonici che conoscevano meglio il debole del loro eccellentissimo vescovo s'affrettarono a circondar la tavola, innanzi alla quale egli stava seduto, per farsi ripetere chi una frase e chi un'altra fra le tante, di cui Monsignore, dal modo con cui le aveva proferite, era parso loro dovesse essere più contento e soddisfatto.

– Quella, quella dell'esercito di Satana, eccellenza, come dice?

– Allude alla massoneria, non è vero, Vostra Eccellenza? come dice?

E Monsignore, dentro gongolante, ma fuori con un'aria di stanca condiscendenza, abbassando su i chiari occhi ovati quelle sue pàlpebre lievi come veli di cipolla, e crollando il capo in segno di affermazione, e facendo cenno con la mano d'aspettare, cercava nel foglio e ripeteva:

– Malvagia e ria setta... malvagia e ria setta, che a suo architetto ha scelto il demonio, a gerofante il giudeo...

– Ah, ecco! A gerofante il giudeo! – esclamavano quelli. – Stupenda espressione, eccellenza! stupenda...

– Gagliarda... gagliarda...

– Ma che ventaccio, buon Dio! – riprendeva a lamentarsi il vescovo, afflitto, come d'un ingiusto compenso al merito di quella sua fatica.

I più giovani canonici, intanto, che più di tutti avevano prestato ascolto alla lettura, si scambiavano tra loro occhiate di disgusto per quei vecchi e

sciocchi piaggiatori, o di dolorosa rassegnazione per
l'accoglienza che il popolo avrebbe fatto a quel vani-
loquio che s'aggirava tutto quanto attorno a una non
più ingenua che crudele domanda che i reverendi
parroci avrebbero dovuto rivolgere ai poveri della
diocesi: perché mai la miseria, che sempre era stata
e sempre sarebbe stata, solamente ora perturbasse così
gli animi e gli ordini e prorompesse in così deplora-
bili eccessi. Pareva ad alcuni di quei giovani prelati,
che Monsignore avrebbe potuto almeno parafrasare
per gli avvenimenti dell'isola l'enciclica recente di
S. S. Leone XIII, *De conditione opificum*,[57] nella quale
era pur detto che i proprietarii dovessero cessare
dall'usura aperta o palliata, e dal tener gli operaj in
conto di schiavi, e dal trafficare sul bisogno dei miseri, invece di mostrarsi così avverso a coloro che
« osavano attentare all'antica rigidità del diritto qui-
ritario ». Tanto più s'affliggevano del tono di quella
pastorale del loro vescovo, in quanto che, proprio
il giorno avanti, in difesa dei poveri Pompeo Agrò
aveva pubblicato un fiero opuscolo, nel quale, dopo
aver paragonato le condizioni della Sicilia a quelle
dell'Irlanda, e messo in rilievo il linguaggio e l'atteggiamento assunti da illustri prelati cattolici, inglesi
e americani, nelle questioni economiche e sociali del
momento, aveva – quasi per sfida – citato l'insolente
risposta del reverendo Mac Glynn, curato cattolico
di New York, all'invito del suo vescovo di mode-
rare la propaganda rivoluzionaria: « Ho sempre insegnato, Monsignore, e sempre insegnerò, fino al-
l'ultimo respiro, che la terra è di diritto proprietà
comune del popolo, e che il diritto di proprietà individuale sul suolo è opposto alla giustizia naturale,
quantunque sancito dalle leggi civili e religiose! ».[58]
Era quell'opuscolo dell'Agrò tutto un'acerba requi-
sitoria contro l'ignoranza e l'accidia del clero siciliano. Ed ecco che, a un giorno di distanza, quella

pastorale del loro vescovo veniva a darne la prova più schiacciante. Altri in crocchio si consigliavano, se non fosse prudente mandare più tardi, in segreto, qualcuno dei vecchi più accetti a Monsignore, per fargli notare a quattr'occhi anche l'inopportunità di quella pastorale, ora che in paese correva la voce che, per l'imperversare ovunque della bufera, fosse imminente se non di già avvenuta la proclamazione dello stato d'assedio in tutta la Sicilia. Si faceva anzi il nome d'un generale dell'esercito, nominato commissario straordinario con pieni poteri; quello stesso che, da alcuni giorni, era sbarcato a Palermo con un intero corpo d'armata. Si diceva che per prima cosa costui aveva fatto arrestare i membri del Comitato centrale dei *Fasci*, i quali la sera avanti avevano lanciato un proclama rivoluzionario ai lavoratori dell'isola.

– Sì, sì, eccolo... l'ho qua in tasca... è vero! è vero! – disse uno, misteriosamente. – Or ora, fuori, lo leggeremo...

Ma a frastornare e ad accrescere la curiosità ansiosa di quel crocchio, sopraggiunse in quel punto nella sala, più pallido del solito e anelante, il giovane segretario del vescovo, che recava evidentemente la conferma di quelle gravissime notizie. Si affollarono tutti attorno alla tavola.

– Proclamato?

– Sì, sì, lo stato d'assedio, proclamato; e ordinato il disarmo della popolazione.

– Anche il disarmo? Oh bene... bene...

– E arrestati i membri del Comitato centrale dei *Fasci*, in Palermo.

– Tutti?

– Non tutti; alcuni sono riusciti a fuggire. Tra questi, si dice, anche il figlio del principe di Laurentano.

– Oh Dio, che sento! – gemette il vescovo. – Già... c'era anche lui!... Fuggito? Fuggito?

La notizia non era certa: molti asserivano che anche il Laurentano era stato arrestato. Subito, del resto, tutta la Sicilia sarebbe occupata militarmente, fin nelle più piccole borgate, cosicché anche quei fuggiaschi sarebbero presi e tratti in arresto.

– Oh Dio, che sento! oh Dio, che sento! – riprese a esclamare Monsignore. – Ma dunque... siamo davvero a questo?

Di nascosto, dalla tasca di quel giovine prelato venne fuori il proclama del Comitato, diffuso in gran copia su fogli volanti per tutte le città dell'isola; passò dall'uno all'altro attorno alla tavola; ma molti non sapevano che fosse, e ognuno, saputolo, si ricusava d'aprirlo e ne faceva passaggio al più presto, come se quella carta ripiegata e brancicata bruciasse o insudiciasse le mani, finché arrivò a quelle del giovine segretario che la spiegò e cominciò a leggerla forte alla presenza del vescovo, tra lo stupore e lo sgomento d'alcuni e i vivaci commenti o di derisione o d'indignazione degli altri.

Trattando come da potenza a potenza col Governo, il Comitato, in tono solenne, domandava a nome dei lavoratori della Sicilia: *l'abolizione del dazio delle farine* (– Eh, fin qui! –); *un'inchiesta su le pubbliche amministrazioni, col concorso dei Fasci* (– Oh bravi! Eh, scaltri... già! –); *la sanzione legale dei patti colonici e minerarii deliberati nei congressi del partito socialista* (– Come come? Sanzione legale? Eh già, legale! Il bollo governativo! –); *la costituzione di collettività agricole e industriali, mediante i beni incolti dei privati o i beni comunali dello Stato e dell'asse ecclesiastico non ancora venduti* (e qui si scatenò una furia di proteste, una confusione di gridi, tra cui predominavano: – La spoliazione!... Briganti!... Roba di nessuno! – mentre il giovane segretario con la mano faceva cenno di tacere, ché c'era dell'altro, di meglio, di meglio, e ripeteva, leggendo nella carta: – Nonché... nonché... –);

nonché l'espropriazione forzata dei latifondi, con la concessione temporanea agli espropriati di una lieve rendita annua (– Oh, troppo buoni! – Troppa grazia! – Che generosità! – Che degnazione! –); *leggi sociali per il miglioramento economico e morale dei proletarii*, e infine la bomba: *stanziamento nel bilancio dello Stato della somma di venti milioni di lire per provvedere alle spese necessarie all'esecuzione di queste domande, per l'acquisto degli strumenti da lavoro tanto per le collettività agricole quanto per quelle industriali, e per anticipare alimenti ai socii e porre le collettività in grado d'agire utilmente.*

– Ma sono pazzi! ma sono pazzi! – proruppe, tra il baccano generale, Monsignore, levandosi in piedi. – Oh Signore Iddio, che tracotanza! Ma è certo, eh? è certo l'arrivo di questo corpo d'armata? è certo, eh? Qua non si scherza! Oh Dio! oh Dio!

Il giovine segretario s'affrettò a rassicurarlo, poi terminò la lettura del proclama che, concludendo, raccomandava la calma, *perché coi moti isolati e convulsionarii non si sarebbero raggiunti benefizii duraturi*, e ammoniva che *dalle decisioni del governo si sarebbe tratta la norma della condotta da tenere.*

Ma Monsignore, scartando con ambo le mani come superflue quelle raccomandazioni e quegli ammonimenti, ordinò al segretario subito di mandare a stampa la sua pastorale che certo sonerebbe gradita a quel Generale comandante il corpo d'armata; e sciolse la riunione per recarsi in fretta a Colimbètra a confortare il principe di Laurentano. Con lungo e strepitoso svolazzìo di tonache e di tabarri quella frotta di canonici, investita dal vento, discese dalle alture di San Gerlando a mescolarsi al subbuglio della città. Il matto, sul terrazzino, gridava, felice, agitando la coperta gialla, come per rispondere allo svolazzare di tutti quei tabarri neri.

Correndo a Colimbètra, monsignor Montoro non supponeva di certo che sentimenti molto simili a quelli espressi da lui con tanta untuosità letteraria nella sua pastorale agitavano l'animo d'uno di coloro ch'egli aveva poc'anzi chiamato pazzi. Al primo contatto diretto con quei così detti compagni, alle ripercussioni più vicine e più frequenti degli episodii sanguinosi di quella sollevazione popolare, Lando Laurentano s'era veduto chiamato dagli amici in Sicilia a rispondere, se non d'un vero delitto, poiché non poteva diffidare della loro buona fede, certo d'una enorme pazzia. Sempre per quella infatuazione, dovuta forse in gran parte, quasi un abbagliamento, al calore stesso della terra che dava tanta teatralità di voce e di gesti alla vita dei suoi compaesani, e di cui egli – volontariamente rigido – aveva avuto sempre un così aspro dispetto! Come avevano potuto illudersi i suoi amici d'essere riusciti in pochi mesi, con le loro prediche, a rompere quella dura scorza secolare di stupidità armata di diffidenza e d'astuzie animalesche, che incrostava la mente dei contadini e dei solfaraj di Sicilia? Come avevano potuto credere possibile una lotta di classe, dove mancava ogni connessione e saldezza di principii, di sentimenti e di propositi, non solo, ma la più rudimentale cultura, ogni coscienza? Tutta, da cima a fondo, la tattica era sbagliata. Non una lotta di classe, impossibile in quelle condizioni, ma una cooperazione delle classi era da tentare, poiché in tutti gli ordini sociali in Sicilia era vivo e profondo il malcontento contro il governo italiano, per l'incuria sprezzante verso l'isola fin dal 1860. Da una parte il costume feudale, l'uso di trattar come bestie i contadini, e l'avarizia e l'usura; dall'altra l'odio inveterato e feroce contro i signori e la sconfidenza assoluta nella giustizia, si paravano come ostacoli insormontabili a ogni tentativo per quella cooperazione. Ma se disperata poteva apparire l'impresa, forse non meno disperata si scopriva adesso quella che i suoi amici avevano voluto tentare, agevolati sul principio, inconsciamente e sciaguratamente, dall'inerzia del Governo che incoraggiava tutti a osare? Sprofondato in quel momento a Roma fino alla gola nel pantano dello scandalo bancario e fiducioso qua in Sicilia nella sua polizia o inetta o arrogante e soverchiatrice, il Governo, senza darsi cura dei mali che da tanti anni affliggevano l'isola, senza rispetto né per la legge né per le pubbliche libertà, con l'inerzia o con le provocazioni aveva favorito e stimolato il rapido formarsi di quelle associazioni proletarie che, se avessero subito ottenuto qualche miglioramento anche lieve dei patti colonici e minerarii, e se non fossero state sanguinosamente aizzate, presto, senz'alcun dubbio, si sarebbero sciolte da sé, prive com'erano d'ogni sentimento solidale e senz'alcun lievito di coscienza o ombra d'idealità. Questo, Lando Laurentano aveva compreso ora, troppo tardi, sul luogo; e l'animo esacerbato con cui era accorso all'invito gli era rimasto oppresso da uno stupore pieno di tetra ambascia, come se i suoi amici gli avessero empito di stoppa la bocca arsa di sete.

Scosso dall'urgenza di correre a qualche riparo sotto la minaccia incombente d'una violenta, schiacciante repressione da parte del Governo, s'era opposto con indignazione ai consigli di prudenza dei suoi amici, smarriti e sbigottiti dalla gravità estrema del momento. Prudenza? Ora che, a distanza di pochi giorni, nei piccoli paesi dell'interno, a Giardinello, di appena ottocento abitanti, a Lercara, a Pietraperzìa, a Gibellina, a Marinèo, uscivano e si raccoglievano in piazza mandre di gente senz'alcuna intesa, senz'altra bandiera che i ritratti del re e della regina, senz'altra arma che una croce imbracciata da qualche donna lacera e infuriata in capo alla processione, e s'avviavano cieche incontro ai fucili d'una ventina di soldati, a cui più che altro la paura di vedersi sopraffatti consigliava all'improvviso di far fuoco, senza neppure aspettarne il comando? Sì, nessuno aveva suggerito loro quelle processioni che finivano in eccidii; ma di esse e di tutti gli atti inconsulti e del sangue di quei macellati si doveva ora rispondere, appunto perché quelle mandre cieche s'eran credute atte e mature ad accogliere la dimostrazione dei loro diritti. Come tirarsi più indietro, ora, e consigliar prudenza? No, non c'era più altro scampo, ormai, che nell'ultimo prorompimento di quella pazzia: bisognava immolarsi insieme con quelle vittime. E Lando Laurentano aveva sdegnosamente rifiutato di apporre la firma a quel manifesto del Comitato centrale ai lavoratori dell'isola, che nella solennità del tono perentorio gli era sembrato anche ridicolo, non tanto per i patti e le condizioni che poneva al Governo, ma in quanto mancava ogni realtà di coscienza e di forza in coloro nel cui nome li poneva. Di reale, non c'era altro che la disperazione di tanti infelici, condannati dall'ignoranza a una perpetua miseria; e il sangue, il sangue di quelle vittime.

A viva forza, appena proclamato lo stato d'assedio, s'era fatto trascinare da Lino Apes alla fuga. Era fuggito, non per le ragioni che l'Apes nella concitazione del momento gli aveva gridate, ma per l'invincibile repugnanza di far la figura dell'apostolo o dell'eroe o del martire, esposto nella gabbia d'un tribunale militare alla curiosità e all'ammirazione delle dame dell'aristocrazia palermitana a lui ben note. A compagni nella fuga, oltre l'Apes, aveva avuto il Bruno, l'Ingrao e Cataldo Sclàfani, tutti e tre travestiti.

Che riso, misto di sdegno e di compassione, che avvilimento insieme e che ribrezzo, gli aveva destato la vista irriconoscibile di quest'ultimo, senza più quel fascio di pruni che gli copriva le guance e il mento! Pareva che gli occhi e la voce ancora non lo sapessero, e producevano un ridicolissimo effetto di smarrimento nelle loro espressioni, di cui già tanta parte era quella barba che adesso mancava. Ma quel travestimento non tradiva, in verità, alcuna paura in nessuno dei tre; era come imposto dalla parte che la necessità della fuga assegnava loro in quel momento; ed entrava in esso anche, e non per poco, il fatuo puntiglio della scaltrezza isolana, di fuggire alla sopraffazione della forza pubblica.

S'erano internati nell'isola, correndo innanzi alle milizie che da Palermo si disponevano a invadere le altre provincie. Se fossero riusciti a traversarla tutta, si sarebbero rifugiati a Valsanìa, e di là si sarebbero imbarcati per Malta o per Tunisi. Sarebbe piaciuto a Lando di spatriare a Malta, luogo d'esilio di suo nonno, non perché ardisse di comparar la sua sorte a quella di lui, ma perché da un pezzo aveva in animo di recarsi a Bùrmula a rintracciarne, se gli fosse possibile, i resti mortali, con le indicazioni di Mauro Mortara, non ben sicure veramente, poiché il seppellimento era avvenuto nella confusione della gran morìa a Malta nel 1852.[59] Invano Lino Apes, pigliando pretesto dagli incidenti e dai disagi della fuga precipitosa, ora a piedi, ora su carretti senza molle, ora su vetturette sgangherate, sù per monti, giù per vallate, in cerca di cibo e di ricovero, aveva tentato di dimostrare agli amici che, dopo tutto, quello che facevano non era cosa tanto seria, di cui, volendo, non si potesse anche ridere. Era, per esempio, lo strappo alle loro illusioni una ragione sufficiente perché non si désse alcuna importanza a quello che egli s'era fatto ai calzoni, scendendo da un carretto? Più vecchie di Tiberio Gracco, quelle illusioni; e i suoi calzoni erano nuovi! Dove aveva lasciato Cataldo Sclàfani il pacco della sua magnifica barba? Niente meglio che un pelo di quella barba – pensando filosoficamente – avrebbe potuto rammendare i suoi calzoni! Lo squallido aspetto dei luoghi, nella desolazione invernale, la costernazione per il cammino incerto e faticoso, l'ansia di apprendere notizie qua e là di quanto era accaduto dal momento della loro fuga, avevano lasciato senz'eco di riso le arguzie di Lino Apes.

Dalle impressioni a mano a mano raccolte, internandosi sempre più, su quelle misure eccezionali adottate all'improvviso dal Governo, era sorto nell'animo di Lando più fermo il convincimento dello sbaglio commesso dai suoi amici. L'antico, profondo malcontento dei Siciliani era d'un tratto diventato ovunque fierissima indignazione: per quanto i più alti ordini sociali fossero spaventati dalle agitazioni popolari, ora, di fronte a quella sopraffazione militare, a quell'aria di nemico invasore della milizia che aboliva per tutti ogni legge e sopprimeva ogni garanzia costituzionale, si sentivano inclinati, se non ad affratellarsi con gli infimi, se non a scusarli, almeno a riconoscere che in fine questi, finora, nei conflitti, avevano avuto sempre la peggio, né mai s'erano sollevati a mano armata, e che, se a qualche eccesso erano trascesi, vi erano stati crudelmente e balordamente aizzati dagli eccidii. La nativa fierezza, comune a tutti gli isolani, si ribellava a questa nuova onta che il governo italiano infliggeva alla Sicilia, invece di un tardo riparo ai vecchi mali; e per tutto era un fremito di odio alle notizie che giungevano, di paesi circondati da reggimenti di fanteria, da squadroni di cavalleria, per trarre in arresto a centinaja, senz'alcun discernimento e con furia selvaggia, ricchi e poveri, studenti e operaj, e qua consiglieri e là maestri e segretarii comunali, e donne e vecchi e finanche fanciulli: soppressa la stampa; sottoposta a censura anche la corrispondenza privata; tutta l'isola tagliata fuori dal consorzio civile e resa legata e disarmata all'arbitrio d'una dittatura militare.

Come un cavallo riottoso, cacciato contro sua voglia lontano dagli ostacoli che avrebbe dovuto superare, a un tratto, investito da una raffica turbinosa, aombra e s'impenna e recalcitra, fremendo in tutti i muscoli, Lando Laurentano, investito dalla veemenza di quell'indignazione generale, a un certo punto s'era impuntato, sentendosi soffocare dall'avvilimento della sua fuga. Era proprio il momento di fuggire, quello? di lasciare il campo? Il terreno scottava sotto i piedi; l'aria era tutta una fiamma. Possibile che l'isola, da un capo all'altro fremente, si lasciasse schiacciare, pestare così, senza insorgere con l'esasperazione dell'odio sì lungamente represso e ora sì brutalmente provocato? Forse bastava un grido! Forse bastava che uno si facesse avanti! Giunti a Imera, alla notizia che in un paese lì presso, a Santa Caterina Villarmosa, il popolo era insorto, Lando non poté più stare alle mosse; e, non ostante che gli amici facessero di tutto per trattenerlo, gridandogli che non c'era più nulla da tentare, da sperare e che andrebbe a cacciarsi da sé balordamente tra le grinfie della forza pubblica, volle andare. Solo Lino Apes lo seguì, ma con la speranza di raffreddarlo e d'arrestarlo a mezza via, assumendo per l'occasione, come meglio poté, la parte di Sancio, perché l'amico, che sapeva sensibile al ridicolo, si scoprisse accanto a lui Don Chisciotte. E difatti, presto, i giganti che Lando nell'esaltazione s'era figurato di vedere in quei popolani di Santa Caterina Villarmosa, insorgenti a sfida della proclamazione dello stato d'assedio, gli si scoprirono molini a vento. Nei pressi del paese, seppero che colà non si sapeva ancor nulla di quella proclamazione: un manifesto era stato attaccato ai muri, ma il popolino lo ignorava; e, ignorandolo, al solito, come altrove, coi ritratti del re e della regina,

un crocefisso in capo alla processione, gridando:
– *Viva il re! abbasso le tasse!* – s'era messo a percorrere
le vie del paese, finché, uscendo dalla piazza e imboccando una strada angusta che la fronteggiava,
vi aveva trovato otto soldati e quattro carabinieri
appostati. L'ufficiale che li comandava (non per niente
si chiamava Colleoni) aveva preso questo partito con
strategia sopraffina, perché la folla inerme, lì calcata
e pigiata, alle intimazioni di sbandarsi non si potesse più muovere; e lì non una, ma più volte, aveva
ordinato contro di essa il fuoco. Undici morti, innumerevoli feriti, tra cui donne, vecchi, bambini.
Ora, tutto era calmo, come in un cimitero. Solo, qua
e là, il grido dei parenti che piangevano gli uccisi,
e i gemiti dei feriti.

– Ti basta? – domandò Lino Apes a Lando.

Questi si volse al vecchio contadino che aveva
dato quei ragguagli e che, paragonando il paese a
un cimitero, aveva indicato una collina lì presso su
cui sorgevano alcuni cipressi, e gli domandò:

– Sono lì?

Il vecchio contadino, con gli occhi aguzzi d'odio
e intensi di pietà, crollò più volte il capo; poi tese
le dita delle due mani deformi e terrose, per significare prima dieci e poi uno; e con lo sguardo e col
silenzio, che seguì a quel muto parlare, espresse chiaramente ch'egli li aveva veduti. Lando si mosse verso la collina.

– Ho capito! – sospirò Lino Apes. – Ora divento
Orazio... Seconda rappresentazione: Amleto al cimitero.

Nel piccolo, squallido camposanto su la collina,
tranne il custode freddoloso, con un leggero scialle
di lana appeso alle spalle, non c'era nessuno. Seduto
su uno sgabelletto, a sinistra dell'entrata, quegli stava a guardare apaticamente, nel silenzio desolato, le
casse schierate per terra innanzi a sé, come un pastore

la sua mandra. Aspettava la visita e le disposizioni dell'autorità giudiziaria, per il seppellimento. Vedendo entrare quei due, si voltò, poi subito s'alzò e si tolse il berretto, credendo che fossero il giudice e il commissario di polizia. Lino Apes gli si diede a conoscere per giornalista, insieme col compagno, e Lando lo pregò di fargli vedere qualcuno di quei cadaveri.

Il custode allora si chinò su una delle casse, più grande delle altre, tinta di grigio, con due fasce nere in croce, e tolse una grossa pietra che stava sul coperchio.

Due cadaveri in quella cassa, uno su l'altro: uno con la faccia sotto i piedi dell'altro.

Quello di sopra era d'un ragazzo. Divaricate, le gambe; la testa, affondata tra i piedi del compagno. A guardarlo così capovolto, pareva dicesse, in quell'atteggiamento: « *No! No!* » con tutto il visino smunto, dagli occhi appena socchiusi, contratti ancora dall'angoscia dell'agonia. No, quella morte; no, quell'orrore; no, quella cassa per due, attufata da quel lezzo crudo e acre di carneficina. Ma più raccapricciante era la vista dell'altro, di tra le scarpe logore del ragazzo, coi grandi occhi neri ancora sbarrati e un po' di barba fulva sotto il mento. Era d'un contadino nel pieno vigore delle forze. Con quei terribili occhi sbarrati al cielo, dal corpo supino, chiedeva vendetta di quell'ultima atrocità, del peso di quell'altra vittima sopra di sé.

« Vedete, Signore, » pareva dicesse, « vedete che hanno fatto! »

Non una parola poté uscire dalle labbra di Lando e dell'Apes; e il custode richiuse il coperchio e di nuovo vi impose la grossa pietra.

Dopo altre e altre casse di nudo abete, misere, una ve n'era, foderata di chiara stoffa celeste, piccola, così piccola, che a Lando sorse, nel dubbio, la spe-

ranza che almeno quella non fosse della strage. Guardò il custode che vi si era affisato, e dal modo con cui la mirava comprese che, sì, anche quella... anche quella... Glielo domandò e il custode, dopo avere un po' tentennato il capo, rispose:
– Una *'nnuccenti*... (Una fanciullina).
– Si può vederla?
Lino Apes, rivoltato e su le spine, si ribellò:
– No, lascia, via, Lando! Non vedi? La cassa è inchiodata...
– Oh, per questo... – fece il custode, togliendo di tasca un ferruzzo. – Devo schiodarla per il giudice istruttore. Ci vuol poco...
E si chinò a schiodare il lieve coperchio, con cura per la gentilezza di quella stoffa celeste. I chiodi si staccavano docili dal legno molle, a ogni spinta. Scoperchiata la piccola bara, vi apparve dentro la fanciullina non ancora irrigidita dalla morte, ancora rosea in viso, con la testina ricciuta, un po' volta da un lato, e le braccia distese lungo i fianchi. Ma la boccuccia rossa era coperta di bava e dal nasino le colava una schiuma sanguigna, gorgogliante ancora, a intervalli che pareva avessero la regolarità del respiro.
– Ma è viva! – esclamò Lando, con raccapriccio.
Il custode sorrise amaramente:
– Viva? – e ripose il coperchio.
La avrebbe fatta andar via ancora viva quella mamma che così l'aveva pettinata e acconciata, che con tanto amore aveva adornato di quella chiara stoffa celeste la piccola bara?
– Questo hanno fatto... – mormorò Lando.
E Lino Apes e il custode credettero ch'egli alludesse ai soldati, che avevano ucciso quella povera bimba. Lando Laurentano, invece, alludeva ai suoi compagni, e aveva innanzi alla mente non più l'immagine di quella piccina, la quale almeno aveva avuto

le cure della gentile pietà materna, ma l'immagine atroce di quell'altra vittima grande, con su la faccia le scarpe dell'altro cadavere, e gli occhi sbarrati, pieni di smisurata angoscia, rivolti al cielo.

Nell'antico palazzo dei De Vincentis, fuori annerito dal tempo e tutto screpolato come una rovina, dai balconi e dalla vasta terrazza vellutati di muschio, con le ringhiere a gabbia arrugginite, ma dentro, negli ampii cameroni, pieno di luce e di pace, con quei santi e fiori di cera nelle campane di cristallo che pareva diffondessero per tutto un odor di badìa, il silenzio stampato sui mattoni coi rettangoli di sole delle invetriate che s'allungavano lentissimamente sempre più, seguiti dal fervor lento e lieve del pulviscolo, era rotto da un cupo romore cadenzato di passi. Da una settimana Vincente De Vincentis, dimentico dei codici arabi della biblioteca di Itria, se ne stava in una camera, avvolto in un vecchio pastrano stinto, col bavero alzato, a passeggiare dalla mattina alla sera, con le mani adunche, afferrate dietro il dorso, il capo ciondoloni e gli occhi tra i peli, quasi ciechi, poiché in casa non portava mai gli occhiali.

Nella stanza accanto, presso la vetrata del balcone, stava seduta a far la calza, con uno scialle grigio di lana addosso e un fazzoletto nero in capo di lana, anch'esso annodato sotto il mento, boffice e placida come una balla, donna Fana, la vecchia casiera. Per metà dentro al rettangolo di sole, quasi vaporava nella luce, e la calugine dello scialle di lana, accesa, brillava con gli atomi volteggianti del pulviscolo.

Donna Fana aveva composto con le sue mani nelle bare prima il padrone, morto giovane, poi la padrona, di cui, più che la serva, era stata l'amica e la consigliera, e aveva veduto nascere e crescere tra le sue braccia i due padroncini, ora affidati del tutto alle sue cure. Da giovane, era stata conversa nel monastero di San Vincenzo, ed era rimasta « senza mondo », com'ella diceva, cioè vergine e quasi monaca di casa. Traeva a quando a quando, come nel monastero, certi sospiri ardenti, seguiti dall'immancabile esclamazione:

– Se fossi là!

Ma non c'era più nessuno che le domandasse, come usava tra le monache: – Dove, sorella mia? – perché ella potesse rispondere in un altro sospiro:

– Con gli angeletti!

Ma nella pace degli angeli, veramente, era stata sempre, in quella casa. La padrona: una vera santa, ingenua fino a grande come una bambina, incapace di pensare il male, e tutta dedita alla religione e alle opere di misericordia; quei due figliuoli: anch'essi uno più buono dell'altro, costumati e timorati di Dio.

Ora, poteva mai il Signore abbandonare quella casa e lasciarla andare in rovina?

Donna Fana pareva fosse a parte di tutti i voleri di Dio; e parlava del Paradiso, come se già vi fosse e seguitasse a farvi la calza sotto gli occhi del Padre Eterno, di cui sapeva dire dove e come stava seduto, insieme con Gesù Nostro Salvatore e la Bella Madre. Da tempo aveva preparato i capi di biancheria e la veste e le pianelle di panno e il fazzoletto di seta per comparire al Giudizio Universale, sicurissima che il Giudice Supremo l'avrebbe chiamata tra gli eletti, così tutta bella pulita e rassettata; e ogni sera faceva una speciale orazione a Santa Brigida, che doveva annunziarle in sogno, tre giorni prima, l'ora precisa della morte, perché fosse pronta e in regola coi sagramenti. Non si angustiava dunque di nulla; e per lei tutta quella costernazione di Vincente (ch'ella chiamava don Tinuzzo) era una fanciullaggine. La raffermava in questa opinione, non solo la fiducia in Dio, ma anche la fede incrollabile che la ricchezza di quel casato non potesse aver mai fine. E seguitava a governare con l'antica abbondanza, per modo che tutte le poverelle del vicinato venissero a fin di tavola a spartirsi il superfluo e i resti del desinare, come al solito per tanti anni; e a tener provvista la dispensa d'ogni ben di Dio, e a preparare con le sue mani ai padroncini i rosolii e i dolci tradizionali, imparati alla badìa, il *cùscusu* di riso e pistacchi, i pesci dolci di pasta di mandorla, le pignoccate, e tutte le conserve e le cotognate e i frutti in giulebbe.

Forse, sì, qualche cosa raspava, sotto sotto, don Jaco Pàcia, l'amministratore.

– Ma che? – domandava a Ninì, dopo qualche sfuriata del fratello maggiore. – Mollichelle, figlio mio, mollichelle!

Uomo di chiesa anche lui, don Jaco Pàcia, era mai possibile che rubasse come e quanto diceva don Tinuzzo? Ma se a lei don Jaco seguitava a dare per l'andamento di casa quello stesso che aveva dato sempre, senza far mai la più piccola osservazione? Tutto il maneggio dei denari lo aveva lui; via! bisognava chiudere un occhio, se qualcosina gli restava attaccata alle dita. Donna Fana lo difendeva, in coscienza, perché della onestà dei pensieri e delle azioni del Pàcia credeva d'avere una prova nel fatto che, l'anno che don Jaco era andato a Roma, le aveva portato di là una corona benedetta e una tabacchiera col ritratto del Santo Padre. Se avesse saputo che, quel giorno stesso, don Jaco, per far denari, oltre la cessione delle terre di *Milione* a don Flaminio Salvo, sarebbe venuto a proporre un'ipoteca su quel palazzo, ov'ella stava così tranquillamente a far la calza! Quest'ultima bomba, veramente, non se l'aspettava neanche Vincente. Oltre quella delle terre da cedere egli aveva, sì, un'altra grave preoccupazione, che non gli dava requie da due giorni, ma d'indole affatto diversa. Aveva scoperto nell'angolo d'uno stanzone, ov'era affastellata la roba fuori d'uso, un fucilaccio antico, di quelli a pietra focaja, tutto incrostato di ruggine e di polvere. Proclamato lo stato d'assedio e il disarmo in tutta la Sicilia, non era egli in obbligo di consegnare quell'arnese là? Ninì e donna Fana dicevano di no; Ninì anzi sosteneva che sarebbe sembrata, più che una impertinenza, uno scherno oltraggioso all'autorità la consegna d'un'arma come quella. Ma che ne sapevano essi? Come lo dicevano? Così, di testa loro! L'ordine di consegnare tutte quante le armi, senza eccezioni, era positivo e perentorio. Era un'arma, quella, sì o no? Poteva essere antica, anzi era antica e mangiata dalla ruggine, ma sempre arma era! E fors'anche carica e pronta a sparare... Si vedeva la pietra focaja; e l'acciarino, eccolo lì, pendeva da una catenella...

– Ebbene, prendila e va' a consegnarla! – gli aveva gridato, Ninì, scrollandosi, il giorno avanti. Aveva ben altro da pensare, lui, in quei momenti, nelle rare comparse che faceva in casa, tutto stravolto e impaziente di ritornare al suo supplizio, presso Dianella.

Vincente avrebbe preteso che Ninì perdesse una mezza giornata, nelle condizioni d'animo in cui si trovava, per chiedere informazioni su quell'arma. Una parola, prenderla! E se scoppiava? Consegnarla poi a chi, dove? Alla prefettura? al municipio? al commissariato di polizia? Egli non ne sapeva niente; e ad andare a domandarlo così, fingendo d'averne curiosità, dopo due giorni, c'era il rischio di far nascere qualche sospetto e d'attirarsi una perquisizione in casa.

Lo stato d'assedio aveva messo e teneva Vincente De Vincentis in tale orgasmo, da fargli vedere ovunque minacce e pericoli terribili. S'era proposto di non uscir più di casa, fintanto che fosse durato. Ma se, per il maledetto vizio di donna Fana di chiamare a parte tutto il vicinato d'ogni minimo incidente in famiglia, la polizia fosse venuta a sapere di quell'arma?

All'improvviso, la vecchia casiera lo vide uscire, frenetico, dalla camera in cui stava chiuso, con le braccia in aria e gridando:

– Scoppii! m'ammazzi! non me n'importa niente! Vado a prenderlo, vado a prenderlo io!

– Per carità, lasci, don Tinuzzo! – esclamò donna Fana, correndogli dietro. – Non sia mai, Dio, con questa furia... Vede come trema tutto? Lasci fare! Chiamerò qualcuno dal balcone...

– Chi chiamate? Non v'arrischiate... – s'era messo a urlare, paonazzo in volto, Vincente, quando dalla porta, sempre aperta di giorno, comparve don Jaco Pàcia con la sua solita aria di santo, caduto dal cielo in un mondo di guaj e d'imbrogli. Era lungo e secco, come di legno, con la faccia squallida, segnata con trista durezza dalle sopracciglia nere ad accento circonflesso, in contrasto col largo sorriso scemo, beato, sotto gl'ispidi baffi bianchi. Gli occhi, dalle pàlpebre stirate come quelle dei giapponesi, non scoprivano il bianco e restavano opachi e come estranei alla durezza di quegli accenti circonflessi e alla scema beatitudine dell'eterno sorriso. Con le braccia raccolte sempre sul petto e le grosse mani slavate e nocchierute prendeva atteggiamenti di umiltà rassegnata.

Udito di che si trattava, prese sopra di sé l'affare di quel fucile, e disse che aveva, non una, ma cento ragioni don Tinuzzo di costernarsi così. Sicuro, era un'arma! E, Dio liberi, in un momento come quello... Momento terribile per tutta la Sicilia! Ma c'era lui, c'era lui, lì, per quei due bravi giovanotti e, con l'ajuto di Dio, niente paura, da questa parte! I guaj, guaj grossi, erano invece da un'altra. E cominciò a rappresentare tutte le sue fatiche per rintracciare gl'in-

'cartamenti delle terre di *Milione*, prima all'archivio notarile, poi nella cancelleria del tribunale e in quella del Vescovado per tutti i piccoli e grossi censi che gravavano su quelle terre. Ora gl'incartamenti erano pronti e in ordine dal notajo; ma don Flaminio Salvo non voleva pagar le spese dell'atto di vendita, e forse dal suo canto aveva ragione, perché, dopo tutto, faceva un gran favore... lui banchiere...

– Ah sì, un gran favore? un gran favore? – scattò furibondo Vincente, – come per *Primosole*, è vero? un gran favore!

Don Jaco lo lasciò sfogare, in uno dei soliti atteggiamenti di santo martire; poi disse:

– Ma abbiate pazienza, don Tinuzzo mio! Che forse don Flaminio ha altri figliuoli, oltre quella già fidanzata a vostro fratello Ninì? Non vedete che è tutta una finta, santo Dio? Domani si fa lo sposalizio e, gira e volta, alla fine tutto ritornerà qui!

– Tutto, eh? Bello... facile... liscio come l'olio... – prese a dire Vincente, con furiosi inchini. – Lo sposalizio dei matti! Ma se è così, perché don Flaminio si ricusa di pagar le spese dell'atto? Segno che non ci crede! Chi vi dice che questo matrimonio si farà? chi vi dice che...

– Don Tinuzzo! – lo interruppe quello. – Vostro fratello don Ninì è entrato, sì o no, in casa del Salvo? o me l'invento io? Santo nome di Dio benedetto! Sono ormai parecchi giorni? Dunque, che vuol dire? Vuol dire che la ragazza ci sta! Ora volete che la paglia accanto al fuoco... Del resto, oh! ecco qua don Ninì in persona... Nessuno meglio di lui ve lo potrà confermare.

Vincente corse innanzi al fratello che entrava; gli s'accostò a petto, fremente; gli afferrò con le mani adunche le braccia, e alzò da un lato la faccia congestionata per sbirciarlo bene in volto, davvicino, con gli occhi miopi.

– Sì! guardatelo! – poi sghignò, allontanandosi e mostrandolo. – Vedete che faccia ha! Pare un morto, lo sposo!

Ninì, così soprappreso, restò in mezzo alla stanza a guardare il fratello e don Jaco e donna Fana, come insensato.

Aveva veramente dipinta una torbida angoscia nel volto che di solito esprimeva la bontà mite e gentile dell'animo; e i begli occhi neri, vellutati, erano intensi di tetro cordoglio, eppur quasi smemorati. Come seppe che cosa si voleva da lui e per qual fine, s'adontò fieramente, agitando le braccia, col volto atteggiato di schifo. Don Jaco da una parte, donna Fana dall'altra, cercarono di calmarlo, d'interrogarlo con garbo; ma invano: si storceva, scotendo il capo, con un grido soffocato in gola.

– Ma dite almeno se c'è qualche speranza, per tranquillare vostro fratello! – gli gridò alla fine don Jaco a mani giunte.

Ninì lo guatò con un lampo strano negli occhi. Ma se non ci fosse più alcuna speranza di richiamare Dianella alla ragione, che sarebbe più importato a lui della rovina della casa, della miseria, di tutto? Era mai possibile che qualcuno potesse sperar la salvezza di Dianella soltanto per questo, per salvar dalla rovina la casa? che tutto il suo impegno, il suo supplizio dovessero per quella gente servire a questo scopo? Ecco, lo costringevano a gettare la sua speranza come un'offa per placar la paura di quella miseria! Ebbene, sì, c'era una speranza, c'era, c'era...

E Ninì, coprendosi il volto, ruppe in uno stridulo pianto convulso.

Flaminio Salvo aveva stentato molto a decifrare la lettera della sorella Adelaide, la cui scrittura, non soltanto per gli spropositi d'ortografia quasi sempre illeggibile, pareva quella volta più che mai una furiosa raspatura di gallina. Tutta un grido d'ajuto e di minaccia, quella lettera, tra imprecazioni ed esclamazioni disperate. Le aveva risposto brevemente e pacatamente, che presto sarebbe venuto a visitarla a Colimbètra e che intanto stésse tranquilla, come si conveniva a una donna della sua età e della sua condizione. Un sorriso frigido gli era venuto alle labbra, sogguardando dopo la lettura quel foglietto di carta che avrebbe voluto recargli ancora un dispiacere. Pian piano lo aveva ripiegato e s'era messo a lacerarlo lentamente, per lungo e per largo, in pezzetti sempre più piccoli, senza più badare a quello che faceva, caduto in un attonimento grave, d'uggia aggrondata; alla fine, aveva guardato sul piano della scrivania l'opera delle sue dita: tutto quel mucchietto di minuzzoli di carta. Chi sa se non aveva fatto soffrire anche quel foglietto, a lacerarlo e ridurlo così, in tutti quei minuzzoli! Gli era rimasto un bruciorino ai polpastrelli dell'indice e del pollice, che s'erano accaniti in quell'opera di distruzione, senza ch'egli la volesse; da sé, per il gusto di distruggere. Ah, poter ridurre in minuzzoli così, senza pensarci, la vita, tutta quanta: ripiegarla in quattro, come un foglio sporco di spropositi, e strapparla per lungo e per largo, dieci, venti, trenta volte, pezzo per pezzo, lentamente!

Con uno sbuffo aveva sparpagliato su la scrivania e per terra tutti quei minuzzoli, e s'era alzato. Guardando dai vetri del balcone la distesa ben nota, sempre uguale, delle campagne; le due scogliere lontane di Porto Empedocle, protese nel mare laggiù a occidente, come due braccia; le macchie scure dei piroscafi ancorati, e immaginando il traffico di tanta gente lì a' suoi servizii per l'imbarco dello zolfo delle sue miniere accatastato su la spiaggia, s'era sentito soffocare da tutte le noje, da tutti i pensieri che da anni e anni gli venivano da quel traffico per lui ormai superfluo, necessario a tanti che ne traevano i mezzi per provvedere ai meschini bisogni quotidiani e affrontar le miserie, i dolori, di cui è intessuta la loro vita e quella di tutti. E s'era messo a pensare che, lui sazio e stanco, con la nausea della sazietà e l'abbandono della stanchezza, restava lì come disteso a farsi mangiare da tanti irrequieti affamati di cui non gl'importava nulla. Ma avrebbe potuto forse impedirlo? L'opera sua, di tutta la sua vita, aveva preso corpo fuori di lui, e stava lì per gli altri. Poteva forse quella distesa di campagne impedire che tanti uomini vi affondassero le zappe e gli aratri, vi piantassero gli alberi e ne raccogliessero i frutti? Così era ormai di lui. E, come la terra, egli non sentiva alcuna gioja del lavoro che gli altri facevano sopra di lui per raccogliere il frutto; né questi altri, quantunque gli camminassero sopra, potevano dargli compagnia, penetrare, rompere la sua solitudine che aveva ormai l'insensibilità della pietra. Sentiva solamente un enorme fastidio di tutto, che gli schiacciava la volontà di liberarsene, e solo gli moveva ancora inconsciamente le dita, come dianzi, a far del male a un foglietto di carta. Ma tutte le cose ormai per lui avevano il valore di quel foglietto di carta; e bisognava pur lasciare che le dita, almeno le dita, facessero qualche cosa, da sé, poiché il fastidio le moveva. Se si fossero rivoltate e accanite anche contro di lui, le avrebbe lasciate fare, allo stesso modo.

Davvero? O non fingeva l'incoscienza delle sue dita nel lacerar la lettera della sorella, per poter dire a se stesso che, anche *allo stesso modo*, aveva lacerato, dopo il suo ritorno a Girgenti, certe altre lettere appena intraviste nei cassetti della scrivania o nel palchetto a casellario che gli stava davanti? Certe lettere con la firma di Nicoletta Capolino?

Veramente, no: le immagini di Aurelio Costa e di Nicoletta Capolino non erano mai venute a piantarglisi di fronte, cosicché egli potesse respingerle con un *logico* sorriso, dando le sue ragioni e facendo loro notare che a essi mancavano per perseguitarlo coi rimorsi. La persecuzione loro era più d'ogni altra irritante, perché non appariva. Non appariva, per questa ragione certissima e solida e pesante come una pietra di sepoltura: che erano stati anch'essi, l'uno per il suo proprio accecamento, l'altra per un suo motivo particolarissimo, a volere quella loro morte.

Eppure... Eppure, sotto questa ragione che li seppelliva e glieli rendeva invisibili, essi, in un modo ch'egli non avrebbe saputo definire, gli erano... non presenti, no, mai; anzi costantemente assenti: ma con questa loro assenza intanto lo perseguitavano. Erano tutti e due di là, con Dianella, nell'assenza della sua ragione. Egli non li vedeva, ma pur li sentiva nelle parole vuote di senso, negli sguardi e nei sorrisi vani della figliuola. E allora, anche a lui irresistibilmente, come dal fondo delle viscere contratte dall'esasperazione, venivano alle labbra parole vuote di senso, del tutto impensate; strane, vaghe parole che gli atteggiavano il viso a seconda delle diverse espressioni che contenevano in sé, per conto loro, fuori assolutamente della sua coscienza e senz'alcuna relazione col suo stato presente. Ed ecco che, quel giorno, per seguitar la finzione della sua incoscienza, dopo aver lacerato la lettera della sorella, si era anche messo a dire, *allo stesso modo*, parole impensate:

– Quello che serve... quello che serve...

Se non che, alla fine, aveva mutato in ragionamento la finzione, apparsa a lui stesso troppo evidente:

« Quello che serve... sì. Devo accendere un sigaro? Mi serve un fiammifero. Ecco il sigaro... ecco il fiammifero: per sé, due cose; ma fatte per il mio bisogno di fumare. Prima l'uno, poi l'altro, li accendo e li distruggo... Quanti fiammiferi ho accesi! Troppi... E tutta l'opera mia è andata in fumo! Male, perché non sono riuscito allo scopo... ma io volevo maritar bene la mia figliuola, perché avessero almeno una bella corona... già! una corona principesca... tutte le mie fatiche e le mie lotte. Una corona principesca!... Fumo? Vanità? Eh, ma almeno questo compenso alla morte del mio bambino! Vanità, per forza, se la sorte volle togliermi ogni ragione di attendere a cose più serie, e mi lasciò una povera figliuola con l'ombra intorno della pazzia materna. E ormai... ormai... se servo io, per il bisogno che qualcuno abbia di fumare... »

Ma sì, ecco: non aveva lasciato entrare in casa quello stupido buon figliuolo del De Vincentis? E gli aveva messo davanti la figliuola: là! per l'esperimento! E se l'avesse guarita, con quei suoi begli occhi a mandorla vellutati, con quelle sue dolci manierine di dama, ecco che don Jaco Pàcia, seduto lì davanti a quella scrivania, maestro e donno, in pochi anni si sarebbe fumati a uno a uno tutti i suoi biglietti di banca e le sue cartelle di rendita e le zolfare e le campagne e le case e gli opifici.

« Quello che serve... quello che serve... »

Questa seccatura della sorella Adelaide, intanto, no, era proprio di più. Che voleva da lui? Non stava comoda al suo posto? C'erano spine? Oh cara! E voleva le rose da lui? Con tutti quei « militari » che le facevano scorta; con quei ritratti dei Re Borboni che la proteggevano, via, poteva esser lieta e contenta... Fosse stato lui al posto di lei!

Fallito ogni scopo, il solo pensiero di rivedere don Ippolito e di parlargli, era per lui ora un'oppressione intollerabile. Come resistere, con l'arida nudità del suo animo desolato, senza più uno straccio d'illusione, alla vista di quell'uomo tutto quanto composto e addobbato e parato di nobile decoro? Gli pareva ora incredibile che avesse potuto prendere sul serio quella via per arrivare al suo scopo... Povera Adelaide! C'era andata di mezzo lei... Ma, dopo tutto, via! la villa era sontuosa e il posto ameno; con un po' di pazienza e di buona volontà, poteva sopportar la noja di quell'uomo non fatto propriamente per lei.

In tale disposizione d'animo, scese due giorni dopo, in vettura, a Colimbètra. Il sorriso, venutogli alle labbra, su l'entrare, al saluto degli uomini di guardia parati, sì, ancora militarmente, ma senza più armi, non gli andò via per tutto il tempo che durò la visita. Sorridendo ascoltò sotto le colonne del vestibolo esterno la risposta di capitan Sciaralla impostato su l'attenti, che le armi, nossignore, non erano state consegnate all'autorità, ma si tenevano riposte per prudenza; sorridendo accolse l'invito di Liborio d'accomodarsi nel salone, e, poco dopo, l'irrompere come una bufera della sorella Adelaide e le prime domande affannose, tra il pianto, intorno a Dianella.

— Mah... fa cura d'amore, – le rispose.

E sorrise allo sbalordimento quasi feroce della sorella, per la sua placida risposta.

— Ridi?... Dunque può guarire?

— Guarire... Speriamo! La cura è buona...

Sorrise di più alle improperie che donna Adelaide gli scagliò in un impeto aggressivo, e poi alla rappresentazione di tutte le ambasce, di tutte le sofferenze e dei maltrattamenti, ch'ella chiamava « pestate di faccia », da parte del marito.

— Bada, Flaminio! – proruppe a un certo punto la sorella, vedendolo sorridere a quel modo. – Bada! Finisce ch'io la faccio davvero, la pazzia!

Egli la guardò un poco, e poi, aprendo le braccia:

– Ma perché? Scusa, se hai una bellissima cera!

A questa uscita, la sorella scappò via come per porre a effetto, subito subito, la minaccia.

E allora, attendendo che entrasse il principe per la seconda scena, sorrise ai ritratti dei due re di Napoli e Sicilia che lo guardavano con molta serietà dall'alto della parete.

Don Ippolito, scuro in viso e, dentro, in gran pensiero per la sorte del figliuolo di cui non aveva più notizie, entrò nel salone, maldisposto anche lui a quell'incontro, dal quale l'unico bene che potesse ripromettersi sarebbe stato certamente a costo d'uno scandalo, dopo la nauseante amarezza di volgari spiegazioni. Ma si rischiarò alla vista di quel sorriso sulle labbra del cognato. Lo interpretò nel senso che due uomini, com'essi erano, non potessero e non dovessero dare alcuna importanza alle lagrimucce facili, alle smaniette passeggere d'una donna, che la loro generosità maschile poteva e doveva senza stento compatire.

Sorrise allora anche lui, ma con mestizia, don Ippolito, stringendo la mano al cognato; e, seguitando a sorridere, gli parlò pacatamente e in quel tono di superiorità maschile del suo dispiacere per i dissapori sorti tra lui e la moglie, perché tardava ancora... eh, tardava purtroppo a stabilirsi l'accordo tra i loro sentimenti e i loro pensieri, non volendo ella intendere le ragioni per cui...

– Ma via, principe! – cercò d'interromperlo il Salvo.

– No no, – s'ostinò a dire don Ippolito. – Perché io apprezzo moltissimo il sentimento da cui ella è mossa a chiedermi quel che non posso accordarle. Io partecipo, credetemi, con tutto il cuore, alla vostra sciagura, e...

– Ma se sarebbe, tra l'altro, inutile la sua presenza! – disse, per troncare il discorso, il Salvo.

E con gran sollievo d'entrambi presero a parlar d'altro, cioè dei gravi avvenimenti del giorno. Se non che, allora, il principe restò sconcertato nel notare la permanenza di quel sorriso su le labbra del cognato, mentr'egli manifestava con tanto calore la sua indignazione, sia per le misure oltraggiose del governo, sia per la tracotanza popolare. Quale sarebbe stato il suo stupore se, interrompendosi all'improvviso e domandando a Flaminio Salvo perché seguitasse a sorridere a quel modo, questi gli avesse risposto:

« Perché?... Ah... Perché in questo momento sto pensando che Colimbètra ha, tra l'altro, la bella comodità d'esser molto vicina al cimitero, sicché voi tra poco, morendo, avrete l'insigne vantaggio d'esser seppellito a due passi da qui, senza attraversare la città, neanche da morto. »

Ma gli sovvenne che il principe s'era fatto edificare nella stessa tenuta, e propriamente nel boschetto d'aranci e melograni attorno al bacino d'acqua che le dava il nome, un tumulo uguale a quello di Terone, e gli sorse una viva curiosità di andarlo a vedere. Appena poté, interruppe anche quel discorso e propose al cognato una giratina in quel boschetto.

Donna Adelaide approfittò di quel momento per spedire *Pertichino* di corsa a Girgenti a consegnare un biglietto all'onorevole deputato Ignazio Capolino: *S.P.M.* (*sue pregiatissime mani*).

Quando, sul far della sera, Flaminio Salvo rientrò in casa, nell'aprir l'uscio della stanza ove di solito stava Dianella, guardata dalla vecchia governante e da una infermiera, ebbe la sorpresa di trovar la figliuola appesa al collo di Ninì De Vincentis, con gli occhi che le si scoprivano appena di su la spalla del giovine, ilari, sfavillanti di felicità, sotto i capelli scarmigliati, e le due mani aggiovigliate nella stretta.

— Dianella... Dianella... — la chiamò, con l'ansia nella voce, di saperla guarita.

Ma Ninì De Vincentis, piegando a stento il capo e mostrando il volto congestionato da un orgasmo atroce, gli rispose disperatamente:

— Mi chiama Aurelio...

VIII

Reduce da quel suo pellegrinaggio a Roma, da cui tanta gioja e tanta luce di sogni gloriosi s'era promesso di riportare a Valsanìa per i suoi ultimi giorni, Mauro Mortara, dopo la visita a donna Caterina Laurentano morente, a testa bassa, senza arrischiar neppure un'occhiata intorno, quasi avesse temuto d'esser deriso dagli alberi ai quali per tanti anni aveva parlato delle sue avventure, della grandezza e della potenza derivate alla patria dall'opera dei vecchi suoi compagni di cospirazione, d'esilio, di guerra, era andato a cacciarsi nella sua stanza a terreno, come nel suo covo una fiera ferita a morte. Invano don Cosmo, per circa una settimana, aveva cercato di scuoterlo, di farlo parlare, compreso di quella sua pietà sconsolata per tutti coloro che giustamente rifuggivano dal rimedio ch'egli aveva trovato per guarire d'ogni male. Alle sue insistenze, che almeno salisse alla villa per il desinare e la cena, Mauro aveva risposto, scrollandosi:

— Corpo di Dio, lasciatemi stare!
— E che mangi?
— Le mani, mi mangio! Andàtevene!

In un modo più spiccio e più brusco, il giorno dopo il suo arrivo, aveva risposto ai colombi, che durante la sua assenza erano stati governati due volte al giorno, all'ora solita, dal *curàtolo* Vanni di Ninfa: bum! bum! due schioppettate in aria; e li aveva dispersi con fragoroso scompiglio. Né migliore accoglienza aveva fatto alla festa dei tre mastini, quasi impazziti dalla gioja di rivederlo. La placida immobilità dei vecchi oggetti della stanza, impregnati tutti da un lezzo quasi ferino, i quali parevano in attesa ch'egli riprendesse tra loro la vita consueta, gli aveva suscitato una fierissima irritazione: avrebbe preso a due mani lo strapunto di paglia abballinato in un angolo e lo avrebbe scagliato fuori con le tavole e i trespoli che lo sorreggevano, e fuori quel torchio guasto delle ulive, fuori seggiole e casse e capestri e bardelle e bisacce. Solo gli era piaciuto riveder nel muro l'impronta degli sputi gialli di tabacco masticato che, stando a giacer sul letto, era solito scaraventare alla faccia dei nemici della patria, sanfedisti e borbonici.

Più volte, la lusinga degli antichi ricordi aveva cercato di riaffascinarlo; più volte, dalla porta aperta, i lunghi filari della vigna, con gli alberetti già verzicanti sparsi qua e là nel silenzio attonito di certe ore piene di smemorato abbandono, gli avevano per un momento ricomposto la visione quasi lontana di quel mondo, per cui fino a poco tempo addietro vagava nei dì sereni, gonfio d'orgoglio, da padreterno, lisciandosi la barba. D'improvviso, ogni volta, l'anima che già s'avviava affascinata da quella visione, s'era ritratta all'aspro e fosco ronzare di qualche calabrone che, entrando nella stanza, lo richiamava con violenza al presente e rompeva il fascino e sconvolgeva la visione.

Che fare? che fare? come vedersi più in quei luoghi testimonii della sua passata esaltazione? come più attendere alle cure pacifiche della campagna, mentre sapeva che tutta la Sicilia era sossopra e tanti vili rinnegati si levavano ad abbattere e scompigliare l'opera dei vecchi? Da anni e anni, tutti i suoi pensieri, tutti i suoi sentimenti, tutti i suoi sogni consistevano dei ricordi e della soddisfazione di quest'opera compiuta. Come aver più requie al pensiero ch'essa era minacciata e stava per essere abbattuta? Contro ogni seduzione delle antiche, tranquille abitudini, si vedeva costretto dalla sua logica ingenua a riconoscere ch'era debito d'onore, per quanti come lui portavano al petto le medaglie in premio di quell'opera, accorrere ora in difesa di essa.

« La vecchia guardia nazionale! la vecchia guardia! Tutti i veterani a raccolta! »

E alla fine, in un momento di più intensa esaltazione, era corso come un cieco, per rifugio e per consiglio, al *camerone* del Generale, ove finora non gli era bastato l'animo di rimetter piede. Appena entrato, era scoppiato in singhiozzi, e senza osare di riaprir gli scuri delle finestre e dei balconi, serrati con cura amorosa prima di partire, era rimasto al bujo, a lungo, con le mani sul volto, a piangere su l'antico divano sgangherato e polveroso. A poco a poco, i fremiti, le ansie degli antichi leoni congiurati del Quarantotto che si riunivano lì in quel camerone attorno al vecchio Generale, s'erano ridestati in lui a farlo vergognare del suo pianto; le ombre di quei leoni, terribilmente sdegnate, gli eran sorte intorno e gli avevan gridato d'accorrere, sì, sì, d'accorrere, pur così vecchio com'era, a impedire con gli altri vecchi superstiti la distruzione della patria. Nel bujo, da un canto di quel camerone, il malinconico leopardo imbalsamato, privo d'un occhio, non gli aveva potuto mostrare quanti ragnateli lo tenevano alla parete, quanta polvere fosse caduta sul suo pelo maculato ormai anche qua e là da molte gromme di muffa! E Mauro Mortara era riuscito con occhi atroci, gonfii e rossi dal pianto, e per poco non era saltato addosso a don Cosmo che, passeggiando per il corridojo, s'era fermato stupito, dapprima, a mirarlo in quello stato, e aveva poi cercato di trattenerlo e di calmarlo.

— Se non sapessi che vostra madre fu una santa, direi che siete un bastardo! — gli aveva gridato, quasi con le mani in faccia.

Don Cosmo non s'era scomposto, se non per sorridere mestamente, tentennando il capo, in segno di commiserazione; e gli aveva domandato dove volesse andare, contro chi combattere alla sua età. Mauro se n'era scappato, senza dargli risposta. E veramente, giù, nella sua stanza a terreno, aveva cominciato a darsi attorno per la partenza. Alla sua età? Sangue della Madonna, che età? Si parlava d'età, a lui! Dove voleva andare? Non lo sapeva. Armato, pronto a qualunque cimento, sarebbe salito a Girgenti, a consigliarsi e accordarsi con gli altri veterani, con Marco Sala, col Ceràulo, col Trigóna, con Mattia Gangi che certo come lui, se avevano ancora sangue nelle vene, dovevano sentire il bisogno d'armarsi e correre in difesa dell'opera comune. Se i nemici s'erano uniti, raccolti in fasci, perché non potevano unirsi, raccogliersi in fascio anche loro, della vecchia guardia? I soldati non bastavano; bisognava dar loro man forte; sciogliere con la forza quei *fasci*, cacciarne via tutti quei cani a fucilate, se occorreva. Certo c'erano i preti, sotto, che fomentavano; e anche la Francia, anche la Francia dicevano che mandava denari, sottomano, per smembrare l'Italia e rimettere in trono, a Roma, il papa. E chi sa che, scoppiata la rivoluzione, non volesse sbarcar da Tunisi in Sicilia? Come rimaner lì con le mani in mano, senza nemmeno tentare una difesa, senza nemmeno farsi vedere dagli antichi compagni e dir loro: «Son qua»? Bisognava partire, partir subito! Se non che, a poco a poco, quella sua furia s'era trovata impigliata, come in una ragna, dalle tante reliquie della sua vita avventurosa, esumate da vecchie casse e cassette e sacche logore e rattoppate e involti di carta ingiallita, strettamente legati con lo spago. Avrebbe voluto farne uno scarto e portarsene addosso quante più poteva tra le più care. Confuso, stordito, frastornato dai ricordi risorgenti da ognuna, a un certo punto s'era sentito fumar la testa e aveva dovuto smettere. No, non era possibile liberarsi con tanta precipitazione da tutti quei legami. E aveva rimandato la partenza al giorno dopo. Tutta la notte era stato fuori, per la campagna, farneticando. La voce del mare era quella del Generale; le ombre degli alberi erano quelle degli antichi congiurati di Valsanìa; e quella e queste seguitavano a incitarlo a partire. Sì, domani, domani: sarebbe andato incontro a quegli assassini; lo avrebbero sopraffatto e ucciso; ma sì, questo voleva, se la distruzione doveva compiersi! Che valore avrebbero più avuto, altrimenti, le sue medaglie? Bisognava morire per esse e con esse! E se le sarebbe appese al petto, domani, correndo incontro ai nuovi nemici della patria. Perché la Sicilia non doveva essere disonorata, no, no, non doveva essere disonorata di fronte alle altre regioni d'Italia che si erano unite a farla grande e gloriosa! Il giorno dopo, con l'enorme berretto villoso in capo, tutto affagottato e imbottito di carte e di reliquie, le quattro medaglie al petto, lo zàino dietro le spalle e armato fino ai denti, s'era presentato a don Cosmo per licenziarsi. E sarebbe partito senza dubbio, se insieme con don Cosmo non si fosse adoperato in tutti i modi a trattenerlo Leonardo Costa, sopravvenuto da Porto Empedocle. Licenziatosi dal Salvo, dopo la morte del figlio, e ricaduto nella misera e incerta condizione di sorvegliante alle stadere, Leonardo Costa aveva accettato, più per non vedersi solo che per altro, l'offerta pietosa di don Cosmo, di venire ogni sera da Porto Empedocle a cenare e a dormire a Valsanìa. Il cammino non era breve né facile al bujo, le sere senza luna, per quella stradella ferroviaria ingombra e irta di brecce. Dopo la sciagura, una stanchezza mortale gli aveva reso le gambe gravi, come di piombo. Più volte s'era veduto venire incontro minaccioso il treno; più volte aveva avuto la tentazione di buttarcisi sotto e finirla. Quando giù alla marina non trovava lavoro, se ne risaliva presto alla campagna, e per suo mezzo, da un po' di tempo, le notizie a Valsanìa arrivavano senza ritardo. Se, quel giorno, non avesse recato quella dello sbarco a Palermo del corpo d'armata che in un batter d'occhio avrebbe certamente domato e spazzato la rivolta, né lui né don Cosmo sarebbero riusciti a trattenere Mauro con la forza. A calmarlo ancor più, era poi venuta la notizia della proclamazione dello stato d'assedio e del disarmo. Nemmen per ombra gli era passato il dubbio, che l'ordine di consegnare le armi potesse riferirsi anche a lui, o che potesse correre il rischio d'esser tratto in arresto, se fosse salito alla città armato. Le sue armi erano come quelle dei soldati; il permesso di portarle gli veniva dalle sue medaglie.

Le notizie recate dopo dal Costa avevano fatto su l'anima di lui quel che su una macchia già arruffata dalla tempesta suol fare una rapida vicenda di sole e di nuvole. S'era schiarito un poco, sapendo che a Roma Roberto Auriti era stato scarcerato, quantunque soltanto per la concessione della libertà provvisoria, e che il fratello Giulio aveva condotto con sé a Roma la sorella e il nipote; e scombujato alla rivelazione inattesa che Landino, il nipote del Generale, colui che ne portava il nome, era tra i caporioni della sommossa, e che era fuggito da Palermo, dopo la proclamazione dello stato d'assedio, per sottrarsi all'arresto. Dopo questa notizia s'era messo a guardare con cipiglio feroce Leonardo Costa, appena lo vedeva arrivare stanco e affannato da Porto Empedocle. L'ansia di sapere era fieramente combattuta in lui dal timore rabbioso che, a cuor leggero, quell'uomo lo costringesse ad armarsi e a partire da Valsanìa. Dacché era stato sul punto di farlo, conosceva per prova quel che gli sarebbe costato staccarsi da quella terra, strapparsi da tutti i ricordi che ve lo legavano, abbandonar la custodia del *camerone*, la sua vigna, i suoi colombi, gli alberi, che per tanto tempo avevano ascoltato i suoi discorsi.

Ma Leonardo Costa, dopo le furie dell'altra volta, sapeva ormai quali notizie erano per lui, quali per don Cosmo e per donna Sara Alàimo. Si era lasciata scappar quella intorno al figlio del principe, perché supponeva che Mauro già lo sapesse socialista e dovesse aver piacere conoscendo ch'era riuscito a fuggire.

L'ultima notizia che il Costa recò, nuova nuova, fu tra i lampi, il vento e la pioggia d'una serataccia infernale.

Mauro aveva apparecchiato da cena, in vece di donna Sara da due giorni a letto per una forte costipazione, e ora stava con don Cosmo nella sala da pranzo in attesa dell'ospite che, forse a causa del cattivo tempo, tardava a venire. Quell'attesa lo irritava, non tanto perché avesse voglia di mangiare, quanto perché temeva andasse a male la cena apparecchiata. Aveva fatto sempre ogni cosa con impegno, e tra i tanti ricordi che gli davano soddisfazione c'era anche quello d'aver fatto «leccar le dita» agli Inglesi, quand'era stato cuoco, prima a bordo e poi a Costantinopoli. Una delle ragioni del suo odio per donna Sara era appunto la gioja maligna manifestata più volte da questa per la pessima riuscita di qualche lezione di culinaria che aveva voluto impartirle. Fuori d'esercizio e con l'animo sconvolto e distratto da tanti pensieri, si cimentava da due giorni con coraggio imperterrito nella confezione dei più complicati intingoli, e avvelenava l'ospite e il povero don Cosmo.

– Come vi pare?

– Ah, un miele, – rispondeva questi, invariabilmente. – Forse, però, ho poco appetito.

– Al senso mio, – arrischiava il Costa, – mi pare che ci manchi un tantino di sale.

– O Marasantissima, – prorompeva Mauro, – eccovi qua la saliera!

Donna Sara era da due giorni digiuna.

Tra gli urli del vento, i boati spaventosi del mare, lo scroscio della pioggia, si udivano i suoi scoppii di tosse, e lamenti e preghiere recitate ad alta voce. In preda, certo, a un assalto furioso di mania religiosa, s'era asserragliata nella sua cameretta e rifiutava ogni cibo e ogni cura. Di tanto in tanto don Cosmo, sentendola tossire più forte e più a lungo, si recava premuroso a chiamarla dietro l'uscio e a domandarle se volesse qualche cosa. Per tutta risposta donna Sara gli gridava, appena poteva, con voce soffocata:

– Pentìtevi, diavolacci!

E riprendeva a gridare avemarie e paternostri.

Finalmente arrivò Leonardo Costa, in uno stato miserando, tutto scompigliato dal vento, con l'acqua che gli colava a ruscelli dal cappotto e con tre dita di fango attaccato agli scarponi. Non tirava più fiato e non poteva più tener ritta la testa, dalla stanchezza. Mauro, per ricetta, gli fece subito trangugiare un bicchierone di vino, opponendo alla resistenza la solita esclamazione:

– Oh Marasantissima, lasciatevi servire!

Don Cosmo s'affrettò a condurselo in camera e lo ajutò a cangiarsi d'abito, facendogliene indossare uno suo che gli andava molto stretto, ma almeno non era bagnato. Intanto Mauro aveva portato in tavola e gridava dalla sala da pranzo:

– Santo diavolone, venite o non venite?

Quando vide comparire l'uno e l'altro con due visi stralunati, si mise in apprensione e domandò aggrondato:

– Che altro c'è?

Nessuno dei due gli rispose. Don Cosmo, invece, domandò al Costa:

– E Ippolito? Ippolito?

– Dormiva, – rispose quello. – Alle tre di notte! Dormiva. Ma dice che, quando l'uomo di guardia, costretto ad aprire il cancello, corse alla villa ad avvertire...

– Parlate di don Landino? – lo interruppe a questo punto Mauro, cacciandosi tra i due furiosamente. – Ditemi che cos'è!

– No, che don Landino! – gli rispose il Costa, mostrando sul volto una trista gajezza. – Gli hanno fatto l'ultima a quel degno galantuomo che è stato qua un mese a pestarvi la faccia! So che voi lo amate quanto me!

– Il Salvo?

– Già!

E il Costa alzò un piede come per darlo sul collo del caduto. Seguitò:

– Sua sorella, la moglie del principe, ha preso la fuga, questa notte, col deputato Capolino...

– La fuga? Come, la fuga?

– Come, eh? Ci vuol poco... Quello è venuto a pigliarsela con la carrozza, e son partiti di nottetempo, con la corsa delle tre, per Palermo. Certo s'erano accordati avanti...

Don Cosmo, ancora stralunato, mormorava tra sé in disparte:

– Povero Ippolito... povero Ippolito...

– Gli sta bene! – corse a gridargli Mauro in faccia.

— Mescolarsi con una tal razza di gente, — aggiunse il Costa con una smorfia di schifo. — Del resto, sa, sì-don Cosmo? una certa mortificazione, forse, non dico di no... Lo scandalo è grosso: non si parla d'altro a Girgenti e alla marina... Ma, dopo tutto... già non la trattava nemmeno da moglie... dice che dormivano divisi e che... a sentir le male lingue... quel cagliostro, dice, se la piglia com'era prima del matrimonio... Quando l'uomo di guardia corse alla villa ad annunziare la fuga e il cameriere andò a svegliare il principe, dice che egli non alzò neanche la testa dal cuscino e rispose al cameriere: «Ah sì? Buon viaggio! Penserò domani ad averne dispiacere, quando mi sarò levato...».

Don Cosmo negò più volte energicamente col capo e aggiunse:

— Non sono parole d'Ippolito, codeste!

— Per conto mio, — riprese il Costa, sedendo con gli altri a tavola e cominciando a cenare, — che vuole che le dica? Mi dispiace per il principe; ma ci ho gusto, un gran gusto per l'onta che n'avrà il fratello... Ah, sì-don Cosmo, non so davvero perché vivo! Vorrei salvarmi l'anima, glielo giuro; vorrei darle tempo di superar la pena, perché almeno in punto di morte potesse perdonare e salirsene a Dio... Ma no, sì-don Cosmo: la pena è più forte e si mangia l'anima; l'odio mi cresce e si fa più rabbioso di giorno in giorno; e allora dico: perché? non sarebbe meglio ammazzar prima lui e poi me, e farla finita?

— Forse, — mormorò don Cosmo, — gli fareste un regalo...

— Ecco ciò che mi tiene! — esclamò il Costa. — Perché sarebbe un regalo anche per me!

— Mangiate e non piangete! — gli gridò Mauro.

— Abbiate pazienza, don Mauro, — gli disse allora il Costa, forzandosi a sorridere. — Nei vostri piatti, per il palato mio, ci manca sempre un tantino di sale. Qualche lagrimuccia è condimento.

Don Cosmo, intanto, assorto, mirando attentamente un pezzetto di carne infilzato nella forchetta sospesa, diceva tra sé:

« Come due ragazzini... »

E tra i colpi di tosse donna Sara seguitava a gridar di là:

– Pentìtevi, diavolacci! pentìtevi!

All'improvviso, mentre i tre seduti a tavola finivano di cenare, da fuori, ove il vento e la pioggia infuriavano, tra il fragorìo continuo degli alberi e del mare, s'intesero i furibondi latrati dei mastini che ogni sera, su i gradini della scala, stavano ad aspettar l'uscita del padrone dopo la cena. Mauro, accigliato, si rizzò sul busto e tese l'orecchio. Quei latrati avvisavano che qualcuno era presso la villa. E chi poteva essere a quell'ora, con quel tempo da lupi? Si udirono grida confuse. Mauro balzò in piedi, corse a prendere il fucile appoggiato a un angolo della sala, e s'avviò alla porta. Prima d'aprire, applicò l'orecchio al battente e subito, intendendo che giù, innanzi a la villa, i cani cercavano d'impedire il passo a parecchi che se ne difendevano gridando, spense il lume, spalancò la porta e, tra lo scroscio violento della pioggia, nella tenebra sconvolta, spianando il fucile, urlò dal pianerottolo:

– Chi è là?

Un palpito di luce sinistra mostrò per un attimo, in confuso, la scena. Mauro credette d'intravedere quattro o cinque che, minacciando disperatamente, indietreggiavano all'assalto dei mastini.

– Mauro, perdio! Questi cani! Ne ammazzo qualcuno! Ti chiamo da tre ore!

– Don Landino?

E Mauro, fremente, si precipitò dalla scala, tra il vento, sotto la pioggia furiosa.
– Dove siete? dove siete?
Alla voce del padrone i cani desistettero dall'assalto, pur seguitando ad abbajare.
– Mauro!
– Voi qua? – gridò questi, cercando, invece dei cani, d'impedir lui ora il passo. – Avete il coraggio di rifugiarvi qua coi vostri compagni d'infamia? Non vi ricevo! Andatevene! Questa è la casa di vostro Nonno! Non vi ricevo!
– Mauro, sei pazzo?
– In nome di Gerlando Laurentano, via! Andatevene! Là, da vostro padre è il rifugio per voi e pei vostri compagni, non qua! Non vi ricevo!
– Sei pazzo? Lasciami! – gridò Lando, strappandosi dalla mano di Mauro, che lo teneva afferrato per un braccio.
Sprazzò sul pianerottolo della scala un lume, che subito il vento spense. E don Cosmo, accorso col Costa, chiamò di là:
– Landino! Landino!
Questi rispose:
– Zio Cosmo! – e, rivolto ai compagni: – Sù, sù, andiamo sù!
– Don Landino! – gl'intimò allora Mauro con voce squarciata dall'esasperazione. – Non salite alla villa di vostro Nonno! Se voi salite, io me ne vado per sempre! Ringraziate Iddio che vi chiamate Gerlando Laurentano! Questo solo mi tiene dal farvi fare una vampa, a voi e a codeste carogne, sacchi di merda, che avete accanto! Ah sì? salite? Un fulmine, Dio, che la dirocchi e vi schiacci tutti quanti! Aspettate, ecco qua, tenete, compite la vostra prodezza! Vi consegno la chiave!
E la grossa chiave del *camerone* venne a sbattere contro la porta che si richiudeva.

– È pazzo! è pazzo! – ripetevano al bujo Lando, don Cosmo, il Costa cercando in tasca i fiammiferi per riaccendere il lume, mentre i compagni di Lando, storditi da quell'accoglienza nel ricovero tanto sospirato e ora finalmente raggiunto, domandavano ansimanti e perplessi:
– Ma chi è?
– Pazzo davvero?
– O perché?
Riacceso il lume, i cinque fuggiaschi, Lando, Lino Apes, Bixio Bruno, Cataldo Sclàfani e l'Ingrao, apparvero come ripescati da una fiumara di fango. Cataldo Sclàfani, dalla faccia spiritata, già ispida su le gote, sul labbro e sul mento della barba che gli rispuntava, era più di tutti compassionevole: pareva un convalescente atterrito, scappato di notte da un ospedale schiantato dalla tempesta.

Fu per un momento uno scoppiettìo di brevi domande e di risposte affannose, tra esclamazioni, sospiri e sbuffi di stanchezza; e chi si scrollava, e chi pestava i piedi, e chi cercava una sedia per buttarcisi di peso.
– Inseguiti? – No, no... – Scoperti?... – Forse!... – Ma che! no... – Sì... – Forse Lando... – A piedi! E come?... – Da tre giorni! – Diluvio! diluvio!... – Ma come, dico io, senz'avvertire? senz'avvertire?

Quest'ultima esclamazione era – s'intende – di don Cosmo. L'andava ripetendo all'uno e all'altro, sforzandosi di concentrarsi nella gran confusione che gli faceva grattar la barba su le gote con ambo le mani.
– Dico... dico... Ma come?... senz'avvertire?...
E chi sa fino a quando l'avrebbe ripetuto, se finalmente non gli fosse balenata l'idea che bisognava dare ajuto in qualche modo a quei giovanotti. Che ajuto?
– Ecco, venite, venite qua! – prese a dire, affer-

rando per le braccia ora l'uno ora l'altro. – Spogliatevi, subito... Ho roba... roba per tutti... qua, qua in camera mia... nella cassapanca, venite con me!

Bixio Bruno e l'Ingrao, meno storditi e meno stanchi degli altri, s'opposero energicamente a quella strana insistenza.

– Ma no! Ma lasci! – gridò il primo. – Non c'è da perder tempo... È distante molto Porto Empedocle da qua?

– Ecco, sì, – esclamò Lando, rivolto allo zio. – Qualcuno... un contadino fidato, da spedire a Porto Empedocle subito, per noleggiare una barca... qualche grossa barca da pesca...

– Prima che spunti il giorno, per carità! – raccomandò lo Sclàfani, facendosi avanti con la sua aria spiritata. – Dovremmo essere in mare prima che spunti il giorno! Forse siamo stati scoperti...

– E dàlli! Ti dico di no, – gli gridò l'Ingrao.

– E io ti dico invece di sì – ribatté lo Sclàfani. – Alla stazione di Girgenti, Lando, potrei giurare, è stato riconosciuto...

Leonardo Costa fece osservare che il noleggio di una barca, in un frangente come quello, non era incarico da affidare a un contadino.

– Posso andare io, se volete! Anzi, andrò io, ora stesso!

– Con questo tempo? – domandò angustiato don Cosmo. – Signori miei, non precipitate così le cose... Spogliatevi, date ascolto a me: prenderete un malanno... Vedete... ecco qua... quest'amico mio... vedete... l'ho fatto cambiare io, or ora... C'è roba... roba per tutti... nella cassapanca, venite a vedere!

Il Costa con un gesto d'impazienza, domandò ai giovani:

– Vorreste che venisse qua sotto Valsanìa, la barca?

— Sì, sì, qua! — rispose Lando. — No, zio, per carità, mi lasci stare!

— Spògliati, ti dico...

— Non è prudente, — seguitò Lando, rivolto al Costa, mentre lo zio gli strappava per forza il soprabito, — non è prudente mostrarci a Porto Empedocle. A quest'ora a tutti i porti di mare sarà certo venuto da Palermo l'ordine della nostra cattura.

— Ma sarà difficile, — fece notare allora il Costa, — che approdi qua sotto, di notte, una tartana, con questo mare grosso... Basta; non mi tiro indietro... Si potrà tentare...

E corse a prendere in sala l'ampio mantello a cappuccio, ancora zuppo di pioggia.

— Amici! — gridò l'Ingrao, — non sarebbe meglio seguire questo signore, ora che è notte e nessuno ci vede? Ci terremo nascosti in prossimità del paese, fintanto che egli non avrà noleggiato la barca!

Il consiglio non fu accettato per una savia considerazione di Lino Apes:

— Ma che dite? Credete che una tartana si noleggi in quattro e quattr'otto, di nottetempo e con questo tempo? Bisognerà trovare il padrone...

— Lo conosco! — interruppe il Costa. — Ne conosco uno io, mio amico, fidatissimo.

— E i marinaj? — domandò l'Apes. — Il padrone solo non basta.

— Certo! Bisognerà trovare anche i marinaj, — riconobbe il Costa, — e allestir la barca... Prima di giorno non si farà a tempo.

— E allora, no! — gridò subito lo Sclàfani, rifacendosi avanti impetuosamente. — A Porto Empedocle, no, di giorno! Converrà imbarcarci qua!

— Intanto, io vado! — disse Leonardo Costa, che s'era già incappucciato.

— Povero amico! — gemette don Cosmo. — Ma proprio?...

Il Costa non volle sentir commiserazioni né ringraziamenti e s'avventurò nella tenebra tempestosa.

Allorché Lando seppe che costui era il padre di Aurelio Costa, barbaramente assassinato insieme con la moglie del deputato Capolino dai solfaraj del *Fascio* d'Aragona, guardò cupamente l'Ingrao e gli altri compagni. Interpretando male quello sguardo, il Bruno manifestò, sebbene esitante, il sospetto non si fosse quegli recato a Porto Empedocle per vendicarsi, denunziandoli. Don Cosmo allora, accomodando la bocca, emise il suo solito riso di tre *oh! oh! oh!*

– Quello? – disse; e spiegò il sentimento e la devozione del suo povero amico, il quale, facendo carico della morte del figliuolo soltanto a Flaminio Salvo, non pensava neppur lontanamente ai socii del *Fascio* d'Aragona.

– Oh, a proposito! – disse poi, colpito dal nome del Salvo, venutogli così per caso alle labbra. E si chiamò Lando in disparte per annunziargli la fuga di donna Adelaide.

– Come una ragazzina, capisci? Alle tre di notte!

Nel trambusto, era rimasta finora inavvertita la voce di donna Sara Alàimo che, credendo forse a una vera invasione di demonii in quella notte di tempesta, ripeteva più arrabbiata che mai dalla sua remota cameretta in fondo al corridojo:

– Pentìtevi, diavolacci!

Il grido strano giunse spiccatissimo in quel momento di silenzio, e tutti, tranne don Cosmo, ne rimasero sbalorditi; anche Lando, già sbalordito per conto suo dalla notizia che gli aveva dato lo zio.

– Chi è?

– Ah, niente, donna Sara! – rispose quegli, come se Lando e i compagni conoscessero da un pezzo la vecchia casiera di Valsanìa. – Mi sta facendo impazzire, parola d'onore... S'è chiusa da due giorni in camera, e grida così... È malata, poverina. Anche di...

E si picchiò con un dito la fronte.

I quattro compagni di Lando si guardarono l'un l'altro negli occhi. Dov'erano venuti a cacciarsi dopo tre giorni di fuga disperata? Pazzo era stato dichiarato il vecchio, che aveva fatto loro in principio quella bella accoglienza; pazza era dichiarata ora anche quest'altra vecchia; e che fosse perfettamente in sensi chi dichiarava pazzi con tanta sicurezza quegli altri due, non appariva loro, in verità, molto evidente. Finora quello zio di Lando, tranne che per i loro abiti bagnati e inzaccherati, non aveva mostrato altra costernazione.

– State ancora così? – esclamò, difatti, meravigliato, don Cosmo, dopo aver dato quel ragguaglio sul grido di donna Sara; e corse ad aprir la cassapanca, ov'eran riposti i suoi abiti smessi. – Qua, qua... prendete... vi dico che c'è roba per tutti!

I quattro giovani non poterono più tenersi dal ridere, e presero ad ajutarsi a vicenda per spiccicarsi d'addosso gli abiti inzuppati di pioggia.

– L'importante, v'assicuro io, – diceva don Cosmo, – è questo soltanto, per ora: di non prendere un raffreddore. Minchionatemi pure, ma cambiatevi.

Che ci fosse roba per tutti, intanto, era soverchia presunzione. Lino Apes, non trovando più nella cassapanca nessun capo di vestiario per sé, gli si fece innanzi con la tonaca da seminarista distesa su le braccia come una bambina da portare al battesimo:

– Posso prender questa?

– E perché no? Ah, che cos'è, la tonaca? Eh... se v'andrà...

E sorrise alle risa di quei quattro che si paravano goffamente degli altri abiti, esalanti tutti un acutissimo odore di canfora. Cataldo Sclàfani s'era acconciato con la napoleona e, poiché gli faceva male il capo, s'era annodato alla carrettiera un bel fazzolettone giallo, di cotone, a quadri rossi.

La gioventù a poco a poco riprendeva il sopravvento. Nessuno pensò più alla disfatta, all'incertezza dell'avvenire. Tra gli spintoni e la baja dei compagni, Lino Apes, stremenzito in quella tonaca di seminarista, corse in cucina a riaccendere il fuoco. Avevano fame! avevano sete! Ma qua don Cosmo sentì cascarsi l'asino: sapeva appena dove fosse la dispensa; e la chiave forse l'aveva Mauro con sé.

— La chiave? — gridò l'Ingrao. — L'ho trovata!

E corse a raccattare dal pianerottolo della scala quella che Mauro aveva scagliata contro la porta, rimasta là fuori.

— Eccola qua! eccola qua!

Don Cosmo stette un pezzo a osservarla.

— Questa? — disse. — No... Oh che cos'è? questa è la chiave del *camerone*! Dove l'avete presa?

Nella confusione non aveva inteso l'ultimo grido di Mauro; e, come gli fu detto che quella chiave era stata scagliata contro Lando, subito s'impensierì e, volgendosi a questo:

— Ma allora vedrai che... oh per Dio! — esclamò, — se ti ha buttato la chiave, vedrai che se ne va davvero... Forse se n'è già andato!

— Andato? dove? — domandò Lando, costernato anche lui e addolorato.

— E chi lo sa? — sospirò don Cosmo. E narrò in breve come già a stento fosse riuscito una prima volta a trattenerlo; poi, siccome gli altri quattro giovani ridevano dei pazzi propositi e del sentimento di quello strano vecchio, gli bisognò dir loro chi fosse, che avesse fatto, che cosa fosse per lui quel camerone e che contenesse.

— Ah sì? Anche un leopardo imbalsamato?

E, incuriositi, Lino Apes, l'Ingrao, il Bruno, lo Sclàfani, appena don Cosmo e Lando si recarono a cercar di Mauro, ripresa quella chiave, entrarono nel *camerone*.

Sott'esso appunto era la stanza di Mauro Mortara.

Don Cosmo e Lando, con una candela in mano, erano entrati in uno stanzino segreto, ov'era una botola che conduceva al pianterreno della villa; senza far rumore avevano sollevato da terra la caditoja ed erano scesi per la ripida scala di legno non ben sicura alla cantina; di qua eran passati nel palmento; avevano poi attraversato due ampii magazzini vuoti, uno sgabuzzino pieno di vecchi arnesi rurali affastellati, ed erano arrivati a un uscio interno della stanza di Mauro. Chinandosi a guardare, Lando s'accorse, dalla soglia, che c'era lume.

– Mauro! – chiamò allora don Cosmo. – Mauro!
Nessuna risposta.

Lando tornò a chinarsi per guardare attraverso il buco della serratura.

Veniva, di sù, il frastuono di quei quattro, che rincorrevano per il *camerone* Lino Apes vestito da seminarista, e gridavano, e ridevano.

Mauro Mortara, seduto davanti a una cassa, tratta da sotto il letto, stava con le braccia appoggiate su l'orlo del coperchio sollevato, e il viso affondato tra le braccia.

– C'è? che fa? – domandò don Cosmo.

Lando levò rabbiosamente un pugno verso il soffitto, donde veniva il fracasso dei compagni. Sentiva, tra il dispetto acerbo contro questi e contro se stesso, un vivo rimorso della fiera offesa recata al sentimento di quel suo caro vecchio, e un angoscioso cordoglio di non potere in quel momento unire il suo richiamo affettuoso a quello dello zio.

– Che fa? – ridomandò questi, più piano.

Che cosa facesse Mauro, col viso così nascosto tra le braccia, lo dicevano chiaramente le medaglie che, appese al petto e ciondolanti per la positura in cui stava, traballavano a tratti. Piangeva... sì... ecco...

piangeva... e aveva alle spalle quel suo comico zainetto che già gli aveva veduto a Roma.
– Mauro! – chiamò di nuovo don Cosmo.
A questo nuovo richiamo, Lando, ancora con l'occhio al buco della serratura, gli vide sollevar la faccia e tenerla un po' sospesa, senza tuttavia voltarla verso l'uscio; lo vide poi alzarsi e accostarsi di furia al tavolino.
– Ha spento il lume, – disse allo zio, rizzandosi.
Stettero entrambi un pezzo in ascolto, perplessi nell'attesa di sentirgli aprir la porta. Si videro lì, allora, come imprigionati; non avevan le chiavi né dei magazzini, né del palmento, né della cantina, e dovevano dunque ritornar sù, se volevano impedirgli d'andare; bisognava far presto, per non dargli tempo d'allontanarsi troppo. Ma nessun rumore veniva più dalla stanza.
Don Cosmo fe' cenno al nipote di risalire, in silenzio. Quando furono nel primo dei due magazzini, si fermò e disse sottovoce:
– Tanto, se vuole andare, né tu né io potremmo trattenerlo con la forza. Forse ritornerà, quando voi sarete partiti e gli sarà sbollita la collera.
Lando guardò quel suo vecchio zio, da lui appena conosciuto, in quel vasto magazzino, in cui il lume della candela projettava mostruosamente ingrandite le ombre dei loro corpi, ed ebbe l'impressione che una strana realtà impensata gli s'avventasse agli occhi all'improvviso, con la stramba inconseguenza d'un sogno. Da un pezzo non vedeva più la ragione dei suoi atti che gli lasciavan tutti uno strascico di rincrescimento, un amaro sapore d'avvilimento; ma ora, più che mai, di fronte alla realtà così stranamente spiccata di quel suo zio fuori della vita, in quell'antica solitaria campagna, lì davanti a lui, in quel magazzino vuoto, con quella candela in mano. Fu tentato di spegnerla, come dianzi Mauro aveva spento

il lume nella sua stanza di là. Udì la voce del vento, i boati del mare: fuori era il bujo tempestoso; anche quello della sorte che lo aspettava. Bisognava che in quel bujo, a ogni costo, assolutamente, trovasse una ragione d'agire, in cui tutte le sue smanie si quietassero, tutte le incertezze del suo intelletto cessassero dal tormentarlo. Ma quale? ma quando? ma dove?

— Passerà, — diceva poco dopo don Cosmo, con gli angoli della bocca contratti in giù, la fronte increspata come da onde di pensieri ricacciati indietro dal riflusso della sua sconsolata saggezza, e con quegli occhi che pareva allontanassero e disperdessero nella vanità del tempo tutte le contingenze amare e fastidiose della vita. — Passerà, cari miei... passerà...

I quattro giovani avevano trovato da sé la dispensa e, poiché era aperta, avevan portato di là in tavola quanto poteva servire al loro bisogno; ora, dopo il pasto e saziata la sete, facevano sforzi disperati per resistere alla stanchezza aggravatasi su le loro pàlpebre all'improvviso.

Quell'esclamazione di don Cosmo era in risposta alla rievocazione ch'essi avevano fatta, alcuni con cupa amarezza, altri con rabbioso rammarico e Lino Apes con la sua solita arguzia, degli ultimi avvenimenti tumultuosi. Guardandoli come già lontanissimi nel tempo, don Cosmo non riusciva a scorgerne più il senso né lo scopo. Dal suo aspetto, agli occhi di Lando, spirava quello stesso sentimento che spira dalle cose che assistono impassibili alla fugacità delle vicende umane.

— Avete visto il leopardo?
— Sì, bello... bello — brontolò l'Ingrao, cacciando il volto, deturpato dall'atra voglia di sangue, tra le braccia appoggiate su la tavola.
— Quello era un leopardo vivo!

Lino Apes spalancò gli occhi e domandò, quasi con spavento:

– Mangiava?

– Lo dico, – riprese don Cosmo, – perché ora, cari miei, è pieno di stoppa e non mangia più. E quella lettera di mio padre? L'avete letta? Un foglietto di carta sbiadito... E la scrisse una mano viva, come questa mia, guardate... Che cos'è ora? Quel povero pazzo l'ha messa in cornice... Luigi Napoleone... [60] il colpo di Stato... gli avvenimenti della Francia...

Raccolse le dita delle mani a pigna e le scosse in aria, come a dire: « Che ce n'è più? che senso hanno? ».

– Realtà d'un momento... minchionerie...

Si alzò; s'appressò ai vetri del balcone che da un pezzo non facevano più rumore, e si voltò al nipote:

– Senti che silenzio? – disse. – Ti do la consolante notizia che il vento è cessato...

– Cessato? – domandò Cataldo Sclàfani, levando di scatto dalle braccia, che teneva anche lui appoggiate alla tavola, la faccia spiritata, da convalescente, col fazzoletto giallo tirato fin su le ciglia. – Bene bene... C'imbarcheremo qua... Buona notte!

E si ricompose a dormire.

– Così tutte le cose... – sospirò don Cosmo, mettendosi a passeggiare per la sala; e seguitò, fermandosi di tratto in tratto: – Una sola cosa è triste, cari miei: aver capito il giuoco! Dico il giuoco di questo demoniaccio beffardo che ciascuno di noi ha dentro e che si spassa a rappresentarci di fuori, come realtà, ciò che poco dopo egli stesso ci scopre come una nostra illusione, deridendoci degli affanni che per essa ci siamo dati, e deridendoci anche, come avviene a me, del non averci saputo illudere, poiché fuori di queste illusioni non c'è più altra realtà... E dunque, non vi lagnate! Affannatevi e tormentatevi, senza pensare che tutto questo non conclude. Se non conclude, è segno che non deve concludere, e che è vano dunque cercare una conclusione. Bisogna vivere, cioè illudersi; lasciar giocare in noi il demoniaccio beffardo, finché non si sarà stancato; e pensare che tutto questo passerà... passerà...

Guardò in giro alla tavola e mostrò a Lando i suoi compagni già addormentati.

– Anzi, vedi? è già passato...

E lo lasciò lì solo, innanzi alla tavola.

Lando mirò i penosi atteggiamenti sguajati, le comiche acconciature, le facce disfatte dalla stanchezza de' suoi amici, e invidiò il loro sonno e ne provò sdegno allo stesso tempo. Avevano potuto scherzare; ora potevano dormire, dimentichi che dei disordini provocati dalle loro predicazioni a una gente oppressa da tante iniquità ma ancor sorda e cieca, s'avvaleva ora il Governo per calpestare ancora una volta quella terra, che sola, senza patti, con impeto generoso s'era data all'Italia e in premio non ne aveva avuto altro che la miseria e l'abbandono. Potevano dormire, quei suoi amici, dimentichi del sangue di tante vittime, dimentichi dei compagni caduti in mano della polizia, i quali certo, domani, sarebbero stati condannati dai tribunali militari...

Si alzò anche lui; si recò alla sala d'ingresso, desideroso d'uscire all'aperto, a trarre una boccata d'aria, per liberarsi dell'angoscia che l'opprimeva, ora che il vento e la pioggia erano cessati. Ma innanzi alla porta si fermò, vinto dall'odore di antica vita che covava in quella villa ove suo nonno era vissuto, ove con quel desolato sentimento di precarietà lasciava invano passare i suoi tristi giorni quel suo zio, ove Mauro Mortara... Subito si scosse al ricordo del suo vecchio snidato da lui crudelmente negli ultimi giorni da quella dimora che il culto di tante memorie gli rendeva sacra; più che per tutto il resto sentì dispetto e onta dell'opera sua e dei suoi compagni per quest'ultima conseguenza ch'essa cagionava: di cacciar via da Valsanìa il suo vecchio custode, colui che gli appariva da un pezzo come la più schietta incarnazione dell'antica anima isolana; e corse per tentar di placarlo, per gridargli il suo pentimento e forzarlo a rimanere. La porta della stanza di Mauro era aperta; la stanza era al bujo e vuota.

Su la soglia stavano incerti e come smarriti i tre mastini. Non abbajarono. Anzi, gli si fecero attorno ansiosi, drizzando le aguzze orecchie, scotendo la breve coda, quasi gli chiedessero perché il loro padrone, seguito da essi come ogni notte, a un certo punto si fosse voltato a cacciarli, a rimandarli indietro rudemente: perché?

Da un balcone in fondo venne la voce di don Cosmo:

– Se n'è andato?

– Sì, – rispose Lando.

Don Cosmo non disse più nulla. Nella tetraggine, solenne e come sospesa, della notte ancora inquieta, rimase a udire il fragore del mare sotto le frane di Valsanìa e l'abbajare più o men remoto dei cani; poi, con una mano sul capo calvo, si affisò ad alcune stelle, chiodi del mistero com'egli le chiamava, apparse in una cala di cielo, tra le nuvole squarciate.

Senza curarsi del fango della strada, dove i suoi stivaloni ferrati affondavano e spiaccicavano; con gli occhi aggrottati sotto le ciglia e quasi chiusi; tutto il viso contratto dallo sdegno; un agro bruciore al petto e la mente occupata da una tenebra più cupa di quella che gli era intorno, Mauro Mortara era, intanto, più d'un miglio lontano da Valsanìa. Andava nella notte ancora agitata dagli ultimi fremiti della tempesta, investito di tratto in tratto da raffiche gelate che gli spruzzavano in faccia la pioggia stillante dagli alberi, di qua e di là dalle muricce, lungo lo stradone. Andava curvo, a testa bassa, il fucile appeso a una spalla, le due pistole ai fianchi, un pugnale col fodero di cuojo alla cintola, lo zàino alle spalle, il berretto villoso in capo e le medaglie al petto. Saliva verso Girgenti; ma voleva andare più lontano; lasciare a un certo punto lo stradone e mettersi per la linea ferroviaria; attraversare una breve galleria, sboccare in Val Sollano, e di lì, nei pressi della stazione, avviarsi per un altro stradone al paese di Favara, ove, in un poderetto di là dall'abitato, viveva un suo nipote contadino, figlio d'una sorella morta da tanti anni, il quale più volte gli aveva offerto tetto e cure nel caso che, infermo, avesse voluto ritirarsi da Valsanìa. Andava lì, da quel suo nipote; ma non ci voleva pensare. La testa, il cuore gli erano rimasti come pestati, schiacciati e macerati dallo stropiccìo dei passi di quei giovani, che per supremo oltraggio s'erano introdotti a profanare il *camerone* del Generale, mentr'egli nella sua stanza, sotto, s'apparecchiava a partire. Non voleva più pensare né sentir nulla; nulla immaginare dei giorni che gli restavano. Tuttavia, il cuore calpestato, a poco a poco, sotto l'assillo del pensiero che, forse, quel suo nipote contadino gli aveva offerto ricetto perché s'aspettava da lui chi sa quali tesori, cominciò a rimuoverglisi dentro, a riallargarglisi in émpiti d'orgoglio. Soltanto da giovane e dalle mani del Generale, fino alla partenza per l'esilio a Malta, egli aveva avuto un salario. Ritornato a Valsanìa, dopo le vicende fortunose della sua vita errabonda, per mare, in Turchia, nell'Asia Minore, in Africa, e dopo la campagna del Sessanta, aveva prestato sempre la sua opera, colà, disinteressatamente. E ora, ecco, a settantotto anni, se ne partiva povero, senza neppure un soldo in tasca, con la sola ricchezza di quelle sue medaglie al petto. Ma appunto perché questa sola ricchezza aveva cavato dall'opera di tutta la sua vita,

« Sciocco, » poteva dire a quel suo nipote, « tu sei padrone di tre palmi di terra; e se te ne scosti d'un passo, non sei più nel tuo; io, invece, sono qua, sempre nel mio ovunque posi il piede, per tutta la Sicilia! Perché io la corsi da un capo all'altro per liberarla dal padrone che la teneva schiava! ».

Preso così l'aire, la sua esaltazione crebbe di punto in punto, fomentata per un verso dal cordoglio d'essersi strappato per sempre da Valsanìa, e per l'altro dal bisogno di riempire con la rievocazione di tutti i ricordi che potevano dargli conforto il vuoto che si vedeva davanti.

Rideva e parlava forte e gestiva, senza badare alla via: rideva al binario della linea ferroviaria, ai pali del telegrafo, frutti della Rivoluzione, e si picchiava forte il petto e diceva:

– Che me n'importa? Io... io... la Sicilia... oh Marasantissima... vi dico la Sicilia... Se non era per la Sicilia... Se la Sicilia non voleva... La Sicilia si mosse e disse all'Italia: eccomi qua! vengo a te! Muoviti tu dal Piemonte col tuo Re, io vengo di qua con Garibaldi, e tutti e due ci uniremo a Roma! Oh Marasantissima, lo so: Aspromonte, ragione di Stato, lo so! Ma la Sicilia voleva far prima, di qua... sempre la Sicilia... E ora quattro canaglie hanno voluto disonorarla... Ma la Sicilia è qua, qua, qua con me... la Sicilia, che non si lascia disonorare, è qua con me!

Si trovò tutt'a un tratto davanti alla breve galleria che sbocca in Val Sollano, e stupì d'esservi giunto così presto, senza saper come; prima d'entrarvi, guardò in cielo per conoscere dalle stelle che ora fosse. Potevano essere le tre del mattino. Forse all'alba sarebbe alla Favara. Attraversata la galleria e giunto nei pressi della stazione di Girgenti, al punto in cui s'imbocca lo stradone che conduce a quel grosso borgo tra le zolfare, dovette però fermarsi davanti alla sfilata di due compagnie di soldati che, muti, ansanti, a passo accelerato, si recavano di notte colà. Dal cantoniere di guardia ebbe notizia che, nonostante la proclamazione dello stato d'assedio, alla Favara tutti i socii del *Fascio* disciolto, nelle prime ore della sera, s'erano dati convegno nella piazza e avevano assaltato e incendiato il municipio, il casino dei nobili, i casotti del dazio, e che gl'incendii e la sommossa duravano ancora e già c'erano parecchi morti e molti feriti.

– Ah sì? Ah sì? – fremette Mauro. – Ancora?

E si svincolò dalle braccia di quel cantoniere che voleva trattenerlo, vedendolo così armato, per salvarlo dal rischio a cui si esponeva d'esser catturato da quei soldati.

– Io, dai soldati d'Italia?

E corse per unirsi a loro.

Una gioja impetuosa, frenetica, gli ristorò le forze che già cominciavano a mancargli; ridiede l'antico vigore alle sue vecchie gambe garibaldine; l'esaltazione diventò delirio; sentì veramente in quel punto d'esser la Sicilia, la vecchia Sicilia che s'univa ai soldati d'Italia per la difesa comune, contro i nuovi nemici.

Divorò la via, tenendosi a pochi passi da quelle due compagnie che a un certo punto, per l'avviso di alcuni messi incontrati lungo lo stradone, s'eran lanciate di corsa.

Quando, alla prima luce dell'alba, tutto inzaccherato da capo a piedi, trafelato, ebbro della corsa, stordito dalla stanchezza, si cacciò coi soldati nel paese, non ebbe tempo di veder nulla, di pensare a nulla: travolto, tra una fitta sassajola, in uno scompiglio furibondo, ebbe come un guazzabuglio di impressioni così rapide e violente da non poter nulla avvertire, altro che lo strappo spaventoso d'una fuga compatta che si precipitava urlante; un rimbombo tremendo; uno stramazzo e...

La piazza, come schiantata e in fuga anch'essa dietro gli urli del popolo che la disertava, appena il fumo dei fucili si diradò nel livido smortume dell'alba, parve agli occhi dei soldati come trattenuta dal peso di cinque corpi inerti, sparsi qua e là.

Un bisogno strano, invincibile, obbligò il capitano a dare subito ai suoi soldati un comando qualunque, pur che fosse. Quei cinque corpi rimasti là, traboccati sconciamente, in una orrenda immobilità, su la motriglia della piazza striata dall'impeto della fuga, erano alla vista d'una gravezza insopportabile. E un furiere e un caporale, al comando del capitano, si mossero sbigottiti per la piazza e si accostarono al primo di quei cinque cadaveri.

Il furiere si chinò e vide ch'esso, caduto con la faccia a terra, era armato come un brigante. Gli tolse il fucile dalla spalla e, levando il braccio, lo mostrò al capitano; poi diede quel fucile al caporale, e si chinò di nuovo sul cadavere per prendergli dalla cintola prima una e poi l'altra pistola, che mostrò ugualmente al capitano. Allora questi, incuriosito, sebbene avesse ancora un forte tremito a una gamba e temesse che i soldati se ne potessero accorgere, si appressò anche lui a quel cadavere, e ordinò che lo rimovessero un poco per vederlo in faccia. Rimosso, quel cadavere mostrò sul petto insanguinato quattro medaglie.

I tre, allora, rimasero a guardarsi negli occhi, stupiti e sgomenti.

Chi avevano ucciso?

Note

Tutte le citazioni dei romanzi pirandelliani sono tratte dall'edizione in due volumi di *Tutti i romanzi* di Pirandello, a cura di G. Macchia, con la collaborazione di M. Costanzo, nella collana «I Meridiani» di Mondadori, Milano 1973; quelle delle novelle dall'edizione in tre volumi (sei tomi) delle *Novelle per un anno*, pubblicata a cura di M. Costanzo nei «Meridiani» (Mondadori, Milano 1985-1990).

1. *Invano... pane*: «Borbonico e clericale, il marchese Giglio d'Auletta! E io, io che [...] che ogni mattina, prima d'andar via, saluto con la mano la statua di Garibaldi sul Gianicolo [...], io che griderei ogni momento: "Viva il XX settembre!", io debbo fargli da segretario! Degnissimo uomo, badiamo! ma borbonico e clericale. Sissignori... Pane! Le giuro che tante volte mi viene da sputarci sopra, perdoni! Mi resta qua in gola, m'affoga... Ma che posso farci? Pane! pane» (*Il fu Mattia Pascal*, vol. I, p. 466).

2. *fasci*: organizzazioni chiamate "Fasci dei lavoratori" erano sorte in Sicilia già verso la fine degli anni Ottanta quale espressione di una più intensa partecipazione dei lavoratori alla lotta sociale e politica. Questi fasci cominciarono però ad assumere un carattere nuovo e diverso agli inizi degli anni Novanta in conseguenza dell'estendersi dell'influenza del socialismo e trassero nel biennio 1892-1893 un impulso più combattivo dalle agitazioni degli zolfatari scesi in lotta per l'aumento dei salari e la corresponsione di quelli arretrati. Pirandello

desume le notizie relative agli accadimenti siciliani del '92-'94 principalmente dalla storia dei fasci siciliani del deputato socialista Napoleone Colajanni (*Gli avvenimenti di Sicilia e le loro cause*), la cui figura è presumibilmente servita da modello per il personaggio del deputato repubblicano Spiridione Covazza.

3. *A una avventura... dopo*: l'episodio che nella realtà aveva avuto come protagonista il girgentano Gaetano Navarra, morto il 14 ottobre 1892, è raccontato da Pirandello anche nel poemetto *Pier Gudrò*, pubblicato nel 1894, in occasione delle nozze di Bianca Menzocchi con Gaetano Lauricella (strofa IV, vv. 193-208, in L. Pirandello, *Saggi, poesie, scritti varii*, a cura di M. Lo Vecchio-Musti, Mondadori, Milano 1960, p. 711): «Ora un dì sbagliò la via, / certo, un frate francescano:/ venne a me; tese la mano/ per la questua. Questua? Spia!/Sì, fratello, – gli risposi – / Son anch'io di San Francesco/ buon divoto. Segga al fresco; / vado e torno; si riposi./ Andai su di corsa; presi / una fune, e mani e piedi/ gli legai; poscia gli diedi / l'elemosina: lo appesi./ Tre dì tenni il malaccorto/ frate appeso ad un olivo;/ nol lasciai morto né vivo;/ mezzo vivo e mezzo morto».

4. *battaglia di Milazzo*: combattuta il 20 giugno 1860, segnò la definitiva vittoria dei garibaldini sulle truppe borboniche.

5. *Satriano*: Carlo Filangieri di Satriano (1784-1867) fu incaricato nel 1848-49 della campagna per la riconquista della Sicilia, dove rimase come luogotenente fino al 1855. Nel 1859 assunse per volontà del re Francesco II delle Due Sicilie l'incarico di Presidente del Consiglio, da cui si dimise quasi subito per l'ostilità dei settori borbonici più retrivi nei confronti del suo programma di governo.

6. *Parlamento... 1848*: il governo provvisorio siciliano costituito dopo la rivolta palermitana del 12 gennaio 1848 conclusasi il 31 dello stesso mese.

7. *E... fuoco*: la similitudine ricorre in modo quasi invariato nelle novelle *In corpore vili* («sorridendo male, come una lumaca nel fuoco», vol. II, tomo II, p. 824), *Tra due ombre* («e rideva, rideva. Ma come una lumaca nel fuoco», vol. I, tomo II, p. 1002) e nel romanzo *Suo marito* («Giustino rideva come una lumaca nel fuoco», vol. I, p. 674).

8. *giardiniera*: carrozza con sedili laterali.

9. *nostra Biblioteca*: la Biblioteca Lucchesiana di Agrigento fondata dal vescovo Andrea Lucchesi Palla dei principi di Campofranco che con atto rogato il 16 ottobre 1765 aveva donato alla città i suoi diciottomila volumi. Sulla Biblioteca Lucchesiana che Pirandello visita nel settembre del 1889, assumendola poi a modello della biblioteca comunale di Miragno nel *Fu Mattia Pascal* si veda la voce *Lucchesiana* in L. Sciascia, *Alfabeto pirandelliano*, Adelphi, Milano 1989 (già presente nel precedente *Pirandello dall'A alla Z*, supplemento a «L'Espresso» del 6 luglio 1986).

10. *Cosa... dura*: Petrarca, *Rime*, CCXLVIII, 8.

11. *Muor... caro*: il verso è di Menandro, nella traduzione di Leopardi posta in epigrafe al titolo di *Amore e morte*.

12. *vittorie*: carrozze signorili.

13. *Volturno*: battaglia combattuta da Garibaldi contro l'esercito borbonico il 1° ottobre 1860.

14. *Aspromonte*: la battaglia di Aspromonte del 29 agosto 1862 che vide contrapposti le truppe garibaldine che marciavano alla conquista di Roma e l'esercito del Regno d'Italia.

15. *Nel 1866... nuovo*: durante la terza guerra di indipendenza Garibaldi sconfisse gli Austriaci a Bezzecca (21 luglio 1866) occupando parte del Trentino.

16. *Eberhardt*: Carlo Eberhardt (1825-1906), ufficiale dell'esercito ungherese, partecipò nel 1859, per invito della Direzione Nazionale Ungherese, alla seconda guerra di indipendenza italiana, aggregato all'esercito sardo come maggiore. Alla notizia dei primi successi della spedizione dei Mille si dimise dall'incarico e s'imbarcò alla volta della Sicilia, dove il 17 agosto 1860 si unì a Bixio. Il 27 marzo 1862 fu trasferito nell'esercito regolare con il grado di colonnello. Il 13 luglio 1862, nominato comandante del 4° reggimento fanteria della brigata Parma, fu mandato contro Garibaldi per impedire l'invasione dello Stato Pontificio ed ebbe parte negli avvenimenti di Aspromonte.

17. *Medici*: Giacomo Medici del Vascello (1817-1882) che fu nominato prefetto della provincia di Palermo nel giugno 1868.

18. *Sinistra al potere*: nel marzo 1876 quando venne costituito il governo presieduto da Agostino Depretis.

19. *storie... akragantina*: Polibio, IX, XXVII, 6: «Η δ ἄκρα της πόλεως ὑπερκεῖται κατ αὐτὰς τὰς θερινὰς ἀνατολὰς κατὰ μὲν τὴν ἔζωθεν ἐπιφάνειαν ἀπροσίτῳ φάραγγι περιεχομένη, κατὰ δὲ τὴν ἐντὸς μίαν ἔχουσα πρόσοδον ἐκ τῆς πόλεως».

20. *Francesco II*: Francesco II di Borbone (Napoli 1836-Arco 1894) figlio di Ferdinando II.

21. *Re Bomba*: Ferdinando II di Borbone (Palermo 1810-Caserta 1859) detto popolarmente "Re Bomba" dopo la repressione seguita ai fatti del 1848.

22. *Vi dirò... Vi dirò*: si vedano la novella pirandelliana *I fortunati* (*Tonache di Montelusa*): «e su gli occhi chiari, ovati le palpebre più esili d'un velo di cipolla» (vol. I, tomo I, p. 126) e il romanzo *Uno, nessuno e centomila*: «su gli occhi ovati le palpebre più esili d'un velo di cipolla» (vol. II, p. 886).

23. *Padri Liguorini*: i preti della Congregazione del SS.mo Redentore fondata da Sant'Alfonso Maria dei Liguori (1696-1787) nel 1732 e approvata da Benedetto XIV nel 1749.

24. *Balla... suona*: «Balla, comare che fortuna suona» (*Suo marito*, vol. I, p. 707).

25. *Sanfedisti*: con la denominazione di sanfedisti furono originariamente indicate le bande armate delle plebi rurali e cittadine che in nome della vecchia fede degli avi e degli antichi costumi si sollevarono contro i Francesi e i patrioti. In questo caso il termine è usato nell'accezione più lata, quella con cui nell'Italia della Restaurazione e del Risorgimento i liberali definivano i partigiani del trono e dell'altare, con un senso di infamia e di sprezzo, in ricordo delle stragi del 1799.

26. *don Giovanni Ricci-Gramitto*: la madre di Pirandello, Caterina, apparteneva alla famiglia dei Ricci-Gramitto.

27. *Bixio*: Nino Bixio (1821-1873), uno degli organizzatori e dei protagonisti della spedizione dei Mille.

28. *Orazio Antinori*: Orazio Antinori (1811-1882), pa-

triota del '48, in esilio dopo la repubblica romana, fu particolarmente noto per l'abilità nella preparazione e conservazione degli animali uccisi durante i suoi viaggi esplorativi nell'Asia Minore e in Africa centrale e orientale.

29. *A Reggio*: lo scontro del 30 aprile 1860 che dette inizio alla marcia di Garibaldi in Calabria.

30. *L'Italia è... mio!*: «Se le lustra e dice al re/ in effigie lì: – Reale/ Maestà, nulla ti ho chiesto;/ son già vecchio, tutto bianco;/ con te, dunque, parlo franco/ posso, e voglio dirti questo:/Alla sedia, su cui tu,/ ora, in Roma, altero siedi, / sai chi ha fatto i quattro piedi?/ Noi, noi vecchi. E per virtù/ nostra esiste, Maestà, / tutto quanto intorno splende,/ quanto ricca e bella rende/ questa nuova civiltà./ Posso chiudere domani/ gli occhi, pago e soddisfatto./ La mia parte io te l'ho fatto,/ figlio mio. Bacio le mani» (*Pier Gudrò*, cit., strofa V, vv. 275-392, pp. 716-717).

31. *la porta... Biberìa*: si veda, a tal proposito, la novella pirandelliana *La casa del Granella*: «La città aveva lassù una porta, il cui nome arabo, divenuto stranissimo nella pronunzia popolare: *Bibirrìa*, voleva dire Porta dei venti» (vol. I, tomo I, pp. 326-327).

32. *La vita... crudele*: «Compiamo un atto. Crediamo in buona fede d'esser tutti in quell'atto. Ci accorgiamo purtroppo che non è così [...] ci accorgiamo, voglio dire, di non essere tutti in quell'atto, e che dunque un'atroce ingiustizia sarebbe giudicarci da quello solo, tenerci agganciati e sospesi a esso, alla gogna, per un'intera esistenza, come se questa fosse tutta assommata in quell'atto solo» (*Uno, nessuno e centomila*, vol. I, p. 799).

33. *l'insurrezione del 4 aprile*: allusione al tentativo in-

surrezionale del 4 aprile 1860, preparato da Francesco Riso nel Convento palermitano della Gancia, in via Alloro, accanto alla Chiesa di S. Maria degli Angeli.

34. *una piuma... alimentarlo...*: «Bisognerebbe che la vita fosse invece come una piuma. Ma sì! Mantenere l'anima continuamente come in uno stato di fusione; per non farla rapprendere, irrigidire. Ci vuole il fuoco, caro Maestro. Se dentro di voi il fornellino è spento? Se la morte viene e ci soffia su?» (*Diana e la Tuda*, atto III, in L. Pirandello, *Maschere nude*, a cura di M. Lo Vecchio-Musti, Mondadori, Milano 1958, p. 429).

35. *legge... 1866*: la legge del 7 luglio 1866 sancì la soppressione delle corporazioni religiose, alienandone i beni che divennero proprietà dello Stato. Con la successiva legge del 15 agosto 1867, relativa alla liquidazione dell'asse ecclesiastico, costituisce il principale provvedimento destinato a sistematizzare i rapporti tra Chiesa e Stato nel periodo postunitario.

36. *Al ronzio... Italia*: G. Giusti, *Gli umanitari*, vv. 10-17 e 73-78.

37. *minuit... famam*: la sentenza, divenuta proverbiale, è di Claudiano.

38. *la bella... va*: *La bella Gigogin* e *Addio mia bella addio* sono tra i più noti canti popolari del Risorgimento.

39. *il Costanzi*: il teatro romano Costanzi inaugurato il 27 novembre 1880. Il teatro, divenuto nel 1928 Teatro Reale dell'Opera e, nel secondo dopoguerra, Teatro dell'Opera, trasse la sua primitiva denominazione dal nome di Domenico Costanzi che promosse e finanziò la sua costruzione.

40. *alla... Re*: Vittorio Emanuele II di Savoia (1820-1878).

41. *Oh... uomini*: l'episodio è ricordato anche in una pagina del saggio pirandelliano *Soggettivismo e oggettivismo nell'arte narrativa*, contenuto nel volume *Arte e scienza*, pubblicato nel 1908: «Ricordo, a questo proposito, una frase e un'esclamazione in due lettere di F.D. Guerrazzi scritte dalle *Murate* di Firenze: "Tutto facciamo per imitazione, tutto, basta che ci venga la idea di oltre mare e di oltre monte, e chiniamo la testa. O Italiani, scimmie e non uomini! Da grandissimo tempo in poi non facciamo che copiare"» (in L. Pirandello, *Saggi, poesie, scritti varii*, cit., p. 191). Il riferimento di Pirandello è a una lettera di Francesco Domenico Guerrazzi a Giovanni Bertani, scritta dalle Murate di Firenze il 16 gennaio 1850: «Oh italiani, scimmie e non uomini! Da grandissimo tempo in poi non facciamo che copiare. Vi sono in America, in Inghilterra, ecc; dunque si hanno avere anche noi; senza tenere conto del clima, delle indoli, delle sensibilità, delle differenze enormi che passano tra un italiano *ab antiquo*, avvezzo a vivere per le strade o sotto loggie, a ridere al cielo che ride, e il nordico che fugge al suo cielo freddo come un tappeto da morto, per concentrarsi in sé intorno al fuoco» (in F.D. Guerrazzi, *Lettere*, vol. I (1827-1853), a cura di F. Martini, Roux, Torino 1891, p. 390).

42. *Ma... tutto*: «In certi momenti tempestosi, investiti dal flusso, tutte quelle nostre forme fittizie crollano miseramente; e anche quello che non scorre sotto gli argini e oltre i limiti, ma che si scopre a noi distinto e che noi abbiamo con cura incanalato nei nostri affetti, nei doveri che ci siamo imposti, nelle abitudini che ci siamo tracciate, in certi momenti di piena straripa e sconvolge tutto». (*L'umorismo*, in *Saggi, poesie, scritti varii*, cit., pp. 151-152).

43. *L'armi... io!*: Leopardi, *All'Italia*, vv. 37-38.

44 *Carolino*: il teatro Carolino di Palermo, costruito nel 1808 sul vecchio Santa Lucia e così denominato in onore di Maria Carolina d'Austria moglie del re Ferdinando di Borbone.

45. *Jone*: l'opera lirica composta da Enrico Petrella nel 1858.

46. *bombe... 1860*: allusione all'attività cospirativa svolta da Francesco Crispi in Sicilia alla vigilia della spedizione dei Mille. Del resto, già prima di divenire segretario generale di Garibaldi e "ministro della Rivoluzione", Crispi aveva svolto attività politica in Sicilia, fondando nel 1854 il giornale «La Staffetta» e recandosi nell'isola nel 1859 per documentarsi sulla situazione politica in atto.

47. *la Pasta*: Giuditta Pasta (1798-1865), cantante contralto e soprano, celebre per le sue interpretazioni delle opere di Rossini, Bellini, Donizetti.

48. *la Lucca*: Paolina Lucca (1841-1908), cantante soprano.

49. *le due Brambilla*: Marietta (1807-1875) e Giuseppina Brambilla (1819-1903), cantanti contralto.

50. *il Conte di Caserta*: Alfonso di Borbone, conte di Caserta, fratello di Francesco II re delle Due Sicilie (vedi la nota n. 20) che visse in esilio dal settembre del 1870.

51. *Va'... stranier*: L'*Inno di Garibaldi* di Luigi Mercantini (1821-1872), composto nel 1859-1860.

52. *nel 1866... popolare*: la rivolta palermitana del set-

tembre 1866 – la cosiddetta "rivolta del sette e mezzo" – in cui si espresse il malcontento popolare della città per le modalità con cui la legge Corleo del 10 agosto 1862 aveva proceduto alla alienazione dei beni ecclesiastici, e insieme, la più generale crisi della Sicilia negli anni successivi all'Unità.

53. *leggendario... Agrippina*: Santa Agrippina, nata a Roma nel 243, fu martirizzata tra il 257 e il 258 da Valeriano. Sepolta a Roma fu poi traslata a Mineo, dove fu oggetto di un particolare culto, divenendo la santa protettrice della città.

54. *San Gregorio*: Gregorio d'Agrigento, nato a Pretorio nella metà del secolo VI, dopo aver soggiornato a Cartagine, Antiochia, Costantinopoli, fu vescovo di Agrigento tra l'ultimo decennio del Cinquecento e il primo del Seicento.

55. *Nella... tarlate*: «Le alte pareti dell'intonaco ingiallito erano ingombre di vecchi ritratti di prelati, anch'essi bruttati dalla polvere e qualcuno anche dalla muffa, appesi qua e là senz'ordine, sopra armadii e scansìe stinte e tarlate» (*Uno, nessuno e centomila*, vol. I, p. 884).

56. *Semper... vobiscum*: *Matteo*, 26.II.

57. *enciclica... opificum*: è la celebre Enciclica *De conditione opificum sive Rerum novarum* del 15 maggio 1891.

58. *reverendo... religiose!*: «Il caso del prete cattolico newyorkese Mac Glynn, avversato dalla gerarchia ecclesiastica per le sue idee sociali troppo avanzate e per l'appoggio dato alle dottrine economiche di Henry George, e più in generale il problema delle iniziative politiche dei cattolici laici e non, in America e di asso-

ciazioni come quella dei "Cavalieri del Lavoro", suscitarono grande interesse anche nella stampa quotidiana del tempo (il «New York Herald», ad esempio, riuscì ad anticipare il contenuto di un promemoria riservato del Gibbons). Alle polemiche, intorno agli anni Ottanta, parteciparono, oltre al cardinale Gibbons, il cardinale Manning, i monsignori Keane e Ireland e numerosi altri preti e porporati» (Costanzo).

59. *morìa... 1852*: il riferimento è all'epidemia di colera scoppiata a Malta nel 1852.

60. *Luigi Napoleone*: Luigi Napoleone Bonaparte divenuto nel 1852 imperatore dei francesi con il nome di Napoleone III.

Appendice

Appendice

Per un completo diagramma del processo correttorio che segna il passaggio dalla prima redazione a stampa del romanzo *I vecchi e i giovani*, pubblicato sulla «Rassegna contemporanea» dal gennaio al novembre 1909 (fino al primo paragrafo del capitolo IV della seconda parte), alla «prima edizione integrale» in due volumi apparsa presso Treves nel 1913, e infine a quella definitiva «completamente riveduta e rielaborata dall'Autore» (Mondadori, Milano 1931), si veda l'apparato filologico allestito da Mario Costanzo in appendice al secondo volume di *Tutti i romanzi* di Pirandello, pubblicati a cura di G. Macchia, con la collaborazione di M. Costanzo, da Mondadori nel 1973 nella collana «I Meridiani».

In questa sede ci si limita a fornire una scelta di varianti d'ordine, per dir così, macrostrutturale, che le edizioni 1909 e 1913, qui designate con le sigle RC e T, presentano rispetto all'edizione 1931.

pp. 5-6, rr. 1-30 e 1-36
La pioggia... pensarne

RC: Il lungo stradone, tutto a volte e risvolte, quasi in cerca di men faticose erte, di pendii meno ripidi tra la scabra ineguaglianza della vasta campagna solitaria, solcato e corroso dal continuo transito dei carri, s'era ridotto, per la pioggia a diluvio della notte scorsa, impraticabile. Piovigginava ancora a scosse, nell'alba livida, tra il vento che spirava gelido, a raffiche da ponente. / La vecchia, ossuta giumenta bianca di Placido Sciaralla sfangava, sbruffando a ora a ora, esortata amorevolmente dal padrone avvilito, con le mani paonazze, gronchie dal freddo, tutto ristretto in sé contro il vento e la pioggia, nella vivace uniforme di soldato borbonico: calzoni rossi, cappotto turchino chiaro: / – Coraggio, Titina! / E il fiocco del berretto a barca, di bassa tenuta, pendulo sul davanti, andava in qua e in là, quasi battendo la solfa al trotto stracco della povera giumenta. / Dei rari passanti a piedi o su pigri asinelli qualcuno che ignorava come qualmente il principe don Ippolito Laurentano, fiero e pervicace nella fedeltà al passato governo delle Due Sicilie, tenesse nel suo feudo di Colimbètra (dove fin dal 1860 si era per onta e per dispetto segregato) una guardia di venticinque uomini con la divisa borbonica, si voltava stupito e si fermava un pezzo a mirar quel fantasma emerso su la giumenta bianca dall'umido barlume del crepuscolo e non sapeva che pensarne.

T: [Il brano è così rielaborato:] CAPITOLO PRIMO. / PARLA BENE MONSIGNORE... / La pioggia, caduta a diluvio la notte scorsa, aveva reso impraticabile il lungo stradone, tutto a volte e risvolte, quasi in cerca di men faticose erte, di pendii meno ripidi, tra la scabra ineguaglianza della vasta campagna solitaria. / Il guasto dell'intemperie appariva tanto più triste, in quanto, qua e là, già era evidente il disprezzo e quasi il dispetto della cura di chi aveva tracciato e costruito la via per facilitare agli altri il cammino tra le asperità dei luoghi, con quei gomiti e quelle giravolte, con le opere or di sostegno, or di riparo. I sostegni eran crollati, i ripari abbattuti, per dar passo a dirupate scorciatoje. / Piovigginava ancora a scosse, nell'alba livida, tra il vento che spirava gelido, a raffiche, da ponente. E a ogni raffica, su quel lembo di paese emergente or ora, appena, cruccioso, dalle fosche ombre umide della notte tempestosa, pareva scorresse un lungo brivido, dalla città, fitta di case gialligne, alta e velata sul colle, a le vallate, ai poggi, ai piani irti ancora di stoppie annerite, fino al mare laggiù, torbido e rabbuffato. / Pioggia e vento parevano un'ostinata crudeltà del cielo sopra la desolazione di quelle piagge estreme della Sicilia, su le quali Girgenti, nei resti miserevoli della sua antichissima vita raccolti lassù, si levava silenziosa e attonita superstite nel vuoto d'un tempo senza vicende, nell'abbandono d'una miseria senza riparo. / Le folte siepi di fichidindia, o di rovi secchi, o di agavi, e le muricce qua e là screpolate erano di tratto in tratto interrotte da qualche pilastro cadente, che reggeva un cancello scontorto e arrugginito, o da rozzi e squallidi tabernacoli, i quali, nella solitudine immobile, guardati dagl'ispidi rami degli alberi gocciolanti, anziché conforto ispiravano un certo sgomento, posti com'eran lì a ricordare la fede a viandanti – per la maggior parte campagnuoli e carrettieri – che troppo spesso, con aperta o nascosta ferocia, dimostravano di non ricordarsene. Qualche triste uccelletto sperduto veniva, col timido volo raccolto delle penne bagnate, a posarsi su essi; spiava, e non ardiva di mettere neppure un piccolo lamento in mezzo a tanto squallore. / Da un pezzo per quello stradone sfangava, sbruffando a ora a ora, la vecchia giumenta bianca di Placido Sciaralla, esortata amorevolmente dal padrone avvilito, con le mani paonazze, gronchie dal freddo, tutto ristretto in sé contro il vento e la pioggia, nella vivace uniforme di soldato borbonico: calzoni rossi, cappotto turchino. / – Coraggio, Titina! / E il fiocco del berretto a barca, di bassa tenuta, pendulo sul davanti, andava in qua e in là, quasi battendo la solfa al trotto stracco della povera giumenta. / Dei rari passanti a piedi o su pigri asinelli, qualcuno che ignorava come qualmente il principe don Ippolito Laurentano, fiero e pervicace nella fedeltà al passato governo delle Due Sicilie, tenesse nel suo feudo di Colimbètra (dove fin dal 1860 si era per onta e per dispetto relegato) una guardia di venticinque uomini con la divisa borbonica, si voltava stupito e si fermava un pezzo a mirare quel buffo fantasma emerso dall'umido barlume del crepuscolo, e non sapeva che pensarne.

p. 18, rr. 10-29
Niente... a Colimbètra

RC: Niente. Mi sono un po'... imporchettato. / Fece un gesto con le mani, per significare che s'era voltolato per terra, e aggiunse: / – Un insultino... / Con un altro gesto di noncuranza, riprese: / – Passato! Stavo ad aspettarti, pascolando la Musa: *Sciarallino, Sciarallino...* / – E le manine? – lo interruppe Sciaralla. – Ti prudono? – T'ho medagliato alle spalle, ah, ah... – sghignò il Prèola. – Coraggioso di spalle, Capitan Sciaralla, tant'anni... / Sciaralla sghignò anche lui nel naso, allungò il volto, socchiuse gli occhi e tentennò il capo sospirando: / – Caro mio! / Con quella mimica e con quel sospiro intendeva dirgli che, se gliel'avesse fatta un altro quella villania... Ma poteva mettersi con lui? – Paura? Che paura... Prudenza, se mai! Si sa; quand'uno è perduto, allo sbaraglio, e va proprio cercando col lanternino chi lo mandi per grazia all'altro mondo o gli offra la via per tornarsene a pensione in galera, la prudenza altrui la stima paura. Ma facile, facile il coraggio, quando la vita ce la siamo svergognata così da non aver più prezzo. E tutti allora possiamo anche cacciarci, come aveva fatto colui pochi mesi addietro, inerme, tra un fitto di malviventi che s'accoltellavano e agguantarne due pe' polsi, tra i più accaniti; o, come aveva fatto un'altra volta, a testa sotto, tra le fiamme d'un incendio, al Ràbato. Chi glien'era rimasto grato? L'aveva fatto, perché poteva farlo. Capace di tutto! / – Di', dove ti meni, – ripigliò con la solita enfasi a freddo il Prèola, – dove ti diporti, così di buon mattino? / – Vado a Valsania. / – Parla pulito! Rechi un messaggio? / Gli si fece più presso e, su-

bito, cangiando aria e tono, ghermendogli un braccio: /
– Qua la lettera! – gli gridò. – So che l'hai. / – Sei matto? – fece Sciaralla, tirandosi indietro. / – Fa' vedere, ti dico! – ribatté il Prèola. – Voglio sentire se fa odor di confetti. Cavala fuori: l'annuso soltanto... Non sai le novità? Matrimonii, mortalità d'arcipreti, dimissioni Fazello, lotta elettorale, ira di Dio? Zefiro torna e il bel tempo rimena... [Petrarca, *Rime*, CCCX, 1.] Ah, ah! Ci sarà da scialarsi, viene il tempo mio! / E si diede una violenta fregatina alle mani. / Sciaralla stava a guardarlo, come intronato: / – Che ti scappa di bocca? / Il Prèola gli riafferrò il braccio e lo tirò a sé: / – Ti bacio! Dammi la lettera. T'è cresciuto il naso, sai? Ti bacio e mi spiego. Guarda, l'aprirò delicatamente con due dita e poi la rimetterò dentro. Don Cosmo non se n'accorgerà. / – Tu sei matto! – ripeté Sciaralla. – Lasciami il braccio! / – La lettera, o giù! – insistette il Prèola. – Animale, non sai che il tuo padrone sposa? / – Il Principe? / – Il Principe. Sua Eccellenza, già! Non credi? Scommetto che la lettera parla di questo. Il Principe annunzia le prossime nozze al fratello. / – Vedo che ti gira! – disse Sciaralla, scrollandosi. – Lasciami andare, caro mio, che ho fretta! / – A me gira? – fece il Prèola. – Ma girerà al tuo padrone! Non hai visto Monsignor Montoro? È lui il paraninfo! Vedi, vedi che il naso ti cresce ancora? / Sciaralla aveva invece riaggrottato le ciglia. Veramente Monsignor Montoro, che di tempo in tempo veniva in vettura dal palazzo vescovile a visitare il Principe a Colimbètra, in quegli ultimi giorni s'era fatto vedere molto più di frequente...

T: Niente. Mi sono un po'... imporchettato. / Fece un gesto con le mani, per significare che s'era voltolato per terra, e aggiunse: / – Un insultino... / All'improvviso, cangiando aria e tono, ghermendogli un braccio: / – Qua la lettera, – gli gridò. – So che l'hai! / – Sei matto? – esclamò Sciaralla con un soprassalto, tirandosi indietro. / Il Prèola scoppiò a ridere sguajatamente, poi gli disse: / – Càvala fuori: la annuso soltanto. Voglio sentire se fa odor di confetti. Animale, non sai che il tuo padrone sposa? / Sciaralla lo guardò, intronato. / – Il Principe? / – Sua Eccellenza, già! Non credi? Scommetto che la lettera parla di questo. Il principe annunzia le prossime nozze al fratello. Non hai visto Monsignor Montoro? È lui il paraninfo! / Veramente Monsignor Montoro in quegli ultimi giorni s'era fatto vedere molto più di frequente a Colimbètra.

pp. 21-22, rr. 15-37 e 1-9
E levò la faccia... c'era

RC: E levò la faccia verso il cielo. / Da quelle tetre nuvole, d'un grigio violaceo che s'imporporava negli orli frastagliati, correndo incontro al sole che stava per levarsi, spruzzolava ancora un'acquerugiola gelida e pungente. / Il Prèola sbruffò come un cavallo, squassò la testa e levando un braccio per asciugarsi la faccia ed esclamando: – «Che son aghi?» – si buttò addosso al Pigna / – Come te lo devo dire oh, che ti schifo? – proruppe questi allora. – Chi ti cerca? Chi ti vuole? Chi ti ha dato mai questa confidenza? Vattene per la tua strada! / – Quanto mi piaci arrabbiato! – disse il Prèola, senza scomporsi. – Se è questa la mia strada... Dammi le ali e volo. / – Scànsati! – gli gridò il Pigna con un gesto imperioso di quel braccio che gli spenzolava fino a terra. (Le male lingue dicevano ch'esso gli s'era allungato così a furia di gestire con quello solo). / Il Prèola si scostò subito, con finta remissione, (– Ecco qua, ecco qua, –) e s'affrettò a chiedere: / – Ti basta così? Non inquietarti! Il bene ti voglio ricordare! Mi scansi... Poi ti lagni degli altri, che sono ingrati. / – Ci vuole una faccia... – brontolò il Pigna, rivolto al Lizio. / Ma questi andava chiuso in sé, noncurante e acciglìato, reggendo con molta serietà, in modo da riparare anche il compagno, l'ombrello sforacchiato. Diede una spallata, come per dire che non voleva essere frastornato dai suoi pensieri, e avanti. / Il Prèola li seguì un pezzo in silenzio, guardando ora l'uno ora l'altro. Ma a stuzzicare il Lizio non c'era gusto.

pp. 27-28, rr. 25-37 e 1-12
Luca Lizio... non udire

RC: Luca Lizio, a questo punto, pallido, scontraffatto, vibrante, non sapendo più reggersi, s'avventò con le braccia protese alla gola del Prèola. Ma questi si trasse indietro ridendo, gli afferrò le braccia e lo respinse senza troppa furia: / – Che fai? Scherziamo? Io sto dicendo la verità... Càlmati! càlmati, figlio mio! / – Lascialo perdere! – s'interpose il Pigna, trattenendo Luca Lizio e riavviandosi. – Non vedi che fa professione di mosca canina? / – Già! canina, – disse il Prèola. – Ma la coscienza v'ho punzecchiata! La nudità... eh, la nudità fa vergogna... E con questo freddo, poi! Nascondiamola, nascondiamola col manto della carità! Volevo spiegarti soltanto, caro Nocio, senza offenderti, perché tu non puoi fare effetto, ecco. / – Perché questo è un paese di carogne! – gridò il Pigna voltandosi a fulminarlo con tanto d'occhi sbarrati. / – D'accordo! – approvò subito il Prèola. – Ed io... pure carogna, è vero? D'accordo! Ma tu non lavori: le tue figliuole lavorano, e Luca mangia e studia, e tu mangi e predichi. Ora la gente che lavora, caro mio, e che ti sente predicare, «Ma guarda un po', – dice, – chi ci vuole salvare! Nocio Pigna! Propaganda! giusto lui!». E si mette a ridere. Tu predichi e non vedi te stesso: vedi l'idea! Il popolo invece non vede l'idea; vede chi predica. Tu lo vedi ridere e dici: – Ma perché? – stupito, addolorato, giacché in quel momento sei tutt'uno con la tua idea, e non puoi pensare ad altro. Ma quelli che ti stanno davanti, caro mio, vedono in te il *quondam* sagrestano, il *quondam* scribacchino del lotto; ti vedono gobbo, storto (vuole Dio che si dica); pensano che mangi a le spalle delle tue figliuole, e – diciamo la verità – come potresti fare effetto, Nocio mio? / Il Pigna non rispose;

T: delle tue figliuole, e... / Luca Lizio, a questo punto, livido, scontraffatto, vibrante, s'avventò con le braccia protese alla gola del Prèola. Ma questi si trasse indietro, ridendo, gli afferrò le braccia e lo respinse senza troppa furia. / – Che fai? – gli gridò, con un lustro di gioja maligna negli occhi e nei denti. – Scherziamo? Io sto dicendo la verità. / – Lascialo perdere! – s'interpose il Pigna, a sua volta, trattenendo Luca Lizio e ravviandosi. – Non vedi che fa professione di mosca canina? / – Già! canina, – disse il Prèola. – Che t'ho punzecchiato? La nudità! Eh, la nudità fa vergogna, cari miei... E con questo freddo, poi... Nascondiamola, via, col manto della carità! Volevo spiegarti, soltanto, caro Nocio, senza offenderti, perché tu non puoi fare effetto... / – Perché questo è un paese di carogne! – gridò il Pigna, voltandosi a fulminarlo con tanto d'occhi sbarrati. / – D'accordo! – approvò subito il Prèola. – Ed io... pure carogna, è vero? D'accordo! Ma tu non lavori: le tue figliuole lavorano, e Luca mangia e studia, e tu mangi e predichi. Ora la gente che lavora, caro mio, e che ti sente predicare, «Ma guarda un po', – dice, – chi ci vuole salvare! Nocio Pigna! *Propaganda*! giusto lui!» E si mette a ridere. Tu predichi e non vedi te stesso: vedi l'idea! Il popolo invece non vede l'idea; vede chi predica. Tu lo vedi ridere e dici: – Ma perché? – stupito, addolorato, giacché in quel momento sei tutt'uno con la tua idea, e non puoi pensare ad altro. Ma quelli che ti stanno davanti, caro mio, vedono in te il *quondam* sagrestano, il *quondam* scribacchino del lotto; ti vedono gobbo, storto (vuole Dio che si dica); pensano che mangi a le spalle delle tue figliuole, e – diciamo la verità – come potresti fare effetto, Nocio mio? / Il Pigna non rispose

p. 40, rr. 17-18
E lasciò andare... Finalmente

RC: un lungo sospirone. Per distrarsi, si volse a guardare laggiù in fondo, verso ponente, le due montagne gessose del Crasto e di Cioccafa; quella, più alta, repente, con tre lunghe rughe bianche, verticali, serpeggianti; l'altra, calva, lievemente conica. Tutt'e due, al passaggio di qualche nuvola nera, quasi sperduta dopo l'uragano della notte, s'invaporavano d'un'ombra cupa violacea, e subito si rischiaravano di nuovo al sole. Più a destra e più innanzi era il Pizzo della Cava, il monte mutilo, la cui pietra era servita alla costruzione delle scogliere del nuovo porto del borgo marino. Alta sul Pizzo, quasi sospesa sul precipizio tagliato dagli scavi, si sosteneva a mala pena lassù una villa smantellata. Chi lo doveva dire a quelle pietre del monte che un giorno sarebbero andate a finire in fondo al mare? / – Vicende! – sospirò Sciaralla, scotendo il capo. / E chi lo doveva dire a lui, che da bambino era stato a villeggiare un anno in quella villa ora aperta ai venti, alle piogge, albergo di corvi e di gufi, che un giorno si sarebbe ridotto a servire, rinfantocciato a quel modo? / – Vicende! / Dallo stradone, che seguitava di là, oltre i confini di Valsania, per metter capo a Porto Empedocle, giungeva nel silenzio il rotolìo lontano dei carri carichi di zolfo, un tintinnio di sonaglioli, forse della vecchia diligenza polverosa che passava per il borgo di mare e andava poi su all'altro borgo di Siculiana. / Sciaralla volse gli occhi a Girgenti, lunga sdrajata nel suo tedio mortale d'antica città decaduta e moribonda su l'alto colle a levante. Come pareva lontana! / – Prima d'arrivarci! – sbuffò. –

Mondaccio ladro! / Il fèudo di Colimbetra da quella parte non si vedeva; ma era pur lì, seguiva il declivio dell'altro colle più a levante, giù giù fino al ciglione dei Tempii. Non ostante la distanza, si distinguevano con precisione, per la limpidezza dell'aria quasi lavata dalla pioggia recente, gli edificii maggiori della città, le chiese, le case variopinte, ammucchiate, coi loro mille occhi. La città si estendeva anche sul colle accanto, più alto, sovrastato, quasi incoronato dalla Rupa Atenea, che da Colimbetra pareva imminente e da qui invece si notava appena. / Finalmente

T: un lungo sospirone. / Finalmente

pp. 52-53, rr. 33-37 e 1-4
non seppe trattenersi... proruppe

RC: trattenersi e seguitò: / – Meravigliose architetture della ragione, la quale per sua natura ha bisogno d'immaginare qualche cosa che le debba essere esterna e superiore, mi spiego? e a questa sua propria immaginazione, definita o indefinita, che fa? si assoggetta o si ribella, offrendo, caro avvocato, un ridicolo e pur tanto triste spettacolo di sé! Soffiate e ruzzola tutto; soffiate e tutti questi castellacci, che pajono montagne, crollano, perché dentro non c'è niente: il vuoto, signor mio, tanto più opprimente quanto più alto e solenne l'edificio. Il vuoto, il vuoto e il silenzio del mistero... / Capolino s'era tutto raccolto in sé, per raccapezzarsi, incitato dalla passione con cui parlava don Cosmo a rispondere, a rintuzzare; e aspettava, sospeso, una pausa. Avvenuta, proruppe

T: trattenersi: / – Soffiate, rùzzola tutto; soffiate, e tutti questi castellacci che pajono montagne, crollano, perché dentro non c'è niente: il vuoto, signor mio; tanto più opprimente, quanto più alto e solenne l'edifizio:

il vuoto e il silenzio del mistero... / Capolino s'era tutto raccolto in sé, per raccapezzarsi, incitato dalla passione con cui don Cosmo parlava a rispondere, a rintuzzare; e aspettava, sospeso, una pausa; avvenuta, proruppe

pp. 120-121, rr. 23-35 e 1-8
Appena... vigna

RC: Appena il primo albore filtrò, squallido, attraverso le ampie foglie aride e lievi del caprifico accapannato in fondo alla vigna, Mauro Mortara, che giaceva per terra appoggiato al tronco, aggrottò le ciglia, ritirò le braccia, stirò la schiena e rugliò nella gola e nel naso. / L'anima, appena risentita, gli mosse due o tre volte le pàlpebre; chiese ancora il tepido bujo del sonno; ma udì poi un gallo cantare da un'aja lontana, un altro gallo da più lontano rispondere; udì un frullo d'ali vicino, e si riscosse. / I tre mastini, accucciati sotto l'albero intorno a lui, lo guardavano con occhi umidi, intenti, silenziosi, scotendo amorosamente la coda. / Allora egli si scrollò da le spalle il cappotto d'albagio; si stropicciò gli occhi acquosi col dorso delle mani; poi cavò dalla sacca, pendula da un ramo, tre tozzi di pan secco e li buttò in bocca alle bestie; finalmente si tirò su su in piedi e, appeso il cappotto all'albero, lo schioppo a la spalla, si mosse per la vigna.

T: Appena il primo albore filtrò, lieve, attraverso le foglie aspre, coriacee del caprifico accapannato in fondo alla vigna, Mauro Mortara, appoggiato al tronco, aggrottò le ciglia, ritirò le braccia, stirò la schiena e rugliò nella gola e nel naso. / L'anima, appena risentita, gli mosse due o tre volte le pàlpebre; chiese ancora il tepido bujo del sonno; ma udì poi un gallo cantare da un'aja lontana, un altro gallo da più lontano rispondere; udì un frullo d'ali vicino, e si riscosse. / I tre mastini, accucciati sotto l'albero intorno a lui, lo guardavano con occhi umidi, intenti, salutandolo amorosamente con la coda. Ma il padrone li guatò, seccato che lo avessero veduto dormire; poi si guatò le gambe distese aperte, rigide, su la terra cretosa della vigna; terra su terra; si scrollò da le spalle il cappotto d'albagio; si stropicciò gli occhi acquosi col dorso delle mani; cavò in fine dalla sacca, pendula da un ramo, tre tozzi di pan secco e li buttò in bocca alle bestie; si tirò su su in piedi e, appeso il cappotto all'albero, lo schioppo a la spalla, si mosse ancor mezzo trasognato per la vigna.

p. 134, rr. 12-34
perché era... sentito.

RC, T: perché il Costa era ormai un giovanotto e non bisognava perciò dargli ancora del tu. Ella – senza saperne ancor bene il perché – era diventata di bragia. Oh Dio, e allora, come? del lei? Non era più lo stesso Aurelio? No, non era più lo stesso – neanche per lei; e se n'era accorta bene l'anno appresso, al nuovo ritorno di lui; e sempre più dopo il terzo, dopo il quarto, dopo il quinto anno d'Università, allorché egli era ritornato con una splendida laurea e con l'intenzione di concorrere a quella borsa di studio all'estero. Lui, proprio lui non era più lo stesso; perché lei, invece... sì, con la bocca, *signor Aurelio*, ma con gli occhi seguitava a dargli del tu. Prima di partire, era venuto a ringraziare il suo benefattore, a giurargli eterna gratitudine; e a lei non aveva saputo dire quasi nulla, quasi non aveva osato di guardarla, e certamente, certamente non s'era accorto né del pallore del volto né del tremito della mano di lei. / Dopo la partenza, più volte ella aveva sentito

p. 140, rr. 19-36
Voglio sapere... e là

RC: Si ragiona o non si ragiona? Il governo che cos'è? Il governo è il governo! E tutti dobbiamo ubbidire, ognuno al posto suo, e guardare alla comunità! Perché questi pezzi di galera, figli di cane ingrati e sconoscenti, debbono guastare a noi vecchi la soddisfazione di vedere in pace questa comunità, l'Italia, divenuta per opera nostra potenza di prim'ordine? Di prim'ordine, vi dico! Che ne sanno essi che cos'era prima l'Italia? Hanno trovato la tavola apparecchiata, il pane affettato, e ci sputano sopra, capite? Ma se ognuno dovesse pensare a sé solamente, come camminerebbe la barca? Che non si può forse salire e scendere, oggi, secondo il merito? Che ti meriti tu? Pane e cipolla? Mangia pane e cipolla! O che non si può esser felici, anche mangiando pane e cipolla? L'ho mangiato io, e lo so! Ma se onestamente ti meriti qualche cosa di più, fatti avanti, fa' valere il tuo merito, avanzerai! Nossignore, nossignore... L'asino dice oggi al padrone: – Mettiti a quattro zampe, ché voglio stare a cavallo un po' io... – E intanto, guardate, Tunisi è là!

T: Voglio sapere che pretendono! Si ragiona o non si ragiona? Il governo che cos'è? Il governo è il governo! E tutti dobbiamo ubbidire, dal primo all'ultimo, tutti, e ognuno al suo posto, e guardare alla comunità! Perché questi pezzi di galera, figli di cane ingrati e sconoscenti, debbono guastare a noi vecchi la soddisfazione di vedere questa comunità, l'Italia, divenuta per opera nostra potenza di prim'ordine? Di prim'ordine, vi dico! Che ne sanno essi che cos'era prima l'Italia? Hanno trovato la tavola apparecchiata, la pappa scodellata, e ci sputano sopra, capite? Ma se ognuno dovesse pensare a sé solamente, come camminerebbe la barca? Che non si può forse salire e scendere, oggi, secondo il merito?

Che ti meriti tu? Pane e cipolla? Mangia pane e cipolla! Vi posso dir io che si può esser felici, mangiando pane e cipolla, che l'ho mangiato. Ma se onestamente ti meriti qualcosa di più, fatti avanti, fa' valere il tuo merito, avanzerai! Nossignori, nossignori... L'asino dice oggi al padrone: – Mettiti a quattro zampe, ché voglio stare a cavallo un po' io... – E intanto, guardate: Tunisi è là!

pp. 175-176, rr. 16-37 e 1-11
Umido e buio... giovanile

RC: un po' umido, sì, un po' troppo bujo; ma con due o tre candele accese, di giorno, ci si vedeva discretamente, vah! Lo aveva addobbato alla meglio, tutto quanto con le sue mani; dieci tabelle alle pareti, cinque di qua e cinque di là, coi motti sacramentali del partito, che spiccavano su certi vecchi paramenti di finto damasco, i quali, se avessero potuto parlare, chi sa quanti paternostri e avemarie si sarebbero messi a recitar sottovoce: un giorno, infatti, avevano adornato nelle feste solenni la chiesa di S. Pietro, ove Nocio Pigna era stato sagrestano. Il vecchio beneficiale glien'aveva fatto dono, allora. Li aveva cavati dalla cassapanca, dove da tant'anni stavano riposti con la canfora e col pepe, tesoro screditato, ed eccoli là – Luca Lizio poteva pure dir di no – ma facevano una magnifica figura. Del resto, per attirare i contadini, non vedeva male Nocio Pigna che il Fascio avesse una cert'aria di chiesa; e là, su la tavola della presidenza, aveva posto anche un Crocefisso. Dietro la tavola troneggiava lo stendardo rosso ricamato da sua figlia Rita, la *compagna* di Luca. E Luca stava lì, dalla mattina alla sera, a studiare Marx (*Màrchis*, diceva il Pigna), a scrivere, a corrispondere coi presidenti degli altri Fasci della provincia e con quelli di tutta l'isola e con Milano e con Roma. Qualcuno, passando innanzi al portone e vedendolo, talvolta lo poteva credere intento a cavarsi qualche caccoletta dal naso e ad abballottarla poi a lungo con le dita; ma si poteva scommettere che, in quei momenti, Luca pensava: quando pensava, rimaneva talmente astratto e assorto, che non avvertiva neppure le strombettate dei cinque *fratelli* addetti alla fanfara, i quali, per dir la verità, erano un'ira di Dio. Ma non bisognava raffreddare l'entusiasmo giovanile.

T: un po' umido, sì, un po' troppo bujo; ma, via, con due o tre candele accese, di giorno, ci si vedeva discretamente. Lo aveva addobbato alla meglio, tutto quanto con le sue mani. Dieci tabelle alle pareti, cinque di qua e cinque di là, coi motti sacramentali del Partito, che spiccavano su certi vecchi paramenti di finto damasco, i quali, se avessero potuto parlare, chi sa quanti paternostri e avemarie si sarebbero messi a recitar sottovoce: un giorno, infatti, avevano adornato nelle feste solenni la chiesa di San Pietro, ove Nocio Pigna era stato sagrestano. Il vecchio beneficiale glien'aveva fatto dono, allora. Li aveva cavati dalla cassapanca, dove da tant'anni stavano riposti con la canfora e col pepe, tesoro screditato, ed eccoli là – Luca Lizio poteva pur dire di no – ma facevano una magnifica figura. Del resto, per attirare i contadini, non vedeva male Nocio Pigna che il Fascio avesse una cert'aria di chiesa; e là, su la tavola della presidenza, aveva posto anche un Crocefisso. Dietro la tavola troneggiava lo stendardo rosso ricamato da sua figlia Rita, la *compagna* di Luca. E Luca stava lì, dalla mattina alla sera, a studiare Marx (*Marchis*, diceva il Pigna), a scrivere, a corrispondere coi presidenti degli altri Fasci della provincia e con quelli di tutta l'isola e con Milano e con Roma. Qualcuno, passando innanzi al portone del Fascio, talvolta lo poteva credere magari intento a cavarsi qualche caccoletta dal naso e ad abballottarla poi a lungo con le dita; ma che! che caccoletta! in quei momenti, Luca pensava: quel dito nel naso, pensava: quando pensava, Luca rimaneva talmente astratto e assorto, che non avvertiva neppur le strombettate dei cinque *fratelli* addetti alla fanfara, i quali, per dir la verità, erano un'ira di Dio. Ma non bisognava raffreddare l'entusiasmo giovanile.

p. 423, rr. 17-35
La gioventù... vittoriosa

T: La gioventù. Quale? come? Se l'avara, paurosa, prepotente gelosia dei vecchi la schiacciava così, col peso immane della più vile prudenza e di tante miserie, di tante umiliazioni, di tante vergogne? La gioventù? Quale? Se toccava a lei l'espiazione rabbiosa nel silenzio di tutti gli errori e le transazioni indegne, la macerazione d'ogni orgoglio e lo spettacolo di tante brutture? Ecco, come l'opera dei vecchi qua, ora, nel bel mezzo d'Italia, a Roma, sprofondava quasi in una cloaca; mentre su, nel settentrione, s'irretiva in una coalizione spudorata di loschi interessi; e giù, nella bassa Italia, nelle isole, vaneggiava apposta sospesa, perché vi durassero l'inerzia dell'ignoranza, l'attesa della miseria, e ne venisse al Parlamento il branco dei deputati a formar le maggioranze anonime e supine! Là, là soltanto, forse, or ora, la gioventù nuova, la gioventù soffocata, attossicata, sacrificata, potrebbe dare un crollo a questa vile, oltracotante oppressione dei vecchi, e prendersi finalmente uno sfogo, e affermarsi vittoriosa!

p. 451, rr. 24-25
civile... fuggire

T: civile. / Non aveva egli provato un irragionevole astio segreto al tempo delle trattative del matrimonio di lei col principe di Laurentano? Per qual ragione, difatti, quell'astio, se Adelaide Salvo non avrebbe potuto più esser sua moglie, essendo egli già ammogliato con Nicoletta Spoto? Eppure... eppure aveva provato quell'astio, che ora gli si scopriva irragionevole non più nel senso di prima, ma in un altro opposto. Perché, se egli allora avesse potuto prevedere, che soltanto attraverso quelle nozze speciose Adelaide Salvo avrebbe potuto un giorno divenir sua moglie, non già astio avrebbe dovuto provarne, ma piacere. Ma egli allora non lo aveva preveduto, come lo prevedeva adesso; e s'era spiegato quell'astio irragionevole col fatto che in Nicoletta Spoto non sapeva riconoscere una vera e propria moglie, ma più tosto una socia, una compagna di ventura; la vera moglie per lui, anche non più libero, restava sempre Adelaide Salvo. / Ora... Eh, sarebbe stato un nuovo scandalo grosso! Che però – al contrario del primo, finito nel pianto – sarebbe forse finito nelle risa... E con esso egli si sarebbe rilevato dalla parte di vittima, che gli era toccato di rappresentar nel primo, cioè in quello de la fuga della povera Nicoletta con quello sciagurato del Costa. E Flaminio Salvo, che aveva ordito quel primo scandalo della fuga della moglie, come già quel mezzo matrimonio de la sorella, sarebbe rimasto ora doppiamente scornato e doppiamente punito: punito per mezzo delle sue stesse male arti, del delitto cioè, che aveva liberato lui, Capolino, di Nicoletta, e di quel matrimonio illegale, che, rendendo insopportabile la vita a la sorella, gliela dava in mano, libera di contrarre con lui giustissime nozze. / Marito di Adelaide Salvo, che gli sarebbe importato di perdere la medaglietta di deputato? Già ci voleva ancor molto allo spirare della legislatura... Egli avrebbe persuaso Adelaide a fuggire

INDICE

v *Introduzione*
xxix *Cronologia*
xlvii *Bibliografia*

3 I vecchi e i giovani

517 *Note*
531 *Appendice*

Tutte le opere di Luigi Pirandello
in edizione Oscar

ROMANZI

L'esclusa
Il fu Mattia Pascal
Quaderni di Serafino Gubbio operatore
Suo marito
Il turno
Uno, nessuno e centomila
I vecchi e i giovani

TEATRO

L'amica delle mogli - Non si sa come - Sogno (ma forse no)
Il berretto a sonagli - La giara - Il piacere dell'onestà
Diana e la Tuda - Sagra del Signore della nave
L'innesto - La patente - L'uomo, la bestia e la virtù
Lazzaro - Come tu mi vuoi
Liolà - Così è (se vi pare)
Ma non è una cosa seria - Il giuoco delle parti
La morsa - Lumie di Sicilia - Il dovere del medico
La nuova colonia - O di uno o di nessuno
Pensaci, Giacomino! - La ragione degli altri
Quando si è qualcuno - La favola del figlio cambiato -
    I giganti della montagna
Questa sera si recita a soggetto - Trovarsi - Bellavita
Sei personaggi in cerca d'autore - Enrico IV
La signora Morli, una e due - All'uscita - L'imbecille - Cecè
Tutto per bene - Come prima, meglio di prima
Vestire gli ignudi - L'altro figlio - L'uomo dal fiore in bocca
La vita che ti diedi - Ciascuno a suo modo

NOVELLE

Berecche e la guerra
Candelora
Dal naso al cielo
Donna Mimma
La giara
Una giornata
In silenzio
La mosca
La rallegrata
Scialle nero
Tutt'e tre
L'uomo solo
Il vecchio Dio
Il viaggio
La vita nuda
Amori senza amore

SAGGI
L'umorismo

POESIE
Tutte le poesie